U0675769

决战地中海

LEPANTO

LA BATTAGLIA DEI TRE IMPERI

1571，西方世界与奥斯曼帝国的勒班陀海战

[意]
亚历桑德罗·巴尔贝罗
ALESSANDRO BARBERO
著
史习韬
译

九州出版社
JIUZHOUPRESS

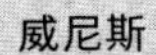
威尼斯
热那亚
拉斯佩齐亚
扎拉
亚得里亚海
安科纳
莱西纳岛
拉古萨
罗马
卡塔罗
布德瓦
巴尔
第勒尼安海
乌尔齐尼
那不勒斯
布林迪西
发罗拉
塔兰托
都拉斯
奥特朗托
科孚岛
加利波利
普雷韦扎
比塞大
莱夫卡斯岛
勒班陀
巴勒莫
墨西拿
凯法洛尼亚岛
拉古莱特
赞特岛
伊奥尼亚海
突尼斯
莫顿
凯里戈岛
地
中

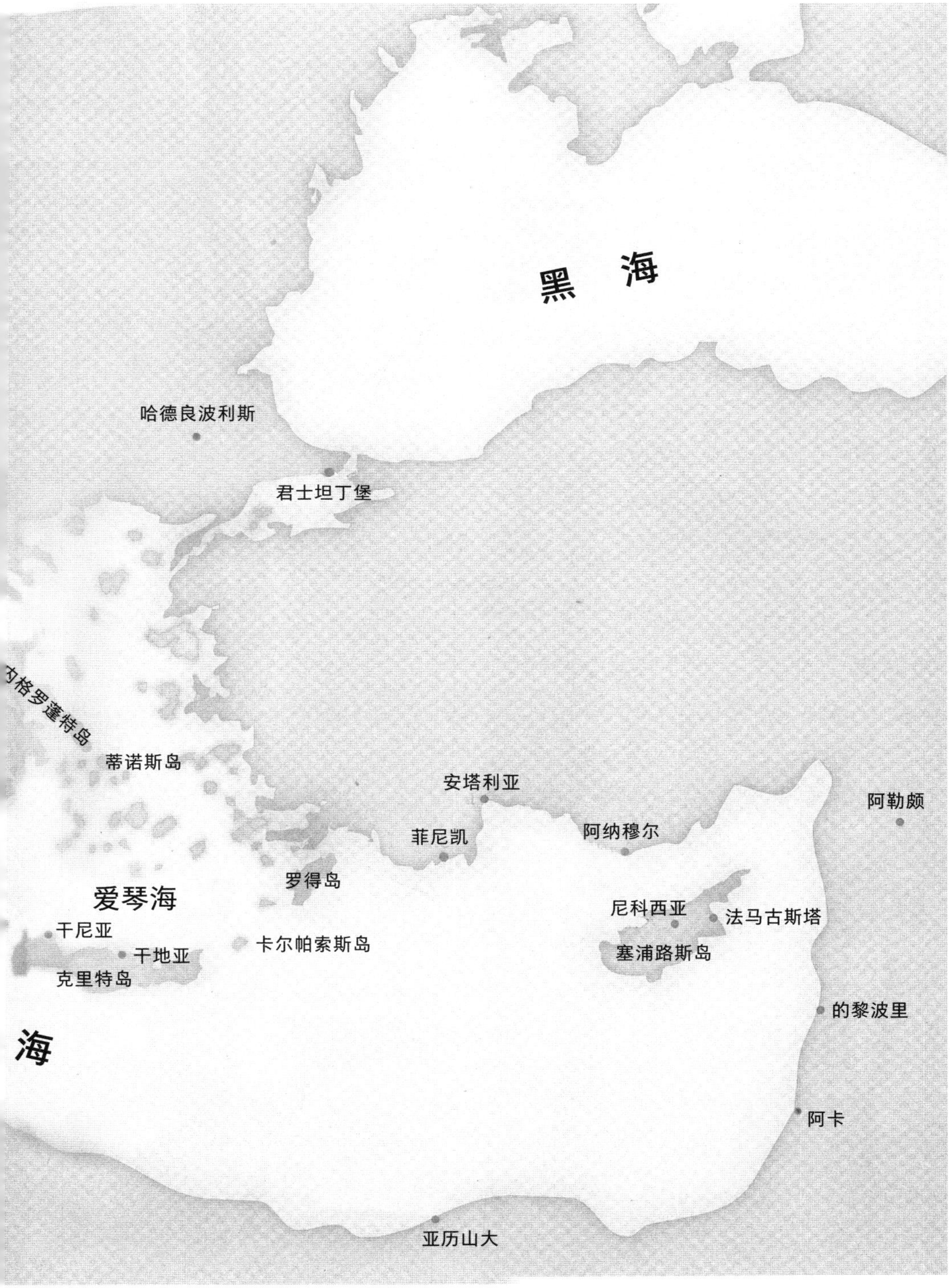

黑 海

哈德良波利斯

君士坦丁堡

内格罗蓬特岛

蒂诺斯岛

安塔利亚

阿勒颇

菲尼凯

阿纳穆尔

罗得岛

爱琴海

尼科西亚

法马古斯塔

干尼亚

干地亚

卡尔帕索斯岛

塞浦路斯岛

克里特岛

的黎波里

海

阿卡

亚历山大

目　录

主要人物

奥斯曼帝国

塞利姆二世，苏丹

索库鲁·穆罕默德帕夏，大维齐尔

皮尔图帕夏，第二维齐尔

皮亚里帕夏，第三维齐尔

艾哈迈德帕夏，第四维齐尔

拉拉·穆斯塔法帕夏，第五维齐尔

阿里帕夏，舰队指挥官

欧吉德·阿里，阿尔及尔总督

卡拉·霍格加，私掠舰长

若昂·米格，又名唐约瑟夫·纳西，犹太商人

威尼斯共和国

马肯托尼欧·巴尔巴罗，威尼斯驻君士坦丁堡大使

阿维斯·布翁里佐，巴尔巴罗大使的秘书

吉罗拉莫·赞恩，1570 年威尼斯舰队指挥官

塞巴斯蒂亚诺·维尼埃，1571 年威尼斯舰队指挥官

马尔科·奎里尼，亚得里亚海分舰队指挥官

西班牙王国

费利佩二世，国王

奥地利的唐胡安，费利佩二世的异母弟，神圣同盟舰队指挥官

吉安·安德烈亚·多里亚，热那亚人，费利佩二世加莱桨帆船舰队指挥官

安托万·佩尔诺特·德格朗韦勒，枢机主教，那不勒斯总督

唐胡安·德苏尼加，西班牙驻罗马大使

教宗国

庇护五世，教宗

马肯托尼欧·科隆纳，教宗国舰队指挥官

安东尼奥·法奇内蒂，教宗国驻威尼斯大使

其他

德格朗尚先生，法国驻君士坦丁堡大使

I

目的不明的备战

1568 年 10 月，马肯托尼欧·巴尔巴罗来到君士坦丁堡就任威尼斯共和国大使。然而他知道这个差事并不轻松。在很久以前，威尼斯大使只是一个普通的代理人职务，只需负责在黎凡特地区维护威尼斯商人的利益——虽然这项任务已经足够困难了，因为威尼斯在当地的贸易额和投资额都不小。然而很长一段时间以来，威尼斯大使已经不得不代表威尼斯共和国政府来取悦苏丹，以换取和平，因为在威尼斯看来，和奥斯曼帝国开战的后果是灾难性的。因此，马肯托尼欧不得不负责收集和苏丹备战有关的信息，并向威尼斯报告。因为两地通信所需的时间不少，所以消息灵通程度非常重要。巴尔巴罗自己花了一个半月才到达君士坦丁堡，他知道一封信至少要三四周才能从这里抵达威尼斯。如果遇上天气恶劣的季节，甚至可能更慢，不管这封信有多么重要。[1]

但我们的这位大使依然保持乐观。他在奥斯曼帝国首都所看到的情形并不让他感到有什么威胁。两年前继位的苏丹塞利姆二世，刚刚续签了他父亲苏莱曼大帝和威尼斯共和国签下的和平协议。[2] 而大维齐尔穆罕默德帕夏，也依然称自己是威尼斯共和国的朋友。所有线人都向巴尔巴罗保证奥斯曼帝国还没有准备好海战，而海战是威尼斯共和国唯一需要担心的战争方式。当时地中海的舰队主要由加莱桨帆船组成。只要物资和设施齐全，加莱桨帆船建造起来非常快。然而一旦在海上服役，加莱桨帆船的维护也是很昂贵的，因为它需要大量的水手，并且在长时间的浸泡下也很容易损坏。所以在和平时期，无论是威尼斯共和国还是奥斯曼帝国都只留下了最低限度的加莱桨帆船以保护海上商路不受海盗袭击，同时把其他船存放在船坞，上面既没有水手也没有武装。一旦大规模备战，就需要把这些船只重新武装，并且重新招募大量水手。如此的准备工作需要至少几个月的时间，绝对不可能不被人察觉。

巴尔巴罗一直在探查奥斯曼帝国海军军械库的状况，这一庞大的建筑群位于金角湾，是为苏丹存放加莱桨帆船的。这个军械库曾经扩建过几次，由133个由石料和木料建造的库房组成，排列在长约1里的海岸线上。每个仓库大到可以存放一艘拖上岸的加莱桨帆船的船体。仓库靠陆地的一侧则围着瓦顶的库房，里面存放着风帆、划桨和索具。军械库的常驻人手并不多，有大约50名工匠师傅，里面有不少是外国移民或被威尼斯驱逐的放逐者，以及100多名耶尼切里军团派来的帮手，此外还有苏丹、卡普丹帕夏（当时奥斯曼帝国舰队司令官的别称）和其他一些富人阶层所拥有的奴隶，这些人被安置在军械库旁边的塔楼里，从事重体力劳动。然而在有需要的时候，军械库可以在君士坦丁堡和爱琴海地区招募希腊木匠与捻缝工，并要求安纳托利亚的土耳其人提供义务劳工，如此将工人迅速增加到2000多人。它和威尼斯人自己的海军军械库并称为当时欧洲最大的工业复合体，然而威尼斯人常常用轻蔑的口气谈论奥斯曼帝国的军械库：巴尔巴罗的某位前任曾经说，这个军械库在陆地一侧的防御“只有几道可怜而破烂的土墙”，它的棚子设计得不合理，建造得更加糟糕，里面的空间根本不够让所有在岸上的加莱桨帆船进行维护，所以土耳其人常常因为疏忽而让加莱桨帆船留在海里腐烂损毁。然而威尼斯大使们对这个军械库的关切，也反映出他们对其战争潜力以及里面所存放的舰队的忌惮。[3]

极其幸运的是，这座靠海的军械库不同于威尼斯海军军械库，没有完全被建筑围起来，因此可以让大使一览其面貌。如同几年后巴尔巴罗的继任者所说的那样，“他本人可以每天亲自或让秘书去观看这个军械库里的一切工作。对所有在海边的人来说，这一切都是完全开放，可以自由观看的”，这就好比威尼斯人把所有的加莱桨帆船都停在朱代卡码头外，“然后让所有乘船来到这里的人都可以随心所欲地观赏审视一样”。可以肯定的是，无论是巴尔巴罗本人还是他的秘书阿维斯·布翁里佐都没有错过这种“乘船游览”的机会；在早期，他们看到的情况让他们绝对放心。布翁里佐后来汇报说，军械库“缺乏最基本的设备，如果土耳其人的统治者哪天突然想要临时调集哪怕50艘加莱桨帆船，都根本无法做到”；军械库里没有划桨、帆、侧支索和沥青，“也没有任何武装一艘船所需要的武器”。[4]

在他任职的第一个冬季，这位威尼斯大使每个月要给自己的祖国提交两三次报告，这些报告都让人绝对确信一件事：奥斯曼帝国的苏丹完全不可能在夏天以前把舰队武装完毕。在1569年4月，当巴尔巴罗第一次收到关于军械库开始购买侧支索和索具的情报时，他依然认为不用担心，因为他没有看到任何不正常的迹象：“在军械库里根本没有人辛苦工作，只有一些人在例行检查维修部分损坏较严重的加莱桨帆船。”他解释说，这些军械库的订单只能说明土耳其人发现军械库空了，为此填补了一些物资而已。然而在接下来的几周里，反常的迹象越来越多。卡普丹帕夏下令在马尔马拉海建造10艘运输战马的运输船，并为此从首都抽调了一批工匠师傅；5月底，有报告称有了新的重要订单：炮弹、火药、黑海产的沥青，还有“4万匹加莱桨帆船用的斜纹布”，然而巴尔巴罗依然没有半点警惕。他还以为这一切不过是在补充上一次战争中消耗的物资而已，因此不认为军械库有什么反常迹象。[5]

直到1569年7月11日，随着越来越多的报告堆到了大使的桌上，他才不得不开始认真起来了。“我向尊贵的执政团禀报，土耳其人开始订购大量的火药、炮弹、斜纹布、侧支索，还有沥青。”他写道，“现在我必须告诉你们更多。他们四处派遣人手收集上述物资，同时又下了更多新订单，如划桨、工具、水桶，还有诸如此类的其他物资。”然而最让人担心的是另一件事：“上周他们对这个军械库里的所有加莱桨帆船进行了一次全面的检修，测试哪些船可以航行。那些可能仅能再出一次海的船也被纳入备用。能够出海的总共有164艘，其中56艘船比较陈旧。”在这56艘中，一大半是无法使用的，然而10艘船已经在维修中，“一旦他们完成了维修，他们似乎会继续再维修10艘”。[6]超过100艘状况良好的加莱桨帆船，加上几十艘正在维修的旧船，这是一支非常强大的舰队。这下一直镇定的巴尔巴罗再也无法继续无视这次检查的意义了：如果说今年的出海最佳季节已经过了的话，那么卡普丹帕夏一定是在为1570年的某个重要的行动做准备。

大使的报告在威尼斯引起了一阵恐慌。威尼斯是活跃于亚得里亚海和爱琴海的海权帝国，完全可能是奥斯曼帝国的侵略目标，以往的经验也证明威尼斯要抵挡奥斯曼帝国的进攻非常困难。过去每次和土耳其人开战后，威尼斯都丢失了领土，从伯罗奔尼撒半岛的贸易站，到内格罗蓬特岛（当时被称为内格罗蓬特）等岛屿，以及希腊半岛上的港口，如勒班陀，还有阿尔巴尼亚海岸上的一些港口，如普雷韦扎和都拉斯。但“海上之国”*的剩余部分仍足以支撑由加莱桨帆船保护的在整个地中海东部的贸易网，并且威尼斯的权贵家族在这里有诸多产业：这包括希腊北部的岛屿，和守卫着进入亚得里亚海的通道的科孚岛、凯法洛尼亚岛、赞特岛；以及爱琴海上的一些宝贵的前哨站，如凯里戈岛（今希腊的基西拉岛）和基克拉泽斯群岛中的蒂诺斯岛；此外还有两个南部的大岛，克里特岛和塞浦路斯岛，这两个岛虽然都已经作为殖民地来开发，但都具有王国的地位。然而所有这些岛屿都面临着来自海上的威胁，特别是塞浦路斯岛的处境最为危险。

塞浦路斯岛此时仅被威尼斯统治了 80 年，它曾经是一个十字军王国。在更早的时代，穆斯林也曾经短暂地统治过该岛。因此在穆斯林看来，基督徒对该岛的统治没有任何合法性，对他们来说，应不惜一切代价去夺回一片落入异教徒之手的曾皈依过真正信仰的土地。因此，威尼斯每年要给奥斯曼苏丹 8000 杜卡特的岁币，来确保塞浦路斯现有的地位。然而这种预防措施也是一柄双刃剑，因为根据奥斯曼帝国的看法，这确认了苏丹对该岛的主权，只有在他的允许下，该岛才能由异教徒统治。从地理角度看，塞浦路斯是威尼斯帝国最偏远的地方，从圣马可广场到塞浦路斯至少有 2000 千米，而塞浦路斯离奥斯曼帝国的海岸线却只有 70 千米。一旦开战，威尼斯需要大大增加投入才可能守住塞浦路斯岛，而来自安纳托利亚的土耳其登陆部队则拥有后勤上的一切优势。总之，塞浦路斯岛是奥斯曼帝国最自然的下一个攻击目标。当塞利姆二世苏丹还是储君的时候，就已

---

* “海上之国（Stato ou Dominio da Mar）”指的是威尼斯人在地中海的所有属地；它与“陆上之国（Stato da Terra Ferma）”相对，后者指的是威尼斯人在意大利北部的属地。（本书脚注如无特别说明，均为编者注）

经有传言说他立志要攻下塞浦路斯岛，而当他继位后，这样的传言就更多了。此外，马耳他骑士团也一直相信威尼斯共和国对塞浦路斯岛的统治时日不长了，所以他们暗中决定在1567年前就卖掉自己在岛上的全部权益。[7]

如此，到了1569年7月，警报传遍了威尼斯，随着巴尔巴罗传来的关于奥斯曼帝国进一步备战的报告送来，塞浦路斯岛的殖民政府也收到了警告。7月19日，有消息说土耳其人向叙利亚的黎波里运送了以火枪为主的50箱武器，的黎波里港正对着塞浦路斯海域，因此塞浦路斯需要加强警戒，并在整个岛屿最重要的港口法马古斯塔的要塞中储存更多的补给。马肯托尼欧·布拉加丁时年46岁，他被任命为法马古斯塔要塞的指挥官，他用他带来的6000杜卡特加强了要塞防御。虽然在君士坦丁堡的每一个人都在重复，这一切的准备工作都是为了明年的行动，但威尼斯人却心存疑虑，认为鉴于塞浦路斯靠近土耳其港口，它在秋季就可能遭到攻击：而罗马教廷驻威尼斯的大使法奇内蒂，甚至断言“夏天太热，对土耳其人来说没有比秋天更适合发动战争的季节了，而这些先生在秋天派出一支舰队绝非易事”。元老院就两艘加莱塞桨帆战舰是否应按预定满载货物前往亚历山大港进行了讨论，对利益的追求压倒了谨慎的考量，于是货物就装船了。但元老院也决定要向克里特派遣20艘加莱桨帆船，然后在那里把它们拆开，“存在当地的一个刚开始建造的军械库中，以备在将来需要的时候就近救援塞浦路斯岛”。[8]

此时此刻，威尼斯人没有再做其他准备，特别是因为巴尔巴罗的报告内容自相矛盾：一方面这些报告非常关切地提到关于塞浦路斯的谣言越来越多，另一方面又坚持认为土耳其人的准备工作仅仅是为了补充军械库缺少的物资。大使在自己于佩拉区的住所里常常听到重火绳枪开火的声音。通过调查，他发现几里格*外的某个地点在生产重火绳枪，开火是为了检验制成的枪支。他偶尔经过那里的时候，估计了那里正在工作的工人数量，并记下了他听到的重火绳枪开火的次数，认为那里“每天至少生产了50支火绳枪”。这样的生产速度持续了几个月，但巴尔巴罗又紧接着在报

* 1里格=4.827千米。

告中提到一个事实，就是军械库在过去已经完全没有重火绳枪库存了。无论如何，在奥斯曼帝国政府内部，多数人根本没有半点对威尼斯开战的想法：有一天巴尔巴罗“以私人身份在一片风景美妙的水域上拜访了耶尼切里军团的一位阿迦（高级指挥官）”，大使小心翼翼地引出了这个话题，但让他放心的是，这位指挥官对战争带来的破坏大发怨言，并且大力称赞和平，对他的基督徒访客反复保证苏丹“是最爱好和平的人”。[9]

威尼斯人对奥斯曼帝国突然袭击的恐惧随着夏天的结束而消散，但依然继续通过大使定期派回的特使了解远方土耳其港口的动静，而法奇内蒂也继续不断地把消息传回罗马，由教宗的侄子枢机主教米歇尔·博内利（又名亚历山德罗）把消息转达给令人胆寒的庇护五世。特别让意大利统治者担心的是土耳其人在造，因为造运输船的目的明显就是为了登陆，教廷大使报告称：“在土耳其人准备的船只中，有 18 艘能运输弹药和马匹的帕兰迪尔运输船；其中 12 艘在黑海，6 艘在尼科米底亚。”应该指出的是，这位神职人员对航海知识了解不多，因此他们搞混了用于运输战马的帕兰迪尔运输船和运输弹药与军队的马霍恩运输船：事实上，巴尔巴罗报告的事实是，12 艘马霍恩运输船在尼科米底亚（今马尔马拉海的伊兹米特）建造，还有几艘帕兰迪尔运输船在黑海建造。[10]

由于一开始的担忧，威尼斯元老院决定向克里特派遣一位有特别权力的临时总督，因为当时一度认为爱琴海上的战争迫在眉睫；这一职务责任重大，因此元老院一直为人选争执不休。（据说当时“有 4 个抑或 6 个候选人，但无人能通过”。）最终洛伦佐·达穆拉被任命此职，但在选举期间，事态似乎变得没那么紧迫了，这也引起了法奇内蒂主教的注意，他在 8 月 24 日写道：“聪明的达穆拉准备动身前往克里特上任了，不过没有当初那么急切；我相信是有来自君士坦丁堡的最新消息，证明我们不用再这么恐慌了。”[11] 然而，在 9 月 13 日到 14 日的那个晚上，整个威尼斯都被可怕的巨响吵醒了，人们在街上四散奔跑，大声哭喊，担心是发生地震，甚至是世界末日即将到来，然而是军械库发生了爆炸。

威尼斯军械库一直以来都是君士坦丁堡军械库的直接的竞争对手。它的面积在一次次扩建中逐渐达到了 26 公顷，这比当初但丁震惊于其狂热的运作时还要大一倍。它完全被墙所包围，里面有大量的船厂和仓库，其中还有数个锚地，足够容纳军械库干船坞中的100艘加莱桨帆船。当它全力开动的时候，每天有2500名工匠师傅在此工作，包括被称为“马兰戈尼”的木匠、捻缝工和船桨工，他们都各自带着自己的徒弟和伙计。而船索工、金属锻造工、火炮铸造工、火药制作工和海用饼干（一种储存在加莱桨帆船上，能长期保存的压缩食物）制作工等工种还没算在其中。不过，我们不能将其想象为类似现代工业机构的组织。这些工人都不是由国家直接付工资的，而是通过政府和工匠组成的商业组织签署的合同，按天发放工资。当政府征召时，所有以上三个主要工种的师傅都必须以低于市场标准的日工资为军械库工作，这样威尼斯共和国就能保证在有必要的时候让全城的人手来维护那些加莱桨帆船，而不用担心市场竞争。但木匠和船桨工在没有活干的时候也有权随时来军械库报到，完成工作后拿当天的工资；而捻缝工行会的势力更弱，他们只能保证每两天有一天能在军械库工作。

这一保障体系开支甚大。威尼斯政府一直致力于限制三个行会的学徒数量来削减开支，因为这些学徒在成为师傅后也会拥有同样的权利；大部分派到君士坦丁堡的特使都说，那里的军械库工人只有在苏丹需要他们的时候才能拿到钱，这种制度更加可取。“无论是否工作，每天都付给那么大一群人工资，完全是在吸干公共资金的血。”尼古拉·米歇尔在1558年如此写道。两年后，马里诺·迪卡瓦利进一步认为，土耳其人“在不需要这些工人的时候，就把他们遣散了……而我们的人一直都在工作，即使是在不需要他们的时候也是如此。当加莱桨帆船需要他们的时候，还要每天额外给他们每人1杜卡特，他们工作马虎，而我们的开支又相当大”。

事实上，在行会中注册的工匠师傅不仅仅要在军械库工作，而且在加莱桨帆船出海的时候，每艘船上都需要一名木匠、一名捻缝工、一名船桨工，他们负责紧急维修；威尼斯元老院给这些工匠的优待政策，是为了保证随时可以拥有远超同时代其他舰队的专业人员。由于这些原因，军械库的开支在威尼斯的财政支出中占了很大一部分，因此在1569年3月，威尼斯政府宣布不再支付工匠周六下午的工资，因为这半天除了发工资之外没有别的工作；但相关人员表示强烈反对，最终政府不得不放弃了这一法令。

然而元老院和军械库工匠的关系依然紧张，尤其是因为此时军械库的管理者们想修改一直以来的劳动组织结构。在此之前，军械库的工作没有任何统一的标准：每个工匠来到军械库工作的时候，都按他在自己作坊里的那一套标准来做，按照其自己的流程，并使用客户提供的原料。一旦工匠签到后，除了有一个巡视员负责不让工匠在军械库中睡觉外，就没有其他任何生产管理了；当需要造一艘新的加莱桨帆船的时候，这个项目会以折扣价特别委派给一位造船师傅，然后由他自己去招募需要的人手。为了结束这类混乱的情况，提升“生产效率”（用今天的话说），在 1569 年威尼斯决定从那些已经根据自己的设计建造过加莱桨帆船的工匠师傅中选出 14 人为专门的造船师傅，将所有工匠按姓名字母顺序登记。因此这 14 个工匠师傅都拥有自己的团队，并且由军械库管理人员为他们指定建造码头和具体工作任务，这样就可以随时检查他们的工作进度和所需时间。和之前的做法不同，这些工匠师傅不再是终身任职，因为元老院认为这样的特权会让他们“工作时缺乏热情”。如今这 14 个人的职位任期 5 年，到期后根据他们过去的工作积极性来决定是否留任。[12]

由于这些新变动，军械库内部弥漫着不满情绪。上一条法令恰恰是于 9 月 10 日，也就是爆炸发生 3 天前通过的；自然，人们马上怀疑是某个工匠因为对新法令心怀怨恨，而点燃了火药库中储藏的火药桶。对行会事务缺乏敏感性的教廷大使轻蔑地观察到：“据说纵火者是某个在军械库工作的人，我不知道，可能是因为他们周六的工资被少发了，他们在这天并没有全天工作。”十人团对能找到罪犯的人许以重金；两名工人被抓捕，但很快就因为没有证据而被释放。此前的几个月甚至几年，十人团不断收到匿名举报，但并没有采取进一步行动；一些热忱公民在记录中指出了军械库的许多潜在危险，无论真实的还是虚构的，并且认为敌人可能派遣“纵火者”（还没有谈到爆炸）潜入军械库，以打击“他们最嫉妒、最仇恨”的国家的重要利益。总之各种谣言四起，一开始说爆炸是某些不知名的敌人所为，后来就直接将其归咎于投靠奥斯曼帝国苏丹的叛徒了。

事实上，政府很快就发现这场火灾根本不是有预谋的犯罪，因此如教廷大使所惊讶的，对犯人的悬赏“非常低”。最后发现火灾所造成的损失实际上也很有限。火药库的爆炸炸毁了一段围墙，对外面的一些建筑也造成了一定的损伤。但幸运的是，那天晚上并没有风，因此火灾迅速得到控制，并没有蔓延到存放加莱桨帆船的区域。一开始部分仓库倒塌的时候，人们很担心，以为可能会有 10 艘加莱桨帆船彻底报废，6 艘损坏，但在残骸清理干净后，他们发现只有 4 艘加莱桨帆船彻底报废。9 月 17 日，发生了一件让教廷大使感到强烈不满的事：威尼斯元老院的部分元老准备利用切莱斯蒂娜修道院毁于爆炸的机会，征用其地皮来扩建军械库。

然而，这起事件在其他方面引起了当局的严重关切。事实上，在灾难发生的当晚，当“最资深的元老们”忙于指挥灭火和缓解恐慌时，“人们对军械库的危难无动于衷，除了贵族，没什么人去那里”。据法奇内蒂估算，大约 2000 名工人中，只有不到 200 人肯来帮忙灭火。政府给了他们一笔奖金，“以弥补降低他们工资的错误”。军械库的管理人员把所有当时在场的人注册在案，后来统计出来大约有 300 人，便给他们全部加薪。如果战争真的即将打响，那元老院最不想得罪的就是军械库工人；10 月的头几天的又一次较大规模游行示威再次证明了这点。游行的起因是十人团准备另外任命 3 位巡逻队长负责夜间巡逻，而不再像以前那样把这个任务交给军械库工人了；这一决定引发了强烈反对，最终不得不收回成命，任命了军械库的几位工匠师傅为巡逻队长，而所有那些支持了这一轻率决定的元老则被禁止参加下轮改选。[13]

在这段时间里，巴尔巴罗继续送来自相矛盾的报告。君士坦丁堡的军械库里，工人们正在制造轻型火炮，但这些火炮只能发射两磅重的弹丸，用骡子就能运输，因此“更像是要用在陆战上，而不是海战”。而其他人依然在建造加莱桨帆船，“但工作强度并不高”。法奇内蒂主教开始觉得困惑。无论他们是否认真工作，现在都可以确定苏丹的舰队将在来年变得更加强大。然而，“威尼斯的贵人们好像已经得到了什么保证，认为自己将不会是这支舰队的目标”，教廷大使鉴于他们如此冷静而推理道，“他们想必对土耳其人的想法有了一定程度的把握，但我们还不太清楚那到底是什么”。最后，10 月 22 日，在阅读君士坦丁堡方面的来信时，法奇内蒂终于明白了其中的言外之意，他知道了威尼斯人为何如此平静："这些贵人大部分都认为土耳其舰队要去救援西班牙的摩尔人。"[14]

当时，在安达卢西亚的阿勒普耶罗斯的摩尔人正在暴动，他们是被天主教国王强制要求转信基督教的穆斯林的后代，因此整个地中海区域的人们都认为奥斯曼帝国的苏丹会去救援他们。西班牙国王费利佩二世是势力最强的基督教国王，他认为西班牙和奥斯曼帝国处于永久性战争状态，从来没想过要与其发展任何外交关系。如果卡普丹帕夏要在 1570 年春天派遣一支大舰队的话，那么他更应该去救援被压迫的穆斯林同胞，并打击伊斯兰教最大的敌人，而不是去攻击一直只想和奥斯曼保持良好关系的爱好和平的威尼斯，不是吗？大使的报告也都是从这个角度出发的。年高德劭的穆罕默德·埃布苏德·埃芬迪是君士坦丁堡的穆夫提，也就是奥斯曼帝国的最高宗教和法律权威，他发布了一条教令，宣称："陛下有义务去拯救那些同样是穆斯林的摩尔人，如果他拒绝这么做，那么人民可以把陛下用石刑处死。"威尼斯大使的好友、奥斯曼朝廷的官方翻译马哈茂德贝伊，向大使保证苏丹目前在忙着策划针对西班牙的行动，而奥斯曼和威尼斯之间的和平"绝对有保证，即使外面各种相反的谣言沸沸扬扬，苏丹陛下对真正的朋友从来不口是心非"。巴尔巴罗没有理由不相信他，在 1569 年的最后几个月里，威尼斯的其他贵族也一样。[15]

当然，这并不意味着威尼斯人在自我欺骗。在这年 10 月底，又到了讨论塞浦路斯岛驻军轮换问题的时候，有人建议增派更多的兵力，而更多的人相信大使传回的报告，偏向于省下这笔钱。最后人们决定继续观望，等有了更多来自君士坦丁堡的信息再下决定，"因为调遣军队的时间还很充足"。[16] 地中海的冬天危机四伏，在极端的情况下，一艘加莱桨帆船或一支舰队可能要冒着风暴在海上停留 6 个月，不会有人认为这些船能全数幸存：舰队很可能因为气候原因损失大部分船只，水手们也会伤亡惨重。因此在冬天，各种海上活动的可能性因为这些风险而大大降低了。卡普丹帕夏必然要等到来年的四五月份才会出海，威尼斯人认为这就有充足的时间来了解奥斯曼朝廷的动向。

就这样，直到年底威尼斯人仍在猜测那支正在黑海慢慢组建的奥斯曼舰队的目的。大使时刻在注意一切的蛛丝马迹：从评估摩里亚地区的海用饼干的剩余存量的命令，到一艘从米蒂利尼开来的满载沥青的商船；从军械库缺少给加莱桨帆船捻缝的拖车，到卡普丹帕夏频繁前往马尔马拉海督促建造运输船。但同时，关于要进攻塞浦路斯岛的流言也开始淡化了：公众更关心西班牙摩尔人暴动的形势，以及某些来自波斯的突发消息。[17]

至于正在组建中的土耳其舰队的规模，巴尔巴罗的报告一直给出了一致的说法，这将是一支极其庞大的舰队。夏初，加利波利的卡迪（教法官）得到命令，要购买足够装备 200 艘加莱桨帆船的帆布，然而这道命令似乎太过乐观了，因为军械库里的部分船只已经根本无法使用；然而卡普丹帕夏希望至少能把 120 艘战船重新投入使用，加上在罗得岛、希俄斯岛、内格罗蓬特岛和亚历山大等地保护海上商路的战船，一共可以集结大约 150 艘。然后，在 11 月 12 日，威尼斯大使第一次闻到了更重要的事情将要发生的味道：奥斯曼政府取出了兵役名册，并开始征募战船的桨手，“虽然这件事完全没有公开”。[18]

这些消息在圣诞节 10 天前传到了威尼斯，而节日的气氛并没有因此被破坏。法奇内蒂写道：“从我所看到的情况来看，有一件事很确定，威尼斯的大人们根本不担心土耳其舰队会突然出现攻击他们。”这位教廷大使继续写道：当土耳其舰队出海的时候，威尼斯人也开始武装他们的舰队，但这仅仅是出于谨慎和例行公事，“这是共和国的古老制度，每当土耳其人备战的时候威尼斯也备战”。然而在圣诞节前 4 天，法奇内蒂主教第一次从周围人的谈话中注意到一丝顾虑。虽然威尼斯人仍然相信土耳其的舰队的目标是西班牙，但他们不希望让苏丹有可乘之机；因此他们决定一旦土耳其人武装起来，就向塞浦路斯岛增援 1000 名步兵。[19]

接下来就是圣诞节了，在节日前后的几天中，人们似乎已经完全忘了土耳其人的事。直到 1 月 4 日，教廷大使才意识到已经很久没有收到君士坦丁堡方面的消息，巴尔巴罗一直没有再向威尼斯送回任何情报。这有些让人担忧，但也有可能是负责传递消息的三桅帆船在海上迷路了，因此现在除了等待什么也做不了。最后巴尔巴罗大使和法国在君士坦丁堡的大使德格朗尚的信件同时抵达了，两封信都是在一个半月前的 11 月 27 日寄出的。除了威尼斯大使以外，法国大使是君士坦丁堡唯一的基督教大使，因为法国国王当时是西班牙的敌人，和苏丹也有同盟关系；但基督徒之间互相帮助也理所当然。所以法国大使成了别的天主教国家极佳的情报来源。德格朗尚在信中宣称："土耳其人集结了180艘加莱桨帆船，还有30艘运输战马和弹药的帕兰迪尔和马霍恩式运输船，并且可以确定行动目标是塞浦路斯岛。"然而这封信的效果却被威尼斯大使的另一种说法削弱了，他给出了更低的数字和更令人安心的解释："大使报告说有20艘帕兰迪尔，但加莱桨帆船只有150艘，其中只有18艘可以出海航行；到现在为止君士坦丁堡只招募了60艘加莱桨帆船所需的水手。因此大使相信这支舰队仅仅将用于保护土耳其自己的领土，虽然他还不完全肯定。"[20]

然而，在1月下旬，事态突然变得紧急了。21日，巴尔巴罗的另一封信又来了，是12月12日发出的（冬季的糟糕天气又一次让信花了一个半月才抵达）。这位大使写道："将要出动130艘加莱桨帆船，为其招募船员的命令也已下达。而这130艘船再加上一些私掠船，就足以构成一支强大的舰队。"在黎凡特的穆斯林的私掠船，以及在阿尔及尔的巴巴里海盗，都有义务在需要的时候和苏丹的舰队会合。他们的船较小，但水手们个个身经百战。此外，土耳其人在军械库原先的人手之外，又尽其所能地招募了新的师傅，以加快工作进度。然而和往常一样，巴尔巴罗又进行了安抚人心的补充：穆罕默德帕夏亲自向他保证这支舰队不会去攻打威尼斯，君士坦丁堡的传言也都认为舰队要去西班牙救援摩尔人。1月25日，大使在12月18日发出的更令人震惊的情报送到了威尼斯：苏丹下令头50艘加莱桨帆船要在3月中旬出海；由于军械库中有众多工人在工作，另外80艘应该也会很快准备就绪。此外，在原先的20艘帕兰迪尔的基础上又增加了30艘，上面装载的物资并不是为长距离航行准备的，而基本都是战马和弹药。

教廷大使还试图为枢机主教博内利和教宗等不具备军事专业知识的人解释这个技术细节：很明显，满载着这类物资的舰队绝不是要开往安达卢西亚，而是要在较近的地区登陆。哪里？根据奥斯曼朝廷对各省下发的动员令，这个目的地并不难猜测："他们征召了驻守在埃及和叙利亚等地的士兵，这一行动便于他们攻打塞浦路斯。”到了这个时候，连巴尔巴罗也开始怀疑大维齐尔的承诺了，太多的迹象表明这次行动的目的就是塞浦路斯岛。在威尼斯，教廷大使也指出：“威尼斯贵人中仍不确定土耳其人的目标的已经越来越少了。”因此，威尼斯人开始了第一轮紧急应对行动：威尼斯的港口开始禁止所有船只出航，开始紧急招募1000名步兵前往增援塞浦路斯，命令军械库的官员“尽一切可能生产更多的加莱桨帆船，无论大小”。然而在采取更进一步的措施以前，威尼斯总督此时还在抱有最后一丝希望，期待局势好转的消息能传来。[21]

众人期待已久的信使终于在1月27日抵达了，带来了威尼斯大使和德格朗尚刚好一个月前送出的信件。教廷大使看到了法国大使的信，得知土耳其人开始把火炮和弹药运往“塞浦路斯岛对岸的卡拉曼地区”，同时3月要出发的50艘加莱桨帆船已奉命装载供舰队使用的海用饼干。在君士坦丁堡依然还有谣言说舰队要去救援西班牙的摩尔人，但教廷大使再也不相信这一切了：“这不过是个阴谋，同时透露一些信息，好像要打这里，又好像要打那里，从而隐藏其真实目的，让各国君主摸不清其动向。”但最严重的是，这一次威尼斯人把巴尔巴罗的信件视为最高机密，严防外泄：“十人团现在在闭门开会，今天晚上没有任何途径可以知道其中的详情。”4天后，十人团公布了他们从大使那里了解的情况，以及他们的最终决定，消息震惊了威尼斯的所有公民：“土耳其人的30艘帕兰迪尔运输船正准备前往卡拉曼和叙利亚，这两地的骑兵、工兵和步兵已经全部被召集了。”据此，十人团决定正式告知塞浦路斯民众“这个王国正面临着被土耳其人入侵”的危险，同时决定在两个月内组建一支150艘加莱桨帆船的舰队。威尼斯正式进入备战状态。[22]

2

朝廷与后宫

奥斯曼帝国苏丹塞利姆二世1566年9月登基时，他还没有向他手下的士兵和人民证明他能无愧于自己的父亲和祖先。他的祖父塞利姆一世，人称“冷酷的”塞利姆，征服了叙利亚、巴勒斯坦和埃及，并将麦加也置于其统治之下，成为正式的圣地守护者，即所有逊尼派穆斯林的精神领袖。他的父亲“立法者”苏莱曼被西方人称为苏莱曼大帝，苏莱曼征服了克罗地亚和匈牙利，在巴尔干一路扩张，打到了维也纳城下和威尼斯的陆地边境；他从波斯沙阿手中夺取了巴格达和美索不达米亚，占领了也门，并几乎完全将西班牙人赶出了北非。作为罗马帝王的后继者，“君士坦丁堡的保护人”，苏莱曼骄傲地下旨，他将取代先前的罗马统治者，奉真主的意志征服并统治世界，以应验古兰经的预言：“我确已任命你为大地的代治者。”（《古兰经》38:26）

因此非常明显，他的儿子塞利姆需要继续扩张帝国以及强化伊斯兰信仰。这是军人所期待的，因为他们过去在所征服的地区获取了大量的土地和财富。用苏丹左右重臣们的话说，“财富像雨一样从天而降”。这种慷慨对苏丹的政治地位来说非常重要。而塞利姆在继位前就已有了吝啬的坏名声。[1]同时这也是帝国的那些乌理玛（教法学者）所渴望的，塞利姆为此命他父亲最器重的建筑师，曾主持修建了君士坦丁堡的苏莱曼尼耶清真寺的希南，在塞利姆自己最喜欢的城市哈德良波利斯建造一座更雄伟的清真寺。此时希南已经年逾七旬，但依然领命开始工作。塞利米耶清真寺的巨大工程很快就开始，这座清真寺直到今天仍被视为希南留下的重要的杰作之一。巴尔巴罗在其报告中提到“他在那座城市中修建一座最美丽的清真寺……无论是从其之宏伟，还是里面的支柱，还有所用的各种珍贵的大理石和宝石来看，它都是最高贵的建筑”。但乌理玛们提醒苏丹，按照奥斯曼帝国的传统，附属于清真寺的慈善基金、学院、医院和救济穷人的食堂都不能用虔诚穆斯林的钱，必须用新征服的土地上的异教徒缴纳的税来建造。[2]

这些事务的重担全部压在了塞利姆的身上。即使到他的统治快要结束的时候，他还是在黄金地板的大厅中一个用丝绸、黄金和宝石装饰的讲坛上会见臣民，“不是在他父亲苏莱曼大帝的宝座上，而是在它下方……以此来表示他不配坐在他父亲的宝座上”。奥斯曼帝国内部在这方面留下的记录并不多，但威尼斯外交官们却打听到不少小道消息。这些小道消息并不都可信，但无论如何有一点是确定的，就是这位苏丹可能精神方面有点问题，而且已经不是一两天了。所有人都知道他酗酒：这在虔诚的穆斯林看来是可耻的，不过在这个基督徒和犹太人聚集的社区挤满了不少酒馆的首都中不算罕见。在没人预见这位仅仅是苏莱曼大帝三个儿子中的次子的塞利姆能继承他父亲的宝座时，关于他的传言就已经非常多了：“这位塞利姆 26 岁，行为放荡，以酗酒和精神萎靡而闻名。”这是在他继位 16 年前的 1550 年写下的。[3]

这样极度负面的评论伴随塞利姆一生，不过其中的矛盾之处也说明了西方的偏见。人们说他整天贪食醉酒，吃得大腹便便，又缺乏锻炼——虽然所有人都知道他喜欢打猎。有人说他愚笨到几乎无法下笔。“要他学会好好写字母实在不容易”，安德烈·巴多尔先生于 1573 年如此写道。然而另外也有人说这位土耳其皇帝“工于诗词并以此为乐”。事实上，根据奥斯曼帝国苏丹的传统，塞利姆常与其后宫中宠爱的妃嫔以土耳其语和波斯语的诗歌唱和。当时的基督教国家的统治者们常常听到有关他放纵行为的消息，这些消息多半来自君士坦丁堡西部佩拉街区的酒馆：这位苏丹“又肥又胖，不守教规戒律，钟爱葡萄酒，每当他配着肉类和龙虾一起享用美酒时，就会比平时喝下更多的酒”，以及“他每天早上起来要喝半瓶白兰地，并享用他最喜欢的美味佳肴，有几次他还会和其最宠信的艾哈迈德维齐尔一起在桌边连续吃喝整整三天三夜”。[4]

这种言论还将导致其面颊发红的病理性炎症也归咎于酗酒，据说，苏丹有着“一张被过量的葡萄酒以及他过去用来助消化的大量白兰地毁掉的脸”。随着时间的推移，红斑愈发严重，即使是最恶毒的观察者也被迫承认，这不可能只是葡萄酒带来的后果：他们承认，苏丹“患有一种损害他全身皮肤的疾病”。无论人们是否应该指责他的饮食习惯，但有一点是肯定的，这位塞利姆的身体并不健康，可以预见他的统治不会持续很久。巴尔巴罗如此描述他：“浑身肥肉，脸部通红发炎，外貌甚是骇人，根据通行的说法他现年 53 岁；鉴于其生活方式，他可能时日不多了。”人们总是重复说他的外貌让人恐惧，有充分证据证明，塞利姆知道自己长相可怕，便有意利用了这张丑脸，为了让他的脸看起来更吓人，“他把他眼皮周围全部染成黑色”。[5]

西方人都相信塞利姆是个一无是处的酒鬼；以至于在战争爆发后，人们仍通过回忆“那个土耳其人的愚蠢和酗酒”来鼓励自己。当苏丹驾崩的谣言传来时，法奇内蒂甚至希望这不是真的：“这对基督教世界可不是什么好消息。”因为这位酒鬼苏丹“是基督教文明能够取得战争胜利的重要保障之一”。然而，苏丹虽然酗酒，但不代表他缺乏政治头脑。那些观察他的威尼斯人对他的那些荒唐行为的坚持，在一定程度上也隐藏了这个他们并不喜欢的事实，那就是想要探知奥斯曼朝廷的真实意图非常困难，因为朝廷似乎蒙着层层神秘的面纱。曾有观察者猜测塞利姆“偏袒犹太人”，而这立即引发了许多酒馆流言（“普遍认为他有一位犹太父亲”），这只会再次暴露出当时弥漫在威尼斯社会中的强烈反犹倾向。[6]

塞利姆本人的政治观点可能看起来没那么重要，因为众所周知这位酗酒的苏丹不怎么亲自处理朝政，他把政务都交给了帝国的大维齐尔穆罕默德帕夏；然而同时人们又不得不承认，这位苏丹有自己的想法，而且“一旦他坚持某个观点，就不会轻易动摇”。[7]不过在君士坦丁堡的宫廷中，人们认为这位新苏丹似乎比他父亲更容易受人影响，这多少使人有些担忧。当塞利姆刚刚继位的时候，被派到威尼斯宣布这条消息的皇室首席翻译易卜拉欣贝伊如此描述了宫廷内部所发生的变化：

> 陛下还不成熟，会和所有人交谈。他喜欢寻欢作乐，尤其喜欢打猎。海军总司令是他的驸马，常常带着陛下乘加莱桨帆船出海玩乐，

并借此机会单独交谈；这位海军总司令希望能在海上大显身手，实现自己的抱负。而先帝则是独自统治国家，只会对少数人说自己的看法，他为人正直，喜欢安静，而注意倾听所有人的声音。

因此，对那些喜欢阴谋权术的人来说，现在他们的机会来了。[8]

上文提到的这位塞利姆继位时的“海军总司令”，是经验老到的皮亚里帕夏，他曾经在杰尔巴岛海战中打败了西班牙舰队。他是苏丹的重臣，深受宠信，而且时常有机会和苏丹单独交谈，这让威尼斯人很是担心，他们认为如果塞利姆计划发动新一轮的军事征服，那他的目标一定会是地中海：因为只有扩大加莱桨帆船舰队的规模和船员的数量，才能让卡普丹帕夏获得强大的政治势力和巨大的利益。另一方面，既然如今奥斯曼帝国以多瑙河和幼发拉底河为疆界，那么向地中海扩张自然才是合理的做法，土耳其人将地中海称为“白海”，与“黑海”相对，在土耳其语中，黑色象征北方的黑暗，而白色象征南方的光辉。苏丹的祖父“冷酷的”塞利姆曾经宣称：“我们口中的白海只是一个单独的海湾，而在这一个海湾中居然有如此多的国王和王国！将这整个海湾置于一个伟大国家的统治之下，难道不是一件崇高而合理的事吗？”[9]

然而，苏丹并不是自己一个人下决定；甚至按照传统，他的决定要出于其大臣的提议。奥斯曼帝国的议事机构被称为底万，它每周开会四次，分别在周六、周日、周一和周二，然后休息三天，并在周五举行庆祝活动。在塞利姆的时代，除了大维齐尔外，还有四位维齐尔，他们也被称为帕夏。他们要工作一整天，其间只吃一顿有米饭和羊肉的简餐；同时在皇宫的外厅和庭院里，还有数百名等级较低的大臣和上千名工作人员一同进餐，而这一午餐的费用则由苏丹承担。（有一位威尼斯人说，如果他们吃的是我们意大利的美食的话，这些人员的开销将会非常巨大。但他们却只需要面包、米饭、羊肉和水就满足了。）苏丹本人并不参加会议，但如果他喜欢，也可以在一扇不会被人发现的窗户后面旁听，这样就能保证大维齐尔不能在向他汇报会议内容并申请通过时对他隐瞒撒谎。[10]

和奥斯曼帝国的几乎所有官员一样，这五位维齐尔也是通过被称为“德夫希尔梅”（意为“征募”）的制度选拔进入政府的，这是一套特别的体系，每隔四五年，耶尼切里军团的军官们会造访帝国巴尔干各省的基督徒村庄，选择一些有潜质的小孩，把他们带到君士坦丁堡。从理论上说，这些小孩从此就成了“朝廷的奴隶”，或者说是苏丹的私人财产，苏丹可以直接对他们每个人都有生杀大权。所以他才需要从基督徒中间招募，因为伊斯兰教法禁止穆斯林把别的穆斯林作为奴隶。（事实上，当时伊斯兰教法也同时保护奥斯曼帝国境内的基督徒，这种“征募”体系并不完全符合伊斯兰教法：不过没人会指出这一点。）平均每40个家庭中就要有一个男孩被带走；只有一个儿子的家庭可以得到豁免，那些有权势的家族和东正教神职人员的家庭也会被默认免除这一义务。

被“征募”制度选中，自然会给男孩和他的家庭带来不快，因为这意味着他必须接受割礼并改信伊斯兰教；然而同时这也是一个极佳的机遇，波斯尼亚的穆斯林甚至主动争取到了让他们的儿子破例参加选拔的资格。在君士坦丁堡，这些男孩都要接受训练，使他们几年后能成为耶尼切里军团的士兵，加入耶尼切里不仅能享受丰厚的军饷，而且有机会在这一体系中步步高升；但那些最有潜力的人，将直接进入托普卡珀宫服侍苏丹本人，并在他身边接受教育。等他们长大成人后，土耳其皇帝会从他们中间挑选一些人成为帝国的高级政府官员和军队指挥官，而其他人则加入皇家的西帕希*骑兵卫队。[11]

在这种令人震惊的制度下，奥斯曼帝国完全由出身寒微、非土耳其血统，且出生时为基督徒的人统治，这给西方人留下了深刻的印象。佛兰德人比斯贝克曾经在16世纪中叶访问了君士坦丁堡，他说这样的体系构建了一个十分连贯的社会，这些人为自己凭借着才能而登上世界权力的顶峰而感到自豪：“从苏丹那里得到最高级的官职的基本都是牧羊人的后代，他们根本不以自己的卑微出身为耻，反而引以为荣，并认为他们可以夸口自己的机遇不来自出身。”被迫每天和他们打交道的马肯托尼欧·巴尔巴

---

* 奥斯曼帝国的一种封建骑兵，他们有义务终身为苏丹服役，换取被称为“蒂马尔”的采邑。

罗，感到难以忍受这些傲慢的新贵，“他们出生时是基督徒”，但这些败类“下贱，无能，卑鄙，奴性十足，被剥夺了关于政治、公义和宗教的意识，并且被肉体冲动所捆绑，充满了欲望和贪婪，特别是充满了骄傲和自大”。

考虑到当时西方人对出身和血缘的高度重视，不难理解他们为何会有此种看法。例如勒班陀大战中威尼斯的舰队司令老塞巴斯蒂亚诺·维尼埃就认为，这些对贵族一无所知的土耳其人毫无可敬之处，他对自己不得不和“不承认伯爵、骑士和绅士，只承认商人的敌人”战斗而感到愤怒。然而，有不止一位威尼斯观察家，准确指出了奥斯曼帝国的这套怪诞而残酷的德夫希尔梅体系的优点所在。在1560年，马里诺·迪卡瓦利大使宣称：如果威尼斯共和国想要能对抗土耳其人，那就必须模仿他们，将官职和权力授予那些证明了自己有相应资格的“出身低下的普通人”，如果这么做，贵族的仆人通常会比贵族们更加忠诚。（事实上，正如教廷大使指出的那样，迪卡瓦利本人就“没有什么家族背景”。[12]）

塞利姆苏丹的五位维齐尔都是在这样的体系下一步步爬升到了现在的位置。穆罕默德帕夏又名索库鲁，这个称呼是他的姓氏“索库洛维奇”的缩写，他是一个来自波斯尼亚的塞尔维亚人，他曾效力于苏莱曼大帝，先是担任卡普丹帕夏，然后出任鲁米利亚的总督，最后成为大维齐尔。第二维齐尔皮尔图帕夏则是阿尔巴尼亚人，他在成为维齐尔前是耶尼切里军团的阿迦。第三维齐尔皮亚里帕夏，也是在做过卡普丹帕夏后升到了这个位置。他是匈牙利人，或者也可能是克罗地亚人，似乎是一个鞋匠的后代，不过有传闻说他曾被遗弃在水沟里。第四维齐尔艾哈迈德帕夏，有些人说他是匈牙利人，也有人说他是波斯尼亚人，总之他“出身寒微”，他一直是从塞利姆到整个皇宫最宠爱的人，也是前者一直最喜欢在一起喝酒的酒肉朋友。第五维齐尔拉拉·穆斯塔法帕夏，我们后面会详细提到他。有些人说他是波斯尼亚人，也有人说他是黑山人，总之他“血统低贱”；他当年未能留在宫内任职，而是加入了西帕希骑兵卫队，后来成为财务官，再后来他担任当时还是王子的塞利姆的家庭教师（“拉拉”就是家庭教师的意思），之后便凭着这一身份飞黄腾达。[13]

这五位维齐尔都出身卑微，都在皇宫接受过严格的教育，而且有着亲戚关系，因为苏莱曼采取了让重臣与皇室联姻的政策。1562 年，他在同一天将王储的两个女儿伊斯米汗和盖芙赫汗分别指婚给了穆罕默德和皮亚里；他还让艾哈迈德娶了他的一个外孙女，她是苏莱曼的女儿米赫丽玛和前任大维齐尔鲁斯坦帕夏的孩子。拉拉·穆斯塔法则在担任大马士革帕夏的时候，娶了一位来自被奥斯曼帝国废黜的埃及马穆鲁克皇室的女子，但当她去世后，塞利姆把他自己的另一位女儿赐婚给他。当驸马并不是件舒服的事，因为妻子的社会地位远远高于她的丈夫：帕夏们不可以再娶别的女人，并且必须对他们出自皇室的妻子言听计从。然而这样的婚姻不但增强了这些帕夏的威望，也增强了他们的实际权力。因为土耳其皇帝的姐妹和女儿可以自由进出皇宫，随心所欲地面见苏丹，而维齐尔要见苏丹却要受制于大量底万传统的复杂烦琐的程序和规章制度。

身为“德夫希尔梅”制度的产物，维齐尔们都知道自己不过是苏丹的奴隶，如果苏丹对他们不满意，随时可以把他们绞死，并且在他们死后没收他们任职期间积蓄的全部财产。众所周知，在穆罕默德帕夏于 1579 年去世后，塞利姆的儿子穆拉德三世苏丹立刻接管了穆罕默德帕夏和他的前人留下的全部遗产：“根据当时大使的记载，苏丹认为自己问心无愧，因为他清楚地知道那些帕夏留下的遗产不过都是窃取来的。”然而时代在变化，勒班陀海战时的五位维齐尔是头一批能让自己的儿子们也身处高位的维齐尔，他们破坏了进入帝国高层一定要凭借能力的原则，使得人们靠出身也能飞黄腾达。穆罕默德帕夏的儿子在 22 岁的时候已经是黑塞哥维那地区的桑贾克贝伊，也就是该地区的首脑。在他 1572 年去世的时候，他那奴隶所生的弟弟继承了他的位置，而此人当时只有 17 岁。拉拉·穆斯塔法帕夏的儿子是重镇阿勒颇的桑贾克贝伊，而皮亚里帕夏的一个儿子则成了靠近斯帕拉托的克利斯地区的桑贾克贝伊。巴尔巴罗观察到，许多人认为这种行为相当可耻，“没有人能接受大维齐尔的儿子靠着恩荫就坐上桑贾克贝伊的位置”；然而如果这种行为还比较收敛，而且这些人可以被撤职的话，那么这比意大利和西班牙的那些君主家族的稳定继承还差得远。[14]

塞利姆就是和这些人商讨决定了征服塞浦路斯的计划，而当决定要开战后，也是他们负责具体实施。在威尼斯人看来，其中最平庸乏味的要数皮尔图帕夏，他是个典型的军人，“个子小，胆子却大”。不止一个人说他“更擅长陆战而不是海战”，这样的缺点后来在勒班陀海战中将会产生严重后果；此外，长久以来，人们都认为他无力承担大任，注定会很快退休。与此相反的是，艾哈迈德帕夏是个身材高大、讨人喜欢的人，此人没什么城府，能身居高位的原因仅在于他和苏丹的友谊：此人“没什么主张，但非常有热情”“体格强壮，身体健康，性格开朗”“不怎么察言观色，却非常慷慨”；同时他热爱生活，广交朋友，人们没有理由害怕他，因为他“待人非常礼貌，满足于他那位身为苏丹姐妹的岳母赏赐给他的大笔财富，除此之外别无所求”。而对皮亚里帕夏的种种评价则相互矛盾：有人认为“他缺乏才能也不够谨慎”，但也有人说他是“一个好水手，勇敢的战士”，或许后面的这个评论更接近事实，因为他在勒班陀大战前被免职时，舰队中的水兵纷纷表示不满。然而他的个人生活则多少有些不堪：皮亚里“并不富裕，但依然乱花钱”，他生活堕落，吸食鸦片，“他那来自皇室的妻子也整天挥霍。他有大约 300 名基督徒奴隶，他们的境遇远比他的土耳其奴隶要惨”。[15]

然而底万中个性最强的当数大维齐尔和第五维齐尔。拉拉·穆斯塔法因把马肯托尼欧·布拉加丁活活剥皮而闻名，而我们也毫不奇怪地发现，在他犯下这一罪行的几个月前，拉加佐尼大使将他描述为一个“文明、谨慎和勇敢的人”。另一个威尼斯人，在事发后不久也不得不重复他是个“非常有勇气和极度谨慎的人”，但如今他在法马古斯塔的暴行玷污了他的形象：“他身材矮小，却以自己的外表为荣。他诡计多端、贪得无厌而且生性残忍。”他在 1568 年被任命为军队总司令，前去镇压也门起义，在此期间他曾被指控贪污和叛国，并一度有生命危险，但由于塞利姆本人对他的保护，他很快洗清了嫌疑。很明显，他是一个精明强干又野心勃勃的人：在征服法马古斯塔（他一生中胜利的巅峰）7 年后，拉拉·穆斯塔法帕夏被描述为“一个 70 岁的人，充满才智，对现有成就仍不满足，知道他将担当更重大的使命，说实话，没人比他更适合指挥舰队，也没人比他更能接替了不起的穆罕默德帕夏的位置”。[16]

唯一能在底万中与他相提并论的也只有穆罕默德。有一天在这位大维齐尔和威尼斯使者拉加佐尼谈话的时候，他说他其实是曾统治塞尔维亚的君王的后裔（这位威尼斯人背信弃义地加了一句："虽然很多人不这么看。"）。但这并不是这位大维齐尔对自己形象的唯一修饰，他染了胡子让自己看起来更年轻，并在 70 岁的时候说自己"只有 55 岁"；这似乎因为他出身于一个显赫世家，曾注定要投身于教会事业，当他 18 岁那年被德夫希尔梅体系选中的时候，他已经是教会的执事，在波斯尼亚的圣萨巴斯修道院协助他的神父叔叔举行弥撒。当他登上权力的顶峰后，他肆无忌惮地把家族的利益放在首位，自如地从两个宗教中谋求好处：当他在波斯尼亚建立了伊斯兰教丰厚的"瓦克夫"教产后，就将其管理权交给了自己的父亲；而他也从苏丹那里获取了任命东正教佩奇牧首的权力，这个职位可以管理整个巴尔干地区的神职人员，他先是将其给了他的兄弟，后来又让他的两个侄子继任。（马里诺·迪卡瓦利在前往君士坦丁堡的途中，听到斯科普里的神职人员抱怨："那个由他当帕夏的长辈任命的塞尔维亚东正教牧首，得到了土耳其皇帝的授权，所有的基督徒，不分东正教还是天主教，都要向他缴税。"）

关于穆罕默德身为政治家的一面，人们的意见是正面而一致的。巴尔巴罗大使对他所做的大量工作以及他的礼貌态度充满钦佩和惊讶：

> 这位帕夏非常有耐心，似乎工作起来永远不知劳累，也永远不会失败。他从来以感恩的态度来回答问题，而从不骄傲自满。他非常虔诚、节制、谦和，不咄咄逼人，也不贪婪……他很健康，身体也很好，外貌看上去威风凛凛，高大又雄壮，记忆力也很好。他的妻子很年轻也很漂亮。虽然他已经 65 岁，但看上去还是很年轻。他每年生一个儿子，但全部都死了。

拉加佐尼在 1571 年曾经和穆罕默德打过几个月的交道，随后立刻向威尼斯元老院汇报，此时战争已经开始，但离勒班陀海战还有一些时间，他对谈判失败感到遗憾，但说他很荣幸能"结识一个现在存在于地球上的帝国中的最明智、公正、谨慎和勇敢的统治者，并能与之同坐一张谈判桌”。巴尔巴罗于停战后回到了君士坦丁堡，他让人给自己画了一幅肖像画，今天这幅画保存在因斯布鲁克的艺术历史博物馆，这幅画背景是奥斯曼帝国的金角湾，他手中拿着一封信，信封上写着“致最好的朋友穆罕默德维齐尔”。[17]

威尼斯人确信，底万成员之间的个人竞争对帝国政策的方向有着关键影响，也正是因为这个原因，他们将注下在穆罕默德身上。在战争爆发之前，秘书布翁里佐甚至断言，帕夏们只关注他们的个人利益，以至于他们“根本没有考虑应该做什么，也没有考虑如何为他们的君主服务”，巴尔巴罗后来证实，正是在那次事件中，他理解了维齐尔们彼此有多么相互憎恨，他们费尽心机去“夺取彼此的地位、荣誉和生命”。引起其他人最大的敌意的人，是苏丹最宠爱的拉拉·穆斯塔法，他的职业生涯也是最耀眼的，其他维齐尔都盼着他早点死。因为他的晋升而感到最大威胁的是大维齐尔，他被迫接受这位前大马士革帕夏入阁参政。基于这些意大利人所能观察到的事实，一点也不奇怪他们在报告中将底万内部关于战争前景的讨论视为这两位主要人物之间的决斗：拉拉·穆斯塔法是这个决定的首要推动者，他肯定要从苏丹那得到出征塞浦路斯的舰队指挥官的位置，而穆罕默德却“完全不希望这场战争”，因为他不想给他的死敌提供这样一个大显身手的机会。[18]

即使在开战以后，威尼斯人依然相信穆罕默德根本不希望发生这场战争，并且已经在尽全力阻止它。由于这场底万会议并没有文字记录，所有的最终决定都是以苏丹的名义直接发出的，我们已经无从得知威尼斯人的说法到底有几分是事实；然而即便事实真是如此，管理着一切事务的大维齐尔，也不能反对苏丹的明确意愿。“陛下非常喜欢和器重他，他可以在任何事上都做自己想做的事，只要他不违逆陛下的意愿。但他对苏丹的惧怕和敬畏令人难以置信，哪怕是在最无关紧要的事情上。”巴尔巴罗带着一丝恼怒如此说道。在勒班陀海战过后，一位威尼斯代表前来议和，他听到穆罕默德亲口说自己不敢违背苏丹的命令，这个命令根本不可能执行。

> 即使他知道自己能常常面见土耳其皇帝，但如果皇帝陛下要求他

武装2000艘加莱桨帆船，他也不会告诉他整个国家的国力根本不可能做得到。

然而最让人不安的迹象，是易卜拉欣贝伊1567年在威尼斯元老院的演讲中不经意地提到的。他是来传达塞利姆二世继位的消息的，这位翻译向威尼斯人保证，大维齐尔是他们的朋友，会尽一切力量维持和平；但威尼斯人也必须明白，大维齐尔是不能违背苏丹的意志的。“帕夏很谨慎也很睿智，他希望和贵国保持和平和友好往来，但他不希望和陛下有任何矛盾和争吵。”这位翻译总结道。对那些善于思考的人来说，这样的说法并不能让人放心。[19]

塞利姆并不是只和最高级的大臣们打交道。他也要依靠后宫中的人，他们与他的距离更近：女人、太监、宠臣。友情、爱情和性欲交织在这位酒鬼苏丹身边，结成了一张错综复杂的人际关系网，比如他和他的宠臣沙乌什，沙乌什知道自己将会获得最高的荣誉，事实上他将在16世纪末三度出任大维齐尔。他是匈牙利或克罗地亚人出身，苏丹非常喜欢他，“以至于在苏丹醉酒以后，他依然被允许和苏丹说话”。有些更直截了当的人写道，苏丹其实是要“起用他”，因此决定让他离开后宫，他在勒班陀海战前的几个月获得了第一个政府官员职位，日后更是娶了苏丹的女儿之一。更密切、更神秘的，是一位被称为“哑巴拉拉”的人物和苏丹的关系，他享受的是“陛下最高级别的恩惠，长期能和他共同生活”。他后来有次在没有预先通知的情况下拜访巴尔巴罗，在那度过了一刻钟时间，这其实很罕见，因为他从来不远离皇宫。大使如坐针毡，在猜测这位哑巴是不是从国王那接受了什么任务。然而“尽管需要翻译官翻译哑语，但通过这种方式依然可以谈论许多事”，只是他们所谈论的都是些没什么用的东西，比如君士坦丁堡和威尼斯城里挂在墙上的各种油画之类的，然后谈完这些就离开了，这让巴尔巴罗比之前更加疑惑。[20]

令人惊讶的是，后宫里的许多成员都是威尼斯人，而且他们完全愿意声称自己与祖国有联系，并在机会出现时给予支持。出生于科孚岛的威尼斯人，努尔巴努，“光辉夫人”，是苏丹最宠爱的妃子和他的儿子穆拉德的母亲。塞利姆于1571年迎娶了她，这违背了奥斯曼皇帝不与奴隶结婚的传统，就和他父亲苏莱曼大帝娶他母亲许蕾姆一样。他的一些同代人甚至暗示努尔巴努是巴福家族的贵族，努尔巴努小心翼翼地不去否认此事，不过这很可能是一场骗局，因为这位夫人很可能是来自科孚岛的希腊人。苏丹另外一位宠信的太监加赞法尔阿迦，也是威尼斯人。他在很长一段时间内在托普卡珀皇宫担任要职。他年幼的时候从亚得里亚海地区被带走，然后被迫接受手术进入后宫。他自称是米基耶家族的一员，不过和努尔巴努苏丹的情况一样，这个说法很可能是假的。[21]

后宫中的年轻人有不少是在海上被俘的威尼斯人，因为一艘私掠船能送给土耳其皇帝的最吸引人的礼物之一恰恰就是一位威尼斯贵族。为数不多的能进入苏丹卧室服侍的人中，也有几位威尼斯人，他们有时还会和苏丹一起睡觉，当他们渐渐长大、长出胡须后，苏丹会让他们离开后宫，承担种种显赫的职位。在勒班陀海战前一个月，巴尔巴罗的一位下属写道："土耳其皇帝刚刚给后宫中的300位年轻人安排了职位，其中有威尼斯贵族佩塞罗，他是12名曾经在苏丹卧室服侍的人之一。"他没有像其他人一样加入骑兵卫队，而是在奥斯曼帝国宫廷中担任了一个重要的职位。他的成功其实要归功于另一位意大利人，"一位热那亚的绅士奇加拉"。斯基皮奥内·奇加拉是一个出名的私掠者的后代，他和他父亲一起于1561年在海上被俘虏，并成为奥斯曼后宫里倍受苏丹宠爱的人物：有位旅行者看到他骑着马紧跟在塞利姆后面，如同"爱神跟在得意扬扬的酒神巴克斯身后一样"。他编成辫子的长发香气宜人，身上穿着"最为轻薄色情的衣服"。巴尔巴罗认为他是"苏丹卧室的那些年轻人中的头号受宠人物，将来可以干出一番大事"。这一预言将来果然应验了，尽管奇加拉早年有这些充满脂粉气的经历，但他日后将担任卡普丹帕夏，成为奥斯曼历史上最著名的海军将领之一。

或许在后宫中与苏丹同床共枕的不少人都对这场即将到来的战争有自己的看法。令人遗憾的是，没有任何关于此时努尔巴努对这场战争的态度的记载，她在自己的儿子登基后，为威尼斯和奥斯曼帝国之间的外交关系发挥了重要作用，而此时她还没有涉足政治。但出人意料的是，巴尔巴罗的信件中提到了那位来自达佩塞罗家族的年轻威尼斯人。1570 年 1 月，大使报告说，他的医生，一个叫亚伯拉罕·阿贝桑蒂奥的犹太人，在苏丹不在的时候曾被叫到皇宫里去过，有机会和“尊贵的马林·达佩塞罗阁下的儿子”交谈。医生提醒他谨记自己威尼斯人的身份，希望他不要忘记故土，同时也问了他那支舰队的目的地。“那年轻人回答说，土耳其皇帝不在，所以他问不到这方面的消息”，但当苏丹回来后，他会尝试了解这些信息。由于他们再次见面并不容易，达佩塞罗与医生约定了一个信号：如果事实证明这支舰队注定要攻打塞浦路斯，达佩塞罗会向医生要一剂治疗他的疾病的药。不久后，这位医生告诉巴尔巴罗说：“这位年轻人要我准备一瓶药再送回去。”不可否认，这样的在土耳其皇宫里的内线是非常宝贵的，但这位医生不肯再做下去了，因为他觉得这件事实在太危险。而且这位年轻人最终也被这套制度同化了，当巴尔巴罗知道他被调入塞利姆的卧室后，这位大使立刻知道在这样光明的前途下，这个年轻人不久就会忘记他的故土，而这个预言很快就应验了。[22]

然而对威尼斯人来说，另一些男人对苏丹的影响力比后宫内的那些妇女和男孩要大得多：那些在君士坦丁堡的大金融家。在奥斯曼帝国，信贷都是属于私人性质的，由个人经营，金融家们都是基督徒或犹太人，他们拥有金钱和人脉，参与包税和贸易的竞标，西方国家的大使们也争相讨好这些人，因为他们是宝贵的情报来源。其中之一曾经是希腊王子，名叫米歇尔·康塔屈泽纳，他被人称为“魔鬼之子”，在几年后他将因为诈骗罪被绞死。他身为帝国所有盐场的承包商，本会对征服塞浦路斯岛感兴趣，因为盐是塞浦路斯岛的重要特产之一。然而威尼斯人欠了他不少钱，如果开战的话这笔债就很难收回了，因此他不太可能支持开战，即便他和威尼斯大使的关系因为债务而变得非常紧张也是一样。[23]

他主要的竞争对手是一位可怕的葡萄牙人，名叫若昂·米格，又名唐约瑟夫·纳西。[24] 他曾经在鲁汶学习，在安特卫普当银行家时，被查理五世册封为贵族。米格是当时为数不少的被强制转信基督教的犹太人的后代之一，由于宗教裁判所的怀疑，他被迫离开哈布斯堡家族的领土到其他地方寻求庇护。在 16 世纪中期，他来到威尼斯投奔了他的婶婶，唐娜格拉西娅·纳西和唐娜布莉安达·纳西，两人都是转信天主教的犹太人，她们都是银行家的遗孀，非常有钱。她们的丈夫都在遗嘱中把整个产业的管理权给了格拉西娅，所以这对双胞胎姐妹的关系非常紧张。威尼斯共和国对这笔巨款的命运也非常关心，共和国为了唐娜布莉安达的女儿贝安特莉丝，也是她们唯一的继承人的利益，让这两个女人各自把自己所拥有的巨款的一半存进了威尼斯造币厂。

当唐娜格拉西娅决定离开威尼斯，前往君士坦丁堡并重回犹太教的时候，她的这次旅行迫使两个政府进行了最高级别的谈判，因为她拥有的这笔资金实在太巨大了，君士坦丁堡方面专门派出了一位大使，前来解决这两姐妹之间的继承分歧。最终决定由唐娜格拉西娅带走这笔巨资的一半，另一半留在威尼斯。人们希望她的继承人贝安特莉丝最终可以嫁给一个威尼斯贵族，这样这笔财富就仍能留在威尼斯。而之前所说的若昂·米格登场了，此人此时已经帮助他的婶婶管理那笔财富多年。在 1553 年，他诱惑当时只有 12 岁的贝安特莉丝和他坐船私奔到了安科纳，在那里他们结婚了。威尼斯的十人团得知后非常愤怒，他们判处若昂·米格永不能再度踏足威尼斯的领土，若要回来就要面对绞刑。

在这次流浪式的冒险后，贝安特莉丝被她的母亲带回了威尼斯，米格则随着唐娜格拉西娅·纳西到了君士坦丁堡，他们在那里受到了热烈的欢迎。两人都重新回到了犹太教，凭借着财富和在欧洲各地的商业关系，两人很快成了当地犹太人社区中举足轻重的人物。而奥斯曼帝国的统治者也很快就发现他们两人的作用。奥斯曼帝国政府知道如何利用这些有用的人物，米格后来改名为唐约瑟夫·纳西，成为帝国最有权势的商人之一，拥有为首都进口葡萄酒等特权。塞利姆二世非常欣赏他，也很乐意见他。在西方人看来，这是因为米格给苏丹提供了最好的葡萄酒，并且为他提供了最精美的塞法迪犹太人的特色美食的缘故。但实际上，奥斯曼帝国当时非常紧缺商人和银行家来管理和西方国家的各种复杂烦琐的贸易。在 1567 年，苏丹决定剥夺他的基督徒封臣纳克索斯公爵的头衔和在基克拉泽斯群岛的封地，然后将其赏赐给纳西，从此纳西正式获得了纳克索斯公爵的身份。

西方人认为纳西（他们仍然叫他米格）是君士坦丁堡的头号危险人物。在奥斯曼帝国境内经商的威尼斯商人必须通过犹太中介才能做生意，犹太人拿走了他们利润中的一大部分，这助长了反犹主义，以及反宗教改革以来在威尼斯盛行的犹太阴谋论。“这些犹太人是何等狂妄！”巴尔巴罗大使的前任索兰佐在 1566 年如此写道。而后在下一年他又进一步补充道：“这些恶棍的蛮横行径日益过分。”[25] 米格凭借他的信息网络，永远掌握最新的情报，他在基督徒眼里已经成了一个传奇人物，一个国际犹太人领袖。当人们得知苏丹授权唐约瑟夫和唐娜格拉西娅在巴勒斯坦建立一座犹太人的城市时，这种流言的传播达到了顶峰，以至于有人说他想要成为犹太之王。当威尼斯军械库起火的时候，流行的传言很快就把这一切归咎于他派来的间谍，而当塞利姆对塞浦路斯岛的关注引起担忧时，人们又认为这位已控制了塞浦路斯岛葡萄酒贸易的无所不能的纳西在挑起战争，他是为了当上国王，并以此满足苏丹的战争欲望。[26]

但是事实上，在战争爆发前夕，西方国家的外交官传回的情报已经显示这位“犹太人米格”（巴尔巴罗轻蔑地如此称呼他）的事业正在走下坡路。法国国王迟迟没有偿还他 15 万埃居的贷款，法国大使指出纳西已经“因债务问题不堪重负”，面临破产风险。在纳西的要求下，部分法国商人的货物被扣留，这引起了一场非常微妙的争端，为此翻译官马哈茂德贝伊不得不亲自前往法国解决问题。在出发前，他向巴尔巴罗透露说唐约瑟夫实际上已经负债累累，不知道如何偿还了，“他已经没有一分钱了”，并且预言“他的领地问题将是毁灭他的最后一根稻草”。[27] 此时，厌恶米格的大维齐尔，指控他侵占了纳克索斯岛附近的安德罗斯岛，并要求巴尔巴罗让威尼斯商人一起寻找可能的罪名，确保让他不得翻身。然而纳西也有一些强大的盟友，其中就有皮亚里帕夏和拉拉・穆斯塔法帕夏，他得以让苏丹驳回了对他的指控。[28]

在这样的形势下，不难看出这位金融家实际上是和主战派在一条船上的，因为保护他的都是主战派；然而如果帕夏们要去攻打西班牙的话，他的立场也不会有什么变化。[29] 他对塞浦路斯的野心不过是个谣言罢了，塞利姆控制塞浦路斯岛后将其作为奥斯曼帝国的一个省份来统治，而纳西也没有参与其中。威尼斯对他的敌意和当初他被流放的事情对他的事业造成了极大的损害，此前唐约瑟夫一直在努力寻求威尼斯方面的宽恕，宣扬他对新苏丹的影响力，并且一再保证他一有机会就会用他的影响力为威尼斯效力。那些阴谋论说纳西助长了塞利姆对威尼斯的敌意，说他建议苏丹侵略塞浦路斯岛，这一切似乎并不太可能。然而根据当时教廷大使的记载，这种阴谋论当时已经在威尼斯广为流传了，从威尼斯总督到共和国最重要的机构十人团，都在事态恶化后立刻宣布“犹太人是这场战争的主谋”，这导致教廷大使看到了“将犹太人逐出威尼斯”的希望。[30]

米格唆使塞利姆进攻塞浦路斯的说法不管是真是假，至少穆罕默德大维齐尔本人在当时就提到了这一观点，他也因开战而失势。这位大维齐尔告诉马肯托尼欧·巴尔巴罗说，其实苏丹在登基之前就已经决定要征服塞浦路斯岛了。他同时透露说：“这全都怪若昂·米格，他才是这场战争的幕后黑手，他早在苏丹即位前就开始游说他了。”即便真是如此，也必须指出，塞利姆本人优柔寡断的性格导致他往往是被事态推着走，而非自己决定事态的进程；在 1569 年年底到 1570 年上半年的几个月中，走向战争的决策过程比大维齐尔的说法要复杂得多。[31]

3

大　火

对那几位维齐尔来说，除了他们相互间的明争暗斗以外，还有什么原因让他们各自选择支持或反对发动对威尼斯的战争呢？威尼斯方面的屡次示好并不在他们的考虑范围内：不管怎么说，威尼斯都是个异教徒国家，尽管威尼斯人屡屡示好，但事实证明他们是无情的敌人。另外威尼斯的富裕繁荣也让土耳其人加倍地眼红不已，正如下一个世纪中奥斯曼帝国最著名的历史学家卡蒂普·切莱比所说："这些威尼斯异教徒都是注定要被毁灭的败类，他们以其丰富的商品、繁荣的贸易和交易中长期以来的欺诈和诡计而闻名于世。"如果相信他们口头上的友谊就大错特错了："他们戴着面具，生硬地伪装出友好面孔；但他们在内心深处比其他异教徒对我们更有敌意，他们是正信的死敌。"威尼斯的最高统治者威尼斯总督，举止表现像是君王，但骨子里仍是个商人；他要比真正的国王低等得多，在他死后，其他威尼斯统治者会通过掷骰子来决定谁来继承他的位置。而令人愤慨的是，这些败类拥有的财富居然能限制帝国的生存空间："这些威尼斯人不过是些卑鄙下贱的乌合之众，他们的统治者在异教君王之中，地位也只不过等同于公爵而已，异教徒们给了他们'渔夫'的绰号，而这些暴发户们如今正扼着统治着东西方的最光荣伟大的帝国的咽喉。"[1]

但除了这些关于帝国的华丽言辞之外，君士坦丁堡的政客还要考虑一些更现实的因素。威尼斯是他们唯一可以获得异教徒的神奇商品的地方，这些由异教徒源源不断生产的商品，在帝国内部是根本找不到的。在开战以前，穆罕默德帕夏就从威尼斯购买各种商品，战后他依然从那里购买眼镜、手表以及印刷地图；苏丹的姐姐米赫丽玛也不信任帝国本土的产品，她从威尼斯为她在麦加修建的引水渠订购了一批钢材；其他的帕夏们同样喜欢从威尼斯购买各种玻璃、名贵布料和乐器，比如皮亚里帕夏为了满足他妻子的要求而订购的手风琴。还有帕尔马干酪也出现在君士坦丁堡的皇宫，并且深受人喜爱。苏丹皇宫里几乎所有的布料都是从威尼斯进口的。对奥斯曼帝国的精英阶层来说，这些常常被指控欺诈的威尼斯人在经济上的优势，使他们成了不可或缺的合作伙伴：皮亚里帕夏通过安科纳的犹太中间人，为他的私人商船在威尼斯投保，不过当他的船真的沉没时，他就发现想让保险人赔偿他的损失并不容易。幸运的是，威尼斯大使随时都准备介入，帮助他们促成交易并解决纠纷：和奥斯曼朝廷中的权势人物保持良好关系是威尼斯政客的一贯原则，威尼斯元老院每年都会给使节们拨出专项经费，好让他们给各位帕夏赠送种种贵重的礼物。[2]

直到最近，苏丹的大臣们和威尼斯依然因为巨大的经济利益而保持紧密的联系。为了供养威尼斯这座有着 15 万人口的潟湖都市，威尼斯长期稳定地从东方进口小麦，在群岛和巴尔干地区拥有大量庄园的帕夏们是这笔生意的主要供应商。然而，最近几年，威尼斯方面的订单变得越来越少，贸易利润也降低了。根据巴尔巴罗的说法，这一切的责任在奥斯曼帝国自己，因为他们禁止了向威尼斯出口小麦，想以此让威尼斯陷入困境。然而这反而导致威尼斯加强了小麦的生产，使其有希望实现自给自足。事实上，奥斯曼帝国方面禁止向威尼斯出口小麦并不是故意要让威尼斯陷入困境，而是想优先保证自己首都君士坦丁堡的供给。16 世纪 60 年代以来，土耳其的小麦连年歉收，君士坦丁堡的粮食供应岌岌可危。无论如何，巴尔巴罗之前的前任已经好几次提醒威尼斯应降低对土耳其小麦的依赖程度，以避免被土耳其统治者的决策所挟制，而最近的订单也确实已经比过去少多了。[3]

然而很难说小麦的出口量要减少到什么程度，才会让底万的成员们认为对威尼斯开战不会影响他们的个人利益。即使是在土耳其国内粮食最缺乏的时候，威尼斯元老院仍然要绕开帝国的官方禁令从那里进口小麦。1569 年的收成很不好，可以想见帕夏们的小麦会有很好的销路。巴尔巴罗受命在奥斯曼帝国境内不惜一切代价尽可能地购买小麦，他暗中联系小商船主，给他们极高的报酬，让他们在塞萨洛尼基和沃洛斯的码头装货，以运往君士坦丁堡的名义将小麦偷偷运往克里特岛或赞特岛。由于禁令非常严格，这样的小型走私贸易要冒杀头的风险；但颁布这些禁令的帕夏们毫不犹豫地命令巴尔干地方政府将小麦卖给威尼斯商人。当某位威尼斯商人来到君士坦丁堡控诉交易违约问题时，巴尔巴罗不得不恐吓他，让他不要说出任何直接关系到底万的事，以免引起巨大丑闻，毕竟没有人希望将"那些伟大的帕夏违背了土耳其皇帝的命令，私下把小麦卖给基督徒"的事情公之于世。

在谷物贸易问题上，奥斯曼帝国的大臣们有着相当灵活的底线：耶尼切里军团的阿迦下属的某艘卡拉穆萨商船的雷斯（即船长）向巴尔巴罗许诺，他的船可以悄悄地前往克里特岛三四次，每次运载3000斗小麦；如此持续几个月后，威尼斯商人终于有了勇气直接与穆罕默德与皮亚里打交道，然而这两位帕夏此时害怕事情暴露，推三阻四地避免直接接触。1570年1月，教廷大使提到威尼斯发生了粮食短缺，并说"这些先生们指望能从黎凡特进口到大批小麦"。很显然其中的利润是巨大的：如果帕夏们真的只想着自己的个人利益的话，他们就会小心翼翼地避免发动战争。然而此时，还没有任何人相信经济利益会影响国家的抉择，不管其中的利益有多么巨大。[4]

另一位同样反对战争的重要人物在巴尔巴罗和大维齐尔的谈判中起了关键作用：翻译官易卜拉欣贝伊。他原本是波兰人，本名叫约阿希姆·斯特拉斯，曾经在帕多瓦学习，后来成了土耳其人，并且进入了苏丹的外交使团。在16世纪中叶的时候，时年30多岁的易卜拉欣贝伊就成了帝国朝廷的首席翻译官，威尼斯大使们说他似乎会在所有的谈判中出现："在很短的时间内，他就能让一切事务都要经过他的手中。"他熟练地掌握了拉丁语、意大利语、土耳其语、希腊语和法语的读写。1567年冬天，他受命前往威尼斯宣告塞利姆继位，被威尼斯人奉为座上宾，他们希望以此来拉拢和苏丹的关系。教廷大使愤怒地写道："这个传话人到处被阿谀奉承，他被邀请参加宴席、观看喜剧以及出席各种公开庆典。"他不是只去剧院，还被邀请去穆拉诺岛参观那里著名的玻璃厂，他还到帕多瓦去访问一位当时在那里疗养的波兰主教。据说那位主教是他的长辈。

这一次，易卜拉欣的疏忽导致了一个小问题：那位主教非常尴尬，他不想见这位穆斯林访客，但又不得不把他带回住处，这让教宗很难宽恕他。但一段时间以后法奇内蒂亲自来到帕多瓦拜访这位主教的时候，主教告诉他，易卜拉欣在谈话中保证，他仍然非常亲基督教，并且不只是他，所有在土耳其朝廷中的前基督徒都是如此；他甚至认为，以后有合适的机会，可以用土耳其语印刷一些小册子，说明基督教相比伊斯兰教的优越性，然后在奥斯曼帝国内部偷偷散发。而对威尼斯大使，易卜拉欣也保证他是威尼斯忠实的朋友，而且在很多情况下，他给威尼斯人提供的微妙帮助甚至已经接近于叛国。很难说他这么做到底是为了他自己的理念，还是仅仅为了感谢威尼斯给他的厚礼。但可以肯定，破坏两国之间的和平肯定是他不想看到的。[5]

对苏丹自己来说，战争同样并不能带来更多的好处，至少意大利人是这样想的。根据法奇内蒂的看法，塞利姆只是想吓唬一下威尼斯人，他最终会放弃征服塞浦路斯，以此来换取威尼斯方面的某些让步，因为威尼斯给他的贡品和给土耳其朝廷的礼物，要远远多于他征服塞浦路斯岛所能取得的收益；特别是如果想通过经营塞浦路斯获利，就需要“高超的才智，而土耳其人在这方面完全是外行”。[6]然而，这种抽象的经济逻辑忽视了某些征服塞浦路斯能给奥斯曼帝国带来的具体收益。事实上，该岛是基督教海盗袭击来往于君士坦丁堡、叙利亚和埃及之间的商船的基地；当时埃及献上的贡品直接送到苏丹的私人金库，这是苏丹私人收入的重要来源，而运送贡品的船只曾多次遭到袭击；而更让苏丹感到冒犯的是，前往麦加的朝圣者船队也被袭击了。穆罕默德帕夏多次向威尼斯大使控诉，威尼斯元老院也指示塞浦路斯的地方当局解决此事；然而塞浦路斯离安纳托利亚和叙利亚的海岸线太近了，这样的地理位置对海盗有着难以抗拒的吸引力。一个与奥斯曼帝国地理上联系如此紧密、对其利益有着如此威胁的地方却属于外国势力，这一事实实在太过荒谬，以至于塞利姆在经济和政治上都有充分的理由夺取此地。因此，奥斯曼帝国的编年史作者们为塞利姆的决定辩护并不奇怪，因为他需要解决那些被威尼斯可耻地容忍着的海盗，并保护与埃及之间的航线，这对他的利益至关重要。[7]

当然，这次进攻能否成功还有待评估。从后勤角度来看，土耳其人显然占据了优势。他们正在建造的运输舰队能从安纳托利亚把陆军直接运往塞浦路斯岛的海滩登陆，而且不会遭遇什么风险。他们唯一需要担心的是威尼斯舰队的快速支援。然而威尼斯在长期的和平中的表现，使得奥斯曼帝国相信威尼斯人的效率已经不像过去那么高了。拉加佐尼在勒班陀海战前几个月曾经和穆罕默德帕夏谈判过，他在笔记中遗憾地写道，威尼斯人在海上已经没有多大的威慑力了："他们相信威尼斯人并不擅长战争，作战也不勇敢，他们认为我们在战争中没有多大价值。"[8]

最后，在君士坦丁堡，众所周知塞浦路斯的希腊人反对威尼斯人的统治，他们认为塞浦路斯人会欢迎土耳其军队的到来，岛上的农奴希望从封建领主手中获得解放，有幸成为真主护佑的帝国的臣民。1570 年 1 月，当奥斯曼帝国的军械库正在紧锣密鼓地准备远征时，巴尔巴罗报告称卡普丹帕夏和他下属的指挥加莱桨帆船的雷斯们与一位名为伊赛波的塞浦路斯人进行了交谈，向他询问了岛上港口的情况。

当伊赛波走出海军军官的房间时，几位雷斯和他谈论起这次进攻塞浦路斯的行动，他们认为这将会非常顺利，因为岛上所有的人都是奴隶，他们在呼唤着土耳其人的到来；所以当土耳其舰队到来后，他们将会解放所有反对威尼斯并愿意为土耳其服务的人。

巴尔巴罗似乎认为土耳其人关于能轻而易举地拿下塞浦路斯的看法只是一种幻想；然而正如我们将会看到的那样，他们的这种期待并非是没有依据的。[9]

尽管针对塞浦路斯的行动有其可行性，但在 1569 年一整年中，苏丹的大臣们仍然举棋不定，因为其他方向上的情况消耗着帝国的资源。在奥斯曼帝国最北方的阿斯特拉罕，一场和莫斯科公国的局部战争正在进行中，战况并不顺利。也门的阿拉伯人的起义已经持续了好几年，至今还没有平定。在东边的边境地区，奥斯曼帝国和波斯保持着脆弱的武装和平，土耳其人认为这些可耻的什叶派异端随时可能发动战争。最后，奥斯曼帝国的阿尔及尔总督欧吉德・阿里（他是出身于卡拉布里亚的原基督徒，原名迪奥尼吉・加莱尼）此刻正准备攻打与西班牙结盟的穆斯林突尼斯国王；这一行动在 1569 年 12 月至 1570 年 1 月进行，取得了大胜，攻占了突尼斯城，并对西班牙在北非的影响力造成了致命的打击；但在此期间，由 20 多艘加莱桨帆船和轻型桨帆船组成的阿尔及尔分舰队就无法加入卡普丹帕夏的主力舰队了。[10]

尽管有这么多的困难，但在 1569 年 6 月底，攻打塞浦路斯的行动似乎正在筹备当中：正如我们之前所提到的，正是在那时，威尼斯大使送回的情报开始让威尼斯方面不得不高度警觉了。所有线人都告诉巴尔巴罗说“加莱桨帆船和各种补给都在集结……针对塞浦路斯的可能性要远大于其他目标”。皮亚里的某位部下建议他相熟的威尼斯商人离开这个国家，因为他的主人来年将率领苏丹的舰队出征，这个消息是他从皮亚里的切卡亚（管家或主管）“以及其他一些亲近的奴隶那里得来的，舰队的目的地将是塞浦路斯”。一个西班牙的摩尔人不久前刚来到君士坦丁堡，他被大维齐尔雇佣为间谍，他从某位在威尼斯大使馆教年轻人土耳其语的教师那里得到了一份报告，这位教师也是西班牙人，“不过他的父亲和祖父都是土耳其人”；这位虔诚的书吏也将报告给了巴尔巴罗，报告中称针对塞浦路斯的军事行动将会“非常容易”，因为“那里的人民非常不满”。最终法国大使也来找威尼斯大使，告诉他针对塞浦路斯的军事行动毫无疑问已经决定在明年执行，“我非常确信我所说的这件事”，德格朗尚先生如此总结道。[11]

然而，在 7 月的头几天，宫中收到了来自波斯的紧急消息，立即召集了一次特别的底万会议，这种特殊的传统形式，被称为“马上底万”，开会时苏丹在场，而且会议将在列队的耶尼切里面前召开。在威尼斯，教廷大使得知这个消息后，觉得有必要通知罗马，因为马上底万只有在决定特别重大的事件的时候才会召开。由于收到消息时苏丹还在博斯普鲁斯海峡另一边的斯库台宫，他此时急匆匆地带着所有的耶尼切里和朝廷中的一干人等连夜渡过了海峡。大众并不知道这次会议的内容，但人们注意到苏丹只是跟帕夏们进行了简短的交谈，其中四分之三的时间是在和拉拉・穆斯塔法帕夏说话，可见他仍看重拉拉・穆斯塔法。至于皮尔图帕夏，在苏丹和他说完话后，他下马亲吻苏丹的膝盖谢恩；有人由此认为这位老将请求退休并得到了准许，也有人认为是苏丹任命他为远征波斯的统帅。无论如何，在召开马上底万后的第二天，关于攻打塞浦路斯的谣言突然就减少了，而关于波斯危机的谣言则急剧增加，直到大使9月初离开该国为止都是如此（“这或许是这次马上底万的真正目的”，巴尔巴罗如此猜测。）。[12]

随后，9月底摧毁君士坦丁堡的大火使政府转移了准备战争的注意力。在经历了5个月的干旱后，在人口最多的佩拉区对面的犹太人聚居区失火了，彻夜的大风导致火焰蔓延到了整个城市，这座以木结构建筑为主的城市中的人口最稠密的地区和商业最繁荣的地区都吞没在烈火之中，从苏丹后宫的外墙到苏莱曼清真寺都被烧毁了，根据巴尔巴罗的说法，君士坦丁堡一半的财富都已化为灰烬。犹太人的居所和商铺被大火烧毁后，又被暴徒们洗劫，他们不得不在佩拉区避难，导致这里人满为患，还出现了鼠疫。在接下来的几周里，首都和帝国的其他城市又发生了几起火灾，当局确信这些都是蓄意犯罪行为。在军械库的弹药库附近，有人发现了（或是自以为发现了）点火装置，由于威尼斯军械库的那次爆炸刚发生不久，奥斯曼帝国当局也担心遭受袭击。苏丹下令拆除所有紧靠军械库外墙的违章建筑，“这种做法毫不留情，损害了许多穷人的利益”。不过，对袭击的担忧并非完全没有根据：几个月前，那不勒斯总督向费利佩二世国王转达了某位雇佣兵的提议，此人承诺，只要给他合适的报酬，他将前往君士坦丁堡放火焚烧军械库。[13]

在1569年的最后几个月里，苏丹的大臣之间的矛盾日益激化，而这只会增加政治不确定性，使决策过程复杂化，首都的民众则兴致勃勃地旁观这场纷争。在马上底万后的第二天，前几天曾亲口告诉巴尔巴罗和平对两国都有好处的耶尼切里军团阿迦，在毫无任何预兆的情况下突然被调去掌管一个“最无关轻重的偏远省份”。而这个倒霉蛋的伯父穆罕默德，则对此尚能接受，因为阿迦的位置给了穆罕默德的女婿贾费尔。也正是在此时，后宫中最受宠爱的沙乌什也出宫仕官了。他暂时担任皇家马厩的负责人，他的登场让形势更加扑朔迷离，可能带来进一步的人事调整。巴尔巴罗过去曾经设法让一些威尼斯人奴隶获释并把他们送回国，他知道卡普丹帕夏阿里曾对此公开表示不满，并且宣告说：“他们的舰队每运走一个奴隶，就要抓十个回来补偿。”威尼斯大使希望他不再有这个机会，因为传言说他很快就要被解任了，而他的位置将由沙乌什接任。[14]

新上任的耶尼切里军团阿迦才 3 个月就被撤职了，原因是他没能管好麾下的这些奴隶兵。根据传统，在发生火灾等紧急状况时，耶尼切里们要每人带着一块手帕前往大维齐尔或是阿迦的宅院，在去灭火前留下手帕作为参加工作的凭证；在工作结束后，所有人都会回来取自己的手帕，并领取灭火的津贴。但那天晚上，穆罕默德没有接收手帕，而生病的贾费尔也无法主持此事。这引起了耶尼切里军团的不满，他们拒绝前往救火。大维齐尔受到公众的严厉批评，但首先付出代价的却是他的女婿贾费尔：当火灾还在肆虐时，愤怒的苏丹就把贾费尔撤职了，让沙乌什接任，并给耶尼切里们提高了军饷，他们这才前去救火。[15]

在这些权力斗争中，总是会出现卡普丹帕夏的身影。这个海军总司令的官位比维齐尔低，通常并不参与政府的会议；简而言之，他通常只是执行者，而不是决策者，虽然策划行动的时候可能会听取他的意见。然而事实上卡普丹帕夏这个位置是奥斯曼帝国政治体系中最重要的位置之一，因为为了让他更方便地执行军事行动，整个爱琴海海域的主要地区的政府实际上都听命于他。在正式的官方定义中，他实际上是 20 位贝格勒贝伊之一，这个职位的意思是“领主的领主”，是帝国各省的负责人，罗得岛、米蒂利尼、希俄斯岛、勒班陀、内格罗蓬特岛和普雷韦扎等地的领主都由他统领；他负责的地区还包括军械库所在的佩拉区，以及加利波利半岛和加利波利海峡，这个海峡是从君士坦丁堡前往地中海的必经之路。[16]

阿里帕夏在这个位置上已经坐了两年了，他绰号“宣礼员的儿子”，他既不是被德夫希尔梅制度选拔上来的，也不是从奴隶提拔上来的，而是土耳其人出身，这在帝国的高官中相当罕见。他有两个十来岁的儿子，他曾经担任过耶尼切里军团的阿迦，并在苏莱曼大帝远征匈牙利期间有出色表现，后来他接替皮亚里帕夏指挥舰队；但正如威尼斯大使的秘书布翁里佐所说的那样，他在指挥海战方面默默无闻。虽然他缺乏海战经验，但他仍决心要在塞浦路斯登陆，并早早开始研究。在 1568 年 9 月，阿里帕夏带着 60 多艘加莱桨帆船驶向安纳托利亚海岸正对塞浦路斯岛的阿亚斯湾（即现在的阿达纳湾），他要求舰队在法马古斯塔停留，并且雇用了一位熟悉该地区情况的舵手。威尼斯地方当局不得不以最高规格欢迎他，因此帕夏得以随意地带着6位雷斯检视了那里的防御工事。在此之后，阿里不止一次公开宣称“攻打塞浦路斯十分容易”，并且提出了他的计划，特别强调要首先攻占该岛的主要港口法马古斯塔。[17]

在勒班陀海战后，基督教舰队指挥官们在询问从阿里的舰队中解救出来的奴隶时，惊奇地“听闻所有这些被解放的基督徒奴隶都说这位阿里帕夏多么仁慈和善良，特别是对基督徒；因此奴隶们对这位阿里帕夏更多的是爱戴，而不是惧怕”。在君士坦丁堡，这位卡普丹帕夏有不少强有力的仇敌，其中就有他的前任皮亚里帕夏。皮亚里被新继位的苏丹升为维齐尔，他希望能继续兼任海军司令，但穆罕默德始终尽力确保他的每一个对手都无法掌握太大的权力，因此支持由阿里接任。根据布翁里佐的描述，这件事当时引起了巨大的轰动，“伟大的皮亚里帕夏和现任的海军司令之间起了剧烈的摩擦。皮亚里帕夏的海军司令的位置被人以可耻的方式抢走了，然后给了别人”。两人之间的仇恨与日俱增，“现在他们尽管在众人面前仍按照惯例表现得很友好，但其实他们在暗中已经将对方视为最大的仇敌”。[18]

皮亚里帕夏希望如果舰队出海的话，自己能成为指挥官；考虑到他已有底万成员的身份，一旦他再指挥舰队，必将大大削弱那位比他年轻的海军司令的权威；后者现在正在准备进攻塞浦路斯的行动，皮亚里则提出更有吸引力的替代方案。比如继续发动对西班牙的军事行动，消灭他们在马格里布的最后一个据点，突尼斯沿海的拉古莱特的堡垒；或者应民众所愿，再次前往安达卢西亚救援起义的摩尔人。甚至有可能更好的选择，比如直接入侵意大利，在普利亚地区登陆；或者再次攻打苏莱曼大帝1565年没能攻下的马耳他岛，消灭土耳其人一直痛恨的马耳他骑士团，让塞利姆获得能与他父亲比肩的荣耀。

总而言之，这位老人希望对西班牙人采取行动，而不是对威尼斯人，他在10年前就曾击败过西班牙军。皮亚里帕夏的反对也解释了，为什么苏丹本人倾向于进攻塞浦路斯，却迟迟无法决定。费利佩二世于1569年11月12日接到的一份报告中写道，摩尔人的奋起反抗和他们向苏丹求助的消息，在君士坦丁堡引发了轰动，但有人认为“这些消息不过是皮亚里帕夏故意散布的谣言”；线人表示塞利姆其实更希望和平，而不是战争，只是也不能排除皮亚里帕夏说服苏丹派出舰队对抗西班牙的可能。12月上旬，威尼斯大使馆也收到了大量特使发来的有关可能进攻马耳他和普利亚的消息，“这些都是皮亚里帕夏的主意，他已经好几次坚持要求攻打马耳他，甚至表示愿意冒着性命危险亲自上战场”；如果苏丹命令他在拿下马耳他后进一步登陆意大利的话，皮亚里宣称“他有足够的勇气，可以自此开始推进，踏平所有的基督教国家”。[19]

阿里帕夏得知有人公开提出解除他的海军指挥权后，在整个夏天都努力工作，多次亲自前往尼科米底亚监督建造马霍恩运输船。巴尔巴罗把他描写成一个“非常活跃的人”，甚至有时过了头，因为他在努力承担如此沉重而烦琐的任务时，并不能继续保持原有的绅士风度。大维齐尔此时在重建他的宫殿，威尼斯大使亲眼看到卡普丹帕夏像个工头一样，手上提着棍棒在工地监工，“他这么做可能是相信那些流言，担心自己将会被撤职”。然而根据比其上级更不带偏见的秘书布翁里佐的说法，这位海军司令官“的确是个极其勤勉的人”，他在组建舰队的工作中起到了决定作用。在其他西方观察者看来，阿里亲身参与了许多事务是值得称赞的，根据某位间谍给西班牙国王的报告，当两艘大型马霍恩运输船满载着运往军械库的木料在佩拉附近搁浅的时候，他亲自带着一艘加莱桨帆船和许多护卫舰去回收木料。[20]

卡普丹帕夏并不是内阁成员，他所能做的只有等待苏丹的决定；此外，他的工作不能拖延，因为如果他想要明年春天让舰队出海，就必须在今年完成某些准备，比如召集桨手和准备海用饼干。这位“宣礼员之子”意识到了皮亚里对他的敌意，他支持进攻塞浦路斯，正是因为“皮亚里看不上这个计划”；但无论如何，对他来说最重要的是出海远征。无论有什么个人想法，所有的卡普丹帕夏都想要发动远征，这不仅可以给自己带来荣耀和威望，也能获取巨大的经济利益，威尼斯大使曾对此有详细解释。军械库的这些额外的工作让他可以让自己的奴隶来做工，然后占有他们的工资，当舰队出海时，这些奴隶还要担任由国家供养的桨手，他们的薪饷仍会落入卡普丹帕夏囊中。[21]

由于阿里帕夏的勤奋，在这年夏天，军械库主要缺少的物资都已经清点完毕，为了加快各地的卡迪运送订购物资的速度，还派出了许多“加莱桨帆船的雷斯、有经验的专家和军需官”参与工作。9月，为了保证军械库内保存的150艘加莱桨帆船能顺利在来年春天出航，阿里订购了150根大型桅杆和配套侧支索，这些物资要在两个月内交付到君士坦丁堡。然而到了冬天，工作的推进似乎被迫放慢了。在卡普丹帕夏最后一次视察尼科米底亚返回后，人们得知阿里帕夏因为恶劣天气即将到来的缘故，停止了马霍恩运输船的整备工作：“他命令把这些马霍恩运输船拖到岸上，甚至要盖上泥土，以防损坏。”如果决策层在无法开展工作的冬天到来前仍举棋不定，那么在1570年春天采取重大行动的可能性将化为乌有。[22]

随后到了11月底，形势开始突变。苏丹带着帕夏们到他心爱的哈德良波利斯秋狩，但让皮亚里帕夏留下代理大维齐尔的职务。西班牙国王从一个间谍那获取了苏丹所有随行的帕夏的名单；该报告以如下的假设结尾：“苏丹带着这些重臣们是为了商议来年的军事行动。”皮亚里帕夏的缺席意味着塞利姆决定提前了征服塞浦路斯的最后期限：秘书官布翁里佐对此表示震惊，他认为这一决定是在这次巡狩中传达给“最睿智的”大臣们的。他是对的：正如我们从奥斯曼帝国的档案中得知的那样，苏丹在12月初任命拉拉·穆斯塔法帕夏指挥攻打该岛的舰队。[23]

在君士坦丁堡，所有人都在等待哈德良波利斯传来的重大消息。苏丹在出发前告诉耶尼切里军团的新任阿迦沙乌什，他在为来年的一场战争做准备；同时也派出了信使，通知阿尔及尔的欧吉德·阿里总督，苏丹将召集他的舰队。西班牙国王派出的间谍此时正试图评估准备工作的进展：根据11月26日的记录，土耳其军械库奉命武装130艘加莱桨帆船，加上20艘已经在海上航行的，一共将有150艘；桨手和海用饼干还没有准备好，但随时可能就绪。同样在11月26日，消息灵通的巴尔巴罗写信给威尼斯，报告说苏丹在离开时曾下令清点在君士坦丁堡能武装起来的加莱桨帆船，同时要求政府相关部门调出征兵登记册，清查各个社区是否征募了加莱桨帆船水手；最后，摩里亚奉命制作海用饼干：所有这一切迹象，都表明舰队不久后就要出海了。[24]

出乎意料的是，土耳其人大规模的军械库扩建工程表明他们吸取了过去的经验教训。很长时间以来，威尼斯大使都认为土耳其军械库的规模根本不足以在不把加莱桨帆船拆解的情况下直接拖进船坞干燥，它们中有许多船只不得不留在水上任其慢慢地腐烂。其中一部分去年返回的船还留在水上；10 月底，当这些船只被拖到船厂中进行干燥检查的时候，人们发现虽然这些船在仓库中保管良好，但由于之前在水中的时间过长，依然面临报废的危险。其中有近 40 艘船已经损坏到无法再在水里度过下一个冬天的程度，如果下雪的话，舰队可能会损失四分之一：显然这不仅仅是因为疏忽，而是存在策略问题。然而几天后，威尼斯大使得知有人在军械库旁边的苏丹花园进行测量工作，之后工程很快开始了，花园的一部分将被改建成 16 个新仓库，以便在冬季下雪之前将所有的加莱桨帆船都拖上岸干燥。[25]

12 月初，卡普丹帕夏收到来自哈德良波利斯的命令，随后他的工作急剧加速，几天后首都也得到了消息。巴尔巴罗的报告立刻送往威尼斯，共和国在此基础上开始备战，尽管现在还有人怀疑舰队的进攻目标。卡普丹帕夏知道有人在监视他的行动，所以玩了一出声东击西的把戏，他派人去调查西班牙沿海、卡塔赫纳和安达卢西亚海岸的防御工事。12 月 10 日，一条从君士坦丁堡送往马德里的情报显示，土耳其人正在军械库里紧急为 130 艘加莱桨帆船任命雷斯；同时又有命令下达，说是要准备 10 条马霍恩运输船，还要召集桨手和制作海用饼干。线人认为西班牙国王应该加紧防卫其海岸线，因为土耳其舰队在算上保卫群岛的战船和巴巴里的海盗船后，“将总共有 200 艘桨帆战船”。费利佩二世在 1 月收到了这份情报，他在空白处亲笔批注：“此情报包含的事实比别的更多。”就这样，又一个基督教海上强国开始备战。[26]

4

准备出海

1569年至1570年的那个冬天，西方间谍和外交官从君士坦丁堡发出的那些情报充分说明了奥斯曼政府和帝国人民为武装舰队所付出的努力，而不到两年后，这支舰队就在勒班陀全军覆没了。尽管土耳其军械库向各省订购的物资很难在规定时间内全部运达，但只要那些来自爱琴海岛屿和希腊半岛地区的专业工匠能大批赶到，修复战船就是所有问题中最容易解决的那个。苏丹命令卡普丹帕夏在来年春季要让至少130艘加莱桨帆船能随时出海，大部分雷斯都来到了自己的船上，主持各自船只的维修和船体填缝工作。

值得注意的是其中的信号灯船（意大利人称其为“di fan ò”），这些船是每支分舰队的指挥舰，在其船尾有一盏大型信号灯，这样即使在夜色中其他船也可以跟随其后。土耳其舰队和基督教舰队一样，都用所谓的“混合型”加莱桨帆船来担任信号灯船，它的船尾更大，因此比普通加莱桨帆船（也被称为“敏锐型”桨帆船）更宽敞、更稳定；而通常这些指挥舰的船身也更长，桨手也比其他船只更多。帕夏们在5年前进攻马耳他时乘坐过的加莱桨帆船被送回军械库的船厂维修和重新上漆，供指挥官们继续使用；此外，一群镀金工匠正在为“一艘在后宫边新建的加莱桨帆船镀金，它被称为陛下的战船”，据传言说苏丹准备乘这艘船亲自前往塞浦路斯。[1]

但除了加莱桨帆船外，还需要配备一支运输舰队，而且之前所提到的那12艘马霍恩运输船是远远不够的。在12月中旬，海军司令收到了一条新命令，要求“除了已有的加莱桨帆船外，还需要100艘帕兰迪尔运输船来运输战马”。为了达到这个数目，需要把40艘往来于君士坦丁堡和亚洲之间的帕兰迪尔运输船调过来，剩下的则要立刻派出造船师傅负责建造，

30 艘在黑海开工，剩下 30 艘在塞浦路斯对岸的亚历山大勒塔湾建造。这些地区的卡迪受命安排砍伐足够多的木料，“必须不分昼夜地工作，确保能及时完成”，然后把这些木料运到船厂。在船厂，从首都带着充足资金赶来的雷斯们负责监督造船工作。苏丹的命令中规定了新造的运输船要长 30 寻*，每侧要有 15 条供桨手使用的桨座，船首炮的位置则“基本和加莱桨帆船一样”。工人们也收到命令，必须加班加点工作以保证运输船能及时出航。“在我看来，想及时准备完成很难”，巴尔巴罗乐观地评论道。[2]

然而这些物质上的困难与招募桨手所需要付出的努力相比根本微不足道，如果招不到桨手，其他的一切准备工作都将是白费心机。一艘普通的加莱桨帆船每侧至少有 24 个或 25 个桨座，每个桨座要坐 3 名桨手；将领们乘坐的那些“混合型”加莱桨帆船，每侧则会有 29 个桨座，每个桨座 5 名桨手。也就是说，舰队中的 130 艘加莱桨帆船就需要约 2 万名桨手，此外还有 100 艘每个桨座上坐两名桨手的帕兰迪尔运输船，又需要约 6000 名桨手：这对于一个地广人稀且常常兵员不足的帝国来说是个不小的负担。在 11 月底，苏丹命令海军司令估算首都有多少艘能够配齐“奴隶或其他惯于划桨的人”的加莱桨帆船，其中的桨手事实上有很多种不同来源。属于苏丹、帕夏和雷斯的奴隶，足够满足三四十艘加莱桨帆船的需求。威尼斯人认为“这些加莱桨帆船是土耳其舰队中最好的，而且可能只有这些船能称得上优秀”，因为上面的桨手都是受过划桨训练的专业人员。[3] 另有 20 艘加莱桨帆船的桨手是从酒馆中的移民和流浪汉（主要是希腊人）里招募的，其中多数来自克里特岛或其他威尼斯的领地，也有来自巴尔干的失业男性，他们来到首都“充当临时桨手”。威尼斯大使轻蔑地将他们称为“广场和酒馆里的人”，这些基督徒无赖通常被人视为“盗匪”，尽管如此，他们也是不错的桨手，按照布翁里佐秘书的说法，“希腊流浪汉们划船的本事……并不比那些奴隶差”。[4] 最后，还有船运行会提供的桨手，以及那些“可鄙的”葡萄酒商和旅店老板为了报答政府对他们生意的容忍

* 1 寻约为 1.8288 米。

而提供的桨手。[5]

塞利姆下令登记“君士坦丁堡地区的桨手”的消息传到了威尼斯，人们根据之前的信息，认为这些桨手大约能满足 60 艘加莱桨帆船的需求。[6] 但正如布翁里佐的报告所指出的那样，几个月后他们欣然发现奥斯曼帝国能动用的人力远低于预想。君士坦丁堡监狱中的奴隶因死亡、赎身和逃亡而大大减少，其价格已经飙升到了 100 杜卡特以上；尽管苏丹支付的高额工资让他们的奴隶主很乐意将这些人送去划桨，但这些奴隶甚至不能满足 15 艘加莱桨帆船的需求。此时君士坦丁堡的失业率也已长期处于历史最低水平，加上前不久的那场大火之后，各种重建工作需要大量人手，因此在酒馆里招不到多少桨手：这些准备靠无业游民和流浪汉划桨的制造精良的加莱桨帆船，“甚至连一艘也凑不齐人手”，这位秘书在报告中写道。[7]

因此，为了武装这些加莱桨帆船，就只能大量征召人手。官方来讲，这一制度很简单：被称为巴尔干诸省的鲁米利亚地区的基督徒社区，和安纳托利亚地区的穆斯林社区，必须根据苏丹在召集舰队时要求的特别义务提供人力。一旦接到命令，这些地区的卡迪们就要在每个村庄或街区任命一位募兵官员来负责此事；等招募到足够的人手并把他们登记在册后，募兵官要把他们带到佩拉，来到一个称为“桨手之门”的地方，他们将在那里加入舰队。为了完成任务，允许将罪犯征募入伍：除死刑犯以外，所有服刑人员都可以将划船的时间折算为服刑时长。当募兵官员到来时，难免会发生请求豁免、征募不公、抗命和腐败的现象，卡迪们对此有一定的灵活处置权；无论如何，在被送往君士坦丁堡的桨手中，罪犯似乎一直是少数。

该体制的人力损耗很大，因为绝大多数桨手们都必须走很长一段路后才能上船服役，许多人会在半路上生病和死亡；为此每次政府不得不招募比所需的人手更多的人，多余的人手则会进入军械库工作。此外，人们都认为这些由不习惯划船的农民组成的临时划桨队能力低下，特别是由那些安纳托利亚土耳其人组成的划桨队，他们被君士坦丁堡的居民轻蔑地称为“豺狼”。这套征募制度还基于轮换原则：那些在战斗中幸免于难的人，仍会因为过劳、营养不良和船上传播的瘟疫而面临很高的死亡率，但当他们返回家园时可以确信，下次他们所在的社区将免于征召。这样的制度显然是最公平的，但由此带来的问题则是每次舰队出海时，它的桨手中绝大多数都是完全没有经验的新手。[8]

塞利姆出发前往哈德良波利斯后，首都就开始出现要实行征兵的流言。然而直到圣诞节，巴尔巴罗才通过他在政府中的线人确认这条命令确实已经下达了："昨天关于征召桨手的命令终于下来了，我听说要 3 万人。"他在 12 月 26 日如此写道。由于这次远征事关重大，安纳托利亚和巴尔干地区的所有村庄都必须出人，除了 5 年前的上一次征兵中已经出过桨手的那些村庄可以免除以外，其他地方一律没有例外，即便是那些在东正教和伊斯兰教的教产上工作的人。苏丹告诉各地的卡迪："在真主的帮助下，我今年要让世人看到一支强大的舰队。"他下令每 15 户家庭要出一名桨手，挑选其中"强壮的男人"，地方官员要给被选中者预支一个月的工资，然后在 3 月底前把他们带到君士坦丁堡；而那些没能按时完成此项任务且不能支付代役银的地方官员都要被罢免。[9]

需要强调的是，所有这些准备工作都表明进攻塞浦路斯是一次极其重要的行动。在西方，人们都认为土耳其人招募不到足够的桨手，因此塞利姆根本不可能组建起他预期中的庞大舰队。

> 他们总是在重复，他们能武装起 200 艘甚至 500 艘加莱桨帆船；我承认，他们随时可以让 300 艘船下水，但能武装起的舰船不可能比我们更多，因为他们如果和波斯交战的话，就最多只能武装起 70 艘船；哪怕没有其他战争，他们最多也只能武装起 120 艘。

以上是一位西班牙人在此数年前的看法，他总结道：

> 如果没有人来驾驭，那无论是金钱还是战船都不过是一堆废物而已。他们全国的海军水手加起来最多只能满足 100 艘加莱桨帆船所需，而且即便他们有足够的水手，他们也没有足够的桨手。

下令武装 130 艘加莱桨帆船和二三十艘护卫舰，意味着进攻塞浦路斯的行动是相当认真的，苏丹要求他的臣民为此竭尽全力：每 15 户家庭出一名桨手的征召比例要明显高于其他情况下的征召比例。[10]

需要说明的是，在桨手的组织方面，苏丹的大臣们在某些方面比他们的西方同行更有优势：他们可以忽略经济因素，或者说至少他们相信可以。建造加莱桨帆船的时候，其原材料不是花钱买来的，而是指定社区上交的特别贡赋；同样，被派往黑海的商行的雷斯们能够动用的预算资金，也只用来支付专业人员的报酬；大量征召桨手也不会给国家带来财政负担，因为只有在舰队出海离开了达达尼尔海峡后，桨手们才能领到来自国库的报酬和皇帝供给的海用饼干。此前他们的吃穿用度都要由当地的社区负责，而且他们第一个月的工资也由社区支付，土耳其桨手每天工资 4 个阿克切（土耳其银币），基督徒桨手每天工资 3 个阿克切。而此时，用来支付工资的阿克切银币正在迅速贬值。[11] 和包括奴隶在内的军械库工人们每天 10 个阿克切的工资相比，桨手们的日薪其实是非常低的。因此，如果想要避免大规模的逃兵出现，就得给新征召来的桨手们每人一次性支付超过 1000 阿克切的预付工资，那些把奴隶送来划桨的奴隶主和为数不多的自愿来划桨的桨手也能拿到这笔钱。因此，所有那些没有出桨手的家庭都得承担非常沉重的税负；而那些不幸中签要去做桨手的人，如果想要花钱找人顶替自己，就得花至少 1500 阿克切，相当于 30 杜卡特金币。[12]

和威尼斯方面相反的是，奥斯曼帝国此时不用为每艘加莱桨帆船任命船长。威尼斯舰队的船长都是等舰队开始武装起来准备出海的时候才任命的，但在君士坦丁堡，军械库里的每艘战船都有一名永久的雷斯。苏丹要给大约三四百名雷斯支付军饷；这样的制度很容易滋生腐败和浪费，因为这笔军饷足以引起他人嫉妒，而且雷斯的职位经常被用来收买人心，授予那些根本没有海军经验的人，但其中仍有一些经验丰富的海员。和只有贵族才能担任战舰船长的基督教世界不同，奥斯曼帝国的舰队中有能力的水手晋升为船长是很常见的事。一旦上任，雷斯就要负责整艘船的整备工作；在需要的时候，他要到现场去监督他的船只所需部件的制造和原材料的供应，并为此支取公费，他要详细说明有哪些开支；在此之后他继续负责维护他的船 18 到 20 年，直到这艘加莱桨帆船被宣告报废从舰队中除籍为止。

在16世纪末，西方对奥斯曼帝国军事实力的评价越来越低时，威尼斯外交官们对这种制度的看法也变得非常尖锐，认为其浪费且低效；但需要指出的是，在勒班陀海战的那个年代，西方对这种船长制度的看法并非如此负面；相反，在雷斯的任命中的那些制度化的腐败反而被认为是正面因素，因为他们自己砸下去了钱财，就一定会期待它能产生回报。在加莱桨帆船解除武装后，每位雷斯都会让船员将划桨和其他设备送回仓库，然后再回家，这些划桨和设备都是雷斯的私人财产："在他担任船长期间，他必须尽心维护好他自己的船，让其能服役尽可能长的时间，因为买一艘新船要花费800杜卡特。"和其他领域一样，土耳其的制度给谋取私人利益留下了巨大空间，但这种制度能确保战船得以武装，这才是政府所关心的。[13]

在威尼斯人看来，穆斯林的加莱桨帆船中雷斯以下的指挥层级和基督徒战船上的基本相似，船上有一名大副，他通常是船上最资深的船员，要负责实际指挥操纵船只，还有一名二副，再往下是一名桨手长，他也负责管理补给；最基层的指挥官则被土耳其人称为"奥达巴西"，他们是每个舱室的舱室长，耶尼切里军团的中队长也同样被称为"奥达巴西"。这样的一小群"指挥人员"，每个人的直接下属大约有八九个人，他们的组织比基督教舰队更加稳固，因为每名雷斯在军械库接受任命后都会挑选他自己的军官团，这些人将会伴随他的整个职业生涯。[14]

最后，武装一艘加莱桨帆船还需要一批船员，或者说是水手，他们负责操纵船舵和风帆。这些水手和桨手不一样：在加莱桨帆船上，水手们都是专业人员，社会地位也比桨手要高。在君士坦丁堡的军械库以及奥斯曼帝国的其他一些重要的海军基地里，总共大约有3000名注册在案的水手，他们领取固定工资，被称为"阿扎普"*，这种人在威尼斯则被称为"斯卡波洛"，意思是"单身汉"，指的是受雇于威尼斯加莱桨帆船的自由水手。当加莱桨帆船武装起来的时候，一般都会分配给每个雷斯几个额外的水手；理论上讲，这些注册水手足够给每艘加莱桨帆船分配20到25人，但

---

* 奥斯曼帝国境内平民组成的轻装部队，通常担任步兵，但有时也会在其他兵种中服役。

巴尔巴罗观察到，没有航海传统的土耳其人非常缺乏有经验的人手。土耳其人早就知道，要组建起一支能够登陆塞浦路斯的舰队，光靠注册在案的那些水手是根本不够的；于是他们决定招募更多人，除桨手外，还需要从海上招募5000名水手，才能满足所有加莱桨帆船和帕兰迪尔运输船的需要。[15]

奥斯曼帝国的制度，将一切军事需要都化为对各个社区无偿征收的特别税，这从经济上讲确实很方便，但也带来了一种危险，即政府难以掌握帝国的实际人口，过度自信地浪费人力，低估征兵给国家造成的损失。威尼斯人惊讶又满意地注意到，奥斯曼帝国虽然国土辽阔，但在为舰队招募人手时遭遇了极大困难。有人将这一切归咎于该体制中的大量漏洞，人们可以通过贿赂征兵的官员来逃避兵役："土耳其加莱桨帆船严重缺乏所需的桨手……土耳其苏丹统治着一个幅员辽阔的大国，本来可以组建起更大规模的加莱桨帆船舰队，但他很难武装这支舰队，因为人们可以通过贿赂皇帝的官员来逃避兵役。"然而，当奥斯曼帝国为了塞浦路斯战争付出了巨大代价之后，有人对此产生了更进一步的看法，认为过度消耗人力是奥斯曼帝国的一个根本弱点，甚至得出结论，认为舰队"造成的巨大人力消耗，最终将毁灭土耳其皇帝的帝国"。[16]

但是，这些建造过程如此艰辛，在军械库中的保存状况又如此不稳定的战船，当接到苏丹命令下水时，它们的质量是否能与基督教港口建造的战船相匹敌？这个问题早已被广泛讨论，值得在此详细阐述。土耳其人本来就不是一个擅长航海的民族，他们的军队制度是为了陆战而设计的，打造一支强大的舰队不过是最近的想法而已。起初威尼斯的编年史家对土耳其人的造船能力非常鄙视："几乎所有的土耳其人的加莱桨帆船都是扭曲又不成比例的。"1534年，一位旅行者写道，他观察到每当苏丹下令造船时，土耳其人都要现砍伐木材，"那些木材都还是湿的，而且形状弯曲"。[*]对土耳其造船木料的这种看法持续了很长时间，包括勒班陀海战时期。根据马肯托尼欧·巴尔巴罗的描述，土耳其人自己"也承认他们的战船远不

---

* 造船使用的木材需要预先长期干燥，否则会严重影响性能和使用寿命。

如我们的”，这位大使如此写道：“事实上，像这种水平的船，我们甚至不敢把它开到近在咫尺的伊斯特拉半岛，而他们则要用这些船前往更远的地方，进行更大规模的行动。”其他观察者也认为，土耳其人“能开着任何质量的加莱桨帆船出海，不像我们那样只驾驶装备精良质量上佳的舰船，而且他们往往低估了船只沉没的危险”。[17]

然而到了16世纪中叶，这样的评论似乎不再适用了。1554年，当时的威尼斯大使提到土耳其军械库有一位罗得岛出身的管理者，“他依然在给所有新造的加莱桨帆船制造船肋”；4年后，另一位大使如此说：“所有船体的船肋都不太理想，不过之前的更糟，某位名为迪米特里的罗得岛工匠师傅教了他们很多技术，他是土耳其皇帝麾下名为祖安·帕帕的海军将领的兄弟，祖安·帕帕如今已经自称是土耳其人了。”在1560年，马里诺·迪卡瓦利确信，苏丹的加莱桨帆船“的质量比过去提高了不少，因为他现在拥有一批训练有素的人专门负责战舰的武装，其船体也用上了更好的船肋，模仿了他们俘获的西方船只的样式”。至于其使用潮湿木料导致船只短命的问题，直到16世纪末的时候还依然有人提起，但事实上，1580年，威尼斯军械库还保存着在勒班陀海战中俘获的28艘土耳其加莱桨帆船，其中只有一艘被认为无法使用。

来自基督教世界的工匠无疑推动了奥斯曼帝国的技术进步，这种现象相当普遍，足以引起威尼斯当局的重视，他们用尽一切手段阻止工匠前往土耳其：如果某位威尼斯军械库的木匠因为触犯了法律而被驱逐，他若是前往君士坦丁堡就肯定会大受欢迎，因此驻君士坦丁堡的威尼斯大使有权赦免逃往这里的工匠的罪行并给他安全保障，让他返回威尼斯。由于这些原因，土耳其人造的船已经不亚于基督教国家的船只了；然而所有观察家都同意，在冬天不把加莱桨帆船拖入岸上的仓库而是将其在水中露天存放，会无可避免地损坏船只，而当卡普丹帕夏带着舰队出海的时候，那些状态并不好的船也要一同前往，以壮大声势。我们有必要牢记这一点，因为我们之后将看到，一部分船在刚开出港口不远后就不得不因为漏水而返航，以及在勒班陀海战的几个月前，土耳其舰队遭遇的一系列事故和沉船事件。[18]

在其他方面，当时的人甚至认为土耳其加莱桨帆船有胜过威尼斯加莱桨帆船之处。1571年春，拉加佐尼看到皮尔图帕夏准备起航的分舰队停在金角湾，他如此写道："土耳其加莱桨帆船比我们的更高，他们的绝大多数船只中，每个桨座上的3个桨手都使用同一支船桨，而且他们的桨比我们的细；他们认为这可以让桨手们更省力。"土耳其人和西班牙和热那亚人一样，已经掌握了一种被称为"scalloccio"的航行技巧，每个桨座上用一支划桨，这简化了桨手的动作，据那些经验丰富的桨手的说法，这种做法不仅能让速度更快，还能在桨座之间留出更大的空隙，允许紧急情况下士兵和水手也参与划桨；当时只有威尼斯人认为这种方法不可靠，继续给桨手每人一支划桨。[19]

10年前，从君士坦丁堡回来的马里诺·迪卡瓦利已经注意到了土耳其人对划桨方面的技术革新的强烈兴趣，虽然他当时认为这是白费功夫：

> 每天他们都在尝试新的航行方式，一天让每个桨座上用4支桨，一天让每个桨座上用5支桨，有时又让3个、4个或5个人用同一支桨；然而事实上这样的试航并没有给他们带来什么好处，他们的技术进步程度和我们威尼斯军械库相比差远了。

然而，他又补充了对土耳其造船技术的正面评价：

> 他们想要能容纳更多作战人员的更大的加莱桨帆船，以及15艘或20艘狭长的快速战舰……因为他们不需要所有船都很宽大，也不需要所有船都能快速航行。他们加莱桨帆船的撞角是额外附加上去的，因为这样当撞角断裂时，船体不会受到损害。

另有一些威尼斯的编年史家提到，土耳其加莱桨帆船上的舵手的位置更加安全，而"我们威尼斯人的舵手却暴露在外面，非常容易遭受攻击"。另外，土耳其加莱桨帆船的船帆结构也更好，因此船速也比威尼斯加莱桨帆船要快，特别是在用风帆动力航行的时候。1557年，威尼斯海军指挥官克里斯托弗罗·达卡纳尔护送贾费尔雷斯的土耳其船队前往科孚岛的时候，后者把前者远远甩开了一大段距离，以至于中途不得不停下来等。[20]

至于土耳其加莱桨帆船的高度，很难说到底是利大于弊还是弊大于利。除了这个特点之外，它们和西方的加莱桨帆船十分相似。有一位作者认为土耳其加莱桨帆船的这种高度其实弊大于利，但他也承认，即使在基督教世界，对这一点也没有共识，争论不断：

> 威尼斯、热那亚和那不勒斯的加莱桨帆船到底谁优谁劣，是个非常微妙的问题，很难下判断，不过我们相信威尼斯人的加莱桨帆船更有优势；那不勒斯和热那亚人的加莱桨帆船的轮廓曲线基本相似，船头和船尾都较高，但在设计图上他们却有一些差异，这些差异基本上仅仅是为了相互竞争而已。我们……应该庆幸威尼斯加莱桨帆船的船头和船尾比其他两家更低。

但身为威尼斯人的马里诺·迪卡瓦利更认同土耳其人的战船设计，他认为“土耳其加莱桨帆船的船头很高，不像我们的船头那样会没入海中，这样他们在战斗时就更有优势”。

而高度较低的加莱桨帆船更难被敌方舰炮击中侧舷，而且在射击敌方侧舷时也更容易。在关于勒班陀海战的各种文献中都经常指出一个事实，就是基督教舰队的加莱桨帆船正是因为高度低所以炮击效率才更高：“我们的加莱桨帆船与土耳其加莱桨帆船不同，我们的船头较为低平，火炮仅是略高过水面，因此能更准确地击中敌人的船体。”然而实际上优势并没有这么大。相反，威尼斯加莱桨帆船也正是因为高度低，所以在海上的稳定度更差，特别是在用风帆航行的时候更是如此。因此，即使在威尼斯，也有权威人士称赞他们对手的设计：克里斯托弗罗·达卡纳尔认为，西方和土耳其的加莱桨帆船的船首撞角方向朝上，因此都不太会浸没到水里妨碍航行，更不用说在冲撞敌舰的时候只要撞到敌舰的船舷，就可以给其以致命打击，然而威尼斯加莱桨帆船又低又脆弱，一旦冲撞敌舰，自己的船所受的损伤比敌舰还要大；在勒班陀海战前夕，人们还在抱怨说威尼斯加莱桨帆船的高度实在太低了，甚至连威尼斯军械库的决策层都考虑要修改他们的战舰设计。[21]

当战争来临的时候，尽管许多威尼斯人还坚信土耳其人的战船不如他们的，坚信威尼斯军械库所打造的舰队之强大，足以让他们已知的任何敌人吓出冷汗，然而，当土耳其雷斯们指挥的舰队装载着耶尼切里军团、水手、桨手和志愿兵出航，船舱中满载着足以供船员们数月食用的海用饼干、一包包的大米和豆子、一桶桶油和醋以及一箱箱大蒜和洋葱时，所有由基督徒控制的地中海沿岸地区都屏住了呼吸。[22]

5

战火初燃

马肯托尼欧·巴尔巴罗如今的处境相当荒诞。土耳其军械库的工作依然有条不紊地进展着，即使那些善良的民众依然期待着舰队前往西班牙拯救穆斯林，但消息灵通的人士都已经清楚要对威尼斯开战了。12 月 26 日，舰队的攻击目标是塞浦路斯的消息第一次不再只是街头的传言，而是“连一些知情的大臣们也在放出风声”；这在威尼斯商人中间引起了一阵恐慌，他们担心自己的人身和财产安全。[1] 然而土耳其官员们继续向巴尔巴罗保证，重申威尼斯方面不用担心；而大使也照常与他们交往，好像什么事也没发生一样，假装相信那些他本来确实希望兑现的保证。

那些土耳其官员不一定是在刻意隐瞒：许多政要对这一决定还不知情，此事最初只传达给了那些随苏丹前往哈德良波利斯的底万成员。翻译官易卜拉欣贝伊于 1 月初返回君士坦丁堡后，立刻前往巴尔巴罗家中向他保证，“他与朝廷中的所有人”都有联系，从没有听说他们谈论塞浦路斯，甚至可以用自己的人头担保苏丹绝对没有要对威尼斯开战的想法。然而在几天后，易卜拉欣贝伊偶然遇见威尼斯大使时，态度变得完全不同，他说他已经“和许多政要朋友接触过了，得知这类传言比他之前想象的更有依据”；因此，他感到良心不安，责难自己之前竟然敢用人头担保，希望巴尔巴罗不要以为“自己想害死他”。威尼斯大使被他的真诚打动了，他恳求易卜拉欣贝伊尽他个人最大努力，继续告诉大使事态的发展，并为此给了易卜拉欣一大笔钱；而布翁里佐秘书随后也向威尼斯元老院保证：“易卜拉欣贝伊在这件事上，完全回应了我们对他的期望。”[2]

然而要相信大使从卡普丹帕夏所得到的保证也如此真诚，就不太容易了，卡普丹帕夏还在请求大使在威尼斯商人的商店里为他购买玻璃，以供加莱桨帆船上的灯笼使用。这些灯笼彰显着战舰指挥官的官阶，因此可以理解阿里帕夏为何需要只有威尼斯才能生产的优质玻璃。虽然他怀疑这些加莱桨帆船即将进攻塞浦路斯，但巴尔巴罗还是参与了这场游戏，给对方提供了所需的玻璃，阿里帕夏对此“用最礼貌的方式表达了感谢”。这场谈判是通过一位名叫盖达尔的“在上层颇有人脉的雷斯”进行的；卡普丹帕夏问他威尼斯人怎么看这次舰队的目的地，盖达尔如实回答，告诉帕夏现在威尼斯人非常担心。

> 卡普丹帕夏对他说：“告诉大使，他可以信任我，这次舰队并不是去打威尼斯的，如果他不信，我可以让他亲眼看看穆罕默德帕夏在狩猎期间给我的信，他命令我让舰队准备出航，其中特别提到这次行动是去拯救西班牙的摩尔人。”

确实在有些情况下，奥斯曼政府的保密要求可能会让卡普丹帕夏本人对舰队的目的地保持沉默，但大维齐尔不太可能故意欺骗他；正是在同一时期，这位海军司令召见了塞浦路斯人伊赛波，向他出示了一张航海图并仔细询问了塞浦路斯港口的位置。因此，土耳其的政要们此时是在公然放出假消息：巴尔巴罗认为关于舰队目的地确实是塞浦路斯的传言实际上早已在“所有土耳其海军人士”中传开了，但“大臣和朝廷中的其他人却依然宣称舰队是去西班牙的”。[3]

威尼斯大使还讲了另一个假消息的例子，但并没提到此事有多高的可信度：大维齐尔曾亲自会见一个曾经在马耳他做过奴隶，而后逃出来的土耳其人。此人告诉大维齐尔说，在1565年的入侵未果之后，如果现在再次发动对该岛的入侵，基督徒们会弃守该岛。然后大维齐尔回答说：“他们守不守得住该岛，今年就可以见分晓了！”这段惊人的对话是一个那不勒斯奴隶告诉大使的，他是个在帕夏的房间中工作的画工，巴尔巴罗认为他是个“善良、机智的人”。但像帕夏这样的老狐狸，一个奴隶在偷听他的对话而后去告诉威尼斯大使这样重大的事，似乎不太可能瞒得过他。根据巴尔巴罗的说法，他已与这位那不勒斯奴隶定期联系一段时间了，此事大维齐尔不太可能完全不知情，他很可能是在利用这个奴隶放出假信息。[4]

与此同时，苏丹也结束秋狩回来了。他一回来就立刻亲自接管军械库，工匠们开始日夜赶工，而在托帕内，存放舰炮的仓库中也已经装满了火炮和弹药。1 月 21 日，第一个预兆出现了：巴尔巴罗得知两艘威尼斯商人的商船被扣押了下来，他向大维齐尔申诉，然而大维齐尔“只是礼貌地回应说他无法为他们做什么，因为苏丹为了舰队所需，决定临时征用这两艘船，并且会照过去的惯例支付租金”。穆罕默德帕夏接着给威尼斯大使上了一堂海洋法的课，提醒他“这并不奇怪，因为各国君主在需要的时候都可以临时征用任何他们发现的船只，特别是他们朋友的船只”。大使承诺会收回指控，而事实上，大维齐尔也并未信口开河，即使在威尼斯，扣押船只也不会被视为挑衅行为。大使无情地指出：“这种情况下，根据传统确实可以扣押船只，无论船属于谁。”[5]

巴尔巴罗此时开始担心自己送往威尼斯的信件会被拦截，为此忧心忡忡；因此他采取了预防措施，以不同的方式发送了几份副本，并且也给塞浦路斯和干地亚的威尼斯殖民政府送去了副本。[6]他观察到，在卡普丹帕夏本人和经常前往兵工厂的大维齐尔的监督下，舰队的军备工作以非常快的速度继续进行。奥斯曼政府四处招募工匠，甚至早在开始扣押商船以前，就已强行要求各船长将船上的熟练工人借给舰队使用，而船长们无权拒绝，许多威尼斯的木工和捻缝工人也被迫到苏丹的战船上工作。易卜拉欣贝伊提供的宝贵的情报显示，形势正在越来越糟糕。1 月 24 日，穆罕默德帕夏召见了易卜拉欣贝伊，想知道在他看来威尼斯有没有可能交出塞浦路斯岛来避免战争，并补充道：“威尼斯人要这座岛做什么？”易卜拉欣贝伊事后急忙跑到担任底万秘书和大维齐尔私人顾问的费里敦贝伊家中，向他陈述塞浦路斯行动将会遭遇的诸多困难；然而费里敦却回答说，他不相信行动会如此困难。28 日，佩拉街区有传闻说，明天所有的威尼斯人都会被扣押起来，所有还能离开的威尼斯人都需要赶快准备离开。最后，在 1 月 29 日，易卜拉欣贝伊代表穆罕默德帕夏来见巴尔巴罗，以非常严肃的语气告诉他，让他不要再管那些被扣押的船，也不要再管商人们的抱怨了，“因为现在得面对更严重的问题”。这位大维齐尔准备抛下自己的面具了。[7]

易卜拉欣贝伊转达给巴尔巴罗的消息是用缓和的语气写下的，尽管其开头相当残酷："伟大的皇帝将会不惜一切代价夺取塞浦路斯岛。"而大维齐尔此前已多次明确表示，他不可能违背苏丹的意愿。但这还不意味着战争：塞利姆不相信威尼斯人会为这种小事开战，穆罕默德保证，如果塞浦路斯能无血开城，"我们将和威尼斯继续保持和平"。易卜拉欣贝伊已经警告过大维齐尔，威尼斯不可能不战而放弃塞浦路斯；穆罕默德帕夏命令他转告威尼斯大使，如果威尼斯不肯屈服，"那它不仅会失去塞浦路斯，还会失去其他东西"。

紧接着，穆罕默德帕夏好像又对自己放出这样的威胁后悔了，他列举了苏丹对威尼斯共和国不满的种种原因：在两国边境的达尔马提亚地区，威尼斯人长期纵容各种盗匪对土耳其人进行抢劫；西班牙或马耳他的"西方私掠船"被允许在塞浦路斯停靠，这也违背了威尼斯与土耳其的协议，威胁着穆斯林商人的安全。最后，大维齐尔解释说，苏丹常受到宗教机构的批评，因为塞浦路斯人曾经在清真寺中向真主祈祷，但他们现在落入了基督徒手中；他总结道，毕竟，整个岛屿曾经属于苏丹，威尼斯人向他进贡的事实证明了这一点，因此，如果伟大的皇帝陛下正当地希望将他的财产归还给他，那么他的要求应该得到满足。易卜拉欣贝伊补充说，大维齐尔很乐意与大使亲自商谈此事，并礼貌地重申了他的友谊保证，"对因他们各自的职务发生的此类不快表示遗憾"。[8]

巴尔巴罗立刻要求面见穆罕默德帕夏，并在第二天如愿见到了大维齐尔。他向大维齐尔表达了他对苏丹突然撕毁两年前签署的和平协议的震惊，并提出如果奥斯曼方有任何不满，请"以友好君主之间的适当方式"来寻求补偿。穆罕默德帕夏耐心听完了他的话，然后回答说，非常不幸的是，他们接到的控诉不仅数量众多，而且都十分有理有据，并且有各地的桑贾克贝伊和卡迪们的信件为证，乌理玛正在向苏丹施压，苏丹此时已经没有回头路了。他痛苦地补充说，如果当初威尼斯能"在其他问题上向陛下提供一些不那么重要的东西"，比如割让一些边境村镇，或按照他曾多次建议的那样，进贡三四千杜卡特的话，事情可能就不会发展到这个地步。最后：

他平和又友善地问巴尔巴罗，从威尼斯到塞浦路斯有多远；对此，我们的大使回答说，大约有2000里。穆罕默德笑着说道："你们到底为什么想要这么远的岛屿呢？……还是把它留给我们吧，在我们手里塞浦路斯会有更好的未来。"

威尼斯大使也以同样的语气回答说，威尼斯总督因为敬爱苏丹，所以才希望拥有一个离奥斯曼帝国如此之近的省份；同时大使也审慎地提醒穆罕默德，苏丹和他的臣民从和威尼斯商人的贸易中获取了巨大利益。穆罕默德帕夏随后问道，威尼斯元老院是否真的想要为了这座岛屿就和奥斯曼帝国开战。巴尔巴罗回答说，从没有哪位君主会不战而放弃一个省份。大维齐尔又说，乌理玛们都在指责苏丹，说他放任塞浦路斯的清真寺被改建成了教堂。大使反驳说，据他所知，"这座岛屿从没有属于过穆斯林"。为此，大维齐尔很快找来了一本历史书，证实威尼斯大使错了，因为第5代哈里发曾经统治过塞浦路斯30年的时间。"这次时间很长的讨论结束了，从始至终帕夏的态度都如人所愿地温和。"巴尔巴罗说，他显然非常欣赏他的对手的良好风度。[9]

在这件事以后，马肯托尼欧已经确信他寄回去的信肯定到不了威尼斯了。他之前所送的信都被拦截，然后送到耶尼切里军团的阿迦手中。由于这些信件内容都是加密过的，阿迦找来布翁里佐秘书，"软硬兼施"地强迫他破译；但阿迦身边一位来自佛罗伦萨的背教者是布翁里佐的朋友，他说服阿迦不要这么做，因为这种微妙的问题应该首先提交给大维齐尔。沙乌什阿迦为了不犯错误，于是把这些信交给了穆罕默德，穆罕默德没有破译这些信件，却将此事通知了威尼斯大使，这使得后者感到非常不安。大使将新的信件交给两个"家世可靠而且精明能干的"土耳其人，给他们300西昆*的报酬，让他们把信送到科孚岛；但经过3天的旅程，他们到达一个山口的时候，得知前面有两个传讯官正在拦截所有的旅行者，只得决定返程。此后，巴尔巴罗"抱着碰碰运气的心态"，向卡塔罗、拉古萨、

* 威尼斯金币。

干地亚和科孚岛送出了四五份信件，他很清楚其中大部分都会被拦截，但他依然希望“至少其中一份能成功送达”。此时在威尼斯，人们也注意到大使的信件从2月底后就越来越少，甚至有人怀疑大使本人已经被扣留了。[10]

此时的巴尔巴罗却依然抱有希望：既然苏丹和大维齐尔如此坚持要威尼斯和平割让塞浦路斯，或许他们并不想不惜一切代价开战。事实上如我们所见，在1570年2月的头几天，尽管卡普丹帕夏勤奋工作，并发动了所有的工匠师傅，但舰队的准备工作还是严重滞后。2月9日，德格朗尚先生在给巴黎的报告中写道，苏丹和他的大臣们在视察了军械库后：

> 他们感到非常失望，一共有5艘加莱桨帆船完全损坏，根本无法出海航行。至于他们的那些帕兰迪尔运输船，根本不可能在这个冬天达到需要的数目，还得花更多时间。你们一定能看出这次行动有多么准备不足，他们此时还需要更长的时间来完成整备。

布翁里佐从目击者处，同样得到了关于造船任务延期和苏丹为此发火的消息：被要求建造帕兰迪尔运输船的黑海造船厂木料短缺，“因此一名传讯官受命去割掉了当地卡迪的鼻子和耳朵，以惩罚他没能如他曾保证的那样认真工作”。[11]

在这样的情况下，大使和大维齐尔都在争分夺秒。这两位老到的外交官依然通过易卜拉欣贝伊来交流，而后者继续为此在皇宫和佩拉街区间往返。巴尔巴罗询问他能否把苏丹的意愿转达给威尼斯总督，并且暗示说（尽管完全无法保证），如果苏丹陛下派人去游说的话，或许威尼斯总督会同意交出塞浦路斯。穆罕默德帕夏热情地接受了这个建议，苏丹派了最资深的传讯官库巴特出使威尼斯；这让易卜拉欣贝伊感到十分遗憾，毕竟他之前为此事付出了巨大努力，“毫无疑问，他认为应该由他出使威尼斯”。塞利姆还希望威尼斯大使的秘书布翁里佐也一同前往，好助库巴特一臂之力。巴尔巴罗相信，苏丹提供这样的便利只是在拖延时间，是因为“帕兰迪尔运输船的准备工作没能如期完成”，然而他依然决定利用这个机会，把他至今为止所知道的所有情报全部转达给威尼斯方面。[12]

布翁里佐得知自己可以回威尼斯后松了一口气，而大使则要继续留在君士坦丁堡；他抵达威尼斯后向总督保证，大使他很清楚自己现在的处境，他已经准备好牺牲自己，“在这个世界上他已经别无所求，只希望用他的鲜血来为威尼斯尽忠”。在离开前，他前去向大维齐尔辞行，后者请他代自己向威尼斯总督问好，并提醒总督奥斯曼帝国的实力有多强大。他，穆罕默德，出于友谊，建议威尼斯不要迟疑，尽快割让塞浦路斯，如果布翁里佐希望为自己的祖国谋取利益，就应该把这些话清楚地转达给威尼斯总督。

> 穆罕默德帕夏说，苏丹陛下想要多少加莱桨帆船就有多少，一旦他下定决心，就将带着这些舰队来到我们的那座名城城下，此外他还说了不少类似的不宜从他这等地位的政治家口中说出的大话。

尽管秘书官对穆罕默德表示尊敬，但他认为土耳其舰队能沿着亚得里亚海一路开到威尼斯潟湖的说法过于荒谬了，因此他的结论是，帕夏显然是在开玩笑，或是假装开玩笑，这些话不必信以为真：“事实上，他和我交谈时几乎一直带着微笑。”

然而大维齐尔在送别时说的这些话表明，他有清楚的盘算。既然苏丹下决心要得到塞浦路斯，那他就必定要如愿以偿；而穆罕默德不想开战，他就得为此通过其他手段来取得塞浦路斯。

> 他把我叫到他面前，以同样的口吻说了如下的话：“秘书官，请把这些事转告那些明智和谨慎的年长绅士们，而不是那些年轻人，他们不知道伟大的陛下拥有多可怕的力量，他们只会认为‘土耳其人算什么？我们怎么会怕他们？’”

大维齐尔要求秘书官回去详细报告苏丹现在的所有战争准备工作，他相信威尼斯人一旦得知自己将要面临的战争风暴，他们将会很愿意不战放弃塞浦路斯的。[13]

而在西方基督教世界，人们屏住呼吸，紧张地观察这场战争风暴到底首先会刮向何方。为了迷惑敌人，欧吉德·阿里此时对突尼斯发起了一次军事行动，并且取得了成功。在这个年代，这位卡拉布里亚人是最著名的海盗，有传说他曾在土耳其加莱桨帆船上做了至少14年划桨奴隶，直到有一天他为了报复一次冒犯而放弃了基督教信仰。16世纪40年代以来，他一直是一位独立的私掠船长，后来当上了亚历山大分舰队的指挥官，随后又成了的黎波里帕夏，1568年，对他青眼有加的苏丹塞利姆任命他为阿尔及尔的贝格勒贝伊。他的各种逸事在地中海各港口都广为流传：塞万提斯也曾在阿尔及尔为奴，他称赞此人“对待奴隶非常人道”。而威尼斯外交官们也在他晚年的时候见过他，此时他在君士坦丁堡过着奢侈的生活，他们对这个“出身卑下”的南方人的模范职业生涯表现出了毫不掩饰的嫉妒，并暗示他“不会读写”，但他们也非常羡慕这位挥金如土的老人，他享受着“一切年轻人享受的乐趣”。欧吉德·阿里曾对他们中的一人透露了他的秘密：“有一天，他在亲切交谈时说，他从不考虑两件事，那就是金钱和年龄，因此他很乐意花钱，生活也很愉快。”然而在1570年，这位刚刚年满五旬的卡拉布里亚人还非常活跃，当时认识他的人并不觉得他是个开朗乐天的人，而认为他勤奋敬业，且进取、务实、热心，是“一位沉默寡言的优秀海员”。[14]

而费利佩二世和他的大臣们根本不关心塞浦路斯，欧吉德·阿里在马格里布的进攻才是他们当下最关心的，他们相信君士坦丁堡的大规模战争准备工作是为了支援北非方面的行动，进攻西班牙在突尼斯的最后一个据点拉古莱特。1570年1月19日，来自巴勒莫的消息认为“土耳其舰队很快就要倾巢出动了，可能其中一小部分会去支援西班牙的摩尔人，但其主力将前往拉古莱特”。1月30日，西班牙国王私人加莱桨帆船舰队的司令官吉安·安德烈亚·多里亚宣称，根据在君士坦丁堡的一名热那亚线人的情报，土耳其舰队的进发方向已经确定了；费利佩二世在一边批注：“保持关注。”不到一个月后，西班牙驻热那亚大使迭戈·古斯曼·德席尔瓦写信给国王说，在欧吉德·阿里占领突尼斯后，威尼斯人更加放心了，确信土耳其舰队的目标是拉古莱特。事实上，在君士坦丁堡的线人此时仍在发回关于目的地是塞浦路斯的情报，但西班牙当局认为这些消息与现实相违背，不以为然。3月5日，吉安·安德烈亚·多里亚再次写道："每天从黎凡特发来的警报都认为这支庞大的舰队将前往塞浦路斯，但我难以相信，因为阿尔及尔事件发生的时间实在太巧了。"[15]

事实上，在威尼斯，当决定开始武装舰队的头几天过去后，人们再次开始动摇。马里诺·迪卡瓦利的儿子、威尼斯驻马德里大使西吉斯蒙多，当时负责说服费利佩二世认为土耳其人准备登陆西班牙：威尼斯人自己并不相信此事，但如果西班牙国王决定武装舰队的话，威尼斯肯定会从中受益。在西班牙，这一消息引起了诸多反响，人们屏住了呼吸：在春季，西吉斯蒙多的继任者卢纳尔多·多纳从巴塞罗那来到瓦伦西亚，他发现所有的"老基督徒"都在恐惧土耳其舰队会突然出现在地平线上，引发摩尔人的全面暴动。然而当西班牙人真的对土耳其舰队的突然袭击提高了警惕以后，威尼斯人自己也开始相信这个谣言，幻想自己能逃过此劫。爱国主义的风潮开始退去，对强大防御措施的成本的清醒考量占了上风，这直接导致了备战经费再次下降。在元老院中，相当一部分人根本不想和土耳其开战，因为这会让商人们成为首当其冲的受害者；许多商人都在黎凡特地区有巨额投资，以及大量商船、货物或在帝国首都的未收款项，甚至有些人的儿子还在黎凡特经营分号，比起开战，他们当然更愿意毫不犹豫地割让塞浦路斯给苏丹。[16]

然而这种幻觉十分短暂。在2月20日，巴尔巴罗于一个月前在和大维齐尔谈话的前一天送出的一捆信终于幸运地抵达了威尼斯，里面提到了许多相当令人不安的细节。大使再次强调了他在君士坦丁堡听到的流言和舰队的准备工作：他报告称，土耳其人招募了大量用于攻城的工兵，全部集结在正对着塞浦路斯的卡拉曼港。通过线人，巴尔巴罗甚至得知了行动计划：当陆军乘帕兰迪尔运输船在塞浦路斯登陆时，土耳其战舰将封锁住亚得里亚海海口，阻止威尼斯舰队前去救援塞浦路斯。如果元老院现在就向塞浦路斯增派驻军的话，那么几十艘加莱桨帆船已经准备完毕，随时可以拦截威尼斯船队。这些情报终于使威尼斯人不再犹豫；元老院立刻通知教廷大使，他们"已经绝对确信土耳其人要侵占塞浦路斯”，法奇内蒂指出，备战的速度产生了立竿见影的变化：“没人再管开支有多少了。”[17]

除巴尔巴罗的警告外，威尼斯还收到了其所有海上属地发来的关于战争迹象的消息。在两艘商船于君士坦丁堡被扣押后，达尔马提亚又传来消息，附近的桑贾克贝伊都受命将海岸附近的人口转移到远离海岸的设防要塞中，并逮捕所有威尼斯商人。事实上，关于逮捕商人的问题，奥斯曼政府似乎有些左右为难，一方面希望以此恐吓对手，一方面又不想中断对所有人都有利的贸易；因此其最终采取了简单的折中方案，只在可能即将爆发冲突的地区执行。苏丹派遣传讯官们前往叙利亚和埃及，命令所有港口都要逮捕威尼斯商人并没收他们的货物，但在其他的地区，包括首都本身在内，除了禁止当地的威尼斯商人擅自离开以外，并没有进一步限制。[18]

无论如何，在君士坦丁堡港口扣押两艘商船的消息都造成了非常恶劣的影响，据悉法国大使在 2 月 9 日写道：“所有威尼斯商船都被扣押了，商人也是。”而在威尼斯，人们都做着最坏的打算，4 月，叙利亚领事的来信似乎证实了这一担忧，信中说的黎波里和阿勒颇的商人都被扣押了，货物也被没收。亚历山大港也在发生同样的事，然而关于那些商人的下落却说法不一；根据威尼斯政府的说法，这些商人最初被关押在一座塔里，不过可以肯定的是，当地政府对执行这一命令并不热心：战后，埃及帕夏穆罕默德向威尼斯政府索取回报，声称他允许城内的大量威尼斯贵族自由返回家园；他说，当亚历山大驻守舰队的司令要强行把其中部分贵族带上他的加莱桨帆船时，他迫使司令释放了他们。[19]

然而对威尼斯人来说，只要有了攻击他们商业利益的最初举动，他们就会采取全面报复。3 月 5 日，教廷大使高兴地写道：“昨天，所有的黎凡特犹太商人都被监禁了，他们的财产也被扣押。”这场搜捕范围很大：共有 75 名穆斯林商人和 97 名犹太人被捕，此外，威尼斯的属地也在收到命令后逮捕了许多黎凡特商人。当时人们普遍相信是若昂·米格和所谓的国际犹太组织推动了这场战争，这使得威尼斯当局把报复对象扩大到威尼斯本地的犹太人身上，他们被视为敌人的第五纵队；然而，土耳其治下的基督徒却不用担心自己的处境。第一次感受到战争在经济上的严重后果增强了主和派的力量；据法奇内蒂说，当时威尼斯市内充斥着好战和爱国的气氛，主和派不太敢公开表露观点，“但如果土耳其人不没收威尼斯人在黎凡特地区的货物的话，主和派将会变得非常多”。[20]

所有涉入此事的政府，都不愿牺牲自己的商业利益。教廷大使把威尼斯政府内的情绪事无巨细地报告给罗马，是因为教宗庇护五世和他那由不到 30 岁的枢机主教亚历山德里诺领导的年轻政务班子希望战争爆发，并将其转变为整个基督教世界共同对抗奥斯曼帝国的总动员。梵蒂冈起初对威尼斯对待犹太人的措施非常满意，但当两艘威尼斯加莱桨帆船开始封锁从教宗国港口安科纳出发的船只，没收属于犹太人的货物时，梵蒂冈勃然大怒。不管这些犹太人是不是黎凡特来的，他们都处于教宗的保护之下，教廷大使受命正式向威尼斯抗议，并要求归还没收的货物；但大使过去常常煽动的反犹主义现在成了他的阻碍。几个月后，法奇内蒂向罗马回报，表示非常遗憾，他已经为了安科纳的黎凡特犹太人的事情向威尼斯总督“强烈抗议”了，但没能让他改变主意，“总督大人对我说，犹太人正是这场战争的罪魁祸首”。[21]

战争的预兆也从达尔马提亚传来，那些靠近威尼斯属地边境的桑贾克贝伊已经接到命令开展敌对行动。桑贾克贝伊们手中并没有正规军和火炮来攻打威尼斯在亚得里亚海岸的防御工事；但他们每个人都能召集大量的非正规骑兵，因为根据规定，波斯尼亚和阿尔巴尼亚的穆斯林群体有义务为苏丹提供部队。在战时，这些装备简陋的骑兵分队有权进入敌方领土展开掠夺，那些热衷于此的桑贾克贝伊立刻派出部队“来到威尼斯统治的城市门前，在城郊大肆劫掠，抢走农民的粮食、牲畜及所有财物，还抓走了许多人”。[22]

最严重的事件发生在扎拉，这是威尼斯在亚得里亚海海岸最为重要的据点，它在战争期间一直受到在边境肆虐的土耳其骑兵的威胁。3 月初，威尼斯接到消息称：“扎拉境内出现了大量土耳其骑兵，四处掠夺放火。”此外，威尼斯的其他领土也遭到入侵，例如在塞贝尼科地区：“土耳其人经过此地，许多人被抓走了，还有的人被野蛮残忍地杀害。”但人们的注意力还是主要集中在扎拉上，3 月 9 日，年轻的达尔马提亚骑兵指挥官贝尔纳多·马利皮耶罗带着80名侦察轻骑兵离开扎拉去拦截一队劫掠者，结果兵败被杀，此事在威尼斯犹如晴天霹雳。上一次有威尼斯元老战死沙场还是一代人以前的事——不过很快这种消息就不值得大惊小怪了。[23]

然而这些行动才刚刚开始时，这场对威尼斯未曾宣战的战争就突然被苏丹叫停了。塞利姆派遣传讯官对威尼斯下了最后通牒，同时为了展现和平解决问题的诚意，苏丹撤销了扣押威尼斯商人货物和让桑贾克贝伊在达尔马提亚地区开战的命令。大使在他长期熟悉的“慷慨的库巴特”的真诚帮助下，说服大维齐尔写信给叙利亚和埃及地方政府，不再为难那些商人。但穆罕默德帕夏拒绝归还先前那两艘货船上的货物，同时要求所有威尼斯商人承诺，在他得知威尼斯释放黎凡特商人前，他们未经允许不得离开奥斯曼的领土；某个名叫朱利奥·克罗斯的人试图逃离土耳其，结果被捕，为此付出了代价；但除了他以外，布翁里佐可以保证在此之前“我国的人没有做出任何失礼行为”。甚至在的黎波里和亚历山大港的威尼斯商人也被释放了；归还货物和重新授予贸易许可需要一段时间，但在一些小小的红包的帮助下，领事们的积极活动很快取得了成功：“所有商人都开始恢复经营，可以自由地打理自己的生意了。”[24]

选择把这个递交最后通牒的任务交给库巴特不是没有理由的，这说明奥斯曼朝廷确实希望能不通过战争就迫使威尼斯人交出塞浦路斯。这位传讯官之前就曾多次前往威尼斯：他两年前刚为了解决一起复杂的商业纠纷去过威尼斯，并在那里住了几个月，享受了一些土耳其没有的娱乐，例如在他于朱代卡的寓所里组织小提琴和大键琴的音乐会。在他逗留期间，威尼斯的官方口译员米歇尔·芒布雷一直陪同在他身边，芒布雷在报告中称他们两人建立了非常深厚的友谊，特别是因为两人都是切尔克斯人。这位翻译官说，在他们聊天时，这位传讯官似乎对威尼斯的战争准备工作很感兴趣，特别是塞浦路斯的防御工事。虽然这种好奇心看起来似乎不怀好意，但毫无疑问库巴特非常享受他在威尼斯的生活，此后，他作为威尼斯事务专家，竭力在这两大强国之间维持良好的外交关系，几个月前，威尼斯元老院还向他提供了一笔1000西昆的资金。巴尔巴罗和布翁里佐都在用充满感情的话来描述库巴特的这次出使，一切都表明这位再次出使威尼斯的苏丹特使准备尽全力完成这一重要使命。

库巴特和布翁里佐2月11日离开了君士坦丁堡；这天下着大雨，随他们一起出发的还有翻译官马泰卡·萨伊瓦戈，以及巴尔巴罗最小的儿子，他的父亲希望他远离潜在的危险。他们骑马到了拉古萨（今克罗地亚的杜布罗夫尼克），然后乘上了早已等候在这座苏丹控制下的基督教港口城市的一艘威尼斯加莱桨帆船。库巴特在此停留期间，将他收集到的关于威尼斯备战的情报上报了土耳其政府；布翁里佐认为苏丹知道威尼斯人的备战状况后，或许会重新考虑开战的决定，因此为库巴特提供了便利。在拉古萨的时候，这位传讯官得知，卡斯泰尔诺沃的土耳其要塞指挥官逮捕了卡塔罗前往威尼斯的使者，并且虽然苏丹已经下令停止行动，但许多桑贾克贝伊仍在威尼斯境内劫掠。在布翁里佐的要求下，这位传讯官写信给大维齐尔，希望他严厉处罚这些官员，看过信的翻译官马泰卡证实，"这封信满足了大家的期望"。1570年3月26日，复活节星期日，这个生硬地维持着某种亲密关系的小团队终于到达了利多*，他们每个人都非常愿意相信战争能够避免。[25]

在威尼斯，两周前人们就已经得知传讯官将来要求割让塞浦路斯了。布翁里佐离开君士坦丁堡时，随身携带了巴尔巴罗大使的许多信件，信中详细解释了这次任务的缘由，而秘书官在到达拉古萨以前就找到机会将这些信寄出了。因此，威尼斯政府在最后通牒抵达前就已经知道了库巴特将要提出的条件。巴尔巴罗在信中建议不要让步（他的秘书回到威尼斯后再次强调了这点），希望土耳其人面对意想不到的抵抗会知难而退。这对威尼斯来说是多此一举：在3月11日收到君士坦丁堡方面寄来的最后几封信后，威尼斯已给贾科莫·塞尔西和其他海上指挥官下令，他们在任何情况下都可以按战时办法处理"土耳其臣民及其财产"。[26]

3月17日，威尼斯元老院为此事展开了讨论；但讨论的焦点并不是要不要接受最后通牒。官方唯一的态度就是绝不妥协：这位传讯官将得到"这个不公正和背信弃义的要求应得的答复"。问题在于如何接待库巴特，

---

* 威尼斯东部的狭长小岛，是威尼斯的海上门户。

这关系到能否为将来保留一条最后的谈判通道：先是就私下听取他的提议的提案进行了表决，但该提案没有通过；下一个提案是不听取他的提议就将他礼送回国，甚至不让他进入威尼斯，这个提案也被否决了；最后，元老院同意让他在公开场合递交最后通牒。罗马教廷大使显然倾向于最强硬的路线，最后他非常满意地听到威尼斯执政团决定以一种羞辱性的方式接见那位传讯官，"他要像普通人一样站在下面，等他发言结束就马上把他赶走"。这个决定在梵蒂冈的外交事务中非常重要，以至于法奇内蒂一得到消息就上报给了枢机主教亚历山德里诺，后者立刻将此事告知专门在教宗和西班牙国王费利佩二世之间传信的特使唐路易斯·德托雷斯。之后，教廷大使就开始等待库巴特的加莱桨帆船到来，然而这艘船却一直没到。法奇内蒂因此怀疑威尼斯人刻意在拖延这艘船的行程，以此争取更多的时间，因为他们算计着土耳其人在库巴特的使团回国以前应该不会发动对塞浦路斯的进攻。复活节那天，这艘船终于抵达了。[27]

刚一抵达利多，库巴特就意识到这次访问威尼斯的气氛不会再如上一次那么友好了。加莱桨帆船停在海上，布翁里佐和大使的儿子乘着威尼斯十人团派来的小船上岸了，而库巴特和他的使团不得不继续等在船上，同时船长收到了命令，禁止任何人与库巴特一行交谈。同一天，威尼斯元老院中"开战！开战！"的喊声，压过了所有反对的声音，晚祷时分，威尼斯总督前往圣扎卡里亚教堂的队伍前方打出了红色的旗帜，这是战时才有的做法，这让城内极为兴奋。几天前，城里最富裕也最有影响力的领主之一吉罗拉莫·赞恩，被正式任命为海军总司令，他早就当选了该职位，但这一职位只有在战时才会被正式任命；复活节那周的周一，他在圣马可大教堂领受了象征舰队指挥官权力的指挥官权杖，也正是在同一天，布翁里佐向威尼斯元老院提交了他的报告。[28]

因此，威尼斯等于已经宣战了，28 日周二，他们让库巴特前来总督府，而此时库巴特已经在那艘停靠在潟湖里的加莱桨帆船上待了整整两天了。[29] 一路上不断有人群集结起来侮辱他，可能还有人丢石头；在前面带路的 6 名威尼斯官员费了九牛二虎之力才分开充满敌意的人群，把他们带进了总督府。不过在进入威尼斯元老院的会场后，库巴特的待遇比之前威尼斯人向教廷大使承诺的要好得多。他没有被要求站着，而是按照所有大使的惯例，坐在威尼斯总督洛雷丹的右边；然而，在他入场的时候，没有人起立，也没有人表示欢迎。在按照传统的礼节亲吻了总督的大衣，并且“多次鞠躬致敬”后，库巴特才得以坐下，之后他从他的头巾中取出绣有金线的装着苏丹亲笔信的小袋，将其交给了总督。朱利安·洛佩斯是当时西班牙驻威尼斯的大使，他向国王报告说，库巴特说话时“语音颤抖，结结巴巴”，并且“对他的这项任务表现出了某种不快”。总督的翻译官当场翻译了这封信；内容如下：

> 奉至仁至慈的真主之名，朕，如今全世界众苏丹之苏丹，今世众可汗之可汗，授予大地一切君王王冠者，苏丹塞利姆可汗，苏丹苏莱曼之子，苏丹塞利姆之孙。
>
> 致敬基督教世界的杰出君主，弥赛亚宗教尊贵的领主们的仲裁者，威尼斯总督，愿你能平安喜乐地度过此生。
>
> 贵方一直以来源源不断地派人送信到朕尊贵的皇宫，确实显示出贵方看重和我方的友谊。然而，在朕父亲苏莱曼苏丹在位期间，贵方违背了关于克利斯地区的边界协议，在我方领土建造城堡和居民点，并且一直无视我方的请求，从未给出过解释。此外，基督教私掠者一直以塞浦路斯岛为据点，不断从那里得到食物和水的补给，今年夏天，这个据点的私掠者袭击了两艘土耳其船只并将其击沉，当地的贝伊曾质问过贵方的地方政府，而后者却回答说他们毫不知情。今年秋天，又有两艘基督教私掠船在塞浦路斯补充食水，并在罗塞塔地区俘获了一艘我们的船只，随后当地的贝伊立刻追击并夺回了船只，让船上的土耳其俘虏重获自由。船上的基督徒船员交代他们是从塞浦路斯得到补给的。在当地的卡迪那里有这次事件的详细记录。
>
> 此外，协议中还规定，当贵方的船只与土耳其私掠船交战时，那些在战斗中死亡的人不应要求复仇，而那些被俘者应该连同他们的船只和财产一起移交给我方，由我方审判；但贵方根本没有遵守协议，贵方屠杀了所有的土耳其私掠者并抢走了他们的船只和财物。为此我

方曾试图与贵方的大使讨论这一问题，但他只说这是您的决定，一味拖延时间，根本不给我方任何答复，也没有解决任何问题。还有一次，有一位奥斯曼的基督徒臣民前往威尼斯，他是某个商人的父亲，威尼斯以他违反了相关法律为借口，从他的船上搜走了一批铁，而这些货物就此消失了。还有位叫哈吉·阿里的商人在属于贵方领土的卡塔罗上船，带着骆驼毛织品和一些其他的货物，贵方当地的监督官保证这些货物将平安无事，然而在扎拉附近，乌斯科克*却抢走了他的所有货物。这一切都是对和平协议的破坏。我方一直以来对贵方的商人都非常尊重，本来贵方也应该同样如此对待我方的商人，然而贵方却任由我方商人被一次次抢劫，就像放任那些基督徒私掠者在塞浦路斯补给一样。总之，只要塞浦路斯岛一天还在贵方手里，这类问题永远也解决不了。因此，如果贵方还想和我方保持友谊，就必须把塞浦路斯割让给我们。保证岛上所有的居民的生命及其财产的安全，如果他们中有人想要离开，我方也绝不阻拦；而对那些抵抗者，将严惩不贷。

信仰降下胜利的至慈的真主，凭他的援助，伟大的朝廷将征服一切，我们相信真主所赐福的先知，因着他特别的恩典和奇迹，他热爱和平的帝国将会得胜，朕的常胜舰队将在春天启航前往塞浦路斯，朕必会带着荣誉和荣耀与朕的军队一起踏上这片土地；如此，朕祈盼凭着先知和全能的真主确立的准则，朕将如愿以偿。等到了春季，朕的伟大的舰队就会出现在塞浦路斯，并且朕将带着荣耀的光辉，率领舰队亲自莅临那片土地。按照先知穆罕默德和全能的真主所教导的原则，愿朕的这个愿望能得到满足。因此，当朕的送信人、有福的朝廷的使者，慷慨而荣耀的库巴特抵达时，你若确实愿继续和朕保持友谊，就应立刻自发把塞浦路斯岛割让给我方，并同意朕之前所说的，保证岛上的人来去自由，那么我们之间的和平将会继续维持下去，边界也和从前一样维持不变，之前的一切协议也不会受任何影响。但如果你拒绝，朕常胜的舰队将立刻启程，同时朕将从陆上发兵。因着真

* 克罗地亚的一种非正规部队，意为“伏击者”。

主的威严，愿他为朕所写的话作证，你已得到警告，立刻将你的决定由朕的使者转告朕。

——伊斯兰历 977 年斋月初，写于真主庇佑的君士坦丁堡

当这封信翻译完毕后，库巴特呈上了另一封由穆罕默德帕夏署名的信。信中也同样提到了的威尼斯人违反和平协议的事情，但同时重申大维齐尔一直想要维持两国之间的和平，并且劝说威尼斯人接受苏丹的要求，不要让战争爆发。穆罕默德帕夏总结说：“如果你寄希望于你数量众多的财富和友邻，我可以告诉你，你一生中获得的财富将如河水一样流逝。然而用财富赢得的朋友却可以真正帮助你。”他的这一警告，只有其中的一部分在将来应验了。[30]

库巴特曾相信，呈上这两封信后，双方能就此进行谈判。苏丹也曾授意库巴特，如果威尼斯拒绝的话，可以提出一个能让威尼斯保住脸面的秘密协议：威尼斯可以等到苏丹的舰队进入塞浦路斯水域后再割地。[31] 显然土耳其人根本不认为威尼斯人会真的想开战，这些异教徒只有顽固到无可救药的地步才会拒绝这份最后通牒。但元老院丝毫不想重新考虑：事态已经到了无可挽回的地步。他们向库巴特宣读了早已准备好的答复，该答复用了最为强硬和傲慢的措辞，称他们对苏丹出尔反尔的行为深感震惊，并警告他威尼斯有能力捍卫自己的权利。库巴特知道他的使命已经结束了；于是他要求从威尼斯总督府的秘密通道回加莱桨帆船，以避免再次穿越愤怒的人群，然而却被告知他要原路返回。因此，他不得不在侮辱中再次穿过人群，乘贡多拉船返回加莱桨帆船上。第二天，3 月 29 日周三，他启程返回君士坦丁堡。

在苏丹得知他的使者受到了怎样的接待前，威尼斯人至少还有一个月的时间，他们准备好好利用这段时间。阿斯托雷·巴廖尼是塞浦路斯地区的司令官，此前巴尔巴罗已经告知他一名奥斯曼传讯官正前往威尼斯；岛上服役的意大利船长带来了另一个版本的最后通牒，其中使用了和大维齐尔信中相同的隐喻（“不要依靠你们的财富，因为我们将会让它像流水一样消失”）。用不着威尼斯的指示，巴廖尼就已知道塞浦路斯处于危机之

中；他立刻下令开始加强尼科西亚、法马古斯塔和塞利内斯的工事，这三处是岛上的中心。这还不够：驻扎在法马古斯塔的高级指挥官，尼科洛·多纳和弗朗西斯科·特龙，突袭了叙利亚的的黎波里港，俘获了一艘满载肥皂、油和葡萄干的船只，随后他们并没有炮轰港口，而是全身而退了。在以往，这一挑衅会带来严重后果，但事实证明巴廖尼的行为是正确的：5 月 4 日，威尼斯方面的消息传到了塞浦路斯，“威尼斯和奥斯曼帝国之间围绕该岛的战争爆发了”。[32]

6

备战的威尼斯

当库巴特从利多起航的时候，威尼斯军械库已经开工两个月了，它在源源不断地为共和国的战舰制造装备。威尼斯在 1 月底决定组建一支拥有 150 艘加莱桨帆船的舰队：已经在亚得里亚海和爱琴海服役的有 31 艘，另计划在克里特岛武装 20 艘，并在两个月内于威尼斯本土武装 100 艘。这一雄心勃勃的计划之所以并非痴人说梦，是因为军械库中有一批分拆干燥保存的战舰；50 年前，当决定建立这一储备时，仓库中只保存了 50 艘，但经过了很长一段时间的发展后，储备战舰的数量翻了一番。储存的每个船体及其所有相应的配件都做了编号，这就大大加快了组装速度：军械库的工匠师傅全职工作时，每天能组装 2 艘。[1] 在干地亚和干尼亚当地的小型军械库也以相同的方式储存着 20 艘备用加莱桨帆船及其所有配套的桅杆、划桨、侧支索和舰炮，虽然当地的工匠师傅不多，但预计也能在两个月内组装完毕。此外，威尼斯军械库还用了很长时间装备 12 艘大型加莱桨帆船（即加莱塞桨帆战舰），这种战舰的原型是一种大型商用桨帆船，经改装后可以装载大量士兵和舰炮：这一创新在当时备受人们期待。[2]

然而要让一艘加莱桨帆船出海作战，光把它组装起来是远远不够的：哪怕对威尼斯人来说，最大的困难也同样是招募船员。通常的程序是，首先由威尼斯大议会选举任命一位贵族担任船长，威尼斯的所有武装加莱桨帆船船长都要如此产生；在紧急状态下，则由元老院或者十人团直接任命船长，也只有在这种情况下，船长才会被正式称为“加莱桨帆船总管”。至于达尔马提亚城市和希腊群岛的武装加莱桨帆船，其指挥权将交给由各地自行选拔的当地贵族，但这一工作要在威尼斯监督官的监督下完成，元老院要求他们尽可能确保选出合适且“有荣誉的人选”。[3]

这一决定人选的程序受到了高度关注，因为在威尼斯共和国，指挥一艘加莱桨帆船的不是技术专家而是政客；担任船长是一种让自己脱颖而出和获得功绩的手段；这也能给一个人的政治生涯增添一段有用的履历；如果海军司令官有意的话，任命船长同时还是一项好买卖。事实上，这是一种行政竞标：船长要自己花钱雇佣桨手，并且必须保证先期支付4个月的预付款。在军事行动期间，他将按照严格的预算领取政府资金，以支付船员的薪饷和购买补给的费用，还要用这笔钱完成日常维护，比如吊起船身上油，保证船只时刻保持良好的状态。当行动结束，船只解除武装时，船长要提交一份开支报告，其中记录了所有实际支出、他本人及舰上官兵的薪饷，以及由政府直接承担的费用，如供应饼干的开支；之后他将收到退回给他的预付款，以及一笔补偿其经济损失的补贴，在塞浦路斯战争前夕，这笔钱已高达500杜卡特，并在随后几年间急剧增加。[4]

和那个年代的许多其他公职人员一样，某些加莱桨帆船的船长会乐于自掏腰包来夸耀自己的实力，他们会给船尾和灯罩镀金，使其变得十分华丽，还会招募伙食开支由船长个人承担的精选桨手，好让自己的加莱桨帆船有最快的速度，这样他们就可能被选中执行重要任务并以此获得声望。而其他一些人则会借此机会从中牟利，他们会做假账、克扣桨手的薪饷并欺骗政府，海军监督官经常查处这种行为。诚然，遭到指控的船长必须支付2000杜卡特的保证金，但只有涉嫌严重违规的船长才要出这笔钱，而且在审判后保证金还会退还；那些情节较轻的违规行为往往很难被证实，包括普遍存在的船长私吞死去或被解雇的船员的薪饷的行为。这种灰色收入解释了为什么贵族想要垄断船长的人选，因此1570年春季的加莱桨帆船总管名单，威尼斯所有寡头家族的姓氏都名列其中：8个孔塔里尼、5个巴尔巴里戈、4个多纳、3个科尔内、3个提埃波罗、2个丹多洛、2个莫罗西尼……[5]

在接受任命后，船长们便开始在公爵宫门前招募桨手，或者如人们称呼的，“桨座住客”。这是武装加莱桨帆船的头一个困难：在1570年1月30日，威尼斯任命了50名加莱桨帆船船长，以及12名加莱塞桨帆战舰的船长，但到了2月初，只有19艘船的“桨座上坐了人”；根据教廷大使的记载，2月5日又有10艘船招到了人，两周后又陆续有20艘。[6]

理论上，威尼斯的大部分桨手都是自愿受雇者，意大利其他地区称他们为“buonavoglia”；但在1570年，由于桨手的工资长期没有上涨，但当时的生活成本却大幅度增加了，因此想要招募足够的桨手已经不太可能了。威尼斯统治者们自己承认说，那些前来应征的桨手们“要么他们欠下了巨额债务急需一笔赏金，要么他们仅仅是害怕法律的制裁，或是因为他们喝醉了，或是上了当”。此外，头4个月的预付款很少以现金支付，多数时候这笔钱仅被记录在“小本印刷日志”，负责此事的工作人员会在航行的几个月中，在日志上记录船员的姓名和应付款项；人们对这种预付很不信任，因为记账的时候他们一分钱也拿不到，而且也不知道到时候该找谁要钱。在1570年的紧急状况下，政府不得不要求各船长自掏腰包来支付招募人手所需的巨额预付款，但要在几周内为100多艘加莱桨帆船和12艘加莱塞桨帆战舰募到1.8万到1.9万名桨手，这显然不是个好办法。[7]

为此，在过去的几十年里，威尼斯共和国发展出了一套征兵制度。原则上来讲，威尼斯城应该要提供1万名桨手，这些人会从工匠团体和行会中招募；对一座15万人口的城市来说，这是个非常大的数字，但事实上威尼斯市民普遍不愿服役，所有有足够经济实力的人都会雇人代替自己，这在事实上创造了一个繁荣的市场，而主要的受雇者是巴尔干移民。因此，在威尼斯城招募的新桨手都是斯拉夫人而不是威尼斯人，但无论如何他们依旧被认为是高质量的桨手。问题是，该代役制度还允许交钱让当局来招募代役者；就比如在1570年的基奥贾，在500名有义务服役的人中，至少有328人愿意出钱而非亲自服役，劳动力市场的供应显然难以填补这么大的缺口。

原则上，威尼斯在大陆上的属地应该再提供1万人；从法律上讲，和当时所有欧洲国家一样，在战时征兵的时候，所有社区都有义务出人力，其中一部分新兵会成为“海上义务兵”的一员，这是一种在加莱桨帆船上服役的民兵。然而他们大部分都要担任舰载步兵，因此其中的桨手一共只能武装几十艘船。毫无疑问，这些“伦巴第”桨手的水平并不高，只有那些来自加尔达湖的人除外。由于威尼斯大陆属地的居民很少有人在海上谋生，征募在当地并不受欢迎，许多人用各种欺诈手段想要逃避兵役。在1570年的动员令中，在维琴察，招募的兵员中超过四分之一都是找人顶替的。而在更加贫穷的弗留利，由于大量的村民“惧怕被抓上加莱桨帆船服役”，导致人口大量逃亡，甚至当地政府都开始担心人口减少问题。[8]

这就很好解释，为何1月底任命的船长们未能全部找到足够的桨手了，以及征募行动是怎样在相互竞争和时间压力下陷入混乱的：按照惯例，某些加莱桨帆船使用威尼斯城的桨手，其他则使用来自大陆属地的桨手，但一段时间后，这样的分配方案被废除了，船长们被允许挑选任何他们想要的人上船，以便加快招募速度。同时，有大量招募来的船员过早抵达，而他们的船还没整备完成，没有住所和收入的他们就只能在城里游荡（还有被当地流氓攻击的危险，这些人往往对那些从乡村募来的船员非常敌视，常常对他们喊“懦夫，滚回去种地吧！”）。这并没有阻止舰队从利多出发前往扎拉集结，但桨手数量仍然不够：大部分船的每个桨座上都只有两名桨手，船长们计划到达尔马提亚的港口去找第三名桨手。[9]

和威尼斯的大陆属地一样，达尔马提亚地区的城市、亚得里亚海和伊奥尼亚地区也受威尼斯统治，它们同样要征募船员；但由于岛上的居民习惯了航海生活，因此招募船员就容易多了，从中招募到的桨手的水平也都相当出色。如几年前威尼斯指挥官克里斯托弗罗·达卡纳尔所写的那样，把达尔马提亚渔民出身的船员和意大利的船员相比的话，实在太残酷了：达尔马提亚的船员都是“经挑选出来的，有划桨经验，报酬也高”，而那些意大利的船员“缺乏经验、胆怯、害怕大海，他们吃不惯海用饼干，也喝不惯船上的水”，他们在船上还会遭到达尔马提亚船员的殴打，许多人都生了病，把一艘艘加莱桨帆船都变成了“残疾人医院”。因此把两者分开会比较好；此外，那些达尔马提亚桨手会带着自己的4套替换衣服、1桶葡萄酒和“数不清的行李”上船，这会让加莱桨帆船负载过重，看起来“几乎就要沉入大海”，不过船长们还是会容忍他们。[10]

像克里特岛这样的殖民地，情况又不相同，元老院认为这里是可供支配的廉价劳动力的重要来源。岛上的贵族基本都是意大利人，威尼斯政府要求他们每年武装4艘加莱桨帆船，但在需要的时候，其他船长也可以来当地招募所需的桨手，在1570年的紧急情况下，克里特岛被要求武装去年运到当地军械库的那20艘加莱桨帆船。威尼斯在该岛实行了服役人口登记；但所有官方叙述都证实，这一制度管理不善，造成了非常严重的后果。登记信息没有及时更新，贪腐也司空见惯，而且在紧急情况下，威尼斯会毫不犹豫地在这里强行征募人手，因此“在这里，加莱桨帆船这个词遭人憎恶”。宣布征募后，许多农民都在他们的庇护者的帮助下躲进了山里；那些被抽中上加莱桨帆船服役并有财力雇人代役者会发现，雇一个人至少要15到20西昆；在当地招募自愿参加的桨手是不可能的，因为书记官们会根据虚假的汇率给克里特桨手发放薪饷，他们的收入比在意大利雇的桨手要低得多，因此那些想要上船服役的克里特人宁愿自己去威尼斯报名，或是登上土耳其的加莱桨帆船。[11]

1570年春季在短时间内暴露出的这些巨大困难，其实威尼斯当局早就心知肚明，在此25年前，他们决定采取一种此前未曾设想的手段：允许让罪犯上战船服役。该方案遭到了激烈的反对，不仅因为这种手段在道德上让人厌恶，而且因为使用罪犯划桨很可能会让人将划桨与服刑联系起来，从而阻碍威尼斯舰队招募其一直依赖的自愿受雇桨手。无论如何，该方案还是实施了，从此之后，部分需要冬天在海上服役的加莱桨帆船配备了戴着镣铐的罪犯，并增加了一位负责监视罪犯和维持纪律的官员。这些“罪犯船”是和别的加莱桨帆船分开管理的，有自己专属的分舰队指挥官，他们也被称为“罪犯船总管”，由于船上的桨手长期服役积累了经验，这些船被认为是舰队里最优秀的；即便后来因为船长不能从这些桨手身上直接获取利益而不太注重他们的身体状况，导致其表现有时并不如人意，这些船依然算得上出色。当战争爆发的时候，有6艘正在服役的加莱桨帆船的桨手是由罪犯组成的，在接下来的几个月里，又用罪犯武装起了11艘：很明显，就算把威尼斯所有监狱里的罪犯都放出来划桨，也只能满足100艘加莱桨帆船中的一部分而已。[12]

在这种情况下，威尼斯军械库的工匠师傅们努力每天组装两艘加莱桨帆船，也无法保证舰队能在3月底之前组建完成。在起初的热情过去后，政府内部也有人开始质疑，武装150艘加莱桨帆船是否过于夸张。2月11

日，当意大利南部有消息说西班牙政府正设法应对土耳其对拉古莱特的攻击时，教廷大使指出威尼斯重整军备的步伐正在放缓，到此时，只有 30 名船长招满了足够的桨手，有人开始认为，加上克里特的 20 艘加莱桨帆船，这 30 艘可能就足够了。事实上，君士坦丁堡方面传来的情报立刻驱散了这些幻想，2 月 21 日，武装加莱桨帆船的工作再次加速。预计有 30 艘加莱桨帆船在月底前能下水服役，还有 20 艘 3 月中旬前能完成准备工作，“他们今天可能要任命 50 艘加莱桨帆船的船长，因此这 50 艘船的武装工作马上就会开始”，教廷大使如此写道，显然威尼斯人给他提供了比实际情况更乐观的信息。事实上，这批船长在 3 月 3 日才得到任命，而且只有 30 人，而不是 50 人，这意味着在 3 月底让 100 艘加莱桨帆船下水的目标离达成还很遥远。[13]

招募桨手的困难并不是唯一让武装加莱桨帆船的工作进展缓慢的原因。如此庞大的舰队，所需的海用饼干的数量也很庞大，这种饼干是桨手的主要食物，也是威尼斯政府供应给桨手的唯一食物。但这年冬天威尼斯正处于饥荒，早些时候已经发生了几次暴动：这就是为什么当局不愿意将仓库里的小麦做成饼干供应给出海的舰队，因为他们知道在下一次收获之前，他们可能需要这些小麦来避免城市的骚乱。这个问题很棘手，教廷大使在 3 月 15 日对此有准确的分析：威尼斯人到现在还没完成头 50 艘加莱桨帆船的武装工作。但“如果他们有足够多的面包的话，他们的进度本可以比现在快。事实上，他们能做出足够让舰队支撑到下一次收获的饼干，但威尼斯城人口众多，他们担心如果没有保留足够的小麦库存，食物短缺会导致暴乱”。到底是把小麦做成海用饼干供应舰队，还是留在威尼斯仓库里供应居民，实在让人难以抉择：没有海用饼干，舰队就无法开往塞浦路斯，但那些威尼斯贵族们对前几个月的那几次暴动也依然记忆犹新，当时“甚至做不出面包，只能用库存的饼干平息民众的暴动”。[14]

在随后的几周里，教廷大使继续向罗马求助，告诉教廷粮食短缺正在把威尼斯的努力化为泡影，“这边他们正在武装舰队……但他们因为缺少面包，如今面临无比艰难的抉择”；“这边现在面临的饥荒让人难以置信，已经没有小麦了”；“如果再不支援他们小麦的话，威尼斯元老院就难以继续维持军队了”。当预计将获得丰收的塞浦路斯来信称已向威尼斯送出了两船满载的小麦时，威尼斯元老院命令科孚岛的省长将那两艘船留下，卸下小麦为舰队制作饼干。将这批小麦用于其他任何用途都要接受最为严厉的惩罚，因为“在威尼斯市最需要食物的时候，他将这批小麦保留了下来”，以保障舰队不会挨饿。与此同时，威尼斯元老院也开始向教宗提出要求，希望他能批准教宗国向威尼斯出口小麦。庇护五世和当时其他处于饥荒时期的君主一样，禁止他的国家出口任何食物；但当威尼斯要和异教徒开战时，他无法拒绝这个请求。在 4 月 8 日，枢机主教亚历山德里诺通知大使，教宗允许威尼斯从其治下的马尔凯进口小麦。[15]

这场饥荒对舰队的武装计划的负面影响也同样体现在士气和政治上。所有国家都知道了威尼斯的困境，4 月初，威尼斯开始向托斯卡纳大公爵求助，希望他能在比萨生产海用饼干，然后运到科孚岛；与此同时，梵蒂冈也谨慎地向西班牙国王施压，希望他能将那不勒斯和西西里岛的小麦提供给威尼斯。但最糟糕的是，土耳其人也知道了这件事，之前靠威尼斯的战备吓阻土耳其的计划彻底失败。在蒂诺斯岛，这个威尼斯共和国在其曾经拥有的基克拉泽斯群岛上仅剩的属地，据说纳克索斯的米格的手下“在信中向那条土耳其狗提议，现在是进攻饥饿的威尼斯人的大好时机”，作为证据，他将一个上锁的小盒送到了君士坦丁堡，里面是一个威尼斯的船员不得不用以充饥的粗劣小米面包。[16]

威尼斯要求它的臣民为其贡献海量的人力物力，但这种行为多少有些不合时宜。1569 年夏末，塞浦路斯的首府尼科西亚发生了面包暴乱；1570 年 3 月，斯帕拉托（尽管它是威尼斯的属地）截留了威尼斯从奥斯曼进口的小麦，这是个更加严重的不满信号。从亚得里亚海到爱琴海的所有威尼斯属地，由于面包价格飞涨，民众都十分不满，事实上，和土耳其的战争未必会激起他们的爱国热情。与此同时，在威尼斯流传着一本让统治者彻夜难眠的匿名小册子：它采用了一位渔夫和他的妻子的对话的形式，其中不仅表达了饥饿的人民对共和国的不满，而且还希望那位正准备与威尼斯作战的“大苏丹”能痛打贵族一顿，从而为穷人的苦难报仇。[17]

如果威尼斯城拥挤的街道和摇摇欲坠的房屋间果真充斥着这样的怨

愤，那么当民众用口哨和石块来迎接库巴特的时候，威尼斯当局一定松了一口气；甚至有人可能会怀疑，是不是政府有意策划了这一事件，以激起民众对新出现的敌人的仇恨。考虑到之前的一系列事件，这样的怀疑并不是没有道理：周日，总督前往参加复活节晚祷的路上，仪仗队前令人惊异地打出了战时的红旗；周一，圣马可大教堂中，在军队的注视下举行了授予舰队指挥官旗帜和权杖的仪式；周二，奥斯曼帝国的使者被迫来回两次穿越人群。这是在精心策划的舞台上连续演出的几幕好戏，将民众的恐惧和兴奋推向高潮，并把这种情绪指向土耳其人，以转移他们对政府的怨恨，人为营造一种团结一致反对外国威胁的氛围。

但最终，1 月底投票通过的舰队武装计划完成了多少？在这方面，教廷大使上报罗马的数据和威尼斯人自己后来所承认的相去甚远。3 月 1 日，教廷大使写道："新武装起来的加莱桨帆船还没有哪艘出海，但他们总是说 4 天内会有 20 艘加莱桨帆船。"事实上，3 月 5 日晚，前 20 艘加莱桨帆船起航前往扎拉，其他的那些则在几周内陆续出发。3 月底，教廷大使被告知，65 艘加莱桨帆船已经前往亚得里亚海，另有 15 艘在接下来的两周内应该也能准备完毕了，之后则是那 12 艘加莱塞桨帆战舰。但熟悉威尼斯每一艘加莱桨帆船的孔塔里尼，在勒班陀海战后立刻写了一篇非常有文献价值的记录，根据他的记载，在吉罗拉莫·赞恩指挥官 3 月 31 日前往扎拉和舰队主力会合的时候，"已经有 42 艘武装完毕的加莱桨帆船开出了威尼斯"，他还写下了指挥官的完整名单。此外，4 月还有 17 艘加莱桨帆船起航，5 月有 22 艘；到 5 月底，有 11 艘加莱塞桨帆战舰出航；6 月，最后的那艘加莱塞桨帆战舰也出发了，与其一同出海的还有一艘盖伦帆船。如我们所见，最初的提议是要在 2 个月内武装 100 艘加莱桨帆船，而最终在 4 个月内只武装了 81 艘，此外，每个桨座上都还缺一名桨手，可见招募船员有多么困难；但无论如何，这是一项了不起的成就，在这个发生饥荒的春季尤其如此。[18]

看到离开城市进入舰队的航海专家的数量，就可以理解威尼斯的这次行动有多么不寻常了。每艘加莱桨帆船上都有一名水手长，和船长不同，水手长必须由经验丰富的海员担任，他要能指挥船只机动并用哨声来管理船员；还要有一名桨手长，他要管理船上的所有补给；一名领航员，他不仅要精通使用航海图、指南针和六分仪，还要对海岸、港口和洋流了如指掌；以及一名书记官，负责管理船长和数百名船员的账目，他通常是船上除了船长和可能有的随船牧师之外唯一会阅读和写字的人。[19]

所有这些人的社会地位都远低于船长，以至于某位驻君士坦丁堡的威尼斯大使对土耳其舰队中“水手长经常能晋升为雷斯”这个现象深表震惊：在威尼斯，负责操船的水手长只不过是船上 20 多位水手或者说“伙计”中收入最高的人而已。虽然他们是水手，这点使得他们的地位比桨手要高，但陆地上的人对海员的歧视也使他们被人瞧不起。一位当时的人认为，“这些水手长简直就是海盗”，而且哪怕最差劲的水手也会吹哨指挥船员。然而在威尼斯，和奥斯曼帝国一样，政府对这些专业人员有详细记录：所有担任这些职位的人员都被造册登记，并且根据这些记录来招募舰队所需的船员。1570 年春季，威尼斯舰队有 82 艘加莱桨帆船和 11 艘加莱塞桨帆战舰下水，这意味着有至少 2000 名船员出海，这超过了威尼斯城总人口的 1%。[20]

当然，随同出海的人员中还得算上一些专业工匠。每艘加莱桨帆船都需要一名木匠、一名捻缝工和一名船桨工，另外还有一名木桶工和一名理发师兼外科医生。在军械库工作的三个行会被要求向舰队提供工匠师傅，在 1570 年这样的紧急状况下，船长们招募人手时很大程度上依赖于行会的登记册，招募有行业资格的工人来补充船上的人手。船长们一下子从军械库招了太多人上船，使得军械库的管理层感到担忧。他们决定限制每个船长只能招 6 名工匠师傅，结果他们中的许多人只好把一些已经招上船的工匠师傅又送了回去，同时要求行会迅速培养一批工匠学徒出来，来填补舰队招走大批工匠后留出的大量职位空缺。[21]

除此之外，船上的专业人员还包括炮手，每艘加莱桨帆船有三四名炮手，负责操纵甲板上的舰炮；还有另一类职业，牧师。虽然按照条例，每艘船上必须要有一名牧师，但不是所有船长都会遵守，因为不少船长不想花这个钱，然而在 1570 年 3 月，罗马教宗亲自要求“每艘加莱桨帆船上都必须有一名牧师”，几天后，威尼斯当地的耶稣会也响应了这一呼吁。

因此可以认为，这一次应该没有船员会缺少精神上的安慰。[22]但事实上，即便不算牧师，除了2000名水手之外，也还有约1000名熟练的工匠于1570年3月至6月之间乘坐94艘战舰离开了这座潟湖城市。

要评价吉罗拉莫·赞恩麾下在扎拉集合的舰队的战斗力，还缺少一个重要数据，就是威尼斯人口中的“剑士”的人数。尽管每艘战船都有火炮，但这时的海战往往还是以撞击后的登船肉搏来决出胜负。根据威尼斯舰队的正式条例，共和国的战船，尤其是那些“桨手由自由人组成”的战船，船上的桨手也要和其他船员们一起加入近战，所以大多数船长都会训练桨手使用重火绳枪；但所有人都知道，在关键的战斗中，训练有素的职业军人是必不可少的。然而，这些部队的人数要根据实际情况而定，因为让他们登船不仅会增加开支，而且他们和其他船员一样要消耗食物和饮水，会降低战船的续航能力。

传统上，威尼斯加莱桨帆船上的大多数战斗人员都是“斯卡波利”。他们是自愿被雇佣者，绝大多数来自巴尔干地区，他们的薪饷比桨手要高，除了用剑和重火绳枪战斗外，他们还会帮助操纵船帆以及做船上的其他工作。在勒班陀海战结束12年后，监督官尼科洛·苏里亚诺对那时“加莱桨帆船上的斯卡波利们”的表现赞不绝口，此时这个职业正在衰落，因为桨帆船上的桨手越来越多地使用罪犯，而这些自愿受雇的士兵不愿被人认为他们的工作就是看守船上的犯人。苏里亚诺写道：

> 今天，在战争时期，我们只能将意大利步兵派上加莱桨帆船，他们在战斗中表现尚好，但不懂船上的事务。而那些老到有经验的斯卡波利们是加莱桨帆船上不可或缺的，他们可以在需要的时候顶替任何船员的工作。因此我非常尊敬那些加莱桨帆船上的斯卡波利。

苏里亚诺补充说，起初这些斯卡波利们主要是希腊人和达尔马提亚人；如今他们主要是阿尔巴尼亚人，这些人“非常勇猛而且值得信赖”。离勒班陀海战年代更接近的史料记载说，在那个年代的威尼斯加莱桨帆船上依然有大量的斯卡波利是达尔马提亚人，“他们很快就学会了操作重火绳枪，而且对加莱桨帆船上的各种任务也很擅长”。[23]

元老院下令，每艘派往科孚岛的以及在克里特武装的加莱桨帆船上，必须有 80 名斯卡波利；这是一个非常庞大的数字，因为通常一艘加莱桨帆船只有 40 名斯卡波利，而且在来年舰队出海行动时，赞恩的继任者塞巴斯蒂亚诺·维尼埃的舰队中，每艘船上连 40 名都不到。[24] 除了这些“剑士”之外，还必须算上宣战后那些从意大利各地蜂拥而至的贵族，他们出于追求冒险的动机和十字军式的精神，自愿无偿充当“临时士兵”，在这个贵族还视参军为天职的地区，仍然有不少这种人。不幸的是，他们中的大多数人到得太晚，赶不上登船了。法奇内蒂在 6 月写道：“这里每天都有贵族赶来，想要以临时士兵的身份参战，但所有的加莱桨帆船都已经出发了。”其中部分人自行前往扎拉，他们带着元老院的信件，信上要求将军安排他们上船并保证食宿；总共有 600 名志愿参战的贵族和跟随他们的士兵赶上了船。[25]

但赞恩并不欢迎这些人，他向元老院抱怨说，他们人数太多了，加莱桨帆船上本来就已人满为患，现在每个人都在抱怨恶劣的生活条件，“船长们束手无策”。确实如他所说，舰队除了传统上必需的斯卡波利们，如果还要上这么一大群士兵的话，船上的威尼斯海员们根本无法适应这种新变化。为了应对紧急情况，需要采取特别措施，政府决定效仿其他海军强国的现行做法，招募正规步兵登上加莱桨帆船；但由于人太多了，赞恩认为危机随时可能爆发，最终还是决定让他们中的一部分人下船，“以减轻船上士兵的痛苦”。[26]

在这个没有常备军的年代，士兵的招募是按如下的方式进行的：如果可能的话，由一名有名望的军人来负责招募 1000 到 3000 名士兵，并和他签订明确的合同。从政府那里拿到第一笔资金后，这位军事承包商就会根据自己掌握的信息和人脉物色值得信赖的合作者或分包商，以连为单位招募士兵，每个连理论上应有 200 人。这与非军事领域的招聘的不同之处在于，军事承包商和他的合伙人们在战争期间还要充当军官，作为团长和连长指挥相应的部队。因此，为了取得胜利，他们必须是有军事经验的人，但在其他问题上，金钱起着决定性的作用。

如果想要又快又好地完成招募士兵的任务，必须要有足够的经费才行，可以理解政府为何一直犹豫不决，因为之前武装舰队的工作已经让国家财政背上了沉重的负担：在元老院给威尼斯驻罗马大使的信中提到，他们现在的财政负担是“前所未有过的”。[27]威尼斯首先求助于其大陆属地上的贵族和城市，请求他们出钱雇佣士兵来证明其爱国热情；预计在4月初，这一共能凑到2000人。[28]然而同时，威尼斯也明白这远远不够，负责统领威尼斯全国陆军10年之久的斯福尔扎·帕拉维奇诺侯爵受命，要“为舰队”招募3000名步兵。

与帕拉维奇诺签下的协议证明了，在这个年代要招募一个步兵团有多么复杂，这就使得接下来的事实更加令人惊讶了：这样一个组织只要几周就可以完成招募，然后在几个月后不再需要时就会解散。维持军队的巨大成本解释了这种看似不合理的行为，而且如果当时的社会不是一个军事社会的话，也不可能做到将其召之即来挥之即去，当时社会上有着众多经验丰富的退伍军人，他们随时准备在机会出现时返回军队，同时还有大量愿意入伍的失业青年。侯爵将拥有由40名精锐士兵组成的私人卫队，他们不属于军队，直接由他指挥，“为了彰显他的荣耀”，政府还将这40人的薪饷翻了一倍。帕拉维奇诺任命的15位连长都需要出40套半身甲，这些半身甲将提供给选拔出的长矛兵，还要160支重火绳枪和160顶头盔，这些装备的费用将由政府垫付，之后从士兵自己的军饷中扣除。每位连长都需要任命1名旗手、1名中士和6名下士，他们的报酬比一般士兵要高，并在上船后能和船长在同一张长桌吃饭；另外，那40名穿半身甲的长矛兵的待遇也比一般士兵要高一些，因为他们的工作比重火绳枪兵要更艰苦，而且也需要更好的身手，此外连长还有政府给的一笔经费，专门发给部分“有经验的老兵”。如果部队要上岸作战，帕拉维奇诺还有权任命1名团长和2名军士长，并给他们支付薪饷；还要1名审计员、1名军法官和4名行刑人来“维护正义”；以及1名军需官、1名鼓手和1名书记官；威尼斯的医师行会也需要指定“2名医师、2名外科医师和2名药剂师”来为这些步兵服务。

拿到大笔预付款后，帕拉维奇诺很快开始了他的工作，向意大利东北部派出了募兵人员，并向罗马教宗申请在属于教宗国领土的里米尼集合士兵，好方便他们登上从威尼斯出发的加莱桨帆船。3 月 29 日，教廷大使写道："斯福尔扎·帕拉维奇诺阁下要招募 3000 名步兵入伍，他希望能将他在罗马涅、马尔凯和伦巴第招募的人集结在靠近里米尼的圣阿尔坎杰洛城堡，这样他们就能在波河上游乘船一路前往海岸。"通常情况下，君主们不会允许他国在其领土上集结军队，但这一次教宗破例了。尽管教宗国的官员挥舞着棍棒驱赶试图招募教宗国臣民的募兵人员，但这个团的募兵工作还是只用了一个月就完成了。4 月 22 日，帕拉维奇诺前往罗马涅检阅新招募的士兵，并等待登船。[29]

然而与此同时，威尼斯政府也清楚"建立舰队"还需要更多的步兵。4 月 4 日，威尼斯决定和保罗·奥尔西尼签订合同，让他招募 1500 名步兵，同时也和一些知名度较低的军事承包商签订合同，总共要招募 5600 名步兵。奥尔西尼开始行动，4 月 22 日，教廷大使通知罗马，他也希望得到教宗国的许可，"为了方便登船，让他的 1500 名步兵在安科纳集结"。马尔凯地区山脉众多，而且又很贫穷，一直以来都是重要的兵源地，统治这里的乌尔比诺公爵只是小国君主，威尼斯对他就没有那么客气：元老院只是通知他，团长们想要在他的领土内距离佩萨罗不远的布鲁恰特"招募并集结"他的臣民，之后就派人送饼干和葡萄酒前去劳军，并用船把这些军队送往达尔马提亚。[30]

根据威尼斯以上这些举措，西班牙大使的秘书估计威尼斯人大约有 1.5 万到 1.6 万名登船士兵，但实际人数比这要少。7 月初，身在威尼斯的教宗国加莱桨帆船指挥官马肯托尼欧·科隆纳被正式告知，船上有约 1.2 万名步兵，这也是元老院通常使用的数字；然而其中有 1300 人留守扎拉地区，最终还留在船上的步兵有 10740 人。[31] 如果把这个数字除以所有加莱桨帆船和加莱塞桨帆战舰的总数，包括那些已经在海上服役的和在克里特岛武装的船，那么可以计算出平均每艘战船上有约 70 名步兵。但除此之外还要算上斯卡波利和"临时士兵"。此外，同时代的威尼斯弗朗西斯科·隆戈的说法可能是正确的，他说赞恩统管下的威尼斯舰队"每艘加莱桨帆船上有大约 100 名剑士"；之后，他为共和国武装舰队的成就而感到自豪："或许没有其他哪个欧洲国家能如此迅速地做到这一点；在这个年代，还从未有过如此壮举。”[32]

加强海上属地的驻军，也是威尼斯的防御措施的一部分。在和平时期，海上属地的城镇和岛屿由威尼斯派出的意大利士兵分队把守，为此要花费不少金钱，必要时当地民兵也会参与作战。但如果面临土耳其军队登陆的威胁的话，就必须招募新的部队，而不仅仅是加强塞浦路斯的防御；特别是，如巴尔巴罗之前指出的那样，土耳其舰队不仅会护送运输船队，而且还准备开出群岛，拦截威尼斯舰队，同时卡普丹帕夏也可能登陆克里特岛，甚至是亚得里亚海入口处的科孚岛；至于达尔马提亚地区的据点，正如之前扎拉地区令人震惊的局势所证明的那样，土耳其人就算不从海上进攻，也会从陆上进攻。

但最大问题还是塞浦路斯，因为它距离威尼斯太远，航速缓慢的运输舰队要花 3 个月的时间。从 1 月底到 2 月初，1500 名重火绳枪兵和长矛兵乘 4 艘运输船前往塞浦路斯，这 4 艘船根据当时的传统，按照拥有它的贵族家族的姓氏命名："多尔芬纳”号、“朱斯蒂尼亚纳”号、“莱泽”号和“莫琴尼加”号。另外还有两个小型特别运输队，每个都载着 12 名炮手，在其自己的长官指挥下，一队前往法马古斯塔，另一队前往尼科西亚。此外，塞浦路斯最重要的贵族之一罗卡斯伯爵欧金尼奥·辛格利提戈，也随舰队一起出行，此前他在威尼斯担任大陆属地民兵督查，此时匆忙赶回故乡指挥当地的骑兵。他们赶在土耳其的加莱桨帆船出海前，于 5 月初安全抵达了塞浦路斯。[33]

这头一批 1500 名步兵还未离开时，元老院在 1 月末的会议中经过激烈争论，决定进一步增加前线驻军。为共和国效力的最有名的佣兵队长之一，大陆属地民兵司令吉罗拉莫·马丁嫩戈伯爵提出，他能在 15 天内招募 2000 名士兵，并把他们带到法马古斯塔。威尼斯当局对这一提议非常满意，不只是因为他招募士兵如此迅速，也因为马丁嫩戈准备在威尼斯属地以外招募士兵，而此时威尼斯的人力资源已开始紧缺了；威尼斯政府给了他 9000 杜卡特的预付款，随后又给了他个人 2000 杜卡特，以奖励他的热忱。事实上，招募士兵所用的时间比原计划要长，但到 3 月 1 日，这些步兵还是都准备完毕了，3 月 15 日，马丁嫩戈带着士兵前往塞浦路斯。

在离开以前，“他希望能带着他的所有士兵一起前往圣马可广场，并且穿着军装出现在大庭广众之下”，这支纪律严明、装备精良的步兵部队大大鼓舞了市民的士气。[34]

同时，威尼斯政府依然在实行各种新的应对措施。2月初，当马丁嫩戈刚开始招募士兵的时候，政府又决定向克里特岛增派1500名步兵，分配到干地亚和干尼亚的3个要塞里。然而几天后，威尼斯元老院罕见地一致同意将这个数字翻倍；舰队又向克里特岛运送了2000杆重火绳枪、1000杆长矛、1000杆长枪和300套半身甲，政府努力向克里特岛的教区长保证，会采取一切必要措施“保证他们应得的安全，保卫这个他们珍视的岛屿”。到了3月初，政府突然意识到，达尔马提亚和阿尔巴尼亚的重要据点中，居然一共只有500名步兵，于是匆忙决定让共和国最有名的军事工程师朱利奥·萨沃尔尼安带领1000名步兵前往增援。不过如今想要继续派兵增援塞浦路斯已经不可能了，因为土耳其舰队即将出海，很快前往塞浦路斯的海路就会被封锁了。[35]

海军舰队指挥官吉罗拉莫·赞恩在威尼斯被人们认为是一位幸运儿。在他过去担任过的公职中，“他所表现出的好运让人惊讶，凡是他接手的事务，都会迎来一个好的结局”。他被授予了圣马可检察官的头衔，这让他得以接触最为严格意义上的有着强大权势的威尼斯寡头，且对他的家庭生活和商业活动也十分有利，他已经两次在危难时期被任命为将军，“每次只要他一上任，危机和磨难就不可思议地消失了”，因此他至今从未有过随舰队出海的机会。他最后一次接受任命是在两年前，由于这一任命尚未正式生效，法律要求此时再次确认他的任命；因此在3月27日，复活节的周一，就是库巴特还在利多等待威尼斯十人团派人来迎接他的时候，这位将军根据他的职位的要求，从头到脚的服饰都是好战而耀眼的红色，就这样来到圣马可大教堂领受舰队指挥官的信物。[36]

任命赞恩这样一位一直以来都广受尊敬和认可的人物，使得这座城市对未来充满期待，并满意地庄严庆祝这一任命。出席仪式的有威尼斯总督、十人团和各个基督教国家的大使、250多名身穿华丽紫色服装的议员和贵族，以及即将在他麾下效命的加莱桨帆船船长们。1000 名即将前往干地亚和达尔马提亚的士兵沿着从总督府到大教堂再到大运河的路线列队，船长在大运河边恭迎赞恩。在重火绳枪和 30 艘加莱桨帆船的舰炮齐射声中，赞恩乘着“一艘最快的加莱桨帆船，被精选出的斯拉夫桨手们划着船逆着潮水航行”，这些桨手都是他从扎拉带来的，他在一群亲戚朋友的陪同下，前往港口用午饭。[37]

3 月 31 日，将军出发前往扎拉，并于 4 月 3 日抵达。同时，另一位海军将领，“海湾舰队指挥官”，即亚得里亚海巡航舰队指挥官，马尔科·奎里尼被派到克里特岛，检查分配给该岛的加莱桨帆船的装备的情况。4 月初，奎里尼带着两艘加莱桨帆船从莱西纳出发，抵达了干地亚，“他认为这里的加莱桨帆船状态都非常不错”。[38] 现在如果把威尼斯境内所有的战船都武装起来，就应该有 133 艘加莱桨帆船和 12 艘加莱塞桨帆战舰：这在数量上，就足以对抗敌方舰队了，而且所有人都相信赞恩麾下的舰队在质量上比土耳其舰队强得多。教廷大使法奇内蒂对此深信不疑，他谈到了土耳其舰队的劣势，“不只是因为土耳其人根本没有像样的造船工艺，而且他们的桨手和水手都毫无对战斗的热忱”。布翁里佐秘书对此也表示认同，他一直在观察君士坦丁堡方面的准备工作，他向威尼斯元老院保证：苏丹的舰队“尽管受各国敬畏，但根本不像他们自己吹嘘的那么可怕或无敌”。

布翁里佐秘书补充说：“土耳其军在苏莱曼的最后一次远征中损失惨重，如今士气之低落前所未有，他们害怕和基督徒开战，特别是因为现在的苏丹既不英勇也不慷慨。”土耳其舰队还没从 5 年前在马耳他的惨败中恢复过来，“舰队中所有精锐的海员、雷斯、指挥官和阿迦都在那场战斗中阵亡了，取而代之的是缺乏经验的年轻人，他们几乎对加莱桨帆船一无所知”。威尼斯人非但没有对敌人感到恐惧，反而认为与土耳其的战争能够证明他们的优势和他们为之而战的事业的正义性，他们坚信他们比敌人的战斗力更强，况且他们还是在为更正当的理由而战。在赞恩接过指挥官权杖的那天，布翁里佐在十人团会议上宣称上帝将赐予他们胜利，“以打击这个基督教世界大敌的嚣张气焰，或者至少带来比此前更好的和平”。[39]

7

舰队起航

苏丹和他的大臣们都认为攻打塞浦路斯的行动将会非常容易；但当他们开始行动的时候，就发现自己面临着一个复杂的战略问题。要进攻塞浦路斯，就必须要让在尼科米底亚地区建造的和那些已经在军械库的马霍恩运输船装上火炮和海用饼干；以及让黑海地区和阿亚斯湾建造的运输战马用的帕兰迪尔运输船转移到南部的港口菲尼凯和安塔利亚，来运送从安纳托利亚和叙利亚陆续赶来的陆军；而其他船只则要前往希腊，运送巴尔干各省召集的士兵；最后，还要让满载着耶尼切里和在君士坦丁堡招募的士兵的加莱桨帆船加入这支庞大的运输舰队，一旦风向变得有利，整支舰队就迅速前往塞浦路斯海岸。但如果威尼斯舰队已经到了附近，他们必定会试图拦截；这可能会造成灾难性后果。巴尔巴罗写道，在这种情况下，“这个帝国可能会遭遇灭顶之灾”，这可能有些夸张了，但毫无疑问风险大得难以想象。唯一的解决办法是尽可能快地实施登陆，因为威尼斯人集结舰队前往塞浦路斯也要花大量时间。[1]

根据传统，土耳其舰队在圣乔治日，也就是儒略历的 4 月 23 日出海。这个由苏丹统治的帝国，穆斯林的正统守护者，居然在希腊正教最重要的战争圣人的纪念日举办庆祝舰队出征的仪式，无疑相当令人吃惊；但这恰恰证明了这个帝国在宗教上的糅杂，它自诩是罗马和拜占庭的继承人。船上大部分的桨手和水手都是希腊基督徒，他们很高兴能在圣乔治的保佑下出海航行；而对土耳其人来说，圣乔治和伊斯兰教传说中与春天的生命力有关的人物“绿人”黑德尔是一体的，这一天也是黑德尔的节日。作为广受欢迎的崇拜对象，圣乔治也常常会与先知以利亚联系在一起，而以利亚被认为会帮助那些遇到困难的旅行者，因此苏丹的舰队顺理成章地选择圣乔治日作为出发的日子。[2]

根据这一传统，底万的1570年战役计划预计舰队主力要在4月底前从君士坦丁堡出发，在几周内抵达卡拉曼的港口，在装载陆军和补给后，尽快前往塞浦路斯。如果能严格按照这一时间表行动，威尼斯不太可能在黎凡特海域集结起足够迎战的加莱桨帆船舰队。在威尼斯动作最快的情况下，也只可能用已经准备完毕的船只运送部队和装备增援塞浦路斯；而威尼斯准备第一批运输船的时间是在1月底。为了阻止援军，奥斯曼朝廷决定立刻派出三四十艘加莱桨帆船前往克里特岛。在伯罗奔尼撒半岛的最南端，今天的马尼附近，在当时被称为“布拉佐·迪迈纳”的地方，纳夫普利亚的桑贾克贝伊在前一年夏季带着士兵和工兵，在君士坦丁堡派来的雷斯的支援下建造了一座要塞，这样这支分舰队就可以在其保护下等待敌人出现。

这一预先出动是在哈德良波利斯决定的，苏丹和他的大臣一起制定了军事行动的总体计划。巴尔巴罗早在12月中旬就得到了奥斯曼分舰队出发的消息，然而关于其目的则有相互矛盾的多种说法。大使得知土耳其军械库正在准备30艘加莱桨帆船，“它们由最优秀的雷斯指挥，将尽快从君士坦丁堡出发”。有人认为这些战船将前往马尼半岛拦截威尼斯派往塞浦路斯的援军，但其他人则声称这是要去亚历山大接收火药的。在12月至1月的所有信函中，马肯托尼欧都在继续把这要预先出动的“三四十艘最好的加莱桨帆船”的准备情况报告给威尼斯政府；土耳其官方宣布这些船要去亚历山大港，但巴尔巴罗怀疑这不过是个幌子，1月31日，他手下的线人证实了他的怀疑。一个从威尼斯刚返回的间谍向穆罕默德帕夏报告说，威尼斯正在准备让运载士兵的运输船前往支援塞浦路斯，大维齐尔对耶尼切里军团的阿迦说：“必须加速整备那些加莱桨帆船，尽快截断航路，不能放他们的船过来。”[3]

然而由于准备工作严重滞后，朝廷的计划成了一纸空文。土耳其军械库不仅缺少划桨，甚至连制作划桨的木材都不够，不得不将工匠师傅派去尼科米底亚选调木料。而当前去黑海沿岸建造帕兰迪尔运输船的工人抵达时，当地也没有准备好造船所需的各种材料，因为承包商收到了款项却没有遵守承诺。而至于那些在君士坦丁堡被临时征用的帕兰迪尔运输船，也没有足够的人手来检修船只，因为所有的工匠师傅都在为加莱桨帆船日夜赶工；最后那些被征用的船只好物归原主继续运货。12 月召集的桨手在 2 月和 3 月陆续抵达了，但人数比预期的要少得多，最终发现，尽管下了严厉的命令并威胁要施以种种惩罚，要求的 3 万名桨手，各地的卡迪最后只招到了不到一半的人。[4]

准备工作的种种滞后迫使朝廷重新考虑之前的军事计划。让三四十艘加莱桨帆船前往布拉佐・迪迈纳拦截威尼斯运输舰队的计划必须进一步加快，2 月初，为了避人耳目，第一批雷斯在夜晚驾着两三艘加莱桨帆船离港；但在有六七艘加莱桨帆船出海后，行动暂停了，直到 3 月 8 日斋月结束后才恢复。[5] 此时，另外的 25 艘加莱桨帆船已经接近准备完成，桅杆全部安装好了，但船上依然缺乏设备和水手。巴尔巴罗指出："里面既没有人，也没有其他东西。"这些船将在准备完成后立即出发，前往亚历山大港装载弹药。但此时朝廷担心威尼斯人已经在干地亚部署了一支足以阻挠计划实施的强大分舰队，并开始怀疑这一单独行动的有效性：苏丹在和穆罕默德帕夏一起前往清真寺时，有人报告称"必须尽快派出 100 艘加莱桨帆船"。[6]

这个问题触及了整场战局的核心。威尼斯人并没有隐瞒 1 月底开始的声势浩大的准备工作，他们甚至希望奥斯曼朝廷在得知威尼斯备战后能放弃进攻。但土耳其人认为，从威尼斯共和国接受对抗的那一刻起，一支庞大的威尼斯舰队就即将出海，试图阻止土军在塞浦路斯登陆，当然，他们确实打算阻止这一行动。早在 1 月，巴尔巴罗就知道了土耳其的行动计划，这一计划甚至在威尼斯有所反应前就做好了：他预计奥斯曼加莱桨帆船将不会与运输舰队一起出海，而是将前往摩里亚，甚至更远的地方，直到亚得里亚海的入口，拦截离港的威尼斯舰队，使其不能妨碍登陆塞浦路斯的行动。[7]

从政治角度来看，这样的行动计划同样是最佳的选择，因为这样就能使卡普丹帕夏和皮亚里二人分开各自指挥自己的舰队了。在斋月结束后，又有小道消息流传，说那 100 艘加莱桨帆船准备完毕后，将由皮亚里帕夏指挥出海。在一段时期内，有人曾经设想在帕夏向北航行前，先在塞浦路斯登陆一批先锋部队，用来抢占滩头阵地，随后等运输舰队抵达后，再借着这个滩头阵地登陆大批部队；或者他也可以占领苏达港以入侵干地亚，以此来阻止威尼斯舰队在这个前方基地立足。但最终还是决定由皮亚里帕夏率领舰队前往亚得里亚海，因为土耳其人开始担心威尼斯的加莱桨帆船武装完毕后，会主动进攻奥斯曼的港口和未设防的沿海地区。[8]

在此期间，登陆塞浦路斯的舰队的准备工作进展缓慢。这年 3 月阴冷多雨，气候仍然像在冬季，少数可用的运输船开始装载大炮和弹药。4 艘停在君士坦丁堡的运输船（其中还有 2 艘是从威尼斯商人那没收的）开始装上一箱箱的海用饼干、土方工具以及炮弹。军械库里的 3 艘马霍恩运输船下水了，尼科米底亚的 2 艘也到这里会合，这些船开始装载重型攻城炮：根据巴尔巴罗统计，这些船装载了 90 门大口径火炮，按照当时的术语，这些都是加农炮和半加农炮，固定在有轮子的炮架上，“然而船上还在继续装载火炮”，他如此写道。皮亚里帕夏和卡普丹帕夏要乘坐的加莱桨帆船也下水了，巴尔巴罗在 3 月 16 日写道，“今天上午，载有大量船员和华丽火炮的苏丹的加莱桨帆船也下水了”，这艘船是在后宫附近建造的，它理论上是为苏丹本人准备的。5 艘要第一批出海的加莱桨帆船现在准备完毕了，“其中几艘要先沿着海峡航行，以训练船员”。[9]

3 月 20 日，舰队终于在穆拉雷斯的指挥下带着秘密使命出发了，船上共载有 1500 名耶尼切里军团士兵，至于他们的目的为何，巴尔巴罗听到了各种互相矛盾的说法。根据最悲观的说法，这支舰队出动只是因为派遣一支分舰队去拦截威尼斯运输船的命令早已流传出去了，取消这一命令会丢面子；但事实上，奥斯曼担心威尼斯已经有一支强有力的分舰队抵达了克里特岛，因此命令雷斯们在舰队后续主力投入前不要离开海峡。最可靠的说法是，25 艘加莱桨帆船会在罗得岛与 5 艘护卫舰会合，然后前往叙利亚的亚历山大港和的黎波里，装载军事行动急需的火药和硝石。巴尔巴罗满意地报告说，雷斯们出航时并不情愿，他们认为到处都是不祥的预兆。雷斯们可能确实对在如此艰难的季节仓促出发感到不快，但土耳其海军确实也一直有一种强烈的迷信和抒发负面情绪的倾向：他们的歌曲主要表达了对再也见不到祖国的恐惧，以及那些冒险出海的人对于死亡的预感。也许不止一个雷斯相信威尼斯人正等着将他们全部送到海底，水兵们传唱的某首歌谣的内容就是恳求真主帮助他们："真主啊！我的主，请保佑我们回到陆地！"[10]

在穆拉雷斯出发后，关键问题在于皮亚里帕夏和舰队主力何时能够起航：然而军械库一直以来的进度延误可能会危及整场军事行动。材料的缺乏造成了两难的困境：如果武装更多的加莱桨帆船，那它们的质量就更无法保证。在 2 月离开君士坦丁堡的布翁里佐向威尼斯总督保证，土耳其人"无论在君士坦丁堡和加利波利付出多少努力，都不可能让 150 艘加莱桨帆船下水，就算他们真的实现了这点，您也可以放心，因为这些船沉入海底的将比留在海面上的更多"。4 月初，巴尔巴罗证实：土耳其人虽然已经努力工作一年了，但依然有大量的加莱桨帆船需要维修，并且"所有的加莱桨帆船的火炮的数量都严重不足"；此外他们也没有足够的绳索和船帆，甚至没有足够的划桨配备给所有的船只。至于桨手，目前将由皮亚里指挥的 100 艘加莱桨帆船中"只有 26 艘初步建立起了桨手团队，但人数依然不足；12 艘有了 20 名到 25 名桨手；但其余的船上完全没有桨手；因此他们还在不断召集桨手；他们本应在 3 月初凑足人手，但现在已经是 4 月了，他们至少还需要 80 艘加莱桨帆船的桨手"。[11]

然而苏丹却被威尼斯人大肆武装舰队的做法激怒了，"他在盛怒之下要求皮亚里帕夏在准备不足的情况下出战"。苏丹决定在有 75 艘加莱桨帆船准备完毕后就让皮亚里帕夏立刻出海。诚然，和威尼斯舰队战斗至少需要 100 艘加莱桨帆船，但这个问题可以解决，皮亚里将和穆拉雷斯的舰队合兵一处，此时后者正在罗得岛试图拦截从黎凡特回国的威尼斯商船和增援塞浦路斯的运输船队。但此时土耳其舰队依然缺少划桨、武器、绳索和船帆，"每个雷斯都唉声叹气，因为加莱桨帆船所需的物资他们都只领到了一半"。他们日复一日地等着剩下的加莱桨帆船配件能运达，已经有一艘载着帆布的船到了，但苏丹已不想再浪费时间了。4 月 8 日，苏丹交给皮亚里帕夏两件金线绣成的衣服和 5000 杜卡特，传统上这是送给即将启程的舰队司令的，"这意味着舰队很快就要出发了"，巴尔巴罗毫不犹豫地写道。[12]

舰队离开君士坦丁堡前要举办公开的庆祝活动，同时还要依照传统举行庄严的赎罪仪式。舰队司令接受苏丹赐予的服装后，要当场穿上并且亲吻苏丹的手。如果领军出征的是卡普丹帕夏，那么由于他并不是政府的决策层，苏丹为了保证行动的目的地不提前泄露，会把命令装在一个密封的信封里，卡普丹帕夏要在离开海峡后才能打开。但这次的指挥官是一位维齐尔，所以如果不是为了仪式感，就没必要再遵循这一流程。人们鸣放大炮和重火绳枪，欢送舰队开出金角湾，舰队沿着博斯普鲁斯海峡开到贝西克塔什，司令官在这里停留了一两天，为的是在他杰出的前辈海雷丁·巴巴罗萨墓前祈祷，并与随行的帕夏一同赴宴。最后，他们继续前进，所有的加莱桨帆船都漆成了红色，并升起了鲜红的旗帜——“桅杆如丛丛芦苇，红旗同满园玫瑰”，一位土耳其诗人如此描述当时的情景。[13]

然而这年的舰队出航时出了许多意外，充满了不祥的预兆，使得这些仪式和传统变得徒劳无功。4 月 13 日，皮亚里帕夏亲吻苏丹的手后，带着所有的帕夏们上船，然后升起了他的指挥官军旗，并率领舰队的 82 艘加莱桨帆船起锚前往贝西克塔什。巴尔巴罗在他于佩拉的住所看到这支舰队列队经过的时候，为舰队混乱的景象感到高兴：“有些雷斯的船缺少船帆，其他的则缺少金属配件和索具；因此，他们出航时非常困惑和不满。”军械库的工匠师傅们几乎都随舰队出发了，因此军械库的各种工作都陷入停滞。此外舰队中还有总共 2000 名耶尼切里军团士兵，这只有前一年冬季的计划中要求的数目的一半，根据布翁里佐的推测：“这些士兵都是耶尼切里军团中最次等的，因为苏丹要把最好的士兵留在陆地上。”14 日，皮亚里帕夏的加莱桨帆船起锚离开了贝西克塔什进入海峡，然而第二天巴尔巴罗却惊讶地在佩拉的水道里再次看到了这些船：“他们昨晚遇到了大风，现在已经回来了，停在了军械库旁边，舰队的状况非常糟糕。但他们在所有问题上都混乱得令人难以置信。”[14]

在君士坦丁堡城里，有传言流传说海军指挥官返回是因为苏丹突然改变了主意，不想让舰队分批行动了，而想等所有加莱桨帆船都到位了一起出发；但无论如何，4 月 16 日的底万会议还是决定维持最初的计划：“底万最终决定，皮亚里帕夏先率领舰队出发，而穆斯塔法帕夏则将带着后续的舰队和陆军前往塞浦路斯。”当晚，皮亚里帕夏8岁的长子突然去世。显然舰队的水手们都将其视为不祥之兆；但帕夏本人却一点没有泄气的样子，虽然他不得不穿上丧服，舰队也要降半旗，而不是往常那样穿着金色的锦缎升起鲜红的军旗出发，但他依然在17日中午带着80艘加莱桨帆船出发，向着西面航行。刚出发第二天，就有5艘加莱桨帆船返回了，可能是因为它们无法继续在海上航行，巴尔巴罗幸灾乐祸地目睹了舰队的这些挫折，并认为剩下的船随后也将折返；但最终他没有如愿，皮亚里帕夏率领剩下的75艘加莱桨帆船驶出了海峡。[15]

尽管在君士坦丁堡有无数的告密者和间谍，但基督教世界仍很难详细得知奥斯曼面对的这些困难。起初，所有的报告都一致指出，即将出海的土耳其舰队是有史以来最为强大的。3月14日，法国大使德格朗尚写道：

> 土耳其人造了60艘帕兰迪尔运输船，每艘可运载30匹马，还有50艘马霍恩运输船，船体巨大，可以运输不计其数的食物、弹药、马和随身行李。而且土耳其人还翻新了他们所有的旧的加莱桨帆船，并且在各地造了许多新加莱桨帆船……

教宗要求即将离开罗马的唐路易斯·德托雷斯向费利佩二世通报“土耳其人的舰队如此强大，前所未见”：他们认为土耳其拥有150艘加莱桨帆船，这还不包括它的黎凡特舰队和私掠船，这些共计有大约50艘加莱桨帆船；他们的幻觉还包括认为土耳其有“180艘帕兰迪尔运输船，每艘能运100匹马”。一艘土耳其加莱桨帆船上的基督教桨手们劫持了这艘船，于3月13日逃到了墨西拿。他们报告说，几周前离开亚历山大时，“他们听说土耳其人正在准备一支宏大的舰队，准备入侵塞浦路斯和其他基督教地区。土耳其人相互都在谈论马耳他和拉古莱特的事情”。不过后来基督教世界得到的消息就没那么可怕了：在3月底，朱利安·洛佩斯大使向西班牙国王报告说，根据刚刚到达威尼斯的布翁里佐所带来的情报，“土耳其舰队出海的时间会比我们想的要晚”。一个月后，西班牙驻罗马大使德苏尼加补充说：“根据来自君士坦丁堡的最新情报，可以相信土耳其舰队的规模不会有之前所认为的那么庞大。”[16]

通过巴尔巴罗和威尼斯海上属地所传来的情报，威尼斯清楚地了解了敌人的意图。早在2月15日，威尼斯人就得知苏丹在摩里亚和阿尔巴尼亚制作海用饼干，他们正确地推测出土耳其舰队不会停留在塞浦路斯海域，而是将前往亚得里亚海拦截威尼斯的援军；因此他们讨论了对发罗拉和帕特雷发动突袭的可能性，“这是为了夺取土耳其舰队储存在这里的所有海用饼干”，并决定向克里特岛、凯法洛尼亚岛和卡塔罗岛增派士兵。几天后，巴尔巴罗的来信也确认了敌人的计划确实和他们所预料的一样，为了遥远的塞浦路斯而发生的这场战争，可能会一直打到威尼斯城下。[17]

威尼斯政府最关心的是科孚岛，因为它是爱琴海和亚得里亚海之间重要的物流枢纽。岛上有大量仓库，储存着供应水手的食物，还有威尼斯海上属地中唯一的面包工场，虽然它也以其经营者的腐败渎职和面包难以下咽而闻名；在战争临近后，威尼斯人还不计成本地在岛上匆忙建造了一座战地医院，“人们相信它将成为意大利最好的医院”。尽管岛上居民以希腊人为主，但当时的人都将科孚岛视为意大利的一部分，梵蒂冈收藏的当时的地图能清楚地证明这点。[18]

因此科孚岛的防御对威尼斯共和国至关重要。如果它被土耳其人占领，那么“干地亚、基西拉、蒂诺斯、赞特和凯法洛尼亚都必将沦陷”。该岛被认为是“整个意大利的门户”。威尼斯人简直不敢想象丢失该岛会有多严重的后果。如果该岛陷落，威尼斯舰队将被困死在亚得里亚海，土耳其人则可以试图控制达尔马提亚，甚至发动更具决定性的攻势，他们不敢说出那些地区的名字，因为害怕带来不祥的后果：“我们怀疑还能列举出更多地区，但全能的上帝绝不会让那样的事情发生。”简而言之，这座岛是“整个威尼斯共和国的根基”，“是它的海上属地的心脏和灵魂”，因此就不难理解，为何在此前的几十年中，威尼斯人在科孚岛建立了世上最坚固的防御工事，花费了27万杜卡特，这占威尼斯海上属地工事开销的 57%。[19]

土耳其人自然也清楚科孚岛的重要性。如他们中的一位编年史家所写的："一旦拥有了坚固的防御后，该岛就能成为整个海湾（指亚得里亚海）的门户和避难所。"而且这座岛让威尼斯人能清楚地监视外面的形势变化，因此"凯末尔雷斯说'它是威尼斯的眼睛'"。但这只眼睛的处境却很糟糕，在过去的 30 年内，岛上的人口减少了一半，威尼斯政府难以养活岛上的居民，岛民们陆续离开这里，宁可到土耳其人统治的大陆上生活。在这一时期的官方信件中，人们不断担心苏丹的战船会对科孚岛构成威胁，最为年长也最受尊敬的威尼斯司令官之一，塞巴斯蒂亚诺·维尼埃（本书之后还会多次提到这个名字）被任命为该岛的总督，并负责加强"这座对我们来说非常重要的城市和岛屿"的防御。[20]

然而到了春季，巴尔巴罗报告呈谨慎乐观态度。当威尼斯人得知土耳其舰队无法在 4 月中旬之前出征时，便认为之前运送陆军的船队应该有足够的时间顺利到达法马古斯塔了，他们对未来的战况充满信心：当敌人登陆塞浦路斯时，已来不及夺取当年的收成，"因为在 5 月中旬小麦的收割工作就基本完成了"。当巴尔巴罗得知皮亚里帕夏只率领不到 100 艘加莱桨帆船出海开往北方时，他希望质量和数量上都占优势的威尼斯舰队，能够利用这一机会设下陷阱消灭皮亚里帕夏的舰队，"因为这支土耳其舰队缺乏必需的炮手、军官和水手"。教宗国的外交官正在努力联络西班牙，希望西班牙舰队能前来支援威尼斯，法奇内蒂大使希望两国的舰队能合兵一处，"寻求与土耳其舰队决战"，正如秘书官布翁里佐所说，这两国的联合舰队"的兵力和战斗力将大大超过这支土耳其舰队"。[21]

后来，在仲夏时节，当情况发生变化后，多个基督教国家的首都中都有人认为他们错失了一次提前葬送皮亚里舰队的机会。一位在威尼斯的法国线人报告了某位来自希俄斯的热那亚贵族的情况，此人认为"如果元老院的军队不前往扎拉，而是去内格罗蓬特岛的话，那他们将有机会与土耳其军决战，或是逼迫其返航"。在罗马，枢机主教鲁斯蒂库奇也写道，如果威尼斯舰队能及时和西班牙舰队会合的话，那么就可能马上结束这场战争："因为土耳其人……将舰队一分为二，一支舰队前往塞浦路斯，另有 100 艘加莱桨帆船在皮亚里的指挥下出海……但我们犯下了大错，竟错失了这个机会：此时皮亚里肯定已经察觉到了这一危险，摆脱了不利处境。”[22]

苏丹也担忧皮亚里帕夏的舰队会落入陷阱，在舰队离开后他给帕夏的命令也体现了这一点。苏丹一再强调要确保信息的可信度，确定敌方舰队的位置，不要被对方放出的假情报迷惑。他 5 月 25 日在给舰队司令的信中写道：“尽快收集这些只依赖火药力量的异教徒的可靠情报，不要被他们行动的表面误导。”他警告说：“朕怀疑这些习于奸计的异教徒，会让一艘帆船假装逃跑，你若去追的话，他们的整支舰队就会突然出现。”[23]

事实上，这种担心太过夸张了，日后的基督教作家们也认为不可能发生这样的事。4 月 3 日，已经抵达了扎拉的威尼斯海军司令吉罗拉莫·赞恩收到命令，要他继续留在达尔马提亚海域，直到所有的加莱桨帆船和陆军都加入他的舰队为止。在此期间他要与科孚岛、赞特岛、凯法洛尼亚岛、凯里戈岛以及干地亚的监督官们保持联系，以监视土耳其舰队的动向。威尼斯决定，以科孚岛为未来行动的战略基地，目前在海上活动的 31 艘加莱桨帆船大部分都由其监督官贾科莫·塞尔西掌管，而赞恩要在威尼斯和干地亚的所有加莱桨帆船全部武装完毕后才会前往科孚岛。所有人都对其出海时间不抱幻想：教廷大使写信给罗马称，很难在 6 月中旬以前在科孚岛集结舰队，而在罗马的西班牙大使德苏尼加也提醒国王说：“今年粮食短缺，威尼斯人缺少海用饼干，我认为他们的舰队在从外界得到谷物前无法离开港口。”[24]

因此，赞恩在扎拉建立了临时指挥部，新的加莱桨帆船陆续来此加入舰队，而这个过程不可避免会非常缓慢：直到 6 月初，在军械库整备的 94 艘加莱桨帆船（包括小型加莱桨帆船和私掠加莱桨帆船）才配备了船员，并被派往将军那里。[25] 舰队在该海域的存在，缓解了土耳其几个月来对达尔马提亚各港口的威胁；然而威尼斯人也不敢对土耳其边境属地采取任何重大行动，因为军队不敢在“缺乏骑兵支援，只有主要由意大利人组成的步兵，而且大部分人都是新兵”的情况下冒险出战，也因为他们担心这会吸引皮亚里帕夏的舰队前往亚得里亚海。那些坐在房间内纸上谈兵的外交官正是在期待这样的可能性，相信土耳其舰队若敢前来必将遭受灭顶之灾；但赞恩很清楚自己所指挥的这支舰队的缺陷，他此时无意主动挑起战斗。只有在亚得里亚海的舰队指挥官马尔科·奎里尼带着在克里特武装起来的 22 艘加莱桨帆船抵达科孚岛后，赞恩才会离开威尼斯海域采取更具进攻性的行动。[26]

然而当吉罗拉莫·赞恩在扎拉等待部队集结时，好运离他而去了。在舰队离开几周后，威尼斯元老院收到了一条不幸的消息：加莱桨帆船上的许多人生病了，赞恩将军要求当局为他招募更多的桨手。元老院立刻送出了 200 人，但没想到问题将变得更加严重。他们得的病是斑疹伤寒（也叫“虱子伤寒”），由于加莱桨帆船上 40 米长、5 米宽的空间中聚集了超过 250 人，这种传染病在船上迅速蔓延，夺去了大量桨手、水手、军官和士兵的生命。疫情一直持续到了年底，干地亚和科孚岛的分舰队到来后，也同样染上了瘟疫，很难估计到底有多少遇难者，但当时的人认为这场疫情至少夺去了上万人的性命。[27]

舰队中的暴力行为和持续的传染病，使得人们开始怀疑这支临时舰队的管理能力，这种怀疑并非毫无根据，这支舰队由匆忙上任的舰队指挥官们掌管，他们缺乏作战经验，而且也不够小心谨慎。在给指挥官的命令中，元老院对舰队中划桨、船帆和武器的消耗量“都是正常的两三倍”感到担忧；但装备已不是最严重的问题了。公众舆论认为，引发伤寒的原因不仅是气候或是上帝对威尼斯人的罪恶的愤怒，粗劣的饮食也是重要原因，那些供应食品的腐败地方官员要为此负责。更糟糕的是，第一批被送回威尼斯的病员也控告舰队中军官系统性虐待桨手的行为：甚至有两位桨手被军官踢死。起初威尼斯政府主要关心这些后送疗养的病人中是否有人装病来逃避服役；然而关于舰队中腐败和滥用权力的传闻越来越多，许多人都要求坚决查办，这让政府无法置之不理。随后威尼斯成立了一个调查委员会，确认加莱桨帆船上的生活条件的确非常糟糕，中央的政策并没有落到实处，在那一年年底回到威尼斯解除加莱桨帆船武装的船长中，有好几个因此被逮捕了。[28]

来自元老院的一封信中写道，“在我们的舰队中出现如此大面积的瘟疫和死亡”，把威尼斯之前为了武装这支舰队所付出的努力都化为泡影。当最终所有的舰队都集结完毕，赞恩准备带领有着120艘加莱桨帆船的舰队出发前往爱琴海的时候，他付出了一切努力来招募桨手，让已被摧毁的划桨队能以最低限度的水平工作；但这个目标未能达成，由于威尼斯舰队上发生瘟疫的消息已经在整个黎凡特地区像蝗虫般传开了，造成的恐慌使得很少有人再敢上威尼斯舰队的船。[29] 此时威尼斯人已经把之前的“舰队足以与土耳其人一战，阻止他们登陆塞浦路斯”的想法抛在脑后了，威尼斯的主要战略计划也随之崩溃。这场战争未来的走向，已不可避免地从威尼斯自己的战争转变为整个基督教世界的战争。

8

建立联盟的努力

土耳其舰队即将出征的消息传到西方后，教宗庇护五世认为他期待已久的时刻终于到了，他宣布：各个基督教国家必须联合起来，以压倒性的力量对抗海上来的异教徒，彻底终结其对基督教世界的威胁。这位教宗曾在伦巴第的宗教裁判所担任法官，当时他残酷无情地迫害犹太人和异端。当局势逐渐明朗，土耳其舰队的目标基本确定是塞浦路斯时，他希望加快组建联盟的速度，因为他相信威尼斯尽管努力备战，但必定无法单独对抗土耳其苏丹。1570 年 2 月中旬，法奇内蒂大使就曾建议威尼斯总督和其他基督教君主组成联盟；但此时威尼斯人认为土耳其舰队的目标是西班牙，对法奇内蒂的建议反应冷淡，根本不想为了救援费利佩二世而撕毁和土耳其人的和平协议。但几天后，他们的这种幻觉就烟消云散了，当罗马教宗与威尼斯驻罗马大使米歇尔·苏里亚诺会谈后，苏里亚诺当天就把罗马方面的提议上报给了威尼斯元老院；而威尼斯十人团也很快对此就表示感兴趣，希望教宗能居中协调，过了不到一周，3 月 4 日，他们的回复就送到了罗马。[1]

元老院能下这一决心是很不寻常的，此前不久威尼斯和西班牙还将对方视为敌手，尤其是在海上。威尼斯人之前捕获了一艘在亚得里亚海从事海盗活动的西班牙船，将船上所有的西班牙士兵都在莱西纳岛上绞死了，此事还未过去太久；每当威尼斯加莱桨帆船带着囚犯经过莱西纳岛时，船上的军官都会指着岛上的绞刑架嘲笑他们，说这就是敢在威尼斯海域中胡作非为的“西方佬”的下场。但在 1570 年的春季，正忙于武装舰队和准备向黎凡特派兵（这一工作既艰苦又代价高昂）的威尼斯，毫不犹豫地接受了这一联盟建议。教宗在此之前一直在鼓励威尼斯与西班牙国王结盟，共同对抗异教徒，他承认此前从未见过威尼斯人对此如此热情：威尼斯枢机主教穆拉在枢机主教会议上大力鼓吹这一联盟的好处，“以及在短时间内打败土耳其人有多么容易”。[2]

然而，威尼斯人的这种热情背后隐藏着自己的盘算：威尼斯希望让土耳其知道它的敌人除了威尼斯外，还有西班牙，以此让土耳其知难而退。威尼斯驻西班牙大使西吉斯蒙多·迪卡瓦利受命让西班牙国王相信“苏丹的舰队将很快出发，而且实力强大”；虽然传言说他们的目标是塞浦路斯，但他们的真实目的依然可能是救援西班牙的摩尔人；所有基督教君主都必须有所防备，不能让这支有史以来从君士坦丁堡出征的最为庞大的舰队“在海上来去自如，全无忌惮”；因此所有的基督教国家都必须出力，威尼斯人正在“组建他们历史上最庞大的舰队”，西班牙也同样应该这样做。威尼斯元老院甚至要求卡瓦利在西班牙国王耳边如此低语：基督教各国的舰队“相互靠拢，将可能引起土耳其人的猜疑”，并破坏土耳其的计划。总之这是一场心理战，是为了避免一场真正的战争：这也是秘书官布翁里佐的目的，他和库巴特同时到达拉古萨后，他在谈判中首先就尽可能地夸大威尼斯盟国的舰队实力，以此来影响这位传讯官。[3]

而西班牙人关心的依然还是拉古莱特和马耳他，他们希望与威尼斯达成协议，让西班牙可以在必要时调用威尼斯的舰队。西班牙驻罗马大使唐胡安·德苏尼加提出了反对意见，认为不能对威尼斯人抱有太大希望，因为他们此时担心的是塞浦路斯，如果土耳其人真的改道入侵马耳他，“那威尼斯人只会自行其是”；但事实上无论是德苏尼加还是费利佩二世的私人顾问格朗维尔枢机主教，都对这次结盟抱有很大的希望。德苏尼加接着说，如果苏丹真的因过分乐观而索要塞浦路斯的话，那么威尼斯人肯定会向土耳其宣战。哪怕他们并不情愿，但“只要陛下的大军和威尼斯人联手，消灭奥斯曼指日可待”。当然，西班牙的谈判代表们都会小心地不让对手知道他们的想法，这样他们的国王就可以在达成协议时获得更多的好处。费利佩二世注意到这一联盟主要还是在解决威尼斯的问题，因此不太积极，但他仍准备参与谈判。[4]

教宗庇护五世收到威尼斯人的答复后，用拉丁文给西班牙国王写了一封文辞优美的信，敦促他加入联盟，并决定派遣一位教廷特使前往西班牙，向费利佩二世说明当前局势的紧急性。承担这一使命的是宗徒院的高级管理人员唐路易斯·德托雷斯，他是西班牙人，教宗希望以此向费利佩二世示好，但马德里宫廷并未领情，因为“他的家族历史太短”，正如托斯卡纳大使暗中指出的那样，此人出身不够高贵。3月16日，德托雷斯匆匆离开罗马。他从庇护五世本人那里收到的指示，清楚地表明了教宗对战略局势的关注，以及当时军事问题在教宗眼中的紧迫性。唐路易斯要先说服西班牙国王“把尽可能多的加莱桨帆船派往西西里岛”；为了支持这一要求，这位特使提醒国王，教宗曾特许西班牙的神职人员向他缴纳了一笔税金，至少在理论上，这笔钱是用于供应60艘为基督教势力服务的加莱桨帆船的。德托雷斯还必须说服费利佩二世答应和威尼斯结盟，并授权西班牙南部向威尼斯出口小麦，以供给威尼斯舰队。还有一些更微妙的指示只能口头传达；教宗建议唐路易斯向西班牙国王保证，“他可以完全信任教宗，教宗在一切事务上都会偏向他，而对威尼斯没有任何义务”，因此费利佩二世不必担心这次盟约过于对威尼斯有利。[5]

在这位教廷使者离开后，意大利的乐观情绪至少持续了两个月：两支舰队的联合似乎已经水到渠成，而土耳其人也必将受到惩戒。德苏尼加全力支持这个结盟的计划，他写道：“我以为，为了陛下的利益着想，我们应该把所有能调用的加莱桨帆船都派往西西里岛……陛下在罗马的仆人们都一致认为应该建立这一联盟，因为土耳其人实力强大，而打击他们最大的受益者将会是陛下您。”教宗向费利佩二世保证：“如果陛下愿意救援威尼斯人，那么基督教联军必能战胜土耳其人。”教廷驻西班牙大使卡斯塔尼亚主教和亚历山德里诺枢机主教都非常兴奋：“这次可能将一劳永逸地击败土耳其舰队，今后的许多年都将保持和平。”而威尼斯人此时还在幻想着让神圣罗马帝国皇帝、波兰国王“以及莫斯科甚至波斯的君主”加入联盟，并印刷了许多关于“期待已久的战胜土耳其人”的祈祷词和预言。[6]

德托雷斯意识到了军事问题的重要性，他在途经热那亚停留期间，清点了西班牙国王在意大利能调动的加莱桨帆船的数量。他忠实的盟友萨伏依公爵有2艘加莱桨帆船，热那亚共和国有3艘，这些船都是西班牙应该可以调用的；和威尼斯不同，热那亚私人拥有的加莱桨帆船比国家所拥有的要多得多，能离港出海的一共有 23 艘。此外，西班牙国王在那不勒斯还有 15 艘，在西西里岛有 10 艘；加上马耳他骑士团的 4 艘，和托斯卡纳大公爵的 8 艘，“再算上我们重新启用的船只……共计有 60 艘左右的加莱桨帆船”。几天后，德托雷斯抵达了巴塞罗那，他向亚历山德里诺枢机主教报告了关于加莱桨帆船的最新情况：“我发现了 3 艘途经意大利的洛梅利尼家族的加莱桨帆船……还有我去巴塞罗那乘坐的那艘加莱桨帆船，以及萨伏依海军司令指挥的 5 艘，这里的船比我之前在热那亚向大人您报告的还要多。”接着他又写道，在西班牙有 25 艘武装完毕的加莱桨帆船，以及 30 艘在巴塞罗那军械库内拆开封存的船，“这 30 艘今年肯定指望不上了”。[7]

4 月 21 日，德托雷斯主教在科尔多瓦觐见了前往塞维利亚途中的国王。鉴于他对自己使命的理解，他会特别强调军事干预的紧迫性并为费利佩二世详细分析了战略局势，就毫不奇怪了。教宗希望国王“尽快派遣舰队前往西西里岛，调动尽可能多的加莱桨帆船，并命令他的盟友也这样做，因为威尼斯人将调集 140 艘加莱桨帆船和 12 艘加莱塞桨帆战舰，这还不算在科孚岛的舰队”。众所周知，这位天主教国王不喜欢仓促下决定，他回答说事关重大，需要考虑；但唐路易斯坚持要求费利佩二世，全面盘点有多少能够投入使用的加莱桨帆船。国王大概也感到忧虑，他在打发走德托雷斯后，命令秘书官们对此展开清点；然而宫廷此时正在旅行，并没有携带相关文件，因此德托雷斯很快就惊讶地发现安东尼奥·佩雷斯登门拜访了，他是国王最有权势也最忧心忡忡的秘书官，他前来是为了让德托雷斯“告诉他自己和陛下谈话时提到的加莱桨帆船的数量，因为秘书官们现在查不到相关数据”。[8]

威尼斯驻西班牙大使西吉斯蒙多·迪卡瓦利也对德托雷斯和西班牙国王的会面很感兴趣，并向威尼斯政府提交了详细的报告：据他所知，费利佩二世应该还在考虑这次结盟以及派出舰队前往西西里岛的事情，但关于威尼斯小麦短缺的问题，他已经承诺尽可能提供支援。在接下来几天内，德托雷斯继续按照教宗的指示，游说西班牙的宫廷要人。在和枢机主教埃斯皮诺萨共进午餐时，他说，西班牙和威尼斯一旦结盟，“就可以集结250艘以上的加莱桨帆船，按照已知的情报，土耳其人不可能凑出这么庞大的舰队”。这位以“小心谨慎”闻名的国王这次一反常态，并未让他等待太久，4月24日，德托雷斯喜出望外地通知罗马方面，他从枢机主教埃斯皮诺萨处得知国王已经答应了他这次出使最重要的要求。主教说，国王会让他的加莱桨帆船到墨西拿集合，之后在吉安·安德烈亚·多里亚的指挥下与威尼斯舰队联合作战。“一切大小事务，他都要服从我们的主的诫命和命令”，也就是说，多里亚要服从教宗。[9]

虽然当时西班牙在地中海的舰队规模可观，但还是远不如威尼斯或土耳其。两年前，费利佩二世任命他的异母兄弟奥地利的唐胡安为海军司令时，宣布他要扩建舰队，让海上服役的加莱桨帆船数量达到100艘，但这个计划此时仍未实现。事实上，除了西班牙的盟友热那亚以及私人船主拥有的战船外，那不勒斯和西西里王国的军事资源也能为西班牙所用；但是，为了保护沿海人口免受巴巴里海盗的袭击，国王的加莱桨帆船要防守的区域很多，而且彼此相距很远，这使得各个分舰队难以组成一支大舰队，而且这些分舰队在行政上也是分开管理的。[10]

此时在西班牙的分舰队有26艘加莱桨帆船，由唐桑乔·德莱瓦指挥。舰队的行动基地设在安达卢西亚易遭受穆斯林袭击的卡塔赫纳，但它的军械库设在巴塞罗那。西班牙国王多次从威尼斯和热那亚引进专业工匠，试图建立一个一流水准的军械库，并在其中储存了30艘小型快船。但亲眼见过这座军械库的威尼斯人则带着其一贯的傲慢评论道，“这座小军械库……储存的装备十分不足，没有火炮，也没有索具，更没有木料储备”，其中有24间“修建得较为良好”的船棚，但其中建造的加莱桨帆船“既不美观，也不结实”，甚至是国王的舰船中“最不结实耐用的”。德托雷斯在清点船只数量时甚至根本没有考虑这些船，因为摩尔人的起义还没有彻底平定，而且还有海盗的威胁，他无法确定国王能否把这些加莱桨帆船派往黎凡特地区。然而在抵达科尔多瓦以前，这位教宗的特使就已经想出了一个绝妙的主意，可以让西班牙国王把这些加莱桨帆船派去增援威尼斯：葡萄牙国王也应为基督教各国共同的事业做出贡献，他可以把他的舰队暂借给西班牙一用。[11]

对西班牙来说第二重要的是那不勒斯分舰队，其由西班牙最有经验的海军指挥官之一圣克鲁斯侯爵唐阿尔瓦罗·德巴赞指挥；这支舰队也是发展最快的，因为它在1560年被皮亚里帕夏在杰尔巴岛击败后，就开始了一项雄心勃勃的重建计划。1570年夏天，侯爵下水了21艘加莱桨帆船，而那不勒斯的军械库仍在继续全力工作，因为国王下令“建造更多的加莱桨帆船”。此外热那亚私人船主斯特凡诺·德马里和本迪内罗·绍利都与那不勒斯有很深的利益关系，他们在当地共有3艘加莱桨帆船，与那不勒斯舰队的关系也很密切。西西里是一个费利佩二世统治下单独的王国，它有自己的总督和独立的财政，规模较小的西西里分舰队由唐胡安·德卡尔多纳指挥，其基地和军械库都在墨西拿，该舰队共有10艘加莱桨帆船，其中6艘是当地建造的，4艘由热那亚船主大卫·因佩里亚莱和尼科洛·多里亚所有。[12]

费利佩二世为了使其在地中海的舰队达到真正海上强国的水平，就必须要利用威尼斯的宿敌热那亚在意大利的港口资源。自查理五世和安德烈亚·多里亚那时以来，热那亚一直是西班牙国王的坚定盟友，在保持自身独立和共和制度的同时，它在各个层面上都是西班牙帝国的重要组成部分，并为帝国提供了大量贷款。和威尼斯不同的是，热那亚共和国没有自己的舰队：如前所述，在1570年，共和国只有3艘加莱桨帆船，其中1艘载着唐路易斯·德托雷斯前往了巴塞罗那。教宗庇护五世急于拼凑一支能对土耳其人造成致命打击的庞大舰队，他联络热那亚政府，希望他们能武装12艘加莱桨帆船，但西班牙驻热那亚大使怀疑此事能否成功：

> 有人认为热那亚很难武装12艘加莱桨帆船。他们目前只有3艘武装起来的加莱桨帆船，而他们的桨手只够配备给4艘加莱桨帆船，在他们的军械库里还有6艘小型战船，其中4艘装备齐全，可以在15天内出海，剩下2艘则需要一个月。而且在我看来，除非他们把防御工事的火炮拆下来装上加莱桨帆船，否则火炮数量也不够。

最后热那亚还是放弃了这个计划；此外他们的军械库最近一直在为西班牙工作，上一年他们一共向西班牙的那不勒斯分舰队移交了5艘以上的加莱桨帆船，因此已经无力武装更多战船。[13]

热那亚真正的海军力量都掌握在私人船主手里。如前所述，这些私人船主的7艘加莱桨帆船与圣克鲁斯和德卡尔多纳指挥的分舰队有合作关系，但在热那亚还有一支规模更大的属于私人船主的舰队可供国王调动。伟大的安德烈亚·多里亚的侄子吉安·安德烈亚手中有11艘加莱桨帆船，地中海一半的水手都亲切地叫他“安德烈塔”，他是一位富有争议的人物，本书稍后将详细讨论，但毫无疑问，他是共和国中最富裕也最有权势的人。他的亲族琴图廖尼家族与内格罗尼家族共同拥有4艘加莱桨帆船，此外洛梅利尼家族有4艘，格里马尔迪家族有2艘，共计21艘加莱桨帆船，西班牙国王与他们有明确的合约，可以租用这些船。

3支分舰队的加莱桨帆船都属于国王，由他的臣下负责配备人手和装备，但根据合约租用的这些加莱桨帆船，依然属于热那亚船主，国王只有使用权。[14]根据当时的合约，船主要给加莱桨帆船配备全套装备，并且要有足够的桨手和“绳手”（“绳手”是当时舰队水手的行话，是指专门操纵索具和船帆的水手）；国王则作为担保人为船主向银行家借款，每艘船每年6000杜卡特，这笔钱用来武装加莱桨帆船（“不过想要收回欠款，就十分费力了”）。和国家与个人之间的其他各种重大交易一样，租赁加莱桨帆船的合约对于这些将资本投入航海事业的个人来说有着相当的风险；但其合同、预付款和人力物力的供应都在细节上较为完善，而且船只有了王家旗帜将能享受通航自由的便利，以及这种租赁关系有助于取得很多商业特权，这使得热那亚商人们乐于通过合约出租战船。然而多里亚家族为期3年的合同将在1570年底到期，他们抱怨自己因供养战船而欠下了债务，甚至想把这些加莱桨帆船全部卖给国王。而吉安·安德烈亚此时相当沮丧消沉，他面对着经济和家族的问题，还要为一位难以捉摸的主人服务。[15]

尽管西班牙国王在过去的10年中多次宣布要扩建舰队，但其舰队规模仍然很小，海军基础设施的薄弱无疑是原因之一。那不勒斯军械库的规模只有巴塞罗那军械库的一半大，但就连巴塞罗那军械库也不敷使用：它只有 12 个船坞，而且还有几个堆满了器材，因此西班牙长期以来一直在讨论关于扩建它的问题。而最近才建成的墨西拿军械库本来按计划可以同时建造 12 艘加莱桨帆船，但事实上，“由于大臣的疏忽，它修建得很糟糕，其中一些部分需要扩建，目前只能同时建造一两艘加莱桨帆船，这实在太少了”。热那亚军械库的船坞最多能容纳 15 艘小型战船，但它没有长期雇佣的正式工人，在业务繁忙时期要雇佣多达一两百名临时工人。巴塞罗那的军械库规模更大，但当受命将封存的部分加莱桨帆船组装下水时，却发现没有桅杆，只能临时从普罗旺斯购买；而划桨则要从那不勒斯运来。海军基础设施不足，熟练劳动力也同样短缺；在热那亚，粗木工和捻缝工行会都只有几十名成员，不过其他工匠分散到了各个港口，部分造船工作也转移到了这些地方；正如勒班陀海战后某位威尼斯使节说的那样：“他（费利佩二世）所拥有的军械库和工匠严重不足；因此，当需要更多船只，或是舰队遭到重大损失（愿上帝保佑我们，不要让这样的事情发生）时，建造新船是非常困难的。”[16]

造船制度是其另一个弱点，在那不勒斯王国，出资人很容易从中牟利。筹集到建造加莱桨帆船所需的资金后，司库任命的官员可以不受监管地签订购买原料的合同，后果自然可以预见：根据德巴赞的说法，那不勒斯建造的加莱桨帆船使用寿命只有七八年；另外的人则认为只有 6 年，而在西班牙、热那亚甚至西西里岛建造的加莱桨帆船的平均寿命都在 10 年左右。除了那不勒斯建造的加莱桨帆船质量不佳外，墨西拿的军械库的保存水平同样不好：1568 年的一份令人遗憾的报告指出，一艘由巴塞罗那军械库建造的加莱桨帆船“皇家”号存放在墨西拿港口，它“据说造价不菲……但港口内的浓重雾气导致船体生虫，尽管两次尝试用火和沥青修补船体，但都遭遇了失败”，因此这艘船最后被拆解了，这样至少能回收船上的木材和铁。[17]

此外还有一个客观因素导致西班牙舰队难以扩建，那就是木材的缺乏。在当时的地中海世界，森林过度砍伐的后果已经开始出现，费利佩二世的王国比起威尼斯来说在这一点上更为不利，因为后者至少还可以依赖伊斯特拉和卡多雷地区的大森林，这两处的森林都已立法预留给军械库了，而奥斯曼苏丹在黑海沿岸也有丰富的森林资源。西班牙帝国唯一还能使用的森林在意大利南部的卡拉布里亚，这解释了这位谨慎的国王为何选择集中力量在那不勒斯和墨西拿扩建舰队。西班牙不遗余力地确保这一稀缺资源完全用于造船：早在 14 世纪初，就已有法令禁止在锡拉山脉砍伐较高的树木，在 1569 年，当地总督开始完全禁止木料出口。尽管如此，建造一艘加莱桨帆船需要 180 车的木料，这笔运费也要由公共机构承担，这极大地限制了这些南方军械库的潜力。[18]

西班牙国王的加莱桨帆船由 4 个独立的军械库建造，并以 2 种不同的模式管理，但这些船有一些共同的技术特征，区别于威尼斯的加莱桨帆船。西班牙加莱桨帆船的吃水都很深，船头和船尾也都很高，这一点和土耳其加莱桨帆船类似：有人认为这是一种缺陷，因为这会导致船更容易被敌方炮火击中，而且船的外观也不够优美，但这种设计使得船的稳定性更佳。此外，西班牙加莱桨帆船的帆布也比威尼斯的更实用，威尼斯加莱桨帆船使用粗斜纹布制帆，这种布在雨天或风暴时会大量吸水，变得十分沉重，可能会导致船失去平衡。而且西班牙加莱桨帆船配备了更高的前桅支索帆和更大的船帆，和其他“西方式”加莱桨帆船，如马耳他骑士团、萨伏依公爵和托斯卡纳大公爵的加莱桨帆船一样，其划桨航行的速度不如威尼斯的加莱桨帆船，但在不使用划桨的长距离航行时的表现更佳。威尼斯水手们多次提议应吸纳“西方式”加莱桨帆船的优点，尽管威尼斯当局拒绝改装，但这或许能够证明“西方式”加莱桨帆船在整体上略有优势；此外土耳其人在建造自己的战船时，也更多参照了这种船而非威尼斯船，这点绝非巧合。[19]

西班牙国王的加莱桨帆船军官招募也有着共同的特点。船长一般来说是一位国王辖下的贵族，一般情况下是西班牙人，那不勒斯和西西里的加莱桨帆船也是如此；只有热那亚的加莱桨帆船才是由当地的贵族指挥的，船主通常会以船长的身份登船，并让自己的亲属和信任的人担任其他指挥官。而真正指挥操纵船只的水手长一般都是利古里亚人，热那亚的加莱桨帆船上是如此，西班牙、那不勒斯和西西里的船也是如此；此外在尼斯自由城武装的萨伏依战船也由利古里亚人出任水手长，甚至在比萨武装的托斯卡纳战船也是如此。经验丰富的海员永远抢手，“这就是为什么我们应该给他们提供良好的薪饷和待遇，”费利佩二世警告说，“因为很遗憾，有经验的水手和军官数量甚少。”包括热那亚人也是不可或缺的，因为他们有着积累了几个世纪的航海经验。在每艘船按租赁合同提供的 50 名军官和水手中，只有低阶成员才由本地人占据多数。[20]

而西方的加莱桨帆船最大的共同特征，是船上桨手的招募方式，这与它们在黎凡特的对手有很大区别。西班牙国王统治的地区和除威尼斯外的意大利各国的臣民，都没有在加莱桨帆船上服役的义务，甚至他们认为这种做法本质上是不道德的，土耳其人和不可靠的威尼斯人才会采用强制服役制度。“在陛下管辖的各个王国中，强迫人上船服役并不是一贯的传统，这和那些绅士的传统完全不同。”当威尼斯人坚持要求西班牙国王尽快武装加莱桨帆船时，枢机主教博内利在给法奇内蒂的信中如此冷冷地回应道。1570 年夏季，庇护五世被人说服，在教宗国下令征募桨手以武装加莱桨帆船，他后来对此表示后悔，“在他看来，不应该强迫人上船服役，现在他反对去年为武装加莱桨帆船做的事”。[21]

尽管天主教的最高领袖能从道德角度看待这个问题是让人欣慰的，但这不仅是个道德问题；这涉及一个不可侵犯的权利问题，西班牙国王统治的这些王国，还远未进入绝对君主制。“如果他们真要这么干的话，将会遇到前所未有的困难。”一位威尼斯大使向威尼斯总督如此解释道，因为国王在西班牙、那不勒斯和西西里的臣民都有权不承受额外的负担，“陛下严格遵守规定，不侵犯他们的权利”。即使在 1570 年到 1571 年的那个糟糕的冬天，当土耳其人的攻势已经看似势不可挡，国王在意大利的臣民拼命为加莱桨帆船招募桨手时，他们在信中仍然表示不能强迫船员服役：“在那不勒斯王国违背他人意愿强行征募船员是行不通的，陛下也不会这么做。”[22]

而招募志愿桨手也几乎同样困难。威尼斯人认为这并不奇怪：西班牙国王的加莱桨帆船上的桨手常常遭受虐待，死亡率极高，而且很少发放入伍奖金。但有人反驳说，任何物质刺激都没有用，因为除了那些被社会抛弃的人外，没有人会自愿“卖身”给加莱桨帆船，所以君主有权使用别的手段来招募桨手，即便这会引来“挑三拣四”的人的批评。比如在意大利南部，就存在着一种至少会被认为龌龊的制度：鼓励那些最穷的人赌博，赢者拿钱，输者上加莱桨帆船服役。为此目的，招募专员们“在公共场所摆开长凳，带着钱币、卡牌和骰子，吸引那些自甘堕落的人和流浪汉，而这些人总是不缺的”；参加赌局的人每人会借到 12 杜卡特，相当于桨手 3 个月的工资，在“让他们写下自己的名字”后，两人一组进行赌博。赌输了的那一方要把 12 杜卡特支付给赢了的一方，之后因无钱偿还国王的借款，就只好上加莱桨帆船服役，直到付清了债务为止，而胜利者手里有了 24 杜卡特，“他必须归还借来的 12 杜卡特，之后就可以带着赢来的 12 杜卡特离开，因此可以说，他们下的赌注就是让自己上船”。[23]

用这种方式招募来的志愿桨手们通常被认为是不可靠的，因此在船上要被锁起来——这在威尼斯是不可想象的。在热那亚这样的海洋城市，随着经济越来越不景气，各种社会问题不断蔓延，不少人会自愿来划桨。而船主认为他们是宝贵的资本，会不择手段地让他们一直负债，使其只能无限期在船上服役。[24] 但在西班牙国王统治的国家，民众对航海没有那么熟悉，自愿参加的桨手的数量不足以支撑舰队。但威尼斯人拒绝理解这一问题，继续提出由威尼斯出船、西班牙出桨手的方案；西班牙的大臣为此多次和威尼斯人讨论，如何才能鼓励更多人的自愿成为桨手。“他们花了很长时间来讨论，如何在陛下的王国内招募志愿桨手”，但到最后也没找到很好的办法。事实上，根据统计数据，勒班陀海战中，在南欧各国的加莱桨帆船上，志愿桨手占了不小的比重，但没有达到必要数量的一半。[25]

因此，为了武装他的加莱桨帆船，西班牙国王不得不比威尼斯和土耳其更多地使用罪犯充当桨手。将充当加莱桨帆船桨手作为刑罚，在当时的基督教国家非常普遍，甚至那些没有舰队的国家也会这样做，因为对桨手的需求源源不断，君主很容易把罪犯卖给其他国家。在费利佩二世统治的王国，仅是流浪就会被判 5 年徒刑；国王把充当桨手的最低年龄限制从 20 岁降到了 17 岁，而司法机构也面临着巨大的压力，他们被要求提供足够的罪犯充当桨手，以满足舰队的需要。那不勒斯总督阿尔卡拉公爵要求法官们尽可能多判决犯人充当桨手；西西里分舰队指挥官唐胡安·德卡尔多纳则非常严肃地建议，不要在审讯时使用绳刑，因为这可能致残，致残的人就不能去划桨了。[26]

被运往港口的囚犯车队是当时西班牙和意大利景观的一部分，因此塞万提斯在他的《堂吉诃德》中也有所提及："大约十几个人，像一串珠子似的，被套在脖子上的铁链一个接一个地拴在一起"，还有 4 名士兵负责押送他们。"桑丘·潘沙一见这伙人就说：'这一长溜都是被判了刑的苦役犯，国王逼他们去划海船。'"困惑的堂吉诃德从这些可怜的家伙口中问出了一连串的个人经历，从一个偷了"一筐浆洗得干干净净的衣裳"而挨了 100 皮鞭并被判"3 年的骨拉趴"（"骨拉趴"是当时的黑话，指划加莱桨帆船）的小偷，到被判了 6 年的偷马贼；从一个接受过拉丁语和哲学教育，因为与 4 名女性保持不道德关系而被判了 6 年的学生，到一个罪行累累的强盗，"一去就是 10 年！等于世上没他这个人了"，他却厚颜无耻地表示满不在乎（"很荣幸能为上帝和国王效力，上次是整整 4 年，我已经知道硬面包和牛皮鞭是什么滋味了"）。这个样本和当时的统计数据相当吻合，根据统计，城市人口更容易被判去划加莱桨帆船（来自城市的犯人占 37%，而当时城市人口在总人口中只占 13%），罪名主要是偷窃和抢劫。根据租用加莱桨帆船的合约，国王将按照市场价向船主提供来自其王国的罪犯，热那亚的加莱桨帆船将把他们带到那不勒斯的维卡瑞亚的监狱；这些罪犯必须要"刑期适当"，即能在加莱桨帆船上长期服役。[27]

西班牙国王武装其舰队的人力资源还有最后一个重要的来源：奴隶。虽然价格昂贵，但要找到足够的桨手，奴隶是不可或缺的人力资源。当时的教会从未废除奴隶制度，但禁止奴役基督徒，因此划船的奴隶都是穆斯林和犹太人，而且都是土耳其苏丹的臣民；而威尼斯从 1540 年以来都未和土耳其苏丹交战，也不想挑衅土耳其，因此他们的舰队中没有奴隶桨手。而西班牙国王自认为和土耳其人处于永久战争状态，当然也就不存在这个顾虑，但欧洲的奴隶主要来自于基督教私掠船对土耳其商船和马格里布（非洲西北部）的袭击，这很难满足需求。费利佩二世颁布了一条法令，规定所有从巴巴里私掠船上俘虏的人，包括未成年人，都要以 30 杜卡特的官定价格卖给他；按照之前的法令，被俘的私掠船雷斯应该当场绞死，现在这些人也必须活着交给国王。在 1570 年春季，那不勒斯加莱桨帆船舰队指挥官圣克鲁斯侯爵率领舰队去马耳他补充补给，国王命令他在当地“尽他所能多买奴隶”；等他回到那不勒斯后，他说他的船上增加了 130 名维卡瑞亚的罪犯，和 100 多名在墨西拿买下的奴隶，“有了这些罪犯和奴隶，我可以保证交给我的这些加莱桨帆船将是各个舰队中战斗力最强的”。[28]

热那亚的船主则被国王授予了更多的主动权，他们需要桨手的时候可以自行出海捕捉奴隶；或者也可以从奴隶市场上租借或购买奴隶，当然他们会把需求详细指示手下，以尽量便宜的价格购买，并且保证不会买到体质不好的奴隶。本迪内罗・绍利写道，理想的奴隶应为 18 岁到 25 岁，有划桨经验，“特别不能是黑奴”，因为当时认为非洲黑人不堪忍受痛苦、容易郁郁而亡。然而此时市场上的奴隶不多，因为土耳其在北非的总督欧吉德・阿里的舰队守卫着巴巴里海岸，使得对其沿海地区的掠夺变得十分危险。直到勒班陀海战后的几年，基督教国家的加莱桨帆船舰队上的桨手奴隶才重新多了起来，但其价格远高于法定价格：西西里总督以每人 100 杜卡特的价格从奥地利的唐胡安那里买了 365 名奴隶。[29]

因此，在西班牙国王麾下的加莱桨帆船上的桨手中，最多的是罪犯，其次是志愿桨手，奴隶最少。在 1571 年，那不勒斯的加莱桨帆船上一共有 47% 的罪犯，42% 的志愿桨手和 10.5% 的奴隶（作为对比，在托斯卡纳的加莱桨帆船上，有 57% 的罪犯，18% 的志愿桨手和 25% 的奴隶）。[30] 无论其法律地位如何，所有桨手都要剃光头和戴镣铐，但其待遇仍有微妙的区别：志愿桨手允许留胡子，白天不戴镣铐，在舰队靠岸的时候，他们和奴隶会到岸上工作，而罪犯一直受着最严密的监视，他们的镣铐不会被解开。持续不断的镣铐撞击声，才是西方加莱桨帆船的真正共同特征，而在威尼斯和土耳其的舰队中，自由人桨手才占多数——当然，他们大多是被强制征募的，但在舰队于冬季解除武装时，他们能领到报酬并返回家园。

西班牙国王非常清楚这些加莱桨帆船上的桨手们的艰苦生活，也明白他有责任公正地对待他们。费利佩二世给奥地利的唐胡安的指示中详细地提到了这方面的内容，其中也指出了他和其他指挥官的舰队中常见的虐待桨手的行为。[31] 保障桨手的衣食非常重要，“使他们能保持健康，有足够的体能来工作”；过去往往不会这么做，但国王要求唐胡安必须做到这点，哪怕“只是为了安抚你我的良心”。在冬季或者是舰队不出航的时候，不可以安排桨手去做其他工作，除非是为了完成国王所下达的任务，或是为了伐木。罪犯上船的时候要带着记录他们的罪行和判决结果的档案，并由船上的书记官抄录下来，以确保他们的服役时间不会超过刑期；同时也不能让他们提前获释，“因为除了保障加莱桨帆船的运作以外，还要让法律得到执行”，这又涉及每个人的良心问题。至于那些志愿桨手，“必须特别注意，不能胁迫他们服役，并要给他们应得的报酬，如果他们服役期满想要离船，他们应可以不受阻碍地自由离去”。这样的要求显然是对普遍存在的虐待桨手的行为的谴责。

另外国王也要求桨手“过着符合基督教教义的得体生活，不能有放弃信仰或亵渎上帝的行为，因为这些行为都是对我们的主的极大冒犯”，因此所有的加莱桨帆船上都要有一名牧师。但桨手除了灵魂需要照料以外，他们的肉体也需要有人照料，要有人负责急救和治疗病人；每支分舰队都至少要有一名医师，他同时也要是外科手术师，“以及牧师也应该照顾病人，因为这是他们职责的一部分，他们应该陪伴临终的人走向死亡，并保管死者的财产，确保按遗嘱分配给应得的人”。尽管船员们的生活很痛苦，经常遭受虐待，但即使是国王最卑微的臣民，在死亡时也获得了基督徒应有的权利。

然而同时国王也清楚，以之前提到的方式招募来的桨手是不太可靠的：他的分舰队指挥官必须使用组织手段，尽可能地降低风险。船与船之间，罪犯和奴隶所占的比例必须相等，“以避免奴隶（和罪犯）人数过多带来的风险”；罪犯可能会逃跑，而穆斯林奴隶则可能起来反抗。最后，还需要仔细分配桨手，注意其数量和质量，以保证所有加莱桨帆船的划桨动力都大致相当。西班牙国王辖下的加莱桨帆船越来越多，因此他认为有必要制定一套标准化的规范。在 1569 年夏天，他颁布了许多详细的规定：每艘船上都必须配备规定数量的重火绳枪、长矛和半身甲，分舰队指挥官受命“在米兰或任何价格合理的地方购买武器，各艘船上装载的都应是经过清洁和保养的武器”。至于桨手，只有分舰队指挥官乘坐的旗舰和副指挥官的坐舰（通常是混合式加莱桨帆船），会有更多的桨座，每个桨座配备 4 名桨手；其余的桨手由其他加莱桨帆船平分：“每艘加莱桨帆船上必须有 164 名桨手。”[32]

1570 年 3 月，吉安·安德烈亚·多里亚在前往西班牙途中告知威尼斯大使卢纳尔多·多纳：“陛下目前能集结的加莱桨帆船共有 75 艘。”如果再武装巴塞罗那和墨西拿的军械库中的那些小型战船，只要再多花几天的时间“就可以集结超过 120 艘加莱桨帆船”。这个说法有点太过乐观了，因为它完全低估了招募桨手的困难，但至少可以证明西班牙国王和他的臣民有非常明确的雄心壮志要打造一支强大到足以横行整个地中海的海军。[33]

因此，西班牙国王响应了教宗的紧急要求，许下了有力的政治承诺，在 1570 年 4 月和唐路易斯·德托雷斯的会谈中，他决定将舰队集结在墨西拿。然而让我们仔细看看这条命令是何时和如何发布的：这是之后产生误解的根源，很快就会产生可悲的后果。在年初分舰队的指挥官们给舰队补充桨手时，他们自然不会考虑现在的这种情况。西班牙分舰队要保护自己的海域，以阻止援军从巴巴里海岸增援暴动的摩尔人。而西班牙在意大利的分舰队则必须负责向拉古莱特运送步兵和补给，因为自从欧吉德·阿里占领突尼斯后，拉古莱特的处境就岌岌可危，人们一直在担心着君士坦丁堡集结的大规模舰队会以此为目标。德托雷斯在 3 月途经热那亚时，发现多里亚正忙着准备这次远征：“吉安·安德烈亚大人当时为了他的加莱桨帆船舰队已经焦头烂额了，在萨伏依的两艘战船抵达后，他就会立刻出发前往拉古莱特。”[34]

在起锚前往北非前，吉安·安德烈亚就清楚他必须尽快赶回来，因为还有另一批陆军需要运输。由于阿尔及尔的土耳其分舰队活动积极，而土耳其主力舰队即将出击，国王担心没有足够的士兵来防御那不勒斯王国的海岸线，因此决定在蒂罗尔招募3000名步兵；这些日耳曼士兵必须在4月底前赶到拉斯佩齐亚，在那里乘上多里亚的加莱桨帆船前往那不勒斯。[35] 4月25日，这位热那亚的海军司令从拉古莱特返回了，在前往拉斯佩齐亚前他给西班牙国王写了一封加密的信件，其内容主要是关于夏季将要面临的战役的。为了对抗土耳其主力舰队，吉安·安德烈亚在信中建议在西西里岛集结尽可能多的加莱桨帆船，在此监视突尼斯海岸。如果卡普丹帕夏准备推进到该海域，那么不应与其正面作战，“敌人的舰队比上次进攻马耳他时更加强大，这甚至可能是他们有史以来最强大的舰队”，但如果有足够的加莱桨帆船，就可以阻碍其行动，无论是袭击他们的补给线，还是进攻黎凡特地区（比如摩里亚）。根据多里亚的估计，如果把西班牙国王、萨伏依公爵、热那亚和马耳他的舰队集结起来，大约能有55艘加莱桨帆船。[36]

吉安·安德烈亚会有在西西里岛集结加莱桨帆船的构想，可能是因为他意识到这个计划将能满足教宗的意愿，德托雷斯在热那亚逗留期间必定曾向他透露过这一点。无论如何，当多里亚写这封信时，他并不知道国王此前一天就在科尔多瓦决定答应教宗庇护五世的请求。而国王给吉安·安德烈亚的命令也如他一贯的谨慎，需要正确理解。国王写道，德托雷斯大人代表教宗，提出希望我方在西西里集结尽可能多的加莱桨帆船，以应对“我们认为必将到来的”土耳其舰队。因此，多里亚必须带着他所有的船前往那里，那不勒斯和西西里的加莱桨帆船指挥官也要如此，并在西西里接受多里亚的指挥；如果西班牙的分舰队能够抽身，那它也可能拨出一部分加莱桨帆船前往西西里。在信的最下方，国王亲笔补充道：“在土耳其舰队出现之前，要先完成拉古莱特和其他地区的任务。”[37]

事实上，国王给多里亚下的命令是后者早已提前预见的，这条命令实际上只考虑了西班牙帝国的战略利益；二人会有同样的意见，说明尽管西班牙将舰队集中到了西西里，却未能完全符合教宗的期待。罗马方面理所应当地认为，西班牙国王的加莱桨帆船前往墨西拿，是为了支援威尼斯的舰队，并在教宗认为适当的时候与其并肩作战。在德托雷斯派出的信使于5月中旬抵达罗马后，枢机主教亚历山德里诺非常兴奋地写信给法奇内蒂，告诉他说西班牙国王已经下令让50艘加莱桨帆船前往西西里岛，准备和威尼斯舰队会合。教宗立刻写信给多里亚，“支持他与威尼斯联合作战”；威尼斯元老院接到罗马方面的消息后，正式通知赞恩，多里亚已经奉命率领至少55艘加莱桨帆船前往科孚岛与他会合。但费利佩二世给吉安・安德烈亚的信中，并没有提到要和威尼斯舰队会合，更没有承诺要服从教宗的命令，而德托雷斯确信埃斯皮诺萨枢机主教曾亲口告诉他国王答应了此事。多里亚的加莱桨帆船的确将在墨西拿集结，但即便没有罗马和威尼斯方面的压力，他们也会这样做，因为这里是监视土耳其舰队的动向的最佳基地，而且舰队在这里也可以加强马耳他和拉古莱特的防御，这依然是西班牙国王最关心的事。除了这些之外，西班牙国王没有任何承诺，吉安・安德烈亚也没有收到任何其他命令，但教宗的外交人员并不如此认为；这种误解的后果很快就将出现。[38]

9

避免战争的最后努力

在君士坦丁堡，当皮亚里帕夏出海后，第二支分舰队的准备工作也已完成，前往塞浦路斯的运输船将随其一同出发。如预期的那样，穆斯塔法帕夏被任命为“塞尔达尔（Serdar）”，也就是野战部队的指挥官，他下令全军出发，自己却依然在犹豫到底要上哪艘加莱桨帆船。一开始他选的是5年前噩梦般的马耳他战役中的旗舰；之后“他被警告这艘加莱桨帆船会带来厄运”，又改变了主意。穆斯塔法的切卡亚，也就是管家，上了这艘船，但它沿着佩拉水道航行时，主桅突然断裂；当然，水手们都认为这是不祥之兆。苏丹最终决定不亲自参加这场军事行动，因此为了表示对穆斯塔法的恩宠，特许他使用刚刚在皇宫附近整备完毕并镀好了金的苏丹本人的巨大旗舰。卡普丹帕夏阿里得知后，并未隐瞒自己极度失望的情绪：不仅大部分加莱桨帆船由皮亚里帕夏而非他指挥，而且穆斯塔法身为维齐尔和内阁成员，地位也在他之上，这意味着他对舰队的指挥权只是徒有虚名而已。[1]

在出发前的准备工作中，最需要关注的还是运输船，其整备工作一拖再拖。马肯托尼欧·巴尔巴罗此时还依然可以在君士坦丁堡自由行动，去见他任何想见的人，他记录了关于运输船的所有信息。按他的说法，尼科米底亚地区建造的马霍恩运输船，加上那些已经停在军械库的，“能立即服役的不过八九艘而已”。还有3艘“拿浮船（nave）”，这是当时的一个术语，指有一定载重量的运输船，包括那两艘没收的威尼斯商船；这些船被用于运输弹药。然而最大的问题是用来运载战马的帕兰迪尔运输船，对以骑兵为核心的土耳其陆军来说，这是必不可少的。6艘在君士坦丁堡服役的帕兰迪尔运输船在军械库进行了翻新，恢复了正常使用。在黑海离首都不远的地区又造了12艘，在更远的地区造了15艘；在正对塞浦路斯的卡拉曼地区，一开始受命要造 30 艘帕兰迪尔，后来降低为 12 艘，但威尼斯驻叙利亚领事表示，目前只有 6 艘在建。5 月 1 日，巴尔巴罗去看 2 艘从黑海来到君士坦丁堡的帕兰迪尔，随后幸灾乐祸地发现其实那不过是前桅横帆双桅船，“根本不可能运输战马”。5 月 3 日，终于有 6 艘帕兰迪尔开到君士坦丁堡了，但都是小型船，每艘只能运载 20 匹战马而已；还有 14 艘正在赶来的路上，其中五六艘是旧船，这样土耳其舰队总共有 25 艘左右的帕兰迪尔。此外，“他们还需要 20 艘至 25 艘卡拉穆萨运输船来凑数”，卡拉穆萨是小吨位的贸易运输船。

苏丹此时已经等不及了，他希望不惜一切代价让舰队尽快出征，所有人都知道不能再拖了，哪怕此时还有一大堆问题没有解决。比如马霍恩运输船现在需要牵引，“它们中只有一艘有划桨”；由于缺乏木料，很早以前就从尼科米底亚订购的划桨至今仍未到货。而桨手也至今依然缺乏，在君士坦丁堡，有关部门试图以五六个杜卡特的入伍奖金征募志愿桨手，并强征佩拉的船夫，希望能解决这一问题。至于护航的加莱桨帆船，数量必然要大大减少：皮亚里帕夏率领一支分舰队出发后，军械库里还有约 40 艘战船，但其中至少有 10 艘“基本已经报废”，还有 5 艘严格来讲只是弗斯特帆船（fuste），它们只有一根桅杆，而且吨位比加莱桨帆船要小得多。[2]

无论如何，总要等到库巴特回来后才能下令舰队出征，因为还不知他能否完成使命。然而威尼斯方面大张旗鼓武装舰队的消息，使得土耳其人并未抱有多少幻想：在库巴特 2 月出发时，人们或许还认为有希望用和平手段得到塞浦路斯，但如今公众相信战争无法避免，这场征服可能会非常艰难、伤亡惨重。朝廷仍希望等到特使从威尼斯回来再发动战争，但他一直迟迟未归。4 月 27 日，库巴特的儿子担心父亲久久未归，前往巴尔巴罗的住处询问父亲的情况，然而大使也无法回答。平民们得不到任何官方消息，但都非常关注此事，有传闻说威尼斯人扣押了他。[3]

在等库巴特回归的这段时间内，生活在君士坦丁堡的人处于一种奇特的停滞状态，在狂热备战的同时，每个人却又期待着避免战争。2 月初，威尼斯总督写信给巴尔巴罗，通知他威尼斯已决定武装舰队，并任命赞恩为指挥官，但他在信中重申，他依然有意愿“和苏丹陛下继续保持良好的关系”，因此海军将领们也受命不要挑衅土耳其人。虽然巴尔巴罗根本没有收到这封信，但他知道避免开战才符合威尼斯的最大利益，在库巴特返回前，他依然期待这一切能成为现实：在他给政府的许多信中，他甚至问道，今年 4 月底他是否应该和往常一样，为占用塞浦路斯按期向苏丹上贡。[4]

而苏丹的大臣也依然希望库巴特的任务能顺利完成。在开斋节期间，帕夏们大摆宴席邀请所有人吃饭，威尼斯大使让他的儿子弗朗西斯科匿名前往拉拉·穆斯塔法家赴宴，感受宴席的气氛。这个年轻人被主人的切卡亚认出来了，后者礼貌地指责他不公开前来，尤其是因为帕夏非常欢迎他。巴尔巴罗随后让他的儿子去向穆斯塔法表示敬意，后者也非常礼貌地接待了他，并告诉他，威尼斯不应“为了那块石头（指塞浦路斯），而失去陛下的友谊”。

在读到上述报告的时候，很难相信这位拉拉·穆斯塔法帕夏，就是来年那个在极度愤怒中把马肯托尼欧·布拉加丁活活剥皮的人。这位帕夏“以非常谦和的态度”告诉巴尔巴罗的儿子，他父亲应该建议威尼斯总督割让塞浦路斯，并补充说，“陛下一贯让基督徒享用他们自己的财产，佩拉区不是属于陛下的吗？尽管如此，你们基督徒在佩拉仍然和在自己家一样”。穆斯塔法是在建议，如果威尼斯答应割让塞浦路斯，那么威尼斯商人可以继续留在那里，就像他们可以留在君士坦丁堡的佩拉区一样。弗朗西斯科·巴尔巴罗也不枉为外交官的儿子，他立刻回答说，在塞浦路斯以及所有威尼斯的属地内，“穆斯林都得到了很好的对待和保护”，因此苏丹也没有理由要求控制这些地区。[5]

巴尔巴罗此时仍希望，塞利姆会在最后关头改变主意，认为让舰队去拯救格拉纳达的摩尔人更重要。摩尔人的一位特使此时正在君士坦丁堡，他试图向朝廷施加压力，促使苏丹派出援军，巴尔巴罗毫不犹豫地与他合作，希望能使这场即将到来的战争风暴卷向西班牙。他们拜访了一位名叫埃布苏德的老穆夫提，希望他发布伊斯兰教令，要求苏丹领导他的军队对抗他那狂妄自大的敌人西班牙国王，而不是他的朋友威尼斯人。通过犹太拉比和医生亚伯拉罕·阿本桑提奥等中间人，威尼斯大使向穆夫提提交了诸多证据，证明奥斯曼政府对塞浦路斯的宣称是无效的。年逾八旬的埃布苏德德高望重，很有影响力，因此巴尔巴罗希望他能让苏丹改变主意，毕竟苏丹本来就经常被人说服而改变一部分意见。在听取了中间人的意见后，这位年迈的教法学者转告巴尔巴罗说，他已经认真地和苏丹谈过了。他甚至向巴尔巴罗保证，“等库巴特回来，一切都会好转”。[6]

但5月5日下午，库巴特和翻译官马泰卡·萨伊瓦戈终于回到了君士坦丁堡，库巴特向苏丹报告了他一个多月前在威尼斯所受到的冷遇，以及威尼斯总督侮辱性的回复，总督在回复中故意略去了苏丹的传统荣誉头衔。至此，巴尔巴罗沮丧地确信，两国保持和平的希望最终还是破灭了。他在不同情况下以自相矛盾的语言表达了他对这一回复的看法。如今两国之间的战争已经不可避免，虽然结果还不确定，但巴尔巴罗表示，他自豪地看到苏丹的侮辱性要求得到了应有的回复，甚至为此感谢上帝“让我过了如此幸福的一天，比我有生以来任何时候都要幸福”。但当巴尔巴罗在3年后回到威尼斯时，尽管基督教联军在勒班陀海战中获胜，但战争还是带来了灾难性的后果。他对威尼斯总督说，他不明白“为什么总督大人您当初要毫无益处地挑衅土耳其人”，并补充道，如果当初总督命令他继续和土耳其人秘密谈判的话，或许可以避免这场战争：

> 我不得不非常痛苦地给您事后的建议，您当时仓促下了大胆的判断，除非大人您渴望战争，否则本应命我继续谈判……为了更高的荣耀，即便已经拿起了武器，也应确保有尊严地进行和解，举国上下都感到痛苦，害怕这场战争。[7]

一年后，穆罕默德帕夏也毫不犹豫地对前来和谈的特使拉加佐尼说，威尼斯当时给出的这种侮辱性回复是非常愚蠢的。如果威尼斯元老们愿意屈尊同意他通过库巴特转达的那些提议，事情就不会走到这一步；最重要的是，“他指责威尼斯总督在回信中侮辱苏丹并略去了他的头衔，这使得苏丹更加反对威尼斯共和国”。马泰卡翻译官返回后参与了库巴特和穆罕默德的谈话，他声称库巴特似乎还想帮他的威尼斯朋友一把，他说威尼斯在进行大规模的备战，“并且是在以极大的决心备战”，甚至说他们正在武装约 200 艘加莱桨帆船。库巴特甚至否认了威尼斯在闹饥荒，他带回了一个在威尼斯街头买的面包作为证据，并谈到了它的价格：“我向大人保证，我在这里买同样的面包要出更高的价格。”但苏丹在得知库巴特在威尼斯受到侮辱性的对待后，非常愤怒，他要与库巴特面谈，无视了通过大维齐尔向他提供的信息；在这次会面结束时，他决定要向这些愚蠢而又粗鄙的异教徒宣战。[8]

5 月 13 日黎明，阿里和穆斯塔法帕夏在吻过苏丹的手后，带着 35 艘加莱桨帆船、5 艘弗斯特帆船、20 艘帕兰迪尔运输船、8 艘马霍恩运输船、5 艘拿浮船和众多卡拉穆萨帆船前往罗得岛；5 月 16 日，在拜克塔什的祈祷仪式结束后，舰队再次进入土耳其海峡。巴尔巴罗仔细观察了这一切，写道：

> 那些马霍恩运输船都没有划桨，每艘都装载了大量的火炮，但似乎没有足够的火药，有大约 500 名耶尼切里军团士兵上了船。而那些帕兰迪尔运输船都很小，没有武器，每艘船只有 30 名水手来驾驶，最多只能装载 20 匹战马。

这些运输船上没有自卫的大炮，或是只有 1 门发射 10 磅石弹的小型射石炮。那两艘被没收的威尼斯商船上的水手还是原来的人，只有船长和船上几名管理人员下了船（虽然之前巴尔巴罗建议他们留在船上）。为了不浪费航行时间，所有船的桨手都在夜间轮班，通常只会在之后的阶段才这么做。在塞尔达尔出发后，所有人都明白苏丹这次不会亲征了：这是懦弱的表现，耶尼切里军团的不少士兵因此不满，有几名军官因为未能平息抗议而被撤职。[9]

在此之前，在君士坦丁堡，没有人把巴尔巴罗视为敌国的代表，也没有人限制他的人身自由。但库巴特回国后带回的令人不快的消息中，就包括另一位土耳其大使在威尼斯遭遇的粗暴对待，这让苏丹和整个底万都非常愤怒。这名使者是马哈茂德贝伊，他是44年前土耳其人在莫哈奇战役中俘虏的一位巴伐利亚贵族，一开始他只是个奴隶，但后来却成了奥斯曼帝国最高层的外交人员之一；威尼斯大使经常在报告中提到此人，并称赞他“是世上最聪明的人”，他的品格赢得了所有人的尊重。在1月前往法国的途中，马哈茂德贝伊准备在威尼斯停留几天。陪同他的法国外交官杜博格写道：“在整场旅途中，这个六旬老人一直兴致勃勃、充满活力。”大使前往巴黎的官方使命是去解决唐约瑟夫·纳西的那些复杂的贷款问题，但法国驻土耳其大使却写信告知他的国王，事实上，“马哈茂德另一个任务是请求陛下的许可，如果将来他们要前去救援西班牙的摩尔人的话，希望陛下能允许土耳其舰队停靠在土伦港”。

马哈茂德贝伊随身带着一封巴尔巴罗的亲笔信，信中巴尔巴罗对总督称马哈茂德是“我最信赖的朋友”，并希望他在威尼斯期间能得到良好待遇，“我和马哈茂德贝伊一直保持深厚的友谊，而且我认为为了全体威尼斯人的利益，也应该好好待他”（也许巴尔巴罗认为，土耳其人会因马哈茂德贝伊在威尼斯受到的款待而同样善待他）。尽管有巴尔巴罗为他说了这些好话，但威尼斯元老院依然拦截了马哈茂德贝伊；起初他还可以在城内自由行动，但当战争已经无法避免时，他实际上就成了囚犯。他的土耳其随从们被丢进了地牢，他本人则被软禁在一座宅子里，日夜被卫兵监视，之后又被转移到维罗纳城堡，在那里被关了3年，直到和平降临后他才被释放。法国方面强烈抗议威尼斯抓捕一位被派往基督教国家的大使，并且谴责他们这种行为违背了国际法。[10]

苏丹和他的大臣们得知此事后，突然意识到他们给巴尔巴罗的待遇过于仁慈了。这位威尼斯大使在库巴特返回后表示，他对此并非毫不担忧：

> 希望我不要遭受太稀奇古怪的对待，伟大的帕夏非常精于此道；我曾认为那位大人会把我关在家里，并让一位传讯官监视我……不过我现在难以确定，因为总督大人您坚定的回复，以及马哈茂德贝伊

和苏丹其他臣民遭受的对待，使得情况完全不同了。

但当他写到这里的时候被打断了，“好多人闯进了我家，还有几名传讯官，以及他们的首领大传讯官”。大传讯官亲自登门可不是个好兆头，因为“无论到哪里参加商议，他都会带来极大的恐惧”。然而在这次会面中，这位土耳其高官非常礼貌，他通知大使，苏丹已经下令禁止他家里所有人离开屋子，只允许他的一个仆人外出购买食物，此外，还有1名传讯官带着6名耶尼切里军团的士兵负责看守他，但他也告知大使，不用太过绝望，这只是暂时的。土耳其人反复强调“在上一场战争期间，前任威尼斯大使被关在了一座塔里”，并提到威尼斯接待库巴特时缺乏礼数；但他友好地补充说，苏丹已下令尽可能人道地对待威尼斯大使。

几天后，巴尔巴罗得知，底万在听了库巴特的报告后，下令查找以前的档案，调查在30年前的那场战争期间，他们是如何对待威尼斯大使的。在得知那个不幸的人被关在一座塔中后，有人建议这次对巴尔巴罗也这么做；但包括大维齐尔在内的大部分底万成员，都认为应该以更加灵活的态度解决此事。于是，巴尔巴罗连同他周围的亲属和仆人们，开始了长达3年的软禁生活；让这3年更令人难以接受的是，此前几个月可怜的巴尔巴罗都在请求元老院尽快任命他的继任者，因为他的大使任期已经快要结束了，他近来感觉身体不适，而且他也亏欠了自己的家庭太多，所以他想尽快回家。在他被软禁了近一年后，那不勒斯总督的使者经过他的窗前时，看到他已是满头白发了。

事实上，当时土耳其人对他们的关押措施并不算太严格。威尼斯大使照常可以得知外面发生的事，也可以收到从威尼斯来的信件，他把信件都藏在一个秘密的地方，并且全部加密，并通过犹太医生所罗门·阿什克纳齐帮他把给祖国的回信带出去，这位医生出生于乌迪内，曾在帕多瓦学习，已移居君士坦丁堡多年，他是巴尔巴罗和大维齐尔的私人医生。这个不知疲倦的阴谋家，把巴尔巴罗的信件藏在鞋子里带出去，随后花重金雇人把信件带到干地亚，然而有几次带信的人被抓获，“遭当众处死，以儆效尤”；巴尔巴罗意识到要找愿意冒着被处以桩刑*的风险送信的人十分困难。起初在得知这些事后，穆罕默德帕夏非常恼怒，下令把巴尔巴罗在佩拉的住所的窗户全部用木板封了起来。但后来他发现即使封了窗户，巴尔巴罗依然能和外界联系，他就命人把阳台也封了起来。巴尔巴罗提出了抗议，因此为了让屋内能有一些阳光，“部分阳台，但为数甚少”改用金属栅栏封闭。但无论如何，最终“屋内部分空间还是只能昼夜都用蜡烛照明”。

尽管如此，软禁措施也算不上太严酷。巴尔巴罗饱受疼痛折磨，因此被允许每周 2 次外出泡澡治疗，他可以借此机会见他在外面的联系人；他还有好几次被允许在公共花园中散步。他的儿子“心情抑郁”，因此被允许每 3 天外出散步 2 个小时；但是看管他的耶尼切里军团士兵刁难了某位希腊人一刻钟，只因此人在路过时对他脱帽致意。甚至让一位神父来他家里举行弥撒的要求，也未经讨论就被允许了；讽刺的是，如果此事传回威尼斯，那必然会成为一桩丑闻，因为按照反宗教改革的规定，禁止在私人住宅内举行弥撒。[11]

而在君士坦丁堡中的威尼斯商人的处境比巴尔巴罗要更好一些。在扣押了两艘船和其上的货物后，大维齐尔向巴尔巴罗保证，在库巴特返回之前，不会再对威尼斯商人采取进一步措施；然而，在威尼斯对苏丹臣民采取措施的问题解决之前，这些商人也不能离开君士坦丁堡。威尼斯商人们请求能撤销对他们财产的扣押，并小心翼翼地给大维齐尔献上了 4000 西昆，给翻译官易卜拉欣贝伊也献上了 500 西昆。此事是在十二人委员会（佩拉区的威尼斯人自治机构）的正式会议上决定的，而这笔钱也是根据每个商人所期望能讨回的资金数额，按比例收取的。穆罕默德帕夏非常满意地答应了他们的要求，并收下了他们的献金，并建议他们直接向苏丹提交一份正式的请求。这需要等待机会，但在塞利姆乘舟于金角湾出游时，这群威尼斯商人见到了他，他们提交了书面请求，“陛下非常有礼貌地接受了这份文件，并开始阅读”。

---

* 一种残酷的刑罚，又称“穿刺刑”，用削尖的木桩自下而上刺入人体，使受刑者极度痛苦，但不会很快死亡。

两天后，苏丹以支持的态度把他们的请求拿到了底万会议上讨论，“陛下的意思是，不希望有任何商人遭受损失”；因此，底万决定归还所有被扣押的威尼斯商人的货物。但不允许离开君士坦丁堡的限制依然没有解除；在得知威尼斯是如何对待黎凡特商人后，土耳其政府规定威尼斯商人必须支付押金才能拿回自己的货物。而此时那些威尼斯商人也开始大胆了起来，他们对此表示不满，并希望不用付押金就能拿回自己的财产；苏丹对此宽宏大量，立刻下令归还被扣押的财产，几天之内，那两艘船上的所有货物都归还给了各自的主人。

在库巴特回到君士坦丁堡后，带回来的消息是，威尼斯不但扣押了所有黎凡特商人和犹太商人，把他们的货物都没收了，甚至还把他们都关进了监狱。这样的消息显然使人愤慨，但塞利姆苏丹不想对此报复，因此威尼斯商人依然能在城内自由活动。一开始，威尼斯商人们都被私下告知，他们最好少抛头露面，因为路上的普通民众可能不像苏丹和政府官员那样大度。但很快他们就被允许出售刚拿回来的货物；因此在基督教国家得知这些事后，很多人认为威尼斯和土耳其最终达成了和平协议，置西班牙国王于不顾。的确，奥斯曼朝廷给威尼斯商人的宽松待遇是很不寻常的；部分商人在上一年冬季买了商船，船上装满了小麦，他们只要承诺不把船开往威尼斯，就可以将船驶出港口。显然，正如巴尔巴罗向威尼斯总督所报告的那样，“他们往别处去只是个借口，最终他们肯定是要回到威尼斯的”。这位狡猾的大使补充道：“我认为我们的商人在这里行动自由，他们能够趁机走私货物。”[12]

4 月 17 日，皮亚里的舰队驶入了马尔马拉海。25 日，舰队停在了加利波利，那里之前武装了 8 艘加莱桨帆船。4 天后，威尼斯大使也得知了此情报，他认为皮亚里帕夏可能收到了命令，在库巴特回来前不要继续航行。在君士坦丁堡，人们都认为舰队应该至少会前进到摩里亚的莫顿，让其他陆军加入舰队中的那 2000 名耶尼切里军团士兵；但关于舰队之后的目的地则是众说纷纭。舰队可能会在莫顿一带巡航，观察基督教国家舰队的动向，防止其攻击第一支舰队；但事实上威尼斯舰队还没有出海，皮亚里的舰队或许会按先前的计划进入亚得里亚海攻打卡塔罗；也有人推测，他或许已经受命攻打威尼斯在爱琴海群岛的属地。[13]

此时威尼斯不再担心皮亚里帕夏会进入亚得里亚海了。即使过了6月中旬，威尼斯的前沿基地也没有报告发现土耳其舰队的踪迹：凯里戈岛、赞特岛，甚至克里特岛都没有发现土耳其舰队，最晚的一封信的日期是6月19日，因此土耳其舰队也不可能是去了塞浦路斯。威尼斯总是过于乐观，他们此时认为土耳其舰队应该还没有离开土耳其海峡。而事实上，当时皮亚里舰队已经到了内格罗蓬特，他们停在那里给战船上沥青，同时利用这段时间在附近的港口，如比雷埃夫斯港，装载陆军。一位希腊船长在5月6日带着自己的船离开了内格罗蓬特，在近一个月后抵达了西西里岛，他立刻向当地总督和吉安·安德烈亚·多里亚报告了他看到的东西（当然他肯定有所夸大）："土耳其舰队在内格罗蓬特共有150艘加莱桨帆船，其中100艘配备了训练有素、经验丰富的老桨手，另外50艘配备的是新桨手。"附近省份的桑贾克也带着他们的西帕希骑兵上了船，"但他们没有带战马，因为他们说他们这次是在海上而非陆上行动"。[14]

这位希腊人还打探了这支舰队的动向：他得知，5月15日他们会开往塞浦路斯对岸的阿纳穆尔，土耳其人在过去几年内一直在加强这个据点的防御，据说苏丹本人将带着军队在圣约翰节那天抵达那里。他在报告的最后指出，在阿纳穆尔当地已经有80艘帕兰迪尔运输船准备完毕，用来运输战马，这些运输船需要由加莱桨帆船牵引；此外每艘加莱桨帆船上也要运输4匹战马。我们并不知道皮亚里帕夏在出航前接到的具体命令，因此无从得知舰队现在的行动是一开始就计划好的，还是在库巴特带来了威尼斯武装舰队和西班牙舰队可能干预的消息之后，苏丹又向在内格罗蓬特的皮亚里下令，取消了前往摩里亚和伊奥尼亚群岛地区的计划。当时整个黎凡特都对舰队的下一步行动充满疑惑，谁都不知道土耳其和基督教国家的舰队到底谁会先发起攻击。威尼斯在6月19日接到的消息称，沿海地区的穆斯林一片恐慌，许多人都逃到森林里避难；犹太人也跟着撤离了海岸，因为他们知道威尼斯人登陆后，等待他们的是什么。[15]

事实上最终是皮亚里帕夏打响了第一枪。无论是在君士坦丁堡的巴尔巴罗还是威尼斯政府都认为远离本土的前哨站会遭到袭击，比如基克拉泽斯岛中的蒂诺斯岛或凯里戈岛（今天的基西拉岛）。这个在伯罗奔尼撒的瞭望台是威尼斯海洋帝国的重要组成部分，它位于“一个能一览整片海域的绝妙地点，可以称得上是整个群岛地区的明灯”。对克里特岛的防御来说，这个瞭望台尤其重要，因此它也被称为是“干地亚之眼”。之前威尼斯人都以为凯里戈岛会首先遭到土耳其人的攻击，但他们认为如果皮亚里帕夏真的进攻凯里戈岛的话，他就会掉入陷阱。法奇内蒂在对罗马方面解释战略局势时称：“凯里戈岛是威尼斯元老们最不需要担心的地方之一，因为他们的舰队随时都能赶去救援。”[16]

但在5月中旬后，遭到攻击的却是蒂诺斯岛，这座岛屿是自从几年前苏丹从热那亚人手里夺取了希俄斯岛之后，爱琴海群岛中唯一还在意大利殖民者手中的岛屿。代表纳克索斯公爵唐约瑟夫·纳西统治该岛旁边的安德罗斯岛的弗朗西斯科·科罗内洛，“在得知皮亚里帕夏在雅典后”，他派了一艘小型护卫舰前去建议皮亚里帕夏立刻夺取旁边的蒂诺斯岛，因为岛上没有任何防御，也没有弹药储备；皮亚里帕夏回答说“他不能这么做，因为他们要去攻打塞浦路斯”。但科罗内洛继续坚持，蒂诺斯岛因其地理位置“如今已经是所有基督徒奴隶的避难所，也是基督教舰队的避风港”。至少这是蒂诺斯岛上的居民在遭到袭击后向威尼斯政府索赔时的说法。在这个故事中，可以看出威尼斯人对纳西的仇恨和怀疑，后来甚至有传言称“那个犹太人，唐约瑟夫·纳西”贿赂了皮亚里帕夏，煽动他攻击蒂诺斯岛，以此讨好苏丹。无论如何，那份索赔申请是这样结尾的：“皮亚里帕夏听了这话后，就来攻打蒂诺斯岛，给岛上带来巨大损失。”[17]

但即使没有科罗内洛这个背教者的提议，对皮亚里帕夏来说，夺取蒂诺斯岛也是很自然的想法。除希俄斯岛外，蒂诺斯岛是爱琴海群岛地区最重要的岛屿，岛上居民有1万人左右，“其中多数居民说意大利语，而且岛上的教会使用拉丁礼仪，这在希腊中心地带是相当罕见的”。当地的威尼斯监督官说，当地人十分好斗，忠于威尼斯，而且有能力抵抗乘着弗斯特船的海盗，因此在很长一段时间内，这座岛屿是逃离君士坦丁堡或土耳其舰队的基督徒奴隶们唯一的避难所。帕鲁塔夸张地称，“蒂诺斯岛几乎可以说是爱琴海群岛的钥匙”，这个说法体现了威尼斯人对这座岛屿在其海上属地中的地位的重视。[18]

皮亚里帕夏试图对蒂诺斯岛发动突袭：在黄昏的时候他离开了内格罗蓬特岛一端的卡斯特罗索，并且在第二天黎明出现在蒂诺斯岛，数千名土耳其步兵登上了这座岛屿。他想要攻其不备，突袭离海岸线 5 英里的城市。但当地的威尼斯监督官已经花了很长时间来加强防御工事，并将城外的房屋夷为平地，给炮兵清理出射界，他还招募了许多当地人担任守卫，一旦发现敌人，就立刻开炮，并让所有居民躲进城墙避难，他们做好了充分的防御准备。土耳其人的第一次进攻失败了。

土耳其人在火炮射程以外的海滩上过夜，并从船上搬下了一些大炮，试图炮击堡垒，但依然没有成功；最后他们开始了一次真正的围攻战，并威胁监督官和居民投降，否则他们在城破后将遭受残酷的惩罚。但 10 天后该城依然在抵抗，皮亚里决定让士兵回到船上，“他愤怒地下令摧毁整座岛屿，烧毁了村庄，摧毁了教堂，连动物也没有放过”。而威尼斯人为了报复，将几名俘虏的耶尼切里吊死在城外。不久后，在朝廷收到关于这次失败的冒险的正式报告前，君士坦丁堡的市民就不知从哪里听到了风声，“伟大的皮亚里帕夏冒险去攻打蒂诺斯岛，结果遭受惨败”。[19]

穆拉雷斯指挥的加莱桨帆船前卫舰队在罗得岛一带的行动同样不顺利，这使公众的情绪变得更加低落。岛上的桑贾克贝伊匆忙扣押了威尼斯商人的财产，而舰队则在到达该岛后前去拦截马丁嫩戈指挥的运输船队，这支船队负责将威尼斯的 2000 名步兵送往塞浦路斯。但这些装备精良、满载士兵的船只对土耳其人来说是块难啃的硬骨头，他们击退了穆拉雷斯的战船，并使其损失惨重。君士坦丁堡的每个人都在谈论着此事和皮亚里在蒂诺斯岛的失败，而巴尔巴罗对这些消息非常满意：海上战争有了一个良好的开始。[20]

6 月 5 日，皮亚里的舰队在进攻蒂诺斯岛无果后撤退，到罗得岛和在此前一天抵达的卡普丹帕夏的舰队会合：攻打塞浦路斯的部队已经凑齐了。[21] 根据威尼斯政府收到的消息，土耳其加莱桨帆船上有了瘟疫，但这些谣言并不可信，有时还会产生误导：例如，威尼斯人直到7月还相信，土耳其舰队中只有一小部分会开往黎凡特地区，而大部分船，至少有100艘，会留在克里特海域，“正如我们相信的那样，他们准备在那里拦截运送前往塞浦路斯的援军的舰队”。[22]但实际上，土耳其舰队都已经全部在罗得岛集结了，总共有大约200艘加莱桨帆船，此外还有许多运输船。这不难计算：2月初先后有6艘和7艘加莱桨帆船出发，3月穆拉雷斯共带走了25艘，4月皮亚里帕夏带走了75艘，5月阿里和穆斯塔法共带走了35艘，此外还有8艘在加利波利新武装的加莱桨帆船，这一共有约150艘。再加上罗得岛、希俄斯岛、内格罗蓬特岛和亚历山大港等地的防卫舰队，这一共有约30艘；此外，苏丹命令在亚得里亚海和爱琴海的穆斯林黎凡特私掠船也加入他的舰队，不过这些私掠船大多是轻型桨帆船和弗斯特帆船。

威尼斯方面认为，集结完毕的土耳其舰队“不会超过200艘加莱桨帆船，虽然加上那些弗斯特帆船和其他船只会超过这个数字”。一份从罗得岛送往干地亚的情报上的数字更精确一点：把穆拉雷斯的船和防卫舰队都加进去，共计155艘加莱桨帆船，还有70艘弗斯特帆船、护卫舰和快速护卫舰之类的“杂色船只”。一位在土耳其人登陆塞浦路斯后侥幸逃脱的威尼斯人报告说，土耳其人在菲尼凯地区共有160艘加莱桨帆船，都是有23个桨座的大船，还有60艘弗斯特。此后的一些目击者所报告的数目也基本大同小异。塞浦路斯人索佐蒙诺说共有160艘加莱桨帆船，其中一半“纪律严明，搭载有100名战斗人员”，另一半的加莱桨帆船则船只陈旧又缺乏人手，还有60艘是轻型桨帆船、弗斯特帆船和私掠者的双桅横帆船；另一位塞浦路斯人卡莱皮奥称土耳其人共有160艘加莱桨帆船和轻型桨帆船，还有60艘弗斯特帆船和40艘护卫舰。这些不同的目击者报告的数字有一些小差异，但考虑到之前连巴尔巴罗都会把部分弗斯特和轻型桨帆船当成是加莱桨帆船，这样的误差就显得微不足道了。[23]

这是一支相当庞大的舰队，但如果基督教国家的舰队联合起来的话，依然有机会击败它，特别是如果他们能在这支舰队前往塞浦路斯的路上发动突袭的话，那就颇有胜算了，因为此时土耳其人的大部分加莱桨帆船都要用来牵引运输船。但他们的准备工作拖得太久，错失了这一良机。6 月 24 日，苏丹的海军将领已在卡拉曼装载陆军上船，赞恩却依然还在从扎拉前往科孚岛的路上，他的舰队也因为之前那场瘟疫而减少到了只有 70 艘加莱桨帆船；奎里尼的 22 艘加莱桨帆船仍还留在干地亚；30 艘负责冬季护航的战船分散在海上之国的各处，科孚岛新任的监督官塞巴斯蒂亚诺・维尼埃只能集中起其中的约 10 艘对土耳其在索波蒂的要塞展开进攻。多里亚此时还带着国王的一支舰队在前往撒丁岛执行装载当地陆军的任务的半路上；而马肯托尼欧・科隆纳为教宗在安科纳和威尼斯等地武装的 12 艘加莱桨帆船也没有准备好。尽管基督教一方相当勤勉，其计划的水准也与对手大体相当，但时间和地理要素对土耳其人更有利：塞浦路斯的确离威尼斯本土太远了，想守住它是相当困难的。

10

巴尔干的冲突

5月初，威尼斯人的注意力被另一件事从这场战争上暂时引开了。威尼斯总督彼得罗·洛雷丹突然去世了，威尼斯人对此毫不悲伤，因为人们都认为他必须为这场饥荒负责：因此，在他的葬礼上，甚至有一些穷人将他们不得不吃的粗劣小米面包丢到他的棺材上。甚至有夸张的传言说，总督其实是被战争狂热分子们毒死的，因为他曾提出答应苏丹的最后通牒，割让塞浦路斯。阿尔维塞·莫切里戈5月11日成为新任的威尼斯总督，人们并不怀疑他会犯和前任总督同样的错误；但基督教各国的宫廷仍担心威尼斯会与土耳其达成协议。法国驻罗马大使，枢机主教德朗布耶写道："威尼斯人武装舰队进展缓慢，同时又在私下进行秘密活动；整个意大利都在怀疑他们想和土耳其人议和。"这样的传言太多了，以至于莫切里戈不得不让威尼斯的大使们正式出面辟谣。[1]

事实上当时在威尼斯，更多人对其准备工作感到自豪，骄傲地确信赞恩能打败敌人，特别是现在西班牙国王也即将派来援军了。5月30日，元老院给海军司令写信，称教宗已经命令多里亚率领舰队前来科孚岛，他共有55艘加莱桨帆船，此外还有4艘马耳他的加莱桨帆船；因此赞恩必须在他们抵达前留在岛上，等兵合一处后一起出发，"去打败土耳其的大舰队"。如我们所见，之前唐路易斯·德托雷斯的那份过于乐观的报告也同样过早地坚信，多里亚的舰队会遵守教宗的命令，即将前往黎凡特和威尼斯舰队会合。

威尼斯人对自己的舰队也充满幻想，低估了斑疹伤寒造成的减员，而高估了他们的战争动员能力。在这一背景下，马尔科·奎里尼在干地亚的那22艘要前往科孚岛的加莱桨帆船的情况是非常典型的：5月22日，一份报告送到威尼斯，称这批加莱桨帆船已经抵达科孚岛很长时间了；10

天后，科孚岛方面送来的报告称，他们对这批加莱桨帆船的情况一无所知，直到6月中旬，才传来最新的消息，说这批加莱桨帆船在3周前从干地亚出发了，因此现在应该到达科孚岛了。然而奎里尼此时仍被困在克里特岛，因为他的舰队无法靠桨顶着逆风航行，“因为那些桨手都是新手，而不是惯于划桨的老桨手”，最后直到6月底他才能出发。[2]

此时在威尼斯，人们还在期待赞恩勇敢地发起进攻。元老院命令驻西班牙的大使继续对国王施压，尽快让西班牙舰队和威尼斯舰队联合采取行动，以免土耳其大舰队在海上继续横行无忌。他们得主动出击一次，让敌人感到威胁，这样土耳其舰队就会有所顾虑；继续处于守势，只会让目前已经十分骇人的开支进一步上升，而不会带来任何收益。即使来自西班牙的消息表明，多里亚的舰队并不会像之前威尼斯人想象的那样火速赶来，威尼斯给海军司令的指示的口气也依然没有任何改变。赞恩收到的命令是继续等待西班牙舰队，“只要它还会来”，否则无论如何都要发起进攻，“根据可靠消息，土耳其大舰队的状态非常糟糕”。6月22日，他再次接到命令，要他前往黎凡特，抓住一切有利机会；与此同时，教宗发布了谕旨，宣布对土耳其的战争中的所有阵亡者的罪过都将得到赦免，牧师们也在布道时宣讲这次出征的重要性。7月8日，赞恩又收到了同样的命令，但其中多了一个不知是否会对他有帮助的要素：无论他下了怎样的决定，都是获得了上帝的指引。[3]

赞恩同时代的人以及赞同他们意见的历史学家都指责他带着舰队在扎拉白白停了两个月，这显然和威尼斯强烈希望他尽快出发的要求相矛盾。事实上，赞恩当时受命等待军械库的所有战船武装完毕，同时也要等那些为舰队招募的步兵，因此他不可能在6月以前出征。舰载步兵的指挥官斯福尔扎·帕拉维奇诺侯爵提醒总督，“舰队迟迟不能出发，是因为要等待各处前来会合的战船，和必要的弹药补给，在此之后才能按大人您的命令出发”；只有那些相信在1月底决定武装舰队后，只要两个月的时间就能武装100艘加莱桨帆船的人，才会对舰队到6月中旬才能集结完毕感到惊讶。[4]

跟随舰队的8名耶稣会成员在等待时并没有闲着。加莱塞神父在此期间学习了土耳其语和希腊语，尤其是希腊语，因为船上有很多希腊船员。他回家后自豪地写道，他成功地让一名塞浦路斯人皈依了天主教，而且让他所乘坐的加莱桨帆船上的船员加入了他念诵玫瑰经的团体。当然并不是所有神父都对船上生活感到满意：船上的水手和士兵都是些粗人，其中大部分人已经有 10 年甚至 15 年没有参加过忏悔或领过圣体了，在这些人中工作很难给神父带来满足感。在加莱桨帆船上，这些“属灵的商店没有接到多少订单”，在耶稣会严格的资本主义绩效逻辑中，他们的工作完全失败了：最后，多位神父不满地抱怨，如果留在意大利，他们会有更多收获。[5]

在这段时期内，斑疹伤寒还在继续肆虐，没有人知道如何防治。6 月 12 日，赞恩终于带着 70 艘加莱桨帆船离开了扎拉；另有 4 艘留守亚得里亚海，这意味着至少有足够武装 8 艘加莱桨帆船的桨手，在之前因斑疹伤寒死亡。在莱西纳岛上，最后 6 艘在军械库武装的加莱桨帆船和几艘拿浮运输船，终于加入了舰队。赞恩收到的命令是特地经过斯帕拉托地区和其他一些威尼斯海上属地后再前往科孚岛，这是为了给那些长期受土耳其骑兵骚扰而苦不堪言的当地居民们激励士气。然而元老院同时也建议避免对奥斯曼军事基地采取任何行动，“你在科孚岛不要尝试采取任何行动，以免将敌人的大将引往达尔马提亚”。赞恩自然遵守命令，在舰队 6 月 29 日到达科孚岛后，他曾停靠在卡塔罗，他的舰队中满是病人和奄奄一息的人，“疾病每时每刻都在舰队中传播”。[6]

在科孚岛，赞恩遇见了一个在 6 个月后将取代他的人。此人就是年迈的塞巴斯蒂亚诺·维尼埃，他最近被任命为科孚岛的监督官，他在岛上整备防务，然而土耳其人并未发起攻击；之后，由于无聊，他决定去给土耳其人一些麻烦。他接受了一位名叫马诺利·穆尔穆里的希腊船长的建议，后者是纳夫普利亚人，但非常熟悉这片地区，他们决定一起进攻科孚岛对面阿尔巴尼亚山脉上的索波蒂城堡。监督官贾科莫·塞尔西派出了 10 艘加莱桨帆船支援他们，这些船载着维尼埃麾下的科孚岛驻军中的步兵和火炮，于 6 月 7 日在要塞前登陆。穆尔穆里带着部分步兵封锁附近山区的交通要道，以阻挡附近德维纳桑贾克贝伊的援军前来救援，同时威尼斯人用登陆的大炮和舰炮炮击城墙，直到土耳其守军支撑不住，悄悄逃离了索波蒂。在占领了这座被丢弃的堡垒后，维尼埃在这里升起了代表威尼斯的圣马可旗，在留下穆尔穆里驻守后返回了科孚岛。[7]

这次突袭索波蒂的行动并不是一次无关痛痒的袭扰：它在之后可能起到重大战略作用。占领了这个要塞，就可以在此登陆一支更大规模的陆军，对阿尔巴尼亚内陆产生重大威胁，但如我们将看到的那样，之后威尼斯并未利用这个机会。但还有一个更重要的动机。居住在这片山区的阿尔巴尼亚人被威尼斯人称为"奇马里奥特人（Cimariotes）"，这些人就和他们在黑山的邻居一样好战，他们是牧羊人和盗匪，从未自愿接受土耳其人的统治，并且随时都准备起义。这些山民已派出使者，联络威尼斯在科孚岛和在黑山的布德瓦、安蒂瓦里和乌尔齐尼的监督官，他们称只要威尼斯派兵攻打当地土耳其驻军，他们一看到威尼斯的旗帜就会向共和国宣誓效忠。

维尼埃一向心直口快，他警告说不应该轻信这些阿尔巴尼亚人，并说"他们都是虚伪的骗子"；不过如果能让亚得里亚海沿岸和伊奥尼亚内陆的广大地区都揭竿而起反抗苏丹，威尼斯人自然是乐见其成。一旦阿尔巴尼亚人大规模地起义，不但能迫使土耳其人调动宝贵的军队前往镇压，而且对他们沿海地区的军事基地也会造成巨大的威胁，从而阻碍其海军的行动。因此威尼斯的监督官满口豪言壮语地向山民的使者许下了很可能无法兑现的承诺；然而占领堡垒的行动似乎证明威尼斯人有意出兵支援，于是在夏季，数以百计的黑山和阿尔巴尼亚乡民站到了威尼斯一边，而当地的桑贾克无力镇压起义。鲁米利亚地区的贝格勒贝伊侯赛因帕夏，身为当地所有桑贾克的上级，不得不亲自出马镇压起义，但在起义军的骨干撤往科孚岛后，妇女、儿童和老人继续在山上抵抗，从而产生了一部流传至今的史诗，在阿尔巴尼亚今天的民间歌曲中仍能找到它的痕迹。夏末，威尼斯元老院委婉地否定了之前维尼埃对当地人的评价，高度赞扬了阿尔巴尼亚人的"献身精神和坚定的信仰"，并且承诺将派遣几百名士兵前去支援他们，但这一承诺一如既往地成了一纸空文。[8]

威尼斯各海军基地的监督官试图利用这场在阿尔巴尼亚各地蔓延的起

义，用他们手中为数不多的力量去争取一些战果。在得知斯库台省的桑贾克正带着他的西帕希骑兵正在别处执行任务后，安蒂瓦里的地方行政官亚历山德罗·多纳和桑贾克的副手穆斯塔法·贝格秘密谈判，此人和安蒂瓦里的大主教有亲戚关系，多纳提出给他3000西昆的年金，换取他背叛上司交出堡垒。谈判持续了几个月，却一无所获，不过这或许也是件好事，因为根据乌尔齐尼监督官吉罗拉莫·维尼埃的说法，穆斯塔法是"一个非常狡猾的土耳其人，以背信弃义而闻名"，他一定打算设下陷阱，如果天真的多纳亲自去斯库台，那他肯定会被砍成碎片。维尼埃本人没有他的同僚那么积极，但在当地阿尔巴尼亚领袖的压力下，他还是承诺会去攻打斯库台和都拉斯之间沿海的阿莱西奥（今阿尔巴尼亚的莱什）要塞。在攻占了郊区后，他开始围攻要塞；杜卡基尼的桑贾克闻讯后急忙组织了一些骑兵前往救援，也被击退，不过威尼斯人也未能攻克要塞，阿尔巴尼亚人带着战利品回家庆祝了。当时有传言称当地桑贾克的父亲，鲁米利亚的贝格勒贝伊，正带着大军前来救援，因此维尼埃只好放弃围城。

威尼斯监督官们在绝望中向政府求援，要求向博亚纳河口派遣一艘加莱桨帆船或三四艘武装的弗斯特帆船，以及一支由约50名轻骑兵或火绳枪兵组成的打着圣马可旗帜的援军，而这个要求也未能被满足，这进一步加大了之前的失败给起义军留下的负面印象。吉罗拉莫·维尼埃痛苦地写道，这个地区已经准备屈服了，"但威尼斯就连带着少量兵力来表现对它的支持都不愿意"。随着冬季临近，以及侯赛因帕夏正在斯科普里集结大军的消息传来，一个带着几名耶尼切里士兵的传讯官就能让许多当地豪强丧失继续战斗的勇气，重新向土耳其效忠。乌尔齐尼的监督官认为，阿尔巴尼亚人会立刻向威尼斯人开战以争取让土耳其人原谅他们的叛乱，他们在战斗中的表现会像之前对付土耳其人时一样凶猛；他认为，他所在的城市将会陷入重重包围，无法从附近的乡村获取补给，"甚至连女人到周围的泉水中打水都不可能了"。[9]

煽动希腊的基督徒起来反抗土耳其人，同样是威尼斯战略中的重要一环，因为在希腊的显贵和东正教士阶层中，并不缺乏能号召东正教徒起来反抗异教徒的人物。在1570年4月，摩里亚地区的一位贵族，格雷戈里奥·马拉克萨对威尼斯十人团承诺，只要威尼斯舰队出现在他们海岸线上，他们立刻可以组织一场推翻土耳其统治的起义。威尼斯高层顿时燃起了在伯罗奔尼撒地区煽动当地基督徒起义的期待，十人团立刻暗中写信给君士坦丁堡的东正教牧首，告诉他整个计划，并希望他通过他手下的神职人员来筹备起义："我们将派出威尼斯有史以来最强大的舰队，当地居民将拿起武器，为了将自己从土耳其的奴役和暴政中解放出来而战斗。"5月初，赞恩刚到扎拉不久，当时还不知道斑疹伤寒已经在舰队中扩散，威尼斯人还认为他们能抢先发起进攻。马拉克萨承诺，只要保证天主教会未来不干涉希腊人的宗教礼仪，牧首就会支持这场起义，元老院马上给出了保证，并敦促"勇敢的希腊人民"无所畏惧地发动起义，并保证威尼斯舰队一定会帮助他们。[10]

马拉克萨并不是唯一一个靠着土耳其属地上的那些不满人民的支持寻求资金援助的希腊或阿尔巴尼亚显贵，但他或许是其中最值得信赖的人，即便他在请愿即将结束时，要求威尼斯把给他的年金提高到42杜卡特，这一结尾恐怕不会给人留下好印象，"在这样的艰难时刻，我不得不痛苦地指出，我需要钱来支付房屋的租金，以及我的衣物和维持寒舍需要的一切日常开销，我还要逐步偿还我的债务"。其他冒险家的口吻更加严肃，但他们的演讲本质上都提出了同样的要求。有个自称名叫"吉安·乔治·赫拉克利奥·巴西利科"的人来到热那亚，自称是伯罗奔尼撒的专制公（despote），并且还展示了能证明其血统和公国权力的文件。一开始西班牙驻热那亚大使认为他是个骗子，但后来在了解到他的更多信息后，觉得他的身份应该是真的，于是向西班牙国王推荐了此人。巴西利科同时也给威尼斯总督写信，希望能为他效绵薄之力，保证他能给威尼斯共和国"带来非常大的利益"。事实上，此人的确是个骗子，几年前他已经伪装过摩尔多瓦的王位继承人。此外还有一个类似的骗子，西班牙人叫他"唐佩德罗·金卡罗"，此人自称出身于阿尔巴尼亚的金卡罗家族，前来向西班牙国王请求资金和军队援助，并且声称作为交换，可以让西班牙国王统治阿尔巴尼亚；他的请求从1570年持续到1599年，西班牙方面对此留有存档。[11]

但这些骗子中，人们最耳熟能详同时也最有趣的是“某个名叫佐尔齐·格里洛的巴尔干骑兵连长”，他也曾自称乔治·米佐特罗。在他来到马德里宫廷以前，西西里岛当地的总督曾接见过他。他出生在纳夫普利亚，当时这座城市还属于威尼斯人，他曾在弗兰德为西班牙国王效力，并在达尔马提亚为其招募军队，威尼斯当局为此将他驱逐出境。在他返回故乡后，他联络摩里亚的牧首，研究发动反对土耳其统治的起义的可行性。这位东正教教士口头告诉他：“我不敢留下任何书面的内容。”牧首表示当地人要收到武器才能起义；有长枪、剑和几套胸甲就够了，因为当地的土耳其驻军全都被抽调去打仗了。牧首不惮于给出惊人的庞大数字：他保证已有 1.2 万人能前去攻打土耳其人布拉佐·迪迈纳修建的堡垒，并要求提供 5 万柄长枪和剑。

在马德里，格里洛承诺摩里亚的所有基督徒都时刻准备起义，他们现在只等拿到必要的武器就可以举事。如果西班牙国王肯把这个任务交给他的话，他可以从赞特走私武器，然后分发给筹备起义的人；这位队长保证起义者日后会偿还武器的费用，“因为可以夺取大量犹太人和土耳其人的财产作为战利品”，并且他还要求西班牙国王书面授权他将所有俘虏都作为奴隶。此外，在他代表起义者进行谈判的同时，他也没有忘记为自己谋利，他希望国库能给他两三千埃居*，以补偿他为国王招募军队的费用。格里洛在受到费利佩二世的秘书官的接见后，意识到自己在浪费时间，于是他转而去找威尼斯驻西班牙大使卢纳尔多·多纳，称他内心深处还是威尼斯的臣民，“他称考虑到他以战争为业，很可能会战死沙场”，因此他更愿意为自己的祖国效力。多纳被他的这些崇高说辞打动了，于是写信给威尼斯政府，谨慎地举荐了他：“我无法说清真实的他到底是什么样子，因为一个人的内心永远无法被外界所知，但我能清楚地看到他是一名真正的军人。”[12]

与此同时，奥斯曼政府并没有坐视外部势力煽动其基督教臣民颠覆其

---

* 法国一带曾使用的古钱币名。

统治而不顾。摩里亚的东正教牧首和这些危险分子的联络未能保密，于是他被苏丹传唤，受命从纳夫普利亚出发，前往哈德良波利斯面见苏丹。这次传唤在当地基督徒中引起了忧虑，因为有传言说牧首被指控与西班牙保持秘密联系。格里洛此时还在西西里岛，得知此消息后立刻利用该消息向当地的总督施压，而后者也立刻向费利佩二世写信报告此事；由于此刻牧首可能已经有生命危险，这封信自然是加密的。[13]

布拉佐·迪迈纳地区，也就是今天伯罗奔尼撒半岛南部深入地中海的玛尼半岛，被认为是潜在的起义军人数最多的地方。此时尚不清楚他们是否真的如牧首和格里洛之前所承诺的那样，能够自行攻占土耳其人在前一年修建的堡垒；但刚从干地亚率领 22 艘加莱桨帆船出发前往科孚岛的马尔科·奎里尼前来支援他们了。他的舰队进入玛尼半岛海域后，在一个隐蔽的海湾下锚，趁着夜色让一支由重火绳枪兵组成的分遣队登陆，他们在一座俯瞰堡垒的山丘上建立了阵地。黎明时分，加莱桨帆船开出海湾，用大炮开火，同时重火绳枪兵则躲在护墙后射击，当地的起义军蜂拥而至，但大部分人都只是在“看热闹”，很少有人实际参战。土耳其驻军大约有 100 人，他们短暂抵抗后便投降了，战俘们被抓去划桨，另外有 20 多门加农炮被装船带走；然而威尼斯军人在抢夺战利品的时候毫无纪律，甚至有人带着点燃的灯芯进入了堡垒的火药库，造成一场大爆炸，当场炸死了 70 人，还有 100 多人因此致残。在拆除了堡垒并将火炮都运上船后，奎里尼就率领舰队返回了科孚岛，留下那些兴奋的起义军和当地的豪强。奎里尼之前已因在剿灭亚得里亚海的海盗时表现出的毅力而闻名，他在之后的战争中将成为最勇敢和冷酷的指挥官之一。[14]

这场迫在眉睫的战争让众多冒险家蜂拥到威尼斯，他们向威尼斯政府提出了各种诱人的建议，自愿冒着巨大风险潜入敌境，威尼斯当局也愿意资助他们的行动，以免后悔错过了机会。那不勒斯贵族、马耳他骑士团骑士唐弗朗西斯科·尤瓦拉，请求给他一艘护卫舰让他前往塞浦路斯；如果抵达时土耳其人已经登陆，他愿意冒险潜入法马古斯塔或任何被围困的城市收集情报。威尼斯元老院认为这位贵族在对土耳其的战争中经验丰富，把他送到了扎拉，并命令赞恩满足他的要求。还有众多冒险家、神父、犹太人、商人和被特赦的强盗被十人团派往君士坦丁堡和奥斯曼帝国各地，他们都只有一个任务，就是“睁大眼睛”，报告他们所看到的一切。而土耳其人也在做同样的事，按照巴尔巴罗的情报，至少有30名土耳其间谍在威尼斯活动：在他还没有被软禁在家之前，他设法获得了一部分人的身份，以及他们日常的住址，其中就有唐娜·多罗泰娅在卡斯泰洛“出租的房间”。[15]

决定开战后，威尼斯人在这几个月中纷纷讨论着战争手段，其中就包括使用毒药。热心的公民写信给十人团，提醒他们土耳其间谍可能会对塞浦路斯甚至利多的水井下毒。而在扎拉的舰队指挥官也抓捕了一名来自维琴察的桨手，因为他涉嫌私通土耳其人并想要在舰队的海用饼干中下毒。我们并不知道这些怀疑到底有没有依据，但至少威尼斯人的确打算在冲突升级、土耳其舰队进入亚得里亚海后，对土耳其人投毒。一个威尼斯间谍在发罗拉的土耳其军事基地中找到了内线，希望能对土耳其舰队的补给投毒，还有一位香料商人提供了一箱毒药，十人团把这箱毒药连同一道加密的命令交给了达尔马提亚的监督官，命令他“只要有机会，就把这些毒药丢到敌人的饮用水中”。[16]

幸运的是，最终形势并没有恶化到需要使用这类化学武器的地步，即使各地的桑贾克在得知库巴特出使谈判失败后立刻恢复了对威尼斯的军事行动，这些毒药也没派上用场。威尼斯舰队留在扎拉，有助于保证沿海地区的安全，但一旦舰队开往科孚岛，来自敌人的压力就会大增。土耳其骑兵就重新开始袭击扎拉的后方，常常和各后方城市驻守的“轻骑兵”连发生接连不断的小规模战斗。这场战争也并不缺少骑士精神，当一队土耳其骑兵遭遇一队威尼斯骑兵的时候，他们会提议对手“和我们中的一人用长枪对冲”，也就是说，让两方各出一人来进行比武，作为战争中的消遣。某场比武中，土耳其骑兵不慎刺死了对手的战马，而他的对手的长枪只是挑下了他的头巾；威尼斯骑兵哀叹“杀死他的战马的行为是违反骑士精神的”，土耳其人感到羞愧，并答应再给他一匹战马。

在更南方的黑山沿海地区，乌尔齐尼和安蒂瓦里正被土耳其人围攻，但由于土军缺少大炮，无法在城墙上轰开缺口，不久就撤退了；在塞贝尼科附近的一场血战中，波斯尼亚的桑贾克的儿子被俘虏了。而在威尼斯，人们担心敌人会从君士坦丁堡运来攻城重炮，土耳其人向达尔马提亚地区运送 4 门火炮的消息“让元老们极为担忧，因为他们知道，除了扎拉、卡塔罗以及塞贝尼科的堡垒，其余的所有堡垒都无法抵挡重炮”。但对威尼斯人而言幸运的是，鲁米利亚的贝格勒贝伊此时正在努力镇压阿尔巴尼亚起义，无法给他的下属提供他们所需的大炮；无论如何，在威尼斯，人们总是担心最坏的事的发生，当有传言说敌人打算占领斯帕拉托时，朱利奥·萨沃尔尼安就受命带着 2000 名步兵前往增援。[17]

此外，即便没有攻城炮，当地桑贾克的武装也足以攻破威尼斯属地上许多防守薄弱的据点。扎拉附近的泽莫尼戈城堡被其堡主出卖给了土耳其人，此人是孔塔里尼家族的私生子，他代表此地的主人维尼埃掌管这座城堡；在交出钥匙并遣散了守军后，他放弃基督教信仰，成了土耳其人。诺维格勒城堡也被围攻，连续 3 天遭到“几门小型火炮”的炮击，但土耳其军未能取得像样的战果，只得撤退；然而宁城的城堡由于防御力量太弱，威尼斯人认为根本无法抵御土耳其人的进攻，因此决定拆除城堡；在威尼斯人十分重视的基地卡塔罗，当地新武装起了 2 艘加莱桨帆船和 10 多艘弗斯特帆船，这些船出海对抗可能威胁到港口的几艘土耳其战船；然而他们却战败了，船只也被俘获了，船上所有人都不是被杀就是当了俘虏。[18]

威尼斯参战的目的之一，是希望能一劳永逸地解决拉古萨问题，这一问题长期以来导致亚得里亚海南部的战略形势错综复杂。这个位于海湾深处的小型商业城市是亚得里亚海东岸唯一既没有威尼斯驻军也没有土耳其驻军的港口。拉古萨一直向苏丹称臣纳贡，在和奥斯曼朝廷往来时，它无耻地使用着绝对服从的口吻，称“他们几百年来一直并将继续以如此忠诚和殷勤的态度，为这个光荣而不可战胜的帝国服务”，还说“他们将永远用最纯洁的心灵和最真诚的灵魂来服侍”。然而作为虔诚的天主教徒，“拉古萨的教长和绅士”也向罗马派出了大使，宣称他们对基督教事业的忠诚，保证他们只是因为无力抵抗，才顺从土耳其人，“我们生活在他们的虎口之中”。甚至奥斯曼政府对拉古萨的法律地位也很模糊，他们的官方文件将拉古萨人视为和接受奥斯曼统治的巴尔干基督徒一样的“齐米”*，同时也称他们是“弗兰奇人（frengi）”，也就是西方人的意思，他们的统治者则和威尼斯元老一样，被加以“贝格勒”这一荣誉头衔。[19]

为了保持这样脆弱的平衡，拉古萨人不偏不倚地同时给双方提供情报。在 1570 年 3 月，拉古萨驻罗马大使弗朗西斯科・贡多拉提醒教宗，土耳其舰队正准备出征攻打塞浦路斯；在同一年的晚些时候，拉古萨的大使也向奥斯曼朝廷透露了基督教国家舰队的动向。因此在这场战争结束后，被关押在君士坦丁堡的一位被俘的意大利船长指责拉古萨人是“潜伏在基督教文明内部的一群毒蛇”，因为他们几乎每周都会给穆罕默德帕夏透露一些情报。在拉古萨，人们曾对这个共和国的中立立场有着田园诗般的美好幻想，认为在枪林弹雨之中，他们依然能够“袖手旁观，和各方都保持友好”，他们为“意大利的君主，尤其是教宗”以及“土耳其皇帝”打探消息，并将其港口作为“所有人的避难所”，无论是意大利的商人，还是“那位僭主”的臣民。但随着战争越拖越长，两边对拉古萨产生不满的可能也越来越大：因此，当拉古萨元老院得知土耳其人已派间谍来考察他们对土耳其的忠诚时，他们吓坏了，仔细地除掉了所有他们能找到的威尼斯的代理人。[20]

无论如何，苏丹对拉古萨人的表现感到满意，夸赞了他们对他的“真情奉献”，并敦促他们继续随时向他通报最新的情报。相反西方在这次事件后，对拉古萨人极不信任，开始怀疑是否还能用拉古萨人收集情报。法奇内蒂观察到，在拉古萨，我们能知道一切，但绝不能轻信这里的人。他在一封给罗马的信中写道，明智的选择是派一位间谍潜伏在拉古萨，报告来自黎凡特的情报，“因为拉古萨人虽然什么都知道，但会有所保留，因为他们要避免冒更大的风险”。在 1570 年末，由于威尼斯在这一整年中“得到的关于君士坦丁堡和战争的情报远不能满足需求”，教廷大使建议教宗“改变对拉古萨人的态度”，寻求他们的帮助，“但要保持小心谨慎：我

* 指伊斯兰国家中信仰其他一神教的人。

说要小心谨慎，是因为我之前也曾发现过他们的意见中有不少错误和过时的内容”。[21]

最不信任拉古萨人的还是要数威尼斯人，他们一直强烈仇视这个在亚得里亚海唯一能和他们竞争的自治商业国家。在威尼斯贵族口中，如果说某个人“像拉古萨人”，就意味着他是个极度怯懦、卑鄙的叛徒。当战争爆发，庇护五世组织基督教国家之间结盟的谈判的时候，威尼斯还想借此机会把拉古萨连同土耳其人一起毁灭。威尼斯驻罗马大使指责拉古萨人暗中帮助土耳其建造船只，给卡斯泰尔诺沃旁边的土耳其军事基地送去了一批木匠，还给奥斯曼朝廷送去了许多珍贵的情报。威尼斯大使说，现在是时候“彻底切除这颗毒瘤了”，要求彻底毁灭拉古萨，把拉古萨人统统赶走，正如当年罗马对待迦太基人一样，“好永绝后患”。幸运的是，梵蒂冈和费利佩二世都对拉古萨更为宽容，他们认为，拉古萨在这样的形势下，两头讨好是无法避免的：教宗和德苏尼加都同意“他们和君士坦丁堡保持友好关系，是因为他们根本别无选择”，威尼斯要求进攻拉古萨一事没有得到回应。[22]

因此不难看出，为什么当威尼斯舰队从扎拉前往科孚岛，在6月23日途经拉古萨时，局势一度非常紧张。拉古萨人抗议说，他们已经尽力用最友善的方式对待赞恩了，但这位威尼斯海军司令依然“丝毫不掩饰威尼斯政府和他本人对他们的恶意”。在赞恩给威尼斯元老院的报告，他解释说自己只是要求拉古萨人提供桨手和海用饼干；而拉古萨则回答说，他们对此感到抱歉，但确实无法提供桨手，“因为这样明显支持威尼斯的行为，会让他们无法向土耳其人交代”，但他们承诺会提供一些海用饼干。威尼斯人则表示，既然他们如此尊重苏丹，那他们也应“对其他基督教君主表现出同样的尊重”，同时暗示自己的耐心和其他人一样是有限度的，并表示不知道要怎样处理拉古萨提供的那些“糟糕透顶的饼干”。但赞恩没有执行夺取拉古萨船只的命令，这条命令要求他俘虏一切在拉古萨海域发现的船只，“在和土耳其人开战的这一重要时刻”将其用于为共和国服务；不执行这条命令或许是正确的，因为在一个月前，拉古萨人接到了奥斯曼帝国的消息，称一旦拉古萨遭到威尼斯人的攻击，波斯尼亚的桑贾克们将前来救援。最后威尼斯和拉古萨之间还是避免了冲突：那些发霉的海用饼干换成了2000蒲式耳*的优质小麦，赞恩则继续前进，而拉古萨人也终于可以长舒一口气了。[23]

赞恩于6月底到达科孚岛后，他接到的命令是收集土耳其舰队动向的情报，并立刻发起攻击，不用等多里亚的分舰队前来会合。但在出击前，他还得把能用上的战斗力全部集结起来，此时还有不少战船分散在各处。除了他自己带的70艘加莱桨帆船，此时在科孚岛的只有之前维尼埃攻打索波蒂时用过的那10艘加莱桨帆船；由监督官塞尔西指挥出海的船中还有21艘没有回来，赞恩决定等这21艘船返回后再出征。还有另外21艘是在干地亚武装起来的，由奎里尼指挥前往科孚岛，但正如本书之前提到的，奎里尼此时在攻打布拉佐·迪迈纳的堡垒，直到出发的12天后，也就是7月中旬才经由赞特抵达科孚岛。有人可能会问，赞恩能否更早离开科孚岛前往黎凡特，在海上与奎里尼的舰队会合，但这位将军比任何人都更了解他的舰队的状况，并对船上“桨手和剑士纷纷生病和死亡”感到沮丧，他不想冒着风险匆忙出海。[24]

7月5日，在赞恩抵达科孚岛一周后，他给国内写了一封信阐述严峻的形势，他在信中第一次要求政府承认疫情已经改变了先前战略的基础，使得之前对他的要求如今已不可能实现。“我本以为，在抵达这里后，桨手们的身体状况在休息几天后就能好转”，他那时认为换换空气就能让传染病消失；但事实却完全相反。大量的人员病死，不仅有处境悲惨的桨手，还包括“许多贵族”；几周前船上还人满为患，如今他们“像飞虫一般”大量死去；因此，这位海军司令不情愿地总结道：最初前往黎凡特作战的计划已经完全不切实际了。他的所有顾问都认为，在干地亚的战船，甚至是教宗和西班牙国王的战船抵达之前，舰队无法出击。

在此期间，赞恩和监督官维尼埃以及帕拉维奇诺讨论了率军对土耳其陆地目标进行打击的可能性，这种行动还能激励阿尔巴尼亚起义军的士

* 每蒲式耳小麦约重27.216千克。

气。而正是当地人提供的情报，让他们认为从陆上发起攻势容易成功，而且能取得不小战果，因此他们决定攻打马加里蒂的堡垒，它“位于科孚岛对岸的奇马里奥特人居住的区域”，它和索波蒂的堡垒一样，都是为了管控当地人而修建的。于是50艘加莱桨帆船载着帕拉维奇诺和他精心挑选的5000名步兵与4门攻城炮出发了，他们在那里成功登陆。由于该地位处山区，他让其中部分重火绳枪兵把守附近的要道，阻击前来救援的土耳其骑兵，其余部队一边侦察一边前进。然而不幸的是，他发现这座堡垒的位置比他之前得到的情报所描述的更加深入内陆，路也非常难走，根本无法把火炮运过去，如果行军纵队遭到敌人突袭的话，“那将面临重大危险，不仅这4门重炮无法带走，我和我带着的这些人中的大部分（如果不是所有）也别想生还了”。

赞恩之前的命令是尽可能在一天内结束战斗，因为此时他们并不知道土耳其舰队的动向，必须随时让舰队准备出发以应对紧急状况。因此在勘察了地形后，帕拉维奇诺决定取消原定的攻击计划，掉头撤退，这让维尼埃绝望地预见到他们将会因此而饱受指责。但事实证明，回去比来时更加艰难：到了晚上，重火绳枪兵依然没有全部集结到岸边，第二天一早又不得不派出其他士兵前往搜寻，因为此时土耳其人派出部队袭扰他们了。他们没有粮食也没有水，在海滩上露宿了一晚，之后许多士兵又被迫在7月的烈日下整天穿着盔甲，不少人中暑而死。

幸存者最终登上了船，他们靠长矛和火枪击退了土耳其骑兵的追击，但这场惨败大大打击了整个舰队的士气。不仅如此，在威尼斯舰队的船长中对帕拉维奇诺的不满也与日俱增；人们认为他终究只是一个外国的雇佣兵头目，所以他才会对这种毫无益处的陆上军事行动如此热衷，而不关心舰队能否早日前往塞浦路斯：有一天开军事会议的时候，许多船长蜂拥到了门口，“试图砸碎门闯入，表示他们有话要说，这是…… 为了我们的利益”。[25]

与此同时，威尼斯于6月17日任命维尼埃为塞浦路斯总监督官，这是在上一任监督官洛伦佐·本博去世近6个月后由元老院决定的。赞恩或许对能摆脱维尼埃非常高兴，给他拨了两艘最好的加莱桨帆船，把他和兰戈内·帕拉维奇诺团长一起送到塞浦路斯，后者将帮助他一同指挥岛上的军队。关于这次出行，赞恩给政府写了一封很奇怪的信，信上说“这两人坐上了最好的加莱桨帆船试图进入法马古斯塔；然而这几乎不可能成功”，他之后又补充说，“但兰戈内保证能完成使命”。显然，这位将军预计这两个鲁莽的家伙会遭到已在塞浦路斯水域巡航的土耳其船只的袭击，作为一名非常了解权力运作模式的政治家，他想避免承担任何责任。另外还有两艘加莱桨帆船跟着维尼埃一同出发，但他们受命只陪同维尼埃的船到佐泽卡尼索斯群岛的卡尔帕索斯岛，他们要在那里搜集敌方舰队的情报；随后他们要全速前往克里特岛的苏达港与将军会合，他将带着舰队前往此地。[26]

赞恩的舰队在科孚岛时就已经离威尼斯城很远了：每次信件来往都需要两三周的时间。这样的时间差已经使得政府和民间舆论都无法得知舰队的最新情况，并且对前线的真实情况产生不切实际的幻想。7 月 13 日，法奇内蒂认为赞恩此时应该已经离开科孚岛，前往黎凡特了：“我们已经全权委任他指挥舰队去寻找土耳其舰队，无论土耳其舰队是集中还是分散，不管他们的阵形是否齐整，他都应率领舰队与之战斗！”威尼斯政府确信一场伟大的战斗即将来临，下令所有的修道院都要为之祈祷，祈求上帝保佑他们在这场战斗中取得胜利；而且在整个夏天，威尼斯的所有教堂都成了声势浩大的精神动员的舞台。在舰队归来前，每个周日，都要举行庄严的游行活动，“祈祷上帝能暂时忽视我们的罪孽，让基督教军队战胜土耳其人”；教廷大使亲自在多个修道院组织了晚祷仪式，惊喜地发现有数不胜数的人前来参加。[27]

然而 7 月 22 日赞恩的信送到了威尼斯本土，人们得知 7 月 7 日他还在科孚岛：“将军还在犹豫他到底应独自率领舰队前进，还是继续等待乔瓦尼·安德烈亚·多里亚阁下最终决定是否前来支援。”元老院的回复反映出当时弥漫在整个威尼斯的紧张气氛，并首次表现出对先前战略的反思。命令中说，克里特的那些马尔科·奎里尼率领的加莱桨帆船已经抵达赞特了，赞恩此刻必须离开科孚岛，并且“以圣灵的名义”为基督教和威尼斯的国家利益去实施一些大规模行动。然而威尼斯总督和元老院又用感人的口吻写道，他们想要和赞恩分享“如今占据着他们头脑甚至内心中的东西”。整个土耳其舰队正在两位帕夏的指挥下开往塞浦路斯，船上满载着在叙利亚和安纳托利亚招募的陆军；鉴于之前已经拨款加强了塞浦路斯岛上的防御，可以预见敌军将面对有力的抵抗，但威尼斯人依然非常紧张，“这一大规模战役的结果非常值得怀疑，要保卫一个如此遥远而又接近敌人的王国，而敌人的力量却如此强大”。元老院继续写道，舰队必须发挥其应有的作用，“要么去设法转移敌人的注意力”，即前往袭击奥斯曼帝国的某个重要地点，“要么就击败土耳其的大舰队”。信的结尾写道，将军有责任选择两种策略中的一种，并采取相应的行动。[28]

当威尼斯元老院写下这封回信的时候，他们认为等这封信寄到科孚岛的时候，赞恩应该已经不在那了。法奇内蒂写道：“这位将军接到了授权他自由行动的命令，他应为拯救共和国做任何他认为合适的事情，许多人相信他将毫不犹豫地前往干地亚。”但威尼斯在 8 月 2 日收到了赞恩 7 月 9 日写下的信件，信中说舰队仍未出发，他们开始不耐烦了。虽说此时“依然不知土耳其舰队的动向”，但没人认为赞恩应该在科孚岛坐等消息：人们认为，他必须前往黎凡特寻找土耳其舰队的踪迹。威尼斯人确信土耳其舰队此时已经开始登陆塞浦路斯了，这使得他们认为局势已十分紧迫：在向赞恩发出的紧急命令中，元老院放弃了转移敌人注意力的策略，坚持主要目标必须是“击溃土耳其主力舰队”。在共和国为准备这样一支强大的舰队付出了巨大代价之后，摧毁敌方舰队是他们唯一能接受的目标；而这场胜利将能立刻消除土耳其对塞浦路斯的威胁。[29]

这是一个十分正确的决策，其现代性以今天的眼光看来是相当惊人的，因为这个年代还远未发展出决定性战斗的概念，但这样的决策完全忽略了舰队现在的状态。威尼斯人相信或者说想要相信舰队中的瘟疫已经结束了，在威尼斯城的马肯托尼欧·科隆纳 7 月初给费利佩二世写信称：“斑疹伤寒的疫情已经结束了。”然而赞恩和帕拉维奇诺继续从科孚岛寄回来的信，在 8 月上半月一封接一封地送到威尼斯，描绘了一幅更加戏剧性的画面。在部分加莱桨帆船上，几乎所有的桨手都染上了斑疹伤寒，甚至现在军官们也没能幸免，他们纷纷死去，像是在否认船员们在恐慌中对他们提出的漠不关心水手生活状况的指控：“那些生活优渥的贵族和穷人一样死去。”沮丧的将军在报告中写道，病人“还在增加，这么多人死去，太可怜了”。帕拉维奇诺招募的3000名士兵中，如今只剩下1700人身体健康，400人患病，“其余的都死了”。

然而，当干地亚的加莱桨帆船抵达后，即使这支分舰队的情况也不乐观（“有的船上的桨手和剑士纪律良好，有的情况平庸，有的秩序非常糟糕”），但赞恩还是决定起锚出航。但促使他出发的与其说是与敌人作战的愿望，不如说是希望找到一个空气更好的港口来结束这场瘟疫，当时的人认为瘟疫是由不良的空气造成的；最重要的是，他迫切需要招募人手来取代病死的人。根据赞恩的统计，舰队共计损失了3000名桨手，在不久的将来，给战船寻找桨手的紧迫性左右了他的行动：他希望能在凯法洛尼亚招募1000人，在赞特招募300人，但如果要让每个桨座都能有3名桨手，就只有在克里特才能招到这么多人。最终在7月23日，赞恩的舰队由于严重缺少桨手，只好丢下6艘加莱桨帆船后勉强出航，“因为病倒的人数实在是太惊人了”。部分运输船也留在科孚岛，他们的命令是等那些病员恢复健康后把他们重新运回舰队，另外把那些无法再继续服役的人送回国。这支加莱桨帆船舰队如今还有126艘轻型加莱桨帆船和11艘大型加莱桨帆船，再加上那些运输船，理论上这支舰队依然非常强大；然而它现在不得不在每座岛屿停下招募桨手，这使得它不可能采取任何迅速果决的行动。[30]

II

谨慎的费利佩二世

在赞恩的舰队还停在科孚岛的时候，教宗的外交官误解西班牙国王给多里亚的命令带来的政治问题变得越来越严重。如我们之前所见，4月24日，唐路易斯·德托雷斯转达的命令是让多里亚的舰队前往西西里岛加入威尼斯舰队，“完全服从”教宗的意志。威尼斯驻马德里大使卡瓦利，对德托雷斯主教提到的这最后一条命令也十分吃惊，因为他从未听西班牙国王或是国王的秘书提起过这件事；但他担心他自己对国王的意思有误解，因此没有对任何人吐露自己的惊讶。此时在罗马和威尼斯，所有人都以为多里亚的舰队将按照教宗的命令前往科孚岛和赞恩的舰队会合，然后一起进攻土耳其舰队。事实上，卡瓦利大使确实没有理解错，费利佩二世给多里亚的命令，只让他前往西西里岛，守卫马耳他和拉古莱特；西班牙国王根本没有提过要他的舰队与威尼斯舰队联合作战，也从未命令吉安·安德烈亚听命于教宗。[1]

实际上，5月初，在多里亚的舰队将为加强守备招募的3000名日耳曼步兵从拉斯佩齐亚运到那不勒斯后，他不等费利佩二世的下一步命令，就立刻返回了西西里岛。在海上，他遇到了前往那不勒斯补充桨手和弹药的圣克鲁斯侯爵的舰队，他命令圣克鲁斯侯爵尽快完成任务，之后返回西西里岛和他会合。通过吉安·安德烈亚的信件可以得知，之前与国王商定的海上作战计划中，就提到了将舰队集结到西西里的港口。4月23日，费利佩二世在和德托雷斯会谈过后，下了一道新命令，海军司令在巴勒莫收到了这道命令，命令中并没有什么新内容，除了要求他带着足够的步兵留在原地，等待新的命令。6月17日，多里亚在巴勒莫等到了圣克鲁斯和他从那不勒斯带回的20艘加莱桨帆船，他在那天如此写道：“今天我总算把陛下在意大利的所有加莱桨帆船集结完毕了，共计51艘。”然而，他的步兵依然不足，多里亚要求那不勒斯的总督招募更多士兵；在此期间，他将在南部巡航，“以防私掠者袭击”。[2]

在表面上完成了教宗的要求后，这位谨慎的国王认为没有必要在接下来的几个月里向他的海军司令下新的命令。5月16日，费利佩二世写信给多里亚，告诉他自己已经同意在教宗的主持下和威尼斯讨论联盟事宜，并指示驻罗马大使唐胡安·德苏尼加，以及两位枢机主教帕切科和德格朗韦勒代表他进行谈判；他在信中还告知多里亚，他已经命令那不勒斯和西西里的总督为舰队提供一切所需的物资。要是多里亚非常了解他的国王的话，他应该明白，只要没有得到谈判顺利的消息，就不应该听从其盟友的要求，更不用说无偿将国王的战船任其处置。但这段时间从西班牙寄到他手中的信非常少，而从罗马寄来的信却非常多。自5月23日德托雷斯的信寄到后，教宗就屡屡写信给多里亚，邀请他立即率军加入威尼斯舰队。之后教宗又热情地希望多里亚能把他的舰队和土耳其舰队的动向随时告知他，好让他在最恰当的时候下令攻击敌人，“因为在他看来，他们的舰队的规模更加庞大，希望上帝能赐予他们一场大胜”。然而此时吉安·安德烈亚却“由于船上的艰苦生活”而患上了严重的卡他性炎，根本连给罗马方面回信的动力都没有。[3]

由于长期没有得到海军指挥官的回信，西班牙驻罗马大使在教宗面前十分难堪。有人质问德苏尼加：“吉安·安德烈亚所收到的去救援威尼斯、加入威尼斯舰队的命令，具体是怎么说的？”唐胡安怀疑问出如此轻率的问题的人是威尼斯大使的代表，他暧昧地回答道：“我之前告诉过他，陛下会写信给他告诉他如何行动。至于具体内容是什么，我也不知道，我只知道是要他把所有的加莱桨帆船集结在西西里岛，根据土耳其舰队的动向来随机应变。”在罗马的所有人都对国王的实际意图一无所知，这使得西班牙谈判代表和教宗之间开始出现了一些不快。在6月9日给费利佩二世的信中写道，教宗已经知道多里亚的舰队受命前往西西里岛，“然而我们根本不知道陛下给吉安·安德烈亚发出了怎样的指示”。同一天，教宗忧心忡忡地单独召见了德苏尼加，他想要知道，现在建立联盟的谈判已经正式开始，国王是否还认为他有必要立即帮助威尼斯人。而德苏尼加不愧为一位优秀的外交官，“我告诉他，据我所知，陛下在上一封信中下达的所有命令都没有被撤销”。教宗对这样的回答还算满意，他又给多里亚寄去了一封信，催促他尽快去和威尼斯舰队会合。[4]

事实上，威尼斯驻西班牙大使早就发现德托雷斯对西班牙国王的承诺理解得过于慷慨了。5 月 16 日，教廷大使卡斯塔尼亚告诉枢机主教亚历山德里诺，他曾提醒费利佩二世，教宗希望舰队能联合作战，但并没有得到满意的答复：国王只是非常含糊地表示他对此有积极意愿，“并谈了谈所要面对的各种困难，因此我很怀疑教宗的期待能否按时间表迅速实现”。与此同时，威尼斯大使也向其政府报告说，费利佩二世其实并没有命令多里亚“加入我们的舰队”，并说“这次结盟将会困难重重”，因为马德里的某些人无法接受让威尼斯的海军将领来指挥西班牙舰队。[5]

这一令人担忧的消息过了几周才传到意大利，意大利各方立刻进行了应对。6 月 10 日，威尼斯元老院命令驻西班牙的大使们尽全力游说费利佩二世，提醒他如果让土耳其舰队“在海上来去自如……并面对两支不团结的基督教舰队，将会给基督教世界带来重大伤害和耻辱”。6 月 20 日，在罗马处境愈加尴尬的德苏尼加写信给费利佩二世，坦率表示舰队必须联合起来，下令让多里亚加入威尼斯舰队符合国王的利益。6 月 26 日，教宗终于决定直截了当地询问大使“吉安·安德烈亚·多里亚到底会不会带着国王陛下的加莱桨帆船，前往科孚岛与威尼斯联合作战”，这才打破了一直暧昧不明的局面，而这一质询也在梵蒂冈引起了一阵骚动。[6]

德苏尼加和德格朗韦勒枢机主教个人都支持让西班牙舰队去救援威尼斯，他们如今不得不为自己主上首鼠两端的行动辩护。他们向国王报告说，现在他们在教宗面前处境艰难，因此他们才回答说吉安·安德烈亚肯定已经收到了国王的命令，但据他们所知，命令的内容是要他带着尽可能多的加莱桨帆船前往西西里岛。教宗惊讶地回答说，他之前听到的说法是多里亚必须与威尼斯人联合，“如果他不这样做，我们将错失一个重大的战机”。西班牙大使们回答说，他们对此无能为力。因为“我们并没有权力给多里亚下达任何命令”；他们已经建议多里亚带着舰队与科孚岛的威尼斯舰队联合作战，前提是他这样做不违背国王给他的命令，但这封信如今刚刚发出，而且这也只是一个建议而已。两天后，庇护五世失去了耐心，他召见西班牙大使，告诉他们：

> 我要重读一遍唐路易斯·德托雷斯的信，这封信中清清楚楚地写着，国王陛下已经告诉他，命令中要求加莱桨帆船在墨西拿地区集结，而且集结完毕后，舰队将听从教宗的指示。

西班牙大使们回答说，唐路易斯可能是在与某位大臣闲聊时听说的，但费利佩二世从未下过这样的命令。教宗愤怒地答道，唐路易斯本人听到国王亲口这么说，并要求大使们命令多里亚立刻前往科孚岛。大使们反驳说，在盟约生效前，他们无权给多里亚下达这样的命令，教宗当时“尴尬又困惑”，最终不得不承认，目前形势还没到非常紧急的关头，因为威尼斯舰队尚未抵达科孚岛，还需约20天才能行动，“特别是由于缺乏食物”；由教宗出资武装的马肯托尼欧·科隆纳的分舰队此时也未准备好，因此现在去和西班牙国王澄清这场误会还来得及。[7]

6月28日晚上，庇护五世给费利佩二世写了一封动之以情的信，请求他“一旦陛下收到我的信，就请命令我们的爱子，尊贵的安德烈亚·多里亚，率领他以陛下的名义指挥的舰队，义无反顾地尽快与威尼斯舰队会合”。亚历山德里诺枢机主教在给教廷大使卡斯塔尼亚的一封信中，非常清楚地表达了梵蒂冈的心态：教宗希望费利佩二世的舰队和威尼斯的舰队会合，并多次写信给多里亚，要求他前往黎凡特，“然而至今为止还没有得到任何答复”；更糟糕的是，西班牙的大臣们坚称，从未听说过吉安·安德烈亚收到的命令中要求他服从教宗。在教廷，有人甚至开始怀疑，这些西班牙大使在故意曲解他们国王的命令；因此，有人建议卡斯塔尼亚请求费利佩二世出示他给多里亚的书面命令，以防“他的大臣们所担心的事情会被证明”。[8]

与此同时，威尼斯驻西班牙大使也不停请求面见国王及宫廷要人，希望他们给多里亚下达那道命令。卡瓦利和多纳感叹说，国王“一如既往地和蔼接见了他们”，他的言辞也非常优雅有礼，但就是不给他们任何正面答复；宫廷一直在出巡，他们很难找到想见的人；他们有时刚得到国王停留在某地的消息，他就要离开了。对这两人来说，很明显，国王不理解局势的紧迫性，他们在一封加密（为了防西班牙人）的信中写道："他好像认为目前土耳其的战火不会烧到他这里。"有时，西班牙的要人会给出粗鲁的答复，当费里亚公爵被问到何时是最后期限时，他冷冷地答道："这是军人的事，您应该去问我方或土耳其的军人。"两位大使也越来越相信德托雷斯把所有人都骗了，虽然他不是故意的，但他绝不该搞错这么重要的细节。"但我们希望相信，他是由于太过热情，所以才过度解读了西班牙国王出于风度和礼貌对他说的客气话。"[9]

7月初，最初激励每个人的乐观情绪变成了坏心情和悲观情绪。在威尼斯的法奇内蒂写道："我在这里听到了无数关于西班牙舰队无法按时前来与这些绅士的舰队会合的抱怨。"在马德里的卡斯塔尼亚说服自己，这位谨慎的国王在答应进行结盟谈判后，依然要视具体谈判进展决定是否让舰队联合作战，所以要他现在就给舰队下达清晰的命令是非常困难的。7月6日，西班牙国王通知惊愕的威尼斯大使："事实上，陛下认为，根据目前的情况，两国舰队联合作战的时机尚未成熟。"据此，教廷大使总结道："在我看来，联盟已经结束了。"[10]

事实上，当联盟谈判即将在罗马开始时，两支舰队迅速会合的希望已经极度渺茫了，西班牙国王在这两件事上的态度，似乎是自相矛盾的。费利佩二世"很不喜欢那群威尼斯贵族，他们从没想过动员本国力量支援其他人"，他相信威尼斯人很快就会和土耳其人议和，让他独自对抗土耳其人。在费利佩二世5月16日委托德格朗韦勒、帕切科和德苏尼加负责谈判结盟事宜的密令中，国王明确表示，联合舰队的统一指挥权一定要交给西班牙舰队指挥官"他的弟弟唐胡安大人"。阅读这些指示的人很清楚，在达成这一协议之前，费利佩绝不会命令多里亚离开西西里岛。[11]

6月9日，三位全权代表收到了费利佩二世的上述秘密指示，而罗马教宗差不多同时也得知了指示中的内容，因为唐路易斯·德托雷斯在费利佩二世的指示寄出后不久，就给罗马写了一封加密的信件，信中称，他设法读到了费利佩二世的指示的内容（"我好不容易才读到这些指示"）。威尼斯谈判代表直到6月20日才得到全权授权，此时德苏尼加的乐观情绪已经如烈日下的冰雪般融化了，他认为这一拖延不是个好兆头："我觉得威尼斯人好像对这次联盟也不感兴趣，他们可能甚至已经后悔提出这次结盟了，因为他们几乎可以肯定今年夏天就要和土耳其人开战。"同一天，枢机主教德朗布耶向法国国王（他是土耳其的盟友，费利佩二世的死敌）保证，这场联盟实际上"雷声大雨点小，至今根本没有任何进展，至少到年底就会烟消云散，至于明年的情况，大概只有上帝才知道了"。事实上，德朗布耶枢机主教此时心情很是糟糕，因为教宗以法国外交礼仪问题指责了他，而外交礼仪背后还隐藏着更多东西：庇护五世看到了法国国王的信件，指责德朗布耶"你们的国王居然称呼土耳其苏丹为'土耳其人的皇帝'，好像并不将其视为僭主"。[12]

7月1日，庇护五世庄严宣布谈判开始，向西班牙国王和威尼斯的使节们解释了基督徒联合起来对抗奥斯曼帝国威胁的必要性，第二天，他提出了联盟条约草案。关于谈判的具体过程，已经有很多历史作品描述过了，这里不再详细阐释。谈判持续了整个7月，最后尽管双方依然互不信任，但还是很快达成了一致协议；因此，在8月4日，双方就决定暂停谈判，把协议上报给各自的政府批准。协议主要包括出动200艘加莱桨帆船（西班牙和威尼斯各出一半），并为这些船提供足够的士兵和食物，用于长期的海上和陆地战役，费用方面则由西班牙承担一半，威尼斯承担三分之一，教宗承担六分之一。但谈判中最大的障碍是如何统一指挥，德朗布耶枢机主教预测此事将导致联盟谈判失败，他在7月17日写道："现在有传言说，联盟中的每方都将出一名将军，组建一个军事委员会，一切事务都由委员会表决，少数服从多数，但在我看来，这一切似乎更像是空谈，或是异想天开。"[13]这位枢机主教可能不知道，在他写下这段话的同时，费利佩二世已经独自下定决心，不再迟疑，在这个问题上接受妥协方案，重启之前中断的联盟谈判。

7月6日，西班牙国王的大臣枢机主教埃斯皮诺萨通知卡瓦利和多纳，只有在罗马的联盟谈判结束后，多里亚才能离开墨西拿，前去和威尼斯舰队会合。当两位威尼斯大使却大胆地暗示埃斯皮诺萨，这么做会浪费太多时间，因为就算谈判成功了，吉安・安德烈亚也可能拒绝在得到国王正式命令前出发时，这位西班牙人冷淡地回答道："事实上，在得到新命令前，吉安・安德烈亚肯定不会出发。"然而仅仅几天后，一贯小心谨慎的西班牙国王改变了主意，7 月 13 日，尽管在罗马的谈判刚刚开始，费利佩二世下令却让多里亚率领舰队出海。卡瓦利和多纳欣喜若狂。在一封以"赞美我们的主上帝"开头的信中，他们通知总督，费利佩二世的秘书佩雷斯此时正在埃斯科里亚尔起草命令，国王将会在当晚签署。[14]

这道给多里亚的命令 15 日才送出，"因为要写的内容很多"，这实际上是一封很长的信，而且也是两个月来费利佩给多里亚的第一封信，他在信中非常详细地描述了自己为何会改变主意。[15] 既然这位"谨慎的国王"要让他的海军司令执行率领舰队前往黎凡特并接受其他人指挥这样一个严肃的任务，他就一定要确保多里亚能理解他的深层意图，并按照他的意愿行事。在再次提到他之前在 4 月 23 日和 5 月 16 日的信后，费利佩二世写道，威尼斯大使在此之后不断催促他命令他的舰队与威尼斯共和国的舰队合兵，"但他认为这样做并不合适，当务之急是鼓励威尼斯人参与联盟谈判并缔结联盟"。国王告诉多里亚，即便教宗坚持要西班牙舰队去和威尼斯舰队会合，甚至相信多里亚受令服从他，命令这位海军司令"带着我们所有的加莱桨帆船驶向科孚岛的海湾"，舰队现在依然不能离开西西里岛，因为这些战船缺少兵力，"那不勒斯和西西里的所有优秀步兵都被派往拉古莱特了"。

许多战船上缺少士兵，这确实是个严重问题，费利佩二世向多里亚保证，他已经花了很长时间来思考对策。他试图加速镇压格拉纳达的摩尔人起义，"好让那不勒斯的大方阵团 *（tercios）以及其他可以调动的陆军能尽快到意大利"登上加莱桨帆船。在等这批陆军的同时，费利佩二世将西

* 西班牙哈布斯堡王朝的步兵管理单位，主要由长矛兵和火绳枪兵组成，通常有约 3000 人。传统观点认为他们会组成一个大型方阵作战（不过事实并非如此），因此常被翻译为"大方阵"或"西班牙大方阵"。

吉斯蒙多·冈萨在撒丁岛指挥的1500名意大利步兵调给多里亚，并命令后者派船前往该岛接收这批士兵。最后，费利佩二世指示那不勒斯和西西里的总督在其辖区招募新的步兵，以确保舰队有足够的兵力；他们必须将所有能用的部队都调给多里亚，同时米兰总督也受命确认是否“能给你一些西班牙步兵”。

当然，同盟舰队如何统一指挥依然存在问题。但费利佩二世的这封信中却说，这方面的问题已经解决了。由于教宗也有一支舰队，因此同盟舰队司令官人选就得从三人，而不是之前的两人中选择了。庇护五世推荐他的舰队司令官，马肯托尼欧·科隆纳为同盟指挥官人选，他是罗马的显贵，同时在那不勒斯王国也有大片封土，因此他也是费利佩二世的臣仆和附庸，国王同意由他担任最高指挥官，以满足教宗的要求，并向威尼斯人展示善意。因此，等陆军全部上船后，多里亚就应带着所有加莱桨帆船出发，加入同盟舰队，并听从教宗和同盟舰队总司令官科隆纳的命令。费利佩二世坚称，早在读到教宗6月28日给他的信以前，他就已经做出了上述决定。至于是否要相信此事就见仁见智了；教廷大使卡斯塔尼亚就认为事实并非如此，他向罗马报告的事件经过与此完全不同：按照他的说法，教宗的信送到不久后，埃斯皮诺萨枢机主教才来告诉他，国王最终改变主意了。卡斯塔尼亚明白，现在时间紧迫，埃斯皮诺萨向他保证，命令将“通过陆路和海路”一式两份地“尽快送到安德烈亚·多里亚大人手中”。[16]

费利佩二世7月15日签署的这份命令立刻送往西班牙在罗马的全权谈判代表、教宗和马肯托尼欧·科隆纳三人的手中，[17]而他的海军战争机器也终于彻底开动了。他似乎也开始明白自己是在和时间赛跑，他命令撒丁岛的总督和西吉斯蒙多·冈萨加“让部队做好准备，立刻上船”。而多里亚这次收到的命令至少看上去非常清晰：立即起航，前往科孚岛和赞恩的威尼斯舰队会合，并且听从教宗的海军司令的调遣。然而费利佩二世还要确保多里亚正确理解他的用意，在一段秘密消息中，费利佩二世向多里亚解释，他当然必须在一切问题上听命于科隆纳，但他也必须向科隆纳提供建议，因为他在这方面有更多的经验：“我希望你务必谨慎关注我们的舰队要去向何处，因为如果发生任何不幸，整个基督教世界将遭受巨大的损失。”国王又亲笔补充道：“当你补充人员时，要注意教宗与威尼斯的舰队的状况和秩序，然后随机应变，因为你清楚他们的加莱桨帆船的处境有多糟糕。”有了这样的指示，多里亚随后的行为引起了盟友的一致抱怨就并不奇怪了，他们指责他怯懦畏战，甚至还有更严重的指控。

在多里亚的舰队出征黎凡特以前，要先让陆军全部上船。但多里亚不等费利佩二世的命令就开始这项工作了。他已经习惯了这样自主行事，而且他也能以平等的地位与总督协商；就算不考虑出征黎凡特的计划，他麾下的加莱桨帆船一样需要足够的士兵来保护地中海海岸、马耳他和拉古莱特，为了等费利佩二世的指示而拖延准备显然是非常危险的。

在5月初抵达那不勒斯后，多里亚就向当地的总督要求在当地征兵来补充他的舰队的兵员。阿尔卡拉公爵有现成的解决方案，因为热那亚的加莱桨帆船刚刚在新堡登陆，带来了一个由阿尔科的乔瓦尼·巴蒂斯塔伯爵招募的精锐日耳曼团：共有10个连，3027名步兵，其中包括1800名半身甲长矛兵，以及1000名重火绳枪兵。“这些人都是来自德意志的精锐士兵，拥有最精良的装备，大部分来自蒂罗尔，而且没有一个是异端。”因此总督提出让多里亚带走其中部分士兵，然而多里亚却拒绝了，他后来如此对费利佩二世解释的：“那不勒斯总督想要给我提供日耳曼步兵，正如陛下所知，这些士兵并不擅长在加莱桨帆船上作战，所以我拒绝了。”实际上，多里亚坚信，被普遍看好的日耳曼步兵并不适合海战：在他年轻的时候，他的继父就告诉他，在和土耳其人海战的时候，甲板上不要带太多德意志人，“因为这些日耳曼步兵根本不懂如何在加莱桨帆船上作战，而且他们缺少海战必需的重火绳枪，配发的枪质量也差”。总之，日耳曼长矛兵在陆上面对骑兵时能大显身手，但在海上却毫无用处，海战还是更需要重火绳枪兵。[18]

在上一封信中，费利佩二世在5月16日向多里亚确认，那不勒斯和西西里岛的总督必须尽力满足他的一切要求，“在当地招募所需的意大利人，因为目前西班牙本土无法提供足够的兵员，而意大利却人力充足”。但要招募士兵并把他们转交给舰队司令还需要花不少时间。总督们得在众多主动申请者和被推荐的人选中挑一些人担任连长，并给他们每人划定一块募兵区。随后每位连长都得亲自前往该地区，在当地建立一个临时办公室，升起旗帜，敲起军鼓，宣告开始募兵。每名应征入伍的志愿兵都能领到一支重火绳枪、一顶头盔和一笔预支的军饷，并获得免费的食宿，直到这个连招募满了 250 人准备出发为止。尽管有些连长是希望获取荣誉的贵族绅士，而非单纯贪图经济利益的军事承包商，他们甚至会在招兵买马时自己贴钱，但仍有许多人滥用职权，对其中涉及的公私资金上下其手。[19]

6 月 24 日，多里亚终于第一次回复了教宗的请求；他从巴勒莫给教宗写信，告诉教宗他目前遇到的困难：他向西西里岛的总督要求补充兵员，但总督无法满足他的要求；随后他又转而向那不勒斯的总督提出了同样的要求，这位总督承诺会尽力募兵；最后，"他终于获知招募到了足够的兵员，可以去带他们走了"。事实上，圣克鲁斯侯爵的分舰队要到 8 月初才能到那不勒斯，把总督新招募的士兵带上船。不过多里亚还算满意，因为那不勒斯总督任命托雷马焦雷侯爵为这 2000 名士兵的团长，而这位侯爵募兵的时候不惜财力。团里的连长全部都是贵族，每个新兵都拿到了 15 埃居至 20 埃居的预支军饷，总之，"作为士兵，他们除了不是西班牙人外一切都很好"。[20]

与此同时，吉安·安德烈亚还写信联系费利佩二世在罗马的几位全权代表，相比和西班牙本土的通信来往，和在罗马的这些全权代表们通信要快得多。他向他们提出要求，希望他们能给他招募更多士兵。德苏尼加和其他人最初的想法是"应该利用撒丁岛的兵员，因为撒丁岛上的士兵早已动员起来多时，并且战斗力也不错，而且已在我们的旗帜下效命了很长时间"；因此决定让他们上加莱桨帆船。在 6 月的最后 10 天里，多里亚率领舰队出海，埋伏在比塞大港，等待袭击出港的欧吉德·阿里的加莱桨帆船，因为有情报显示其舰队此时在该港口，然而猎物并未出现，于是他率领舰队来到了撒丁岛。当 7 月初费利佩二世下令让舰队装载步兵时，包括多里亚、圣克鲁斯侯爵和德卡尔多纳的舰队在内的大部分战船，都已经到撒丁岛装载了冈萨加麾下的意大利士兵；直到 7 月 17 日，多里亚在返回巴勒莫后，他才写信向费利佩二世汇报最近他所做的一切。现在他的舰队有了1500名冈萨加的步兵、2000名由托雷马焦雷侯爵新招募的步兵，还有800名之前在西西里舰队服役的步兵，这样他的51艘加莱桨帆船平均每艘可以有85名步兵。这尚未达到威尼斯人期望的每艘加莱桨帆船有100名步兵的水准，但只要时间允许，也足够发起战斗了：当所有舰队的募兵和登船工作完全结束时，已经是8月初了。[21]

与此同时，教宗委托马肯托尼欧·科隆纳武装的舰队也终于出海了。让教会来武装一部分基督教舰队的想法是威尼斯人提出的，他们意识到自己并没有足够的桨手来武装存放在军械库的所有加莱桨帆船，因此提议由教宗来武装其中的部分船只，他们保证这不需要很高的成本。起初枢机主教们对威尼斯人的上述提议并不感兴趣，因为他们更愿意提供经费和军队来支持战争，但威尼斯人依然一次次找上门来游说。对于所有习惯于寻找一切隐藏动机的外交官来说，他们很容易看出，威尼斯人如此坚持，是因为他们很清楚，只要同盟舰队的指挥官中有一名效忠于教宗本人的枢机主教或将军，威尼斯人就不需要听命于唐胡安了。

这一"新思维"引起了不同的反应：在威尼斯的教廷大使法奇内蒂认为这是个非常好的主意，因为没有人能接受被外国将领指挥，如果威尼斯人的提议得到实现的话，"就可以由教宗委派的海军指挥官来主持作战会议，一切事务都以少数服从多数的方式来决定"。然而德苏尼加却对威尼斯人的提议表示尴尬，并提醒教宗防范这些花言巧语背后的风险："如果西班牙国王已经任命唐胡安为负责这次行动的大将，他是不会允许其指挥权被他人夺走的。"[22]

庇护五世此时处于一种好战的心态，因此对威尼斯人的提议很感兴趣，在4月底的时候，他决定要武装24艘加莱桨帆船。对这件事，德苏尼加带着很不愉快的心情写道："威尼斯人提供船体、船帆、划桨、舰炮，每艘船还提供了30名专业船员。至于剩下的人（指桨手），就由教宗方面提供。我很怀疑我们在来年是否能完成。"事实上，教宗国人口非常有限，财政也并不充裕，枢机主教博内利当时把隶属于罗马的男爵们召集起来，并告诉他们，教宗需要他们的帮助：他们需要在各自的封地内征兵，每25户家庭出一人，还得征收特别税来支付军饷。为了组建教宗国的舰队，这次教宗给他的臣民们的负担是史无前例的，将来他会为此而后悔。[23]

预期的舰队支出相当巨大，特别是考虑到法奇内蒂所说的“教廷贫困”问题。我们今天往往只记得罗马文艺复兴时期的辉煌以及教宗和枢机主教在建筑上的大笔开销，却很容易忘记，教宗国与其他国家不同，它不用承担巨额的军事开支，当它不得不面对这些开支时，其资源将很快耗尽。当教宗最终决定武装加莱桨帆船的消息传出去后，就立刻开始有传言说教宗要任命10位到12位新的枢机主教，让主教们花钱来购买这些职位；5月17日，庇护五世最终任命了16名新的枢机主教，他们每人都为了得到这个位置而出了一笔数额不小的钱，传说教宗以此共筹措到了多达3万杜卡特的巨额资金，不过这一传言太过夸张了。在此几天前，教宗撤除了他的侄子枢机主教亚历山德里诺的近侍职位，并将这个职位以6.8万埃居的价格卖给了威尼斯的枢机主教科尔纳罗，他告诉亚历山德里诺，在此艰难时刻，他的家人应先做出牺牲。按照德朗布耶的记载，当时在教宗国的领土上征募的士兵都被带到了安科纳；而24艘加莱桨帆船的船体也都在6月初送到港口了，于是教宗决定把所有24艘加莱桨帆船全部武装起来。德朗布耶写道：“我怀疑教宗这次能否完成舰队武装的任务，不是因为缺乏物资，而是因为教宗国境内能招募到的海员很少。”[24]

实际上这一计划确实太过宏大了，事先没有进行充分的调研，因此武装船只的数量不得不根据实际情况进行缩减。目前，威尼斯只把4艘原本计划在科孚岛武装的加莱桨帆船船体运到了安科纳，另有4艘的船体刚在威尼斯军械库整备完毕；他们一开始希望能送去15艘加莱桨帆船，但最终只有12艘。头4艘加莱桨帆船的船体直到5月底才离港，当它们运到安科纳的时候，给人的印象非常糟糕。德朗布耶兴高采烈地写道：“我觉得教宗的加莱桨帆船根本达不到他所预期的数目，他们不过只能武装威尼斯人提供给他们的船体而已，而威尼斯人已经运来的那4艘船，目前只是裸船，上面什么都没有，状态也很糟糕。”教宗之前对威尼斯人的印象就不太好，当他见到这些状况恶劣的船只时非常生气。正如亚历山德里诺所说：“考虑到他们所做的承诺和对尽快武装的期望，我们的主对现在的状况感到不满。”[25]

而教宗此时已经克服了种种困难，好不容易凑齐了桨手，这使得他更加愤怒。德苏尼加在6月5日写道：“教宗非常努力地招募桨手，我得知他已经在安科纳有了足够的桨手。目前的饥荒对招募桨手有很大帮助，但我认为这批桨手完全不能指望，因为他们全都是没有经验的新手。”这批桨手大部分来自马尔凯和罗马涅地区，都是出钱雇佣的志愿桨手，由于当年正好有一场大饥荒，所以招募起来并不困难。然而等这批桨手抵达安科纳后，桨手们发现船上根本没有任何装备器械，根本无法上船。罗马为此接到了众多投诉，因为“这批无法上船的桨手在安科纳城内游荡，造成了不小的社会问题……由于根本没有人能管理他们，只好两害相权取其轻，在威尼斯当局解决现在的问题前，先把他们遣散回家”。[26]

梵蒂冈方面对海军事务几乎完全不了解，显然他们低估了问题的复杂性，没有细化威尼斯向其提供加莱桨帆船的条件，而威尼斯人无耻地利用了这一点。起初威尼斯人提议“由能胜任的威尼斯贵族”来担任这批加莱桨帆船的指挥官，但教宗却说，这批加莱桨帆船的钱是他出的，自然船长也应该是教宗国挑选的人才行。但双方在对这批船各自的具体义务从未达成书面协议；直到6月9日，在教宗见到这批加莱桨帆船的糟糕的状态，彻底破灭了之前的幻想后，才召见威尼斯大使，要求签下正式而详细的书面协议，让威尼斯人根据白纸黑字的协议来给他们提供12艘加莱桨帆船。[27]

然而即使签下了协议，双方的误会依然没有消除，因为双方都认为自己在这事上吃了亏。法奇内蒂写道：“从技术上讲，这批加莱桨帆船是威尼斯人以和交付给其船长同样的模式借给我们的主的，因此和那些绅士的船一样，这些船的后续费用也应由威尼斯政府承担。”教廷大使补充说：“但事实上，威尼斯人给本国的船长们分配的加莱桨帆船上的装备远远比给教宗的加莱桨帆船齐全得多，后者不但没有足够的海员，而且也没有帐篷、军旗、桶和其他装备。”而威尼斯人则根据1537年的先例，认为教宗国应该自己来准备船上的这一切。

为了这件事，法奇内蒂与威尼斯总督及十人团有过一次艰难的交涉。

他说："教宗阁下希望所有运到的加莱桨帆船上都已经配备必要的船员和军官，并且由威尼斯支付薪资。"而威尼斯方面却回答："我们可以负责招募船上的船员，但他们的薪资不应该由我方负责，因为船员的薪资通常都是由船长支付的。"由于在这件事上无法达成一致，最后他们只好决定等科隆纳 6 月底回到威尼斯后再一次性解决这些争议。[28]

起初，威尼斯人对教宗决定由马肯托尼欧·科隆纳来指挥舰队并不感到高兴，因为科隆纳与费利佩二世的关系，西班牙人满意之处恰恰正是威尼斯人不满的原因。然而在教宗最终决定不派枢机主教以教廷使节的身份随舰队出征，而是派一名有经验的海军将领后，他立刻就开始行动了：6 月 11 日周日，在西斯廷大教堂，科隆纳从教宗手中接过了上面绣有拉丁语"In hoc signo vinces"* 的红色旌旗。同一天，他签署了一批文件，任命 12 名罗马贵族为加莱桨帆船的船长。在这 12 人中，有两个来自科隆纳家族，一个来自奥尔西尼家族，一个来自马西莫家族，还有一个来自弗兰吉帕尼家族。他们各自在马尔凯地区招募了自己加莱桨帆船所需的水手和步兵连后，就出发前往安科纳了。德苏尼加如此写道："他们对我说，那 12 艘加莱桨帆船 7 月 5 日就能出海了，虽然他们得先前往威尼斯城。但我觉得他们在出发前招募不到足够的人手了，只好在水手不足的情况下勉强出航。因为他们虽然宣称他们已经招募了大量的桨手，但他们却极度缺乏有经验的水手。"威尼斯人此时开始邀请科隆纳一起商讨作战计划，并通知他，他们另外还有 6 艘加莱桨帆船也准备完毕，可以开往安科纳了。按照法奇内蒂的说法，"他们给他准备了一艘与威尼斯海军将领搭乘的加莱桨帆船旗鼓相当的战船"。马肯托尼欧·科隆纳却希望威尼斯人留下这批剩下的船，不要前往安科纳，他会到威尼斯武装这批船，他给出的官方理由是在威尼斯武装加莱桨帆船会比在安科纳更容易，但他大概是为了确保威尼斯人为他提供一切必要的东西。[29]

后来科隆纳的威尼斯之行还算成功，因为他同意在经济问题上妥协，

* 意为"以此印记，尔等必胜"。来源于罗马皇帝君士坦丁一世皈依基督教的传说。

将威尼斯人拒绝承担的所有费用都归于教宗。然而桨手的招募工作却比之前的预计要慢了许多，之前招募来的桨手有的已经被遣散回家，只有一部分还留在安科纳；教宗国的官员不熟悉这种工作，不断面临新的困难，比如需要给每名桨手提前预支几个月的工资，“否则他们根本不肯工作”。但科隆纳有资金，他付了这笔钱，只是他说服了桨手们，让他们同意只拿 3 个月的预支工资，“威尼斯舰队的桨手虽然通常是预支 4 个月的工资……但因为这次桨手上船的时间比预计的更晚，所以要少给 1 个月的钱”。要武装最后 4 艘加莱桨帆船还需要比科隆纳预计的更多的时间：7 月 22 日，教廷大使才终于宣布，海军司令已经在利多候命，准备带舰队前往安科纳接受最后一批船只，最终将出征黎凡特。[30]

与此同时，庇护五世也没有放慢在精神和物质上武装舰队的脚步。一名耶稣会士被派往安科纳，他的使命是给舰队的士兵提供精神上的帮助，并给他们分发波塞维诺神父写的宣传册《基督徒战士》。但教宗之后发现，他和威尼斯人的合约中，没有规定要威尼斯提供一艘运载军队所需的运输船。科隆纳此前命令各船长每人招募 200 名士兵，但每艘加莱桨帆船上只能容纳 100 名士兵；根据以往的经验，每艘船上的步兵连的兵力不会达到预期人数，但船上依然可能装不下这么多人。因此还需要一艘运输船来运输这些士兵；但由于之前浪费了太多时间，如今想及时找到运输船并不容易。最终教宗只好决定考验一下拉古萨人是否会履行从前对他的承诺，命令驻拉古萨的大使弗朗西斯科·贡多拉和拉古萨人交涉，希望拉古萨能租给他们一艘运输船。[31]

贡多拉带来的消息在拉古萨引起了恐慌；拉古萨的元老们回答他说，这个要求让他们进退两难：“因为如果我们不答应租船的要求，就是对教宗忘恩负义……但如果我们答应了，土耳其人就会来找我们麻烦，这可能会给我们带来巨大的危险。”然而拉古萨人不可能就这么拒绝教宗的要求，于是想了一个能让苏丹找不到复仇的借口的方案：拉古萨的一艘运输船此时正在安科纳，他们可以将其交给科隆纳，条件是“要用武力扣留这艘船，并且一定要让外人看到这艘船是被迫加入教宗国舰队服役的”。如果这艘船此时不巧已经离开了安科纳，他们会派去另一艘船，将军必须以同样的方式征用它；重要的是，教宗必须严格保密，不能让任何人知道“我们同意为教宗提供这艘船”。拉古萨人认为他们如此冒险给教宗国提供船只，应该得到补偿，由于此时在罗马，关于神圣同盟的组建工作已经在谈判中，拉古萨人希望在同盟最终文件加入一项有利于他们的条款。教宗必须向他们保证，“拉古萨城及其领土将保持自由，不会受到任何干扰；但关于教宗的反对，他们补充说，为了各自的方便，可以什么也不说”。双方都不能公开如此宣布，但可以避免在同盟协议中出现让某位天主教将军在该市驻军的条款，如果发生这种事，对拉古萨来说将是一场重大灾难。

此外，还有一支规模不大但经验丰富的分舰队将根据计划加入基督教联军的舰队：马耳他骑士团舰队。尽管他们完全独立自主地进行针对穆斯林和犹太人的劫掠战争，但圣约翰骑士团在精神上从属于教宗，这种关系也因费利佩二世的让步而得以维持，因为他们驻扎的马耳他岛属于西西里王国；毫无疑问，他们的加莱桨帆船也会加入这次行动。早在 3 月的时候，庇护五世就已经命令马耳他骑士团的所有骑士全部返回马耳他岛，并听候他们大团长的调遣，在此之后，威尼斯当局通知赞恩，说马耳他骑士团的 4 艘加莱桨帆船将会离开岛屿，加入他的舰队。

事实上，在多里亚的舰队离开墨西拿之前，骑士团并不想冒险出海。而且如德苏尼加指出的，骑士团的舰队必须加入西班牙舰队，而不是威尼斯舰队，“因为这是他们的首要义务”。7 月 9 日，庇护五世再次写信给骑士团大团长彼得罗・德尔蒙特，向他保证，尽管由于“某些障碍”而延迟，但多里亚很快就能出征了，命令他立刻将他的加莱桨帆船全部派往科孚岛，在那里和科隆纳的分舰队会合。[32]

但在教宗的船准备就绪前，马耳他骑士团的舰队就遭到了一场灾难性的打击。弗朗索瓦・德圣克莱芒特骑士率领的 4 艘加莱桨帆船来到巴勒莫，想和多里亚的舰队会合，但后者的舰队此时却还在撒丁岛，还没来得及赶回来。德圣克莱芒特收到命令，让他不要离开，在巴勒莫等多里亚的舰队回来，然而他却自行决定利用这段等待的时间，利用麾下的加莱桨帆船从西西里岛运输一批葡萄酒和物资回马耳他，因为他不想花钱租运输船。包括马赛私掠者让贝・德布瓦在内的线人们警告德圣克莱芒特，欧吉德·阿里的舰队此时正在这一带活动，劝他不要冒险，但德圣克莱芒特却根本不信。德圣克莱芒特手下的船长们都建议他在黎明出发：这样回到马耳他一路上都是白天，如今正值夏季，天气晴朗，一旦发现地平线上有任何带有威胁的帆影，舰队就有足够的时间后退。但德圣克莱芒特此时只想着快点把这批货运回马耳他，7 月 14 日晚上，他下令出发了。船上满载着咸鱼、成桶的葡萄酒、木柴，甚至还有牛和其他活畜。

次日黎明，在他们认为他们已经在戈佐岛的视线范围内时，他们发现"利卡塔"号上的领航员指错了路，出现在他们面前的并不是友方的岛屿，而是一支私掠船队：欧吉德·阿里带着他麾下的 19 艘轻型桨帆船埋伏在此。根据有些人的说法，在前一天晚上，阿里听到几声意味着舰队离港的炮响，因此提前得知了船队的动向。经过一整天的追捕，骑士团的 3 艘战船被俘，数百名穆斯林奴隶被释放，近 80 名骑士被杀或被戴上镣铐。只有 1 艘加莱桨帆船侥幸逃脱到了意大利的阿格里真托港。德圣克莱芒特指挥官本人的旗舰在蒙特基亚罗的海滩上搁浅，随后被土耳其人拖回海中，船上的书记官带着军旗逃走了，船上的奴隶挣脱锁链后，拿着斧头追赶他。而此时德圣克莱芒特只关心他的钱箱和银器。

得知此事后，费利佩二世下令让墨西拿的军械库整备 2 艘加莱桨帆船，那不勒斯的军械库整备 1 艘加莱桨帆船，并将这些船交给马耳他骑士团，同时还给了 60 名罪犯桨手；然而在马耳他，消息传来后，一系列的内部调查便立刻展开了。那位领航员和船上的水手长被一并指控玩忽职守，弄错航向，在审判后被处以绞刑。德圣克莱芒特担心人头不保，他写信给大团长表示自己希望成为一名隐修士，并前往罗马，请求教宗的宽恕，然而庇护五世却命令他返回马耳他接受审判。他回到马耳他，刚上岸就差点被人私刑处死。他在审判中被判处死刑并被剥夺了教士身份，他在监狱中被勒死；随后尸体被装进袋子，丢进了大海。

欧吉德·阿里在当时的意大利人中被称呼为"乌奇阿里（Uccialli）"或"欧奇阿里（Occhiali）"，而西班牙人则称呼他"卢奇阿里（Luchiali）"，他将从其中一艘俘获的加莱桨帆船上缴获的施洗约翰的雕像，倒吊在阿尔及尔海军基地的门前，并将船上饰有白色马耳他十字的朱红旗帜送给了苏丹。

巴尔巴罗于 8 月 23 日在君士坦丁堡看到这面送来的旗帜时，感到非常害怕，因为当时城内“纷纷传说基督徒的舰队被摧毁了”；当他得知损失的是 3 艘马耳他的加莱桨帆船时，他松了一口气，毕竟这个损失并不算很严重。[33]

私掠者出海的消息产生了重大影响，西方舰队在 7 月剩余的时间里都没有出海。罗马方面提醒科隆纳，如果他还没有出发，那他在前往科孚岛的途中务必小心，不要遭受同样的不幸。西西里总督写信给西班牙国王，有人在 7 月 19 日看到欧吉德 · 阿里率领 22 艘战船正前往法里纳港，因此他依然在附近。拉古莱特司令官唐阿隆索 · 皮门特尔报告说，在 7 月 19 日，他听到突尼斯方向传来一声猛烈的炮响，“应该是阿里带着缴获的那 3 艘加莱桨帆船返回港口了”。那唯一一艘侥幸逃脱的加莱桨帆船，“圣玛利亚胜利”号于 25 日从利卡塔出发返回马耳他，还有一艘轻型桨帆船和一艘双桅战船一同前往。在途中，他们遇上了两艘巴巴里海盗的十二桨座战船，他们追逐这两艘船，迫使其在浅滩搁浅，但俘虏向他们透露说，在帕塞罗角附近还见过别的海盗船，因此“圣玛利亚胜利”号不得不取消返回马耳他的计划，原路返回。[34]

有人建议利用这一时机：西班牙驻热那亚大使德席尔瓦写信给国王，根据阿尔及尔方面的线人提供的情报，欧吉德 · 阿里“把所有阿尔及尔当地的土耳其精锐都带走了，留在那里的如今只有一些没用的摩尔人而已”。城里有相当数量的火炮，但弹药却不多，还有 8000 名基督徒奴隶“在城里自由活动”，因此可以认为，这是最佳的突袭时机。但各个基督教国家对此却并不感兴趣。特别是热那亚，由于已经确信苏丹的主力舰队不会来攻打地中海西部，人们对战争的热情开始消散。热那亚共和国的 3 艘加莱桨帆船此时还和多里亚的舰队一起在西西里岛，政府命令他们将热那亚商人在那里购买的丝绸装载到墨西拿，并像往年一样返回家园。

德席尔瓦指出，热那亚的 3 艘加莱桨帆船不应在此时回国，因为“所有基督教国家都在忙着抵抗土耳其人”。热那亚则回应道，他们有义务为西班牙国王效力，保卫他的国家，但“土耳其舰队的主力不会出现在我们这一带，也不会对国王陛下的领土造成任何破坏。他们去攻打威尼斯人了”，热那亚此时应主要考虑自己的事务。在巴勒莫的多里亚忧心忡忡地写信给热那亚元老院，指出这会让国王不快，要求热那亚重新考虑自己的决定；热那亚人的回应则是命令加莱桨帆船将珍贵的货物运上船，并“尽快”离开。愤怒的多里亚在一封措辞冰冷的信中承认，他“没有什么和共和政府打交道的经验”，但希望他们知道自己在做什么。他讽刺道：“显然，他们会尽可能详细地讨论这件事，比我自己做的还要多得多。”

如今欧吉德·阿里依然去向不明。斯特凡诺·德马里是热那亚最大的船主，他在那不勒斯王国有自己的产业，他写信向多里亚询问“现在搭加莱桨帆船前往那不勒斯是否安全”。多里亚用最为沮丧的口气回复他说：

> 我可以明确告诉您，我不确定卢奇阿里是否已经去黎凡特了，至少现在我不这么认为，而且即使他已经去了，我们也可以确定他从舰队中分出了6艘轻型桨帆船……如您所知，这是一个运气问题，但换了我的话，如今要么从陆上走，要么乘坐快速护卫舰走，我不想和卢奇阿里比运气。

西班牙此时也在密切关注北非私掠者们的动向，奥兰的一份报告说，“在俘获马耳他的那些加莱桨帆船后，欧奇阿里还在阿尔及尔整顿舰队”，他目前至少有25艘到30艘船，这样的舰队规模足以引起恐慌，使得西班牙在沿海加强了防备。[35]

热那亚的加莱桨帆船于8月11日离开墨西拿，在8月28日平安抵达热那亚，“船上满载着丝绸，和对卢奇阿里的恐惧”；但在他们出航时，多里亚依然留在墨西拿，他此时对冒险前往黎凡特没有什么兴趣，他不想让地中海沿岸任由私掠者蹂躏。在他返回巴勒莫后，在7月15日收到国王的正式命令以前，他完全不掩饰他对这次远征计划毫无兴趣：“我即将前往墨西拿，然后要干什么我自己也不知道，因为我还没有收到国王给我的命令。”这是他7月23日的一封私人信件中所写的。12天后，国王的远征黎凡特的命令来了，显然多里亚对此并不高兴，他对西西里岛的总督说：“在我看来，所有这一切远征的准备工作都是徒劳的。”[36]

12

登 陆

6月的一天，3艘身份不明的弗斯特帆船出现在位于塞浦路斯西面的帕福斯（威尼斯人称为“巴佛”）的海面上。在上岸后，船上的水手称自己是西方人，并和岛上的一名希腊修士交谈，问了他许多无法回答的问题。在他们离开前，这些外来者用武力抓走了两名渔夫，并把他们带上了弗斯特帆船，此时当地人才意识到这些人是土耳其人，但为时已晚。几天后，6月22日，保护帕福斯小港口的坚固城堡发现了20艘弗斯特帆船，并发出了警报。在知道他们已经被发现后，这些船全部降下了帆，靠划桨航行，消失在了圣乔治海角后方。负责指挥岛上驻扎的阿尔巴尼亚骑兵的龙达基斯骑士以及尼古拉·基里雷森这两位希腊贵族，带着约50名巴尔干骑兵从陆上一路跟踪那些船只，最后看到那些弗斯特帆船在一个叫拉腊的村庄（直到今天这个村庄依然还存在）附近登陆了3个步兵连。骑兵对土耳其人发起了突袭，杀死了约30人，剩下的人仓皇逃回船上；“如果这些凶恶的骑兵能在海上作战，他们肯定能把这些家伙都砍成碎片，然后俘获那批弗斯特帆船”。[1]

俘虏交代说，这些船属于两支加入苏丹舰队的私掠舰队，他们的任务是沿着塞浦路斯海岸线进行侦察活动。尼科西亚当局早已习惯了土耳其对此地的关注，并清楚地记得两年前阿里帕夏亲自前来勘察法马古斯塔的地形，他对防御工事的布置特别感兴趣，还提出了不少令人尴尬的问题；当日，有位叫约瑟非·阿坦托的黎凡特工程师和阿里帕夏一同前来，他曾被法马古斯塔的总督判处充当桨手。他带着一封驻君士坦丁堡的威尼斯大使的信，信中的内容大致是希望塞浦路斯地方政府允许他自由地造访该岛，因为他在为苏丹在哈德良波利斯建造的大清真寺挑选古代石柱，约瑟非在岛上活动了约有10天，其间勘察了所有他想勘察的地点。此外，众所周知，土耳其间谍早已潜伏在岛上多年了，1月的时候，巴尔巴罗甚至还报告了其中两人的体貌特征。但如今间谍的活动比以往更为频繁，有理由担心风暴即将来临。[2]

在君士坦丁堡，进攻的准备工作已经在众目睽睽之下完成了，而威尼斯大使巴尔巴罗在被软禁前就获悉了这一切。早在1月的时候，卡普丹帕夏就已经与据说“非常机智”的伊赛波在一张塞浦路斯的地图前进行了交谈：他刚从阿卡回来，他去那里是为哈德良波利斯的清真寺寻找柱子，这表明他可能就是两年前那位随同阿里帕夏勘察法马古斯塔的“约瑟非”。通过此人，帕夏得知，塞浦路斯并没有能让大规模舰队安全入港的港口，其中最大的法马古斯塔也不过能容纳最多10艘加莱桨帆船，就算是岛对面的安纳托利亚的海岸上，也没有这样的港口，因为那里的港口水位都太浅了。而穆斯塔法帕夏之前也“绘制过几张塞浦路斯的地图，上面标有各种地形，还有防御工事和伐木场的位置等”。由于没有适合登陆的港口，因此最终决定用木筏在海滩上强行登陆，穆斯塔法手下的工程师们也开始设计“几种适合执行登陆任务的木筏模型，并在卡拉曼地区的海岸线附近大量伐木”。巴尔巴罗也注意到了土耳其人的这些准备工作，并认为可以在滩头打退土耳其人的攻击：他说以他得知的土耳其人的计划来看，“只要塞浦路斯守军在他们登陆时有任何抵抗到，这次登陆就将徒劳无功”。[3]

春季，在库巴特返回君士坦丁堡导致巴尔巴罗丧失行动自由前，他得到了这个计划的更多具体细节，随后写信通知政府，土耳其军队和物资正在安塔利亚湾和邻近的菲尼凯小海湾集结，这在最初的集结地阿纳穆尔堡垒的偏西位置；而登陆点则是塞浦路斯岛南部海岸的萨林斯。为了登陆，舰队不得不绕过整个岛屿，因为如果舰队要在离本方港口更近的岛的北部登陆的话，部队就将面对彭塔札克蒂洛斯山的阻隔；而在萨林斯海滩上登陆的话，就很容易到达尼科西亚和法马古斯塔这两座布防的城市，而只要攻下这两座城市，占领塞浦路斯的行动也就等于取得决定性胜利了。[4]

我们不知道塞浦路斯地方政府是否收到了巴尔巴罗在5月初寄给他们的情报，然而无论他们是否收到了，当地的威尼斯指挥官们其实也得出了和土耳其人一样的结论，最适合登陆的地方是萨林斯海滩。越来越多的侦察报告最终说服了所有人敌人的进攻已迫在眉睫，于是人们决定在收到第一次警报时，就将所有可用的骑兵都集结在萨林斯，以尽可能地阻止登陆。当他们在6月离开罗得岛，于菲尼凯和安塔利亚一带集结陆军时，土耳其的帕夏们认为敌人早已知道了他们的计划，或至少猜到了这个计划，并且早已在他们计划登陆的地方等着他们了。[5]

之前我们已经讲过奥斯曼帝国为了组建这支舰队所做出的努力，但把舰队集结到卡拉曼的港口也需要巨量的行政工作。需要决定驻扎在君士坦丁堡的196个连的耶尼切里中，除了那些随船出征的部队外还有哪些连要参加这次战役，并组织他们徒步前往登船的港口。还需要传令给西帕希骑兵们，他们分散在帝国的各个省份，这些人有义务作为装备了长枪和剑的骑兵出征，以换取苏丹赐予他们的“蒂马尔”，即对一个或多个村庄征收税款并收为己用的权力。考虑到舰队有限的运输能力，还有必要决定所需的非正规骑兵数量，并向卡迪们发出命令，让巴尔干各地动员其部队。最后，还得决定是否接受志愿者参军，以及如果接受的话志愿者需要满足什么条件，并将命令传达给各个省份，通知帝国在各地的臣民。[6]

但光解决士兵的问题是不够的。攻城火炮此时已经运到了毗邻军械库的“火炮之家”托普哈内，并装上了马霍恩运输船，然而火炮所需的火药不足，还得从更远的地方运过来。巴格达的贝格勒贝伊收到命令，要求他把3000康塔罗斯（约合162吨）的火药用骆驼运到叙利亚的的黎波里，由穆拉雷斯的加莱桨帆船负责运输；阿勒颇的贝格勒贝伊随同当地的西帕希骑兵一起参加这次行动，他也要带上1000康塔罗斯（约合54吨）的火药，并且保证阿勒颇的硝石库存足够保证继续生产火药。安纳托利亚的基督徒社区必须提供围攻行动所需的大量土方工人和工兵；这又需要核查档案，给当地的卡迪传达命令，并组织一路上的后勤供应。最后，还要在各个城市征募随奥斯曼军队出征的技术人员：屠夫、面包师、药剂师、厨师、烤肉师、裁缝、织工、鞋匠、马鞍匠、马蹄铁匠、盔甲匠。这些人都由各地的行会提供，行会还要给他们提供露营用的帐篷和工作所需的原材料。[7]

巴尔巴罗尽其所能地向威尼斯发送了关于这些准备工作的准确报告。

第一批召集令被发送到离登船港最近的省份，正是依据这一信息，威尼斯政府确信目标是塞浦路斯。随后越来越多的情报传来，证实弹药和火炮等都在运往卡拉曼地区，那里集结了“大量士兵、工兵和骆驼”，并招募了数千名“精于挖掘坑道的亚美尼亚人”。后来又有消息称，最偏远省份的西帕希骑兵也收到了召集的命令，这一切迹象都表明苏丹在准备一场大规模的军事行动：在发罗拉，人们也被上面通知“各地的土耳其民兵都要调往君士坦丁堡，参与陆上行动的部队和随大舰队出征的部队分别收到了自己的指令”。奥斯曼帝国的记录显示，尽管巴尔干地方政府忙于镇压阿尔巴尼亚人起义，但巴尔干内陆的桑贾克依然收到了征集令。在下一年的命令中提到了，“来自发罗拉、德尔维纳和吉安尼亚的西帕希骑兵从塞浦路斯返回”。[8]

随着布翁里佐在 3 月底返回威尼斯，人们还得知了这些土耳其的战争准备工作的更详细的情报。当时有命令要“在安纳托利亚征募 8000 名亚美尼亚工兵和 1.2 万名阿扎普，加入火炮部队服役；此外还需要购买 9000 匹骆驼和 3000 匹骡子以供苏丹陛下使用”。在布翁里佐离开君士坦丁堡时，人们还普遍相信塞利姆苏丹将亲自指挥远征。至少穆斯塔法帕夏对威尼斯大使的一个朋友是如此描述的：“陛下亲口说‘朕要亲自出征’，一边说一边还用拳头捶着胸口。”当人们最终得知苏丹在大肆宣扬亲征的消息后却最终决定不随舰队亲征时，可以确定出征要携带的行李也少了很多，很可能就不用购买这 9000 匹骆驼和 3000 匹骡子了。然而从帝国各地征募的 150 名“掘井师傅”还是按计划抵达了君士坦丁堡。威尼斯大使和他们其中的一些人交谈过，这些人都是基督徒，他们自己也不清楚将来服役时要做什么：根据其中一部分人的说法，他们可能是要负责在攻城时挖掘壕沟和坑道；而另一些人却说他们是要负责挖井来为军队提供水源，因为土耳其人担心“我们的人”可能已经在现有的水源中下了毒。[9]

这些复杂的准备工作在卡拉曼的沿海地区还在紧张进行着，天气好的时候，从这里甚至可以清楚看到对岸的塞浦路斯。到了 5 月底，塞浦路斯地方政府得知，“土耳其人在一条 15 里长的峡湾尽头的山上建了一座城堡，这道峡湾被夹在两山之间，宽度大约与重火绳枪的射程等同。”在那座和阿纳穆尔城堡差不多的城堡下面，土耳其人修建了 3 座半月形的桥梁以便让军队、火炮和补给安全登船。为了阻挠土耳其人，尼科洛·多纳的加莱桨帆船舰队满载步兵从法马古斯塔出发，进入峡湾让步兵登陆，“烧毁了这 3 座桥”。[10]

从 5 月初起，塞浦路斯的地方政府就一直从岛上密切注视对岸的一举一动。报告说“大量人员开始抵达”这些港口；然而部队的集结速度看上去比土耳其人的计划慢了不少。6 月 10 日，土耳其帕夏们的舰队抵达了菲尼凯，此时在君士坦丁堡的巴尔巴罗指出，“这里的民众都认为这场战争终将胜利”，然而直到月底，土耳其的舰队都还没有起锚出航。威尼斯的马尔科·迪贝内托，登上了在君士坦丁堡被扣押的“博纳尔达”号，这艘船满载着海用饼干随皮亚里帕夏的舰队出航，他在船靠岸后成功逃脱，并设法抵达了法马古斯塔，根据他的报告，土耳其舰队已经在菲尼凯待了大约 22 天，“他们还在等那些骑兵和其他人员陆续前来”。后来在同一海岸上的其他港口，也有报告称土军集结的速度要比原计划慢。有个当时还在君士坦丁堡的热那亚人称，桑贾克们得到的命令是在 6 月 17 日以前集结完毕，但当天安塔利亚港里并没有军队，“皮亚里帕夏为此写信大发怨言，但在 8 天后陆续有人赶到了”。之前提到的那位米佐特罗连长前往内格罗蓬特岛地区收集情报，按照他的说法，预定的集结日期是 6 月 24 日，地点是阿纳穆尔，但由于桥被摧毁了，不得不推迟登船。事实上，在帕夏们提出控诉后，卡拉曼的贝伊被撤职了，这表明拖延的责任主要是地方的。[11]

在陆军登船所需的行动一再延长的同时，私掠者的弗斯特帆船也被派到塞浦路斯海岸进行侦察，他们遭到了之前所说的“欢迎”：多亏了这次行动中抓获的俘虏，威尼斯指挥官确信并紧急通知元老院，“敌舰队大约有 200 艘船，就在离我们不远的菲尼凯，正准备登陆萨林斯”。[12] 有了这一最新情报，本可以及时采取强有力的措施，把土耳其登陆军阻挡在海滩上；然而岛上的指挥官之间的指挥权分配混乱，谁也无权做出如此重大的决定并当机立断地强令执行，阿斯托雷·巴廖尼是当时岛上唯一有名望的指挥官，然而他作为塞浦路斯当地的民兵统帅，需要听命于行政部门；此外，他还要负责法马古斯塔的防务。由于上一任的塞浦路斯监督官洛伦佐·本博刚过世，而接任他的维尼埃还没赶来上任，因此岛上级别最高的威尼斯人是副监督官尼科洛·丹多洛，然而此人不久前刚被撤职，公众对他的评价很低；至于马肯托尼欧·布拉加丁，此时他是塞浦路斯王国的地方司令官，在和平时期，他的职责包括监督当地的防御工事体系，特别是法马古斯塔。

其余的意大利军官很快也发现他们被希腊贵族边缘化了，这些贵族似乎是唯一能在紧急情况下控制住农民并确保他们忠于政权的人；因此岛上的军事指挥权几乎都授予了他们，其中以罗卡斯伯爵为首，他曾是岛上的巴尔干骑兵指挥官，如今被赋予了军队的总指挥权，与巴廖尼拥有同等的权力，他们之下还有的黎波里伯爵贾科莫·迪诺雷斯、炮兵总指挥官、接替罗卡斯伯爵指挥巴尔干骑兵的吉罗拉莫·辛格利提戈，和工兵指挥官乔瓦尼·索佐梅诺。即使是将农民疏散到山区的计划，也完全委托给了当地贵族，他们在当地颇有血缘和经济关系：正如罗卡斯写给元老院的报告所说，这些任务被分配给了“我的妹夫西皮奥·卡拉法大人……我的叔叔彼得罗·保罗·辛格利提戈，还有我的嫡亲堂兄吉万·辛格利提戈”。[13]

威尼斯和塞浦路斯的指挥官们在讨论一旦敌舰队在萨林斯海滩登陆该如何应对的时候，皮亚里审问了私掠者们抓获的俘虏，关于岛上的防卫准备工作“他已知道了想知道的一切”。6 月 30 日，部队全部登船完毕，帕夏们出航了，7 月 1 日，庞大的舰队在帕福斯附近出现，他们绕过了该岛的西角，准备沿着南部海岸航行。在抵达莱梅索斯附近后，皮亚里帕夏带着士兵登陆，“俘虏了许多人，同时掠夺和烧毁了几个村庄”，但他没有停留，而是继续前往萨林斯海滩，并于 7 月 2 日白天抵达。让帕夏们难以置信的是，他们计划中选择登陆的海滩上居然根本没有守军等着他们，因此“他们大喜过望”，到了 7 月 3 日中午，他们已经将所有火炮和大部分步兵都卸下了船，却还是没有守军来干扰他们。为了保证万无一失，工兵们立即开始工作。他们加固营地，挖壕沟，竖起栅栏，并布置好炮位以防袭击；此时依然只有少量轻骑兵巡逻队在远远监视他们的行动。根据奥斯曼帝国方面的说法，这些“骑马异教徒”中的一个中队被一路追击，有一名叫苏莱曼·本·乌鲁齐的土耳其士兵在战斗中缴获了该中队绣有圣马可狮子的军旗，并将其带回给帕夏，得到了 2000 阿克切的奖赏。[14]

马克·德拉博纳尔达的证词描述了土耳其人发现海滩上没有任何防御时如释重负的情景。在从菲尼凯航行至萨林斯海滩时，在船上的西帕希骑兵中间有一些传言，说他们计划中登陆的地方已被敌人挖了地道，他们在验证“地面是否会塌陷”前甚至不敢登陆，以至于在最后一段航程中，他们出于畏惧每天祈祷 6 次，而不是通常的 3 次；除了地道，他们还认为守军会用火炮守卫海滩，在登陆后，一名西帕希骑兵指着海滩上一座顶部有座磨坊的小山对马尔科说，如果守军在那里架设了大炮，那他们就不可能在这片海滩登陆。[15]

不在海滩上阻挡土耳其入侵者只是威尼斯指挥官下的众多灾难性决定中的第一个。如我们之前已经提到过的，在得知穆斯塔法帕夏想要用木筏来登陆后，巴尔巴罗认为“只要塞浦路斯人在此做了任何抵抗”，登陆都会失败。后来在这些指挥官被撤职时，有人辩称当时的决定是唯一可行的选择，“因为我方骑兵实在太少，无法在 600 里长的海岸线上阻止敌军登陆”。然而事实上，他们早就知道土耳其人会在萨林斯海滩登陆，这并不是一个人迹罕至的偏僻地点，而是岛上生产活动最发达的地区之一，岛上所有居民都知道。[16]

此外，早在 7 月 1 日，也就是土耳其人登陆的两天以前，塞浦路斯方面就发现了土耳其舰队的动向，阿斯托雷·巴廖尼的第一反应正是将骑兵集中在海滩上作战。他带着 300 名骑马重火绳枪兵和 150 名巴尔干骑兵，离开法马古斯塔前往萨林斯，他计划在那里和其他部队会合，在尼科西亚的罗卡斯伯爵应带来 200 名轻骑兵“和 100 名意大利重火绳枪兵以及尽可能多的劣马”，在帕福斯的龙达基斯骑士则应带上其余的巴尔干骑兵，从陆上尾随土耳其舰队。虽然他们兵力不多，加起来才 1000 人左右，但都是轻骑兵和重火绳枪兵，因此能在海滩上快速机动，即使土耳其加莱桨帆船肯定会用舰炮来掩护登陆行动，他们依然能给用木筏登陆的土军造成很大的困难。然而那些意大利和希腊指挥官在最初的几天中都反对这样的计划，因为罗卡斯拒绝接受巴廖尼的命令，他们浪费了宝贵的时间去寻找对方，却没能碰头；在夜幕降临时，他们决定放弃，带着自己的人回到了原先的堡垒。[17]

威尼斯方面完全无法想象塞浦路斯前线的指挥官居然会弃守海岸线，不阻止土耳其人登陆。8 月初，开始流传一个谣言，称土耳其人遭受了可怕的损失。赞恩被逃离敌人战船并设法到达干地亚的奴隶告知，“在登陆战中，有 1 万名到 1.2 万名土耳其人死亡”。消息从克里特岛传到科孚岛，再传到那不勒斯，数字越传越大，当消息在 9 月传到威尼斯时，已经成了“击毙土军 4 万人”。9 月 23 日，由弗朗西斯科 · 特龙的加莱桨帆船从法马古斯塔直接送到干地亚的第一封信终于交到了元老院手中，人们的这些幻觉才真正被残酷的现实戳破：土耳其人“没有遭受任何损失，因为当地指挥官决定为了保存兵力，不在海滩上阻击敌军”。当得知敌人毫发无损地登陆塞浦路斯时，托斯卡纳大公爵科西莫 · 德梅迪奇简短地评论道：“塞浦路斯完了。”[18]

在今天土耳其托普卡珀图书馆保存的塞利姆二世时期的编年史中，有一幅缩略图展现了土军登陆塞浦路斯的场景。该图的前景是一艘停在海湾里的加莱桨帆船，还有船上的船桨和迎风飘扬的军旗。在海滩上，一位缠着白色头巾的帕夏和一名耶尼切里军团的高级军官骑行在队列整齐的耶尼切里士兵之间，这些士兵肩上扛着重火绳枪，头上戴着白色高帽，白色在伊斯兰教中象征着光。他们后方则是更多队伍散乱的戴着头巾的步兵，他们可能是志愿者，手持火枪和长矛。画的背景是一艘帕兰迪尔运输船，船尾放下了船板，两名骑在马上的西帕希骑兵正赶着一群马下船，他们手持长枪，还带着弓箭和剑鞘。这些士兵正是在 7 月 3 日抢占并巩固滩头阵地的先锋部队，也是他们在随后的几天里“在周围的村庄四处烧杀抢掠”，并试图抓俘虏以打探当地的情报。但是，我们是否确切知道塞尔达尔拉拉 · 穆斯塔法指挥了多少军队，这些部队的作战经验有多丰富？[19]

这个问题很有必要研究，因为直到今天，通行说法依然认为土耳其人在塞浦路斯登陆了一支规模庞大的军队：即使在最严肃的历史著作中，我们也可以读到有人认为这支军队有 7 万人甚至 10 万人。而那个年代的人同样给出了非常夸张的数字，尽管各种说法难以达成一致：从尼科西亚回来的卡莱皮奥说，土耳其总兵力约 10 万，其中 1 万是骑兵；而从勒班陀回来的塞雷诺的说法是“共有 9 万步兵”；而有更多的时间收集和对比各种情报的帕鲁塔称“土耳其军队共有 5 万步兵”。当时，西方公众一想到苏丹带着无穷无尽的大军出征就感到极度恐惧，而被赋予决策权的高层人士也并不比其他人更有批判性思维，有时甚至更不理智：法奇内蒂听说土耳其人除了进攻塞浦路斯外，还准备攻打科孚岛，并且认为这是完全有可能的，因为在他看来围攻塞浦路斯只需要 10 万步兵和 1.5 万骑兵，而土耳其人只要愿意，可以出动 20 万步兵和 6 万骑兵。[20]

然而当时西方国家同样有人对土耳其人的总兵力有较小的估计，但这些估计相互之间也无法统一，因此很少有人采信。一位 7 月离开君士坦丁堡的热那亚绅士报告说，在港口集结的军队有“1.2 万名骑兵和 3 万名步兵”，然而另外有人报告说土军总共有 3.4 万人，其中有 1.2 万名骑兵。克里特方面收到的情报显示，土耳其人在塞浦路斯登陆的部队“步兵和骑兵加起来大约 4 万人”。从“博纳尔达”号上逃脱的一名军械库木匠说，土耳其人大约有 5 万名步兵和 3000 名骑兵。巴廖尼最早向威尼斯政府提交的报告称登陆塞浦路斯的土耳其兵力总数是 2.6 万步兵和 6000 骑兵。如我们所见，不同的人提供的情报中，骑兵兵力的差异特别明显，可能是因为最初土耳其首都行政机构一开始计划的理论上可以组建的骑兵的规模庞大，但由于没有足够的运输船来运输西帕希骑兵团所需的战马，最后实际登陆的骑兵兵力和之前的计划相去甚远。[21]

这些士兵和战马都必须通过海路运输，我们知道苏丹在组建这支规模相当有限的运输船队时遇到了多少困难。巴尔巴罗在土耳其运输船队起航时，数到了 20 艘帕兰迪尔运输船、8 艘马霍恩运输船、5 艘拿浮运输船，还有一些卡拉穆萨商船；那些帕兰迪尔运输船容量并不大，按巴尔巴罗的说法，每艘最多只能容纳 20 匹战马。还有 4 艘刚刚在黑海建造完毕的帕兰迪尔 6 月才加入舰队，此外还有一些工匠还在陆续赶往阿亚什湾准备着手新建 12 艘容量较小的帕兰迪尔。那位从“博纳尔达”号逃脱的木匠说，他在菲尼凯看到共有 50 艘帕兰迪尔，都是十二桨座或十三桨座的，每艘大约能容纳 8 匹至 10 匹战马；还有 8 艘马霍恩，每艘能运输 200 人和 12 匹战马；2 艘威尼斯船、1 艘盖伦船、6 艘“摩尔人的”拿浮船、10 艘希俄斯的小型民用客船、50 艘卡拉穆萨商船，还有 50 艘其他小型船只和一些运载木料的轻帆船。当时还在塞浦路斯的卡莱皮奥提供的情报是，土耳其舰队只有 3 艘是货真价实的帕兰迪尔，其余 40 艘都不过是普通的“战马运输船”而已，此外还有 8 艘马霍恩、4 艘土耳其拿浮船、2 艘被扣押的威尼斯拿浮商船、1 艘盖伦船，还有 30 艘卡拉穆萨。这些数目已经离实际情况不远了。[22]

这些船并不算多，特别是对于运输马匹来说：即使不采用马尔科·迪贝内托的较为保守的估计，而是按照巴尔巴罗的估计，土耳其舰队所拥有的帕兰迪尔总数，也每次最多只能运输总共 1000 匹战马而已，再加上马霍恩能运输 100 艘，如果按塞浦路斯见证者的说法，土耳其人还每艘加莱桨帆船还要运输 2 匹马，那还能再运输 300 匹。卡莱皮奥还补充说，土耳其舰队的拿浮船和轻型桨帆船上也运载了一些马和骡子，但算上这些总共也不会超过 1500 匹。而舰队载人的容量的计算就更困难了；如果考虑拿浮船，马霍恩和卡拉穆萨都还要运载火炮、弹药、工具、木料，还有各种食物等物资，或许绝大部分人员都得乘坐加莱桨帆船，而每艘加莱桨帆船大约能乘坐 100 名士兵：那么整个舰队总共加起来大约 2 万人，这和皮亚里帕夏在写给他妻子的一封信中所描述的数目也大致吻合。考虑到这只是一次短暂的航行，人们可能会认为船只已满负荷，但帕夏派往君士坦丁堡的报告恰恰相反，报告称舰队并没有载满人，因为并非所有预期的部队都在港口。[23]

此外，还得考虑一件事，就是整个陆军并不是一次运完的。在拉拉·穆斯塔法帕夏忙着完成登陆的桥头阵地的加固工作的时候，另两位海军指挥官就率领着他们的大部分船只起航返回了，皮亚里帕夏前往的黎凡特地区的的黎波里和阿达纳，而阿里帕夏前往安塔利亚湾，让继续涌入海岸的士兵上船。7 月 18 日，根据巴廖尼的报告，从法马古斯塔起航的加莱桨帆船“特罗纳”号遇到了返航的阿里舰队，估计只要三四天的时间，新部队就将登陆；而孔塔里尼证实，他们在 7 月 22 日在萨林斯海滩登陆，次日，塞尔达尔穆斯塔法帕夏离开营地开始积极进攻。如果要估计登陆塞浦路斯的土耳其陆军总兵力，就需要把舰队的容量翻倍了，也就是大约3.5万人到4万人左右，这和起初热那亚人提供的数字相去不远，差不多正好是皮亚里帕夏的信中所显示的第一批登陆的兵力的两倍。[24]

但即便确定了总人数，还有必要弄清楚实际战斗人员的确切人数是多少。卡莱皮奥在被俘之前，曾经也相信过那些在尼科西亚流传的庞大数字，但在他被俘之后，土耳其狱卒告诉他，他们的正规军其实只有6000名耶尼切里和4000名西帕希骑兵而已，这让他无比惊讶。所有最有知识的意大利编年史作家，在事件发生后的几年中都通常不同意这些数字，此外索佐梅诺也提到，土耳其人要运输两趟部队。考虑，当时在君士坦丁堡的1.2万名耶尼切里中，有4000名耶尼切里已经登上了加莱桨帆船，而另有1500名耶尼切里被派往阿尔巴尼亚平定叛乱，据巴尔巴罗报告，在出征后，"君士坦丁堡根本连一个耶尼切里士兵都看不到了"，那么6000名耶尼切里军团的数字是完全可信的。[25]

4000名西帕希骑兵似乎太少了，但不要忘了，拉拉·穆斯塔法帕夏的军队不可能有足够的骑兵，这不仅仅是因为我们强调过的运输问题。在苏莱曼在匈牙利的最后一次战役中遭受巨大损失后，威尼斯特使的报告经常提到缺乏马匹是土耳其人的主要弱点。巴尔巴罗在去年秋天曾向国内汇报说，在从塞格德返回后，土耳其军队严重缺乏战马，以至于"西帕希骑兵需要大量时间和拨款才能重整旗鼓"。秘书布翁里佐也说："他们没有战马了，在塞格德的那场战役以后，基本上没有西帕希骑兵团的士兵还能骑上等的战马了。"考虑到还需要运输物资的牲畜，问题就更加严重了：耶尼切里军团完全不愿意在没有牲畜运输的情况下行军，即使市场上没有马可买，他们也绝不会放弃这样的坚持。当耶尼切里军团的一名阿迦在军营中无意透露了战争临近的传闻后，士兵们就开始到处寻找马匹，一旦发现马匹，就立刻强行征收，"因此造成了极大的社会混乱"；此后，该命令被撤销，耶尼切里士兵们也不得不把这些宝贵的"洛西南特"们物归原主。

因此，在拉拉·穆斯塔法能够运送到塞浦路斯的少量马匹中，并非所有马都可供骑兵使用；在这一点上，帕鲁塔提供的两条信息能够相互证实。按照他的记载，土耳其军队确实有4000名骑兵，却“只有不超过2500匹战马”；此外，他指出，西帕希“因作为骑兵服役而获得蒂马尔，但在需要时，他们也习惯于与其他步兵一起徒步作战”。塞浦路斯人索佐梅诺也证实，他们一共带了4000匹牲畜，“虽然我们喜欢说1万匹”，但在这4000匹牲畜中，许多只是运送攻城器具的骡子。同时卡莱皮奥也证实了以上这些数目，不过他认为有些骑手也会骑配备鞍座和鞍辔的骡子。[26]

因此，真正的战斗人员属于军人阶层，有专业的武装和训练，塞尔达尔可以依靠的就是这6000名耶尼切里和4000名西帕希，可能不是所有人都骑马，目击者和编年史作家都提到了这一点。然而正如诚实的孔塔里尼所指出的，还要算上“很多冒险者，其人数难以估计”。事实上没有人能准确得知土耳其军队中到底有多少冒险者，甚至奥斯曼政府自己也不知道。当我们提到这些“冒险者”的时候，我们实际上指的是为战役招募的徒步士兵，通常在奥斯曼帝国的记录中被列为“阿扎普”，这个词也指土耳其舰队的水手，或是辅助炮兵的仆从，以及加入舰队而没有得到任何报酬或配给的战士，他们的动机是为了掠夺战利品。在地面战争中，土耳其军队总是包括从巴尔干人口中招募的“许多坐骑不好，装备也很差的人”；这些骑兵的生活要求很低，“只需要一些用牛奶煮的大麦粉，和一包用来喂他们的马的大麦”，他们在正面会战中没什么用，但在军事行动中，他们能“给敌人制造一切困难”。然而在出征塞浦路斯的土耳其舰队中，帕兰迪尔运输船的数量并不多，因此很难想象这支部队中会有很多非正规骑兵；此外，巴尔巴罗观察到，志愿者的数量令人失望，因此有必要通过向骑手提供比平时更高的工资来鼓励人们入伍。[27]

正如之前提到的那幅画所展示的那样，志愿兵主要都是步兵，各自的装备也参差不齐。这些志愿者们要加入军队并不需要战马，甚至不需要自备兵器：大多数人都是从投资者手中得到购买装备的资金的，他们承诺与投资人分享一切利润。但即使是这些冒险家也不可能太多，因为根据巴尔巴罗的说法，塞浦路斯战争极不受欢迎，兵役通常对塞利姆的和平臣民没有吸引力：上一年在开罗试图招募1000名士兵，尽管开出了很高的薪饷也招不到人。巴尔巴罗对这件事惊奇地写道："他们努力招募士兵好几天了，还是找不到愿意参军的人。"当然，当初战告捷和夺得大量战利品的消息传出后，赶赴塞浦路斯的志愿者人数增加了；但他们并不是拉拉·穆斯塔法军队的主要力量。[28]

此外，与士兵们争夺船只狭窄空间的，还有许多维持舰队运作所需的工匠、西帕希带来的奴隶和仆人，以及从基督教臣民中招募的土方工人和炮兵仆役。根据布翁里佐的记载，当时土耳其一共招募了8000名亚美尼亚基督徒工兵。而唯一在书中给出工兵具体数字的编年史作者帕鲁塔，则认为只有3000人。巴尔巴罗的秘书布翁里佐，在报告他的上司于君士坦丁堡收集到的情报时曾提到"在炮兵部队中的阿扎普"，包括仆役和骡夫在内，至少有1.2万人，但拉拉·穆斯塔法帕夏一共只有100余门火炮，因此这些数据的真实性可能还需要重新评估。总之，为了准备这次艰苦的攻城战，土耳其的围城部队中工兵和炮兵的人数一定比平时要多，根据之前各方面所记载的当时的情报和如今对土军投送能力的推算，大致可以估计土军的总兵力应该在3.5到4万左右。[29]这个兵力数目比当时双方为了各自的目的而宣称的数目要小得多，但更可信：根据奥斯曼朝廷留下的档案文件，在苏莱曼大帝出征匈牙利的战争中，总共有给48316人支付军饷的记录，考虑到这次苏丹并未亲征，而且军队需要海上运输，可以合理推测兵力会更少。[30]

对一支16世纪的军队而言，4万人的兵力是一个比较可靠的数字；尤其是考虑到，这支军队还要在小麦产出并不高的荒年期间，于塞浦路斯这样一座不到20万人口的岛上获取补给。然而在这一点上，土耳其人还算比较幸运，因为1570年塞浦路斯的收成还算不错，可以供今后3年所需，而威尼斯指挥官们也过于无能，让这批小麦被土耳其人抢走了。威尼斯人曾以为这批小麦是藏在塞浦路斯坚固的防御工事的仓库里了，但根据威尼斯方面事后了解到的情况，这批小麦被存放在各地的要塞中，当地政府直到最后才下令将其运到尼科西亚，但此时已经太晚了，他们只好下达了一条奇怪的命令：任何人都可以"拿着容器去装小麦，并将其带回到城里，这些带回的小麦都归其本人所有"。这条命令是和把居民疏散到山上或带进首府的命令同时发布的，因此造成了严重的混乱；虽然许多农民进入了尼科西亚的堡垒避难，但大部分收成仍留在“村庄外，农民吃不到这些粮食，都留给了敌人”。[31]

面对来犯的土军，岛上的威尼斯指挥官拥有的兵力绝不算少。早在3月1日，教廷大使就向国内报告说，元老院认为他们在塞浦路斯有5000名意大利士兵，还有在当地农民中招募的1.1万名民兵，外加800名阿尔巴尼亚轻骑兵，以及500名“领主根据封建义务提供的骑兵”。[32]如我们以后会提到的，补充兵力的计划确实实现了，而且甚至超出了预期的要求，只是由于一系列的错误判断还有一些突发事件，岛上可用部队的战斗力要弱于预期。但要深究其原因，有必要分别研究部队的各个组成部分。

驻军中最重要的骨干力量是意大利步兵。在和平时期，塞浦路斯岛的驻军不到2000人；在过去的冬季和春季，这里获得了1500名步兵的增援，之后吉罗拉莫·马丁嫩戈也在伦巴第招募2000名新兵。这些伦巴第兵组成了一个团，它在戎装穿越威尼斯的圣马可广场时，大大鼓舞了威尼斯人，但随后他们前往塞浦路斯的旅途却完全是一种折磨，甚至不少当时的威尼斯编年史学家认为，这个伦巴第团所遭遇的不幸是这场塞浦路斯战争的缩影。马丁嫩戈是威尼斯当时最著名的军事家之一，在国内享誉盛名，深得信任，而他在半路上不幸因病去世；先前元老院出于谨慎，让他的儿子留在国内，这样万一发生了不幸，“至少国内还能留着这个与您酷似的孩子，我们将会对他视如己出”，结果竟一语成谶；航行中的艰苦环境和流行的疾病使部队大量死亡，等抵达塞浦路斯的时候，船上的士兵已经死了一半了。这条噩耗越传越夸张，在热那亚甚至有传言说，自从马丁嫩戈去世后，“他指挥的部队都死于瘟疫”。事实上，在5月初，还是有1290名士兵抵达了塞浦路斯，但这并不能改变一个事实，正如帕鲁塔带着一丝伤感地记载道的那样，他们的命运注定还是一场悲剧：“那么多如此勇敢的士兵在短短的时间内全部牺牲了，有些是被旅途中的各种困难折磨致死，有些则死于敌人的武器之下。”[33]

在威尼斯，在宣布这一不幸消息后，另一名军官兰戈内·帕拉维奇诺受命“以私人身份招募一批士兵”，并火速前往法马古斯塔，代替马丁嫩戈来指挥塞浦路斯驻军。然而为时已晚：土耳其舰队此时已经封锁了塞浦路斯附近的整个海域，在兰戈内到达干地亚后，他认为继续往前航行非常危险，只好停止前进。此外，威尼斯人继续被之前同样的厄运所困：兰戈内同样病倒了，在到达克里特几个月后就去世了。塞浦路斯的气候同样恶劣，岛上天气炎热又沼泽遍布，威尼斯人甚至认为这种气候是致命的，并且推测土耳其人可能会在“8月的第一场大雨”后再进行作战，以避免大军在闷热的夏季损失惨重。而事实上，岛上的意大利步兵的处境更加糟糕，他们不断有人死于酷暑：在后来土耳其人登陆的时候，他们只有4200人了，并且还在每天减员。[34]

塞浦路斯驻军的另一个稳定组成部分是阿尔巴尼亚裔的轻骑兵，他们被称为“巴尔干骑兵”，是永久性调到岛上驻防的。在基督教世界的所有沿海地区，人们早就认识到，保护当地居民免受私掠者入侵的最佳方式是保持一支机动骑兵部队，一旦有登陆信号，他们就能够迅速赶往登陆点迎战敌人。因此，塞浦路斯也有一支由龙达基斯骑士指挥的巴尔干骑兵部队，此人之前挫败了土军在拉腊村的登陆。早在几年前，威尼斯内部就收到报告，称这些骑兵的战斗力越来越低，他们的报酬是在岛上分得了自己的土地，因此他们正逐渐向真正的农民转变：这些巴尔干骑兵只顾着自家的地，每当海盗活跃的季节来临时，他们却还在优先考虑自己自家的事情，“因为在4月必须收割大麦，5月则要抢种小麦，无论是示警的炮声还是号角都无法阻止他们在地里干活”。威尼斯政府根据这一报告，取消了分地制度，而用货币支付他们的军饷，因此轻骑兵的战斗力再次提高。他们共有约800人，其中500人至600人在尼科西亚，剩下200多人在法马古斯塔。[35]

此外，岛上的意大利人和希腊人领主，也要自费提供骑兵，但这一制度只是中世纪塞浦路斯王国军事制度的残余，不能太指望。一份1559年的报告显示，领主们拥有的马不超过100匹；在岛上的一次比武大会中，只有3匹经过训练的战马，因此参加比赛的骑手们不得不轮流骑这3匹马，这导致比武持续了好几周。而由于常年缺乏战马，岛上甚至开始以骡子代替战马，当地政府为了阻止这种情况，下令禁止母马与驴子结合。在随后的几年里，当地政府似乎为此采取了一些措施：要求各地的领主们更严格地履行他们的义务，同时政府向那些自带坐骑服役的人提供给养。在土耳其人登陆时，巴廖尼已经可以指望“领主们提供1000匹马，这包括了贵族和他们的扈从的马匹”，但其中许多马并没有接受过作为战马的训练。[36]

还有一部分驻军是当地最近组建的民兵，他们是按照克里特传统的方式组建的，对整个塞浦路斯岛屿的防御同样至关重要。组建民兵的过程中引起了诸多不满，不少人当了逃兵，而军中的舞弊现象也屡见不鲜，但负责组织民兵并从中获取利益的当地要人们却承诺能创造奇迹。法奇内蒂在威尼斯向罗马教廷汇报公众舆论时说，“根据听到的情况，塞浦路斯民兵接受了完备的训练”。[37] 而其真实状况可见下文；目前只能说，民兵招募工作至少在数量上取得了成功。在土耳其人的进攻临近的时候，塞浦路斯又从村民中招募了一批民兵，以协助之前的农村民兵，费用则由政府和当地某些个人共同分担，在市民中也招募了一支类似的新部队，让民兵总数达到了1.3万人至1.4万人。此外还要加上在当地招募的工兵，这些部队在围城战中是不可或缺的，因此仅在尼科西亚就集中了4000名工兵，算上全部这些部队，动员工作似乎颇有成效。[38]

然而这样令人印象深刻的庞大数字，并不能反映其真实战斗力。根据帕鲁塔的记载，“这些人完全是新兵，没有任何经验，武器装备也很差；由于没有足够的长矛和重火绳枪，许多人只能用短矛和戟”。因此，它是一支武器和战术都相当过时的部队，至少肯定无法对抗耶尼切里。卡莱皮奥当时看到过大约2500名从尼科西亚居民中招募的士兵在操练，他说，这些士兵总共只有约1000支重火绳枪，而且那些有枪的士兵看上去也根本不会操作枪支，甚至每次开枪都可能点着自己的胡子。这些士兵都是强制征募的，而且没有军饷，基本上都是那些快要饿死的当地工匠，因此士气也非常低落。他们中的大部分人后来都被解除武装，送去各地的防御工事劳动，但有一次，某些民兵和一个同样被动员来守卫塞浦路斯的意大利步兵连起了冲突，“那些意大利人用重火绳枪和长剑杀死了不少手无寸铁的民兵”，结果一个意大利人因此被绞死，整个连被调往了法马古斯塔。

因此对帕鲁塔的说法我们不必惊讶，他说在当地人组成的军队中，只有少量自愿参军的贵族可以凭着“对荣誉的渴望、对主君的承诺和对国家的热爱”与意大利步兵抗衡；也就是说，其他所有民兵，尤其是那些刚刚从乡间征募来的乌合之众，都完全不值得信任，最好不要让他们面对任何考验。[39]

威尼斯指挥官拥有1.8万名步兵，只有4000人是精锐的意大利重火绳枪兵和长矛兵，其余的都是装备很差的民兵，此外还有1000人左右的骑兵，这样的兵力是足以迎击7月3日登陆的首批土军的，他们完全有机会赢得一场胜利，然而这样的决策需要魄力，因为这意味着整个岛的命运将在一天中决定。塞巴斯蒂亚诺·维尼埃此时刚被任命为塞浦路斯方面的地方监督官，他本可以下这个决断，然而在穆斯塔法帕夏率领土耳其舰队在萨林斯海滩登陆的时候，这位年迈的威尼斯贵族还在科孚岛，而当他后来启程前往塞浦路斯上任的时候，却发现海域已经被土耳其舰队封锁，他被滞留在克里特，无法抵达塞浦路斯。

在错过了在海滩上阻击土耳其人登陆的战机后，守军最简单的战略自然就是龟缩在各处防御工事内死守，希望依托坚固的要塞抵抗下去，能坚持到援军赶来的那一天。当时一般认为土耳其军队的攻城水平并不高，包括穆斯塔法帕夏在内的土军指挥官，攻城能力都相当值得怀疑（根据当时的记载说，“人们都认为，土耳其人在攻打基督徒精心建造，装备精良，戒备森严的防御工事时，根本一筹莫展”）。[40] 如此我们也明白了为什么当时守军的指挥官会对死守首府尼科西亚和法马古斯塔港和的这两座最重要的防御工事会抱有如此大的信心。法马古斯塔扼守着通往内陆地区的主要通道，长期以来，只有这里才是加强防御的重点；但在几年前，在察觉到君士坦丁堡的那些令人担忧的发动战争的迹象后，威尼斯同时也决定也强化尼科西亚的防御能力。

尼科西亚城地处平原中部，这样的地形在以往和未来的任何时代都被认为是易攻难守的，但这正是16世纪的军事工程师梦寐以求的地形，因为在平原上他们可以自由地按照他们自己的技术规则来建造各种防御城墙，而根本不需要再考虑各种天然地形的阻碍了。1567年，当时最著名的军事工程师之一朱利奥·萨沃尔尼安被派往尼科西亚，因为当时的威尼斯政府早已预料到土耳其人早晚会入侵塞浦路斯，因此下令采用当时最先进的建筑理论来建造一座由壕沟、炮台和三角堡组成的强大要塞。为了造这座防御工事，城市的外围部分被全部推平：房屋和教堂必须被夷为平地，花园和果园必须被连根拔起。萨沃尔尼安在一封私信中记载说，为了应对战争，所有这一切的拆毁工作都是必要的，（“除非是为了战争的缘故，否则我们不能这样做”），居民们也没有出来抗议；然而拆除民居的场面实在惨不忍睹，最后使得这位军事工程师自己都开始反对这一做法，他自己在信中承认说：“我的工作非常肮脏、残忍、不幸和不人道，我不能再继续下去了。”[41]

这一行动并未被土耳其人忽视，在阿里帕夏的那次著名的法马古斯塔之行中，他问当地的威尼斯人是否真的要为了建造防御工事而重建整座尼科西亚城。在得到肯定回答后，他略显狡诈地指出，他不理解这么做的原因，因为没有人威胁塞浦路斯，如果西班牙国王决定进攻这里，苏丹会帮助威尼斯人保卫塞浦路斯。接待他的威尼斯官员机智地回答说，这一重大工程是为了让塞浦路斯为数众多的穷人们有活可干，于是这个话题就此打住了。在土耳其人登陆萨林斯海滩的时候，尼科西亚的防御工事还没有完全完成；但它已被认为是军事建筑学的“奇迹”了。因此，副监督官丹多洛带着一半的军队，“还有整个塞浦路斯王国的贵族们”都前往尼科西亚的防御工事避难。而巴廖尼则按计划撤往法马古斯塔，以避免和丹多洛无休止地争吵，按他们的估计，土耳其人应该先对法马古斯塔发起围攻。然而拉拉·穆斯塔法帕夏却根本不想按照敌人的预期计划来行事。[42]

7 月 23 日，在土耳其舰队运来了第二批陆军并完成登陆后，土耳其军参加此次行动的所有部队都抵达了，部队开始出发，所有西帕希骑兵都骑上了战马，扛着重火绳枪的耶尼切里军团排成纵队，大批队伍散乱的阿扎普和土方工人跟在后头，还有队列长得望不到头的火炮和马车。这支大军并未沿着海岸前往攻打法马古斯塔，而是从内陆地区绕道，走两天的路程前去攻打尼科西亚。卡普丹帕夏的计划是先攻下沿海城市，但早在帕夏们还没离开君士坦丁堡出征以前，该计划就在战略评估后被否决了。如果围攻法马古斯塔的话，就会使其中相当大一部分敌军留在尼科西亚的防御工事里，随时都能出击，他们可以截断舰队和围城大军之间的联系，并从后方袭击围城的部队，而此时法马古斯塔里的守军也可能突围，这就会使围城部队陷入非常危险的境地。因此更好的方案是先围攻尼科西亚的守军，因为此时他们基本是处于孤立的地位，只要他们不能阻止土军完成包围，那他们就将陷入绝境。[43]

这里也有必要探讨一下塞尔达尔统帅的这支陆军的战斗力。这支陆军中的骑兵的装备都很陈旧：在法马古斯塔城外的几次零星的战斗中，巴尔干骑兵赢得了几次胜利，缴获了一批战利品带回城，安杰洛·加托看到了这批战利品，其主要包括头巾、弯刀、印度竹矛和铁鞭。木匠马尔科·迪贝内托在接受布拉加丁的询问时说，这些西帕希骑兵“大部分都在50岁以上，骑的马也都是岁数很大的老马”；他们每个人身边都带着一个男孩，通常是基督徒，而且也基本没有武器。真正需要担心的强劲对手是由德夫希尔梅制度严格选拔上来的耶尼切里军团；然而在塞利姆刚登基时，耶尼切里军团的士兵们开始有权让自己的儿子入伍，西方人很快就发现他们的战斗力受到了影响。有一位威尼斯外交官曾如此说：“这些民兵完全是鱼目混珠，包括我本人在内，所有看到这集结起来的6000名士兵的人都会认为，他们根本配不上那个让基督徒闻风丧胆的名字。”和其他那些“不擅长使用重火绳枪”的土耳其普通士兵相比，耶尼切里军团的士兵至少懂得如何正确使用枪支，然而还是有人直截了当地称，这种步兵“在任何方面都不能与普通的基督教步兵相比”。

当然，这些评论一定程度上带有西方人的偏见，不能完全信以为真，用爱德华·赛义德提出的现代术语来说的话，这体现了评论者的“东方主义”。但这其中也有行家给出的技术层面上的判断：一位西班牙作家在他关于“傲慢又臭名昭著的土耳其民族，以及他们残酷和欺骗性的战争手段”的书中指出，尽管耶尼切里军团不可小觑，但以长矛兵和重火绳枪兵协同作战的基督教步兵有能力击败它，这反映了西方步兵战术的重大进步。马尔科·迪贝内托在向布拉加丁报告的时候，也提供了一些土耳其军队的具体技术数据：土耳其军队中只有不到2000名士兵有头盔和锁子甲，“而只有那些重要人物才有整套护甲”；而耶尼切里军团是整个土耳其陆军中唯一使用重火绳枪的部队，“其余的士兵仍使用弓箭”，而他们的重火绳枪兵和西方的不同，这些人既没有头盔也没有胸甲。无论如何，不管用不用东方主义的模式来看这个问题，都必须承认，与勒班陀海战前仍普遍存在的传说相反，西方军队并不会被对土耳其人的恐惧和其不可战胜的名声所压倒：相反，他们认为只要有同等的兵力就能与土耳其人匹敌。马尔科·迪贝内托轻蔑地总结道：“他们的战斗力体现在叫喊声足够大，但这些人根本不是真正的战士。”[44]

但土耳其人对此怎么看呢？巴尔巴罗长期向国内汇报君士坦丁堡民众的看法，他一直声称“流行的谣言”认为征服塞浦路斯是一项困难和危险的行动，他们认为这场战争师出无名，而且将漫长而血腥；如果这是真的，那这样的担忧应该同样早已在土耳其军队中流传了。从军中传唱的歌曲来看，他们很少犯下骄傲或虚荣的错误，因为他们都很清楚，在真主面前，个人不值一提。他们不仅祈祷胜利，还祈祷自己能平安回家，因为“在异国的土地上，他们归心似箭”，而那些士兵最喜欢的一句歌词是：“我的真主，让我们平安返回故土吧！”

然而同时，他们也确信自己在为正义的一方而战，为信仰而战的人不应该恐惧：“信道的人只要呼求真主的名，伪信者们就将被全部消灭。”他们认为自己是“伊斯兰的军队”，也是奥斯曼的军队，他们在为大地上有史以来最强大的王朝效力。在登陆塞浦路斯的三四万士兵中，大部分人参军是出于对苏丹的义务，因为他们从那里苏丹获得了薪饷或蒂马尔，或仅因为他们是他的臣民；其余的那一小部分士兵是自愿来的，只是为了掠夺战利品和在战场上博取荣誉，期待带着“加齐”（对抗异教徒的战争英雄）的头衔返回祖国，然后被苏丹授予蒂马尔作为奖励。所有人都期待自己能平安回家，但要想实现这个目标，他们必须先征服这个遍布沼泽、迷雾笼罩的炎热岛屿，因此他们不得不在 7 月的酷暑中向尼科西亚进军。[45]

13

各怀私心的援军

在拉拉·穆斯塔法的舰队离开基地前往尼科西亚的同一天，威尼斯舰队也从科孚岛出发，前往克里特岛，一路上经过了土耳其控制的普雷韦扎港和圣莫尔岛，然后停在了凯法洛尼亚。司令官曾想袭击这一带的土耳其堡垒，但派去侦察的军官回来却报告说，要攻下这些堡垒几乎不可能。随后舰队继续前进，在先后停靠在伯罗奔尼撒海岸的赞特和莫顿后，终于于8月4日抵达了克里特岛，停靠在岛上最主要的天然港苏达湾。此时舰队上之前流行的瘟疫依然十分严重，因此赞恩下令让所有病号全部在赞特下船，不仅仅是为了避免瘟疫继续传染扩散，更因为这场斑疹伤寒已经使不少船员崩溃，失去了理性，“他们做出了各种匪夷所思的行为，有的把在熟睡中的身边的同伴杀死了，有的则直接从甲板上跳海自尽”。另一方面，在离开科孚岛之前，赞恩命令该岛的监督官招募尽可能多的桨手，接替那些死者和重病者，8月1日，他向赞特送出了一份乐观的报告，报告中说，加上在圣莫尔岛俘获的100名土耳其人，如今他已经弄到2200人了，虽然之前的减员比这要多得多，但他相信克里特岛一定已经招募到了大批士兵和桨手。[1]

然而在赞恩抵达克里特岛后，发现当地的战争准备工作并不如他预期的那么好。干地亚的监督官达穆拉已经病倒两个月了，没有他的帮助，募兵工作根本无法进行。不久前，达穆拉受命更新全岛的征兵登记册，“详细登记每个人的姓名、外貌特征、家境状况和住址，把所有人的信息全部登记造册”。然而他至今没有时间来执行这项任务，因此无法使用新的名单。将军急于不惜一切代价集结军队，他赦免了所有愿意加入船上军队或桨手的流放者，并让部队荷枪实弹地上山追捕逃避兵役的人，“好像猎人追赶兔子一样”。但这一切努力的结果却依然令人失望：赞恩在克里特岛期间寄回本土的报告中，对当地居民抗命不从和当地政府和贵族抗拒合作的态度大发怨言。这些报告给威尼斯方面留下了非常不好的印象，并最终破坏了赞恩的声誉，赞恩被指控面对危机时毫无准备、束手无策。这一点正如一位当时的编年史学家简洁地所指出的："赞恩将军……在8月初抵达干地亚，想要在当地招募桨手，并为舰队得到海用饼干和其他食物。这些行动不仅严重超支，而且耗费的时间也超过预期。"[2]

虽然赞恩之前收到的命令是率领舰队继续前往黎凡特去和土耳其舰队决战，不必等盟军的舰队，然而他早就决定，要先招募到足够的桨手，再执行这条命令；如果在招募桨手的这段时间内，多里亚和科隆纳的舰队正好能赶来会合，那就更好了。根据斯福尔扎·帕拉维奇诺的说法，赞恩的舰队停靠在克里特岛时状况十分糟糕，只有不到一半的加莱桨帆船能出海训练桨手。但优先考虑招募的决定对威尼斯舰队的战略和形象都产生了严重影响。因为此时拉拉·穆斯塔法帕夏的骑兵已经在塞浦路斯岛上来去自如，岛上的农民也利用这个机会离开了他们的威尼斯主人，土耳其舰队也已经控制了塞浦路斯的整个海域，毫无阻碍地继续为塞尔达尔的军队转运兵员、马匹和物资。而此时在克里特，乃至整个爱琴海，关于威尼斯舰队遭到瘟疫袭击，大量减员，因为需要补充人力而四处拉壮丁的消息已经在基督徒中造成了极大的恐慌，威尼斯早已败坏的声誉此时降到了历史最低水平。

而其中造成最恶劣的影响的是马尔科·奎里尼的掳掠行为，他当时受命带着20艘加莱桨帆船在希腊群岛搜集人手。安德罗斯岛属于土耳其领土，但岛上的居民主要是信仰基督教的希腊人，奎里尼带着士兵登上了岛屿，他们在岛上犯下了严重的暴行，抓走男子，强奸妇女，洗劫了村庄和教堂。帕鲁塔惊愕地记载道："士兵们登上了敌国的领土，尽管岛上的居民主要都是基督徒，但这无法阻止军人的暴行。"奎里尼带着300名犹太人和基督徒奴隶返回了克里特岛，这些人将充当桨手，而斯福尔扎·帕拉维奇诺亲自向威尼斯报告称，"这些士兵犯下了大量的卑鄙罪行，并且还抓走了许多年轻女孩"。毫无疑问，这样的行为给整个威尼斯舰队在爱琴海地区的希腊民众中的声誉造成了非常恶劣的影响，损害要远远大于他们掠夺的收益：正如帕多瓦的一位编年史作家所观察到的，很遗憾，对安德罗斯的洗劫“令所有善良的人感到不快，冒犯了干地亚人的灵魂，并使群岛上的希腊人对基督教舰队彻底失望，他们以前曾向上帝虔诚祈祷，希望这支舰队能来取得胜利，从土耳其人手中拯救他们”。[3]

无论如何，威尼斯舰队确实对爱琴海的土耳其领土造成了很大的破坏。已经被任命为塞浦路斯监督官的塞巴斯蒂亚诺·维尼埃没能在土耳其人登陆之前前往岛上赴任，有人建议他就先留在克里特。赞恩给了他3艘加莱桨帆船，希望他能前往希腊群岛掠夺所有见到的目标，也好重新激励蒂诺斯岛上忠实的臣民的士气。维尼埃随后来到纳克索斯岛，也就是那个令人憎恨的犹太人米格的封土，岛上的人升起了威尼斯的圣马可旗帜，并且把岛上的城市的钥匙交给了他。这位老绅士们把民众都召集到当地的天主教教堂，向他们宣告重获自由，并选举几年前被土耳其人夺走统治权的前公爵贾科莫四世的兄弟为该岛地方长官；随后维尼埃就离开了，并带走了岛上所有犹太人作为奴隶，一共17个男人和11个女人，因为岛上没有土耳其人，所以居民就把他们交了出来。

在威尼斯本土，人们对这场“胜利”的反响非常冷淡：教廷大使认为，纳克索斯岛这样的地方“根本无关紧要，因为这是个不设防的岛屿，谁在这片海域占据了优势就可以对它为所欲为”。然而在君士坦丁堡，这条消息却引起了轩然大波，甚至连还在软禁中的巴尔巴罗都得到了消息：据说威尼斯人入侵了爱琴海，正在摧毁土耳其在那里的领地，甚至有传言称舰队已被威尼斯人击溃，威尼斯人“击沉了90艘土耳其加莱桨帆船”。在维尼埃和奎里尼之后，排名第二的海洋监督官安东尼奥·达卡纳尔也出海抓捕奴隶了，在8月的那几周里，这些岛屿一个接一个遭到攻击：帕罗斯岛没有遭到任何抵抗就被轻松占领了，威尼斯人在当地任命了一名地方长官；米洛斯岛同样毫不抵抗就投降了；米科诺斯岛上的希腊人进行了自卫，但加莱桨帆船仍抓走了近150人；在卡尔帕索斯，士兵们烧毁了村庄，屠杀当地人的牲畜，并且强奸了当地的妇女。通过加莱桨帆船上的神职人员每天向外透露的信息，整个欧洲都得知了这些暴行，他们毫不犹豫地谴责这些对基督徒施加的暴行和堕落行为。某位船上的牧师痛苦地评论道："这不是为了补救，因为我不知道具体是哪些人做了这样的事情，但我说的是实话。"教宗庇护五世本人对此大为震怒，他谴责抓捕土耳其统治下的基督徒为奴隶桨手的行为，并称这是极大的罪恶。[4]

弗朗西斯科·科罗内洛当时代表若昂·米格统治纳克索斯，他的命运可以证明基克拉泽斯海域的冲突有多激烈。他赶在维尼埃的船队到来前逃离了纳克索斯岛，在历经重重凶险后，他终于抵达了锡罗斯岛，但他被那里的民众逮捕，某位名叫扎宁·德拉卡内亚的船长率领 3 艘弗斯特帆船，在夜间抵达该岛，把他带上了船。船队返回克里特岛途中，他们在蒂诺斯岛停留，岛上的人发现了这个囚犯，他们提出愿意给船长 500 西昆，换取"把他移交给他们处置，好用最残酷的死刑处决他"，然而科罗内洛却出了一笔更多的钱，以此换取把他押送回克里特岛。他被关押在干尼亚，通知他在君士坦丁堡的朋友出钱把他赎回去。在得知科罗内洛有可能被释放后，蒂诺斯岛上的居民大为不满，急忙给威尼斯十人团写信，指控这位"祖安·米卡斯的副手"犯下的种种罪行，并称皮亚里帕夏袭击蒂诺斯岛也是他的主意，坚决反对释放这样一个危险人物。在深思熟虑后，十人团命令干地亚的地方政府核实蒂诺斯岛居民对科罗内洛的指控是否属实，并表示"如果这些事确实属实，你们可以将其秘密处决，然后对外宣称他是病死的"。[5]

在威尼斯，政府现在既希望盟友的舰队尽快赶来与赞恩会合，又同样希望赞恩必须尽快前往塞浦路斯海域对抗敌军；根据巴尔巴罗大使的最新信件，土耳其舰队也想"搜寻我们的舰队"，因此一场大战似乎无可避免。然而事实上，克里特岛和威尼斯本土的遥远距离，使得威尼斯人无法及时得知前线的最新情报。威尼斯元老院在 9 月初收到的最新消息，还是赞恩 8 月 1 日发来的；因此他们对赞恩在干地亚遇到的那些灾难性的事件完全不知情，还在幻想他应该能轻松招募舰队所需的桨手和斯卡波利。但威尼斯人知道 8 月 20 日刚抵达加利波利的多里亚和还在奥特朗托的科隆纳舰队的行动。因此，元老院向将军确认了盟军舰队即将抵达，但同时也很高兴他做出了"勇敢的决定，前往寻找敌方舰队并与之作战"：事实上，他们推测，在抵达干地亚后，他将立即前往塞浦路斯。当局的乐观情绪是如此明显，以至于人们流传的捏造的消息，与君士坦丁堡听到的谣言惊人地相似：根据这些谣言，赞恩已经与土耳其人作战并击败了他们，俘获了 40 艘加莱桨帆船，舰队的其余部分则四散溃逃。[6]

事实上，赞恩还在寻找土耳其舰队的具体位置。之前他刚派了两艘加莱桨帆船跟着维尼埃的座舰从科孚岛出发，一直航行到卡尔帕索斯，想要寻找土耳其舰队的动向，然而他们却一无所获；在 8 月 7 日，连不知疲倦的马尔科·奎里尼也被派到罗得岛侦察了。与此同时，在种种手段下，舰队也总算招募到了一些桨手，指挥官们的心情更好了，但毫无疑问，他们无意在盟军到来之前采取任何主动。帕拉维奇诺给威尼斯国内寄回的报告都是令人鼓舞的消息，说他们即将克服“招募人手的困难”；只等多里亚和科隆纳前来就可以出击了，还说“我们认为我们此战必胜”。赞恩也说“他会等教宗阁下和西班牙国王的舰队抵达后”，并将在那时启航前往塞浦路斯，“解除对该岛的围困”。赞恩在信中清楚地说，之前的瘟疫给舰队造成了极大的船员损失，如今他们如果没有同盟舰队的支援，就什么也做不了；的确，政府命令他这样做，“但人不能违抗上帝的意愿”。

这封信直到 9 月底才送回国内，在威尼斯给人留下了不愉快的印象，赞恩所经历的困难一直被低估了。他们早在很久之前就认为赞恩已经在赶往塞浦路斯的路上了，然而根据报告，此时他居然还在克里特，瘟疫依然在舰队中肆虐，出发时船上的那 1.2 万名士兵和志愿冒险者中，如今只有 4000 人还有战斗力。威尼斯当局不知道是应该担心坏消息本身，还是担心它可能对盟友产生的影响。法奇内蒂写道：“这样的消息给这些绅士带来了重大打击，当然，这是因为事实碰巧与谣言所说的和他们自己想象的不同，但也因为在他们看来，舰队遭遇的不幸是上帝的惩罚。”此时威尼斯人已经开始担心“马尔科·安东尼奥（马肯托尼欧）和乔瓦尼·安德烈亚（吉安·安德烈亚）”在得知局势如此复杂后，会重新考虑要不要“前往塞浦路斯并冒险开战”。[7]

马肯托尼欧·科隆纳 8 月 6 日抵达了奥特朗托，虽然武装加莱桨帆船的速度比预计要慢，但他此时心情极佳。在离开安科纳以前，教宗曾通知他说，西班牙国王同意把自己在意大利的加莱桨帆船都交给他指挥，并且让吉安·安德烈亚·多里亚“立刻开始听从他的命令”。因此科隆纳没有立刻启程前往黎凡特，而是先在普利亚靠岸，等待多里亚的舰队。这次出海航行过程并不顺利，因为船员都是没有经验的新手，桨手也是新招募的，部分加莱桨帆船在海上几乎耗尽了淡水，做饭时只能用海水煮汤。船上的耶稣会教士在信中称，他们能活着抵达奥特朗托，靠的是上帝的恩典，而非水手们的本事。科隆纳收到了费利佩二世的信，国王祝贺他被任命为教宗国舰队的指挥官，并告诉他吉安·安德烈亚·多里亚以后也听从他的指挥。于是第二天他就写信给威尼斯，表示会尽快前往科孚岛，显然他以为威尼斯舰队此时应该还在那，而多里亚的舰队将在奥特朗托和他会合。而他的这封信和威尼斯总督的一封亲笔信正好交错而过，后者在信中要求他“火速前往黎凡特，以便与我们的舰队重新团聚并团结起来”，好让教宗阁下放心，并提高这个“基督教共和国”的声誉，同时也能安排好“我们共同的事务”。[8]

两周后，科隆纳依然还在奥特朗托等待吉安·安德烈亚·多里亚，此时他的心情已经不太好了。20日，科隆纳写了一封信给枢机主教鲁斯蒂库奇，信中称“吉安·安德烈亚大人12日就离开墨西拿了，他并不知道我在等他”。事实上，多里亚的舰队在科隆内角时，有一艘小型护卫舰前去通知他，告诉他教宗国的舰队还在等他，而多里亚得知后，非但没有加速前进，反而放慢步伐，“至今还没见到人影”。这位热那亚人海军司令在当天晚上终于抵达了，但几个月后，在一切都非常糟糕之后，他当时不愿意加入舰队的行为仍然激怒了他的罗马同僚。在科隆纳给国王的备忘录中，他是这样描述他抵达奥特朗托以后发生的事的：“我是6日到达的，随后等安德烈亚·多里亚一直等到了20日，很明显在顺风航行下这种航速根本慢得不正常。”科隆纳还一针见血地补充道：“这表明他一开始就不愿前来，不想认真完成任务，他对陛下给我的授权完全置之不顾。”根据当时的人的说法，此时正值顺风，多里亚应该只需要两天就能抵达奥特朗托。如何解释他整整航行了8天？[9]

我们之前已经提到过，多里亚，这位热那亚人指挥官在7月底就率领他的大部分加莱桨帆船返回墨西拿了。他本身对远征黎凡特根本没有丝毫兴趣，然而此时关于他即将被赋予这项使命的传言早已传开了，这让他很为难。7月27日，西西里岛的地方总督佩斯卡拉侯爵向西班牙国王汇报说吉安·安德烈亚“正在努力地整顿舰队，只要五六天应该就能准备好了。”然而在收到费利佩二世7月15日从马德里寄出的亲笔信上的那道著名的命令，以及圣克鲁斯侯爵和他的那不勒斯舰队运来桨手和各种军需品以前，多里亚丝毫没有想要率领舰队出征的意思。8月2日，他写信给那不勒斯总督，他是他的好友，或者也可以说是他的共犯，向他抱怨说，之前他们所有的准备工作可能都会一场空。[10]

几天后，费利佩二世的命令抵达了，然而多里亚很快发现命令的表述有点模棱两可，这让他有点尴尬，他后来在给他的继父梅尔菲领主的一封信中对此大肆抱怨了一番，完全没有隐藏他的极度低落的情绪。他甚至想把指挥权交给别人，国王的命令摆在他的桌子上，但费利佩二世真正想要的是什么，他却一点也不清楚，他写道：“我难以理解信中的命令，我越是想读懂他的信，就越是读不懂，就像我越是用力挤压水果，出来的果汁却越少。”有一件事是明确的：中队必须向黎凡特进发，因此多里亚咬紧牙关，不得不承认“除了去那里，别无选择”。但至于他到底应该怎样做，他表示他仍不明白，因此在他后来给国王的信中，他清楚地表达了自己的疑惑，“这样他就不会不回答我”，他的确准备出发，但“清晰的解释可能会和其他信件一样，要在路上花费很多时间”。尽管如此，圣克鲁斯侯爵还没有带着那不勒斯的战船抵达，这给了他更多转圜的空间，“因为他们还没来，我在本月12日前不会离开”。[11]

而事实上，圣克鲁斯侯爵的舰队只花了两天就从那不勒斯航行至墨西拿，这让吉安·安德烈亚非常沮丧，在他写下这些话的几个小时后，侯爵的舰队就抵达了。[12]因此，从情理上来说，他最多再拖三四天就必须要出发了，多里亚在这段时间内又写了几封雄辩的信件。首先他向国王表示，他肯定会服从马肯托尼欧·科隆纳，他相信此人有着良好的意图，但他要求国王允许他在认为教宗的海军司令在带舰队走向灭亡时，拒绝服从对方的命令。此外，他要求费利佩二世正式命令他在9月前返回港口，他强调若是9月仍未回港，冬季的危险和那些毫无经验又精疲力竭的桨手们会给加莱桨帆船舰队带来严重的危机。

热那亚的私人船主斯特凡诺·德马里也有两艘船在多里亚的舰队中，多里亚向他保证说“你的那两艘船……我会当成自己的加莱桨帆船那样照顾”，之后，他表示对那位教宗国海军指挥官其实并没有很大的信心，因为他缺乏经验（“马肯托尼欧大人很快就会体验到负责指挥舰队意味着什么，只希望他不要让我们付出代价”）。他接着说，他宁愿服从任何人，也不愿服从科隆纳，即使他不允许自己公开批评他的主公西班牙国王：“当我们歌唱时，不敢多诉说我们的爱意。我记得在彼得拉克关于爱情的书中有这样的话。”最后，他还嘲讽了身边占据主导的十字军式的热烈气氛：“愿大人您继续娱乐和享受，因为我们其他人将继续为信仰而生活。”[13]

8 月 12 日，在即将离开墨西拿之前，吉安·安德烈亚又给西西里岛的总督写了一封私人密信。虽然此时舰队起航已经不算早了，但他在信中的口气却依然好像要去执行一项不可能完成的任务一样：“我这边太多的事还没做完，时间根本不够，我现在已经快焦头烂额了，不知道从何做起。”他以此作为开场白。他对这次出征黎凡特没有半点兴趣（他的原话是：“我这次出发如同走向绞刑架。”）；他唯一关心的是找到一种在不引起丑闻的情况下尽快扭转局面的方法。在仔细读了国王的信后，吉安·安德烈亚确信国王只是想让教宗和威尼斯人“表面上”满意，但不幸的是，费利佩二世没有正式命令他在 9 月底返回，并说“朕认为，行动在 8 月 12 日才开始，很难这么早就返航”。因此，他立即写信给西班牙宫廷，要求下达提前返航的命令，但信件显然无法及时返回，多里亚为此咨询总督的意见，有没有更好的办法“让我能尽早返回”；他甚至准备向科隆纳坦白自己的想法，并向他解释，如果他想保住国王的圣眷，他就应该下令在冬季到来前返航。[14]

通过这封信，我们还可以得知多里亚如此坚持要提前返航，是因为他此时还未放弃突袭突尼斯并在冬季之前占领该地区的希望，这一行动若能成功，将给西班牙国王带来巨大利益。他曾经和西西里总督讨论过这次行动的后勤工作的准备计划。他们讨论的首要问题是，总督要在多里亚返回时给他准备好充足的步兵，“因为目前在加莱桨帆船舰队上的步兵……阁下应该知道，在我返回前，他们就可能损失一半”。最理想的情况是借用那不勒斯总督的日耳曼步兵，然而多里亚和他的关系并不好，因此不敢把整个作战计划透露给他（“阿尔卡拉公爵大人就是个难以接近的人物，其冷漠程度甚至超出了阁下的想象，特别是对我”）。[15] 因此他选择依靠西西里总督佩斯卡拉侯爵，尤其是对方有能力影响国王，让国王下达必要的命令：侯爵非常关心突尼斯的情况，他甚至希望像一名普通的步兵那样亲自“扛着长矛”去突尼斯参战。[16]

在信的最后有一段多里亚忧郁地写下的附言：“还有两小时，我就要走了。”他认为科隆纳非常满足于他的舰队最高指挥官的位置，“很显然他想要长期坐在这个位置上”，他会就这样同意放他离开吗？多里亚越想越觉得不可能。至于指望那不勒斯总督出面把他召回就更不可能了，多里亚说：“照我看，这种想法完全是在浪费时间。”但多里亚不想在这件事上丢脸，他很清楚如果没有人给他下令，他是不能就这样毫无理由地掉头返回的。“如果我在那待了一个月或者更长的时间，或许我就会有借口说我的加莱桨帆船的船员缺少食物和水，并且被疾病、劳累或别的因素所困。但一开始就用这种借口脱身肯定不合适。”最后他在信中悲哀地总结道：“阁下和我现在都如同陷入了一个巨大迷宫。”

出发后，吉安·安德烈亚并不是直接前往奥特朗托，而是绕道塔兰托，说是“在塔兰托靠岸接一些士兵上船”；在塔兰托期间，他写信给科隆纳想要为他的迟到辩护，称他是逆风航行的，并厚颜无耻地向他保证，尽管如此“我们不会浪费时间”。[17] 因此，在 8 月 21 日两位指挥官会面时，双方并不愉快。按照马肯托尼欧·科隆纳的说法，多里亚的表现非常恶劣：“他到达港口的那天晚上不肯到我停泊在港口的船上拜会我，甚至第二天也不愿来。”最后科隆纳不得不打破惯例，亲自跑到多里亚的船上去见他。为了笼络多里亚，科隆纳按照对待将军的标准礼遇他：多里亚并没有这样的资格，因为他指挥的只是一支分舰队，而不是整个同盟舰队，但每个人都知道多里亚的野心是成为“统帅舰队的将军，这是我一生的目标”，正如他自己后来承认的那样。随后，科隆纳邀请他参加军事会议，但很快就恼怒地发现他对这次行动根本毫无兴趣，甚至认为这次出征黎凡特的行动胜算很小（“吉安·安德烈亚不仅认为我们很难在到达干地亚后继续去和土耳其舰队交战，他甚至认为我们到不了干地亚”）。科隆纳担心这位热那亚指挥官是不是领受了西班牙国王的密令才如此表现，然而后者却对此只字不提。最后科隆纳好不容易才说服他勉强接受“先前往干地亚”的行动计划。[18]

在8月22日的军事会议后，多里亚从奥特朗托给西西里总督写了一封信，信中他对会议过程的描述和科隆纳的说法完全一致，但他的视角完全不同。他认为科隆纳一心只想着快点去救威尼斯人，却完全忽略了基本常识，而且完全不接受合理的意见：“我发现马肯托尼欧决心火速前去救援，我跟他说什么都没用。”他猜测了这位教宗国海军司令的想法，虽然科隆纳没有公开谈论推进到塞浦路斯海域并攻击敌方舰队的可能性，但多里亚确信这是他的意图：“在我看来，虽然我们目前的目的地是干地亚，但他看来是铁了心要去救援塞浦路斯了。”这位热那亚人意识到，在出发前往黎凡特地区后，信使来往所需的时间会越来越长，因此即使有命令传来让他的舰队返回，也要花更多时间才能传到他手里，不过他现在觉得有没有返回的命令已经不重要了。对他来说，唯一需要做的就是“找到返航的借口”，他认为这是“保全舰队”的唯一方式，而不是像科隆纳那样愚蠢地将其置于危险之中：为此，多里亚甚至愿意牺牲自己的荣誉，让所有人都怀疑他害怕面对战斗。[19]

而在梵蒂冈，按理说这些教廷的人不该如此天真的，但令人奇怪的是，他们居然相信多里亚对这次行动的态度是积极的，或许是庇护五世本人的轻信和热情影响了身边的人。枢机主教德朗布耶8月14日如此写道：“西班牙国王终于派吉安·安德烈亚·多里亚的舰队前来支援教宗和威尼斯人的舰队了，此时多数人都认为舰队将迅速出发。”然而他在空白处补充道：“不过也有人认为，他和马肯托尼欧·科隆纳二人之间会互相竞争，因此他不会冒险带舰队出征。”教廷驻威尼斯大使法奇内蒂显然不属于后者，他甚至相信多里亚会乐于接受科隆纳的指挥，他“会比任何人都更愿意服从他；鉴于二人如此精诚团结之下，我们可以期待取得一个对各方来说都是最好的结果”。

8月下旬，有一条消息传来，瞬间冷却了罗马方面的乐观情绪：“据可靠消息，今天我们得知，乌奇阿里率领20艘轻型桨帆船袭击了罗马的海岸线，昨天他们已经到了离这里只有12里至15里远的内图诺和波利多雷，并抓走了许多人。”由于此时西班牙国王的舰队已经远去，意大利对欧吉德·阿里的威胁毫无抵御能力，枢机主教德朗布耶指出：“对他们来说，现在无疑是最佳的袭击时机。因为吉安·安德烈亚·多里亚的舰队已经离开了，如今该地区已经没有力量能阻挡他们了。”在威尼斯舰队开往黎凡特地区后，私掠者们变得更具威胁性，甚至已经在亚得里亚海大肆活动。枢机主教鲁斯蒂库奇指出：“来自罗马涅的消息称，不少弗斯特战船在那里的海域出没，给那里出海的人造成了巨大损失。”然而罗马方面显然认为，为了这次出征黎凡特的行动，这些损失都是值得的。[20]

8月22日，在离开奥特朗托后，西班牙国王的49艘加莱桨帆船和教宗的12艘加莱桨帆船停靠在凯法洛尼亚，补充桨手和各种军需品。8月30日，干地亚接到消息，称有一支来自西方的舰队即将抵达；赞恩派奎里尼去打听情况，得知即将抵达的是西班牙国王和教宗的舰队。在很久以后，多里亚向科隆纳吹嘘道，多亏了他，这次行程才能如此顺利，因为他定下的航线巧妙地避开了土耳其舰队的拦截。似乎这还不够，他补充道：“我的桨手们除了履行自身的职责外，还承担了更多的任务。”他称自己怀着极大热情执行了国王的命令，而且教宗的加莱桨帆船的桨手训练不足，后来已经划不动船了，这位热那亚指挥官不得不下令让他的舰队拖着教宗的船航行。在科隆纳给西班牙国王的汇报中，他没有否认上述事实，但对多里亚有着不同的评价，科隆纳称多里亚的行为让人感觉好像他才是舰队司令官一样，由于怕被土耳其人发现，他制定的航道绕了一个大圈子，还差点错过克里特岛的港口；不过科隆纳称自己更关心的是他们执行的任务，而不是他个人的荣誉，他对这些事并不放在心上：“舰队能成功抵达，都多亏了吉安·安德烈亚的才能。”[21]

无论如何，在8月31日，这61艘加莱桨帆船停靠在了苏达湾，威尼斯将军赞恩隆重地迎接他们，随后在海军传统的礼炮声中陪同他们入港。

然而就在当天晚上，他们却差点酿成一次严重的外交事故：由于多里亚并不是将军，赞恩不想迎接他；科隆纳用尽所有的外交技巧才说服赞恩，他是在向国王的旗帜致敬，而不是多里亚本人。在这次并不顺利的初次会面后，9月1日，基督教的海军指挥官们开了第一次军事会议。威尼斯将军分享了他们已经掌握的所有情报，但都是一些令人泄气的事：几天前，马尔科·奎里尼的侦察船队返回后报告说土耳其舰队已在塞浦路斯，一个月前坐着加莱桨帆船从法马古斯塔逃脱出来的弗朗西斯科·特龙则报告称，拉拉·穆斯塔法帕夏已在萨林斯海滩顺利登陆。

此时罗马方面认为，现在已是秋季，赞恩的计划应该是在希腊群岛地区拦截返航的土耳其舰队，迫使其交战，或是前往远离君士坦丁堡的地方过冬。德苏尼加认为，这么做能使土耳其舰队“来年出击”时的战斗力大大降低，但要维持封锁，基督教舰队也要在黎凡特过冬，这么做太危险了，至少对远离本土的西班牙舰队是如此。而事实上，赞恩之前的决定依然是直接前往塞浦路斯和土耳其舰队决战，如孔塔里尼后来所汇报的那样，只要能打赢这场海战，那么整场战争就等于是胜利了。这就是赞恩向他的盟友提出的计划：7月底从威尼斯发出的最后命令要求他攻击并摧毁敌军舰队，因此，既然现在所有舰队都到齐了，他所要做的就是向黎凡特出发。[22]

根据本人的说法，多里亚在会议上坚持立即前往塞浦路斯，他强调说，在顺风航行的情况下，只要6天至8天就可以抵达塞浦路斯。然而这位西班牙国王的指挥官已经找到了一个借口，可以让他推迟出发，并尽快返回，而不会丢脸：之前的斑疹伤寒造成威尼斯舰队大量减员，因此赞恩的加莱桨帆船目前的状态都不太好。早在奥特朗托的时候，多里亚就和科隆纳提到过此事，他假装对威尼斯人的惨重损失表示遗憾，“就好像这是所有人共同遭受的不幸”；在抵达克里特后，他依然没有改变主意，从第一次军事会议开始，他就表示担心“威尼斯舰队严重的减员问题，这是最引人注目的”。多里亚毫不犹豫地把注压在这一点上，他希望能靠这个问题让舰队体面地避免交战，而这正是费利佩二世在后记中“亲笔写下”要他充分了解威尼斯舰队的状况背后的意图。[23]

多里亚此时的处境相当艰难。甚至他的西班牙下属，圣克鲁斯侯爵和唐胡安·德卡尔多纳都不知道他的真正目的是想不惜一切代价破坏这次远征计划，当然要是有人真的猜到了他的真实目的的话，情况就很不妙了。此外，整个西班牙舰队，包括多里亚本人此时身处一个基督教世界万众瞩目的威尼斯港口，他们的行为得和他们的声誉相称才行。在圣克鲁斯侯爵9月5日从苏达寄回国的一封信中，对当时这几个国家的海军指挥官之间的竞争的气氛有着非常生动的描述。他写道："威尼斯人相信他们的加莱桨帆船是最轻快、机动性最强的。在西班牙和教宗国的同盟舰队抵达后，马尔科·奎里尼还向众人提议各国舰队都选几艘船，在当晚来一次加莱桨帆船竞赛。随后奎里尼的加莱桨帆船紧贴着我的船，和我比试了一场。一开始威尼斯帆船比我的快，但我可以骄傲地宣称，在长距离航行后，我们的船最终超过了他们，最终大约以五六个船身的优势赢得了胜利。在终点线上我们等了他们一段时间，他们才抵达，而且船员个个疲惫不堪。"可以想象，尽管指挥官们用葡萄美酒奖励了参赛船员，但为了这些无用的竞争而被迫拼命划船的桨手肯定会有所不满；但在盟友之间的关系中，宣传和形象在当时和日后都是重要的因素。

指挥官们尽管互不信任，但在会见时仍要遵守16世纪的贵族礼仪。圣克鲁斯侯爵写道："将军穿猩红色的塔夫绸礼服，头上戴着一顶小帽子，脚上穿着纯红色的长袜；他已经74岁了。而统率亚得里亚海加莱桨帆船的舰队司令和监督官同样身穿这样的礼服。"侯爵本人似乎并不喜欢威尼斯指挥官的猩红礼服。这位出身卡斯蒂利亚的贵族继续戏谑地写道："将军看上去是个英勇无畏的人，对我们所有人都很礼貌和尊敬，而他的举止却像极了意大利即兴喜剧演员。"在所有的仪式中，对这次行动最积极的还要数唐阿尔瓦罗，他后来很自豪地报告说，最后一次作战会议终于决定以最快速度启程前去直接和敌人决战，祖国的人民可以等待"战斗结果的消息，如果土耳其舰队真的就在那等着我们的话。请上帝赐予我们胜利"。

舰队出征的决定，意味着赞恩破坏了多里亚将船员不足作为最后底牌的计划。连圣克鲁斯侯爵也察觉到了这个问题，他写道："威尼斯舰队的船员的健康状况都很差，他们中的很多人已经病死了。”唐阿尔瓦罗显然为能最终出征直接和敌人决战而感到兴奋，“有了如今的实力，终于可以前往塞浦路斯和土耳其人一战了”。然而同时他在信中也表达了一些疑虑：“我不知道威尼斯人有没有足够的作战人员来面对决战的那一天。”但当有人在军事会议上提出这一疑虑的时候，赞恩却保证说，算上他们在干地亚招募的人手，除了水手之外，每艘船上还有100名剑士。至此，西班牙方面自然不会再冒着出现外交事故的风险再坚持他们的疑虑了；因此，众人决定让同盟舰队尽快离开苏达港出征，同时派马尔科·奎里尼先行率领两艘船前往塞浦路斯海域“打探”土耳其舰队的动向。[24]

多里亚此刻心里非常窝火。他在公开场合不得不继续表现得对这次行动积极而热情，因此无法把军事会议的讨论引导到他所期待的方向上，而赞恩也依然带着斯福尔扎·帕拉维奇诺以及塞尔西和卡纳尔两位监督官一起出席作战会议，理由是他受命要参考这些人的意见；因此最终无论是参加会议的人数还是发言的人数，都是威尼斯人占了多数。当然作为交换，赞恩也对这些人下了命令，必须考虑西班牙方面的意见。在第一次军事会议结束回来后，多里亚和科隆纳这两位来自意大利最显贵的贵族家族的指挥官，自然没少用“尊贵的先生们”这个词来反讽那些威尼斯贵族们在会议上的举止。不过第二天，多里亚居然一反常态地没有掩饰自己的情绪，直接告诉科隆纳他的疑虑：“威尼斯那些尊贵的先生们似乎比别人更想要把持这次军事会议，好为自己这方占便宜。”

事实上，带着这样一批极度缺乏士兵和桨手的加莱桨帆船出征塞浦路斯，到底会有多少胜算，帕拉维奇诺和塞尔西二人同样心里没底。但在友军面前，威尼斯人显然想暂且掩饰一下他们的分歧。后来在下一次的军事会议中，多里亚又玩起了另一手早已准备好的牌，宣称他麾下的加莱桨帆船上的海用饼干只能支撑到10月12日。然而赞恩对此却爽快地回答说，威尼斯人有很多的海用饼干，他们很乐意分给西班牙盟友一些。这下多里亚没有任何借口了，于是他暗示友军指挥官们，他比他们更擅长统帅整个舰队，如科隆纳之前咬牙切齿却又不得不承认的那样，他绝对有能力在两天内把整个舰队所有的加莱桨帆船集结完毕。因此也难怪9月5日，圣克鲁斯侯爵幸灾乐祸地写道："我们至今还没出发，不过这可不是我们的错。在他们的指挥下，我们集结整个舰队已经有3天了，到现在还在等呢。"至于土耳其人那边，此时他们登陆塞浦路斯已经长达两个月了。[25]

14

尼科西亚陷落

在夏初的时候，从塞浦路斯首府传来的消息依然显示，当地人士气高涨，对这场保卫战充满信心。在土耳其人登陆前，尼科西亚当地有人写道：“不管土耳其人什么时候来，我们都会给他们一个终生难忘的教训！”他们动用了一切手段来进行战争动员，加强兵力，增强防御。刚收割不久的小麦送到了城镇，每个人都对今年的丰收感到惊讶，同时城内收集了大量用于守城的木材。在土耳其人登陆萨林斯海滩后，当局在尼科西亚集结了 1 万名士兵，并让附近的农民都逃入城内，而尼科西亚和平时期有大约 2.5 万名居民。岛上大部分贵族都携带家眷前往首都避难了，紧随其后的是那些家当被抢掠一空的人。在城门关闭后，全城共有 56500 人。人口过剩立即引发了痢疾流行，然而给威尼斯的信依然宣布“虽然有许多士兵死亡和失去战斗力，但全体居民都已准备好保卫家园”。[1]

但在城市陷落后，一些那个年代的意大利编年史学家指出，当时在守城战中塞浦路斯人犯下了严重的错误。从他们的记载中我们得知许多塞浦路斯守军的缺陷。比如当时许多农作物还留在城外，最后落入土耳其人之手；比如在大量的守军士兵中，意大利职业士兵只占了很小一部分比例，“一支由 1500 名雇佣步兵组成的小驻军，即使在一个更小的城镇，这也只是一个很小的数字”；又比如，当地本来有海量的民兵，却在土耳其人登陆前夕被莫名其妙地大量裁军，最后不得不在裁军不久后，在他们中多数人还没来得及回家前又急忙把他们召回来，然后又临时征募了其他一些人凑数，整场军事动员行动非常混乱不堪。帕鲁塔因此毫不犹豫地将许多疏忽归咎于副监督官尼科洛·丹多洛的无能，他当时是这座城市的负责人。尽管每个人都清楚，他是一个“几乎没有主动性的人”；但他被任命是因为他有丰富的在当地任职的经验，人们希望这能弥补他的其他问题。[2]

土耳其陆军从萨林斯海滩出发前往尼科西亚，前面是骑兵，他们在没有遇到任何抵抗的情况下穿越乡村，夺取庄稼，截断了首都和法马古斯塔之间的联系。巴尔干骑兵的指挥官龙达基斯骑士、几位意大利指挥官以及逃入城中的塞浦路斯贵族，想要率军出击，打击进犯的西帕希骑兵，但在巴廖尼离开后，城内的军事领导层认为缺乏必要的精锐部队，因此禁止采取任何主动行动。此时在尼科西亚，多数人还认为土耳其人在攻下法马古斯塔前不会前来攻打尼科西亚，因此当塞尔达尔的军旗出现在地平线上时，全城一片恐慌，而附近村庄中少数尚未入城的领主也被土耳其人抓获。帕拉佐·达法诺团长或许是唯一对此不感意外的人，他指挥着 3 个意大利步兵连，而这 3 个连的连长都是他的女婿。在土耳其人登陆前，他给儿子写信说，他相信土耳其人会先攻打尼科西亚："我和你的 3 个姐夫，以及他们指挥的步兵连都在那里，上帝会按其旨意行事……我们这次应该都将光荣地战死。"[3]

此时由于土耳其人的大部分骑兵都分散到各处去掠夺村庄了，而以牛为挽畜的火炮部队行进缓慢，还在大部队后方，因此 7 月 15 日出现在尼科西亚的土耳其部队几乎全都是步兵。最有能力的守军指挥官，如帕拉佐团长，此时依然想集中可用的近 1000 名骑兵，击溃立足未稳的土军步兵。然而他们的上级丹多洛和罗卡斯伯爵不想冒这个险，一位编年史学家针对这一"愚蠢决议"悲伤地写道："他们情愿相信护城壕和堡垒，而不愿依赖手中的兵器和心中的勇气。"在随后几天里，骑兵和火炮部队进入了穆斯塔法帕夏的营地，守军再也没有大举出击的机会了。[4] 由于守军的胆怯，土耳其人得以从容地在城墙外几千米处安营扎寨，"他们支起了帐篷，架起了火炮，加固他们的军营住所，几乎没有受到守军零星炮火的干扰"。营地从阿吉亚马里纳直到尼科西亚东南的阿格朗吉亚村和阿塞拉萨村，长达 4 千米。帕夏本人的营帐位处后方俯瞰平原的高地。整个区域水源充足，不过他们担心威尼斯人可能会下毒，让随军的大量"水井工程师"努力挖掘了许多新井。此外，整个军营外侧都用木材加固过，这些加固用的木材都是去年冬天奥斯曼政府订购的，并用卡拉穆萨船专门运输到岛上。不过面对萨沃尔尼安建造的庞大工事群，拉拉·穆斯塔法帕夏的军队看上去并不算太多：尼科西亚城是由拥有 11 座炮台的城墙环绕的，而土耳其军队的营地仅面对着其中 4 座而已。为了阻止守军从别的城门出击，土耳其骑兵围绕城市巡逻，但会避开守军炮火的射程范围。至于守军一方，巴尔干骑兵和骑马重火绳枪兵也时常出击骚扰土耳其攻城部队，但从不离开本方炮火的射程范围，因此双方始终都没有发生激烈战斗，除非某些轻骑兵过于好战而脱离了本方的活动范围。[5]

尼科西亚的防御工事的设计十分先进，那个年代的军事学家们称它为“世上最美观也最坚固的要塞之一”。自从引入意大利式或者说“现代式”防御工事以来，攻城战在专业工程师的指导下，变得比以前更复杂、更有条理，基督教指挥官相信土耳其人无法掌握这门技术；然而很快他们就发现自己错了。拉拉·穆斯塔法帕夏麾下的工兵按照军事科学的规则挖掘的战壕和有遮盖的通道组成了一个复杂的网络，逐渐逼近了护城壕；土耳其军队很快就进入了重火绳枪的射程，耶尼切里军团躲在战壕里向城墙开火，使得守军只要靠近女墙就有被子弹打中的危险。同时土耳其人又趁着夜间守军要塞无法开火的时候，在高地上建造了 4 座炮台并部署了重炮，向城内开火，“对城内的建筑造成了极大的破坏，同时也在城里的居民中引起了巨大的恐慌”。

但最让守军震惊的是，土耳其军队的工兵在离护城壕 80 尺的位置快速堆起了 4 座人造山丘，随后在上面造起了比防御工事更高的塔楼，随后枪弹、箭矢和希腊火纷纷落在守军头上。而帕夏的大炮也被拖到了这些山丘上，随后对要塞炮击了 4 天，只有在中午才会停火几个小时。当时天气炎热，虽然土军不断用醋和硝石水冲洗大炮降温，但炮依然有过热炸膛的危险。土军花费了大量炮弹也未能破坏墙体，穆斯塔法帕夏认为再继续火炮轰击只是白费弹药而已，因此下令停止炮击。[6]

火炮轰击无效，证明萨沃尔尼安设计的防御工事确实是优秀的；但与此同时，土耳其军队的战壕已经覆盖了 4 座炮台的正面，有了战壕后，守军如果还想出城反击，就得付出比之前更大的代价了。只有要塞炮才能对土耳其攻城部队造成一定的妨碍；然而要塞上的专业意大利炮手在操纵火炮的时候，自己也不得不暴露在外，成为敌方重火绳枪兵的射杀目标，此时穆斯塔法的工兵队就可以继续挖掘推进。而且丹多洛担心弹药消耗过大，因此下令禁止向敌方分散为小队的挖掘战壕的工兵开炮（“他说，这么做对威尼斯毫无益处”），并且还宣称，要严惩不节约弹药的炮手。当他的副手们告诉他这么做的风险时，他立刻傲慢地反驳说，根本不需要担心，因为尼科西亚的要塞不怕炮弹，自然也不会怕工兵镐。威尼斯政府提供给萨沃尔尼安的要塞炮，“不仅数量充足，而且质量上乘”，要塞共有125门火炮，但由于缺乏弹药，这些火炮的威力并未充分发挥。

当战壕到达护城壕后，工兵在“护壕墙”上打开了一个入口。“护壕墙”是一个军事术语，指的是在护城壕底部外侧修建的加固墙，工兵从这个缺口冲入了护城壕。大炮无法直射这里的工兵，因此他们可以不受炮兵干扰地继续工作。在战壕中的耶尼切里军团的火力掩护下，工兵用柴捆和泥土填满了护城壕，以方便进攻部队攀爬城墙。要塞的11座炮台，每座都是由城里的一个贵族家族出钱建造并负责守卫的，因此都以对应的家族姓氏命名；科斯坦佐炮台的守军在首次遭到攻击时惊慌失措，导致不少耶尼切里士兵趁机爬上城墙，在炮台上插上了他们的军旗。两个意大利步兵连在短暂而激烈的混战后击退了敌人，但他们自身也承受了巨大的伤亡，而这样的伤亡对守军来说是完全无法承受的。

此时穆斯塔法帕夏已经为对尼科西亚城发动决定性攻势做好了准备，他下令拓宽了护壕墙与战壕之间的有遮盖的通道，并用柴捆和装满泥土的堡篮作为掩体阻挡炮击，让部队可以不遭受多少损失就快速接近城墙。而在壕沟里，工兵们也已经在炮台侧面堆积了大量泥土以改变原有地形，这导致建造要塞时设计的射击角度失去了作用。工兵还用铲子和镐挖掘城墙根部（这些城墙是用泥土建成的，外层的石制保护面还未完工），这比用大炮炮击更有效，很可能会导致炮台的一角坍塌，打开一个能让人冲入城内的缺口。[7]

由于找不到其他方法来阻止工兵的工作，被围困的守军决定在8月15日，也就是天主教的圣母升天节那天出城反击。来自维琴察的皮奥韦内连长率领1000名士兵出城反击，目的是驱散那些工兵，破坏土耳其人的战壕，如果可能的话，最好还能钉死*几门还在炮击要塞的大炮。出击时间选在中午，因为中午是最热的时候，土耳其士兵此时一般都在营地里睡觉。参与这次出击行动的士兵士气高涨，他们攻占了土耳其的两座塔楼，杀死了里面所有的人，但此后他们没有继续攻势，而是忙着掠夺死者身上的财物。此外，在出击计划中，阿尔巴尼亚骑兵也应跟着出击支援步兵；贵族们表示愿意带着自己的骑兵一同出击，不过副监督官丹多洛坚决反对。然而在部队即将出城的时候，丹多洛发现有些年轻的希腊和威尼斯贵族遮着脸混入了巴尔干骑兵中想出城，这让他非常恼火，随后下令关闭城门，不许任何骑兵出击。而此时土耳其军营也发现了他们的行动；西帕希骑兵们纷纷上马，对还在四处掠夺的步兵发起冲击，把他们冲散了。皮奥韦内试图据守他们之前占领的一座塔楼，并向城内发出求援信号，然而越来越多的土耳其军队离开营地，继续攻打科斯坦佐炮台，守军指挥官由于担心炮台失守，决定不派任何人出城支援，因此皮奥韦内和留在他身边的所有士兵“被越来越多的敌人碎尸万段”。[8]

尼科西亚的指挥官们试图加强防御，然而为时已晚，因此收效甚微。帕拉佐团长领兵在要塞上赶造了一座被称为“骑士”的高大防御平台，在上面架起了火炮，利用高度优势轰击土耳其人建造的那几座塔楼。当地多明我会修道院长安杰洛·卡莱皮奥后来汇报说，当时他们不得不拆除一半的修道院来获取建材，“但最终似乎这座平台根本没有派上用场”；第一个爬上这座“骑士”平台的贵族被一发来自阿吉亚马里纳方向的炮弹打死了，随后再也没人敢爬上去了。在女墙上还修建了有射击孔的隔间，好让重火绳枪兵躲在里面射击，但这些隔间无力阻挡敌人的炮火。此外，在最热和最不健康的季节，在拥挤的城市中肆虐的痢疾也破坏了被围困者的士气。根据卡莱皮奥的说法，意大利士兵死于瘟疫的人数最多，因为他们并不适应塞浦路斯的气候，而且大肆吃喝嫖赌，最后在战斗结束时，意大利士兵只剩下 400 人了。但根据工兵指挥官乔瓦尼·索佐梅诺，以及另一个守军幸存者的描述，本地士兵也有很多人感染了痢疾。[9]

---

* 西方使火炮暂时失去作用的一种手段，用特制的钉子钉入火炮的火门，使其无法点火发射。

与此同时，土耳其人继续一座接一座地攻打炮台，虽然迟迟没有发起总攻，但依然持续不断地给守军造成大量伤亡。土耳其火炮在柴捆和堡篮的掩护下不断靠近城墙，日夜不停地对已经残破不堪的女墙开火；而在城墙中，人们依然在忙着用一袋袋泥土和棉花加固防御工事，同时赶造第二道城墙，用当时的军事术语说就是“后退城墙”，以阻止登上城墙的土耳其人继续进攻；然而此时伤亡和疲劳使得城内的劳动力越来越少。大部分士兵都没有经验，被土耳其人向女墙投掷的希腊火燃烧弹吓坏了，“那些燃烧弹给我们的士兵造成极大的伤亡，而那些想要扑灭身上的火的士兵在慌乱中把周围其他人都点着了”。同时敌人的箭雨也十分密集，而被射中的人多半会不久后死亡，守军发现箭上都带毒。丹多洛副监督官不停向法马古斯塔派出信使，通知巴廖尼形势正在恶化，“每天都有大量士兵死亡，每个连只剩下三四十人了”。

拉拉·穆斯塔法帕夏自从攻城开始以来，一直在命人往城里射入绑有意大利语字条的箭，通知城内的掌权者、重要贵族，“有时还包括全体居民”，只要开城投降，土耳其人保证将人道地对待他们，但如果继续抵抗，土军破城之后将杀死所有军人，并纵兵劫掠。在当时欧洲的攻城战中，这种做法是惯例，土耳其人并不是特例。在得不到城里的答复后，塞尔达尔派遣了一个代表团前往科斯坦佐炮台，提出双方停战两小时，并重申劝降提议；土耳其使者告知守军，威尼斯舰队遭受了瘟疫，目前连出港都做不到，所以不要再指望他们的救援了。此外使者还威胁道，由于他们守军的抵抗，土耳其军队的士兵非常恼火，纷纷要求“作为对他们遭受的痛苦和危险的回报，将这座城市交给他们处置”；因此，帕夏大人很快就无法再提出如此慷慨的条件了。然而城内的掌权者依然拒绝了，并且为了稳定军心，还故意在军中散布谣言说法马古斯塔的援军即将抵达。甚至真的有人相信了，并称土耳其人在忙着拔营和拆卸火炮。[10]

在尼科西亚苦苦支撑的时候，大部分住在农村的居民根本没有抵抗就直接投降了土耳其侵略者们，他们甚至还对后者抱有期待。威尼斯人攻占此地仅一个世纪，他们继承了一套在十字军征服该岛后建立的封建制度，这使得来自外地的统治者和被奴役的本地人之间产生了巨大的隔阂。尽管当地的天主教贵族在意大利人眼中已经劣化了，但他们仍不愿与东正教农民为伍：在土耳其进攻的10年前，从塞浦路斯政府卸任返回威尼斯的安东尼奥·赞恩报告说，塞浦路斯当地的贵族“虽然都有希腊化的名字”，但他们其实多数还是外来的贵族，其中有法国人、西班牙人和加泰罗尼亚人。“他们用着塞浦路斯人的名字，但仍遵循着法国式的宗教礼仪，他们个个无比厌恶自己被称为希腊人。”这位贵族观察到，他们虽然都声称自己绝对忠诚，但实际上这一切不过是幻觉：他向上帝祈祷，愿此地继续保持在威尼斯统治下的和平，“而不要让任何臣民经历信仰上的考验”。[11]

如果说这些贵族们的忠诚度还需要怀疑一下的话，那些农民根本就连怀疑都不需要了；早在战争爆发以前，威尼斯人普遍认为，塞浦路斯的某些农民正日夜期盼着土耳其人快点来征服他们。岛上的社会秩序根本已经难以为继，民众和士兵之间的各种冲突和暴力早已层出不穷，甚至连还在法马古斯塔武装的那两艘加莱桨帆船上的船员，也经常和当地居民和渔民发生暴力冲突：因为船长强行扣押民众的私人船只帮加莱桨帆船干活，并在需要的时候在当地强征桨手和水手。当局无情地审判了那些最顽固的首要分子，但根本不可能把他们全部绳之以法：“他们逃到了土耳其……他们中的许多人从此就成为土耳其人了。”1561年，威尼斯十人团甚至听到传言，说有塞浦路斯人前往君士坦丁堡请愿，要求苏丹出兵攻占该岛。事后帕鲁塔毫不惊讶地写道：“众所周知，许多塞浦路斯人都想加入另一个帝国，以此来改变他们的命运和处境。”[12]

这种不满的原因是部分农村人口遭受了非常残酷的奴役；所有的证词都同意，这些被奴役的农民（威尼斯人称之为“parici”，这是一个带有威尼斯口音的希腊语词汇），憎恨他们的主人，并会接受任何能让他们摆脱困境的选择。威尼斯派来的行政人员上报了当地种种令人发指的暴行，但元老院认为还没必要冒着各种风险进行改革：直到战争前夕，威尼斯十人团才命令塞浦路斯监督官召集当地贵族，向他们解释赢得农奴信任的必要性。十人团为此小心谨慎地提议，应该解放当地的农奴，至少给他们多一些自由。在开战一个月前，在君士坦丁堡，雷斯们还在卡普丹帕夏的接待室中向塞浦路斯人伊赛波夸口称："整个岛上的居民都处于奴役之下，而当舰队抵达时，土耳其人会给他们自由，他们将反抗威尼斯的统治，并为土耳其人服务。"但伊赛波提醒他们不要高兴得太早，如果威尼斯人释放农奴的话，岛上的居民会对威尼斯继续效忠。不过当威尼斯人下定决心时，已经太晚了。正如卡莱皮奥所观察到的，农民们急切地等待着政府承诺给他们自由，"但除了穆斯塔法，没有人给他们自由"。[13]

事实上，在登陆前几周，土耳其宣传人员已经在塞浦路斯开展活动，并向岛上的民众保证，苏丹只会和"弗兰奇人"交战，他保证会保护其他人。然而毫无疑问，土耳其骑兵和登陆的私掠者一路上到处烧杀抢掠，烧毁了村庄和修道院，偷走了牲畜，奴役了那些不及避难的人，但苏丹有言在先，当地农民不应遭受暴行，于是穆斯塔法积极干预，努力恢复秩序。8 月 9 日，穆斯塔法帕夏得知，某位扎伊姆（大封建领主）带着部下，乘坐一艘私掠者的弗斯特战船掠夺了凯里尼亚附近的几个村庄，抓走了不少村民，"尽管堡垒周围的农民没有抵抗并发誓服从苏丹"，帕夏立刻惩罚了他，并且收回了他的领地。

马尔科·迪贝内托也报告了土耳其人登陆后几天内在岛上的诸多暴行，据说其中有些甚至是帕夏亲自下的命令：有一名从尼科西亚逃入土耳其军营的逃兵被判斩首，因为他宣称自己想成为土耳其人，所以他先接受了伊斯兰教的割礼，随后再被斩首；还有一些被俘虏的平民也被斩首，或是被捆绑着在太阳下暴晒而死，"他们祈求土耳其人因着上帝的慈爱能给他们一些水，但后者依然不给"；而当其中一艘船的基督徒船主想要给他们这些太阳暴晒下的倒霉鬼一点酒喝的时候，"他被周围的土耳其人一阵暴打，以至于他的水手们不得不把他抬回了他自己的船上"。虽然其中部分目击者宣称他们说的一切内容都是自己亲眼所见，但这类见证可信度还是有待商榷。如果马尔科真的亲眼看到了土耳其人如何处决俘虏的话，那他看到的肯定是被处决的间谍或不幸被误认为间谍的倒霉蛋，因为那个年代所有的目击者，无论是威尼斯本土的人还是塞浦路斯人都一致声称，凡是和平地臣服于土耳其人的都被他们善待。[14]

事实上绝大部分岛上的农民都毫无抵抗地臣服于土耳其侵略者了，穆斯塔法帕夏在后来商讨岛上新的地方政权的成立事宜的时候也没有遇到任何困难。在登陆之前，他已经事先“让在他军营避难的一些塞浦路斯人打掩护”，利用他们成功地派了一些间谍潜伏在法马古斯塔。而在威尼斯方面，那艘名叫“特罗纳”号的加莱桨帆船在完成侦察任务后此时刚返回克里特，船员带回的情报也显示“塞浦路斯的众多村民将会自发倒戈到土耳其帕夏那一方”。[15] 当土耳其骑兵抵达离萨林斯海滩 15 千米距离的莱夫卡拉村时，当地农民纷纷夹道欢迎土耳其军队。穆斯塔法帕夏立刻下令奖赏这些识时务而及时臣服的民众，给他们分发了钱财，并要求他们把这个消息在别的村庄大肆宣扬，并说服更多村民下山前来对苏丹发誓效忠。

莱夫卡拉村的村民不但投靠了土耳其人，而且还向别的当地社区散布了消息，邀请别的地方的民众也来效仿他们的榜样，当这样的消息传到当时还没有被围城的尼科西亚时，城里的人无疑极度震惊，威尼斯地方政府决定对莱夫卡拉村发起一次惩罚性的攻击。正如帕鲁塔讽刺地指出的那样，威尼斯人没有勇气去面对敌人，但有勇气用自己的军队来惩罚“自己的人民”。到了晚上，3 个步兵连和 100 名轻骑兵出了城，在抵达莱夫卡拉村后，他们趁着当地居民还在熟睡的时候放了火。大部分居民都被烧死了，还有两个居民被俘后带到尼科西亚，随后以叛国罪被绞死。这次报复行动在各地的居民中引起了极大的恐慌，暂时缓解了叛逃的现象。但不久后土耳其人便兵临城下，尼科西亚人从此连城都出不去了。[16]

到了 8 月底，尼科西亚守军的形势已经岌岌可危。炮台外围已经被攻方工兵堆了大量泥土，攀城行动变得更加容易；但土耳其攻城部队依然还在通过零星的攻势进行试探，迟迟不发动总攻。帕鲁塔的记载中强调说，耶尼切里军团不愿参加这样危险极高的行动，因为正面强攻那个年代最先进的城墙显然会导致极高的伤亡。然而也有历史学家认为，穆斯塔法帕夏当时不让耶尼切里军团参加攻城战是因为其麾下兵力不够，这也证实了在塞浦路斯登陆的军队肯定不是所谓的无尽大军。在围城的头一个月里，帕夏已经有了非常大的进展，甚至连意大利的历史学家们都对此称赞不已，但如果他找不到让城市更快陷落的办法，就只能按惯例进行长期对峙，而攻城战拖得越长，往往对守城一方越有利。[17]

整场战争中，土耳其人最担心的是威尼斯舰队突然杀出，甚至还担心更糟的情况，比如整个基督教世界的联合舰队突然同时出现在塞浦路斯海域。塞浦路斯岛上没有任何港口可以庇护皮亚里帕夏的舰队：天气好时加莱桨帆船可以停在萨林斯海滩附近，但肯定不能编成战斗编队，突袭可能给整支舰队带来毁灭性打击。皮亚里帕夏为此在海滩上造了一座小型防御工事以抵御可能的袭击，并加强附近海域的控制权，同时他向君士坦丁堡汇报说，如果基督教舰队出现的话，他们必定会出海迎战，因为龟缩在安全海域对他们来说有辱军人的荣誉。最后，在 8 月中旬，他决定亲自进行一次大范围的侦察行动。他率领 100 来艘加莱桨帆船离开萨林斯海滩出海，一路往西航行，直到抵达罗得岛为止，然而他一路上根本没有遇到任何敌人，在那里他又派了四五艘船，命他们一路开往克里特岛。抵达克里特岛海岸后，私掠者上岸抓了一些俘虏，从他们口中得知“只有威尼斯舰队在岛上，舰队的状态不太好，因为之前的瘟疫死了很多人”。威尼斯人在等西班牙舰队，并且在后者抵达前不会出海。[18] 在 9 月初，皮亚里带着这一信息返回塞浦路斯，这一信息再好不过了：因为这意味着基督教舰队的援军离抵达萨林斯海滩和救援法马古斯塔还早得很。在穆斯塔法俯瞰尼科西亚的山丘上的帐篷前，立着一杆由三条马尾组成的大旗，这代表着他的维齐尔身份。穆斯塔法帕夏正在思考当前形势的应对策略，最终认为只有一种方式最有效，那就是让舰队中的水手下船投入战斗。按照在土耳其皇宫里学到的制度和礼仪，他派了两位传讯官前往海滩，请求他的同僚皮亚里帕夏和卡普丹帕夏能从每艘加莱桨帆船上派出 100 名士兵给他，好支援他发动最终的总攻。

这两位帕夏互相厌恶已久，而他们又都看不上穆斯塔法帕夏，此刻他们面临的这个决定恐怕是有生以来最难做的决定之一。加莱桨帆船上的耶尼切里军团、西帕希和阿扎普都是舰队的成员，他们对舰队的战斗力而言至关重要；让他们离开舰队，哪怕只有几天，也会带来巨大风险。要不是皮亚里帕夏之前已经亲自确认过威尼斯舰队此刻还在苏达港，尚无任何要出海的迹象，他和阿里帕夏几乎不可能接受塞尔达尔的要求。但既然敌方舰队不会来袭，他们很难抗拒快速攻下尼科西亚并分享胜利的荣耀和战利品的诱惑，因此两位帕夏最终还是同意冒这个险。在接下来的几天里，整个舰队的加莱桨帆船共派出了1.5万名至2万名士兵，火速赶往尼科西亚，随后于9月8日下午晚些时候抵达前线，穆斯塔法帕夏“非常尊敬和喜悦地”迎接了他们。第二天一早，天刚亮就能听到土耳其军营中响起一阵阵战鼓声，总攻终于开始了。[19]

由于舰队派出的援军，总共可投入的兵力一下子增至之前的两倍；这些援军的任务是借助工兵的前期成果，攻打那4座炮台中的2座，而陆军则攻打另外2座。根据穆斯塔法本人的阵中日记，战斗很快就结束了，在晨祷的2个小时后，尼科西亚就陷落了。根据西方的说法，那4个炮台中的3个都成功抵挡住了敌人，并且给敌人造成巨大的伤亡，但名叫波达卡塔罗的第4个炮台被攻占了，“在战斗中，许多士兵和贵族都很快被击溃”，而“那些农民组成的民兵”则逃下城墙，遁入了乡村。罗卡斯伯爵和帕拉佐团长，以及其他许多贵族试图阻止这场溃败，但他们以及跟随他们战斗的部队全部战死；最终土耳其人冲进了城，从后方攻占了其他3个炮台，里面的守军全部战死。然而在城里依然有一些“没有秩序也无人指挥”的零星的抵抗在继续；土耳其人把看到的所有没放下武器的人全部杀光，并把余下的人全部都抓了起来。

之后在意大利四处流传的该城陷落是由于希腊民兵临阵脱逃的说法并不准确，因为在随后的几周和几个月里，不少意大利和阿尔巴尼亚军官带着自己的士兵逃到了法马古斯塔，他们称“他们在城市陷落的那天，逃到了山上”；这意味着当时所有部队都在向野外逃跑，这些部队中的军官也一样。当时在市中心的一座大教堂附近发生了巷战，参战的卡莱皮奥看见一些意大利和希腊士兵想要冲出城门逃进山里，但他们都被敌人的骑兵杀死或俘虏了。被困在城内的最后一批意大利步兵坚守着市中心大广场上的阵地；而土耳其人把3门大炮架到了城墙上，迫使这些守军退入了副监督官的官邸内。最后穆斯塔法骑马来到广场，命令手下放过那些愿意放下武器投降的敌军士兵。最后所有的幸存者都很快放下了武器，此时还没到中午，在此之后，土耳其士兵纷纷入城，劫掠了整整3天。[20]

在土耳其士兵刚刚攻入波达卡塔罗炮台时，副监督官丹多洛就带着几百名士兵躲到了官邸内，元老安德烈亚·佩塞罗持剑拦住了他，指责他贪生怕死，想杀死他，但丹多洛命令手下的戟兵砍倒了佩塞罗，并把他扔到了楼下。当土耳其人即将冲破官邸大门时，幸存的士兵从窗户大喊，说他们愿意投降。而他本人却跑到办公室，让一个秘书根据他的口述给穆斯塔法帕夏写一封信，信的大致内容是他将让全城投降以换取城里所有基督徒的性命，显然这一切已经太迟了；信写好后，他释放了一个囚犯，让他给穆斯塔法送信。土耳其人认为这太过可笑和耻辱，因此他们一抓到丹多洛就将其斩首了；而在丹多洛被处决的同时，有个希腊人爬到了官邸的屋顶上，把威尼斯的旗帜拔掉，换上了奥斯曼帝国的旗帜。[21]

在攻城战开始前指挥意大利步兵的 17 名连长中，有 6 人战死，1 人死于疾病，6 人死于破城后的大屠杀，3 人被土耳其人活捉，只有 1 人成功跑到了山上。第二天，穆斯塔法派他的儿子带着那几名活捉的连长返回君士坦丁堡，此外还有 21 面威尼斯守军的军旗，外加为苏丹挑选的第一批奴隶。那 3 名指挥官先是穿着自己的盔甲出现在塞利姆面前，随后他们被卸去盔甲，和别的奴隶一起洗澡；一个月后，巴尔巴罗得知“所有从塞浦路斯抓回来的俘虏都受到善待”。穆斯塔法帕夏的儿子在底万上报告了行动的结果，并说现在在萨林斯海滩还有 3 船的年轻男女奴隶，以及其他为苏丹服务的人。随后他按照他父亲的命令（不知道到底是真的出于礼节还是仅仅为了威吓），把其中一面从尼科西亚缴获的绣有圣马可之狮的军旗送给了巴尔巴罗。[22]

和当时所有拒绝投降后被攻占的城市一样，尼科西亚遭受了可怕的命运，尤其是因为在基督徒和穆斯林的战争中，双方都会把抓获的对方平民作为奴隶。西方人通过当时在君士坦丁堡的巴尔巴罗了解到了更多当时的具体情况。教廷大使法奇内蒂记载说，土耳其人在破城之后“杀死了所有士兵，把当地的统治者就地斩首”，并将所有活下来的贵族都作为俘虏献给了苏丹，“这比通常情况下破城之后的情景更加残忍和耻辱，因为他们都是野蛮人和异教徒”。最后这句话是身为主教的法奇内蒂故意加上去的，但西班牙国王那边所知的情报却显示，他们所做的并没有违背当时欧洲普遍接受的战争法，因为当时的欧洲人普遍认为被包围的守军负隅顽抗是一种罪过，胜利者有权惩罚对此负有责任的人。而此时城内的居民和他们的财产也都应该属于胜利者所有：土耳其人在破城后“屠杀了敌方士兵，放过了城里的居民，并把地方长官尼科洛·丹多洛斩首”。[23]

事实上，许多平民也在军队洗劫城市的可怕日子里被杀害。土耳其士兵杀死了婴儿、反抗强奸的女人、没有做奴隶的价值的老人，还有想趁乱逃跑的囚犯（关于那些囚犯，根据卡莱皮奥的记载，“土耳其人抓住这些囚犯后，就砍断他们的双腿，随后如果他们还活着的话，后面经过的每个耶尼切里士兵都会在他们身上留下自己的印记”）。在尼科西亚陷落5天后，当地的教士在穿越这座城的时候，他们看到了被破坏的城墙，炮手们钉死的火炮，散落在地上被人践踏的一袋袋小麦、豆类、培根、棉花，还有一桶桶被打翻在地上的葡萄酒和油，以及一具具死前饱受折磨、在暴晒后已经开始腐烂的尸体。此外还有大量的死猪也让全城弥漫的恶臭味雪上加霜；穆斯林认为猪是不洁净的动物，因此在破城后把它们都杀了；直到他们安葬了自己这方的尸体后，他们才把已经腐烂的基督徒和动物的尸体堆起来焚烧。[24]

然而，大部分居民在土耳其士兵的掠夺和强奸中幸存了下来，因为他们作为奴隶依然有不可忽视的价值：在攻占尼科西亚第二天后，土耳其人在当地建立了一份行政记录档案，并且直到10月底一直在持续更新，在这份档案中，总共记载了13719个人被卖为奴隶及其成交价。从头一天起，土耳其人就开了一个临时的集市，让士兵们买卖他们的俘虏，最常见的买家是舰队里的雷斯们，他们一直需要奴隶来补充自己的船上的桨手的人力需求。卡莱皮奥本人当时是被一个叫奥斯曼·切莱比的土耳其人买下了，在他的乞求下，这个土耳其人还买下了他修会中的两位修女。被这位院长称为“这条趾高气扬的狗”的土耳其人随后并没有把他充为桨手，而是让他和自己同桌吃饭，同时也让他和那两位修女住在一起，并打算在意大利那边交付他们三人的赎金后放人。[25]

1571年1月，根据一名在君士坦丁堡的热那亚间谍的报告，尼科西亚的绝大部分居民和那些做出了错误的选择跑到尼科西亚城避难的外人，都被充为奴隶了。“这么多塞浦路斯人被充为奴隶，这么多财富从可怜的尼科西亚被掠夺，这一切实在是惨不忍睹。有情报显示，土耳其人从岛上至少运走了 7.5 万名奴隶。”当时在和平时期，一名奴隶的价格可以达到 100 杜卡特，而此时奴隶的价格一下子跌到 2 杜卡特至 4 杜卡特，当时常常可以看到“几个地位卑微的穷光蛋”驱赶着 10 个或 15 个奴隶，“就像在放羊，到处都是这样的景象”。把这么多人从岛上抓走引起了土耳其政府的关注，政府最初决定把他们送回原来的地方，之后又认为应该用他们向敌人施压。只要岛上还有人抵抗，土耳其人就禁止基督徒用钱赎回奴隶：“他们说，只要法马古斯塔还没有到手，他们就不会释放任何奴隶。”[26]

事实上，许多原先社会地位较高的奴隶在几个月内就被赎回或换回了，而卡莱皮奥本人是在 1571 年 1 月 8 日由教宗庇护五世和多明我会的会长以 400 埃居的价格赎回来的。基督教世界努力赎回尽可能多的奴隶，1571 年 4 月，君士坦丁堡向威尼斯发送了第一份囚犯清单，其中有关于他们情况的说明：贵族希皮奥内・波达卡塔罗的遗孀露西亚，“如今是莫拉特雷斯的奴隶，她在船上生了一个孩子”，“税务律师贾科莫・贝内代蒂是锡南雷斯的奴隶”，“驼背的帕斯卡利哥的母亲是一名西帕希骑兵的奴隶”。这些奴隶中，有些充为桨手的奴隶后来在勒班陀海战中或是在战后和土耳其人交换战俘时被救了出来；1571 年 11 月，巴尔巴罗花了 2 万西昆赎回了一批奴隶，这笔钱是由他牵头，让在君士坦丁堡的威尼斯商人共同凑的。

但那些运气没那么好的奴隶就不得不在被奴役的生活中等待更长时间了：直到 16 世纪末，罗马教廷还在忙着筹款赎回他们。有位名叫菲奥伦扎・波达卡塔罗的贵族女人让她的奴隶主相信她已信了伊斯兰教，随后她与她的奴隶主同床共枕 22 年，给他生了 3 个儿子；1592 年她的主人去世后，她得以逃脱并返回了威尼斯。在信理部询问她改变信仰的情况时，她保证她这些年在暗中从未停止过基督教的祈祷。还有位贵族叫贾科莫・迪诺雷斯，在被俘虏时才 1 岁，直到 18 岁他的家族才把他赎回；从小到大没有人教过他意大利语，他还得重新学习如何以基督徒的方式来生活。然而他的土耳其语却说得很好，有这类技能的人才在威尼斯非常受欢迎，因此后来他被任命为元老院的官方翻译官。而另一位尼科西亚的希腊人的命就没那么好了，他名叫彼德罗·卡塔罗蒂，被抓为奴隶的那年 17 岁，随后他被迫成为土耳其穆斯林；在勒班陀海战中，他被基督教舰队俘虏，他称他自己是基督徒，于是指挥官唐胡安下令将其释放，但某艘热那亚加莱桨帆船的船长以叛国罪把他关了起来，将他充为桨手，直到 17 年后，这个不幸的人才找到机会向费利佩二世申诉，恳求国王将其释放。[27]

在一段时间内，尼科西亚基本成为一座鬼城。1572 年，奥斯曼帝国对塞浦路斯的第一次人口普查显示，尼科西亚此时只有 235 位成年男性。同时尼科西亚的陷落也导致塞浦路斯贵族几乎完全消亡，因为他们当时大部分都躲在尼科西亚的要塞中。法马古斯塔的主教吉罗拉莫·拉加佐尼是当时从攻城战中逃脱出来后坐上一艘加莱桨帆船逃回威尼斯的，他说“在塞浦路斯议会上的那 500 多名当地贵族，只有 21 人幸存，并且他们中除了 1 人以外，其余都沦为了战俘”。当时反土耳其的宣传坚持认为，塞浦路斯贵族被“彻底消灭了”。此外，从威尼斯派到当地，和当地人关系并不亲密的天主教神职人员在战时都从岛上消失了。尼科西亚的主教早在土耳其人刚刚登陆时就逃离返回本土了，还有我们之前所提到过的法马古斯塔主教也是如此；而来自孔塔里尼家族的帕福斯的主教，则在守城战中战斗到了最后，正是安杰洛·卡莱皮奥帮他绑好了胸甲的前后带子，并为他戴上了头盔，最早传回威尼斯的消息是他在最后官邸的战斗中重伤而死（事实上他没死，而是被俘了，随后他自己付清了赎金，并在 6 个月后平安返回了威尼斯）。[28]

然而，在威尼斯殖民体制下统治塞浦路斯的拉丁封建贵族们的命运也各不相同。希皮奥内·卡拉法、皮尔·保罗·辛格利提戈和其他一些贵族比较幸运，他们先前接到威尼斯当地政府的命令，并按照原先的撤离计划离开了平原地区，前往郊外山上指挥民兵，然而在得知大势已去后，他们认为再抵抗也没有益处；于是他们“带着不少希腊神职人员和一大群地痞流氓”前去投降了穆斯塔法帕夏，并发誓效忠苏丹。帕夏以极高的规格接待了他们，并按照奥斯曼帝国的传统，赐给他们绣着金线的衣服。当君士坦丁堡方面在岛上重建秩序后，许多愿意改换门庭的领主就成了西帕希，他们原先的领地则以蒂马尔的形式重新授予他们，他们中许多人转信了伊斯兰教。其余的贵族都往西逃走了，回到了威尼斯或克里特，几年后有人注意到那里"有很多塞浦路斯人"；他们中也有不少人选择返回塞浦路斯，并效忠于苏丹，但他们还是会把儿子送去罗马的希腊语学院学习。虽然有不少塞浦路斯贵族得以存活，然而那个曾经自豪地宣称自己是十字军的后人的塞浦路斯贵族阶层，却从此从历史上彻底消失了。[29]

因此，土耳其的征服导致了殖民政权的覆灭，农村居民长期以来一直在反抗殖民政权，这就是为什么在总攻中那些由农民组成的民兵会纷纷逃跑，而不是留在炮台上。在包括乘坐"多纳塔"号加莱桨帆船逃回了威尼斯的拉加佐尼主教在内的法马古斯塔人留下的信件中，人们都哀叹"塞浦路斯人表现出了令人难以置信的怯懦，他们丢下武器逃跑，而不是战斗"，当时其他的证词中也能看到同样的愤慨。然而多年以来威尼斯所掌握的种种迹象早已能让他们预见这种情况必然会发生。阿斯卡尼奥·萨沃尔尼安早已警告过，"给塞浦路斯人武器"完全是无用功：他们不过是一群农民，在收到命令要求毁掉他们的庄稼并躲到城里的时候，他们就抢走了"他们无比憎恨的"主人留下来的东西逃到山里去了。萨沃尔尼安理所当然地认为，所有村民"都想要改变当前他们无比困难的处境，不仅是那些被奴役的农奴，也包括那些虽然自己已经是自由身，但父母还在被奴役的人"。唯一能控制他们的方法是依靠来自阿尔巴尼亚的巴尔干骑兵，然而这些阿尔巴尼亚人同样不怎么可靠，因为他们和塞浦路斯本地人的关系越来越密切。萨沃尔尼安悲观地总结道，武装这些塞浦路斯民兵有极大的风险，因为他们随时可能用拿到手的武器"发动政变"，对抗少数还忠于威尼斯政权的巴尔干骑兵。[30]

有位名叫巴尔托洛梅奥·塞雷诺的意大利编年史学家，对塞浦路斯民兵怯战脱逃同样毫不惊奇，他认为这一切都是完全可以预见的。他以当地的乔瓦尼·索佐梅诺的个人叙述为主要资料来源，这些资料是1571年2月在博洛尼亚印刷的。根据这些资料，他发现其实当地民兵很早就表现出了不满，他们曾经在试图逃跑时多次对阻止他们逃跑的长官兵刃相见，塞雷诺还提出了一个更大的问题，他试图解释为何“农民不愿意冒生命危险来保卫严苛对待他们的贵族，而愿意支持任何其他帝国，哪怕是最严苛的帝国”。简而言之，塞雷诺认为，尼科西亚强行征募民兵的暴行加重了平民们对一直服侍的贵族们的不满：那些平民根本没有意愿去为了阻挡土耳其人入侵而牺牲自己的性命，对他们来说，被土耳其人入侵并不是那么坏的事，甚至他们中不少人还日夜期盼土耳其人快点来。[31]

民兵的逃亡只会加速农民的变节，由于莱夫卡拉的可怕报复，农民的逃亡被推迟了几个星期：当躲在山上的农民们得知首都沦陷，意大利驻军被全部消灭，统治者也被斩首的消息后，所有农村社区都派代表前往与穆斯塔法谈判投降。帕夏按照奥斯曼帝国对基督徒的特殊政策，要求他们支付非穆斯林的人头税，但作为交换，他们可以保持自由身，并继续享受信仰他们自己宗教的自由。同年秋季，穆罕默德帕夏写信给法国国王，也就是奥斯曼帝国唯一的西方盟友，告诉他征服尼科西亚和整个塞浦路斯的好消息：

> 在敌人战败后，躲在野外的民众纷纷前来投降，臣服于伟大的苏丹陛下，其人数多达40万。因着苏丹陛下的恩慈，他准许这些臣民在我们强大的帝国寻求庇护，还给了他们前所未有的自由，并以怜悯和公义来恩待他们。[32]

然而这位大维齐尔不免有夸张之嫌，因为整座塞浦路斯岛上的居民加起来也不过20万而已，但抛开这个言过其实的数字不谈，他说的都是事实。早在土耳其人刚刚登陆的时候，当地的威尼斯政府就要求大部分村民撤离各自的村庄并躲到山上去，但在意识到土耳其人即将胜利后，这些村民又开始陆续返回了。在威尼斯，除了尼科西亚陷落的消息以外，也附加了一条，说那些村民“每天都有人从山里出来去投靠土耳其人”。值得注意的是，在尼科西亚陷落时，有些阿尔巴尼亚军官在带着他们的巴尔干骑兵躲到了山上后，并没有进行游击继续抵抗土耳其人，而是在几周后逃到了法马古斯塔城内：山上的农民根本不肯帮助他们。然而在其他人中，即使是原本派到尼科西亚就地在山上组织抵抗活动的贵族们最终也投降了穆斯塔法帕夏，在他们出山投降后，当地的希腊东正教神职人员领导的农民也归顺了土耳其人。[33]

凯里尼亚，也就是威尼斯人所称的“塞利内斯（Cerines）”，其防御工事之前花了重金来加强。然而穆斯塔法将一位被俘的连长锁在马背上，在马鞍上钉了两个人头，其中一个就属于丹多洛，让他给守军送去最后通牒。在听到最后通牒后，那里的守军也在毫无抵抗的情况下投降了，而就在前一天，当地的指挥官和地方总督还信誓旦旦地宣称要“像个骑士一样”战斗到死。两人把所有的士兵和民众都召集起来，问他们愿不愿意战斗，但他们的回答却是否定的。根据当时一位目击者的描述，其实在他们召集民众以前，他们早就偷偷把防御工事的钥匙交给穆斯塔法帕夏了。穆斯塔法随后放走了他们，允许他们自由返回威尼斯，他们到威尼斯后被逮捕、审判并被投入监狱，此外还有 3 位当地的贵族臣服于土耳其人，并成了“新皈依的穆斯林”，随后他们立刻被赐予绣着金线的衣服，获得了自己的蒂马尔。

如今只剩下法马古斯塔还在抵抗，此时已经没有人再对法马古斯塔的防御力抱有太大的幻想了。随着夏季的结束，枢机主教德朗布耶观察到：“塞浦路斯等待援军的出现已经超过八九个月了，他们很快就会彻底绝望，所有人都会趁机起来反抗威尼斯人的统治。至于法马古斯塔，在如今塞浦路斯平民都更喜欢土耳其入侵者的情况下，他们到底有没有能耐抵挡得住土耳其大军，恐怕只有上帝知道了。”[34]

1570 年 9 月 15 日，拉拉·穆斯塔法帕夏率领麾下指挥官及随军的神职人员在哥特式的圣索菲亚大教堂里举行了周五的祈祷仪式。他以苏丹的名义建立了岛上的第一个瓦克夫，用于将来新建的清真寺的维护及相关的慈善事业；随后他和加莱桨帆船的卫队指挥官阿拉普·艾哈迈德在岛上建立了他们个人名义的瓦克夫。帕夏还捐赠了一柄剑（1987 年被盗），还有一本带有下述题词的古兰经：

拉拉·穆斯塔法帕夏，战争之狮，摧毁了异教徒坚固要塞的勇士——愿真主赐予他权柄来行他伟大的旨意！——在伟大而仁慈的真主的许可下捐赠这本圣书给尼科西亚城内的这座高贵而有尊荣的清真寺。

自威尼斯精英被消灭以来，岛上这些没有信徒的拉丁教堂都被改造成清真寺，或是转让给了东正教或亚美尼亚教会的神职人员，不过在战后不久，尼科西亚又开放了一座天主教堂，供进入塞浦路斯的西方商人使用。[35]

将塞浦路斯转化为奥斯曼帝国行省的工作此时已然在有条不紊地进行着。在尼科西亚陷落当天，被苏丹授予全权管理岛上事务的拉拉·穆斯塔法就任命了一名贝格勒贝伊，首任贝格勒贝伊是从发罗拉调过来的穆扎费尔帕夏，此外还任命了一位卡迪，也就是教法官；此外他还建立了一个管理当地事务的议会，也就是“塞浦路斯底万”，设在尼科西亚，建立了 13 个配备了基督徒翻译的地区法院，任命了负责守卫各港口和堡垒的指挥官。拉加佐尼主教于 11 月初离开塞浦路斯，根据他的汇报，虽然在第一年期间，塞浦路斯人被免除了部分税赋，“但土耳其人已经在尼科西亚找到了两个塞浦路斯包税人，他们通过招标获得了在塞浦路斯王国征税的权力，为此支付了 5 万埃居”。[36]

不过，要让生活秩序回到正轨，还需要一些时间，因为此时塞浦路斯依然处于战争状态，士兵们往往对平民并不友善。在 1571 年 9 月，一位名叫内斯托雷·马丁嫩戈的指挥官在法马古斯塔沦陷后坐船逃离，后来在返回时他询问那些平民：“土耳其人是如何对待你们的？”他们回答说：“土耳其人对他们非常残暴，无法想象还有更残暴的方式了。他们如今一无所有，并且被土耳其人不停地侮辱和殴打。”他们还说，塞浦路斯岛整个东部都被战火基本夷为平地了，无数村庄也已经被人遗弃了。一位来自曼托瓦的医生曾在叙利亚地区生活多年，那段时间他刚好在塞浦路斯，随后 1572 年 1 月他来到了威尼斯后，告诉威尼斯人说，虽然土耳其占领军大部分已经撤离，“但岛上依然物资短缺，民众只能靠香桃木的果实充饥”。此外，在后来法马古斯塔沦陷后，一艘来自叙利亚地区的船把当地的瘟疫也传染到了岛上；虽然和入侵者合作的当地政府尝试依靠威尼斯统治时期的检疫程序来阻止瘟疫蔓延，但土耳其人不太关心这些问题，因此还是给岛上带来了一场深重的灾难。[37]

因此，这场战争给塞浦路斯岛的经济和人口造成的创伤，远比入侵者预计的要高。1571 年春，穆罕默德帕夏向拉加佐尼主教的兄弟、威尼斯特使拉加佐尼透露，由于战乱，塞浦路斯的人口大量流失，“岛上损失了 8 万人，要么死亡，要么沦为奴隶”，因此土耳其政府打算想办法充实当地的人口。这个 8 万人的数字或许有点夸张，但奇怪的是，它与上述热那亚间谍提到的7.5万名奴隶的数字极为接近。无论如何，有一点是肯定的，就是当初攻城战前躲到尼科西亚城内的 56500 人中，大部分人都死于战火和破城后的烧杀抢掠，或是被充为奴隶离开了塞浦路斯岛，被送到土耳其大陆地区了。不久后的奥斯曼帝国人口普查显示，塞浦路斯剩下的人口想要重建整座岛根本不够，不只是首都地区，在农村同样如此，在 968 座村庄中，有 7% 已经被人废弃了。[38]

土耳其朝廷很快就意识到，塞浦路斯战后的情况比预期的要糟糕太多。1572 年 2 月，塞利姆苏丹给当地新任的贝格勒贝伊锡南帕夏发布了一条敕令，苏丹坦率地指出，“塞浦路斯岛由于是靠武力强行征服的，因此如今民众的情况日益恶化”。然后，苏丹敦促他如人们所希望的那样，公正地对待他们，在执行伊斯兰教法和征税方面表现出仁慈，并保障那些劳作者的安宁，“以便国家能够恢复昔日的繁荣”；最重要的是，必须不惜一切代价防止居民逃离以及基督徒和穆斯林之间发生冲突。除此之外，后来还采取了许多更具体的措施：比如在 1571 年至 1574 年，苏丹连续 3 个冬季都下令把其他地方的小麦运往塞浦路斯。同时在 1572 年 10 月，在岛上又进行了一次人口普查，随后锡南帕夏向苏丹汇报说，岛上的基督徒似乎更喜欢奥斯曼帝国的法律，而不喜欢原先的法律和惯例。岛上之前超过三分之一的土地是属于国家的，而剩下三分之二的土地是属于教会和贵族的，如今全部的土地都是苏丹的财产，但岛上的农民拥有不可剥夺的土地使用权，并且可以将其传给他们的子孙后代；然而在战时被遗弃的房屋在没收和重新卖出的过程中出现了非常多的腐败和权力滥用的事情，为此苏丹不得不费了一番心思来应对这些问题。[39]

如大维齐尔之前所说的，土耳其朝廷为了恢复塞浦路斯的人口已经花了不少精力，他们使用的方法是从过去的拜占庭帝国继承来的，简单粗暴，但很有效：鼓励安纳托利亚地区的人口往塞浦路斯移民，并强行迁移了部分穆斯林和犹太人。在安纳托利亚的部分省份中，当地政府还下了命令要求每十户家庭出一户移民塞浦路斯。所挑选的家庭都是贫穷或没有土地的农民，或是其他省过来的移民，又或是从农村移居城市的人口，另外还有不少选中的移民来自因常常叛乱而臭名昭著，或是心怀不满的地区。这样的强迫移民的政策自然引起了反对：塞利姆的建筑师锡南为此还前来向塞利姆求情，希望塞利姆放过他的家乡被选中强制移民的那几户人家，还有许多被选中的人想尽一切办法返回故土，不过最终成功的寥寥无几。另外，苏丹下令在塞浦路斯留下一支常驻部队，总共 1000 名耶尼切里军团士兵，还有 2779 名各样的士兵，包括炮手、阿扎普和各种“志愿者”，政府给他们安排女子并出资让他们结婚。部分参战的志愿者和被安排驻守在各处堡垒和港口中的军人被授予了蒂马尔，成为西帕希；几年后，岛上拥有蒂马尔的共有 565 人。[40]

塞浦路斯岛上最重要的特产棉花，在战争结束后很快就开始恢复生产，在战争结束几年后，新任塞浦路斯贝格勒贝伊，原先是卡拉布里亚基督徒的贾费尔帕夏已经可以靠向威尼斯出口棉花（包括走私和以他人名义出口的）赚取数千杜卡特的收益。尽管土耳其人常常对他们加重税赋，横征暴敛，但威尼斯统治时期数百年的殖民主义模式的农奴制被彻底废除了，这确保了塞浦路斯农民对新政权的忠诚。1575 年，有位德意志的旅行者途经塞浦路斯，当地人告诉他，在威尼斯统治时期，塞浦路斯人的待遇比奴隶还差，而在土耳其统治时期他们中的穷人得到了自由，反而轮到他们之前的主人们被卖到土耳其做了奴隶。20 年后，另一位途经塞浦路斯的英国旅行者被邀请参观当地的威尼斯贵族的官邸的遗址，当地人告诉他说，这些官邸的主人都被屠杀了，这是对他们当初惨无人道地压迫农民的惩罚。[41]

15

撤　退

9月初，基督教世界的舰队指挥官中开始充斥着乐观的气氛，这种乐观的气氛在他们给各自的国家统治者们的汇报中毫无保留地展现，在整个10月里，意大利各国依然沉浸在对即将到来的胜利的幻想中。在罗马的鲁斯蒂库奇枢机主教收到了科隆纳9月3日寄出的一封信，信中称"因着上帝的恩典，在下不辱使命，所有的加莱桨帆船都已经集结完毕"。枢机主教大概也被这样乐观的情绪感染了，他总结道："愿主我们的上帝施行拯救的大能，赐予我们每个人灵魂深处渴望已久的胜利！"

赞恩的来信9月5日也抵达了威尼斯，信中称"他们7日就会出发，去寻找敌舰队"；他的舰队在干地亚终于招募到足够的人手了，"每艘加莱桨帆船上都有100名士兵，并且每个桨座都能有3名桨手，除了××只有2名。只要他们能有勇气战斗，而不是逃跑，这样的小缺陷根本无关紧要"；最后，也是最重要的一点，"指挥官们如今凝心聚力，精诚团结"。几天后，多里亚的来信证实舰队已经出海，而且规模必定超过了皮亚里帕夏舰队的规模。根据情报，"皮亚里帕夏有160艘全副武装的加莱桨帆船，还有其他小船，总共也不过200艘船而已……上帝保佑，我们很快就能获得期待已久的胜利了"。法奇内蒂最后如此总结道。[1]

事实上，出航离开克里特的决定是在有了许多延误和误解后才做出的，其中自然包括拒绝出发的多里亚那近乎背叛的行为。科隆纳对此一清二楚，他在一封私信中写道："吉安·安德烈亚大人惧怕我们，就像他惧怕敌人一样。"他甚至直截了当地告诉赞恩，多里亚虽然表明上支持出征的决定，但其实"他本人并不想参与这场战斗"，在出发前夕，科隆纳和赞恩有一次彻夜长谈，他公开告诉后者自己对"吉安·安德烈亚大人"的印象。根据科隆纳的说法，多里亚的这种心口不一的做法和西班牙国王本人根本没有任何关系，但他本人似乎并不坚信这一点，“因为他对我说：我想坦率地告诉阁下，我是国王陛下忠实的仆人，如果国王陛下并不真诚，我也不会成为他的大臣”。因此科隆纳建议赞恩在战斗中将他的舰队和多里亚的舰队交错布置在一起，迫使多里亚的舰队与土耳其舰队交战。他补充道，如果允许这位热那亚人指挥官把他的舰队单独集中在一个侧翼的话，“这些性能优良的加莱桨帆船将会抛弃我们”——换句话说，一切就全完了。科隆纳认为，如果威尼斯舰队损失七八十艘加莱桨帆船的话，多里亚会非常高兴，因为这样他的舰队就会是同盟舰队中最强大的一支了，而他在西班牙国王面前的分量也就更重了。最后科隆纳总结道：“如果多里亚能成功实现这一切的话，那么他在将来几年内就能获得无数金钱，成为百万富翁。”

赞恩听到这些后，感到非常愤怒，因为在此之前他一直被多里亚的花言巧语骗了。多里亚指出他的舰队缺少海用饼干后，竟厚颜无耻地宣称：“他们不需要足够的面包去打仗，因为他们为了打仗，甚至可以去吃鹅卵石。不过他们需要足够的面包以供战后返航途中的消耗。”由于这些话，赞恩一直以为多里亚是真心想要参战。不过威尼斯人自己其实也是有所保留的：赞恩一直以来都在向他的盟友隐瞒他的加莱桨帆船缺乏人手的弱点，只在给本国十人团的密信中指责了克里特当地官员的不作为，没有及时给他招募足够的人手，并称“我还得继续向他们抗议才行”。在出征塞浦路斯的时候，他在寄回给威尼斯的又一封信中称“由于舰队船员每天都有人病死，他感到非常困惑和绝望”。[2]

9 月 5 日，同盟舰队的作战会议终于决定出航离开位处克里特岛西部的苏达港，前往克里特岛东边的锡蒂亚港集结舰队。指挥官们逐一检查舰队所有的加莱桨帆船，以确保所有船只的状态都能投入战斗：这又是吉安·安德烈亚·多里亚的主意，他想借此挑明威尼斯舰队缺乏人手。舰队 3 天后离开苏达港，等到达锡蒂亚又用了一周左右的时间。随后于 9 月 15 日在港口内整编维护舰队。在舰队整编完毕的第二天，多里亚给了科隆纳一份很长的备忘录，多里亚后来将这份备忘录印刷了很多份，在整个意大利广泛传播。这一备忘录的主要内容是多里亚对威尼斯人的质疑，并宣称这次军事行动的准备工作非常不顺利，或许最终战争结局会比这还要糟糕。

多里亚在备忘录中非常露骨地宣称，虽然威尼斯舰队的状态非常糟糕，但到目前为止，他都认为“西班牙国王陛下的舰队与其联合是十分必要和有益的，因为陛下对这个共和国给予了极大的关注和保护”。然而，他继续写道，由于他的坚持，舰队进行了一次大规模的检查和维护，在这次维护中，威尼斯舰队暴露出了种种致命缺陷，使得他不得不重新考虑之前的想法。他亲自部署了他的舰队迎接检查，舰队排成战斗队形，所有的小艇放到了船上，这样加莱桨帆船之间就无法有人员往来，“不是在港口，而是在外海，这是海军的惯例”。但威尼斯人在港口检阅加莱桨帆船，“船尾靠在岸边”，这样一艘船上的人就可以在检查完毕后轻易地跑到另一艘船上。尽管多里亚曾警告过科隆纳威尼斯人可能会用这种花招，但科隆纳还是同意在这种情况下进行检阅；“我们昨天检查了 60 艘威尼斯加莱桨帆船，我们发现船上的桨手缺员将近三分之一，每艘船上的士兵和水手都不超过 80 人”：因此，船上的兵力比威尼斯人之前所声称的要少得多。

随后多里亚分析了此时的战略形势，他认为在这种情况下，几乎没有胜利的希望。奎里尼的两艘加莱桨帆船之前被派到卡尔帕索斯附近侦察，回来后他们报告说，敌舰队最多只有 150 艘至 160 艘加莱桨帆船。不过就算这是真的，基督教舰队数量上的优势也依然无法降低行动的风险。多里亚说，出其不意突袭土耳其舰队肯定是不可能的，因为“舰队中有太多缺少桨手的加莱桨帆船和加莱塞桨帆战舰，拖累了整支舰队”，这些加莱塞桨帆战舰过于沉重，它们武装到牙齿，但速度实在太慢，很多时候不得不用别的船拖着走。这位热那亚人接着说：“敌军已经派了好几次侦察船了，如今他们肯定早就知道我们的舰队已经集结完毕了，他们不太可能被动地在等着我们去打他们。如果他们准备与我们交战，那一定已经让尽可能多的士兵登上了战船。”最后多里亚总结道：“我认为，在这种情况下，就凭我们的舰队现在的状态，不太可能打赢他们。”[3]

同样在 9 月 16 日，多里亚又写信给他的知己和盟友佩斯卡拉侯爵，在信中他大倒苦水，埋怨科隆纳。“马肯托尼欧大人管理我们的方式，就好像他自己是威尼斯人似的，根本不关心西班牙国王的舰队。”他继续说：“至于我，我已经做了一切能做的了，就差跟他们明说‘我不想去塞浦路斯’了，因为目前国王陛下和我本人的荣誉都不允许我说这话。”“我尝试提出补给的问题，但他们真的给了我足够的补给……我向马肯托尼欧说了威尼斯舰队的混乱情况，但他对我说的话根本不关心，对我转达的国王陛下所关心的问题也完全不在乎。”然后他接着说：“不过我清楚知道，我根本不想指挥这支国王陛下托付我的舰队去参加这场行动，但如今我不得不在这里滞留到9月底。不过在此之后我一定会好好休假一次。请上帝帮助我。”他觉得自己已经打出了所有最好的牌，最终却依然输掉了牌局。当天晚上，他又写信给他的继妹科斯坦萨：“你的继兄如今身心俱疲，他只能继续这场悲伤的游戏。”[4]

事实上，在锡蒂亚的那次舰队检查中，多里亚是唯一一个指出威尼斯的船只缺乏人手，成为“瘸腿船”这个问题的人。后来第二年，在赞恩回到威尼斯接受审判的时候，马肯托尼欧·科隆纳被叫去做证人。他亲口承认说，圣克鲁斯侯爵和德卡尔多纳都检查过威尼斯的舰队，也都比较满意。琴乔·卡皮祖基是科隆纳当时麾下的一位在役的船长，他当时陪同多里亚检查过塞尔西监督官的加莱桨帆船。他说，多里亚说船上缺少人手，而琴乔当时立刻回答他说：“请仔细看，这里确实有人的。”实际上，赞恩自己在向元老院汇报时也承认过，他麾下的加莱桨帆船确实缺乏人手：尽管每艘船上就算没有应有100名剑士，也至少有80人，但的确很多船的桨手都非常不足，多里亚尤其仔细地检查了这一点（赞恩恼怒地评论道）。但不少来自罗马和西班牙的指挥官都一心渴望开赴战场，赢得胜利的荣誉，热那亚人多里亚发现自己被孤立了，不得不接受军事会议的决定，出海前往塞浦路斯海域，占领土耳其的菲尼凯港，并在那里等待土耳其舰队前来，对其发动突袭。[5]

多里亚不是唯一一个对军事会议上决定的作战计划存疑的人。斯福尔扎·帕拉维奇诺也担心若如此行动，“等待舰队的将是毁灭”。奎里尼的加莱桨帆船依然在搜索附近的情报，但他们从未越过罗得岛，根本没有真的遇到过土耳其舰队，也没有其位置的确切的情报，所能打听到的只有一些传闻而已。根据目前的情况，帕拉维奇诺认为太过轻率地直接率领整支舰队闯进黎凡特海域是非常危险的，这样的行动计划甚至还不如前去袭击君士坦丁堡，迫使敌人撤离塞浦路斯，赶回来保卫自己的首都。帕拉维奇诺早在第一次军事会议上就提出过这个直接去攻打君士坦丁堡的计划，而在舰队还未抵达锡蒂亚时，他又以书面形式重新提出了这个计划。塞尔西监督官非常赞同这个计划，因为“洗劫和摧毁君士坦丁堡在他看来是非常不错的主意”，而且他手下的线人的情报也都显示此时君士坦丁堡兵力空虚，并不难打。不过赞恩还是没有考虑这个计划，后来当多里亚再次在军事会议上提出他检查了威尼斯舰队后的那些疑问时，这位富有的威尼斯指挥官轻蔑地建议道，如果多里亚依然担心战斗的风险，那他愿意给多里亚的每艘战船买“100 埃居的保险”。[6]

无论如何，整支舰队的总司令官依然还是科隆纳，这位罗马贵族丝毫没有多里亚的疑虑。卡尔帕索斯当地的希腊人曾报告说，敌舰队“已经缩减至 150 艘加莱桨帆船，从未有过之前所说的 161 艘；而且乌奇阿里的船和其他西地中海的私掠船没有和舰队主力在一起”。科隆纳对这个情报信以为真。赞恩最后不得不把装备最差的 5 艘加莱桨帆船和几艘运输船都解除了武装，而科隆纳也把自己的一艘加莱桨帆船解除武装了，不过即使如此，基督教同盟舰队总共依然还有 180 艘加莱桨帆船，11 艘加莱塞桨帆战舰，1 艘盖伦战船，还有 6 艘拿浮船，这样的舰队“完全有希望”击败敌人。而甲板上的步兵也不少：教宗国舰队的加莱桨帆船上共有 1100 名步兵，西班牙舰队 3500 名，威尼斯舰队 8561 名，因此科隆纳写道：“无论在火炮的火力上还是武装人员的数量上，我方都超过了土耳其舰队。”9 月 17 日至 9 月 18 日的夜间，同盟舰队终于起航离开了锡蒂亚，按照帕拉维奇诺的说法，“情况非常混乱”，船上带着足够的水和活牲畜，以保证最大限度地能够在海上长期行动。[7]

在出发当晚，多里亚在给西西里总督的信中，明确坚称他完全不怕土耳其人（在他信的结尾的一句原话是“比起敌人，我更害怕恶劣天气”），但他担心他的同僚们过于相信之前探听到的敌方舰队数量不多的情报。此时他们已经出发前往塞浦路斯了，但在战斗前，还有一件事必须确认，就是土耳其人是否已经重新武装了他们的加莱桨帆船，“土耳其人是否已经让登陆的陆军重新回到船上了，如果是的话，目前的比例是多少”。在第一天的航行后，多里亚又在另一封信中提及了同样的问题：“威尼斯人的这支舰队上缺少步兵，考虑到土耳其人的陆军实力，一旦和他们交战后，我怕是凶多吉少。”

不过多里亚开始逐渐说服自己，就算这位经验缺乏的科隆纳无法看懂如今的战略局面，至少威尼斯人应该有足够的经验能理解现状，事实上，威尼斯人似乎并不比他更想投入这场战斗。因此如今让他情绪低落的并不是危险，而是浪费了大量时间。“我现在心情不好，因为虽然我不担心比现今更坏的情况会发生，但我也不指望比现今更好的情况能出现，因为按我看，这些威尼斯人也对找到敌舰队没有太大兴趣。”无论如何，很难说他的话错了，因为舰队会合后在克里特滞留了整整 18 天，这一切都不是他的错，而是威尼斯人的错。他总结说：“在我看来，这些勇敢的威尼斯人大概相信并希望着敌方舰队会主动撤退。”他本人也认为皮亚里帕夏会自行撤退，因为他完全没有理由打这场海上大决战；但他认为，如果敌人留在那里等待他们，威尼斯人将最先重新思考要不要前去交战。[8]

多里亚从 15 岁就开始指挥加莱桨帆船，是迄今为止同盟舰队中最有经验的指挥官，他认为，如果土耳其舰队除了原先配备到船上的耶尼切里和西帕希之外，还继续增加陆军的话，那它在海上的战斗力会进一步增强。我们必须牢记他的这个观点，这样才能理解基督教将领们在得知尼科西亚城陷落时是如何看待现状的，被派到塞浦路斯侦察的阿维斯·本博返回时，带来了抢到的两艘土耳其小型护卫舰，以及这一噩耗。接到消息的时间是 9 月 21 日晚上，按照当时在舰队中的人的说法，舰队的航行队列依然混乱不堪，此时舰队来到了佐泽卡尼索斯群岛最东端的卡斯特罗索岛的视线范围内，离土耳其海岸线只有 3 千米；天气开始变糟，海上刮起了大风。舰队的大部分加莱桨帆船都开始忙着寻找最近的港口躲避风暴，然而多里亚的舰队，按照他一贯的作风，依然待在海上，科隆纳闻讯后非常恼火，派去一艘小型护卫舰，命令他的舰队一起入港。多里亚回答说：

“既然是你的命令，我会甘心从命，只是在如此天气下，我的导航员无法确定舰队的位置。”多里亚的舰队直到第二天上午才抵达港口，此时恶劣的天气已经有所好转，已看穿了多里亚的科隆纳发现自己的运气不错：在天气放晴后，“多里亚现在没有机会离开我们逃回国了，还是和我们在一起”。[9]

分散在各港口躲避风暴的舰队直到 9 月 22 日才重新集合，但这并不是导致本博带来的情报没能及时送到舰队的各指挥官手中的唯一原因。赞恩自然是第一个得到消息的；他完全不敢相信这是真的，因此对这两艘侦察加莱桨帆船的船长严刑拷打，但这两个倒霉鬼依然不改口，坚持说尼科西亚已经沦陷了。起初赞恩不想把这个消息传出去，因为怕打击整个舰队的士气，但在船员中这条消息很快就一传十十传百，赞恩不得不通知帕拉维奇诺和科隆纳本人。而多里亚是最后一个赶到的，也是最后一个得知该消息的。他后来痛苦地说，他是从流传的谣言中得知这一消息的，但过了很久都没有哪位指挥官愿意屈尊正式通知他。这条消息在桨手中流传后，带来了赞恩最担心的后果：桨手们此时都开始议论纷纷，说敌舰队太过强大，已经不可战胜，还说继续追击这样强大的敌人等于是把舰队送进屠宰场。[10]

当众人聚集到科隆纳的加莱桨帆船上开会讨论下一步的对策时，威尼斯指挥官们已经有了充足的时间来评估现在的局势。斯福尔扎·帕拉维奇诺之前已经是对这次行动最不支持的人之一了，此刻他开始公开反对继续这场行动，并说这次行动已经毫无意义。他们在审问了那两艘土耳其的小型护卫舰上的俘虏后得知，土耳其舰队比之前预计的要规模大得多，“此外敌人想给舰队增派多少人手就能增派多少”；敌方舰队可以自由地选择接受或拒绝战斗，攻克尼科西亚的胜利无疑也鼓舞了他们军队的士气。而相比之下，基督教舰队远离本土作战，也没有安全的地方可以退避，舰队的许多船在之前那场风暴中也受了不小的损伤。如果这种不利的情况下还要继续坚持战斗的话，“要么整个舰队都会毁灭，要么最起码也会折损大部分战船”。

马尔科·奎里尼在给兄弟们的私人信件中指责塞尔西监督官，认为他的看法一直和帕拉维奇诺一样，他还“以我们所能想象到的最了不起的办法”说服了另一位监督官卡纳尔。赞恩本人勇敢地坚持“必须继续前进，和土耳其人开战”，甚至质疑关于尼科西亚陷落的情报是不是真的，不过他此时在作战会议上已经彻底被孤立了，最终的决定依然是撤退。为了能不失颜面地撤离，他们对外宣称并不是取消了军事行动，而是准备返回卡尔帕索斯，重新制定别的行动方案，比如针对离意大利较近的都拉斯或发罗拉等地发动袭击。而多里亚此时也告诉众人，他愿意在同盟舰队中待更长时间。在此之后，9 月 22 日晚上，同盟舰队掉头，火速向西返航。

马尔科・奎里尼因为这次“可耻的临阵脱逃”而深感羞耻，他写道，他完全不认同这个决定，并希望让那 11 艘加莱塞桨帆战舰的船长和水手长一同签字；这一行动唯一的影响就是让帕拉维奇诺和其他几位监督官对他怀恨在心，他们解除了他的职务。他充满愤怒和痛苦地向他的兄弟们抱怨这件事（“我的心为此破碎”），但希望他们不要把他的话告诉任何人，因为他依然害怕总司令得知后会对他失去信任。他认为，总司令在这件事上并没有责任，唯一的错就是太轻信那些“陪在他身边”的贵族了。事实上，在撤退前一天，赞恩依然还在犹豫，继续写信给科隆纳，希望他再次召集众人开一次作战会议，再次讨论这次撤退的决定；然而那天海上又遇上了恶劣天气，混乱的舰队被大风吹散了，直到几天后，走散的加莱桨帆船才陆续全部抵达卡尔帕索斯。

现在已经是 9 月 26 日了，吉安・安德烈亚正式通知其他人，说他的时间已经到了，在陪同联盟舰队抵达干地亚后，他准备独自率领舰队出航返回西西里岛。威尼斯人现在担心在回国的半路上会遭到敌人的袭击，因此要求多里亚陪他们返航到赞特后再走。吉安・安德烈亚反驳说，就算这么做也没用，而且“敌舰队肯定不会出现在这一带”。不过最让他吃惊的是，科隆纳居然也认同威尼斯人的这种想法。此时多里亚已经被科隆纳的无能激怒了，他认为科隆纳根本不知道如何应付当前局势，于是多里亚第一次公开了他在出发前领受的西班牙国王的那道密令，密令要求他必须把整个西班牙舰队的安危放在任何其他事之前优先考虑，并且多里亚表示，为了这个目的，哪怕是拒绝遵守科隆纳的命令，他也会在所不惜。科隆纳显然震惊了，他不知道多里亚是不是在撒谎，或者更糟，国王“真的向他透露了不能向我透露的秘密”，于是他命令多里亚如果他真的收到了国王的命令，就要把这一命令的文本公开展示出来。随后二人之间爆发了激烈的争吵，这位教宗的将军险些要和多里亚的某位西班牙下属决斗；最后科隆纳沮丧地说：“吉安·安德烈亚大人想做什么就去做吧，我不管了。”于是这场远征救援塞浦路斯的行动，最终正如多里亚一开始所期待的那样，以失败告终。[11]

由于各指挥官之间互相猜忌，天气又极度恶劣，这支基督教舰队在返回克里特岛时极度混乱。在接下来的几个月里，各方在公布的说法中相互指责，导致难以分辨究竟谁是谁非，但毫无疑问，基督教联军的舰队在这次令人沮丧的经历中表现得非常糟糕。根据多里亚刚抵达克里特岛就四处散布的一份备忘录，在这次返航中，他统帅的舰队是唯一一支全员一同入港的舰队；其余的舰队都被海上的风暴吹散，威尼斯人损失了一艘加莱桨帆船，“是被海浪凿出了一个大洞后沉没的”。根据多里亚的说法，在激烈地争吵了几天后，威尼斯和教宗国的舰队“再次出海，加莱桨帆船像之前一样，在糟糕的海况中分散开来”，于是教宗国又损失了两艘加莱桨帆船。多里亚宣称，他的舰队是最后一个出发的，但却是第一个抵达苏达港的。科隆纳的舰队在 4 天后，也就是 10 月 4 日抵达，“入港时大部分舰队的船只都已经狼狈不堪，我的船匆忙把它们拖进港口”。由于教宗国舰队的状态已经非常糟糕，多里亚认为他们至少将来几天内是出不了海了，而多里亚现在急着离开；因此，第二天他就在盟友的祝福下急匆匆地出海赶往西西里岛了。[12]

至于科隆纳这边，他立刻写了一封信给费利佩二世，批评多里亚“态度粗鲁，没有礼貌”，并指责他擅自抛下盟友，任凭盟友处于敌舰队袭击的威胁之下，这是在把整个基督教舰队带入万劫不复的境地。科隆纳怀有恶意地称，在离开卡尔帕索斯之前，这位热那亚指挥官“在入港前的那场风暴中损失了 4 艘加莱桨帆船”，这是个非常模糊的描述，给人的感觉是那 4 艘加莱桨帆船在风暴中沉没了，然而事实却是如多里亚后来报告的那样，那 4 艘只是被海上的大风吹散了，几天后就又找回来了。实际上多里亚比谁都懂得在海上遇到风暴时如何避免各种危险。在他 16 岁在热那亚共和国服役时，就已指挥过 13 艘加莱桨帆船，但在经过科西嘉海岸时，突如其来的风暴让他的舰队损失了 11 艘加莱桨帆船。这次噩梦般的经历让他明白了“加莱桨帆船有多么脆弱，要把握好天时是何等困难”，因为从风平浪静到足以摧毁加莱桨帆船的风暴突然来临，往往只有一小时不到的时间，有时风暴甚至会发生在离港口不远的地方。从此之后，他一直非常小心谨慎，不喜欢冒险，如果遇上恶劣天气，他宁可留在海上，也不会像几乎所有其他指挥官那样试图强行入港。[13]

无论是科隆纳还是赞恩，都是冒险出海的政客，他们没有多里亚那样的航海经验，因此在返回克里特的途中，他们的舰队就要因为恶劣天气而付出沉重的代价了，特别是在靠港时，由于技术难度较高，导致在恶劣天气下的风险更大。在干地亚靠港时，2 艘教宗国加莱桨帆船搁浅，另外还有 11 艘船在转移到更安全的苏达港时遭到严重损伤，其中 8 艘是威尼斯的，3 艘是教宗国的。赞恩向威尼斯报告说：“在航行途中，我们遭遇了厄运，10 艘至 12 艘加莱桨帆船受损，其中两三艘是属于教宗的，不过好在所有的船员都被救出来了。”他在报告中强调所有人都获救，似乎侧面证明了那些怀疑他将损失报得太轻的编年史作者是正确的，他们认为这些搁浅的加莱桨帆船“全部损毁”，而最不乐观的作者认为这些船“没有一艘能修复”，但事实上，当洛伦佐 · 达穆拉在冬季付出不少努力后，其中几艘损毁的船被成功修复，可以重新投入使用了。[14]

多里亚此时已经决定不再和盟友面对相同的命运，他 10 月 5 日离开了克里特，并于 12 日抵达了科孚岛，随后穿过了海峡，抵达莱切。在莱切他让船上的部分士兵返回陆上，随后继续航行至墨西拿。这样西西里岛的分舰队终于回到了自己的母港，而多里亚也可以让他的加莱桨帆船在港口里安然过冬了。至于他本人则随那不勒斯的分舰队回到了他们的母港。在 10 月 26 日抵达那不勒斯后，他立刻出发赶往热那亚，并从那里前往西班牙，决心向国王讲述自己的遭遇。他在旅途中四处写信，有给西班牙国王的，给罗马教宗的，给秘书佩雷斯和戈麦斯的，给西西里总督的，给德苏尼加的，给威尼斯总督的，还有给其他各种各样的人的。在信中他尽情与众人分享他在这次失败的军事行动后的悲哀之情，并称“国王陛下的舰队已经做了它所能做的一切”，此外他还说，对他而言，只有在确实没有任何别的选择摆在眼前的时候他才会退缩，他对“这次舰队联合行动未能达成预期的目标”而感到遗憾。对于那些愿意接受他的观点的人，他在信中猛烈抨击科隆纳和威尼斯人的无能，并在抵达马德里后，继续找人当面诉说这一点。威尼斯大使愤怒地评论道：“好像全世界就只有他一个人懂海军了。”[15]

而马肯托尼欧·科隆纳却决定忠于自己所收到的命令，继续和威尼斯舰队同进退，这使得他不可能和多里亚一样去自吹自擂。尽管如此，他还是利用在克里特和科孚岛停留的时间给尽可能多的人写了一些信，并派他的堂兄蓬佩奥·科隆纳前往意大利，要求堂兄为他的行为辩护，并向权势者澄清谁真正应该为这场惨败负责。蓬佩奥闻讯后即刻出发，甚至赶在多里亚之前就抵达了那不勒斯。随后在那不勒斯期间，他当众澄清了一件事，就是多里亚在这次行动期间的所作所为让威尼斯人感到愤怒，另外他也证实了之前已经流传多日的一条传闻，“威尼斯舰队上斑疹伤寒肆虐，总共约 2 万人死亡”。10 月 24 日，蓬佩奥抵达了罗马，当面向庇护五世解释为什么多里亚应该为这次行动失败负责；教宗相信了他的解释，并亲自写信给马德里，表达他对这位热那亚指挥官在这次行动中的表现感到强烈不满。[16]

让马肯托尼欧感到尤其困扰的是，多里亚之前自称有西班牙国王的密诏一事的确没有撒谎。马肯托尼欧·科隆纳当然是教宗的将军，但也是西班牙国王的臣民和附庸，他的政治前途取决于国王。科隆纳以近乎咄咄逼人的语气写信给费利佩二世，向他保证，他不能相信这样的事情，如果其他人相信，国王的形象会受到严重损害：他希望“世界上的君主们永远不会知道陛下在同一事件上发布了两道相反的命令，毕竟陛下没有这样做”。但随后，拉古萨的信传来，带来了一个惊人的启示，立即传遍了全国。帕加诺·多里亚，也就是吉安·安德烈亚·多里亚的兄弟，当时正在拉古萨城里养病，他在此期间和人打赌说，这次舰队远征不可能和土耳其人爆发战斗，“因为吉安·安德烈亚已经收到国王陛下的命令，要求他今年不要和土耳其人决战”。在得知这样的事情后，科隆纳彻底相信多里亚的那道密令确实是真的了。后来他在写给别人的信中提及这件事时，就不再怀疑这事的真伪了，而仅是指责帕加诺“拿这样的事和人打赌”的糟糕品行。[17]

在意大利，塞浦路斯救援远征队经过如此多的外交努力准备，满怀希望地出海，结果无功而返的消息引起了普遍的恐慌。10 月 23 日，在罗马的德朗布耶枢机主教写道：“从昨天开始，出征的基督教舰队陆续回来了，他们没有和敌人战斗，不过至少也没有战败。只是我担心土耳其军队比我们至今为止想象的都要强大得多，而塞浦路斯的沦陷对威尼斯人来说可能也只是灾祸刚开始而已。”鲁斯蒂库奇枢机主教也对法奇内蒂大使写道：“教宗阁下非常沮丧，因为舰队今年并未按最初希望的那样赢得胜利。”并且枢机主教鲁斯蒂库奇命令大使“好好安慰那些威尼斯贵族，让他们不要绝望”。而教宗此时也因为多里亚的事情恼火不已，他告诉威尼斯大使说：“这个吉安・安德烈亚实在是不像样。”并且加了一句：“西班牙国王是个好人，但他的大臣都十分邪恶，他们居然让国王犯下了如此严重的大错。”随后他点着头总结说：“够了。他们可以忏悔。”[18]

与此同时，消息也传到了威尼斯，而威尼斯人比罗马人对此事更为震惊。在此之前，他们已经得到消息说，多里亚的舰队返回了意大利半岛，并且放了一批士兵下船。法奇内蒂大使记载说：“当这些威尼斯贵族们听到这条消息时，他们气愤得半天说不出话来。”起初威尼斯民间对这个热那亚指挥官议论纷纷，对他非常不满，指责他“是众人的耻辱”，并且要为这次远征失败负责。直到 9 月 7 日，威尼斯才接到赞恩近一个月前从干地亚发回的正式报告，这一报告因为爱琴海和亚得里亚海的恶劣天气才这么晚送到。赞恩称，他们准备好前往法马古斯塔救援，用 4 艘运输船登陆 1500 名步兵，而让舰队主力先在科孚岛躲避一下，等候下一步的命令。在得知赞恩的做法后，国内的舆论的矛头一下子就转到他们自己的这位指挥官身上了，人们开始要求把赞恩召回国，让他亲自来解释他在这次远征中的这些行为。[19]

马德里直到 11 月中旬才收到“尼科西亚沦陷，远征舰队根本没有救援如此重要的塞浦路斯王国，无功而返”的消息。威尼斯驻西班牙大使卢纳尔多·多纳闻讯后非常沮丧，他连上床睡觉时都还在对此事耿耿于怀，称“这是土耳其异教徒用刀剑给我们这个时代带来的灾难”。考虑到西班牙国王此时刚庆祝完他的大婚，而且还在忙很多别的国家大事，他对舰队的无功而返一事似乎漠不关心，这让多纳很是头疼。多纳等了多日后，终于等到了费利佩二世抽出时间接见他的机会。多纳见到国王后，后者只是淡淡地说了一句：“如今冬季临近了，舰队除了回来以外没有别的选择。”在多纳听起来，这番话甚至可以说是话中有话，国王似乎认为这次远征塞浦路斯，去追踪土耳其舰队并与之决战的做法是非常冒失的。蓬佩奥·科隆纳此时也来到了马德里，为他的兄弟马肯托尼欧·科隆纳辩护，结果他发现西班牙人完全不责怪多里亚撤退的做法，反而是责怪赞恩和他兄弟当时想继续前进。蓬佩奥在见到多纳后，建议他提防那些西班牙大臣。他说：“西班牙国王的这些大臣想把一切罪责都推给你。”[20]

16

冬季休整和仍在坚守的法马古斯塔

尼科西亚被占领后，土耳其指挥官希望岛上首都的可怕命运能最终说服法马古斯塔驻军投降。穆斯塔法写了两封信给马肯托尼欧·布拉加丁和阿斯托雷·巴廖尼，劝告他们说：“尼科西亚已经被我军攻下，所有守军被全部处决。但只要你们投降，就可以饶过你们的性命。”这些信“一封是用土耳其语写的，另一封是用法兰克语写的”（“法兰克语”是当时一种以意大利语为基础的混杂语，在地中海各港口非常常用）。穆斯塔法提醒守军，他“随帝国舰队”抵达塞浦路斯，攻下了尼科西亚，在进攻尼科西亚之前，他愿意等待，“让至慈的真主怜悯该城”，希望该城守军能够投降。但真主不愿该城投降，不可避免的事情发生了；现在轮到法马古斯塔的人来决定他们自己的命运。帕夏保证，如果他们投降，全体守军可以自由登船并被护送回威尼斯；相反，如果守军违抗“我们有福而卓越的皇帝的意志”，攻城大军将“摧毁你们和你们的人民”。此时在法马古斯塔，有些人还以为穆斯塔法是在虚张声势，尼科西亚根本没有陷落。但不久后土耳其人就派了一个农民来到法马古斯塔，送来了一个锡制的碗，里面装的正是副监督官丹多洛的人头。[1]

而巴廖尼和布拉加丁却完全不吃这套，他们回复帕夏，他有本事的话，可以来攻打这座城市；至于他们，他们相信上帝会帮助他们，让帕夏后悔来犯。法马古斯塔守军的总兵力比尼科西亚的要少一些，但他们有一支更有战斗力的意大利步兵：根据11月初离开该城的拉加佐尼主教的说法，法马古斯塔的意大利步兵共有2200人；当时在城内的安杰洛·加托连长称，到了这年年底，城内还有2000名意大利步兵，这个数字是他几年后在君士坦丁堡靠近黑海的一座监狱里写回忆录时提到的。根据官方统计，这些意大利步兵加上包括“岛上的”民兵和“城市内的”步兵在内的各种当地武装，大约共有 6000 人，但到了年底只剩下 4000 名步兵和 200 名骑兵。这样的总兵力并不多，但法马古斯塔的指挥官们，尤其是布拉加丁，都是准备拼死一战的贵族，他们非常自豪，希望能名垂青史，他们对尼科西亚的捍卫者所表现出的“极大的无知、懒惰和怯懦”感到厌恶，他们确信，当土耳其人来犯时，他们可以给“这些狗杂种”好好上一课。[2]

为了瓦解守军的士气，穆斯塔法帕夏把尼科西亚一战中抓获的俘虏一个个拖到城墙下，还让骑兵用长矛挑着战死的敌军首级在守军面前展示；然后，他在离城市不远的地方扎营，并开始围攻行动。和尼科西亚不同的是，法马古斯塔并不是造在平原上，而是造在石质山丘上；它的防御工事并不像萨沃尔尼安在首都周围修建的那样是最新式的，但它受益于更有利的地形。拉加佐尼后来记载道：“法马古斯塔是建造在磐石上的，无法通过坑道爆破或者挖掘地基的方式来破坏其城墙。”土耳其军队的工兵很难在遍布岩石的土地上挖掘战壕，只好改用树干和沙袋来搭建掩体，以同样快的速度堆起了几座人工山丘，在上面架起了火炮。这一套战术在攻打尼科西亚时非常管用。但这次他们面对的对手显然没那么好对付：守军出击相当频繁，并且造成了极大的破坏。而且守军的火炮占据着有利阵地，给土耳其军队持续不断地造成了大量的伤亡，而土耳其攻城部队的火炮所造成的破坏却非常有限，甚至在威尼斯有传言称“在土耳其人开了总共 4000 炮后，城里的基督徒依然无人伤亡，炮弹只砸死了一头猪和一匹骡子”。

经过 13 天毫无效果的炮击，塞尔达尔考虑到季节，放弃了对法马古斯塔的进攻，准备在离城墙 3 里的新营地过冬，等待春天到来后再恢复行动。在土耳其人完全撤离前，法马古斯塔的守军突然强行杀出占领了敌人的阵地，赶走了仍在那里的土耳其人；随后在骑兵和重火绳枪兵的保护下，城里的居民完全夷平了土耳其阵地。不少耶尼切里和西帕希都已疲于战事：当时送回威尼斯的情报显示，一部分土耳其士兵被送回了各自的家乡，在塞浦路斯只保留了 3000 名至 5000 名骑兵，总兵力也降至一两万人。帕夏本人也开始厌倦了，他再次派人送信给布拉加丁，要求他写信给威尼斯本土，希望其国内的高层能考虑议和，并表示他自己也会回去劝说苏丹议和。他用一种看上去算是真诚的态度写道：“我本人更喜欢回国享受荣华富贵，而不是在这前线继续遭受折磨。”[3]

土耳其陆军正在复员，舰队仍处于战争状态。为了恐吓法马古斯塔守军，穆斯塔法帕夏警告他们称“我的兄弟，英武伟大的皮亚里帕夏和他率领的海军如今还在海上，正在准备发动和我在陆上率领穆斯林军队所发动的同样猛烈的攻势”。然而事实上，皮亚里帕夏根本没有时间派出援军再参加一次攻城战了，因为基督教联合舰队似乎已经来了，海战可能将无法避免。9 月 23 日，之前率领 6 艘轻型桨帆船被派往干地亚“抓些当地人来探听情报”的卡亚·切莱比雷斯回来了。卡亚在锡蒂亚附近的海域俘虏了一艘小船，上面有 5 个基督徒，都是还停在港口内的一艘拿浮船上的水手。这些人所透露的情报显示，基督教联合舰队很快就要起航出征塞浦路斯了。事实上，当这位雷斯后来返回后向帕夏汇报该情报的时候，基督教舰队已经获悉尼科西亚沦陷的消息，并在一片混乱的队形下掉头向西返航了，但土耳其指挥官并不知道这一点。[4]

除此之外，还有另一批人不时在侦察干地亚的情报。当时在君士坦丁堡也有记载说之前土耳其人曾派出的两条船于 9 月 10 日抵达苏达湾，此时有一艘威尼斯加莱桨帆船和一艘威尼斯小型护卫舰在那里巡逻。当这两艘船靠港后，那两条土耳其侦察船迅速袭击了沿岸，并俘虏了 8 个人，随后从他们口中获悉此时基督教舰队已经在苏达港集结，吉安·安德烈亚·多里亚有 61 艘加莱桨帆船，威尼斯人有 151 艘，此外还有 1 艘盖伦战船，15 艘加莱塞桨帆战舰，还有 9 艘拿浮船和许多轻型桨帆船和前列横帆双桅船。同时他们还获悉，舰队第二天就准备出征塞浦路斯了。虽然这次事件和之前提到的那次在细节上有些差异，但这两件事很有可能是同一件事，也就是说，这两艘突然出现并袭击海岸的轻型桨帆船可能正是卡亚·切莱比雷斯的那两艘，而他可能在向皮亚里帕夏报告后返回了首都，再把这条重要的紧急军情报告给国内的统治者。此外，一直在脚踩两只船的拉古萨人也同样把基督教联盟舰队会合的消息传达给了土耳其人，他们所提供的情报的具体数据比较接近真实情况：9 月 11 日，拉古萨元老院写信给苏丹，提醒他“之前你们已经知道的那 12 艘教宗国的加莱桨帆船，如今已经和 49 艘费利佩二世的西班牙加莱桨帆船会合了”，总共有“195

艘加莱桨帆船，11 艘加莱塞桨帆战舰，还有 1 艘盖伦战舰和 20 艘拿浮运输船”。[5]

在 9 月底以前，无论是君士坦丁堡的底万还是塞浦路斯前线的帕夏们都感受到了迫在眉睫的威胁，他们中没有人想到基督教舰队实际上正在撤退。皮亚里帕夏此时还在犹豫要不要正面对抗如此强大的海军，但另外两位帕夏都提醒他，不战而退会有损苏丹陛下的荣誉，因此他只好改变主意，准备死战一场。随后皮亚里帕夏下令把船上的战俘都赶回陆上，只留下战斗人员在船上，将尽可能多的兵力和火炮部署到了船上，不再拦截进出法马古斯塔的拿浮船，而是让舰队全数出海。舰队向西航行，在那里搜寻理应出现的异教徒的舰队，但起初，皮亚里没有离开塞浦路斯水域太远，他以莱梅索斯湾为基地，派遣两艘侦察舰及时通知他敌人的接近。[6]

就在那时，发生了一件著名的事件。一艘大维齐尔辖下的盖伦船从塞浦路斯起航，随行的还有一艘轻型桨帆船和一艘卡拉穆萨商船，船上都载满了奴隶，大部分是在尼科西亚俘虏的年轻贵族，以供苏丹享乐。此时正是 10 月初。但就在水手们忙着把盖伦船上的火药卸下的时候，火药突然被引爆了，导致一场大爆炸，满载火药的盖伦船瞬间被炸毁了，另外两艘船也被大火吞噬，随后三艘船全部倾覆并沉没，船上所有人都葬身大海。在基督教世界，有传言说，火是由一个年轻贵族女孩点燃的，她决心不惜一切代价逃离苏丹的后宫；这个故事值得写一部小说，后来被包括土耳其编年史家在内的许多人热情地讲述，尽管更谨慎的作者指出这只是一个谣言（“其他人说这是由于船长的疏忽”）。第二天，海浪将那些已婚或未婚的女性的尸体，随着船的残骸一同卷到了法马古斯塔港。[7]

几天后，穆斯林指挥官们发现基督教舰队迟迟不出现，便认为他们不必在此继续逗留了。冬天快要来了，而塞浦路斯的形势已经基本稳定，并且在今后很长时间内都应该能保持稳定。至于舰队，它的船只状况不佳，船员在海上度过了漫长的几个月，也该是时候返回母港了。因此，皮亚里让舰队重新装上战俘和战利品，并于 10 月 6 日起航回国，只命令一位名叫莫雷·阿拉普·艾哈迈德的将领率领留下的 7 艘加莱桨帆船封锁法马古斯塔港口，此人日后晋升为阿尔及尔的贝格勒贝伊，并死于一场耶尼切里军团叛乱。在抵达卡斯特罗索岛后，皮亚里帕夏才得知基督教舰队刚刚来过这里，但由于未知的原因，他们掉头返航了。此后他继续航行至罗得岛，在当地打听到了同样的消息，同时也获悉了一条重要的情报：西班牙舰队已经脱离威尼斯舰队离开了。

这位奥斯曼帝国海军指挥官之前已经决定班师回国，并且此时离进入马尔马拉海峡已经航行了一半的路程，但利用敌军的混乱追击敌军舰队的诱惑是巨大的。皮亚里帕夏于是派出了5艘轻型桨帆船先行出发，去前方证实这条情报是否属实，而自己则率领主力舰队继续前进至斯坦帕利亚岛。在没有偏离通往君士坦丁堡的路线的情况下，他将自己置于一个理想的位置，可以从北方突然袭击克里特水域中的敌军舰队。在斯坦帕利亚岛，他有两个选择，一可以继续北上前往君士坦丁堡，二则是在这里静候战机。皮亚里帕夏选择在这里再等几天，并又派出了12艘轻型桨帆船前往克里特侦察：如果敌舰队还在那，他就会前去袭击。[8]

第一个掉进皮亚里帕夏陷阱的是马耳他骑士团的船。在其舰队于7月被欧吉德·阿里重创后，骑士团大团长又重新武装了5艘船，并且在收到罗马方面的命令后，由一名新任指挥官率领前往克里特。这位指挥官是墨西拿的修道院长，彼得罗·朱斯蒂尼亚修士。威尼斯人对由他接替之前那位不幸的德圣克莱芒特的位置感到非常满意，因为此人同时也是一位威尼斯贵族。10月26日，朱斯蒂尼亚已经即将抵达苏达港，任务是就地加入教宗国舰队，并听从科隆纳的指挥。不过就在此时，他被一支数目多于他的敌舰队拦截了，这支敌舰队可能正是此时悄悄潜伏在离基督教舰队只有几天航程的斯坦帕利亚岛的皮亚里帕夏派出的侦察舰队。马耳他舰队绝望地逃入海湾，但有2艘船被俘虏了；朱斯蒂尼亚率领剩下的3艘船抵达了苏达港，但这些船都被炮击重创。[9]

土耳其舰队的突然出现，震惊了之前一直尝试阻止多里亚的舰队独自离开的威尼斯指挥官，他们开始惧怕皮亚里帕夏的主力舰队此时正在海上等着他们。赞恩之前已经派出了2艘加莱桨帆船，在彼得罗·埃莫的率领下前去侦察，但还没等他们返回，赞恩决定再派2艘去侦察，选的都是性能最好的船，由温琴佐·马里亚·普留利和安杰洛·苏里亚诺二人分别指挥。等到埃莫的舰队返回后，基督徒指挥官们才知道皮亚里帕夏的舰队离开罗得岛后，已经改道航行至斯坦帕利亚岛，随时可能南下袭击他们。在得知这样的情报后，所有人都开始疯狂地行动。奎里尼和往常一样，是唯一一个在那灾难性的几周里有所斩获的人，他成功捕获了一艘从塞浦路斯开往君士坦丁堡的满载银器和其他战利品的船，他的加莱桨帆船此时还留在干地亚，但他闻讯后匆忙离开了这个暴露的港口，加入了苏达湾的主力舰队。[10] 不过此时赞恩觉得苏达湾已经不安全了，开始说服科隆纳和朱斯蒂尼亚也离开苏达湾，前往干尼亚港避难。

事实上，苏达是一座非常利于防御的天然港口，但由于其海湾出口正对着黎凡特，赞恩担心土耳其舰队会出其不意地杀过来，将他的舰队封锁在港内；他本人因此更希望能率领舰队转移到克里特岛西北岸的干尼亚港。但不久就有人指责他的想法，说他这么做会让整个克里特岛都置于土耳其人的威胁之下，因为苏达港的位置太过重要。谁占领了苏达港就等于占领了整个克里特岛；但赞恩回答说，即使土耳其人进入海湾，他们也不可能冒着被封锁的风险留在那里。因此 11 月 8 日，舰队最终还是离开了苏达港，转移到了干尼亚港；同一天，安杰洛·苏里亚诺也回来了，非常悲伤地讲述了和他一起执行任务的普留利的不幸遭遇：4 天前，他们航行至帕罗斯岛附近的时候，普留利“在与突然出现的 5 艘土耳其轻型桨帆船的战斗中牺牲了”。

普留利当时是威尼斯舰队中最出名的船长之一，他死后，有人传说：在遭到 5 艘土耳其轻型桨帆船袭击后，他的船勇敢地撞上了敌船，随后还俘虏了 2 艘，但他在与第三艘船战斗的时候，他率领的士兵由于从一开始就人数不多，此时开始寡不敌众，在敌人重火绳枪兵的连续射击下一个个倒下了，最终被击败了。然而关于普留利的外甥马肯托尼欧·奎里尼的故事就没有那么传奇了，这个年轻人在这场战斗中于他舅舅的加莱桨帆船上被俘虏了。他作为奴隶被带到了君士坦丁堡。在君士坦丁堡期间他改信了伊斯兰教，完成了麦加朝圣，致力于伊斯兰教法的研究，在此期间他和他还在威尼斯的母亲一直书信来往，在信中他曾多次劝说他母亲也改信伊斯兰教；他后来还参加了耶尼切里军团，成为近卫骑兵指挥官，在军团中他使用的名字是穆罕默德·阿迦·弗兰克贝格鲁（“弗兰克贝格鲁”的意思是“意大利贵族之子”），直到1602年，在一次士兵叛乱中他被他自己麾下的士兵杀死。[11]

普留利的遭遇似乎证实了此时处处都有数量众多的土耳其舰队，基督教指挥官们此时开始担心他们那可怜的舰队也会遭遇同样的命运，于是3天后他们决定离开干尼亚港，前往科孚岛避难。这么做同时也是因为他们在抵达干尼亚港后，很快就发现他们犯了一个严重的错误：干尼亚港太小了，根本无法让整支舰队所有的船只停靠，因此许多加莱桨帆船不得不直接在海滩边抛锚。然而这个季节海上常有风暴肆虐，有4艘船被风暴卷走了。这些不幸的船只中有1艘是教宗国的，船长叫多梅尼科·马西莫，还有3艘是威尼斯舰队的。此后大部分桨手都被救了回来，然而马西莫却因为这次远征中的这些事情过度劳累，后来12月4日在莱切去世。临死前，他要求释放船上的在这次远征中抓获的19名奴隶，无论他们是男是女，是“黑人”还是土耳其人，并把其中的一名土耳其儿童安置在卡尔帕索斯的一座孤儿院里，除此之外，他还要求人们为在这次风暴中遇难的那些从罗马雇佣的志愿桨手们的灵魂祈祷。[12]

在克里特的这一个半月里，威尼斯和教宗国舰队出于对敌舰队的恐惧，换了3次港口，指挥官们一直都在绞尽脑汁想着如何运输1500名步兵前去支援如今正岌岌可危的法马古斯塔。赞恩任命维尼埃指挥援军，但维尼埃反对这一计划，因为要救援法马古斯塔，至少需要两倍于1500人的兵力才有用，而且他不认为现在有办法将援军送到城内。而且被选中参与救援的步兵连长也都拒绝上船，因此赞恩只好把他们都撤职了。大部分部队也不想前往塞浦路斯，他们纷纷要求先支付拖欠他们的军饷，并开始四处寻找从克里特开往欧洲大陆地区的船。在返回科孚岛，同时也是这些士兵的兵役合同快到期时，在干尼亚港发生了这样严重的事件，这也证明了当时舰队和陆军的纪律已经相当散漫了。意大利士兵和港口的居民之间也爆发了激烈的冲突，最后演变成了一场真正的战斗；意大利人动用了重火绳枪，当地人则拿出了弓箭，甚至女人也加入了战斗，她们从窗口向意大利人丢石头，这场冲突导致多人死亡。法比奥·马西莫是蓬佩奥·科隆纳的副官，他带着一个全副武装的连，准备投入战斗；斯福尔扎·帕拉维奇诺在最后关头成功劝阻了马西莫，让后者明白，如果放任士兵打下去，他们一定会洗劫这座城市。当地的希腊人带着仇恨对他们高喊，自己情愿接受土耳其人的统治，也好过被他们这些“弗兰奇人”统治。[13]

在赞恩和科隆纳的舰队总算出发返回科孚岛后，帕拉维奇诺继续在干尼亚港待了几天，负责在当地招募准备救援法马古斯塔的士兵，并成功说服部分士兵续约，继续在军队服役，然而由于在这次艰苦的远征中过度劳累，许多士兵的身体状况都已经很差。兰戈内·帕拉维奇诺是原本要指挥这些陆军的指挥官，此时他也开始寻找各种可能的借口想留在这里，拒绝出发，同时也挑唆士兵们大发怨言，让他们跟他一起留下，最后他自己也病死在港口，他的位置由阿维斯·马丁嫩戈接替。为了护送前去救援法马古斯塔远征队并保护克里特岛免受可能的袭击，马尔科·奎里尼率领 21 艘克里特岛的加莱桨帆船（通常在岛上过冬）和 13 艘由罪犯充当桨手的加莱桨帆船留在了干尼亚港，因为如果留下的是那些从威尼斯和达尔马提亚招募的自由人桨手的话，强迫他们在这么远离家乡的地方过冬，必定会引发叛乱，而罪犯都是被镣铐锁着的，就没有叛乱的问题。由于缺乏桨手，最终赞恩不得不把 25 艘加莱桨帆船解除武装，并将许多小船留在克里特岛，拆卸后上岸保存，他离开时只带走了 60 艘船。[14]

在离开干尼亚后，赞恩和科隆纳二人的舰队在海上失散了，不过幸运的是，他们在海上没有遭到什么意外事件，最终在 11 月 17 日同时平安抵达了科孚岛。和往年冬季来临前一样，他们需要把损伤比较严重的加莱桨帆船解除武装，送回军械库做必要的修理，还要按合约给完成了服役期限的桨手们发工资，并把他们免费送回家乡。这场悲哀的复员行动让两位指挥官忙活了整整几天，许多加莱桨帆船都被拖到了岸上，并且重回大海的可能性已经微乎其微：按照当时威尼斯人的内部报告，这样的加莱桨帆船至少有 12 艘，其中 1 艘上的船员是科隆纳的，船只和船上的设备是威尼斯人自己的。似乎这还不够，斑疹伤寒继续在因这次过长的战役而疲惫不堪的船员中传播：每天都有二三十名船员死亡，短短几周的时间里，人们就埋葬了6名船长，为此人们相信“上帝发怒了”。当初9月时雄赳赳气昂昂地出征塞浦路斯的舰队船员中，如今留下的只有少数人，而且他们的士气也变得十分低落。[15]

在这样压抑的气氛中，可以理解赞恩根本不想写信给威尼斯本土汇报，但国内的威尼斯统治者们此时却在焦急和困惑中等着前线的消息。法奇内蒂11月22日写道：“人们非常震惊，前线的舰队居然很久没有传回任何消息了。”早在11月初赞恩的正式报告传回威尼斯之前，包括尼科西亚陷落和基督教舰队耻辱地无功而返在内的各种消息就传了回来，这使得人们对他极度不满；之后直到12月3日之前就再也没有任何消息。赞恩此时已经在科孚岛，身心疲惫的他要求辞去指挥官的职务，并返回威尼斯疗养。法奇内蒂大使写道：“威尼斯高层显然对他非常不满。然而由于缺乏合适的替补人选，他们依然还在犹豫到底应该把他召回还是让他继续留在舰队。”在是否该召回赞恩这个问题上，威尼斯高层分为两派，各执一词；12月9日，元老院通过投票，决定接受赞恩的辞呈，并在次日以1268票总票数中的1119票赞成票通过决议，任命塞巴斯蒂亚诺·维尼埃接替赞恩，成为新任舰队总司令官。[16]

与此同时，科隆纳的舰队迎来了1570年的最后一场灾祸。他们11月28日出发，从科孚岛返回意大利半岛。在克里特岛遭遇到那次风暴后，他们把损伤最严重的加莱桨帆船船体都解除了武装，此时他们的舰队只剩下6艘船了，由5艘威尼斯加莱桨帆船陪同一起出发返回。由于恶劣天气，他们不得不在科孚岛北部的卡西奥皮又待了将近一个月。直到12月底，他们才总算等到了可以出发的机会。但刚航行至卡塔罗附近的时候，舰队再次遭遇了风暴。“船长”号，一艘由著名的海军工程师韦托尔·福斯托建造的五列桨座战船被一道闪电击中而烧毁。随后科隆纳本人转移到一艘威尼斯加莱桨帆船上，但在航行至拉古萨附近的时候，这艘船却被大风吹到了岸上搁浅了。船上的幸存者浑身湿透，他们上岸并徒步走到拉古萨城，但拉古萨人却只让精疲力竭的科隆纳进城休息，而把随行的威尼斯人都拒之门外。威尼斯人知道土耳其人追在后面，可能会夺走他们的加莱桨帆船，于是决定烧毁它，之后他们奇迹般地逃回了威尼斯。[17]

在一份为自己开脱的宣言中，科隆纳预先为自己和教宗舰队遭遇的灾难辩护："舰队中大部分加莱桨帆船设计不当，而且严重老化。这些船中状态最糟糕的都已经留在了军械库。至于那艘'船长号'，也是一艘已经服役长达40年的旧船。"当他第二年2月返回罗马后，人们对他暗中议论纷纷：他当初是带着12艘加莱桨帆船出征的，回来的只有3艘，而当初全力支持并跟随他出发的罗马贵族们不是被淹死，就是过劳死，或是病死。然而教宗张开双臂欢迎他，和先前一样信任他，这使得德朗布耶枢机主教讽刺地写道：

> 马肯托尼欧·科隆纳大人虽然没有接近过土耳其舰队，但他经历了比土耳其舰队更危险的风暴和雷电，并平安归来了。教宗喜悦地接见了他，给他的尊荣就好像他打败了全世界所有的土耳其人。[18]

虽然所有人都在推卸责任给别人，但所有参与这次远征的人的声誉都受到了损害。枢机主教德格朗韦勒称，他本人对海上事务的了解恐怕也不比马肯托尼欧少，因此必须改变任命舰队司令官时只看忠诚度却不看能力的荒谬做法："国王肯定无比信赖自己的妹妹，但他不会让他的妹妹率军出征。"枢机主教亚历山德里诺则希望国王在来年任命的加莱桨帆船舰队司令官"不要像这次的吉安·安德烈亚·多里亚一样挑剔又对战事根本毫无贡献"。他还说："如果整支舰队的安危才是最重要的话，那干脆就把船停在港口里别出海算了。"至于威尼斯海军的声誉，此时已经近乎完全不存在了：法奇内蒂毫无顾忌地对总督说，那些受共和国委派的绅士们"在和平状态下安逸太久了，并没有表现出过去的战斗力"。[19]

此时的威尼斯，寒冷的冬天已经来临了。这个冬季让威尼斯人感觉前途渺茫。每家每户都在哀悼死去的亲人；贸易市场冷冷清清，仓库也快空了，当时有人指出，威尼斯的民众陷入贫穷，纷纷上街乞讨。那一年的冬天的严寒比往年要早，持续时间也比往年长，而且比往年还要冷得多；整个意大利都被大雪覆盖，“地上的积雪有半杆长矛那么深”，许多房屋的屋顶承受不住积雪的重量而坍塌。在圣马可一个叫克莱梅的被遗忘的角落，一场异常猛烈的暴风雪把圣洛克大教堂的屋顶都压塌了，所有人都认为这预示着来年也是厄运连连的一年。[20]

恶劣的气候虽然给基督教舰队造成了极大的损失，但同时也拯救了这支舰队，使他们摆脱了一场更悲惨的灾祸。事实上，皮亚里帕夏不止一次想要离开斯坦帕利亚岛，前去袭击克里特岛，然而希腊群岛地区突然刮起了剧烈的北风，使得他的舰队很难靠近克里特岛的港口，最后他觉得风险太大，只好放弃了。当战争结束后，更多的细节得以为人所知，不止一位基督教编年史家意识到舰队当时面临着可怕的风险，并认为是上帝降下了这场大风，以拯救舰队：如果没有这场大风的话，在多里亚的舰队离开后，留在苏达的所有舰船，“都会被敌方舰队轻而易举地俘获”。[21]

见战机已失，皮亚里帕夏准备在希腊群岛找地方让舰队过冬，在选定了一个合适的港口后，他甚至已经开始了扩建工作，“调来了大量奴隶”清理浅滩。然后，更现实地考虑到船员的疲劳和帆船的损坏，他改变了主意，决定还是返回君士坦丁堡过冬，只留下几十艘加莱桨帆船在当地巡逻，并命令他们拦截一切前往法马古斯塔的援军。剩下的 110 艘至 140 艘加莱桨帆船于 12 月中旬返回了君士坦丁堡的港口。皮亚里帕夏带着 40 艘船在白天举行了庄严的入港仪式，其余的船等到晚上才悄悄入港。巴尔巴罗看到后总结说：“剩下的那些船看上去已经狼狈不堪，他们应该是不想让民众看到。”[22]

在君士坦丁堡，不等舰队返回，就早已在庆祝征服塞浦路斯的伟大胜利了。11 月 16 日，穆罕默德帕夏给苏丹的基督教盟友法国国王写了一封长长的信，向他通报奥斯曼帝国的军队获得的巨大胜利：这是一篇非常有价值的文章，值得引用和评论，虽然里面的数字有些夸张，但其以君士坦丁堡的角度描述的战役过程都基本属实。[23]这篇文章的开头展现了奥斯曼外交语言所青睐的华丽风格，它写给：

尊贵的、极具基督教精神的、非常强大的、头衔历史悠久的君主，他在诸多君王和领主中最为尊贵、伟大、勇敢，最有美德和声望，他一直以来都是我们伟大的帝国朝廷最好的盟友。对于最尊贵和最具基督教精神的法兰西国王陛下，我们伴着繁花的芬芳和清晨清新的空气，带着非常深情和亲切的友谊向您致以无数的问候，希望陛下屈尊聆听这些地区过去和现在的事件和新闻。

随后大维齐尔继续按照官方公报的正确规范，对苏丹部队进行了极其夸张的估计：

在1570年，我方准备了一场规模浩大的针对塞浦路斯这个由狂傲无知的威尼斯人统治的岛屿的猛烈攻势。我方出动了总共240艘武装加莱桨帆船、58艘144桨的加莱桨帆船、17艘大型拿浮船、18艘加莱塞桨帆战舰、5艘盖伦战舰、40艘轻型桨帆船、120艘卡拉穆萨运输船，以及20艘被我们称为“依格里布（igrib）”的大型船，此外还有87艘私掠者的弗斯特战船。

而对敌人的实力的描述，却比较接近真实情况，这也证实了土耳其朝廷对敌人的情报的掌握基本到位：

威尼斯人也赶忙武装了130艘加莱桨帆船、10艘加莱塞桨帆战舰，还有40艘拿浮船，此外西班牙国王也派出了他最器重的指挥官，率领50艘加莱桨帆船和威尼斯人会合，他们集结在干地亚，按照他们的说法，是要去救援塞浦路斯，和我们上述的舰队交战。

在经历了45天的尼科西亚围城战，并最终攻陷了尼科西亚后，大维齐尔又写道：“……城内约有6万人，他们的财产全被洗劫一空。所有敌军士兵都被帕夏大人手中的利剑悉数斩杀，而他们的妇女和小孩，大约5万人，全部被俘虏并充为奴隶。”在大维齐尔的话中，惨遭厄运的尼科西亚城里的总人口显然是被高估的，同样，岛上农村的人口也被高估至近40万人，正如大维齐尔所说，他们集体臣服了苏丹。随后穆罕默德帕夏又提到了在欧洲大陆的胜利：

> 达尔马提亚边界上直到卡塔罗地区的那些城堡，包括克利斯附近和扎拉周围的，所有9座城都被赫雷兹和克利斯的指挥官摧毁了，他们建造的城堡，没有一座能在我军面前屹立不倒。至于其余的城堡，都被我们夷为平地，里面的人全部被我们杀死了，他们的首领则沦为我们的俘虏。此外，在威尼斯人的陆上领土中，我们还俘获了2艘加莱桨帆船，10艘弗斯特战船，还有其他各种小型船只，如今它们都是我们的战利品，而船上的人部分被我们俘虏了，其余的都被我们用绳索绑着丢进海里淹死了。

随后，大维齐尔还幸灾乐祸地提到基督教同盟舰队远征失败一事，以及他们在听闻尼科西亚沦陷后，在返航途中遇到的那些灾祸：

> 真主的旨意很显然是要降灾祸于他们。威尼斯、教宗国和西班牙的加莱桨帆船舰队想去救援塞浦路斯并消灭我们穆斯林的军队，他们从干地亚启程，随后他们在海上又航行了一段。我们的兄弟皮亚里帕夏精通航海术，他率领苏丹陛下的舰队立刻启程拦截他们。在得知我们已经攻陷了塞浦路斯的坚固要塞之后，他们认为不可能再继续前进，并且再留在这也没有意义了，所以他们掉头返回了干地亚，不过苏丹陛下的舰队依然在追击他们。目前我们还没有进一步的最新情报，但愿满有恩典和怜悯的真主、宇宙的创造主赐予我们穆斯林一场伟大的胜利。

然而大维齐尔并不满足于这些事实，他随后继续称“在这幸福的春季，因着真主的恩典，苏丹陛下将会建立一支声势浩大、无比强大、人数众多的军队”，并敦促法国国王和苏丹一起攻打他们共同的敌人。无论出于什么样的原因，总之土耳其朝廷想让整个世界都知道，来年将有大事发生，关于这一点，塞利姆苏丹在写给瓦拉几亚的君主亚历山德鲁的一封信中，在告知他攻占尼科西亚一事时也有提及：

> 我儿，真主确实帮助了朕，朕占领了塞浦路斯，粉碎了那些不尊重朕的异教徒。你要在瓦拉几亚组织巨大的庆祝盛典，好让你的国家和周围国家，乃至全世界都知道朕取得了胜利。至于你，我儿亚历山德鲁，瓦拉几亚的大公，你也要好好准备随同朕的陆军一起出征，让你们的海军也准备起航，直取科孚岛，最终征服整个富裕的威尼斯，把他们数不尽的丝绸布匹都作为我们的战利品，随后再从威尼斯向罗马进发。朕告诉你这些，是希望你好好准备，这样等这一天来临时，只要朕一下令，你们就能随叫随到。

这封信是被当地的大主教奥赫里德泄露出来的，当时亚历山德鲁大公派他前往威尼斯要求资金援助，作为交换，他们许诺会起兵反抗土耳其人，可能这段文字经过他的添油加醋，但它的基础无疑是苏丹的一封正式信件。同样，塞利姆放出风声说要攻打威尼斯，无疑是为了说服威尼斯人放弃法马古斯塔，而在君士坦丁堡的巴尔巴罗肯定也得出一把冷汗了：他曾告诉一直以来和他谈判的易卜拉欣贝伊，要打到威尼斯本土是非常困难的。但土耳其人却回答道，此事并不难达成：因为土耳其舰队可以轻松抵达马拉莫科港，登陆的陆军知道怎么从那里前往威尼斯，因为土耳其人曾经占领过弗留利。[24]

关于君士坦丁堡为将来的战役所进行的准备的重要性，西方国家的大使们在报告中一致认可，不过巴尔巴罗确实指出了其宣布的目标与实际的能力之间的差距。早在9月时，土耳其朝廷就下令在黑海建造60艘新的加莱桨帆船，同时在君士坦丁堡的军械库也要建造40艘，但“无论有经验的工匠还是木材，在首都都非常匮乏”。之前提到过的那位老奸巨猾的投机者，绰号“魔鬼之子”，甚至连巴尔巴罗都称他“撒旦”的米歇尔·康塔屈泽纳，11月出发前往黑海，视察当地的造船厂。到了月底，有情报显示希腊地区的食物储备工作已经基本完成，通往拉古萨的道路也修建得差不多了，而招募的舰队桨手也可以满足需求了：起初上面的命令是要和往年一样，招募3.5万人，然而实际完成的数目却高达5万人。此外，上面的命令要求在普雷韦扎建造50艘战马运输船，之前的关于土耳其人要进攻科孚岛的传言很可能就要成真了。[25]

在圣诞节前夕，法国新任大使德拉特里克里先生也警告说："苏丹已经在伯罗奔尼撒、阿尔巴尼亚和埃斯科拉威亚地区准备了大量的粮食和弹药，似乎在准备来年亲征科孚岛与扎拉。"这一系列快速反应的动作都显示土耳其人对基督教舰队的动向非常了解，也从未低估过入侵塞浦路斯的战斗（包括攻打法马古斯塔）的难度："至于威尼斯军队，据说他们已经撤回威尼斯本土了，还有安德烈亚·多里亚的舰队也撤回墨西拿了。如果威尼斯人真的派了4000步兵带着各样的军需补给和弹药进入法马古斯塔增援的话，那土耳其人不可能像他们自己宣称的那样这么早就能破城。"为了更快攻下法马古斯塔，12月，苏丹下令让首都派出的训练有素的炮手取代在塞浦路斯围攻法马古斯塔的炮手。[26]

另外此时塞利姆苏丹和他的大臣们已经不满足于塞浦路斯了，还想进一步利用现有的战略和士气优势在来年继续扩大战果。不过土耳其人始终都在担心自己的舰队和西方国家的舰队在实力上有差距，这一点，早在苏莱曼大帝时期，当时的大维齐尔卢特菲帕夏就曾说过："之前的历代苏丹都能主宰大陆，但几乎没有苏丹能主宰大海。异教徒们的海战实力比我们强大得多。"在整个夏季，君士坦丁堡充斥着各种关于海战的悲观流言：有人称基督教舰队已经把苏丹的舰队摧毁了，因此在皮亚里帕夏的家中，妇女们都在为他哭泣和祈祷。[27]然而在得知基督教舰队的这次远征以如此羞辱的方式不了了之后，舆论瞬间大变。穆罕默德帕夏对易卜拉欣贝伊说："威尼斯人不过是一群渔夫，根本无力和我们战斗。"把威尼斯人想象成一群粗鄙的渔夫，是一个古老而司空见惯的印象，但它此刻开始真实了起来，底万受到了激励，开始寻求新的目标。他们认为有必要加强在亚得里亚海方向的攻势，封锁扎拉，随后在被称为"威尼斯的眼睛"的科孚岛登陆。

只要挖掉了这只"威尼斯的眼睛"，那接下来就一切皆有可能了，可以登陆意大利，向神秘的“红苹果”罗马进军。而且土耳其民间还有一个传说，说是先知穆罕默德在梦中向苏丹显现，并承诺他说：“你们这一代人将能征服红苹果，全世界都将会拜倒在你们脚下。”有人想象了这样的情景：在君士坦丁堡的艾郁普街区，苏丹向耶尼切里军团挥手致意，并从他们的军营前走过：“到红苹果那再见吧！”他们说的红苹果到底是什么（更准确的翻译应该是金苹果），其实根本无人知晓，但可以肯定它非常遥远，“在弗兰奇人的国度的尽头”。有些人认为这指的是圣彼得大教堂的穹顶，穆罕默德帕夏就是这么理解的，他在1571年初对威尼斯大使拉加佐尼说：“按照我们的预言，土耳其人将成为罗马的主人。”虽然大维齐尔并不准备把他的战争计划仅仅建立在民间传说上，但对他们来说，这个冬天显然是幸福快乐的，君士坦丁堡的统治者们没有理由不感谢真主，同时他们也对来年充满着期待。[28]

17

荣誉和耻辱

这个冬天，对法马古斯塔来说，它就好像被隔离在了时空之外。土耳其人在离他们较远的地方安营扎寨，尽管依然会和守军发生小规模冲突，但并未实现完全包围。几乎每天，那些阿尔巴尼亚裔的巴尔干骑兵都会与土耳其骑兵在开阔地进行长枪决斗；当阿尔巴尼亚人胜利时，他们会带着砍下的土耳其人的首级回城，每个首级可以换得 2 杜卡特的奖赏。作为一名优秀的骑士，巴廖尼自己出钱另外奖励那些能用长枪把敌人打下马的骑兵每人 5 杜卡特。有一次他甚至把他自己的皮裘脱下来披在一个阿尔巴尼亚骑兵身上，他捶了这个骑兵一拳，“对他说：你要穿着它，证明我的爱”。这些 16 世纪的贵族基本都是骑士小说《疯狂奥兰多》的读者，他们此时一定也觉得自己活在冒险小说中。有一天，一位“极其英俊的土耳其人”西帕希军官，带着一名基督教奴隶少女出现在城门前，这名少女后来被证实是在尼科西亚被俘虏的希腊贵族；在人们问他的来意时，他说“他为了这位美丽的少女，因嫉妒”杀死了他的一个同僚，为了证明他对少女的爱，他愿意成为基督徒。随后少女被委托给一位医生照顾，而这名土耳其人也被移交给了一名翻译，由后者教导他基督教信仰的教义。然而不幸的是，这一事件以悲剧告终：一周后，这个土耳其人带着翻译在城里行走，希望后者带他去少女所在的地方，当遭到拒绝时，他立刻一刀捅死了这个不幸的人，随后他自己也被绞死。

奥斯曼帝国的指挥官也玩起了骑士风度：穆斯塔法帕夏派了一个奴隶给布拉加丁送去了 4 对山鹑和雉鸡，后者向他表示感谢，但说他不能接受任何礼物。岛上相对平静的气氛最终使得在城墙内避难的农民要求离开，他们希望回到自己的村庄。布拉加丁之前在尼科西亚沦陷后，也因为缺粮而强行驱逐了部分城内的人，因此他同意了这些人的要求，近 4300 人安全地回家了。然而此时，无情的战火却依然还在肆虐着。法马古斯塔城内有两个间谍被绞死了，被抓到的有一个被指控通敌的当地平民；作为通敌的代价，那个平民被用一只脚吊起来，被暴徒们用石头砸死。此外威尼斯指挥官还用各种方式鼓动敌人军营里的士兵逃跑，他们向土耳其士兵们大肆宣传，并称大量的耶尼切里军团士兵准备叛逃，并成为基督徒，“因为他们并不是心甘情愿地跟随帕夏的”，而且另一方面，土军士兵也时刻恐惧着随时可能赶来的救援舰队。[1]

穆斯塔法把法马古斯塔的攻城战推迟到了来年春季，因为到了春季，海路会重新畅通，他又可以继续补充军需补给和援军了，不过他依然在尝试和谈，让守军和平地交出法马古斯塔。部分在尼科西亚被俘的塞浦路斯贵族也被允许前往法马古斯塔筹集他们自己的赎金，他们来到法马古斯塔后，建议当地的意大利指挥官给威尼斯国内写信，告诉他们这里的形势，并希望国内准许他们投降。为了争取时间，巴廖尼和布拉加丁假装答应了穆斯塔法的要求，并借此机会派了港口里仅有的两艘加莱桨帆船之一的“多纳塔”号（该船按照威尼斯的惯例，是以其指挥官尼科洛·多纳爵士的名字命名的）于 11 月 4 日起航离开了法马古斯塔，皮亚里帕夏留下的那 7 艘加莱桨帆船事先得到了命令，并没有去拦截。在一年中海况最糟糕的时期航行了两个半月后，该船终于在 1 月 18 日抵达了威尼斯。

法马古斯塔的主教拉加佐尼也在船上。他的家人之前得知他被围困在法马古斯塔后，以为他不可能再回到威尼斯，已经在给他安排后事了：主教在帕多瓦地区有两份圣俸，他的兄弟雅各布已经去找教廷大使，请求他“如果拉加佐尼主教葬身于法马古斯塔”，让教宗将其中一份圣俸给他的一个兄弟，作为对他英勇行为的表彰，“因为他还有三个兄弟”。然而主教却平安回来了，并和多纳一起宣称“守军目前的状态无比乐观”。他们说，这座城是坚不可摧的，只有饥荒才能迫使他们投降，但如今城里还有大量小麦和肉类，再坚持一整年都没问题，虽说目前缺少葡萄酒，但城里的水井足够给 2200 名驻军和其他民兵供应充足的水源，因此巴廖尼和其他几位指挥官都坚信他们能继续坚守下去。[2]

在威尼斯，人们还焦急地等待着赞恩在离开克里特前往科孚岛前曾承诺的援军的消息，那支援军共有 4 艘运输船和 1500 名步兵，此外还有一批火炮和火药。塞巴斯蒂亚诺·维尼埃奉命准备这些援军所需的军备，但他本人认为要救援法马古斯塔还需要更多的军队。“多纳塔”号还带回了布拉加丁所要求的一系列物资清单，当维尼埃看到后，他气得直扯自己的头发。维尼埃在给威尼斯总督的信中写道，他所能运送的军队和物资远远低于布拉加丁的要求：“这一点援助完全是杯水车薪。”他认为如果威尼斯不能提供布拉加丁要求的援助，那法马古斯塔就注定要沦陷了。[3]

那 4 艘运输船于 1 月 16 日从干地亚起航，13 艘加莱桨帆船随行护航，指挥官依然是那位马尔科·奎里尼。维尼埃本人原先也准备同行，但由于他刚好生病了，就只能留在干尼亚港养病；不过这对他来说也有好处，因为在克里特岛的人都还不知道，元老院已经任命他担任将军，取代赞恩的职务。维尼埃不是舰队中唯一病倒的，在冬季这样恶劣的天气下航行使得斑疹伤寒再次开始肆虐：奎里尼率领出发的加莱桨帆船中，有两艘根本没有船长，因为这两位船长都病倒了，不得不留在陆地上，随后在离开克里特海域以前，奎里尼又把一艘瘟疫肆虐的加莱桨帆船遣送回了港口。幸运的是，此时天气很好，在航行了 8 天至 10 天后，他们抵达了法马古斯塔的海岸。[4]

指挥这种规模的舰队行动是马尔科·奎里尼最擅长的领域，而且他也尽了最大努力。在发现封锁法马古斯塔的敌舰队不过只有 7 艘加莱桨帆船后，他让运输船在前面充当诱饵，第二天早晨，土耳其人的船前来拦截。不过不久后他们就发现这是一个陷阱，于是立刻掉头逃回锚地，那里已经建起了一座可以保护舰队的要塞，随后穆斯塔法立刻派遣了大量重火绳枪兵和火炮想要阻止敌加莱桨帆船靠岸。不过奎里尼没有那么容易就放弃：他一边和岸上拉开一段足以防止他的船承受伤害的距离，一边用大口径的火炮攻击敌船，在一天内击沉了 3 艘土耳其加莱桨帆船。然后，到了晚上，他把运输船带到港口，开始运送食物、弹药和军队：按照当时的官方文件记录，运上岸的有 1319 名士兵，用来支付守军的军饷的 6562 杜卡特现金，还有 46 门火炮，其中包括 6 门加农炮和 4 门蛇炮，以及 1400 桶火药和 800 桶葡萄酒，运葡萄酒是因为城里那些患上疟疾的人相信，他们的病是长期只能喝白水造成的，或许这也不是完全没有道理。[5]

第二天，奎里尼发现海上有一艘土耳其的马霍恩运输船孤零零地正在往穆斯塔法的大本营方向航行。当奎里尼的加莱桨帆船靠近时，那艘马霍恩还在平静地继续航行，“以为他们是本方的加莱桨帆船”，但很快他们就发现他们错了，不过此时为时已晚。由于未知的原因，船上的土耳其人拒绝撤下旗帜表示投降，随后他们遭到了无情的毁灭性打击。据说，在登船后，发现船上共有 7 万枚印有苏丹头像的金币，是用来支付军饷的，此外船上还有 300 名耶尼切里士兵，他们都被碎尸万段。他们身上的一切东西，“甚至包括鞋子”，都被运到法马古斯塔拍卖了。随后奎里尼回到了海滩，想要袭击昨天侥幸逃脱的那 4 艘加莱桨帆船，但却发现土耳其人已经离开了，并且拆掉了昨天被击毁的那 3 艘加莱桨帆船上的大炮，把这 3 艘船的残骸烧掉了。

从那以后，奎里尼率领的这支威尼斯分舰队就成了塞浦路斯海域的主人，他们在法马古斯塔附近巡逻了 3 周，俘虏了一些船只，其中还有一艘土耳其人租用的法国人的拿浮船，船上满载着弹药食物，还有一群被尼科西亚的胜利激励而纷纷从土耳其内陆地区赶来加入舰队的冒险者。奎里尼把俘虏的船只上的物资全部送往法马古斯塔，同时率领加莱桨帆船用舰炮摧毁了土耳其人之前用来炮击城市和保护战舰的堡垒中的几座；最后，无事可做的他掉头返回干地亚，并于 2 月 21 日抵达，随船同行的还有 4 个意大利步兵连的连长，他们谨慎地决定放弃自己的连，要求终止合同。[6]

这场胜利的消息像往常一样，传播得相当缓慢，直到 3 月底才传到科孚岛，而到威尼斯本土时已经是 4 月 12 日了，但消息引发了对“伟大的马尔科·奎里尼先生”的众多赞誉。然而期待已久的援军的到来，并没有让法马古斯塔的守军同样高兴。看到援军上船时，干地亚公爵菲利波·布拉加丁认为这些士兵缺乏作战经验，而且装备也很差，此外，他还认为指挥这些士兵的军官也不过是一群骗子，等援军抵达法马古斯塔后，他的亲戚马肯托尼欧·布拉加丁也得出了同样的结论。另外，正如之前塞巴斯蒂亚诺·维尼埃所说的那样，援军的实际兵力要远远小于巴廖尼和布拉加丁所要求的。他们写道：“另外，由于这些士兵无论数量和质量都达不到我们的需求，而且军官的水平也不够，我们认为我们被愚弄了。”至于军需补给方面，干地亚的地方政府只送了一些葡萄酒，因为他们自己也处于饥荒之中。装上船的海用饼干只够船上的士兵和桨手们在航程途中的消耗而已，因此当地的领导人也写道：“我们不得不替他们哭泣。”

在热情消退后，威尼斯人开始计算这次行动的成本了。大型拿浮运输船非常稀少，可以运载大量贵重的货物，把他们从商用征调为军用会损失大量的利润。马肯托尼欧·科隆纳于来年 4 月来到威尼斯签署同盟协议时，他不得不当面听威尼斯总督抱怨因为这次该死的战争征用了哪些船只：上一年吉罗拉莫·马丁嫩戈率领一支陆军打算前去救援塞浦路斯，但直到现在他们刚在奎里尼的护送下出发，占用 3 艘运输船整整一年，而且其中 1 艘运输船还在前往克里特的半途中沉没了；此外还有 4 艘用于救援法马古斯塔，另外 3 艘刚从威尼斯本土和科孚岛出发往前线输送援军，算下来“全部的开销是个让人难以置信的数字”。威尼斯总督还透露，单单法马古斯塔一地的防御，每个月就要花费 3.5 万埃居，并忘恩负义地抱怨道，守军指挥官从当地的商人那里借了总共 5 万埃居的军费，这笔钱还要威尼斯来还。[7]

在威尼斯当局在整个冬天尽最大努力补救 1570 年的灾难后，总督的这一倾诉是当局情绪变化的表现。威尼斯人在冬季最重要的决定是，和以往的惯例相反，今年冬季不把舰队解除武装，而让舰队继续保持服役状态，一部分船只留在克里特岛，另一部分则停在科孚岛，同时把兵役的合同期限也延长了。早在 11 月时，威尼斯元老院就命令赞恩让所有“旧加莱桨帆船”留在海上继续服役，即在舰队大动员之前就在服役的船，“在我们看来，这是舰队的真正骨干”，以及将在春季武装的加莱桨帆船中受损最严重的那些清空送进军械库修理，将其桨手转移到受损较轻的船上。而在克里特武装的那 21 艘加莱桨帆船，只有一部分可以先解除武装，船上的桨手们还得拿着一半的工资暂时留下待命；另一方面，赞恩从赞特、凯法洛尼亚和科孚岛等地所招募的桨手，都被遣散回家了，但他们必须来年春季再回来服役；最后，那些加莱塞桨帆战舰都转移到了莱西纳，全部保持最佳服役状态，以保证在冬季也能随时出航。

这一与以往不同的安排在桨手中引起了极大的不满，特别是在克里特的桨手已经不断有人逃到山上的密林里去了，因为他们中的许多人都是在岛上就地征募的。干地亚的当地军官不止一次发布公告请这些逃兵回来，但回来的人“连一个也没有”；于是地方政府只好使用强硬手段——他们抓回了一个逃兵，并割了他的鼻子。这个杀鸡儆猴的做法起了效果，许多逃兵乖乖返回了。而在科孚岛，要做逃兵比较困难，但船员的健康状况却在迅速恶化。科孚岛的冬季气候阴冷多雨，而桨手没有足够的衣物过冬，此外面包也开始缺乏，而之前的斑疹伤寒还没有完全过去。在整个冬季，至少有两名加莱桨帆船上的监督官病死，当地官方的公报称：“按人数的比例算，今年冬天的死亡率和以往持平，甚至可能更高。”这样的情况直到 2 月中旬才有所缓解，此后科孚岛向国内汇报说：“在最近一个月内的死亡人数已经比之前有所下降，瘟疫终于开始缓解了。”然而威尼斯十人团同样清楚知道，如果想靠解雇加莱桨帆船的船员来缓解这种状况的话，到夏天只怕来不及重新武装舰队，因此虽然这么做虽然要承受巨大的人员和财产损失，但十人团也只能祈祷，希望他们的决定是正确的。[8]

当前最大的困难，是需要招募桨手来填补空缺，但威尼斯并不知道这个空缺到底有多少。上一年，威尼斯的各种行会以及内陆地区耗费了无数资金和精力，才招募到了这批桨手，如果要重新招募一批的话，首先至少得统计清楚哪些人死亡了，哪些人被解雇了，哪些人还在服役，如此才能分配新的招募任务；因此，威尼斯元老院命令各船的书记官为他们负责的船写一份详细的清单，并送交至威尼斯。与此同时，威尼斯人也开始不惜一切代价地招募船员：威尼斯政府宣布，所有之前被流放的罪犯，无论是异端、叛徒或造假者，都可以靠帮威尼斯舰队花钱雇佣桨手来获得特赦，付不起钱的，自己来做桨手服役也可以获得特赦。这条公告一发布，立刻起了立竿见影的效果：仅在维罗纳一城就有大约 78 名流放犯人用这种方式获得了特赦，他们基本都是被流放的贵族和社会上层人员。法奇内蒂欣喜若狂地写道：“这些威尼斯贵族居然能找到这么多流放犯人用桨手服役来换取特赦。这些桨手总共可以武装 15 艘加莱桨帆船了。”还有一个典型的例子：阿尔维斯·多尔芬是一位非常有钱的银行家，上一年曾因欺诈性破产而遭到流放，他的那次破产成为威尼斯人那不幸的一年中最大的丑闻之一，而在他出钱雇用了30名桨手服役一年后，他获得了特赦。[9]

然而在之前的行动中，赞恩在海上损失了相当大一部分加莱桨帆船，还有一部分因为缺少桨手被迫解除武装。因此威尼斯人决定再建造30艘，为此威尼斯军械库里的工匠们不得不以比平时要快得多的速度日夜赶工：1月24日，教廷大使写道，在一周内头10艘船的船体将正式下水，到2月30艘都能准备完毕。30名船长的任命工作也开始了，“他们将取代死亡的和加莱桨帆船遭到摧毁的船长”。按照惯例，他们每人可以从政府那领取一笔资金来招募船员，然而此时有经验的水手已经比平时要少了，因此“优秀的水手们都希望自己能获得比平时更高的工资”。然而在支付资金的时候，威尼斯政府开始拖延：支付资金的日期一再拖延，而且不再公平；而至于那些加莱桨帆船，威尼斯军械库直到2月中旬都还没有交付哪怕一艘。教廷大使担忧地写道：“去年同时期的舰队准备工作的效率要比现在高多了。”到了2月底，人们发现“舰队武装工作所需的军需补给的配给工作依然停滞不前”，这也证明如今的气氛已经和过去大不相同了。[10]

威尼斯人备战工作的效率低下可能也反映出国内反战政治势力的崛起：反对这场战争的元老甚至在暗中联系巴尔巴罗，让他的姐夫到君士坦丁堡给他送了一封信，希望他能评估一下有多大的可能和大维齐尔达成停战协议。但备战工作迟滞不前的另一个原因，是缺少面包。1570年威尼斯本土的收成非常不好，土军骑兵对达尔马提亚和阿尔巴尼亚地区的骚扰也给当地的农业生产造成极大的破坏，以至于到了秋季，威尼斯不得不从法国进口小麦，因为他们已经不能从黎凡特买小麦了。在以往，威尼斯还能从意大利南部进口小麦，那里是西班牙帝国的粮仓，然而今年驻马德里的大使汇报说，冬天会有一场大旱，西班牙本土的收成同样受到影响，可能需要从那不勒斯和西西里岛运输小麦回本土。卢纳尔多·多纳写道，如今不得不紧急寻找别的方案，因为粮食短缺的情况可能还会越来越糟，“好的面包能让人饱足，坏的面包却能毁掉一个劳动力”。威尼斯很快找到了卢纳尔多所说的“解决方案”，不过这恐怕无益于保持和盟国的关系：在亚得里亚海的威尼斯巡逻舰队开始没收普利亚地区运载小麦的西班牙船只，那不勒斯总督闻讯后立刻前来抗议，指责威尼斯人的行为是“无耻的”，居然抢夺盟友的粮食来养活自己的桨手。

威尼斯元老院面对这样的指责时的答复，可以说是外交关系中最为厚颜无耻的典范。这些运输小麦的船后来在达尔马提亚的各港口卸货；威尼斯当局在向总督道歉并保证他们从未发出过没收西班牙小麦的命令的同时，暗示可能是这些船的船主为了牟取私利而把小麦运往那里的，而当地的政府已经下达了官方命令，在任何情况下都不允许出口食品，所以政府没收了这些小麦，“因为它就在那里”。元老院得知这件事后，立即写信要求归还这批小麦，但遗憾的是，信件到得太晚，小麦已经卸下并分发出去了，船也已经离开。威尼斯人表示他们不想得罪那不勒斯总督，愿意为他做任何事情，但他也必须明白，此时已经难以补救了：不可能从民众和士兵手中把小麦拿回来，那太疯狂了，“而且此时这些小麦也大部分被吃掉了”。对那不勒斯总督来说值得安慰的是，这批小麦给了他亲爱的盟友很大帮助，使得其有能力保卫自己的领土，而且威尼斯人承诺以公平的价格补偿小麦的所有者。[12]

与此同时，威尼斯人也开始不惜一切代价招募步兵来守卫“海上之国”。12月初，议会决定招募5000名步兵用于驻守扎拉、科孚岛、克里特岛以及支援法马古斯塔；1月底，在重新制定战略时，又决定再招募5500名步兵，全部增援克里特岛，以防夏季土耳其人登陆。来自半个意大利的著名军官们纷纷前来威尼斯领取资金：卡米洛·达柯勒乔、巴尔达萨雷·兰戈尼、贾科莫·马拉泰斯塔、阿斯托雷·维斯孔蒂等人，每人都领了一笔1000杜卡特以上的资金，各自负责招募3000名步兵。吉内芙拉·萨尔维亚蒂夫人，也就是此时在塞浦路斯被围困的守军指挥官阿斯托雷·巴廖尼的妻子被授权“任命5位连长，共训练1000名步兵前往法马古斯塔救援”。威尼斯共和国一直以来都用如此方式来回报那些热情而忠于职守的指挥官，允许他们的家人来参与管理这些重要的事务，并通过他们自己的人际网络直接介入援军的组织工作中。法奇内蒂大使写道：“事实上，这些连长都是他们的亲戚或身边的人。”[13]

在这个冬季，12 名来自瑞士天主教州的连长也来到了威尼斯，提出帮威尼斯招募人手，但威尼斯认为他们的条件过高了：他们希望能自己来管理军队中饼干和葡萄酒的分配，这些物资都由威尼斯政府以固定价格提供，这意味着他们可以从黑市而不是威尼斯商人那里获取利益。招募瑞士人参军的想法，引起了威尼斯城里的“虔诚的人”的警觉，他们担心军队中可能混入路德宗异端，并在军中传播其信仰。教廷大使闻讯后非常担心，将这个情况上报给了罗马，枢机主教亚历山德里诺也非常重视，立刻亲自前去希望威尼斯人改变主意，“不要让大部分舰队都被异端污染”。最终这件事泡汤了，但随后人们就发现为了这场该死的战争招募士兵有多困难了。法奇内蒂叹息道：“这些威尼斯贵族实在是招募不到士兵了。”[14]

朱利奥·萨沃尔尼安在 1571 年 1 月的一份备忘录中毫不留情地分析了威尼斯人很难招募到士兵的原因。他认为，之前舰队的高死亡率让人对其厄运产生恐惧，而同时达尔马提亚的恶名也传遍了至少半个意大利，然而这些都不是根本原因。根本原因在于威尼斯人支付的军饷太少：

> 那些背井离乡的意大利士兵，他们有的人是因为无法留在当地当工匠，有的人是因为被流放了，有的人是想到外面见见世面，还有一些是为了追求荣誉，但这种人很少。除了这少部分人外，其余的人当兵都是为了赚点钱维持生计，给自己买鞋子和其他生活必需品，并让自己的未来能有些保障。

萨沃尔尼安自己就有这方面的经验，他在扎拉购买了一个人最低限度的食物：3 片面包、奶酪，还有一些葡萄酒，“以及一个苏的汤，好让自己能吃些热乎的东西”。他总结说，“要让一个人活下去”，每天要 12.5 苏，而一个步兵的军饷，在除去重火绳枪和头盔的花费后，根本就达不到这个数字。“一个前来应征入伍的人，如果知道自己参军后会从意大利背井离乡来到达尔马提亚，而且根本没有维持生计的基本收入，更没有钱来买鞋子或其他所需的衣物，以及重火绳枪需要的火绳、火药和子弹等军需品的话，请问他还会参军吗？”当时威尼斯的士兵虽然武器和弹药是由政府提供的，但需要士兵自己花钱买。而且连长们还会克扣军饷，甚至有士兵饿死。“因此，绝对不能让任何想当连长的人都能轻松如愿，必须先严格考察他们的素质，他们应该是合格的军人，或至少是有荣誉感的人，而不是像今年招入军队出征的部分军官那样，是一群臭名昭著的卑鄙小人和窃贼。”[15]

然而如今形势紧急，威尼斯统治者们不可能再在募兵问题上如此小心翼翼。布雷西亚的贵族夏拉·马丁嫩戈和彼得罗·阿伏伽德罗都是“被该地区流放的著名人士”，他们提议让他们每人招募1000名步兵来换取特赦，威尼斯统治者们同意了。阿伏伽德罗负责在科西嘉岛招募士兵，而马丁嫩戈则在此时正进行宗教战争的法国募兵，不过他对招募的士兵中是否有异端根本漠不关心。随后这位流落米兰的威尼斯人不得不来到热那亚，请求这个威尼斯过去的敌人将这些步兵运到干地亚，对他来说更加耻辱的是，他还不得不以威尼斯共和国的名义恳求热那亚人允许自己在利古里亚海岸招募一些斯卡波利和普通水手。[16]

此外威尼斯人同时也非常坚持地请求教宗许可他们在教宗国境内招募士兵；以当时的形势，这一请求应该说是合理的，然而庇护五世本人并不把威尼斯人当成真正的盟友，他对这些人充满了猜忌，而且尽管教宗国舰队在上一年有过惨痛的经历，但庇护五世最终还是决定再次武装他的舰队，因此他拒绝威尼斯人说：“我们本国的人力还得留给我们自己的舰队用。”然而威尼斯人依然毫不动摇，暗中和3名教宗国军官签署了协议（其中一人名叫蓬佩奥·达卡斯泰洛，后面我们还会提到他，因为他参加了勒班陀海战），让他们暗中征募士兵。但不久后事情就败露了。庇护五世得知此事后非常恼火，把这3名连长都逮捕了，指控他们“暗中收取威尼斯贵族的贿赂而违抗教宗的命令”，威尼斯驻罗马大使费了好大功夫斡旋，才让3人免于牢狱之灾。[17]

除了政府间的争执外，还有军队间的争执，他们很容易发生争吵，喜欢在任何谈判中强调荣誉，而且军队组织的原则往往基于很多难以处理的东西。卡米洛·达柯勒乔在得知他将前往干地亚并听命于拉蒂诺·奥尔西尼时，他拒绝前往，并威胁要放弃他招募的那1000名步兵的指挥权：威尼斯元老院对这批士兵很满意，但他们的连长“拒绝前往干地亚，因为卡米洛大人不想去那里”，最后只好把他们派往科孚岛。然而这样的事还不是最坏的。十人团下令绞死了托尔夸托·托尔托连长，他是来自马耳他骑士团的军官，罪名是他在自己的连里吃空饷：他雇了一批人来应付检查，检查结束后这些人就消失了，这些“幽灵士兵”的军饷就由他私吞。在马耳他骑士团的要求下，教廷大使亲自向威尼斯总督抗议，并称威尼斯人擅自处决马耳他骑士团的人是非法的，然而托尔托还是被绞死了，处决时胸前还戴着马耳他十字架。当消息传到停靠在那不勒斯的马耳他加莱桨帆船上时，马耳他骑士们试图反抗他们来自威尼斯的指挥官彼得罗·朱斯蒂尼亚修士。[18]

招募部队之后，还得把他们运往目的地。虽然此刻土耳其舰队的主力已经返回君士坦丁堡，但土耳其私掠者的弗斯特战船以及小型船只依然还在亚得里亚海和伊奥尼亚海游弋，如果没有护航就出海的话，还是很危险的。12月，一艘名叫“格莱德尼加”号的运输船起航为还在科孚岛驻留的舰队运输士兵和补给品，但在半路上遇到了风暴，船只在卡塔罗地区搁浅了；随后土耳其人的几艘弗斯特战船和轻型桨帆船从卡斯泰尔诺沃方向突然出现，抢走了船只和补给品，船上的士兵纷纷弃船逃到了附近属于威尼斯的布德瓦港。赞恩曾派监督官卡纳尔率领15艘加莱桨帆船前往卡塔罗，因为只有舰队的存在才能“将海湾从土耳其人的武装船只中解放出来”。一艘从科孚岛出发将一个步兵连运往干尼亚港的拿浮船也遭遇了不幸事件。该步兵连的连长留在了威尼斯，而是让他的副手指挥，在出海后，他的副手用武力挟持了船长，要求在中途靠岸，随后他带着大部分士兵和船上携带的军饷逃之夭夭了。只有大约20名士兵拒绝做逃兵，他们说：“我们既然已经拿了我们伟大的国家的军饷，就应当遵守合约，为国家战斗到底。”在他们抵达了科孚岛后，维尼埃给了他们每人1西昆的赏金。[19]

除此之外，还有其他类型的危险等着他们。被任命为达尔马提亚的地方监督官的雅各布·福斯卡里尼带着8万埃居的钱乘坐一艘弗斯特战船出发前往扎拉。船上其中一名桨手是个因偷窃而被判划船的罪犯，他对他的同伴们开玩笑说，等船出海了，他就找机会杀死福斯卡里尼，然后带着船和这笔钱一起消失。前 3 个听到他的话的桨手都纷纷指责他有这样的想法，但第 4 个桨手由于听到后一言未发，结果被罚再多服役 6 年。而那个敢开这样的玩笑的桨手罪犯被处以绞刑，教廷大使回顾了这个“不幸的人”的一生，他出生在土耳其，后来改信了犹太教，之后又成了基督徒，他的一生就像宗教大拼盘。我们不知道最后福斯卡里尼是否得以安全出航，但看上去好像不太可能：每天都有从扎拉返回的士兵汇报称城市防御需要采取重大措施来加强，并称当地政府对此事漠不关心，因为当地最有经验的指挥官们都认为：“无论他们怎么加强防御都没用，土耳其人一来，他们只能投降。”[20]

此时对威尼斯人来说，最要紧的事依然是救援法马古斯塔，而此刻马尔科·奎里尼在塞浦路斯的成功还没有传回威尼斯。为了加强士兵征募工作，威尼斯元老院决定将需要在海外服役的士兵每人每年的军饷从 30 杜卡特增加到 36 杜卡特，而这个决定立刻奇迹般地见效了：到 1 月底，吉内芙拉夫人和她所雇佣的连长们已经总共募集了 800 名步兵，威尼斯城的港口赶紧准备了两艘拿浮船，准备把他们运往塞浦路斯，船上还另外装了 1 万蒲式耳的小麦和 3000 蒲式耳的大米和蔬菜。之前刚从法马古斯塔回来的尼科洛·多纳船长被任命指挥这次救援行动。多纳原先船上的桨手们闻讯后，立刻起了哗变，他们宣称不希望让多纳之外的人来指挥他们；由于这些桨手都是由多纳本人以私人合同招募的自由桨手，不能强迫他们服役，最后只好给他们每人发了一笔钱作为补偿，让他们同意继续服役。这艘船于 2 月 18 日起航，平安地到达了克里特，但由于船员普遍担心继续前进会遇上土耳其舰队，于是决定先在克里特等一等，等掌握前线敌方舰队的更多情报后再行动。然而等到他们认为可以上路了，舰队又遇上了恶劣天气，只好继续等在港口。而等恶劣天气过去后，他们又得知土耳其舰队也终于出海了，正在往克里特开来。多纳只好决定继续在当地等待，而最终法马古斯塔的巴廖尼永远都没有见到他的妻子为他征募的这批援军。[21]

这个冬季威尼斯人所做的各种重大决定中，最大的动作是把上一年表现拙劣的整支舰队的所有指挥官都撤换了，并对秋季那场舰队的大灾难进行了一系列调查，追究相关人员的责任。按照威尼斯政府的最终结论，赞恩和两位监督官达卡纳尔和塞尔西都将被撤职，并任命塞巴斯蒂亚诺·维尼埃、马尔科·奎里尼和运输船指挥官皮耶罗·特龙接任他们的职位。但事实上，在威尼斯本土做出这个决定的时候，特龙已经死了，最终达卡纳尔还是留在了自己的位置上没有被解雇。至于甲板上的陆军指挥官，斯福尔扎·帕拉维奇诺已经厌倦了这个位置，而且他的身体状况也不允许他继续在这个位置上服役了。在他卸任返回威尼斯的途中，遇上了一场风暴，差点葬身海中，后来他讲述了他当时是如何死里逃生的：他说他当时遇到风暴后，把一直挂在脖子上的一枚上面刻有“Agnus Dei”的金章丢入了海中，随后风暴就停止了。但他还是不得不在莱西纳岛休息了一阵子，因为他得了痛风，又发了高烧，起初他还以为他自己也感染了斑疹伤寒。在威尼斯，政府以为他这次难逃一死，已经准备宣布他的死亡了，他的妻子茱莉娅也登上了一艘元老院配给他的弗斯特船，准备赶去见他最后一面：在那个年代，无疑只有刚强的女性才能成为军人的妻子。她最终把他带回了威尼斯，不过此时威尼斯城里的人却怀疑他的病是“外交性”的，教廷大使讽刺地写道：“斯福尔扎·帕拉维奇诺大人抵达威尼斯时，和他平时一样，是全世界最健康的人。”[22]

而相比之下，想找人接替赞恩就更复杂了。12 月时，威尼斯元老院在讨论后，决定批准他休假的请求，任命已经“74 岁却依然老当益壮”的塞巴斯蒂亚诺·维尼埃接替他的位置。但此时维尼埃还在干地亚，甚至有人担心他可能已经随同奎里尼一起前往法马古斯塔指挥岛上的守军了。因此还需要写信给赞恩，命令他暂时留在司令官的位置上，“并同时写信给在干地亚的维尼埃，让他如果还没有离开干地亚的话，就前往科孚岛接过舰队的旌旗”，意思也就是让他接任舰队总司令官一职。法奇内蒂认为：“这一切表明，如果维尼埃已经抵达塞浦路斯的话，赞恩可能会继续做司令官，或者也可能让第三者接替这个位置。”事实上，在威尼斯政府当时还犹豫不决的时候，他们曾决定任命一位临时特遣指挥官，并赋予他海军总监督官的头衔，以及等同于舰队司令官的权力。他们考虑的人选是阿戈斯蒂诺·巴尔巴里戈，“一位认真严肃，小心谨慎又有权势的贵族”，当时他 65 岁，后面我们还会提到他，因为他在后来的勒班陀海战中战死。一旦接受任命，巴尔巴里戈就会立刻前往科孚岛接过赞恩的舰队司令官权力，并在维尼埃赶来赴任以前充当临时司令官，保证舰队司令官一职不会出现空缺。[23]

在冬季期间，传递消息的速度慢到令人震惊：2 月初，当巴尔巴里戈准备前往科孚岛临时接管舰队，他和维尼埃的任命书已经起草完毕时，威尼斯仍然不知道维尼埃现在何处。不过，他们知道维尼埃脾气暴躁，担心他会误以为政府任命了一位和他平起平坐的监督官，后来的事实也会证明这一点；因此，总督以最具外交风格的措辞写信给他，向他保证，任命巴尔巴里戈只是以防万一他已经前往法马古斯塔。就算他不在，监督官的主要工作也只是负责维修那些在科孚岛过冬的加莱桨帆船，并从达尔马提亚调遣木匠和捻缝工。然而，由于元老院对赞恩的印象是他对舰队的管理不到位，而他们对巴尔巴里戈的期待又过高，这让元老院又犯下了一个战略性错误：他们再次写信给维尼埃说，等他上任后，希望他听取巴尔巴里戈和另外两位监督官的意见，并说，如果出现他们 3 个人同时反对他的决定的情况，那他必须服从那 3 人的决定。难以想象今天会有政府给军队指挥官施加这种约束，事实上，维尼埃也对此非常反感；如果维尼埃怀疑任命巴尔巴里戈接受的目的之一是预防年事已高的维尼埃突然去世舰队无人指挥的话，恐怕他还会更恼火。[24]

巴尔巴里戈 2 月 10 日左右出发离开威尼斯，随后突然掉头回港，几天后才重新出航。虽然无从知晓威尼斯政府，特别是十人团在此期间到底做了什么，但在民间却已经开始有传闻说赞恩要开始接受调查了，而巴尔巴里戈正是被召回接受新的指示。无论这样的传闻是真是假，但这位不幸的将军将被定罪确实是事实：几天来，法奇内蒂已经感觉到审判计划正在酝酿，赞恩的敌人正在迅速行动。而巴尔巴里戈在抵达科孚岛后，便接管了赞恩的指挥官权力，随后下令将其逮捕，由一名军法官带着行刑人把赞恩押送回了威尼斯。他们此行也正是这个目的，“因为不放心让他一个人回威尼斯”。卧病在床的监督官塞尔西得知自己已被罢免，而且随身物品都被巴尔巴里戈收缴，就好像他被怀疑有任何不当行为一样；这个不幸的人病情加重，差点因此病死。

赞恩4月11日抵达了威尼斯，随后便被关入了监狱，并且到死都没能再出狱。法官甚至仔细核查了赞恩和他的儿子在干地亚购买和出口的葡萄酒与奶酪的数量，以核实这些食品的出口是否妨碍了对法马古斯塔的救援行动。针对这位共和国最富有的人之一的调查持续了好几个月，直到1572年开始审判。马肯托尼欧·科隆纳和其他同盟舰队的军官们都被召集来做证人，他们一致在法庭上为赞恩辩护，称这场战争第一年遭遇的种种不幸不是他的责任，并且在作战会议上，赞恩一直在按照威尼斯元老院的命令，大力主张出击和敌舰队决战。在案件审理期间，舰队在勒班陀海战中大胜，因此再指控这位将军怯懦畏战和疏忽大意就意义不大了；赞恩本可以利用这一机会，但他已经彻底垮了，在审判结束前就死在监狱里。[25]

不过赞恩不是唯一为上一年的战略错误付出代价的人。当舰队已经掉头返回，船上的船员充斥着不满的消息传到威尼斯后，威尼斯高层立刻一边下令要求舰队维持纪律，一边开始针对各级军官滥用职权的调查。1570年11月11日，十人团命令赞恩将一名抗命不从的船长逮捕，“给所有各级军官和船员一个足够强烈的警告，让他们不要犯同样的错误，懂得遵守上级的命令”。十人团的命令中还说，在威尼斯，人们早已知道舰队内部对船上的普通士兵和桨手的这些虐待、滥用职权、敲诈勒索行为，以及在分配食物和治疗病人方面的违规行为。十人团称，民间把这一切都归咎于舰队指挥不当，而且只要这些传闻继续流传，以后舰队再要招募士兵就不太可能了，因此要求赞恩严惩一切不当的行为，即使犯罪者是船长也不能姑息。到了12月，威尼斯国内任命了两位调查员，开始调查这些不当行为，并且给他们的权力非常大，甚至到了“可以想抓谁就抓谁”的地步；但早期的调查也被指控存在腐败和无能等问题，因此在1月成立了一个由3名元老组成的专门调查委员会，其中甚至包括威尼斯总督的兄弟，他们负责收集对加莱桨帆船各级指挥官的指控和举报。[26]

于是，这3位拥有不受限制的权力的贵族开始了对赞恩和其他各级指挥官的调查，接受调查的包括干地亚公爵菲利波·布拉加丁，他因虐待士兵被逮捕。然而这次调查主要是针对各船长的，因为他们负责招募自己的船员，因此他们在这过程中非常可能犯下各种罪行，比如欺上瞒下、中饱私囊、私吞从政府领的钱不发给士兵、暗中用威胁解雇桨手的方式来勒索，或是丢弃病员，甚至将这些病倒的不幸者直接活着丢入大海。吉罗拉莫·格里蒂和卡洛·奎里尼两位船长因此被判处流放出境，而威尼斯元老院成员贝尔纳多·萨格雷多也在刚返回威尼斯就被捕了，还有一位孔塔里尼船长，在得知他即将被逮捕后就畏罪潜逃了。与此同时，在克里特岛的维尼埃也得知了他已被任命为舰队司令官的事，于是他立刻开始行动了起来，做起了好榜样。他在听了桨手们的抱怨后，调查得知有位名叫祖安·丹多洛的船长虚报了比实际在役的船员多得多的人数，然后吃空饷，把上面发的军饷都装进了自己腰包。此外他还涉嫌擅自挪用政府资金（“他从袋子里拿了钱”），而不是把它用在支付桨手工资上，他手下的大部分桨手至今都只收到了一小部分应得的工资。维尼埃于是立刻将该船长撤职，并把他关进了监狱，直到他把桨手应得的工资都一分不少地发给了他们，并且归还了挪用的政府资金后才放他出来。[27]

经过如此严厉的调查后，这些不法行为应该消失了；至少威尼斯政府是这么宣称的。4月7日，威尼斯元老院给新任司令官维尼埃的一封信中说，他们对在科孚岛解除武装并拖回威尼斯的加莱桨帆船上存在如此多的垃圾深表震惊，负责清理这些垃圾的人也几乎都死于“严重的瘟疫”。因此，疫情在船上造成了如此大的破坏就不奇怪了。调查同时还显示，针对士兵和桨手的虐待行为并非个案，大部分船长或多或少都犯下过这类罪行，“这对国内的民间舆论造成了非常恶劣的影响，同时也是对主的极大冒犯”。

信中接着指出，新任司令官维尼埃必须保证在食物配给的时候不会发生不公平的滥用职权行为，并且要求所有士兵都注意卫生，“和所有西方舰队一样，加莱桨帆船必须保持干净，时常清洗并打扫垃圾”：这是非常令人痛苦的，因为这证实了与西班牙和热那亚舰队相比，威尼斯舰队已不再是世界上最好的舰队了。此外，后来还有一道命令是针对船上的牧师的，指控他们在瘟疫期间没有尽心尽责地履行他们的义务：几乎所有牧师都拒绝接受病人的告解，因为他们怕被传染，甚至有人还辩护说，他们所领的工资仅仅是要他们主持弥撒而已，告解不在他们的职责范围内。威尼斯元老院最后对此提醒道，要赢得战争的胜利，光有物质上的准备是不够的，还要确保不要引来上帝的震怒。[28]

18

君士坦丁堡的暗流

1571 年 2 月 10 日，马肯托尼欧·巴尔巴罗的指导神父，一位住在佩拉街区的圣方济各修道院的方济各会士的家中来了一位不速之客。来者保罗·比斯科托修士是一名意大利神职人员，他在君士坦丁堡生活了几年，在战争爆发后，为了避免不必要的麻烦和偏见，他前往克里特居住。不过此时保罗却伪装成一个俗人，带着干地亚地方政府的一封信回来了，他请求指导神父尽快把这封信交给大使。马肯托尼欧对此感到甚是尴尬，（“我真的不知道这个修士回来的目的是什么”），并预测说，这位修士最终不会有好下场。不久后我们就能看见他的预言成真了。这位保罗修士是人人都认识的，他就这样潜入，不可能不引起别人的注意。他的伪装很快就引起了别人怀疑，随后他很快就被逮捕并审问。在严刑拷打后，他交代了他把信交给了巴尔巴罗的指导神父。

指导神父得知事情败露后吓坏了，赶忙跑到巴尔巴罗家中，而此时巴尔巴罗正在考虑怎么让他脱离困境。那批信件是加密的，即使落入土耳其人手中，也不会造成很坏的后果。因此，大使复制了一批信件，并将其用他早已准备好的假封蜡密封后，把这些信给了神父。巴尔巴罗建议神父把这些信藏到圣方济各修道院中保罗的房间里，向佩拉的警察局长声称他没有接受那些信，并告诉他那些信的所在。神父照办了，不过他依然被逮捕了，大使担心他可能会被罚充军为桨手。至于保罗修士，那些行刑人继续对他严刑拷打，想从他口中套得那些信件的真相，此时恐怕他已经没有任何获救的希望了，因为在他的房间里还搜出了其他罪证，甚至还包括一封向威尼斯总督请愿的信，信中大致内容是说这位不幸的保罗修士想要申请威尼斯的商业许可证，以用于从干地亚出口葡萄酒；作为交换，他愿意为威尼斯效力，并在敌境内伪装成犹太人或是拉古萨人做送信的工作，同时打听敌舰队的情报。大使不再关心他了，他开始关心自己的处境：保罗修士还招供了一件事，就是他过去还常常给大使送信，大使则从窗口把回信丢给他。之前也提到过，也正是这事激怒了大维齐尔，决定把巴尔巴罗住所的阳台全部用围墙封了起来，并且窗上都装了百叶窗。[1]

与此同时，苏里亚诺和索兰佐两位威尼斯大使正在罗马和枢机主教及费利佩二世的全权代表讨论如何组建同盟，共同对付土耳其人。尽管他们都同意去年夏天已经达成的草案，但谈判进展依然缓慢，一直“因为部分协议具体细节上的困难”而导致谈判无法继续。枢机主教鲁斯蒂库奇感到惊讶：西班牙人不明白，他们最终会把威尼斯推进苏丹的虎口，而“土耳其人是永远不会满足的，在吞并塞浦路斯和干地亚后，他们还会寻找新的猎物，继续攻打西西里岛、普利亚和卡拉布里亚”。如果费利佩二世不愿出兵保卫威尼斯人的领土，就得让他明白，在塞浦路斯作战是避免未来在意大利海岸作战的最佳方式。然而费利佩二世的使者们却认为自己处于一个有利的位置，并对威尼斯使者不肯让步而感到愤怒，因为威尼斯人才是同盟的直接受益者：枢机主教德格朗韦勒和帕切科称“威尼斯人在谈判中的态度，好像西班牙国王本人被围在法马古斯塔城内一样”。[2]

从 12 月的谈判中可以看出，阻碍谈判进程最关键的绊脚石是联盟舰队的统一指挥问题，或者更准确地说，尽管这听起来很荒谬，最大的阻碍是二号指挥官问题。事实上，所有人都一致同意，应由费利佩二世的异母兄弟和西班牙王国地中海舰队的总指挥，奥地利的唐胡安，来指挥计划中将拥有 200 艘加莱桨帆船的同盟舰队；但教宗希望，在唐胡安无法履行指责时，就应当由教宗国指挥官来指挥，毫无疑问，他再次选中了马肯托尼欧·科隆纳。然而在他之前与吉安·安德烈亚·多里亚发生了那些冲突后，西班牙人已经不再信任他了，也完全不明白教宗为何如此固执地还要为他说话（德格朗韦勒哀叹道：“他们如此坚持要选马肯托尼欧·科隆纳，但此人对航海的了解并不比我多。”）西班牙使者们认为，如果他们在此事上妥协了，他们回去根本无法跟国王交代。然而当他们提出反对时，却惊讶地听到教宗说，如果他们在此事上不让步，教宗就不愿接受盟约，西班牙代表因此暂不向国内写信，“这样他们就不必上报这个坏消息”，希望在此期间能说服教宗回心转意。实际上几方都非常固执己见，让整个谈判根本无法有任何进展。枢机主教德朗布耶高兴地写道：“因此，我认为他们恐怕是为一支无法在今年夏天组建成功的联军的指挥官人选问题耗费口舌。”[3]

庇护五世和他的合作者们，出于对宗教的热情，难以理解现在发生的一切。枢机主教莫罗内写信给费利佩二世，称至今为止达成的协议都对他更有利，而不是对威尼斯人，因此教宗“期待国王和他的大臣为此感谢他”。教宗在此事上的幻觉最令人感到棘手。莫罗内诚实地写道：“如我之前说的，我们一直以为所有谈判事宜都已经很好地完成了，教宗很满意，并期盼别人也和他同样满意。然而实际情况却刚好相反。”不过庇护五世也知道要如何争取主动：12 月 9 日，他写了一封措辞严厉的信，向西班牙国王告知了西班牙谈判代表们不肯报告的那些“坏消息”。在信中他说，西班牙人的表现让他不得不怀疑他们是故意要让威尼斯人难堪，在最后关头抛弃他们，任凭他们被土耳其“僭主”毁灭；此外，“因为我们不想再看到大臣或调解人有任何欺骗行为”，教宗提出要停止谈判。如果国王还站在他这一边，他要求不想再见到德格朗韦勒。最后，庇护五世还提醒西班牙国王，他之前已经让西班牙教会给国王一笔补偿金，换取国王承诺武装 60 艘加莱桨帆船，为了整个基督教世界而战。如果不能组成同盟，国王也应严格履行这一协议，他还寄给国王一份协议的副本，“好让他不会忘记其内容”。[4]

在该信寄出后，教宗坚持在得到回复前不再进行任何谈判，所有人都只能眼睁睁地看着春季来临，土耳其舰队开始重新出海。西班牙代表尽一切可能告诉教宗，他所等的答复不会像他期待的那么快就来，但教宗根本不听他们的解释。在收到这封最后通牒后，费利佩二世完全明白，教宗提及之前的协议是一种勒索，他对此深感冒犯，而马德里宫廷对科隆纳的印象也更加恶化了。费利佩二世于是写信回复说，他没有任何在这个问题上退让的意向：他已经决定要为奥地利的唐胡安选一名副手，以在需要的时候作为替补司令官，但可以肯定绝对不是那位教宗国的加莱桨帆船指挥官。当卡斯塔尼亚得知费利佩二世的回复后，他认为这场谈判已经破裂了："国王觉得让他自己的兄弟做舰队统帅还不够，还想让他指定的人做副指挥官，权力在其他各国指挥官之上，其他国家肯定会觉得不公平。"

然而，教廷大使、威尼斯大使和国王的秘书们通过会谈，找到了一个让所有人都可以接受的方案。费利佩二世提名了三位杰出的船长，唐路易斯·德雷克森斯、多里亚和科隆纳，让教宗选择其中之一担任唐胡安的副手。这种情况下庇护五世肯定会选科隆纳，但费利佩二世要求，如果教宗选了科隆纳，就必须保证他放弃教宗国加莱桨帆船舰队的指挥权，这样的话，他在担任唐胡安的副手的同时，还能兼任舰队上所有步兵的总司令官。[5]

费利佩二世的回复是 2 月 4 日写下的，在 3 月 2 日送达了罗马，但一起送来的还有他对他的谈判代表们的新指示，里面的内容就对谈判协议不那么友好了。费利佩二世对教宗竟然敢利用武装加莱桨帆船的事讹诈他深表愤怒，他认为这位圣人现在会以极大的热情坚持立即开始组织协议中规定的舰队，但他无意承认自己被打败了。这位"谨慎的国王"暗中写信给德苏尼加和德格朗韦勒说，由于今年出海准备工作已经晚了，时间已经不允许再进行大规模的行动；而且协议中还规定，每年秋季，盟国都需要举行一次会议，讨论来年的行动计划，"但今年没有开这样的会议，因为同盟尚未组建"。因此，为了小心行事，同时也为了不让教宗失去耐心，他们有必要说服教宗等到 1572 年再履行协议，这是为了更好地执行协议中的各项规定。[6]

代表们看到这些指示时十分惊愕，他们在给国王的答复中没有掩饰这一点。德苏尼加反对道，他们每次讨论这个问题时，都认为必须在年底前带着所有计划中的部队出海，这可能要花费几个月，但威尼斯人绝对不会同意将进攻推迟到明年。他继续写道，他们会尽一切可能确保"为陛下的目的服务"；但毫无疑问，教宗和威尼斯人都不会接受等到 1572 年。此外，费利佩二世也没有说明他今年会不会提供说好的那些加莱桨帆船，以及如果提供的话，能提供多少船只。因此德苏尼加遗憾地总结道，他将试图进一步推迟谈判，至少在国王陛下肯让他知道西班牙能否提供那些船之前，他都无法继续推进谈判。这位不幸的大使只能说这么多了，再说下去，就等于是直接指责他的主人让他处于如今这么被动的境地。

第二天上午“大清早”，教宗就召见了西班牙谈判代表，代表们为了安抚他（“他非常敏感，很容易被人左右”），连忙告诉他国王确定要任命唐胡安了，而且他的副手将由教宗挑选；但他们没有勇气把后面的坏消息告诉他。庇护五世此时无比兴奋，立刻派人通知威尼斯大使们，所有阻碍谈判的困难都已经解决了，并要求 3 月 7 日召集所有人到米内尔瓦修道院开会，他要在会上把当前形势告知众人。在这第二次会议上，西班牙代表们依然没有勇气坦白真相。而教宗“在无比喜悦的心情中”宣布谈判正式结束，无论教宗国还是威尼斯都认为只要两三天就能签署同盟成立的条约了。而德朗布耶却依然按照他一贯的怀疑态度继续对这样的解决方案持批评态度，他认为，这样的解决方案非常草率，当唐胡安缺席时让副手来指挥整支舰队，说起来容易，但到时候做起来会非常难：“在我看来，根据这样的协议，为了协调他和副手二人的关系，无论唐胡安是否在场，舰队中都需要有更多公证人。”不过此时他大概是此时唯一一个还对同盟协议抱有疑虑的人了。[7]

然而第二天，西班牙代表们想竭力隐藏的秘密最终还是被发现了。几方的谈判代表们和教宗再次在一起开会，并最后一次审查协议条款，当审查至“自 1571 年起，每年同盟都要共同组建 200 艘加莱桨帆船的舰队，以和土耳其人作战”时，德苏尼加和德格朗韦勒两人提出，今年已经太晚了（这点在场的所有人都同意），因此还是不要写出具体年份，只写“每年”即可。西班牙代表的提议立刻引起了轩然大波。威尼斯人立刻明确表示，他们已经准备好和土耳其人战斗，然而如果西班牙国王退缩，他们也时刻准备和土耳其人议和，并补充说，他们不会满足于获得西班牙出兵的承诺，而是想知道西班牙国王打算在什么时候提供多少战船。

德苏尼加和德格朗韦勒也知道，如果土耳其人攻打科孚岛的话，普利亚地区立刻就会成为前线。他们最终改口说，西班牙国王愿意从今年开始就尽一切所能为联盟做贡献；他们主动承担了组建 70 艘加莱桨帆船的责任，而联合舰队目前还缺少 30 艘船，他们提出由威尼斯人出船，而由他们来出武装这 30 艘船所需的桨手。当然，费利佩二世给他们的指示中根本没有这些内容，但两位大使非常尴尬，因为这次他们不得不越过国王的指示行事了。他们回国后向国王解释，如果没有这一条，同盟的组建将会彻底失败。教宗此时以为当天就能签署同盟协议，他可以大唱《感恩赞》了，然而情况再次恶化，轮到威尼斯人开始阻碍谈判进程了，他们称，在请示国内以前不能签下任何协议。德苏尼加痛苦地总结道，这就是"与共和国的人打交道"的问题所在，因为共和国对这些公职人员的错误会有非常严厉的惩罚，导致没有人敢承担任何责任。[8]

因此，此时必须要等威尼斯元老院的答复；但从罗马发出的描述西班牙代表提出的新条件的信件，在最糟糕的时候到达了威尼斯。事实上，在 2 月时，就有传闻称苏丹从君士坦丁堡派了一位传讯官来到威尼斯面见总督。法奇内蒂闻讯后非常担心，因为一段时间以来，他注意到威尼斯贵族中出现了失败主义的迹象：部分贵族宣称，如果不能跟教宗和费利佩二世达成任何协议的话，那最好还是和土耳其人议和，早日结束这场战争为妙。此外，在最初的武装工作高潮后，威尼斯军械库建造加莱桨帆船及招募桨手的步伐都明显放缓了，这让这位教廷大使更加怀疑；而如今苏丹派使者来到威尼斯的消息最终让他相信了威尼斯人真的在和土耳其议和。然而，商人们似乎完全了解情况，他们保证双方讨论的完全是另一个问题：事实上，双方是在商讨威尼斯归还黎凡特来的犹太商人的货物一事，之前在战争爆发时，威尼斯元老院下令扣押并没收了他们的货物。作为交换，苏丹也保证会归还扣押的威尼斯商人的货物。而如果两边的政府能在这个问题上达成一致的话，即使两国依然处在战争状态，但两国的商人却可以重新开始正常贸易了——这对我们今天的人来说是件不可思议的事，但在 16 世纪却并非如此。[9]

2 月底，土耳其使者抵达了威尼斯，但他居然不是奥斯曼帝国的官员，而是巴尔巴罗大使的翻译马泰卡 · 萨伊瓦戈，随行的还有大使的管家。威尼斯商人们没有猜错，马泰卡带来了一封大使的信，信中称，苏丹已经听到了那些在威尼斯被扣押货物的臣民们的抱怨。在犹太商人纷纷为此请愿后，塞利姆亲自批示说："如果我方人员真的在承受如此大的痛苦的话，那用同样的方式报复对手的臣民是完全正当的。"因此苏丹已经准备下令逮捕所有威尼斯商人，不过大维齐尔穆罕默德帕夏竭力谏言苏丹再等等，此外还有一位穆夫提说服苏丹相信那些全心全意想要来奥斯曼帝国做生意的人不应为此受苦：奥斯曼帝国的臣民在威尼斯遭到不公平的逮捕，但穆斯林不该犯同样的错。最后苏丹决定提议双方互相释放商人并归还其财产，"因为他们和国家间的冲突无关"。

在接下来的一周里，威尼斯元老院决定派一位谈判代表前往君士坦丁堡，选中的人选是雅各布·拉加佐尼，也就是法马古斯塔的主教的兄弟，同时也是威尼斯最大的富商之一，考虑到他之前与黎凡特的贸易规模，他非常想促成这一协议。然而法奇内蒂却不这么认为，他认为，那些有产业或是亲属在君士坦丁堡的人，在很大程度上更想要全面的和平而不是部分协议，他和德苏尼加一样对威尼斯的体制不满，不像君主制国家，威尼斯的首脑和他手下的官员不能无视商人的看法。在他们看来，这是一个由众多贵族统治的共和国，这导致那些进入元老院投票的人的判断力完全不值得信任："统治威尼斯的贵族太多了，我们甚至可以将其视为一个由大众统治的国家。"他们认为，群众很容易受到影响，而威尼斯的主和派正不遗余力地传播其有毒的观念。

教廷大使这样的怀疑是完全有道理的：大维齐尔让马泰卡带口信告诉威尼斯人，"他本人并不倾向于继续这场战争"，只要威尼斯人表现出诚意，和平唾手可得。在这名翻译出发前，穆罕默德帕夏亲自建议他："去找十人团和政府中老成持重的贵族们，而不要去找那些年轻人，因为那些年轻的贵族会激起元老院的愤怒，你要找一个能平息事态的人。"在几个月前，在巴尔巴罗的秘书布翁里佐随同库巴特出发前，穆罕默德帕夏对他也说过类似的话。而如今拉加佐尼除了上述威尼斯政府赋予的官方使命以外，还有一项当时没有公开的秘密使命，就是和威尼斯大使一起核实和平协议的内容；在能换取足够多实际利益的情况下，他甚至可以同意割让法马古斯塔。他在 3 月 11 日离开了威尼斯，并于 4 月 26 日抵达了君士坦丁堡。不过在他抵达的时候，他出使君士坦丁堡的消息早已传遍了整个基督教世界，而此行的目的完全是显而易见的，西班牙方面已经相信威尼斯要和土耳其人单方面议和了，这让威尼斯大使非常尴尬。

在半路上，拉加佐尼拜访了黑塞哥维那的桑贾克贝伊，他是穆罕默德帕夏的儿子，“并与他彻夜长谈停战事宜”；所有与他同行的人，无论穆斯林还是基督徒，此刻都非常渴望和平。来到帝国的首都后，他被安排住在一间非常不起眼的房间，是库巴特专门为他挑选的，不过好处是离大维齐尔的官邸非常近。此后不久，在整个土耳其皇宫中最擅长和威尼斯人打交道的人，也是库巴特的政敌，易卜拉欣贝伊也来拜访他了，他发现拉加佐尼的住处并不理想，于是承诺给他找一间更好的房间。库巴特和易卜拉欣贝伊二人都经常给他送来各种美食作为礼物，拉加佐尼自然来者不拒，虽然他对土耳其人的饮食非常不习惯。[10]

威尼斯特使拉加佐尼不得不在他的住处待了三天不能出门，但他还是找机会暗中托人给巴尔巴罗大使送了一封信，告诉后者他已经抵达君士坦丁堡，这也表明当时在君士坦丁堡，只要有钱，你可以做你任何想做的事。然而，他的任务开始时并没有见到好兆头：4 月 28 日，在拉加佐尼抵达后两天，保罗·比斯科托修士在经历了两个月的严刑拷打后，被判处在圣方济各修道院处以桩刑。这个地方通常非常安宁，耶尼切里士兵们不会进入这个基督教圣地，因此威尼斯大使的仆人会定期来这里和城里的威尼斯间谍们交换情报；不过这次，很明显土耳其人是要故意亵渎这片圣地了。保罗修士扛着尖桩，从威尼斯大使的住处门口经过，随后被带往教堂处刑。第二天，阿扎普前来用他体内的桩将他彻底刺穿；不知道这位不幸的保罗修士此时是否已经死了。不过在 5 月 6 日他肯定已经死了，这天两名喝醉了酒的耶尼切里士兵把他的尸体连同尖桩一同取下来，将其拖到海边，然后抛入了大海。巴尔巴罗的指导神父也因为卷入了这次加密信件的事件，而被判去划加莱桨帆船，不过土耳其人允许他支付 200 西昆的赎金来自赎，因此他在经历了这次艰难的冒险后，终于活着回到了修道院。[11]

在罗马的威尼斯谈判代表记录了和西班牙代表的那些争执的信件寄回威尼斯时，正是拉加佐尼准备出发的那天。在读了信件后，十人团立刻迫不及待地要求拉加佐尼即刻出发；之前法奇内蒂看到威尼斯人战争准备的步伐明显放缓了，如今他发现他们也不急于建立同盟了。大约在一个月前，法奇内蒂还认为“这些威尼斯贵族对同盟有着不寻常的热忱”，如今他才意识到，原来威尼斯人对他的各种彬彬有礼的表现背后却都是有所保留的。这些威尼斯贵族内部相互讨论了许久，以寻找应对在罗马的谈判代表所汇报的这种意外的形势变化的方案，随后十人团来告诉法奇内蒂说，“西班牙大臣们的这种举棋不定的态度表明西班牙国王根本没有诚意”，他们不再相信这场和西班牙人的联盟能让他们发动一场进攻性的战役。法奇内蒂找来威尼斯人，试图和他们讨论具体如何武装加莱桨帆船的问题：威尼斯人缺乏桨手，但如果西班牙国王有足够的桨手的话，那么就如之前德苏尼加和德格朗韦勒所提议的一样，他们只要负责提供战船和火炮就可以了。法奇内蒂被威尼斯人不寻常的强硬口气震惊了，不得不怀疑“他们可能已经决定要和土耳其人议和了”。[12]

在拉加佐尼赶往君士坦丁堡的时候，此时的罗马城内，威尼斯、教宗国和西班牙几方的代表们依然还在争论着同盟舰队到底该武装多少加莱桨帆船。教宗如今非常恼火，因为威尼斯人对西班牙方面的提议依然不满足，还想要索取更多，而且他们设下的最后期限是 5 月。德苏尼加和德格朗韦勒此时的耐心也已经到了极限，不久后，他们看到威尼斯人的加莱桨帆船准备工作拖延了 15 天以上，这时他们才明白，这不是之前所说的疾病问题能够解释的。而威尼斯人似乎觉得这一切还不够，还称他们在桨手的问题上根本没有相互明白对方的意思：西班牙国王根本没有足够的桨手，虽然他们称他们已经招募志愿桨手很长时间了，但至今其实没有任何实质性进展。至于通过强制兵役征募桨手，则根本不可能。西班牙方面宣布国王只能准备 70 艘加莱桨帆船，而且之前说的帮威尼斯填补人力缺口，并不是直接提供桨手，而是由他们来帮威尼斯人招募桨手。随后威尼斯人立刻反驳说，70 艘根本不够，而且如果要由威尼斯方面来武装缺少的那 30 艘战船的话，那西班牙方面至少需要出 8000 名桨手才行。

此刻西班牙代表们已经不知道该怎么回答了，但庇护五世出面向威尼斯人担保，费利佩二世一定能在 5 月以前拿出至少 80 艘加莱桨帆船，缺少的桨手则由西班牙国王出钱，在那不勒斯王国境内招募。感激的西班牙代表亲吻了他的脚，写信给他们的主人，让他相信这是最好的协议；不过费利佩二世对这样的结果非常不满，抱怨说要他来出 8000 名桨手，这证明威尼斯人根本没有诚意，并质疑“威尼斯人是不是明知我们拿不出这么多，故意在刁难我们”。而在威尼斯，教廷大使依然在继续尝试说服威尼斯总督在这个问题上退一步，并提醒他时间不多了。但威尼斯总督莫琴尼戈镇静地告诉他说：“西班牙国王的大臣们已经浪费了这么多天了，我很奇怪为什么他们不让我们威尼斯再用 4 天时间来处理和解决这次漫长的谈判。”而与此同时，那些希望与土耳其和谈的商人的存在则促使西班牙反对这种两面派行为。[13]

4 月初，教宗决定让马肯托尼欧・科隆纳亲自前往威尼斯，希望能打破目前的僵局，西班牙代表们也同意了。随后他 4 月 11 日抵达了威尼斯城，并一直待到 5 月 6 日，他是一位非常熟练的调解人。他向威尼斯人承诺一切他们所想要的，并不考虑以后费利佩二世是不是会照办，随后他又写信给罗马的几方谈判代表们，称神圣同盟已经正式成立了，但信中却回避了威尼斯元老院提出的条件中的最难实现的几条。谨慎的威尼斯商人和这位热情的罗马贵族之间的讨论有如鸡同鸭讲，但双方又坚定地装作能相互理解。科隆纳表示，哪怕没有西班牙人的帮助，他们也会独立对抗土耳其人（“唐胡安大人如果能来当然好，但不来的话，我们自己就独自行动”）。利用威尼斯主战派贵族的荣誉感，科隆纳巧妙地操纵了整个讨论过程，使得最后威尼斯人最重要的决定不是在十人团内部宣布的，而是在元老院的会场中公开通过的，科隆纳可以说是完成了一项奇迹，他争取到了那些还在观望的人，重新获得了希望：4 月 14 日，威尼斯总督写信给巴尔巴罗，告诉他同盟的谈判得以顺利重启了，让他不要太急着和土耳其人议和；5 月 7 日，也就是科隆纳离开威尼斯返回后的第二天，威尼斯总督又给之前派出前往君士坦丁堡议和的使者下了一道命令，让他无论土耳其人提什么条件都不要割让法马古斯塔，并且在有威尼斯国内下一步的指示以前，暂时不要签任何和平或休战协议。

不过很明显，科隆纳的这种谈判手段肯定会在双方之间引起一些误会。在做完这些事后，科隆纳又写信给西班牙谈判代表，告诉他们说，只要在5月前把80艘加莱桨帆船开过来，此外命令那不勒斯王国的贵族们出资在当地招募20艘加莱桨帆船所需的桨手，再另外准备20艘拿浮运输船，威尼斯人就会签署同盟协议。德苏尼加和德格朗韦勒回答称，他们能保证在5月“或稍晚时”提供80艘加莱桨帆船和20艘拿浮运输船；至于桨手，他们只能尽力而为，万一招募不到这么多，国王不负责任。科隆纳于是把西班牙代表们的回复转达给了威尼斯人，同时对最后一点一语带过，威尼斯人满意地答应了这个条件。

但马肯托尼欧这次并未完整传达威尼斯人的要求，事实上，威尼斯元老院还提出了一些别的要求，他们希望西班牙国王以书面形式保证，那些加莱桨帆船不仅要在5月底之前准备完毕，而且届时要开到奥特朗托；他们还要求西班牙国王给威尼斯商人垫付必要的资金，让他们在那不勒斯购买小麦；最后，同盟成立的协议中提到各加盟国都需要提供一定的步兵，威尼斯希望能把他们在海外的驻军算入这些步兵。这些额外的条件中，头两条科隆纳只向教宗转达过，并没有跟德苏尼加提过，至于第三条，他更是没和任何人提过。然而威尼斯方面的谈判代表索兰佐却早已抢在科隆纳返回罗马前就把这三条要求摆上了谈判桌，这导致西班牙代表对威尼斯不知多少次的出尔反尔感到极其愤怒。[14]

科隆纳之前以为谈判已经顺利结束了，然而在返回罗马后，他发现并非如此，因此感到十分沮丧。教宗愉快地告诉了德苏尼加威尼斯人的前两个条件，他认为这只是无足轻重的细节，但德苏尼加严肃地回复说，协议中只承诺了在5月底之前准备好加莱桨帆船，但没说把加莱桨帆船开到哪里；他希望舰队届时能按时抵达意大利，同时再次声明，如果迟到了10天到12天的时间，那也不应被视为违反了协议。至于垫付威尼斯人购买小麦的资金，这也不是什么大问题，但将威尼斯现有的驻军算入提供的步兵，则是完全不可接受的。所以不出预料，索兰佐拒绝在同盟协议上签字，而德苏尼加也提出抗议，威尼斯人现在的要求已经超出了之前他们向科隆纳当面承诺的了，因此当科隆纳返回罗马时，这场谈判已又一次陷入僵局。

于是科隆纳尝试先威吓西班牙人，他强调，如今必须不惜一切代价签署神圣同盟的协议，西班牙应该满足威尼斯方面的条件，因为现在从君士坦丁堡来的信使随时可能会抵达威尼斯，带来土耳其和威尼斯单独议和的条件。不过第二天，在和索兰佐大使单独会面后，科隆纳又找到了德苏尼加，告诉他说，如今他不用担心了，因为威尼斯人绝对不可能和土耳其议和，并且他已经说服威尼斯代表，让他把威尼斯方面开出的条件改得更可接受一些，并且已经以书面形式写下来了。德苏尼加听到科隆纳今天的说法和前一天完全相反时感到非常愤怒，他明确表示，如果还是那个步兵的问题，那就直接免谈；科隆纳矢口否认，于是德苏尼加要求看看威尼斯方面的书面条件，结果他发现自己的担心完全正确。

此时这场谈判已经变得十分滑稽了。科隆纳想要说服德苏尼加，这些文本不能按字面意思来理解；威尼斯人的意思并不是把他们驻扎在“海上之国”的步兵直接算进配额，而是会让这些驻军加入舰队。而德苏尼加固执地表示，科隆纳说的这层意思并未体现在文本上。教宗国方面的其他代表，也认为威尼斯人写的话应该按照德苏尼加的理解来解释。科隆纳大发雷霆，声称他去过威尼斯，当然比他们更清楚威尼斯人的意思。最后科隆纳又回去找索兰佐，要求他把威尼斯给他的命令拿出来，并花了很长时间说服索兰佐他可能误解了威尼斯的指示。科隆纳让索兰佐重写了相关段落，随后以胜利者的姿态去见德苏尼加。但德苏尼加读过之后，认为现在的版本和之前的没有本质区别。索兰佐决定和他的同僚、威尼斯代表团主席苏里亚诺仔细探讨这个问题，而科隆纳和西班牙人只好先放下这一段，先继续解决其他悬而未决的协议条文。

科隆纳每次谈判时，都会替不在场的人向眼前的谈判对象做出慷慨大方的承诺，这次轮到费利佩二世的谈判代表受益了：关于西班牙舰队抵达时间的问题，科隆纳说，即使西班牙舰队 6 月 20 日才抵达奥特朗托，也不会有人反对，并且他承诺，教宗会以书面形式敲定这一切。按照威尼斯人的要求，西班牙提供的加莱桨帆船数目应该是 80 艘，而且不包括萨伏依公爵和马耳他骑士团的舰队，但德苏尼加却拒绝接受这个数目，称这个数目是教宗提出的，西班牙方面只承诺了 70 艘，可以不算上马耳他骑士团和萨伏依公爵的船，因为无法保证他们能否参战；科隆纳表示同意。至于威尼斯人要求的从那不勒斯购买小麦的事情，威尼斯人不满足于由西班牙国王垫付，他们还要求必须由教宗决定小麦的价格。关于这件事，科隆纳暗中向西班牙代表们承诺，教宗会按照西班牙方面的意见报价，并会就此事给西班牙方面书面的保证。现在只剩下步兵的问题没能解决了，威尼斯代表坚称，如果没有国内的批准，他们不敢在这个问题上让步。科隆纳建议西班牙方面让步，不要等威尼斯回复，而此时德苏尼加却开始怀疑科隆纳是不是在掩饰自己先前的花招，因为在他看来，元老院不可能把真实的谈判条件告诉科隆纳，而不告诉自己的谈判代表。[15]

这场滑稽戏总算接近尾声了。西班牙人此时依然不肯让步，而庇护五世也厌倦了，他对威尼斯谈判代表们表示，如果他们没有诚意要建立这个同盟的话，就没必要再谈判了。5 月 19 日，威尼斯国内的回复终于送到了索兰佐和苏里亚诺手里，威尼斯最终决定让步，当天晚上，二人前去面见了教宗，声称他们将完全服从他的决定。于是第二天，众人正式签署了同盟成立的条约，此外还附加了当年夏季的舰队行动计划。威尼斯为了自己的利益而将海外驻军算入步兵配额的要求被取消了；不过作为补偿，西班牙方面答应 5 月底将会派遣 80 艘加莱桨帆船前往奥特朗托，不包括马耳他和萨伏依的舰队。在看到这一白纸黑字的条款后，德苏尼加指责科隆纳在之前关于威尼斯来信的问题上对他撒了谎，明明知道威尼斯人的要求却不对他说。科隆纳也非常生气，立刻理直气壮地矢口否认，最终西班牙代表在抗议了“这些让人难以忍受的事”之后，还是签了协议。教宗非常满意，他立刻召集了众枢机主教，并告诉他们，这次历史性的大事件不仅要通告所有天主教国家的统治者们，而且也要通知“异端国家的君主们”，鼓励他们也共襄义举。不过枢机主教们却认为这么做有点太夸张了。他们称，向新教国家派遣教廷大使“是可憎的行为”。[16]

虽然条约最终签下了，但事实上还有许多悬而未决的争议被掩盖了。几方代表都回避了那 20 艘缺少的加莱桨帆船。西班牙国王写信通知他的几个谈判代表说：“万一我方没有充足桨手和所需的船员和物资的话，理应由威尼斯人提供，好让船只能顺利出航。”而威尼斯人却回复说，他们可以租借给西班牙国王 20 艘加莱桨帆船的船体，但舰炮和桨手无法提供，从此双方再也没提过这件事。[17] 另外，按计划，在奥特朗托集结的加莱桨帆船舰队是要去救援法马古斯塔的，然而德苏尼加却认为“不用等到唐胡安率领舰队赶到，法马古斯塔就会被土耳其人攻下了”。另一边，在马德里，所有人都认为今年根本不会有什么大动作，还有人希望威尼斯人面对现实，转而向西班牙人提供加莱桨帆船，好对北非地区的土耳其人来几次大规模的行动。西班牙人普遍的印象是，威尼斯人只有在被人用刀架在脖子上的时候才会议和，甚至有人注意到，在提前遇见如此多的困难后，索兰佐大使似乎已经后悔签约了，“他从未停止他的恶行”。只有土耳其人对神圣同盟的成立是认真对待的，这一点从他们的编年史学家的记载中不难发现：

> 他们以他们虚假的异教的名义签署了一个同盟协议，想要为塞浦路斯的失败复仇。他们已经开始集结大量人力物力建造一支强大的舰队来对抗穆斯林的舰队。此外他们还宣称“如今已经不能再沉睡下去了”。[18]

但是，尽管基督教国家的宫廷大多对此持怀疑态度，但同盟的成立还是让他们感到乐观，因为很明显，尽管同盟的国家之间依然还有分歧，但整个同盟舰队的战斗力无疑要比土耳其舰队更加强大。科隆纳已经告诉威尼斯人说，如今胜利唾手可得，因为上一年基督教同盟舰队的实力已经很强了，而今年“就算土耳其人的舰队实力加强了，但基督教同盟舰队的实力增强了更多”。威尼斯驻马德里大使卢纳尔多·多纳也是这些乐观主义者之一，他的毅力实在令人感动：早在 12 月，他就宣称对下一年抱有信心，因为“土耳其人将会在我们强大的同盟舰队面前颤抖”，而在同盟协议正式签署后，他再次重复说，面对如此强大的同盟舰队，土耳其人将会担心“同盟舰队一路打到达达尼尔海峡内”。但最为乐观的依然是教宗本人：在同盟协议签署后 3 天，他又召集了众枢机主教，宣布“大逆不道的僭主”塞利姆的命运已经决定了，按照上帝的旨意，神圣同盟已经准备完毕，将要“折断这头凶逆野兽的角”。虽然这个目标很难达成，但此时基督徒们已经不再深信土耳其人不可战胜的神话了。[19]

当条约在罗马签署时，拉加佐尼总算在君士坦丁堡见到了巴尔巴罗大使，并按照国内的命令暂时听命于他。巴尔巴罗后来说，他对使者的到来感到非常不开心，因为他的到来意味着威尼斯在示弱，不过同时对他个人来说，也可以松一口气了，因为这么长时间总算和威尼斯国内联系上了：拉加佐尼带给他的信件是他 15 个月以来第一次收到的国内的消息！在费了好大周折后，穆罕默德帕夏终于同意 5 月 7 日同时在官邸里接见他们二人。在讨论完释放商人的问题后，这位年迈的塞尔维亚人穆罕默德帕夏终于要和两位意大利人议和了。

一开始的谈判并不让人抱有什么希望，因为威尼斯方面根据国内的指示，提出要土耳其归还塞浦路斯；而苏丹则声称，如果要和谈，威尼斯共和国必须放弃独立地位，并且像其他基督教仆从国一样向他朝贡。拉加佐尼想要搬出神圣同盟来作为筹码，宣称只要西班牙和威尼斯两大帝国联合就可以改变目前的战局，而穆罕默德帕夏却用天使一般的声调反驳说，他知道其他基督教君主有多厌恶威尼斯，他们完全不可信任：因此，他认为联盟永远不会成立，即使成立了，穆斯林“有真主在他们这边，就算敌人聚集了力量也没有什么可害怕的”。拉加佐尼听了这些话后有些尴尬，表示“有必要停止这种推理方式”，他承认将由上帝决定谁才是胜利者。此后穆罕默德帕夏重申，苏丹将会取得最终的胜利，并且不会满足于塞浦路斯，还会占领威尼斯的其他部分，因此威尼斯总督必须要乞求苏丹开恩，才能获得和平。

在这场令人不安的讨论结束后，拉加佐尼回到了自己的住处，随后立刻开始联系苏丹奴隶中的众多意大利贵族，此外还有大维齐尔的一位奴隶（“他的太监，一位背叛基督教的改信者，名叫卡拉法”）。拉加佐尼试图从他们口中套出一些有用的情报，想要得知土耳其朝廷到底真正的意图是什么。所有的线人都告诉他，穆罕默德帕夏希望在他的政敌穆斯塔法帕夏彻底占领塞浦路斯之前，就和威尼斯达成和议。不久后，很快大维齐尔召见拉加佐尼和巴尔巴罗再次开始和平谈判，此后这场谈判持续了几周。

两位威尼斯人多次向大维齐尔和易卜拉欣贝伊示意说，如果能签订合理的和平协议，威尼斯将会给予他们实质性的感谢：事实上，威尼斯国内给他们的指示中授权他们可以分别给大维齐尔和易卜拉欣贝伊最多 5 万西昆和 6000 西昆的酬金，以换取他们积极推动和谈。

易卜拉欣贝伊在和谈问题上能起到的作用其实非常有限，他的工作是为大维齐尔翻译威尼斯人的提议，并把大维齐尔的回复同样翻译给威尼斯人听。但他在翻译时的用词，可能会影响谈判进程：不久之前，法国大使还指责易卜拉欣贝伊收取了犹太人米格的贿赂，在大使和大维齐尔的谈判中动了手脚，好让米格获益。而巴尔巴罗也一直对在他和土耳其朝廷的谈判中强制用他们的翻译官，而不是巴尔巴罗自己的翻译官表示遗憾。不过幸运的是易卜拉欣贝伊这位前波兰人和他个人关系还算不错，基本上对他算是有求必应。在一般的谈判中，巴尔巴罗甚至可以要求他只出任指定的谈判的翻译官，而在其余的谈判中让他使用自己的翻译官。不过这次由于事关重大，即使谈判双方表面上相互之间依然客客气气，但不允许在翻译环节出现半点纰漏。巴尔巴罗后来说："和土耳其人谈判如同玩玻璃球游戏，当对手用力把球打回来的时候，绝对不能用太大的力气挡回去，也不能让球掉到地上，因为这两种情况只要出现任意一种，就会导致玻璃球破裂。"[20]

无论如何，如今离最终与土耳其人议和成功似乎已经不远了。巴尔巴罗收到的国内十人团的指示是他应在谈判开始时要求收回塞浦路斯，但同时也授权他在最坏的情况下同意割让塞浦路斯，包括还在坚守的法马古斯塔，条件是"我方官员、军队和愿意离开的民众都能平安离开塞浦路斯，城中的圣物、大钟、火炮和弹药也应允许我方带走"——这是最后的底线了。5 月 23 日，威尼斯大使终于退让了，把易卜拉欣贝伊请到了他家中；到了傍晚，易卜拉欣贝伊来了，不过在 3 小时前，巴尔巴罗收到了他在威尼斯的姐夫安德烈亚·格拉代尼戈的信，告诉他"当前形势发生了极大的变化"。格拉代尼戈写给巴尔巴罗的这封信看上去是以私人的名义写的，但实际上内容都是由十人团口述的。信中称，威尼斯政府将会给他下一步的指示，让他再等等。在此之后，一封 4 月 14 日从威尼斯送出的信于 5 月 29 日送达了，信中称，马尔科·奎里尼已成功给法马古斯塔送去了援军，而在罗马的西班牙谈判代表们也突然变得更希望缔结神圣同盟了，因此如今没有必要不惜一切代价和土耳其人议和。巴尔巴罗相信他的姐夫告诉他的话，在最后一刻，他修改了他打算向易卜拉欣提出的条件，他告诉易卜拉欣，如果威尼斯割让法马古斯塔的话，需要得到一些补偿：用发罗拉、卡斯泰尔诺沃和都拉斯来交换，这3个地区都是土耳其在亚得里亚海的重要军事基地。

这样的提议在土耳其人看来显然是荒唐的，毫无悬念地被拒绝了。

不过，即使和谈失败了，解除货物扣押的谈判仍在继续。这方面，如今的主要问题是君士坦丁堡方面已经将被扣押的货物物归原主，而威尼斯扣押的黎凡特的犹太商人的货物却已经被威尼斯政府出售了，这笔收入则已经用于战争的开销。黎凡特地区的犹太人纷纷向苏丹请愿，要求苏丹对威尼斯商人实施同样的惩罚，而苏丹反驳说："基督徒按照他们的基督教信仰怎么做是他们的事，但我不能违背我的宗教信仰所要求的正义。"拉加佐尼和巴尔巴罗试图挽救局势，他们保证犹太人和穆斯林在威尼斯受到了良好对待，如果有商品被出售了，那一定是在物主同意的情况下，以"非常合理的价格"拍卖掉的易腐商品；而这些钱被小心地保管着，一旦达成协议，就会立刻归还给物主，总督在上帝的保佑下，有足够的钱进行一场比现在规模更大的战争，所以他不需要这些钱。土耳其人是否真的相信了这样明显是谎言的解释，我们无从得知，不过5月29日那天，双方还是达成了一项协议，苏丹下令允许威尼斯商人及其所有货物在整个帝国自由流动，威尼斯大使保证威尼斯也会给予土耳其商人相同的待遇，苏丹对此表示满意。

这个问题解决了，而和谈已经没有可能，拉加佐尼知道，他的使命结束了。与此同时，大维齐尔和奥地利哈布斯堡王朝的大使进行了一次关于特兰西瓦尼亚公国继承问题的谈判，他已经无意继续和朝令夕改的威尼斯人再继续谈判了。随后威尼斯人发现周围土耳其人对他们的说话口气变了。6月10日成了双方最后一次见面的日子。穆罕默德帕夏"在和谈的问题上开始使用非常傲慢和不诚实的用语，让威尼斯人明确知道事态已经起了变化"，并表示拉加佐尼想何时离开回国都可以自便。最终双方非常礼貌地结束了谈判；穆罕默德帕夏建议威尼斯人不要太轻信其他基督教君主，并称如果威尼斯人不是表现得像敌人一样，而是“愿意臣服于苏丹的话，你们本来不仅可以享受永久的和平安宁，而且还会有余力来对抗其他君王”。拉加佐尼也非常有礼貌地回复说：“无论结果如何，我对我的这次出使任务非常满意，因为我见到了世上最强大的君主，并能和当今世界上最强大的帝国中最睿智、公正、谨慎和勇敢的宰相相识，这是我的荣幸。”

不过在他离开前，气氛再次开始恶化了。塞利姆苏丹最终在商人的事情上改变了主意，他派人来通知威尼斯使者说，他无法就这样轻信他们的话，要先等威尼斯那边释放他们的商人并归还货物后，他才会解除贸易禁令；尤其是因为直到如今，奥斯曼帝国境内的威尼斯商人一直享有自由，而在威尼斯的黎凡特商人却一直遭到扣留。作为以防万一的措施，塞利姆苏丹建议威尼斯人把商人和货物都转运到拉古萨，甚至如果威尼斯人喜欢的话，扎拉也行，到那去做交易。易卜拉欣贝伊后来解释说，这些都是犹太人米格给苏丹提出的建议，而米格会这样做，与其说是出于对威尼斯人的仇恨，不如说是面对如此复杂的问题时保持着应有的谨慎。拉加佐尼和巴尔巴罗对此非常不满，他们向土耳其人抗议说，在一场互相尊重的谈判中不应该出现这种行为，并表示如果土耳其人这么做，那么就没有必要签署任何条约了。事实上，此时拉加佐尼应该立刻回国向威尼斯政府报告此事，而不是留在这里抗议。

拉加佐尼的这次出使可以说是一事无成，此时他的空手而归和他当时满载着希望出发形成了鲜明的对比。他 6 月 18 日离开君士坦丁堡，随后 7 月抵达了拉古萨，在那里他遇上了在此躲避土耳其私掠船追击的威尼斯加莱桨帆船“特罗纳”号。此时他已经对谈判习以为常了，他联系了土耳其海盗，在一番谈判后，后者向他保证，会让他乘着这艘船顺利出海回国，而且不会因此骚扰此时已经被吓坏了的拉古萨人。但由于这艘船的状态太过糟糕，最终拉加佐尼拒绝上船，想要等另一艘船载他回国。此时威尼斯国内有人开始建议立刻写信通知他暂时留在那不要回国，以免他回国导致盟国政府认为威尼斯已经和土耳其和谈。不过最终国内还是写信通知他，让他“自行决定如何回国”。到他终于返回威尼斯时，已经是 8 月 9

日，此时军事行动已经有了很大进展，因此没人关注他了；正如法奇内蒂恶意写下的那样，他获得的只有“受到土耳其人照料”的满足感。[21]

在君士坦丁堡的巴尔巴罗此时比以往任何时候都困惑，他怀疑自己是不是误解国内送来的最后那几道指示，而且，此时的他倍感孤独。在拉加佐尼离开几天后，在博斯普鲁斯地区的瘟疫此时传染到了易卜拉欣贝伊的家中，他家里的许多仆人死了，易卜拉欣贝伊本人也病倒了，最后他于6月17日在家中病逝。易卜拉欣贝伊的死是个重大损失，他在巴尔巴罗和穆罕默德帕夏的所有谈判中都发挥了重大作用。他的去世同样给大维齐尔带来了很大的困扰，因为马哈茂德贝伊此时还被扣留在威尼斯，波兰人易卜拉欣贝伊是目前唯一一个精通意大利语的翻译官；这可能有些难以置信，但威尼斯大使说：“目前土耳其朝廷上下，居然找不出一个人可以充当口译员或是翻译一封信。”前线俘获了一艘威尼斯的弗斯特帆船，缴获了一大包来自干地亚的信件，里面充满了关于该岛防御的非常有价值的信息，穆罕默德帕夏却找不到人来翻译，不得不求助于犹太医生所罗门·阿什克纳齐。这个解决方案可以说是灾难性的，因为这位医生虽说是他的朋友，但他和巴尔巴罗关系更好，他决定不翻译其中最关键的信息：他“漂亮地”偷走了其中一封加密的信，并用巴尔巴罗本人提供的假文件替换了另外两封加密的信。

同一天，威尼斯驻亚历山大领事的翻译马尔科·迪埃斯卡西刚好赶到君士坦丁堡，他此行是为威尼斯商人解除货物扣押的事进行交涉；穆罕默德帕夏当年在阿勒颇担任帕夏时就认识他，当时穆罕默德曾建议他成为土耳其人，取代易卜拉欣贝伊。此刻朝廷缺乏翻译，使得大维齐尔非常热情地重新向他提出这一建议，这让迪埃斯卡西十分不安，他匆忙返回埃及。不过威尼斯大使也同样缺少翻译：在他来君士坦丁堡就任大使的时候，他曾经雇了3名翻译官，但其中的首席翻译官卢多维科·马鲁奇尼在久病不起后去世了，马泰卡·萨伊瓦戈陪同拉加佐尼一起回国了，此后他身边只剩下最后一名翻译官了，名叫帕斯夸莱·纳翁，他来自一个黎凡特的家族，家族传统上一直服侍威尼斯大使。因此，在迪埃斯卡西来到君士坦丁堡后，巴尔巴罗也希望他能来做自己的翻译官，当得知迪埃斯卡西离开时，他同样很失望。

在一个像地中海地区这样民族众多且相互混杂的地区，人口在不断流动，各地的移民和流放者、商人和变节者都能讲多种语言，甚至出现了一种在各个港口一定程度上能够通用的人造混杂语，但令人吃惊的是，这里的各个主要国家的政府却对其他国家的语言表现出如此傲慢而漠不关心的态度，并不重视培养掌握各国语言的高级官员。如果还要进行重要讨论的话，大维齐尔和威尼斯大使将陷入难以交流的尴尬局面。但随着夏季的临近，用武器而非言语沟通的时刻到了。[22]

19

再度出海

在夏季的行动结束后，土耳其舰队按照传统应该于10月26日返回母港，这一天是圣德米特里日，在奥斯曼帝国则称为“ruz-i Kasim”，意为夏季和冬季的“分界日”。皮亚里和卡普丹帕夏的舰队却在海上又多待了一个半月，直到12月中旬才回港。可以预见，他们回港的时候，舰队的状态肯定已经非常差了。和往年一样，所有桨手都被遣散回家了，下一次出海前会招募去年没有服役的另一批桨手来服役，这是对臣民们的权利的尊重，但同时也会耗费大量钱财。一位热那亚的间谍称当时至少有8万名应征入伍的桨手登记，并且要求他们在2月底前往舰队报到，“因为舰队需要准时起航”。同时军械库也开始修理船只：“巴尔巴拉”号刚从亚历山大港抵达，船上装满了麻屑和大麻，此外还有一批供应首都的大米和蔬菜，此外还有6艘加莱桨帆船也刚从内格罗蓬特岛地区抵达，船上满载着帆布。[1]

在西方国家中，此时也开始有传闻称苏丹又下令要再建造100艘加莱桨帆船，但实际上这个数目太过夸张了：按照巴尔巴罗提供的情报，送到黑海各船厂的命令要求建造总共40艘至45艘加莱桨帆船，随后他又把估计的数目降低到30艘，此外还有12艘还在君士坦丁堡的港口中建造。如果加上12月返回的舰队和还留在爱琴海待命的，再加上阿拉普·艾哈迈德率领的封锁法马古斯塔港口的船，以及欧吉德·阿里从阿尔及尔带来的私掠者的轻型桨帆船和弗斯特战船，这依然是一支强大的舰队：根据西班牙人提供的情报，舰队总共至少有250艘船。毫无疑问，这场冲突已经开始升级了。1月30日，德朗布耶在罗马写道：“有消息称土耳其人武装的舰队比去年还要多。”而在威尼斯，人们开始筛选情报，推测土耳其人的意图，因为如此大规模的舰队肯定不会全都用于支援围攻法马古斯塔的拉拉·穆斯塔法帕夏。

此时人们开始担心土耳其人会登陆克里特，如上一年登陆塞浦路斯那样，甚至还有更坏的可能，就是土耳其舰队直接进入爱琴海，攻打被誉为亚得里亚海的钥匙的科孚岛。威尼斯驻西班牙大使卢纳尔多·多纳说："这个暴君居然有如此大的热情来攻打基督教世界，只有继续维持同盟才能阻止苏丹的野心，否则的话，不幸的基督教世界将在今年被其征服，成为奥斯曼帝国的一部分。"在君士坦丁堡的意大利间谍没有忘记去年的灾难，他们提醒自己的政府："我们必须保持警惕，时刻做好准备，不要等到 9 月，必须在 5 月就确定土耳其进攻的目标，再晚的话，一切都将追悔莫及。"[2]

早在同盟缔结之前，费利佩二世就已经决定要用自己的方式妨碍土耳其人的备战工作。他在君士坦丁堡共有 127 名间谍，其中 15 人是常驻间谍，112 人是临时雇佣的，他们每年总共需要 5000 杜卡特的报酬，并让一个每年在意大利和君士坦丁堡偷偷往返的人给他们带去这些钱。从 1569 年 11 月起，一群奸细在一位科孚岛的希腊人（也是马耳他骑士团成员）巴雷利（或瓦雷利斯）的带领下潜入君士坦丁堡试图刺杀苏丹、皇子穆拉德和唐约瑟夫·纳西，并在军械库纵火。最后行动失败，巴雷利返回了西西里岛，随后被指控浪费了一大笔钱。[3]此后，其余的西班牙间谍依然在君士坦丁堡秘密活动。1570 年 12 月，来自科西嘉岛的改信者苏莱曼贝伊，说服了一群在军械库工作不久的塞浦路斯年轻奴隶在主物资仓库纵火，仓库里储存的除了帆和索具外，还有火药。

12 月 27 日，一艘守卫军械库的小型护卫舰上的船员"在经过主物资仓库的时候闻到了烧焦的味道"，随后立刻报告了卡普丹帕夏，后者在冬季为了履行职责，不得不天天睡在军械库旁边。阿里帕夏随后立刻跳上了这艘小型护卫舰赶往主物资仓库，随后他展示了他一贯的充沛精力，在大火接触到火药之前总算将其扑灭了。纵火的失败让城内的西方人非常失望。德拉特里克里在给法国太后的信中写道："如果这次纵火能成功的话，仅靠首都以外的军械库的弹药储备，无论苏丹如何努力，在接下来两年内都无法武装超过 20 艘加莱桨帆船了。"另一位热那亚间谍更进一步遗憾地写道："如果土耳其人反应能迟一小时的话，所有物资就能全部烧毁了……土耳其人在接下来的三四年内就根本无法再组建舰队了。”唯一没有感到失望的西方人是巴尔巴罗，因为如果那次纵火真的成功了的话，城里的那些“暴徒”就可能迁怒于他。他长舒一口气写道：“幸运的是，大火总算及时被察觉并扑灭了。”

在卡普丹帕夏的干预下，“纵火犯”及其同伙被抓获了。但无论如何严刑拷打，他们都没有交代更多同伙，最终被处以桩刑。其中一个人名叫帕斯夸莱，和威尼斯大使的翻译官正好同名，巴尔巴罗在听到纵火犯中有这个名字时，直到确定是另外一个人以前还吓得好几个小时坐立不安。他得到了热那亚间谍的汇报：“真正策划这场纵火的是那位科西嘉岛的改信者，也是我们的一个好友。他成功逃脱了追捕。”此时城里的气氛开始变得十分紧张，因为如果找不到真正的主谋，所有城里的“弗兰奇”基督徒们都随时可能被冤杀。在这次纵火案后，苏丹下令任何基督徒都不得靠近军械库，在所有加莱桨帆船上都配备了哨兵，并命令各船的雷斯亲自负责守卫。

在此之后，费利佩二世毫不犹豫地再派了两名间谍潜入君士坦丁堡，一位是亚美尼亚人，另一位是卡拉布里亚人，两人都曾向多纳表示“要去君士坦丁堡的军械库再次纵火”，并展示他们的旅行通行证，以证明他们已经在为西班牙国王效力。这种为了钱而愿冒尖桩穿体的风险的亡命徒从来都不缺：有位被派往拉古萨潜伏的西班牙间谍（他同样也是热那亚人），还向威尼斯提出过另一套在土耳其军械库纵火并烧毁加莱桨帆船的方案。[4]

但所有这些阴谋都没取得成功，基督教国家在君士坦丁堡的间谍网络传回的尽是坏消息；3 月 8 日，有份情报传回来说，土耳其舰队将有 263 艘加莱桨帆船，这个数字之精确让人不免生疑。而在塞浦路斯的穆斯塔法帕夏还在一直催促国内的舰队早日出航，虽然他知道在 5 月中旬以前出海是非常困难的。与此同时，两艘满载着火炮、炮弹和火药的马霍恩运输船前往法马古斯塔，港口内的所有船只，无论是土耳其人自己的船还是基督徒的船都接到通知，被要求留在原位待命不得出航，包括那些已经装好货物的船只。

此时土耳其人还不知道这次的舰队总司令官是谁，因为皮亚里帕夏和阿里帕夏这对政敌此时还在争夺这一职位。皮亚里帕夏向苏丹请愿，要求让他指挥整支舰队，而不是像上一年一样和卡普丹帕夏分享指挥权，并称只要如此做，他就能率领舰队把基督教舰队找出来，无论他们躲在哪里，随后摧毁他们，哪怕他们有400艘加莱桨帆船。而至于陆军方面，情报显示将由两个人来分别担任指挥官，皮尔图帕夏负责占领扎拉，而艾哈迈德帕夏则负责在伯罗奔尼撒和阿尔巴尼亚等地区平定叛乱。[5]

此时在罗马进行中的同盟协议的谈判并没有逃过土耳其朝廷的眼睛，他们不想在这事上因为没有准备而措手不及。从2月开始，就有波斯尼亚和阿尔巴尼亚等地的贝伊报告说，威尼斯舰队正在科孚岛等待西班牙舰队，此外还有30艘加莱桨帆船正在克里特岛，并且有情报显示他们补给匮乏，甚至在准备冒险袭击从埃及或叙利亚开往君士坦丁堡运输小麦的船只来抢夺粮食。在得知这些情报后，维齐尔们都非常担心，于是下令加强海上的防御，在罗得岛驻扎一支常驻的地方巡逻舰队，因为要监视干地亚和塞浦路斯1带的情况的话，该岛是不二选择。于是一支由15艘加莱桨帆船和一艘轻型桨帆船组成的分舰队在著名的私掠者卡亚·切莱比的率领下，于2月23日从君士坦丁堡起航，随船出发的还有要去增援穆斯塔法帕夏以及准备驻扎到希俄斯和罗得岛的一些陆军。有位年迈的私掠者，名叫舒鲁奇·穆罕默德，是亚历山大的卡普丹，意大利人称呼他为“茂梅托·希罗科”，此时也奉命率领他统帅的加莱桨帆船出发前往罗得岛，并指挥联合舰队，阻止敌人前往法马古斯塔救援。[6]

但在上述命令还没有开始实施的时候，马尔科·奎里尼在塞浦路斯的一系列报复性袭击的消息突然如同晴天霹雳一般传来了。而土耳其人有个“优良传统”，就是喜欢在情报中把敌人的战斗力翻倍，好给自己的失败开脱，这次也不例外，拉拉·穆斯塔法帕夏在汇报中写道，威尼斯人率领24艘加莱桨帆船和5艘拿浮运输船，往塞浦路斯运输了大量陆军，他需要更多援军才能攻下法马古斯塔。苏丹在底万会议上大发雷霆了一刻钟，让他的大臣们如坐针毡，而他们毫不犹豫地将责任推给了穆斯塔法帕夏：因为当时是他自己下令让舰队主力返回的，而且他还亲口说过，要阻止基督教舰队前来救援法马古斯塔，留下8艘加莱桨帆船就足够了。

最终这次失败的责任是由留守的指挥官承担了，因为在冬季来临时，曾经给他们留下了数量众多的船只，并且给他们都下达过清楚的任务来防止这种情况出现。后来经过调查，发现在奎里尼的分舰队从克里特岛出发时，留守舰队收到了报告，然而这些加莱桨帆船无法出战，因为当时舰队的船只状态都非常差，并且缺少桨手。最后希俄斯的贝伊因此被斩首，罗得岛的贝伊被撤职，并且紧急任命了一位新官员来负责海防。此人是穆罕默德贝伊，当时是内格罗蓬特岛地区的地方司令官，后来在勒班陀海战中被俘，是基督教联军抓获的官职最高的俘虏，在狱中告诉狱卒许多“关于土耳其人的事实和建议”。他所说的话，后来大部分都被基督徒历史学家记载了下来，成为我们了解那个时代的历史的重要的信息来源。当时他收到的命令是集结所有希腊群岛地区现役的加莱桨帆船，随后立刻赶往希俄斯并等待下一步的命令。为了让他尽心尽力，苏丹还警告他说，如果任务失败，他将可能被处以桩刑。[7]

不过后果最严重的一道命令是让卡普丹帕夏迅速集结所有准备就绪的加莱桨帆船，并且在桨手和士兵的数目都还没有完全足够的情况下提前出海。此时还是3月初，离最佳的出海日期还有一段时间，在出海不久后有一条坏消息传到了君士坦丁堡：卡亚·切莱比的分舰队在海上遇到风暴，至少折损了7艘船。随后3月16日，阿里帕夏跪下亲吻苏丹的手后，带着所有麾下的帕夏们登上了他的座舰：一艘用象征伊斯兰教的绿色燕尾旗装饰的加莱桨帆船。舰队随后出发了，先是按惯例前往贝西克塔什区，阿里帕夏在海雷丁·巴巴罗萨的坟墓前祈祷后，再率领舰队起锚起航。不过这一次他踏上了不归路，再也没能回来。因为在大约7个月后，他将在勒班陀海战中阵亡。根据最可靠的数据，当时他率领的舰队有26艘加莱桨帆船、3艘弗斯特战船、10艘帕兰迪尔运输船、3艘满载火炮与弹药的马霍恩运输船，还有2艘威尼斯人的拿浮船，“巴尔巴”号和“博纳达”号，是一年前没收的那2艘船。土耳其编年史学家们后来指出，正是当时舰队中相当大一部分船只在圣乔治日前一个月提前出海，才使得最后在勒班陀海战中，船只的状态要比平时每年结束出海行动回母港时的状态更差。[8]

在希俄斯，新任司令官一到任，便接管了当地所有属于内格罗蓬特贝伊的加莱桨帆船，不过其中一部分加莱桨帆船上还有瘟疫流行，不得不留在港内；在此之后，他前往黎凡特和罗得岛同亚历山大港的分舰队会合，此时舰队规模已经达到 80 艘加莱桨帆船了，随后他们装载菲尼凯和的黎波里等地的桑贾克送到港口的陆军、工兵和弹药。3 月的最后一天，他抵达了法马古斯塔前线，给穆斯塔法送来了援兵，穆斯塔法准备在夏季来临后，再次发起对法马古斯塔的攻城战。西方国家的间谍送来的情报都显示这一次送来的陆军中，工兵人数众多，达 1.2 万人至 1.5 万人，此外还有 2 万辆二轮运输车和 4 万包布，都是准备用于攻城的。此外，阿里帕夏可能还从君士坦丁堡运来了 1500 名耶尼切里军团士兵。舰队在塞浦路斯海域停留了很长时间，并且在塞浦路斯和大陆地区的各港口往返多次，他们借此机会在塞浦路斯岛上的希腊人中又招募了一些桨手；它将在 5 月离开，届时舰队的其余部分将离开君士坦丁堡，整个爱琴海将为之沸腾。[9]

在卡普丹帕夏提前出发后，君士坦丁堡的军械库依然在为余下的舰队主力出海做准备，所有潜伏的间谍都在侦察他们到底收到了什么命令。3 月 19 日，西班牙间谍中的其中一人宣称，由于皮亚里帕夏和其他几位舰队指挥官的关系紧张，他已经向苏丹请辞，因此剩下的船只将由指挥船上陆军的塞尔达尔皮尔图帕夏率领出发。这样的决定让水手们十分不满，因为皮亚里帕夏在海军中声望非常高，而皮尔图帕夏虽然陆战指挥经验丰富，但从未指挥过海军。但无论如何，剩下的舰队要到 5 月中旬才能出发，因为部分加莱桨帆船还在黑海和尼科米底亚的造船厂建造中，还没有完工；此时还不得不给黑海的造船厂送去一船那里紧缺的沥青。此外舰队还临时征用了一批运输船和卡拉穆萨随同舰队一起出发，由于舰队中任命了一位塞尔达尔，那说明舰队上一定有大量陆军；塞利姆苏丹要求尽快拿下法马古斯塔，以免迟则生变，因此他下令从他本人的卫队中抽调 1200 名西帕希骑兵赶往塞浦路斯前线。如果法马古斯塔能尽快攻下的话，舰队将前往克里特岛，“探查当地居民现在的情况到底如何”。事实上，饥荒在岛上肆虐，克里特人非常清楚，如果控制着黎凡特小麦的苏丹能拿下该岛，他们将不再遭受饥饿。[10]

到了 4 月底，黑海建造的第一批加莱桨帆船抵达了君士坦丁堡的军械库，皮尔图帕夏终于可以出海了。从威尼斯出发的拉加佐尼当时刚抵达，他得知土耳其舰队共下了80艘加莱桨帆船的建造订单，但不知道这些船将前往何处。5月2日，拉加佐尼来到君士坦丁堡的佩拉区的海边，由易卜拉欣贝伊随行。他说："当时来到海边时，易卜拉欣大人把数目众多的加莱桨帆船指给了我看，并对我说，这些加莱桨帆船已经随时准备好和我们战斗。对此我回答说，它们将遇上旗鼓相当的对手。"事实上，这些加莱桨帆船只能说一定程度上准备好了而已：有个那不勒斯的间谍透露说，这些加莱桨帆船其实全部都缺乏桨手，其中有10来艘船甚至是空船，上面一个人都没有。5月的头几天，皮尔图帕夏一直在忙着招募人手，而且是毫无顾忌地从佩拉区和君士坦丁堡市区内的所有民族中招募。5月13日，80艘加莱桨帆船终于出航了。此时还在家中的巴尔巴罗也看到了这一幕，他担心舰队会直接攻向亚得里亚海。而舰队出海时，码头上和城墙周围挤满了气势汹汹的人群，他们一边各自在向即将出发的亲人做最后的道别，一边还依然四处追问为什么舰队司令官不是皮亚里帕夏。有人还认为皮亚里帕夏根本不是自愿待在家中的，而是因为去年在克里特岛没能摧毁威尼斯舰队而遭到了冷遇，甚至说，如果他不是苏丹的女婿的话，恐怕早就受到严惩了。[11]

除了舰队出征以外，土耳其朝廷还决定派出一支陆军前往巴尔干地区，他们的任务有两个，一个是扫除当地的起义军据点，另一个是防备哈布斯堡王朝干涉特兰西瓦尼亚。起义军最大的据点在伯罗奔尼撒，那里的起义军一直不断地在联系威尼斯政府，寻求他们的帮助，特别是武器援助。在干地亚，维尼埃此时正和伯罗奔尼撒地区的起义军代表们谈判此事，但在和他们签下任何协议之前，他派了一个亲信前往前线，看看有没有他们可以攻取和据守的据点。威尼斯本土的政府对他们承诺，只要威尼斯占领了伯罗奔尼撒地区，当地人可以继续保持东正教信仰，并许诺会给他们支援长矛、火绳枪和盔甲。不过事实上，从上一年开始，当地希腊人的起义已经减弱了，并不能给土耳其带来太多麻烦。[12]

然而，阿尔巴尼亚的情况更为严重。经常有报道（可能有些夸张）称，土耳其驻军遭到袭击，奥斯曼帝国的小股部队在山区被击溃，当地部族要求得到威尼斯和天主教会的保护。威尼斯在巴尔的监督官亚历山德罗·多纳，率领骑马重火绳枪兵对那些还忠于土耳其人的村庄发起了惩罚性的袭击，他们烧毁房屋，杀死平民，并给当地等待时机反抗土耳其的部族首领发放金钱。那些专业冒险家也在四处活动，比如有位在米兰的阿尔巴尼亚军官，他曾偷偷返回西马拉，并称他已经准备好率领全村的村民起义反抗土耳其人，当然条件是必须给他足够的资金援助。科孚岛的威尼斯指挥官很乐意让一些步兵连登陆，帮助起义军攻占一座堡垒，他在与他们的领导人交谈后，发现他们提出的行动计划都令人震惊，比如占领都拉斯、斯库台或是阿莱西奥；但一位被派去侦察海岸的船长回来证实，阿尔巴尼亚人所说的一切都是夸夸其谈，事实上，这些行动都不可行。[13]

塞巴斯蒂亚诺·维尼埃抵达科孚岛后，加大了支援阿尔巴尼亚起义军的力度。2 月 2 日，他得知了自己已被任命为舰队总司令官，此时他才松了一口气，因为他之前一直担心自己当时因为没有随前任舰队司令官赞恩一起出征法马古斯塔而受到惩罚。在离开干地亚之前，他还花了一个半月来重新武装岛上的那批加莱桨帆船，在此期间他遇到了很多困难：军械库的仓库里的物资许多都是二手货；部分船体由于长期留在水上，此时已经漏水，还需要拖到岸上修理；当地行会原本说好会给他们招募一批斯卡波利的，但此时却以各种理由拒不履行义务；而且，巡视时还发现，就算已经招募的人手，也常常缺勤，不按照规定睡在加莱桨帆船上，每次检查都会发现新问题，被任命指挥加莱桨帆船的当地贵族也毫无热情，“因为如果要那些船长做对自己没有利益的事，他们个个都如寒冰般冷漠”。最后在 3 月 18 日，维尼埃终于下令起航离开干地亚，奎里尼下属的 8 艘加莱桨帆船也跟着他一起出航了。在半路上，两位指挥官继续保持活跃：在凯里戈时，维尼埃下令对当地一位领主发起调查，因为民众控诉他非法没收属于当地基督徒的财产，借口是这些人是土耳其人的臣民；随后在赞特，维尼埃又开始调查当地一些船长在加莱桨帆船武装工作上怠慢导致迟迟不能完工的事件；在赞特和凯法洛尼亚的半路上，奎里尼又俘虏了韦利雷斯指挥的一艘十四桨座的弗斯特战船。[14]

4 月 1 日，他们终于抵达了科孚岛，维尼埃从巴尔巴里戈手中接过了指挥权，随后他立刻开始策划发动对大陆地区海岸线的几次袭击，他对此非常熟悉，因为上一年他刚率领过一次类似的行动。之前他本人任命留守索波蒂地区的防御工事的马诺利·穆尔穆里连长写信向他汇报说，附近的格拉蒂奇城堡内的土耳其驻军之前已经镇压了阿尔巴尼亚人的起义，“不过只要给他们支援 200 名步兵，他们就有胆量再次发动起义了”。维尼埃闻讯后迫不及待地想要赶去支援，便在巴尔巴里戈的陪同下即刻亲自启程，带着 14 艘加莱桨帆船和 300 名步兵，他认为“虽然自己肋骨还疼，但反正闲着没事，就出去活动活动”。在抵达索波蒂后，他把 300 名步兵都交给了穆尔穆里，并命令他仔细策划这次行动，随后率领舰队起航，停靠在正对土耳其在发罗拉的军事基地的一座小岛，名叫萨塞诺。然而此时从南方吹来的热风让加莱桨帆船无法返回科孚岛，于是维尼埃决定利用这股风向北航行，对都拉斯发起一次突袭，因为他得知亚得里亚海活最可怕的私掠者卡拉·霍格加此时正在都拉斯，而且此刻只带着 3 艘弗斯特战船。

在都拉斯，他并没有找到任何私掠船，于是准备攻打那里的堡垒。但热风将他的加莱桨帆船舰队吹散了。在他完成集结前，要塞里的守军已经发现了他，火炮也开始向他们开炮了，但被称为“卡纳莱托”的加布里埃莱·达卡纳尔带着 8 艘加莱桨帆船前来支援维尼埃，维尼埃认为以这些兵力足够攻下堡垒。

双方火炮对轰了整整一天。此时维尼埃决定让士兵登陆，并派重火绳枪兵占领连接城市和内陆的桥梁，以阻击到来的增援部队，但他麾下的军官们纷纷劝阻他说，没有充分削弱其防御就贸然登陆是不明智的。此时当地的土耳其骑兵也已经赶到要塞里支援了，维尼埃的舰队在发现自己弹药不足后，只好撤退了。维尼埃对他麾下的军队的战斗力低下感到不安，于是决定返回索波蒂看看那里的情况如何。而那里的局势也非常糟糕。土耳其骑兵似乎无处不在，而之前前去攻打格拉蒂奇的要塞的士兵已经被击退了，20 多人战死或是被俘虏，“人人都在推卸责任”。[15]

维尼埃出海并且和阿尔巴尼亚起义军联合行动的消息传回威尼斯，大大鼓舞了国内的主战派，但对知道拉加佐尼出使的内情的贵族们来说，却也让他们倍感担忧，因为这些贵族其实更希望和土耳其人议和，“而维尼埃司令官的勇猛，可能会导致他之后进行一些更能激怒土耳其人的行动”。此时已经开始有传闻四处蔓延，称威尼斯人已经攻下了都拉斯，而发罗拉也唾手可得，只是日子一天天过去，这些小道消息始终得不到确认。5 月 19 日，教廷大使失望地写道：“攻陷都拉斯最终也只是个谣言而已，因为维尼埃司令官已经返回科孚岛了。”[16]

不过与此同时，支持阿尔巴尼亚起义有可能对亚得里亚海沿岸的土耳其基地取得战略成功的幻想产生了更为灾难性的后果。贾科莫·马拉泰斯塔侯爵受命总管阿尔巴尼亚地区，他 4 月初带着 3000 名步兵乘船出发，并于 15 日抵达卡塔罗。他的任务是和当地起义军领袖联系，并进行几次大型联合军事行动，例如夺取阿莱西奥，他认为这不会遭遇有力的抵抗。但到了卡塔罗后，不熟悉当地情况的马拉泰斯塔吃惊地发现，周围山上的村庄全是忠于苏丹的，当地居民意大利人称他们为“马特罗斯齐（martellosci）”，奥斯曼帝国则称他们为“马托罗斯（martolos）”。他们是基督徒，这些人拥有少量免税的土地，以及其他奥斯曼帝国给予军事阶层的特权，所以他们也有义务在战争期间为苏丹效劳。当附近一座村庄的马特罗斯齐们前来卡塔罗附近袭击时，就在这位刚来不久的总督的眼皮底下抓走了一批奴隶。马拉泰斯塔愤怒了，于是决定发起一场报复行动。

他立刻挑选了 300 名士兵，率军突袭了这座村庄，洗劫并烧毁了它，但当他返回时，可能是因为向导的背叛，当地山民在一条崎岖的山路上伏击了他的部队，并用巨石堵住了道路。这些背着沉重战利品的士兵遭到了弓箭、石块和重火绳枪的打击，支撑不久就溃败逃亡了。随后马拉泰斯塔本人连同身边的五六名连长被村民们俘虏，他们身上的盔甲都被石头砸碎了。法奇内蒂写道：“这个倒霉鬼惹了如此大的麻烦，不只是他本人遭受不测，而且贾科莫先生被派到阿尔巴尼亚后，没想到那里的民众会拿起武器对抗他，我们本以为他在那可以对整个战局有所帮助。”在接下来的几个月里，威尼斯外交官们都清楚得知了马拉泰斯塔被俘的消息。由于他是个重要人物，土耳其人开出了 1 万杜卡特的赎金要价。他的家族经过讨价还价，最终把赎金降到了 3000 杜卡特。教宗本人提议由他来出一半的钱。

不过在马拉泰斯塔被关在君士坦丁堡黑海旁的一座塔里一年后，法国国王出面斡旋，让塞利姆看在他的分上把此人释放了。在威尼斯，这次事件让人担心他们在阿尔巴尼亚起义军那里会声誉扫地，起义军会对威尼斯这个无能的盟友感到失望，最终去和苏丹议和，因此维尼埃不得不在他职权范围内尽一切可能来阻止这种情况发生。[17]

虽说阿尔巴尼亚起义军还远远称不上取得实质性的胜利，但奥斯曼朝廷认为已经有必要采取行动了。从冬季开始，就不断有小麦运往斯拉沃尼亚地区，同时又兴建了一条横穿阿尔巴尼亚的山区的道路，这一切都让人不难预见巴尔干地区将有一场大规模的军事行动。远征军指挥官是艾哈迈德帕夏，就是塞利姆苏丹的那位酒肉朋友，他是五位维齐尔中最快活但也最无能的一位。在皮亚里帕夏离职后，土耳其军队中就一直缺乏有经验的指挥官。4 月 29 日，艾哈迈德帕夏率领 1000 名耶尼切里、2000 名直属于中央的西帕希、3000 名来自安纳托利亚的西帕希和 18 门火炮抵达了斯科普里，等待由希腊贝格勒贝伊侯赛因帕夏指挥的鲁米利亚的巴尔干轻骑兵前来支援。他的这支部队驻扎在这里，就足以震慑所有当地的起义军，阻止作为土耳其附庸的特兰西瓦尼亚和瓦拉几亚君主发起叛乱，同时还能威慑威尼斯人，因为该地区也离科孚岛不远。[18]

皮尔图帕夏的舰队出航了，而土耳其陆军也逐渐逼近，威尼斯人感到亚得里亚海和达尔马提亚一带的海岸线也开始不安全了。在冬季，和往常一样，军事行动有所放缓：土耳其骑兵有几次袭击卡塔罗附近一带，但也只是占领了一座扎拉附近的哨塔而已，并没有什么大动作。但虽然表面上风平浪静，但暗中双方的各种谍报战和计谋一刻也没有停止过。卡塔罗的地方监督官得知，土耳其卡斯泰尔诺沃要塞的防御指挥官雷叙尔阿迦宣称，他在卡塔罗城内有内应潜伏着，等他进攻时会帮他的军队开城门。在长时间的内部审查后，终于在一封被拦截的信件中发现了叛徒的身份，他是一名叫特罗亚诺的西西里人，是卡塔罗驻军中一个连的指挥官，“他在母国时是个亡命徒，并且多年来一直在拦路截杀旅人”。监督官把这名连长叫到了他的房间，当他跨进房间时，等候他的是一队早已埋伏在那的士兵。见他的阴谋败露，这个连长立刻拔出了剑想要反抗，但剑被夺去，随后他被下令吊死并将尸体悬挂在城墙上，而且故意挂在原本他密谋放敌人进来的菲乌马拉门上。[19]

这边十人团则接受了两位冒险者朱利奥·多尔切和祖安·斯帕达的提议，他们承诺会潜入附近的土耳其军事基地，去那里破坏火炮、暗杀各种负责武器制造的工匠，并把许多金属材料都丢到河里。似乎觉得单单这些破坏活动还不够，两位冒险者又向威尼斯人提议由他们担任内应，把斯卡尔多纳的要塞的城门打开，随后把停在内雷特瓦河的海军基地中的那些至今还在威胁达尔马提亚海岸线的弗斯特海盗船都放火烧光。十人团认为这值得一试，对他们承诺说，事成后除了讲定的报酬外，还会额外给他们每人 200 西昆的赏金，此外还给二人在威尼斯开展渔业活动的特权，以及给他们每人一个年俸 250 杜卡特的职位。但十人团警告达尔马提亚的地方政府要留意他们，特别是斯帕达，“因为他曾多次为土耳其人效力”，以免被这些两面派欺骗。随后二人打扮成盐商，想要潜入斯卡尔多纳的要塞伺机破坏，但却失败了。随后有个拉古萨人又来给威尼斯人建议，说可以潜入破坏卡斯泰尔诺沃要塞，因为他认识一个内线，可以自由地进出。所有当地的冒险者都知道，这座要塞就在卡塔罗港边上，一直以来都是个严重的威胁。之前那位试图在君士坦丁堡的军械库纵火的热那亚间谍也曾提出过一套秘密方案，先是潜入破坏要塞炮，然后煽动当地居民叛乱，最后趁乱一举夺取要塞，另一个计划是烧毁内雷特瓦河的弗斯特战船。此外，十人团还给了他们“一瓶硝酸和水银”，以及 500 埃居的现金。[20]

随着战争的进行，双方互相投毒的行动也越来越多了。2 月时，达尔马提亚的新任地方监督官雅各布·福斯卡里尼从他的前任那收到了一个大箱子，里面有好几小箱的各类毒药，他受命“见机行事，如有必要就用这些毒药来给敌人投毒”。此后不久，扎拉地区上交的某份备忘录上也提议在周围地区的水源中下毒，“如此可以对这些异教徒敌人造成沉重打击”，随后十人团下令立即执行。福斯卡里尼虽然个人觉得这么做用处不大，因为敌人可以随时挖掘新的水源，但他依然承诺会立刻去执行。此外，在土耳其人刚登陆塞浦路斯时，他们也听到传闻说守军已经在当地的水井中下了毒，随后这些多疑的土耳其人立刻挖了一些新的水井。在双方暂时没有大规模的交火的这段时期内，下毒的可能性给了双方无穷无尽的想象空间：有位拉古萨的犹太人警告威尼斯政府，“有些坏基督徒”向皮亚里帕夏提议，要在威尼斯所有的岛屿上的蓄水池中下毒。随后威尼斯政府立刻下令通告各地的监督官立刻派人守卫所有的蓄水池和水井，至少凯法洛尼亚的监督官没有把这一命令当儿戏。[21]

与此同时，基督教各国还在继续侦察土耳其舰队的动向，想要知道土耳其舰队是仅仅在保卫塞浦路斯，还是有进一步的行动。在皮尔图帕夏还在贝西克塔什区祈祷的时候，一位身为“负责管理苏丹的奴隶的书记官”的西班牙奴隶，带着其他一些奴隶和间谍（一共 9 名基督徒）一起从加莱桨帆船上逃跑了，并偷了一艘小船离开了君士坦丁堡。由于之前保罗修士的那起事件，苏丹此时开始怀疑圣方济各修道院的方济各会修士参与了这起事件，许多方济各会的修士被指控是同谋，他们遭到逮捕并被判划加莱桨帆船。这次事件在潜伏在君士坦丁堡的西方国家的间谍中引起了一阵恐慌，他们担心会有进一步的连锁反应。之前那批逃跑的奴隶在一个月后抵达了科孚岛，他们向威尼斯政府汇报称，他们在土耳其加莱桨帆船上听到传闻说，舰队要首先前往内格罗蓬特岛地区，等当地的西帕希上船后再前去支援法马古斯塔的围城战。然后，如果基督教君主之间的谈判没有成功，舰队就会攻击威尼斯在黎凡特的领地；然而，如果联盟成立，舰队将继续在塞浦路斯水域处于防御状态。[22]

事实上，西班牙国王在教宗的压力下，将派出 100 艘加莱桨帆船救援威尼斯的传闻早就在君士坦丁堡传开了，依然是拉古萨人透露的消息；因此，很可能在确定战略之前，朝廷想知道更多情况，并将已经分散的舰队重新集结起来。皮尔图帕夏此时正在慢慢地穿过土耳其海峡，有位那不勒斯间谍回报说：“无论他的舰队到哪，都到处强行征募桨手，而且每人的工资已经到了 30 埃居，这是土耳其有史以来最高的标准了。”即使是强征入伍，也不得不给臣民发放薪饷，这也是奥斯曼帝国家长式统治的一个特征；但最重要的是，帕夏指挥的舰队即便强征了不少桨手，它在出征时仍缺少人手。一路上纳夫普利亚和米蒂利尼的地方防御舰队也陆续赶来会合，等抵达内格罗蓬特岛南端的卡斯特罗索岛的港口时，舰队已经集结了近百艘加莱桨帆船了。随后皮尔图帕夏暂时停在那里，等其余各地的加莱桨帆船。借此机会，他给希腊群岛地区造成了不小的恐慌，因为之前被威尼斯人占领的那些岛屿，此时他又夺了回来，岛上之前和威尼斯人合作的当地人中，也有许多被他审判并处决了，其中就有纳克索斯岛和帕罗斯岛两地的大主教。蒂诺斯岛也遭到了皮亚里帕夏的攻击，不过却成功将其击退，因为威尼斯人在岛上储存了大量的海用饼干，岛上的要塞得以固守并和皮亚里帕夏打一场持久战。皮亚里的舰队每到一地，都会强征一批桨手；此后维尼埃的舰队到达黎凡特后为同样的目的袭击了这些岛屿，他报告称，“所有人都逃到了山上，因为害怕被土耳其人抓去划船”。[23]

随着夏季的到来，土耳其舰队逐渐开始聚集在内格罗蓬特岛一带，阿里卡普丹帕夏在塞浦路斯留下了20艘加莱桨帆船，在防御指挥官阿拉普·艾哈迈德的统帅下护送当地的马霍恩和卡拉穆萨运输船，随后阿里帕夏5月9日率领55艘加莱桨帆船又回到了卡斯特罗索岛。[24]此时在君士坦丁堡的军械库里还有25艘至30艘加莱桨帆船，都是最陈旧、状态最糟糕的，此后5月中旬黑海又造好了一批船运到了首都，不过虽然在首都刚招募了一批桨手，此时在重兵看护下住在军械库的仓库中，但桨手依然远远不够。与此同时，部分热那亚的改信者在舰队中当上了军官；热那亚的间谍们以尊重和信任的态度谈论这些人，因为他们希望和母国保持良好的关系，而且随着形势变化，他们完全可能回归母国。“我们的热那亚人穆拉德阿迦大人”受命带着苏丹的信乘一艘加莱桨帆船前往塞浦路斯；还有一位，“我们的格雷戈里奥·布雷甘特”如今改名穆斯塔法，当上了雷斯，带着10艘刚刚武装完毕的加莱桨帆船出海，他后来在勒班陀海战中被基督徒舰队俘虏。

虽然土耳其桨手的工资已经非常高了，已经达到西方国家的桨手的两倍，但志愿桨手的人数依然远远不够，主要原因是之前有传言称舰队里流行着瘟疫，让许多人不敢再上船服役了。一名那不勒斯间谍就曾亲眼见过船上有人把尸体抛进大海。虽然当时在首都甚至整个黎凡特地区的陆地上同样有瘟疫流行，但即使是最绝望的人也害怕被困在瘟疫横行的加莱桨帆船上。最终苏丹发怒了，因为他的臣民们完全对他的仁慈不懂得知恩图报，于是下令强行征募所有单身男子上船服役，这条命令在君士坦丁堡引起了极大的恐慌。这一命令实施得很残酷：官员在街上和商店里逮捕男子，强迫他们入伍；许多单身汉不是藏了起来就是逃出城外，无数商铺因此关门，导致这座大城市的物资供应出现了严重问题。卡迪们的抗议最终让大维齐尔下令停止执行这条命令，并释放那些不满足服役条件的人，而其余被抓服役的人也允许用钱换取重获自由，巴尔巴罗 5 月 20 日幸灾乐祸地写道："这使得那些加莱桨帆船依然无法武装。"

尽管如此，还是招募到了一些桨手，到了 5 月底，苏丹下令让 25 艘加莱桨帆船出海，指挥官是哈桑・巴巴罗萨，他是那位前几年刚去世的伟大私掠者海雷丁的儿子。据说船上还有 4000 名西帕希骑兵，是在加利波利上船的，"都是之前获准从塞浦路斯前线返回本土休整，此时被命令重返前线的"，但西方国家的间谍无法确定这条情报的真伪。5 月 31 日，哈桑来到贝西克塔什区，在他父亲的坟墓前祈祷。6 月 1 日，他起航前往内格罗蓬特岛，副指挥官是布雷甘特。此时土耳其人总共已经有 200 艘加莱桨帆船出海了，虽然船上"因为严重瘟疫"而人手不足已不是秘密。之前那位已经提到过的那不勒斯间谍 5 月 30 日返回了科孚岛，随后向维尼埃报告说，皮尔图帕夏所率领出发的加莱桨帆船上其实既没有耶尼切里军团，也没有西帕希骑兵，船上的桨手和 60 名斯卡波利都是强行征募来的。此外他还写道："各船的雷斯和下属的军官都不算优秀。"最后他的总结是："我从未见过如此让人悲哀的舰队。"这样令人鼓舞的情报在西方国家中自然很快传开了。法奇内蒂闻讯后也虽然对此持谨慎态度，但多少还是松了一口气，他在威尼斯如此写道："土耳其舰队虽然规模并不比我方小，但舰队的战斗力要差得多。"[25]

然而令人忧虑的是，在内格罗蓬特岛地区集结的土耳其舰队中，仍缺少阿尔及尔的分舰队。早在 1 月的时候，守卫莫顿地区的桑贾克贾沃・阿里就已经带着 5 艘加莱桨帆船从君士坦丁堡启程前往该地。在抵达后，他收到命令要他留下 4 艘船，并乘坐最后 1 艘前往阿尔及尔"并听从巴巴里私掠者的命令”。欧吉德·阿里也提前得知了消息，开始加莱桨帆船出海的准备工作，同时下令所有雷斯不得以个人名义出海。不过其中一艘轻型桨帆船上的基督徒奴隶们发动了叛乱，夺取了船并成功逃到了马拉加。他们随后报告说，欧吉德·阿里在阿尔及尔的港口内已有34艘战船，其中7艘加莱桨帆船，“包括之前从马耳他骑士团俘获的那3艘”，还有27艘轻型桨帆船，从十五桨座的到二十二桨座的，“所有34艘船都已准备完毕，听候君士坦丁堡方面的命令”。[26]

巴巴里舰队可以说是马格里布的一个缩影，这支舰队一直被认为是苏丹旗下最危险的一股力量。舰队中的雷斯基本都是改信的前基督徒，而阿尔及尔地区10万人口中，这样的改信的前基督徒也至少占总人口的10%，都是来自热那亚、威尼斯、科西嘉岛、希腊、阿尔巴尼亚、法国和西班牙等地。一份几年后的清单中出现了许多这些人的名字：阿尔巴尼亚人大穆拉雷斯、希腊人小穆拉雷斯、热那亚人哈桑·吉诺斯、威尼斯人马米·甘乔、那不勒斯人优素福·雷莫拉尔，甚至还有犹太人穆罕默德雷斯。他们各自统管自己的轻型桨帆船，在每次出航掠夺后都与他们各自的资助人（“法兰克语”称其为armadour）按一定比例分成战利品，但苏丹在授予他们私掠权的同时，也要求他们在需要时为他的舰队服役。

阿尔及尔的人口中，有四分之一是基督徒奴隶，他们在劳动时能在城内自由地走动，轻型桨帆船上的桨手和水手大部分都是基督徒奴隶。当自己或从别人那租来的基督徒奴隶不够用的时候，雷斯们也会从土耳其移民和聚居在内陆地区卡比利亚的柏柏尔人中征募一些志愿桨手。此外每艘船大约还有100名士兵，他们都是从阿尔及尔当地的耶尼切里士兵的兄弟会中招募的，这些人基本都是在半个世纪前土耳其征服当地后留下的驻军的后裔，同时还有从安纳托利亚来的土耳其移民和欧洲基督徒改信者加入他们。这些耶尼切里都是军人，但有越来越多的人成为海员和商人，他们是这座国际化大都市的真正主人，他们不与被鄙视和敌视的原住民混居，他们的女儿们在歌曲中哀叹这些原住民甚至“不懂土耳其语”。[27]

这里的统治者是阿尔及尔的贝格勒贝伊欧吉德·阿里，他被西方人不无道理地称为“阿尔及尔国王”。西方人带着比往年更大的恐惧等待他出海的消息，因为人们一致认为他将加入苏丹舰队。有情报显示4月10日他率领20来艘加莱桨帆船和轻型桨帆船进了比塞大港，并在那加固港口防御。此外西方国家还获悉，有一艘轻型桨帆船从君士坦丁堡起航，前去向欧吉德·阿里传达让他起航前往黎凡特的命令。在此之后，按照这位老海盗一贯的习惯，他从地中海彻底消失了，人们再也没有他的消息了。直到5月21日，他突然出现在斯特罗法迪群岛附近，这两座岩石小岛位于赞特和伯罗奔尼撒半岛之间。在两座岛屿中较大的那座上有一座留存至今的希腊东正教的修道院；欧吉德·阿里派士兵下船，屠杀了所有僧侣，并洗劫了整座修道院，随后前往莫顿，并按照命令在那等候下一步的指示。地方监督官卡纳尔当时正好率领15艘加莱桨帆船从科孚岛赶往克里特，在莫顿附近遭遇了欧吉德·阿里的舰队，不过他并没有敢去攻击他们。根据卡纳尔的说法，这些私掠者的舰队规模是他的两倍，当看到这些巴巴里海盗准备扬帆和他战斗的时候，他立刻下令撤退了。事实上当时阿里只有7艘加莱桨帆船和12艘左右的轻型桨帆船，并非不可一战，只是由于阿里本人的威名，卡纳尔被吓退了。随后这支阿尔及尔的舰队在接到下一步的指示后，便掉头开往内格罗蓬特岛地区和主力舰队会合了。[28]

与此同时，黎凡特私掠者的轻型桨帆船和弗斯特战船也都按照苏丹的命令，陆续赶往卡斯特罗索岛，但这些舰队并没有全部抵达。由于之前威尼斯十人团买通的那两个冒险者没能把内雷特瓦河里的弗斯特战船烧毁，最终威尼斯人决定强行袭击并摧毁这些船。在5月中旬，一些加莱桨帆船从科孚岛起航，随后突然出现在内雷特瓦河并对河中的3艘弗斯特战船和10来艘小型帆船发起突袭，船上的土耳其人匆忙间把船强行搁浅，然后弃船而逃。随后土耳其加莱桨帆船开过来把船的残骸和上面的火炮都拖走了。发罗拉的私掠者的雷斯，卡拉·霍格加决定报复，并要向威尼斯人证明，他们不配做亚得里亚海的海上霸主。于是他悄悄率领7艘弗斯特战船北上，直至基奥贾，发动了两次袭击，俘获了几艘船并将其拖走。在威尼斯，这次入侵让所有人都感到震惊，他们确信土耳其舰队准备进入亚得里亚海，甚至可能威胁共和国本土，这是自古以来从未发生过的。[29]

20

整军经武

在神圣同盟成立的协议正式签署之前，西班牙国王和教宗就已经开始组织舰队，与威尼斯人联合起来，试图从敌人手中夺取海洋的统治权，但困难是巨大的。当德格朗韦勒在罗马的谈判桌上宣布说西班牙今年只能准备 70 艘加莱桨帆船的时候，威尼斯人非常沮丧，然而这个数目比起上一年多里亚率领的 49 艘来说，已经增加了不少了，在 1571 年夏季，费利佩二世为了遵守诺言，付出了前所未有的努力。

国王的主要计划是扩建那不勒斯和西西里的舰队，这两地的军械库可以就近使用卡拉布里亚森林的木料。这两个分舰队的建造计划已经进行了多年，早在 1 月，西班牙的盟国驻马德里的大使就被告知，意大利南部港口的可用帆船数量肯定会增加。起初的计划主要是加强西西里岛的分舰队，特别是因为当地的总督送来的一份让人痛心的报告称，在墨西拿的那 12 艘加莱桨帆船船体中，有 1 艘是完全报废无法使用的，另外 11 艘“只能在必要的时候充数”。此外还有 6 艘在加急建造，然而很快就发现墨西拿的军械库根本不可能在接下来短短的期限内将其完工。刚进入 3 月，西班牙人的期待值就已经减到希望能造出 1 艘新船了，事实上，就连这艘船，直到勒班陀海战都还没准备完毕。不过为那不勒斯舰队建造新船的工作相对顺利。其中大部分下水的新船都出自那不勒斯本土，不过也有 2 艘分别是热那亚和巴塞罗那造的。正如吉安·安德烈亚·多里亚观察到的那样，和西西里岛的总督不同，那不勒斯的总督“在建造加莱桨帆船的事上比别人能获得更大的便利。”因此到了 1571 年夏季，那不勒斯至少及时提供了 10 艘新船，它们加入圣克鲁斯侯爵的舰队服役。最终费利佩二世在意大利统治的各个王国总共为神圣同盟贡献了 40 艘加莱桨帆船。[1]

热那亚总共提供了 27 艘，和去年的数量持平。其中 3 艘属于热那亚共和国，西班牙大使付出了不少努力才让这3艘船加入舰队，因为热那亚人希望这3艘船能留守里维埃拉和科西嘉岛；但让热那亚人感到安慰的是，当这些船结束夏季战役返航时，可以像往年一样运送墨西拿的丝绸到热那亚。此外，热那亚还有11艘船是吉安·安德烈亚·多里亚自己的，他已经决定把这些船卖掉，因为他认为将这些船租借给西班牙国王的收益，抵不上这些船的固定资本。教廷驻马德里大使写道："多里亚看上去是要国王买下他的加莱桨帆船，或是准备卖给别人，因为他欠了大量债务，几乎要破产了，想靠卖船来救急。"

在整个冬季，在基督教各国的首都中，人们都对这场谈判会以何种方式结束众说纷纭；直到5月，西班牙国王才拿出了他的储备资金，并宣布要购买加莱桨帆船，条件是吉安·安德烈亚·多里亚必须继续为他留在舰队中服役。多里亚在上一年为了遵守国王的密令，几乎把他自己的声誉都毁了，这也让国王觉得他不应该失去一位如此忠诚的下属。他不但任命多里亚指挥由20艘加莱桨帆船组成的分舰队，并让他的地位在西班牙本土、那不勒斯和西西里岛的分舰队指挥官之上，"对他表示高度赞扬和荣誉，称他为'杰出的'"。这让多里亚从内心深处感动不已，他的自传揭示了，哪怕在当时的人中，他对荣誉和礼仪问题的执着也是相当特殊甚至夸张的。[2]

除了热那亚的船以外，费利佩二世也想把马耳他骑士团的那4艘加莱桨帆船算在他对神圣同盟有义务提供的那70艘船中，因为其中3艘是去年在马耳他骑士团海上遭遇欧吉德·阿里的袭击事件后他给他们的补偿。然而教宗在这件事上非常固执，因为马耳他骑士团是一个宗教骑士团，因此骑士团的船只能加入教宗国的舰队，而不是费利佩二世的西班牙舰队。骑士团的骑士们由于一直敬畏教宗，所以最终决定顺从教宗的决定。德苏尼加在签下了神圣同盟协议后，也趁着庇护五世心情大好的时候对他提起过此事，但发现教宗依然在此事上异常顽固，甚至到了如果继续再对他提此事就会让他大怒的程度。德苏尼加后来汇报说，如果骑士团不遵守教宗的命令，就可能面临被教宗解散的命运：费利佩二世也非常重视马耳他骑士团，不可能让骑士团就这么解散，因此此事只好作罢。最后骑士团的骑士们向教宗提议“以志愿者的名义加入舰队，不要报酬”。如此，他们因为这次政治事件，牺牲了自己的利益。[3]

在仔细算计了一番后，西班牙国王又打起了萨伏依公爵的舰队的主意。萨伏依公爵此时统管自由城和尼斯两座港口城市，在地中海的海风中，萨伏依公爵伊曼纽·菲利贝尔的旗帜在港口中迎风飘扬，之前他决定要在未来几年内为他的舰队建造或购买几艘加莱桨帆船。在塞浦路斯战争爆发后，他决定在自由城建造1艘全新的二十五桨座旗舰，此外再购买2艘旧船，“皮埃蒙特”号和“雏菊”号，这2艘船都是通过海军指挥官安德烈·普罗瓦纳·德莱尼签订的合约，所需的船员也都是从利古里亚海岸一带招募的。旗舰上的桨手几乎全都是土耳其奴隶，其余两艘基本都是被罚充军的罪犯，包括从外国挑选并花钱购买的能划桨的罪犯。（他在给普罗瓦纳的信中写道：“关于那两个鸡奸犯，如果他们根本不能胜任划桨的工作的话，你们最好把他们烧死，就像你们跟我之前写的那样；但如果他们能划桨的话，由于我们需要大量的罪犯，就只砍掉他们的鼻子和耳朵吧。”）

在闲暇时，萨伏依公爵毫不犹豫地把他的加莱桨帆船用作抵押来从一些热那亚银行家那贷款，这些银行家每人都能支付最高达9000埃居的贷款，当然前提条件是这些用来抵押的加莱桨帆船都是已经全部武装好的。但每次西班牙舰队要出海和土耳其人或是巴巴里海盗作战时，费利佩二世都会调用萨伏依舰队，因此萨伏依舰队的船员的经验都很丰富。威尼斯大使莫罗西尼甚至认为“萨伏依舰队是西方国家中最出色的一支”，因为他曾亲眼看到萨伏依舰队在和吉安·安德烈亚·多里亚的舰队一同航行时，速度甚至超过了后者。该舰队速度快的原因，一是桨手非常密集，两艘旧船上的每个桨座上都有4名桨手，旗舰上更是每个桨座有5名桨手；二是船上的食物充足，因为萨伏依舰队的船只并不多，因此平均每名桨手所能分配到的食物要远远高于别的国家的舰队的桨手。在塞浦路斯战争爆发后，威尼斯政府曾提出租用萨伏依的舰队，不过在几乎快要签下合约的时候，西班牙驻都灵的大使得到国内的命令，阻止了此事。因此最终普罗瓦纳非常兴奋地参加了同盟舰队，“想要参与这场如此大规模的战争”，只是他直到出发时都没搞清楚自己的舰队到底是算威尼斯舰队的还是西班牙舰队的。最后伊曼纽·菲利贝尔自掏腰包参加了这场战争，不过他在这场战争中捞取的政治资本却足以补偿他的损失。[4]

如此，德格朗韦勒在谈判时许诺的70艘加莱桨帆船似乎很难凑齐了，不过由于西班牙国王年轻的异母兄弟、奥地利的唐胡安是整个基督教同盟舰队的总司令官，很明显这次和往年不同，国王会派出守卫本土的加莱桨帆船一同出征。至于安达卢西亚的摩尔人起义，在无情的大规模扫荡和驱逐人口后，此时已经平定了，因此可以调用之前在伊比利亚沿岸巡逻的那25艘加莱桨帆船了。但依然有必要保留一些船来守卫本土，很长时间以来意大利各国的大使们都想知道西班牙国王最终会留下多少艘。1月时，多纳曾兴奋地从吉安·安德烈亚·多里亚那听说那25艘船中至少有一半可以调往黎凡特，“只保留10艘至12艘守卫本土”；到了3月，教廷大使卡斯塔尼亚写信向罗马汇报“西班牙人想要留下10艘左右的加莱桨帆船守卫本土的海域”；随后6月时，多纳却非常失望，因为西班牙人最终决定留下18艘。

为了满足相互矛盾的各方面要求，西班牙人决定再武装几艘新的加莱桨帆船，把巴塞罗那的军械库中的那七八艘船也武装起来，然而这其中的困难却几乎大到无法克服。钱只是最微不足道的问题：加泰罗尼亚肯定没钱，但当地总督收到命令，他可以变卖之前海关没收的价值五六万杜卡特的走私货物。最严重的问题是缺乏物资装备，或用当时水手中的行话叫“armeggi”：缺少桨、桅杆和索具，不但武装新的加莱桨帆船不够，甚至连维护已有的加莱桨帆船都不够用。多纳曾对此沮丧地汇报说：“西班牙人的整个舰队的船员都在谈论，他们的军械库里储备的桨只够12艘加莱桨帆船使用。”此外，西班牙人还面临一个致命的问题，就是土地沙漠化和森林的消失。如今西班牙领土内的森林资源已经严重缺乏，根本不足以就地建造各种加莱桨帆船上的装备了，都得从普罗旺斯购买，或是从那不勒斯运过来。直到那不勒斯运来了一船桨后，唐胡安才能最终顺利出航抵达墨西拿。

但西班牙分舰队扩大规模的最大困难依然还是缺乏桨手。关于这一点，起初西班牙政府是非常乐观的：监狱里还有足够的罪犯，主要都是安达卢西亚的摩尔人。但是，那些整个冬天都在运送被驱逐者的加莱桨帆船上发生了瘟疫，桨手开始大量死亡。到了 3 月底，多纳的报告中称瘟疫造成的死亡已经基本止息了，但这场严重的瘟疫已经打乱了西班牙人之前的所有计划。西班牙人一度还想过要把那些和平地投降后被驱逐离境的摩尔人也用来划桨，但费利佩二世最终还是觉得要按良心做事，不能违反之前达成的协议。而舰队的指挥官们也显然对此认同，因为他们早就发现，那些在战争中俘虏的摩尔人在充为桨手后“效果非常不好……因为他们情愿被打死也不想承受划桨的痛苦”。所有这些限制使得西班牙分舰队只能派出 14 艘加莱桨帆船加入神圣同盟舰队。[5]

如我们所见，如果费利佩二世不得不按条约规定武装 100 艘加莱桨帆船出海的话，他的处境会非常尴尬。不过当西班牙代表在谈判中把这个数目降低了以后，他不但变得乐观了，而且对同盟的事宜也积极了起来。4 月 12 日，他给在罗马的西班牙代表们写信说：“那七八十艘我有义务武装起来的加莱桨帆船都可以很快出海，我会尽力在期限内完成准备工作。”国王要求每艘船配备 164 名桨手、50 名水手和 150 名士兵，而各分舰队的旗舰兵力还要更多。他还补充了一句：“那些奸诈的威尼斯人肯定会做同样的事。”6 月 20 日，在给当时还在巴塞罗那的唐胡安的一道指示中，费利佩二世提到，他所需要武装的那 80 艘加莱桨帆船都已经准备完毕，并让后者把当地的那两三艘加莱桨帆船也武装起来。如此一来，就算不算之前已经出海的加莱桨帆船，已武装的加莱桨帆船总数也已经达到了 80 艘了。“我可以很高兴地宣布，我方不止已经完成了需要加入神圣同盟舰队的加莱桨帆船配额，甚至还超出了不少。”在这封信中，费利佩二世亲笔补充道，他的兄弟不要为了后面的船推迟出发：“因为如今最重要的事不是那两三艘加莱桨帆船，而是兵贵神速。”[6]

而在那不勒斯，这次大远征也已经准备了几个月了。随着圣诞节的临近，从君士坦丁堡回来后被任命为总督的临时秘书的阿维斯·布翁里佐写道，圣克鲁斯侯爵承诺“要清空监狱”，为新造的加莱桨帆船提供桨手。

在3月得知同盟舰队的总司令官是唐胡安后，阿尔卡拉公爵立刻发布了命令，扣留了2.2万担海用饼干和2000桶葡萄酒，以及许多大米和蔬菜。许多饼干是在普利亚制造的，该地区可以说是那不勒斯王国的粮仓，总督租了两艘拿浮运输船，把这批饼干从布林迪西和塔兰托两座港口运回了那不勒斯。幸运的是，1571年的收成还算不错。为了给人留下良好的印象，阿尔卡拉公爵下令购买一批丝绸，给唐胡安的加莱桨帆船上的桨手们做了一批新衣服，然而4月初时他本人却突然去世了。随后在4月22日，枢机主教德格朗韦勒抵达了那不勒斯，他的任务是在西班牙本土传来新的指示前，暂时接管那不勒斯王国的地方政府。

从最初几天起，这位新上任的总督一直在努力为舰队招募桨手，但由于无人主动应征，他便下了一道命令：凡是之前被判处流放的人，只要愿意回来做桨手服役，即可免除惩罚，而任何人只要做了桨手，就永远不会被判处流放。然而由于那不勒斯人对上加莱桨帆船服役深感厌恶，因此招募桨手的工作依然一直没有进展。布翁里佐指出，这里面的关键问题是，能够做桨手来得到赦免的流放犯人不包括该地区的谋杀犯，而这些人才是流放犯人中占比例最高的，此外，人们普遍不信任这类命令，都担心一旦上了船，就再也离开不了了。德格朗韦勒在这样的困境中命令各地的男爵和官员把所有死刑犯和监狱的其他在押的囚犯都带往那不勒斯城，同时先开始做其他比较容易完成的任务，比如订购更多的海用饼干、大米、豆类、咸肉和鱼类，以及步兵所需的盔甲、长矛和重火绳枪。

经过计算，结果发现要完成这些运输工作，需要24艘拿浮运输船，而那不勒斯和西西里的两位总督收到的命令是征用一切他们所能找到的物资。为此德格朗韦勒起初只扣押了拉古萨人的几艘拿浮船，但到了5月底，整个那不勒斯港口的所有拿浮船都开始同样被征用，船主们纷纷被禁止起锚出海，并被要求支付押金，如果做不到的话，船就会被扣押。然而如果说战争对贸易商是一场灾难的话，那军需物资的生产者和承包商却个个欣喜若狂：总督每天都会公布一批订购军需物资的订单，从葡萄酒到腌肉，从铅弹到索具，似乎他们的需求无穷无尽。[7]

虽然那不勒斯此刻无比繁忙，但其实它并不是这场远征的战争准备工作中最重要的一环。热那亚形式上是个独立的国家，但它此时是西班牙帝国最大的港口和最富裕的金融中心，大部分准备工作都集中在这里。除了在热那亚军械库为其分舰队建造的两艘加莱桨帆船外，那不勒斯总督还向热那亚订购了帆布和绳索，并与热那亚的火炮工匠签署了订购其他 8 艘新加莱桨帆船所需大炮的合同。同时西班牙又计划在热那亚生产 1000 担火药，而后由唐胡安的舰队运送。不仅如此，在德意志和意大利地区招募的步兵也要先前往热那亚和拉斯佩齐亚集合，其中有 6000 名日耳曼步兵和 2000 名意大利士兵，每人都领取了 3 个月的预支军饷和至少 2 周所需的口粮。最后，热那亚也禁止运输船出港了，以防那不勒斯和西西里总督在意大利南部港口扣押的船只仍不能满足西班牙的需要。

此时西班牙驻热那亚大使已经换成了门多萨，他在不久前刚接替前任大使德席尔瓦，但他在如此繁多的任务的重重压力下已经濒临崩溃，几乎快要疯掉了。4 月 27 日，他的秘书米格尔·德奥维多对此非常担心，向国王汇报道："大使先生由于过度操劳，已经处于非常危险的状态。"5 月 3 日，他发现门多萨已经失去了理智，"医生说他几天内恢复不过来了"。实际上后来他到死都没有康复。到了 6 月，吉安·安德烈亚·多里亚在西班牙本土的皇宫里度过了整个冬季后，也来到了热那亚，他随后也向国王汇报说："门多萨大使的病情在短暂好转后又再次恶化了。"不过对德奥维多本人来说，这也是一条好消息，因为如此一来他就有机会取而代之成为新任大使，并勇敢地接过让他的主人失去理智的繁重任务了。于是他写信给米兰的总督阿尔武凯克公爵，向他请求资金援助，用来购买军需品、支付士兵军饷及支付各种损耗。然而公爵却生硬地回答说："按照我之前和门多萨签的协议，应该由热那亚人来承担这笔费用。"此外他还得想办法找到资金来支付米兰军械库制造的火药和重火绳枪，而这些用于舰队的物资，不在米兰的财政预算之内。

德奥维多不遗余力地工作，5 月 13 日，他写信给国王汇报说，所有的军需补给都已经送入仓库，"沿海城市的商人们在知道武装舰队一事后，都纷纷抬高了价格"，然而因为他提前预见了许多需求，他节省了将近三分之一的开销。与此同时，他写信给卢卡共和国，因为他们一直在大量招募日耳曼士兵，该国闻讯后非常担心，德奥维多向他们承诺说，这些日耳曼士兵是准备在神圣同盟的舰队上服役的，绝对无意对托斯卡纳发动征服战争。此外他又和一位火药工匠签订了合同，购买50担火绳枪所需的火药。他对自己的工作感到非常满意，因为他看到威尼斯的大使也开始购买弹药和食物了，并且花的钱比他多得多。最后，他还需要说服热那亚的银行家们给他提供贷款，同时向他们承诺唐胡安的舰队以后会带着现金来偿还他的贷款。

当夏季反气旋逐渐笼罩地中海时，德奥维多此刻成了这次大规模远征的准备工作的中心人物。德格朗韦勒下令尽可能多地生产火药，以备那不勒斯方面的加莱桨帆船舰队使用；按照德奥维多的计算，到6月底总共能提供150担的火药。西班牙国王在得知这一切后，对他的工作非常满意，并向他承诺唐胡安的舰队随后就会给他带来现金，但这笔钱不能一下子花完，因为战争期间还会需要大量的钱财。此外德奥维多还得尽可能依靠米兰总督的权威来为自己争取债务减免，并尽可能降低所要支付的现金数额，比如订购加莱桨帆船上的火炮当然是要付钱的，但对方不上门催讨，他就先拖着不给；圣克鲁斯侯爵率领他的舰队刚刚抵达热那亚，准备装载订购的补给，但他需要的火炮的炮弹却依然没有到位，德奥维多也必须处理这件事。7月1日，德奥维多写信给国王说，他为8艘加莱桨帆船上的火炮做了性能测试，其中2门小口径臼炮发生了炸膛，随后制造工匠自费给他们更换了两门。此后就在第二天，他又收到唐胡安的一封加急信，信中希望他能在热那亚找人生产4000担海用饼干，因为巴塞罗那的海用饼干比预计的要少。德奥维多于是赶紧找上了一家叫洛梅利尼的作坊，该作坊承诺能每天生产200担海用饼干；这仍不够，而且他不得不依靠吉安·安德烈亚·多里亚的人脉去购买小麦。

就这样，每当德奥维多着手处理一个问题的时候，另一个问题又冒出来了。在7月的头几天，等待唐胡安的舰队到来的这段时间里，德奥维多居然没有同样被繁重的任务逼疯，这可以说是个令人惊叹的奇迹。随后，阿尔武凯克公爵从米兰又写信称，最终招募到的日耳曼士兵是7100人，而不是之前计划中的6000人，因此还得多储备一些军需补给。然后地区司令官弗朗西斯科·德伊巴拉又因为这件事从米兰赶到热那亚，在当地预备更多的军需补给，同时也来通知德奥维多说，按照计算，加莱桨帆船舰队上最多只能容纳 4000 人，其余的人只能依靠拿浮运输船来运载，由于一艘拿浮船要出海必须准备至少 30 天的补给品，而这么一来，至今花尽功夫才准备好的补给品又不够用了。德奥维多前去和当地船主们打交道，说服他们同意给他租了 5 艘拿浮运输船，尽管此时他一分钱也付不出来。随后，当要为桨手准备预支工资的时候，他只能给出一半，而且不得不再次贷款。后来他给西班牙国王报告这一切时说："这些桨手居然对只能得到一半的预支报酬都非常满意，这对我来说简直是奇迹，因为热那亚是一座自由城，我无权像陛下您在本土的城里那样对人发号施令，强令他们服役。"[8]

招募和运送步兵上船不仅要耗费大量人力，而且也是一项巨大的行政工作。马肯托尼欧·巴尔巴罗认为，基督教各国在招募士兵时要比奥斯曼帝国有更大的优势，因为苏丹的领土许多都是人口稀少的地区，或是大部分都是基督徒居住的地区。如果按照原则只从穆斯林中招募士兵的话，苏丹常常无法在短时间内及时招募到他所需要的士兵数目，"而这种事情在我们基督教国家很少会遇到，因为各国都可以在人口密集的地区招募士兵，而且其中有许多人都习惯了拿起武器战斗，只要招兵的鼓声一响就会从各处聚集而来"。然而在 1571 年，由于上一年舰队遭遇的各种不幸，各种记载都显示那一年为西班牙舰队招募士兵并不容易。枢机主教德朗布耶写道："在整个意大利，都有许多连长在各自的辖区招募士兵。然而我却认为他们再也招募不到士兵了，因为不仅意大利兵员并不充足，而且去年在舰队上服役的人由于遭到了如此的不幸和虐待，他们回去把自己的经历传出去后，在民间造成了很恶劣的影响。"当时有位这方面的专业人士，名叫加布里奥·塞尔贝洛尼，是神圣同盟舰队上的一名炮兵指挥官，他对他们还能在意大利招募到士兵感到非常惊讶，因为根据他过分夸张的计算，"在过去 3 年内，意大利共有 70 万名步兵出征离开家园，他们几乎全都战死了"。[9]

在那不勒斯，地方总督把唐胡安舰队需要的800名步兵的招募任务派给了一位叫蒂贝里奥·布兰卡乔的陆军指挥官；不幸的是，上一年布兰卡乔招募了1000名士兵后，没有按合同带他们去该去的地方，而是前往拉古莱特了，最后只有一小部分士兵活着回来，因此这次再也没有人肯跟着他参军了。而阿尔卡拉公爵也曾发布过一条禁令，禁止他的王国下属的臣民参加外国军队，因为他担心威尼斯或是教宗国的军官会给他们更优越的参军条件：阿特里公爵的儿子接受了威尼斯的邀请，到威尼斯军队中做了指挥官，还悄悄从本国带走了一大批人，地方总督不希望这样的事再次发生。布兰卡乔最终好不容易才招募了所需的4个步兵连，把他们带上了那不勒斯港的拿浮运输船，但突然有传言称他将把他们带到拉古莱特，于是大多数士兵都逃走了。

到了5月，马德里同样任命了3名陆军指挥官——萨尔诺伯爵、保罗·斯福尔扎和西吉斯蒙多·冈萨加，每人负责招募2000名步兵，但德格朗韦勒此时已经没钱了，无法预支他们所需的军饷，而3位团长在没有得到预支军饷的情况下纷纷拒绝开工，因为他们不想自掏腰包来支付招募来的士兵的军饷。在同盟国家的舰队中如今形成了募兵方面的竞争：教宗要求萨尔诺伯爵的兄弟给教宗国加莱桨帆船招募步兵，但德格朗韦勒却拿出了他的前任已经签下的合同来反对教宗的做法。所幸乌尔比诺公爵允许他们在他所统治的地区募兵，该地多为山区，招募的士兵个个骁勇善战。有了该地区的兵源，3位团长各自所统帅的陆军才得以建立：冈萨加负责在伦巴第地区募兵，斯福尔扎在乌尔比诺，萨尔诺伯爵则在那不勒斯本土。7月初，他们的募兵工作基本完成，斯福尔扎也开始赶往那不勒斯，不过当布翁里佐看到他们的军队后，却向威尼斯政府汇报称，其中两个团的战斗力低到几乎让人无法接受的程度。[10]

在西班牙招募步兵一直以来都比在意大利招募步兵更容易，但此时他们的募兵工作也遇到了问题。去年多里亚的舰队运到意大利的那批西班牙步兵，由于那次最终一场空的黎凡特远征行动，已经精疲力竭了。一封从西西里岛寄出的报告中写道："由于这批大方阵团之前在海上已经遭到严重损失，他们不能再留在这里了。不仅如此，这些士兵的身体健康状况也很差，死亡率非常高。”在整个冬季，西班牙本土共招募了4000名士兵，国王准备把他们都运往意大利，“补充那不勒斯、西西里和米兰的大方阵团的兵员损失”。3月，这些步兵连前往那不勒斯。这批步兵中大部分都是之前平定摩尔人起义后退役的老兵，多纳对他们的战斗力非常有信心。他说：“西班牙陆军向来以经验丰富，战斗力出色而著称。”然而不幸的是，在地中海上的旅程中，由于旅途劳累和冬季的恶劣气候，这批老兵中有不少人死在了半路上：头两艘开往意大利地区的拿浮运输船在海上遇到风暴，结果被吹到了伊维萨，“许多人死于这场灾祸”。其余的运输船也因此直到5月中旬才抵达那不勒斯。之前从本土登船的士兵有4000人（多纳在此补充了一句：“如果真有他们说的那么多的话。”），而最终只有不到3000人抵达了目的地。而且船上瘟疫还在肆虐，因此几个月后，仍有人提议将他们留在岸上，因为不能让他们把瘟疫传染给整个舰队。[11]

在前往那不勒斯的运输船还在地中海的风暴中挣扎的时候，西班牙国王同时下令在安达卢西亚和阿拉贡地区另外再招募3000名士兵，想要把自从平定摩尔人起义后退役的最后一批士兵也再次征召入伍。这些士兵计划从卡塔赫纳登上4艘拿浮运输船，以及12艘准备去和唐胡安的舰队会合的加莱桨帆船。4月，所有船都抵达了卡塔赫纳，但由于当时全国发生了饥荒，导致招募的士兵人数比原计划少了不少，因为他们担心没有足够的粮食养那么多兵，因此那12艘加莱桨帆船也得到命令，离开卡塔赫纳，先前往马略卡岛待命，“原因是那些赶来集合上船的士兵都要继续等在港口内，因此不希望这些船停在卡塔赫纳港口，给港口内已经紧缺的食物补给造成进一步的负担”。事实上这件最担心的事最终还是发生了。由于饥荒太过严重，当士兵们抵达港口时，他们发现根本没有食物，于是发生了大规模的逃兵现象，许多士兵都逃回家了。唐阿尔瓦罗·德巴赞此时也率领他的那不勒斯的加莱桨帆船舰队赶到了卡塔赫纳接收士兵上船，在他赶到后，发现港口内居然没有一个人影，在白等了一阵后，他不得不重新起航前往马拉加和阿尔梅里亚，在那里重新任命连长招募士兵。唐路易斯·德雷克森斯因为他在圣地亚哥骑士团中的阶位而被称为“大指挥官（Comendador mayor）”，国王亲自任命他为舰队总司令官奥地利的唐胡安的副手，他后来写信给他的兄弟唐胡安·德苏尼加说："让我最不安心的事，是我们的步兵很少，而且质量也很糟糕；你无法相信今天在西班牙招兵有多么困难。"[12]

在阿尔卑斯山山区招募日耳曼步兵的工作更顺利，因为当地从来不缺自愿参军的志愿者。早在3月，米兰的总督就下令加紧招募"3名日耳曼团的团长"；身为这3名团长之一的温奇圭拉·阿尔科伯爵在接到任务后，"立刻从马德里启程前往蒂罗尔州全力完成任务"。到了5月，国内又决定由阿尔科伯爵和洛德龙内伯爵二人分别各招募一个日耳曼团后带回到拉斯佩齐亚，随后在那上船后一同前往西西里岛，不过每个团不是之前计划中的3000人了，而是提高到了4000人。很快他就完成了募兵任务，带着士兵井然有序地赶到了利古里亚海岸的港口。但由于山民一旦到了沿海，很容易会水土不服的缘故，此时许多人已经病倒了。在8月初他们上船的时候，两个日耳曼团的兵力分别只有3431和3700人了，而在一个月后，唐胡安率领整个舰队出发开赴黎凡特时，船上加起来总共只有5000名日耳曼士兵了，因为其中有1000人被留在了墨西拿的医院里疗养。[13]

此时教宗国的舰队也已经准备好参加这次远征行动了。在之前神圣同盟的成立谈判中，庇护五世自己又主动承担了12艘加莱桨帆船的武装任务。枢机主教鲁斯蒂库奇对此不满地记载说："对于他现在的经济状况来说，这实在是太夸张了。"上一年教宗与威尼斯人签署的协议已经让人非常失望，而且代价太高。从1570年起，教廷就开始讨论有没有别的替代方案。有人提出过租用热那亚人已经武装起来的加莱桨帆船，但西班牙国王在此前已有计划要把热那亚的加莱桨帆船拿来给他的舰队使用，他闻讯后丝毫不掩饰自己对教宗该方案的不满，最后此事不了了之。随后庇护五世又打起了当时拥有一支12艘加莱桨帆船舰队的科西莫·德美第奇的主意，科西莫刚刚取得了托斯卡纳大公爵的头衔。费利佩二世对科西莫非常恼火，因为他的加莱桨帆船此前已经在为西班牙服务，而且他取得托斯卡纳大公爵的头衔并没有征求费利佩二世的同意。费利佩二世极力反对这项协议，同时命令在罗马的德苏尼加大使不惜一切代价让这项计划流产。而威尼斯人也希望租用这位大公爵的加莱桨帆船，他们请马肯托尼欧·科隆纳作为斡旋人促成此事，因为威尼斯当时和佛罗伦萨的关系并不算融洽。但科隆纳不想在这事上妥协，于是拒绝了："我回答他们说，他们应该自己去交涉此事。他们却只是耸耸肩，作为对我的回答。"最终是教宗赢得了这批托斯卡纳加莱桨帆船的租用权，并于 1571 年签署了相关协议。[14]

这支让科西莫渴望不已的加莱桨帆船舰队随后转移到了此时还在建的比萨军械库，不过军械库里的专业人员几乎全部来自利古里亚：那年春天，500 名水手从里维埃拉启程前往托斯卡纳。圣艾蒂安骑士团是大公爵 10 年前组建的，总部正是在比萨，此时该组织也派了 100 来名骑士加入了舰队的陆军中，他们中有一半是托斯卡纳的贵族，大部分都来自一些古老的家族。他们和庇护五世的协议中规定 12 艘船中的 6 艘由大公爵负责武装，另外 6 艘以每艘 500 杜卡特的价格出租给教宗，而那艘旗舰则需要支付 750 杜卡特的租金。另外，罗马方面还要负责安排教宗国监狱里的罪犯作为桨手服役，而在以往，这些罪犯是要在吉安·安德烈亚·多里亚的舰队上当桨手的；多里亚对这个协议最为不满，因为"这些罪犯按照以往的惯例都是会交给他的舰队服役的，但如今却给了佛罗伦萨人，因此教宗这次给他造成了无法估量的伤害"。[15]

到了 5 月底，12 艘加莱桨帆船终于武装完毕了，随后便启程前往奇维塔韦基亚，并在抵达后再等罗马、翁布里亚、马尔凯和博洛尼亚等地招募的 8 个连的步兵集结后在那上船。这些步兵的指挥官是奥诺拉托·卡埃塔尼，他的副手巴尔托洛梅奥·塞雷诺（后者后来隐退到了卡西诺山上做了一名修士，并在那里写了一本关于这场塞浦路斯战争的精彩的历史著作），他们克服了重重困难，很好地完成了募兵任务，尽管当时在教宗国募兵就和在意大利其他地区一样困难。塞雷诺后来汇报说："当时我们根本找不到肯参军的志愿者，因为上一年舰队远征时的高死亡率让他们感到恐惧，另外他们还听说船上的生活条件非常差，而且最终连敌人的影子都没有看到。这一切都让他们不敢来参军。不仅如此，在他们中间甚至只要提起加莱桨帆船就会让他们恐惧。”然而到了6月中旬，所招募的几个连的士兵“奇迹般地”抵达了科尔内托（今意大利的塔尔奎尼亚），在那里接受检查并领取军饷，随后他们前往奇维塔韦基亚的港口。

总共有1400名步兵，最终上船的士兵却只有1171人，原因是科西莫派出的加莱桨帆船上有“满船的水手、骑士和各种贵族”，此时船上的空间已经不足以容纳所有士兵了，那12艘加莱桨帆船每艘只能最多再容纳100人左右，因为担心船上人挤得太多会增加发生瘟疫的风险。此外，教宗也下了一道命令，要求把还没有长胡子的年轻人留下，不参加这次远征，因此不只是科西莫，科隆纳和卡埃塔尼最终也不得不在失望中让各自麾下的大量人员离队。某位连长简直绝望了：没有人提醒过他还有这个新规定，他之前自费1500埃居招募条件良好的人，贵族出身的新兵还会获得额外25埃居到30埃居的奖金。而在收到这条命令后，他发现队伍里很大一部分都是年轻人，只好又把他们遣散了。最终无论如何，加莱桨帆船还是满员了，每艘船大约130名士兵，还有60名水手，这样的配备比起每艘船所需的最低配备已经多出不少。诚然，托斯卡纳的加莱桨帆船比当时其他西方国家的加莱桨帆船都要大一些：科隆纳本人的旗舰有269名桨手，其余7艘加莱桨帆船，包括卡埃塔尼和塞雷诺乘坐的“狮鹫”号，桨手人数也超过了200人，而相比之下，西班牙舰队平均每艘加莱桨帆船只有164名桨手。总之这支舰队的实力已经非常强，众人都很满意。卡埃塔尼自己也满意地写道：“大公爵殿下的2艘加莱桨帆船都是性能顶尖的，其余3艘的性能也相当出色。至于剩下的船，虽然船上的桨手都是新手，但他们的表现和去年相比，也已经强多了。”[16]

反常的是，当科西莫的这批卓越的加莱桨帆船舰队正赶去和唐胡安的主力舰队会合时，科西莫本人却忙着在他的领土中加强各处要塞的防御。因为他担心这次舰队出征对抗土耳其人的行动只是费利佩二世的阴谋，费利佩二世的真实目的是派他的异母兄弟率领舰队前往意大利入侵托斯卡纳。到了5月，神圣同盟成立的消息似乎让大公爵放心了，然而在接下来的几个月里，当地的西班牙大使却继续困惑地向费利佩二世汇报说，在托斯卡纳的所有城市，人们依然在忙着加强要塞防御，储备补给品，“他们全国都在公开传扬说，他（科西莫）下令做这些事是因为他害怕唐胡安的舰队抵达后会突然发起进攻，夺取他的领土”。而威尼斯驻罗马的使节们对此也有同样的担忧。在他们对教宗提出他们担心唐胡安借此机会进攻他们的国家后，西班牙大使德苏尼加对意大利盟友难以理解的行为感到越来越愤怒。[17]

21

危机与抉择

1572 年 4 月 1 日，在塞巴斯蒂亚诺·维尼埃接管威尼斯舰队时，科孚岛还停泊着 28 艘加莱桨帆船。加上之前赞恩在克里特留下的 34 艘，还有还在亚得里亚海巡逻的 12 艘，去年赞恩带走的那支强大的舰队，如今只剩下这 74 艘加莱桨帆船了。而且它们的状态也很糟糕：本土的政府向他承诺过会派一些专业的工匠师傅来科孚岛帮助维护舰队，但在他走马上任后，却只看到一名木匠和一名捻缝工。马尔科·奎里尼同时也开始赶往克里特增援主力舰队。在赞特和凯法洛尼亚两地，他又发现了 4 艘"亚西利（arsili）"，这个术语当时是指还没有武装起来的加莱桨帆船，他狠狠地把负责这 4 艘船的船长训斥了一通，随后没多久他们就完成了他们的加莱桨帆船的武装工作，让这 4 艘船加入了主力舰队：这 4 艘船后来也参加了勒班陀海战。此外科孚岛还有一些没有武装起来的船体，由维尼埃亲自负责武装工作。同时各地冬季零星地建造或维修好的一些加莱桨帆船此时也开始陆续赶到了威尼斯，其中 2 艘在 3 月已经出海了，另外至少有 14 艘于 4 月出海，5 艘于 5 月出海，3 艘于 6 月出海，2 艘于 7 月出海。[1]

在维尼埃的主力舰队出航离开科孚岛时，上述加莱桨帆船中有一部分没能及时赶来会合，最终威尼斯元老院之前预计的再武装 30 艘加莱桨帆船的计划也没能达成：法奇内蒂正确地指出，在经过了起初的自豪后，威尼斯人的热情下降了。但此时的威尼斯和整个意大利一样，人力资源确实已经快要耗竭了："海上之国"的地方监督官们都纷纷向本土反映，如今当地人已经对加莱桨帆船桨手的工作充满了恐惧，再加上去年"出海的桨手中只有一小部分活着回来"，因此如今要招募桨手已经越来越难了。如今威尼斯人只有四处搜罗人手了：他们向陆上之国的各城下令征募总共 2000 名桨手，而此前威尼斯只会在其农村强行征募桨手；为了在政治上弥补他们，这些城市的贵族将被任命为船长，由当地议会按分配的名额自行委任。威尼斯人愿意接受这些在共和国政府内没有参政权的外地人当船长，在过去是极为罕见的，威尼斯的教廷大使对此也向罗马汇报说："3月7日，他们（威尼斯人）居然任命了4名外地人当船长，2个帕多瓦人，1个维琴察人，还有1个维罗纳人。"两周后他又补充道："他们又任命了2个布雷西亚人，1个贝加马斯克人。"他们中有6人，包括一位伟大的雇佣兵指挥官的后裔吉安·安东尼奥·科莱奥尼，最终得以赶上了维尼埃的舰队，其中一个名叫帕塔罗·布扎卡里诺的帕多瓦人是"伊尔·雷·阿提拉"号加莱桨帆船的船长，他将成为勒班陀海战中的战争英雄之一。[2]

此时维尼埃面临几种战略选择，需要确定下一步的计划。威尼斯一半的舰队还留在干地亚，其中包括马尔科·奎里尼统帅下的13艘由罪犯做桨手的加莱桨帆船，此外还有21艘加莱桨帆船在克里特，上面的桨手还以一半的薪水留在舰队中待命，加上赞恩还留下了约20艘亚西利，将由当地的贵族负责将其武装起来。科孚岛的分舰队将来一定是要和干地亚的分舰队会合的，只是时间问题而已，因为如果舰队分散的话，无论哪一支分舰队都无法和土耳其舰队抗衡。但此时各处分舰队都还没有整编完毕，在没有找到足够的桨手前出海无异于自杀。由于维尼埃现在麾下的舰队每天可用的战斗力都在增长，因此在敌舰队出海前，还是应该耐心等待一阵再说。不过一旦有了敌舰队动向的具体情报，他也会立即行动。只是现在的问题是，到底哪支分舰队应该出航和另一支会合？要知道克里特的分舰队一旦出海往北航行，就等于完全放弃了整个克里特岛的防御，一旦有敌袭，岛上的居民就可能趁机暴动，因为一直以来威尼斯对克里特人到底有多忠诚很是存疑。维尼埃提议他率领自己的分舰队赶在卡普丹帕夏之前先赶到克里特增援，因为万一卡普丹帕夏带着足够的兵力来攻打克里特的话，就可能把当地落单的分舰队一举歼灭。

然而当威尼斯本土传来一道命令后，对维尼埃而言，战略的选择一下子变得更复杂了。法奇内蒂之前曾多次写道："我们一直都没有维尼埃司令官的消息。"这让人不得不怀疑这位年迈的指挥官是不是想让本土的政府彻底忘了他，给他下的命令越少越好。但命令还是来了。十人团对克里特的情况非常担心，因此下令加强岛上的分舰队，因为一旦情况有变，克里特岛上的分舰队是唯一能立刻前去救援法马古斯塔的力量。5 月 1 日，这道命令传到了威尼斯，要求维尼埃往克里特岛增派 15 艘加莱桨帆船，让克里特岛有至少 30 艘处于待命状态，同时等岛上剩下的加莱桨帆船的武装工作完成。维尼埃接到这条命令后非常不高兴，因为桨手的缺乏使得这样的准备工作非常难完成。随后有个船长又跑来向他请辞，因为他的父亲死了，他的加莱桨帆船也随即被解除武装，桨手也都分配到别的船上去了。此后，另外 15 艘加莱桨帆船 5 月底也出发了，指挥官依然是卡纳尔。之前我们提到过，这支舰队在半路上曾经在莫顿地区遭遇过欧吉德·阿里的舰队，但幸运地避免了战斗。

上一年遭遇的各种灾难，加上随后又遭到比往年更漫长的冬季的折磨，导致整个舰队普遍情绪低落，纪律散漫，这让维尼埃非常忧心。凯法洛尼亚的总督名叫安东尼奥·乌代蒙诺吉安尼斯，是拜占庭帝国最显赫的一个贵族家族的后代，也是海上之国的贵族中少数被授予威尼斯贵族身份的人，不过威尼斯贵族们依然没少嘲讽他的姓氏。如维尼埃就称呼他叫“勒蒙诺吉安尼（Le Monogiani）”，他有次和一名步兵连长起了争执，拔剑刺中了对方的喉咙，险些将其杀死。将军随后将其逮捕，但后来那位连长做了逃兵，此后将军便特赦了安东尼奥，让他指挥一艘克里特的加莱桨帆船。后来在勒班陀海战中，乌代蒙诺吉安尼斯作战英勇，他的一个儿子在战斗中阵亡，战后维尼埃下令免除之前对他的一切指控。[3]

就在维尼埃努力恢复舰队的纪律，并让船上的步兵对土耳其的内陆地区发动几次进攻的时候，敌舰队出海的情报却送到了他的面前。5 月 6 日，维尼埃收到了法马古斯塔的求救信，称穆斯塔法帕夏正在准备重新开始攻城。同时最新的情报显示，一支只有 100 艘加莱桨帆船的舰队刚从君士坦丁堡出海了。基于这些真真假假的情报，维尼埃决定把所有的舰队在克里特集结起来，全部停靠在苏达港，因为苏达港不但是岛上最安全的天然港口，而且还有大量要塞火炮构成的防御设施。加上从科孚岛赶来的和克里特本地新武装起来的加莱桨帆船，他麾下的加莱桨帆船达到了 94 艘，这样的实力足以让敌舰队不敢随意来袭了；而且“只要在那里保持一支舰队，土耳其舰队就不敢随便前往塞浦路斯”。然而维尼埃却不能一个人独自决断，因为威尼斯元老院曾下令，所有的决策都得在作战会议上表决，以少数服从多数的原则决定，而作战会议的成员除了维尼埃，还有巴尔巴里戈、两位地方监督官卡纳尔和奎里尼，再加上所有加莱塞桨帆战舰的指挥官。然而这些人在作战会议上都反对维尼埃的计划，认为这么做太过冒险了。事实确实如此，土耳其舰队的规模是他们之前预计的两倍，而克里特的加莱桨帆船武装工作还没有完成，因为“这个王国的每个人在武装这些战船时都不肯卖力，进度十分缓慢”。

这样，维尼埃不得不继续待在科孚岛了，他只好想办法把他多余的精力先花在别的事上，他向政府抱怨他这边的条件有多差，根本无法展开工作，不但岛上的加莱桨帆船的状态很差，而且从威尼斯本土前来增援的船也是如此。随后，在他有了 22 艘至 24 艘状态较好的加莱桨帆船后，便出海前往希腊海域袭击奥斯曼帝国的领土，想要掠夺一些粮食，特别是掳掠一些战俘来补充桨手的需求。虽然这些地方是奥斯曼帝国的领土，但岛上的居民主要都是基督徒，因此维尼埃下令在进攻时尽量减少当地人的伤亡，只抓男人：“我已下令在袭击时放过当地的女人和小孩。不过按照桨手们一贯的作风，许多当地人的牲畜都被他们偷走了。”不过无论他到哪里，他都发现当地人纷纷躲了起来，因为在他们之前，土耳其舰队刚刚来过该地区，同样强行征募了一些人上船服役，这让当地人害怕不已。

由于得知敌人已经出航了，维尼埃知道此时爱琴海已经不安全了。但他依然坚信他之前提出的把所有科孚岛的加莱桨帆船转移到克里特岛集合的计划是正确的。幸运的是，最终神圣同盟的成立彻底改变了当前的战略形势，因为教宗国和西班牙的舰队很快就会赶来支援了，这样本方舰队规模就会翻倍，不但可以和土耳其舰队一战，而且还能占据实力上的优势：因此，在盟国的舰队赶到前，威尼斯舰队不必冒任何风险。5 月底，在十人团最终得知同盟协议已经签署后，便立刻给维尼埃送去一道急令，要求他不要离开科孚岛，“等西班牙舰队前来会合”。在维尼埃结束了之前那次毫无成果的袭击行动返回后，在途经赞特的时候得知神圣同盟成立的消息，“为此举行了盛大的庆祝活动”；之后他回到科孚岛，决定压制自己的好战脾气，等待援军前来。[4]

与此同时，土耳其朝廷也得知了消息，明白目前的形势已经非常明朗了，他们认为最终进攻的时机到了。按照他们掌握的情报，威尼斯舰队目前分成两部分，船上都还流行着瘟疫，而且又缺乏桨手；他们认为那些仍然互有冲突的异教徒势力还远不能缔结这个讨论了一年多的同盟，而且无论如何，西班牙舰队到达黎凡特需要很长时间。此外，此刻陆上的战争局势也已经较为明朗了：特兰西瓦尼亚问题已经解决，奥地利哈布斯堡王朝派了使者来到君士坦丁堡，给苏丹送上了礼物；而在斯科普里，艾哈迈德帕夏的军队也开始往沿海地区推进，袭击阿尔巴尼亚和黑山沿海的威尼斯港口。皮尔图和阿里帕夏也收到了命令，要求他们先进攻克里特，随后前往伊奥尼亚海域，掠夺占领那一带的威尼斯岛屿。而且他们甚至还有可能直接进入科孚岛的海峡，摧毁威尼斯人在当地的分舰队和军事基地；在控制亚得里亚海后，配合陆军进一步袭击威尼斯的各沿海基地，从科孚岛对岸的帕尔加开始，直到卡塔罗。[5]

由此可知，土耳其人的战略目标是要充分利用他们目前为止依然在海上占据的压倒性的数量优势。此时攻下法马古斯塔已经不是他们最主要的任务了：前去增援穆斯塔法帕夏的陆军足够让他攻下此地了，而土耳其舰队此时可以袭击威尼斯海上之国的核心地带。不过单靠随着舰队出征的陆军，还不足以发起和塞浦路斯战役同样规模的攻城战：舰队中有足够的西帕希骑兵和耶尼切里，但攻城用的火炮和工兵却严重不足。因此进攻克里特和其他岛屿的主要目的是在威尼斯各地的民众中散布恐惧，并掠夺战利品和奴隶来加强舰队。但如果两位帕夏率领舰队进入亚得里亚海后，能与艾哈迈德帕夏的陆军联合行动的话，其战略意义将完全不同：分布在一条很长的海岸线上的威尼斯各港口，此时已经被土耳其人各个孤立，因此土耳其人很容易逐个占领这些小块领土，而土耳其人只要能占领直到卡塔罗的全部港口，那威尼斯人自然就失去了亚得里亚海的制海权，舰队也将被困在死地了。

6 月的上半月，土耳其舰队从卡斯特罗索岛起航，向 300 千米外的克里特岛前进。在穿过希腊群岛海域后，舰队在米洛斯岛停靠了一阵，随后只升起最低的前帆继续前进，目的是不让人从远处就发现他们的存在。在抵达克里特北部海岸线后，便不引人注意地前往了苏达港，这个优越的天然港口一直被维尼埃认为是加莱桨帆船舰队的良好庇护港湾。在苏达港附近的海湾登陆后，土耳其士兵上岸对当地没有任何防御的村庄烧杀抢掠，抓了不少人充为桨手，并向当地人拷问威尼斯舰队的情报。然而形势突变。因为威尼斯的几艘运输士兵的拿浮运输船刚好就在那时抵达了克里特；根据一些编年史学家的记载，在这几艘运兵船快要抵达的时候，恰好海上起了晨雾，他们就在敌人的眼皮底下穿了过去，没有被敌人发现。船上所载的是“著名的放逐者”彼得罗·阿伏伽德罗伯爵为了获得特赦在科西嘉岛招募的2000名士兵，团长是热那亚人弗朗西斯科·朱斯蒂尼亚，他是早前在热那亚上船的。这些人性格刚强，无论遇到什么事都不会退缩：在从干尼亚上岸后，他们截住了土耳其舰队派来的掠夺者，在重火绳枪兵的集火打击下，很快就杀死了所有敌人，并将其尸体都抛入了大海。

两位帕夏显然是被这次意外的反击气坏了，他们命令比其他人更熟悉地形的欧吉德·阿里离开苏达湾，让船上的士兵在更靠东面的地方登陆。由于逆风的缘故，欧吉德·阿里的舰队在港口内滞留了几天，随后便出发并在雷斯蒙附近登陆，当地居民在从远处看到土耳其舰队的船帆后，早已纷纷逃走了。留下来的大约100名意大利士兵从城墙上向敌人开火，以虚张声势，让敌人以为该镇防守严密，不过几个被土耳其人俘虏的当地居民透露了实情，土耳其人再次攻来，于是士兵们弃城而逃，躲到山里去了。在掠夺并烧了雷斯蒙后，土耳其人开始转到附近的村落中掠夺；在那里，他们再次被各个村庄中的武装农民和协防的士兵击退。最终这场入侵行动远没有达到之前的预期，在欧吉德·阿里返回后，两位帕夏便决定撤退。在离开了苏达港附近的海湾后，土耳其舰队带着一群人数众多、成分复杂的士兵以缓慢的速度向西航行，再次途经干尼亚港。港口里的火炮向他们开火，打中了几艘土耳其加莱桨帆船，其中一位名叫贾沃·阿里的私掠者的加莱桨帆船在炮火下支离破碎。在好不容易穿过干尼亚的水道后，他们在一座小岛靠岸——这座岛名叫阿吉乌·提奥多鲁，威尼斯人当时称为图鲁鲁岛——舰队再次派出了掠夺者。但这场掠夺行动并没有交好运：

复杂的海况导致十几艘土耳其加莱桨帆船搁浅，还有 3 艘损坏严重，“船体破碎，无法再继续服役了”。

两位帕夏终于受够了，他们决定撤离克里特。他们每艘加莱桨帆船都开了一炮，并在主桅杆的顶部升起了一面三角形旗帜，这是在命令岸上的人返回船上，然而回来的人却寥寥无几；在等了整整两天后，依然没有多少人返回，塞尔达尔开始清点士兵。在出发前，每个上岸的士兵都领了一粒干豆，在返回后上缴，这是舰队中清点人数时常用的做法。此时他们仔细清点了干豆的数目后，发现他们这次行动损失了上千名士兵。虽然在从苏达到雷斯蒙的路上，他们一共抓了 800 名奴隶并充为桨手，但这场行动总体而言，土耳其人根本没有获取什么利益。最糟糕的是，岛上的山民并没有起来反抗威尼斯，而且在看到威尼斯军队取得了成功后，他们与威尼斯人密切合作，消灭了正在掠夺的土耳其士兵；有位意大利作家甚至认为，这场土耳其人的侵略行动之所以能被成功击退，民风彪悍的克里特民众厥功至伟。[6]

事实上，当时在土耳其的强大舰队和那些经验丰富的科西嘉人驻军之间，这些克里特民众其实犹豫不决：一方面是保护自己的村庄免受抢劫的直接本能，另一方面则是利用这种情况摆脱威尼斯统治者的机会。虽然克里特岛上的农奴制没有塞浦路斯的那么严酷，但岛上的威尼斯贵族和克里特贵族之间有着严格的区分，这带来了很多不满，同时天主教神职人员也在这里不受欢迎。很久以来，克里特人一直常常反抗威尼斯的殖民统治，因为威尼斯根本无法保证岛民的基本生活需求，也无法有效地防御私掠者的骚扰，“他们常说，他们宁可成为土耳其人的臣民”。上一年，由于威尼斯加莱桨帆船在岛上过度征募桨手，克里特人的不满更加严重了：克里特当地总人口为 21.9 万人，而当时威尼斯前后总共征募了 2.7 万人强制上加莱桨帆船服役，这样反复的过度征募造成了非常严重的后果。不只意大利商人借此机会大肆牟利，甚至这种现象还蔓延到了当地的行政体系，造成了当地局势的动荡不安。在冬季期间，君士坦丁堡方面还在期待来年等他们的舰队杀到克里特的时候，当地人会趁势发动起义。[7]

虽然意大利的编年史学家在勒班陀海战后一直渲染克里特当地居民可

歌可泣的抵抗土耳其侵略者的行动，但在那几个月中从克里特传回的各种报告反映的却完全是另一幅情景。在土耳其舰队来到时，许多村庄中的东正教神职人员由于对天主教统治者怀有敌意和不满，纷纷游说他们所管辖的教堂的信徒们，想带领他们趁势发动起义，当地居民还派出了许多代表前往雷斯蒙暗中联系两位帕夏。但由于土耳其侵略军遭到了激烈的反抗，加上他们后来急匆匆地撤退了，才使得当地民间的起义计划最终无法继续实施：在起义军抵达海岸线的时候，他们发现土耳其舰队已经离开了。当时克里特岛上有一名贵族，名叫马泰奥·卡莱伊。[8] 他是岛上最有钱也最有声望的人物，他在得知了这一切后，立刻召集士兵，及时平息了人们的情绪，并将所有人送回家。和别的克里特当地贵族一样，卡莱伊本人之前一直饱受批评，因为他对和威尼斯人合作以及帮助威尼斯人武装舰队等事务非常消极，而且上一年赞恩在克里特时，在向国内高层汇报时也点名指责过他拒绝提供威尼斯舰队所需的桨手。但威尼斯人最担心的克里特人的叛乱最终因为他的缘故没有发生，这已经足够让威尼斯人忘记他过去的所有过失了，后来威尼斯人为了感谢他的这次功劳，还打破惯例让他进入了元老院，法奇内蒂后来也被此事震惊了，他写道："人们都相信他将来还能进入十人团。"

在土耳其舰队离开后，当地政府开始秋后算账，许多支持起义的当地神职人员都被绞死，随后为了防止社会动荡，政府宣布赦免其余的人。但刚上任成为新的地方监督官的马里诺·迪卡瓦利和其他主要官员们依然接受了公开审查，罪名是"勒索、挪用公款和实行暴政"。审讯揭示了当地共谋、贵族和农民之间的冲突、暗杀和报复的复杂混乱，威尼斯政府最终得出结论，认为之前的叛乱是为了反抗统治当地的贵族，并不是反抗威尼斯。然而此时威尼斯人最担心的还是这种叛乱可能会再次发生，并且土耳其人下一次肯定会真的乘虚而入了。在威尼斯的法奇内蒂也松了一口气写道："赞美上帝，叛乱平息了，他们不会再等到土耳其舰队再次来袭的时候了。"不过在当地的人对此事就不那么乐观了。比如克里特岛上的地方军事总督拉蒂诺·奥尔西尼就汇报称，当地人对过度征兵的行为非常愤怒，并且如果土耳其舰队再回来的话，他们"全岛上下都会立刻倒戈"。[9]

虽然土耳其舰队入侵克里特的计划最终惨淡收场，但在西方国家依然引起了轩然大波。关于舰队巨大力量的数字流传开来：在教宗国舰队停靠的那不勒斯，传说土耳其舰队在苏达港海湾出现时“共有 170 艘加莱桨帆船”；而根据驻威尼斯的教廷大使的记载，土耳其舰队“大大小小的船共有 200 艘”；克里特当地监督官的汇报则称，土耳其舰队总共有 250 艘船，包括加莱桨帆船、轻型桨帆船、弗斯特战船、前列横帆双桅船等。此外当时还有一条小道消息传回到马德里，随后从马德里又传到了意大利，消息称克里特当时有 60 艘威尼斯加莱桨帆船被封锁在干尼亚港，不过威尼斯本土根本没人相信这样的传言。而另一方面，传言中土耳其舰队在克里特抓走的奴隶数目也非常夸张。消息灵通的著名私掠者罗梅加斯是马耳他骑士团的一员，他在勒班陀海战时在马肯托尼欧·科隆纳的旗舰上服役，在战后他审问了一些土耳其俘虏得知，当时在克里特岛上土耳其人总共抓了 800 名奴隶；但在巴黎出版的一本小册子中，一位自称是目击者的法国船长将这一数字增加到 8000 人。[10]

不过并不是所有的消息都是坏消息。一些从土耳其舰队逃脱的奴隶们透露，“土耳其舰队的加莱桨帆船上的桨手杂乱无章，而船上可战之兵也少之又少，许多人都染上了瘟疫，发了高烧”；换言之，斑疹伤寒在船上肆虐，就像前一年不幸的赞恩舰队一样。之前在冬季负责防卫工作的加莱桨帆船上有了这种疾病，在皮尔图帕夏的舰队出海后它更是在土耳其舰队中广泛传播，大大损害了整支舰队的战斗力。尽管如此，法奇内蒂同时也认为，土耳其舰队的攻势依然能造成严重的后果，因为如果基督教国家的舰队不及时会合的话，“人们担心土耳其舰队会抢先占据中间位置，将两支舰队隔开”。在那不勒斯，人们还在以为土耳其舰队会突袭干尼亚港。奥诺拉托·卡埃塔尼是教宗国舰队上的陆军指挥官，他甚至期待土耳其人主动突袭，因为干尼亚的堡垒非常坚固，能够长期抵抗；但很明显，在这种情况下，干地亚的威尼斯分舰队无法出海加入盟军。6 月 24 日，维尼埃从威尼斯舰队的一名最有经验的船长塞浦路斯人詹巴蒂斯塔·贝内代蒂那里得知，土耳其人攻击了克里特岛，这个消息使得干尼亚陷入恐慌。当得知敌军舰队已经离开港口，并且已经到达如此近的地方时，维尼埃异常担心，于是紧急派出两艘船前往墨西拿把该军情带给西班牙舰队，同时所有分散在亚得里亚海的船都收到了命令，要火速前往科孚岛集合。维尼埃知道，就凭他现在率领的这些舰队，根本不可能在海上和土耳其人正面交锋："就凭我现在这 55 艘加莱桨帆船，而且还是如此混乱不堪的战船，我能做什么？"[11]

他不仅无能为力，而且他的处境每天都变得更加危险。事实上，放弃进攻克里特后撤退的土耳其舰队立刻掉头向西，直扑他的方向而来。在经过威尼斯人最重要的产业的所在地凯里戈岛时，土耳其人进行了劫掠，然后舰队抵达了伯罗奔尼撒海岸的莫顿要塞，让抓来的奴隶和战俘都下船，同时把战利品也运回了要塞中；当地军械库的负责人也和舰队一起同行，他的任务是给舰队的开销做账，在出发前，他留下了 5 袋现金，供当地的指挥官给桨手们预支薪水。随后舰队便在附近的纳瓦里诺海湾集合，随时准备下一步在伊奥尼亚海域对各处岛屿的下一步行动。这上百艘土耳其战船只在礼炮声中出现的事并没有逃过威尼斯方面的情报网。第一批土耳其加莱桨帆船抵达莫顿的消息 7 月 4 日就传到了科孚岛，他们得出了正确的结论："这批土耳其舰队只是他们舰队主力的前哨部队而已。" 4 天后，在前线侦察的乔瓦尼·洛雷丹获悉敌舰队此时离他们只有 100 千米远了，敌人登陆了赞特岛，在岛上有组织地进行劫掠和放火。[12]

对位于北方数十千米外的赞特、凯法洛尼亚和伊萨卡发起进攻，对土耳其人来说比先前攻打克里特的行动更有利。这些岛屿人口稠密，防御不力；赞特的地方监督官得以把岛上的大部分人口转移到要塞中躲避战火，但凯法洛尼亚岛却被土耳其人有组织地扫荡了，他们俘虏了大量试图逃到山上的农民和渔民。根据罗梅加斯提供的信息，当时总共有 6000 名岛上的居民沦为俘虏；几年后，一份较为保守的资料显示当时凯法洛尼亚"在战时有 2500 人被俘，多数人躲到山上去了，如果不是后来的那场辉煌胜利使得几乎所有人都重获自由，该岛无疑将陷入荒芜"。凯法洛尼亚被战火摧残的消息很快在基督教国家的各港口传开了，当然随之传开的还有一条美好但并不符实的谣言，就是土耳其人没有抓到一个俘虏，反而被守军俘虏了一大批士兵。直到勒班陀海战后，人们才得知，土耳其舰队在伊奥尼亚海域遇到了一场风暴，损失了 4 艘加莱桨帆船。[13]

然而，基督教舰队的指挥官们，无论是在科孚岛的威尼斯人，还是他们在热那亚、那不勒斯和墨西拿集结的西班牙和教宗国盟友，都发现土耳其舰队这次从未攻打过防御坚固的城市，只是一路发起零星的攻击，“掠夺和烧毁村镇”。这不是什么好消息，因为这意味着土耳其帕夏们并没有收到停止行动的命令，而准备进一步往亚得里亚海更深处发动攻势。在那不勒斯，马肯托尼欧·科隆纳此时非常担心，因为“基督教舰队可能无法及时会合”，维尼埃在科孚岛也随时可能有危险，一旦有什么不测，友军舰队目前无法及时赶去救援。他把这个想法告诉了布翁里佐，并和他讨论，想得知维尼埃目前应对现在的战略局势的最佳方案是什么。很明显他此时应该尽快离开科孚岛，但他只有两种选择：要么前往布林迪西，在那里他有能力保卫亚得里亚海，或者他也可以撤得更远，直接赶往墨西拿，在那里和友军舰队兵合一处，一起开赴黎凡特地区。最后二人都同意，维尼埃前往墨西拿应该是当下最佳的选择，随后科隆纳为此事立刻给维尼埃写了一封信；在此之后，科隆纳便前往了西西里岛，7 月 17 日，在抵达后，他得知“敌舰队已进入科孚海峡”。[14]

此时维尼埃清楚，他最好赶在敌舰队突袭科孚岛港口“并把他的舰队彻底葬送”之前离开，而他也认为前往墨西拿是当下最佳的选择：如果撤退到亚得里亚海，他就不可能再和干地亚的舰队以及盟国其他舰队会合了。但是，像往常一样，他还要说服作战会议的成员，这不是一件小事：没有人愿意承担弃守亚得里亚海的责任，因此很多人可能会认为前往布林迪西是一个令人放心的替代方案。于是他再次召集作战会议，询问他们“我方如今应该往哪撤退”，据说“当时会议上所有人都建议他往布林迪西撤退，没有人向他提议墨西拿，但他本人依然坚持前往墨西拿才是最好的选择”。在试图达成妥协的过程中，有人提出要退往塔兰托，它比布林迪西更安全，但仍然足够接近亚得里亚海；唯一的问题是这个港口没有良好的工事保护。然后，他们收到了那不勒斯的信，“信中讨论了我前往墨西拿的情况，同时反对我回到亚得里亚海，因为那样我们就不能和友军会合”，因此会议上的其他成员同意了他的选择。

事实上，在勒班陀海战后写给威尼斯总督的报告中，维尼埃仍在费心证明他几个月前的这个决定是合理的，这证明了，让舰队前往外国港口寻求庇护，而让整个海上之国和威尼斯本土暴露在敌军舰队面前是个多么严重的问题。威尼斯国内的政府一直以为他的舰队会前往布林迪西躲避，不过“他们不希望传出风声让人知道舰队是在撤退”，这种担忧在现代会更加常见。为了不打击民众的士气，十人团希望维尼埃放出风声，让民众以为布林迪西才是他和西班牙舰队会合的地方。不过科隆纳此时也把他的意见写成了一份书面文件送交给了威尼斯政府，按照科隆纳的想法，让土耳其人的舰队都进入亚得里亚海其实不是什么坏事，因为如此一来，基督教联盟舰队便可在亚得里亚海出口处会合，然后封锁亚得里亚海的出口，在出口处安心地守株待兔，而且与此同时，干地亚方面的分舰队则可以前往法马古斯塔救援；但威尼斯元老院对他的这种想法感到震惊。因此，他们急忙向维尼埃传达了他们的反对意见：决不允许让敌人的主力舰队来蹂躏亚得里亚海的海岸线，“在它大肆破坏后，它还必定会夺取科孚岛”；而拯救法马古斯塔的最好方法是让西班牙舰队尽快赶到，在大海中和敌舰队主力作战。[15]

然而维尼埃无力保卫亚得里亚海。之前派出去侦察的船带回的情报都一致显示，凭维尼埃此时手下的 55 艘至 60 艘加莱桨帆船根本不足以和来犯的土耳其舰队正面战斗。此时还在伊斯特拉武装的加莱塞桨帆战舰虽然已有 6 艘出发赶来会合，但目前它们还没有抵达，此外还有 3 艘刚刚武装完毕下水。此外船上的士兵也非常缺乏，科孚岛上的陆军指挥官保罗·奥尔西尼麾下还有几个意大利步兵团，但他们的实际兵力远低于纸面上的数字，只能勉强守卫科孚岛（“虽然我记得我们给不到 2000 人发了饷，但实际上我们连 1000 人都没有”）。而从达尔马提亚地区招募的斯卡波利的数量也不够，每艘船只有二三十人，这从维尼埃自己辛辛苦苦做的统计中就可以得知：“至于舰队中的斯卡波利，如果要达到每艘加莱桨帆船 40 人的配备，目前还缺少 1396 人；如果要达到每艘船 60 人，则还需要另外追加 800 人。”舰队中桨手的情况也不容乐观，维尼埃之前刚刚因为缺乏桨手而被迫把 13 艘从亚得里亚海各地刚刚赶来会合的加莱桨帆船中的 3 艘解除武装，把这 3 艘船上的总共 376 名桨手分配给别的船后，才勉强达到每艘船大约 125 名桨手的配备，依然低于正常情况下每艘船 150 名桨手的标准配备，这意味着每艘加莱桨帆船上将近一半的桨座上只有 2 名桨手，而不是正常情况下所需的 3 名。要让这 10 艘加莱桨帆船的桨手达到标准配置，还需要招募至少 240 名桨手，这也意味着就连这些勉强能开动的船，其动力都是打了折扣的。因此维尼埃向国内报告时还说：“阁下可以想象我现在的处境有多么艰难。”然而，他努力补充船上的人手并不仅仅是因为担心很快与土耳其人作战，而是因为他即将遇到一个更令人憎恨的敌人：维尼埃清楚记得，“上一年，安德烈亚·多里亚这家伙曾要求检查我们的加莱桨帆船”，维尼埃不想让他抓住把柄，再次对威尼斯的备战工作冷嘲热讽。[16]

到了 7 月初，维尼埃几乎准备好出海了。7 月 7 日，6 艘加莱塞桨帆战舰抵达了科孚岛；第二天，之前被派往亚得里亚海各处集合最后一批分散在各地的加莱桨帆船的巴尔巴里戈此时也返回了，不过他并未把那些船带回来。在途经黑山地区的威尼斯统治下的乌尔齐尼港时，他甚至听到风声说大量土耳其军队正从陆上逼近：艾哈迈德帕夏正按计划，前往海边与本方舰队会合。在乌尔齐尼城的民众此时人人自危，巴尔巴里戈不得不决定在那留下两艘加莱桨帆船，驻守在博阿纳河的河口处，并配合城墙上的火炮来防御敌袭。在巴尔巴里戈返回的那天，也就是 7 月 8 日，他得知土耳其人已经放火把赞特烧了。显然，是时候离开这里了。

在港口内人们忙着往加莱桨帆船、加莱塞桨帆战舰和拿浮运输船上装载各种物资的时候，维尼埃派出了他最好的指挥官，执行接近敌人舰队的危险任务。詹巴蒂斯塔·贝内代蒂前往克里特岛面见奎里尼和卡纳尔两位地方监督官，传达维尼埃司令官的命令，让他们带上岛上的全部加莱桨帆船前往墨西拿和他会合。而那位“伟大的特龙，罪犯监督官”也来到了亚得里亚海，他收到的命令是“他半路上遇到任何船，无论是加莱桨帆船还

▲ 教宗庇护五世，他抱有激进的宗教观点，是神圣同盟最积极的组织者。

▲ 西班牙国王费利佩二世，人称“谨慎的”费利佩。他从父亲神圣罗马帝国皇帝查理五世手中继承了从尼德兰到西西里的广大领土，也因此面对着众多敌人和挑战。

▲ 威尼斯总督彼得罗·洛雷丹，他在战争初期去世。威尼斯人认为他应为饥荒负责，并不怀念这位总督。

▲ 威尼斯总督阿尔维塞·莫切里戈，他是洛雷丹的继任者，这场战争中威尼斯的实际领导人。

▲ 发生于1538年的普雷韦扎海战，这是苏莱曼一世统治时期（也可能是奥斯曼帝国历史上）对西方海军取得的最大胜利。

▲ 奥斯曼苏丹苏莱曼一世，奥斯曼帝国历史上最伟大的苏丹之一，人称“立法者”苏莱曼。他的赫赫武功使儿子塞利姆一生都活在他的阴影之下。

▲ 奥斯曼苏丹塞利姆二世，苏莱曼一世之子，人称“酒鬼”塞利姆。他是一位平庸、耽于享乐的苏丹，但帝国的传统和利益集团要求他继续扩张帝国。

◄ 安德烈亚·多里亚，热那亚政治家，著名海军将领。他是查理五世在地中海的舰队司令，帮助查理五世巩固了其在意大利的统治。但他在普雷韦扎海战中败于奥斯曼传奇海盗海雷丁。

◄ 巴巴罗萨·海雷丁，他从私掠者起家，靠着过人的才能和胆识，当上了奥斯曼帝国的阿尔及尔总督和海军司令。他是苏莱曼在地中海扩张帝国的主要助手之一，奥斯曼海军心目中的传奇人物。他死后葬在博斯普鲁斯海峡的金角湾，此后奥斯曼海军司令出征前都会拜谒他的墓地。

▲ 加莱桨帆船，这是 16 世纪地中海各国海军的主力舰种。

▲ 被土耳其加莱桨帆船围攻的加莱塞桨帆战舰。它可以说是加莱桨帆船的放大版，能够装载更多士兵、划桨手和火炮。尽管这种船行动笨拙，但它强大的火力使其能轻松在土耳其战船的射程之外摧毁敌船，高大的船身也使得土耳其战船上的士兵很难登船。在勒班陀海战中，参战的 6 艘威尼斯加莱塞桨帆战舰起到了重要作用。

▲ 教宗国舰队司令马肯托尼欧·科隆纳。他是教宗的舰队司令，同时也是费利佩二世统治下的那不勒斯王国的贵族。

► 威尼斯舰队司令塞巴斯蒂亚诺·维尼埃，他是威尼斯的资深政客和海军将领，在前任司令官赞恩因未能阻止土耳其人登陆塞浦路斯而被解职后，他临危受命，接过了威尼斯舰队的指挥权。

► 圣克鲁斯侯爵唐阿尔瓦罗·德巴赞，西班牙最有经验的海军指挥官之一，负责指挥那不勒斯分舰队。

▲ 奥斯曼帝国大维齐尔索库鲁·穆罕默德。他辅佐塞利姆二世治理帝国，负责处理日常事务。他不想与威尼斯开战，曾寄希望于劝说威尼斯和平割让塞浦路斯。

▲ 描绘勒班陀海战场景的油画。画中悬挂着各国旗帜的神圣同盟舰队的战船，正在与奥斯曼海军的战船混战。

▲ 描绘勒班陀海战中接舷战场景的油画。可见画中欧洲士兵多使用火枪，而土耳其人则用弓箭回击。

▲《费利佩二世将费尔南多王子献给胜利》，提香。勒班陀海战胜利的消息传回西班牙时，恰逢费利佩二世之子费尔南多出生，画家结合这两件喜事，创作了这幅油画。

是拿浮运输船，都要命令其立刻掉头前往奥特朗托的海岸线，然后往墨西拿”。而弗朗西斯科·特龙的“特罗纳”号和达尔马提亚的一位名叫柯兰内·德拉西奥·凯尔索的贵族的“切尔桑那”号，两艘“舰队中最好的加莱桨帆船”也被派往凯法洛尼亚，负责监视土耳其舰队的举动，此外还有一艘比较不容易引起敌人注意的小型护卫舰也被派往赞特地区侦察。7 月 10 日，巴尔巴里戈带着拿浮运输船和加莱塞桨帆战舰出发了，因为海上没有风，这些笨重的大船几乎无法自己航行，只好由 16 艘加莱桨帆船拖着它们前进。维尼埃命令保罗·奥尔西尼抽调他麾下的部分士兵随舰队出发，而奥尔西尼却只给了维尼埃“最差和最不幸的人，我为他们的出现感到羞耻”，其中“30 名士兵是无法站立的病号，只好让他们留下”。不过维尼埃此时已经没有时间再磨蹭了，“除非他想遭遇不测”；因此他只好放弃向奥尔西尼索要更多士兵的想法，于 7 月 11 日前往墨西拿。[17]

22

土耳其舰队的攻势

土耳其舰队在伊奥尼亚海的推进，使留在这一水域的威尼斯舰船的活动变得更加危险。在伊萨卡港的入口处，维尼埃派出侦察敌舰队动向的“特罗纳”号和“切尔桑那”号两艘加莱桨帆船撞见了正率领10艘加莱桨帆船前来掠夺该岛的私掠者卡拉吉亚·阿里。两位船长见状，急忙分头逃跑：“切尔桑那”号靠着划桨成功穿过了科孚海峡，但弗朗西斯科·特龙的那艘“特罗纳”号加莱桨帆船，由于“桨手耗尽了力气”，只能靠帆航行，逃进大海深处，然后船被追上并俘获了。私掠者把船拖回了港口并献给了他们的主人：“帕夏们见到‘特罗纳’号加莱桨帆船时，据说非常满意。”随后他们从船上的俘虏口中得知维尼埃的舰队依然还在科孚岛，于是决定对其发起攻击。[1]

当土耳其舰队抵达科孚岛附近时，维尼埃的舰队已经离开了，不过他们依然想要借机掠夺一些战利品。之前“巴尔巴里加”号和“扎拉廷纳”号两艘加莱桨帆船留在博阿纳河口，用火炮支援乌尔齐尼城的防御，这两艘船看到这座城并没有遭到攻击后，便掉头返回了；当他们在科孚岛附近看到一支庞大舰队时，他们以为是维尼埃的舰队，便满怀信心地前去迎接，结果两艘船“都被悲惨地俘虏了”。随后又轮到两艘拿浮运输船遭遇同样的厄运了，这两艘船从威尼斯城出发，船上满载着大米和海用饼干，此外还有1000名准备加入舰队的士兵；船上的步兵拼死作战了5个小时，但最终两艘运输船还是被俘获了。消息传到墨西拿后已变得十分夸张，卡埃塔尼记载道：“据说那些士兵英勇战斗，还击沉了8艘加莱桨帆船。”但对维尼埃来说，这意味着他不得不重新招募一批步兵了。噩耗传回威尼斯后，在人群中造成了严重恐慌，不仅因为损失惨重，“而且还因为上帝似乎夺走了那些船长的智慧，让他们根本不知道自己在干什么”。后来才得知，“扎拉廷纳”号的船长彼得罗·贝尔托拉齐·德扎拉派出了一艘小型护卫舰前往科孚海峡侦察，命令这艘船确认前方安全后就点灯发出信号；但这艘船被欧吉德·阿里俘虏了，欧吉德·阿里在约定好的位置发出了信号，“因此，这艘加莱桨帆船自己走进了虎口”。[2]

此时，再往北的亚得里亚海对威尼斯人来说也已经不安全了。私掠者卡拉·霍格加刚离开他在发罗拉的基地，在海上试图拦截圣特龙的加莱桨帆船，迫使后者躲到了拉古萨港内避难，在入港时，圣特龙的船强行冲断了封锁港口入口处的铁链。随后这起事件引起了一场外交纠纷：卡拉·霍格加宣布港口内的这艘加莱桨帆船是他合理地夺取的战利品，而附近的土耳其桑贾克也向拉古萨人施压，要求把那艘船交出来给他们。法奇内蒂同情地写道：“拉古萨人应该不会交出那艘船的，不过这些可怜的船员肯定还是会有麻烦。”幸运的是，雅各布·拉加佐尼当时从君士坦丁堡结束谈判任务后正在返回威尼斯途中，此时刚好就在拉古萨，正在找一艘船带他返回威尼斯。利用外交豁免权，可能还用上了他出发时领取的外交资金，拉加佐尼成功说服了卡拉·霍格加；随后他写信给威尼斯本土的高层说：“我已经安抚了那些私掠者，他们不会再为那艘加莱桨帆船的事情而打扰拉古萨人了。我本人随后就会乘坐这艘船返回。”不过这艘船的状态已经非常糟糕，最终大使拒绝上船。最后，圣特龙船长是独自返回扎拉的，在返回后，他还写信给威尼斯元老院，要求他们给他换一艘加莱桨帆船。[3]

由于到手的猎物飞了，卡拉·霍格加的舰队便来到卡塔罗，此时当地的土耳其陆军还在攻打这座城；而他抓到的所有战俘都向他透露说，威尼斯舰队此时已经前往墨西拿了，于是他决定返航向帕夏汇报此事。他还写了一份报告并派人去交给苏丹，后者于 8 月 1 日回信做了批示，鉴于目前奥斯曼帝国的材料相较丰富的西方材料而言较为稀少，这份报告值得在这里完整引用：

伊斯兰历 979 年 3 月 9 日

给卡拉·霍格加，发罗拉地区统管阿扎普的阿迦的命令在之前你给朝廷的那封信中，你说你遇到了一艘落单的威尼斯加莱桨帆船，在追击它的过程中，你把它逼进了拉古萨港；拉古萨的统治者拒绝把船交给你，让你获取敌舰队的情报；随后你前往卡塔罗和卡斯泰尔诺沃的陆军会合，从俘虏口中得知异教徒的舰队前往墨西拿的消息；你带着战俘加入了帝国舰队，而威尼斯人未能进行掠夺。

你说的这一切，朕确实已经了解了。

所有向我们表示友谊和臣服的人，和所有对我们的庇护充满敌意的人，我们都必须在全能的真主的帮助下，按照他们各自的行为来报答或报复他们。

朕命令你立刻同我的帝国舰队的指挥官——愿真主彰显他的荣耀！——一起行动，你自己见机行事，参与任何你觉得对我方有利的行动，攻打敌人的要塞，掠夺他们的财物，抓俘虏来获取情报。为了我们宗教和帝国的事业，你应尽一切努力。并且，如果发现敌人有什么异动，你也必须立刻向朕详细汇报。[4]

如我们所见，君士坦丁堡方面当时给了舰队指挥官很大的行动自由，而不是在远处自欺欺人地遥控舰队的行动。皮尔图帕夏和卡普丹帕夏的任务是在亚得里亚海占领尽可能多的威尼斯据点，并且摧毁威尼斯海军力量所依赖的贸易站网络，但具体实行的目标却是由他们在前线自行决定的。在威尼斯舰队还在科孚岛时，帕夏们虽然在岛上登陆了一些士兵烧杀抢掠了一番，但似乎对直接攻打这座岛上的坚固要塞并不感兴趣。索波蒂要塞才是更吸引他们的目标，维尼埃在去年刚夺取了这座要塞，这里是当地阿尔巴尼亚起义军的重要基地。阿里帕夏登陆了 1500 名西帕希骑兵和耶尼切里军团，对要塞发起了攻击。守军虽然英勇抵抗，但最终还是投降了，那位颇有人望的马诺利·穆尔穆里连长也沦为了俘虏；几个月后，在法马古斯塔被俘的一名意大利连长，在君士坦丁堡的黑海边的那座臭名昭著的监狱塔里见到了他。[5]

如今已经到了 7 月中旬了。当土耳其舰队还忙着攻打索波蒂时，苏丹的一道命令却传来了，警告他们基督教舰队即将会合，并要求他们扭转这一局面。土耳其舰队上有个奴隶逃脱后抵达了科孚岛，向当地的威尼斯人透露了这一切，随后8月初，还停靠在墨西拿的教宗国舰队也得知了这一消息。“我们已经掌握了一条重要情报，一艘从君士坦丁堡起航的土耳其轻型桨帆船刚找到帕夏，带来了苏丹的命令，要求他们不惜一切代价和我方决战。但这条命令让他们整个舰队上下非常不满，因为桨手和士兵的纪律都很糟糕，而且船上死了不少人，他们希望在发罗拉登陆：敌舰队总共有180艘加莱桨帆船，还有100艘其他类型的船，包括轻型桨帆船、前列横帆双桅船、弗斯特战船和卡拉穆萨商船等。”我们今天还能看到苏丹的这条命令，让我们读一下，因为不到3个月后，帕夏决定在勒班陀作战：

> 在国内，异教徒舰队准备攻击我们的消息已经众所周知了，乌理玛们和所有穆斯林社区都一致认为，如今为了拯救我们的宗教和我们的国家，有必要找出这支异教徒舰队，并彻底将其摧毁，保卫我们的伟大的国家。当信徒们把他们的这个请求呈在我的王座前的时候，我认为他们的请求是非常合理和无可争议的。因此，这是我的最终决定，不会再撤销了。[6]

不过在奥斯曼帝国的海军指挥官们看来，他们及时赶到了科孚岛海域，维尼埃的分舰队仅仅是从他们的指缝间溜走，如今基督教舰队集结足够的力量和他们决战的可能性并不高；因此他们依然决定继续按照之前命令行事。在索波蒂地区的西帕希骑兵登船后，舰队再次起航并抵达发罗拉，在当地继续接收更多士兵上船。他的对手们对他向亚得里亚海推进感到非常担忧；在威尼斯和墨西拿，人们都担心土耳其人要攻打卡塔罗，这里是威尼斯在达尔马提亚地区最重要的海军基地，土耳其陆军已经围攻卡斯泰尔诺沃多时了，卡拉·霍格加的舰队的到来，在城内造成了极大的恐慌。[7]

在离开发罗拉后，两位帕夏便起航向北航行，从发罗拉到卡塔罗只有一天的航程，但这段航程中还有3座海边的小城依然还在威尼斯人手里：

乌尔齐尼、巴尔和布德瓦。几年前，在一份官方文件的记录中，乌尔齐尼曾经被描述为“在阿尔巴尼亚边境的一座建在陡峭岩石上的海军基地，威尼斯人只占据了方圆 2 里的区域，附近其余土地都是土耳其人的”，如今艾哈迈德帕夏率领陆军赶到了这一带，开始攻打乌尔齐尼，同时舰队也从海上发起进攻。虽然孤立无援，但这座城防御坚固，可以坚守，只要威尼斯人能从海上提供补给。而阿尔巴尼亚起义军也时不时地威胁着艾哈迈德帕夏的陆军的后方，而在海湾里的威尼斯加莱桨帆船也依然从卡塔罗向城内运输士兵、饮食和水源补给，当地的监督官吉罗拉莫·维尼埃还在当地农民的帮助下，派一队重火绳枪兵占据了一条通往城市的重要山道。但当卡普丹帕夏的加莱桨帆船出现在港口时，意大利守军不得不撤往要塞内部，被孤立的阿尔巴尼亚起义军则四散逃跑了，如此一来，没有后顾之忧的艾哈迈德帕夏得以从容地架起了攻城火炮。

在港口被彻底封锁前，被任命为阿尔巴尼亚的陆军司令的夏拉·马丁嫩戈伯爵也由威尼斯加莱桨帆船送到了乌尔齐尼，他取代了之前的马拉泰斯塔，随行的还有他之前以威尼斯的名义在法国招募的一些步兵。此后这批加莱桨帆船再次返回卡塔罗，准备把剩下的士兵也运过来，但由于港口被封锁了，他们无法再回来了。马丁嫩戈率领的那 200 名士兵大多是在法国宗教战争的大屠杀中幸存下来的胡格诺教徒，他们在守城的战斗中非常英勇，但由于兵力悬殊，因此最终依然毫无悬念地失败了。在陆上的攻城炮和海上的舰炮的炮火打击下，守军最终屈服；马丁嫩戈在战斗中从女墙上摔下，受了伤。最终守军提出投降，但要求士兵的性命得到保障，同时能保留他们各自的武器，并且土耳其人要把所有想离开的人都带到拉古萨。

但事情出了差错。威尼斯人想要和土耳其海军的帕夏谈判投降事宜，但艾哈迈德帕夏在谈判中被惹怒了，因此拒绝了该协议。艾哈迈德帕夏认为自己的荣誉受到了侵犯，而奥斯曼帝国的军人对荣誉的重视程度丝毫不输给西方的军人。当然也不能排除另一种可能，土耳其士兵们提出他们有权在战后洗劫这座城市，而帕夏们自己也喜欢这种余兴节目，因此他们在没有什么政治目的的情况下同意了士兵的要求。事实上，土耳其士兵进入乌尔齐尼后，并无人约束他们的劫掠行为，很快舰队上的士兵也加入了其中。不过帕夏们却把吉罗拉莫·维尼埃监督官、夏拉·马丁嫩戈伯爵和其余的重要守军军官们保护了起来，把他们平安送到了拉古萨，而城里的妇女和小孩也都被土耳其人遣散，让他们自己逃往威尼斯，但许多男人和被俘的士兵们都沦为了奴隶。至于躲在城里的阿尔巴尼亚起义军，他们的遭遇就更悲惨了，因为他们是苏丹的臣民，所以他们都被判犯有叛国罪，被全部处死。

在占领乌尔齐尼后，土耳其人开始转而攻打三座城中最小的巴尔；巴尔只是一个内陆小镇，没有港口，防御也较为薄弱。去年周边的黑山人发动了对奥斯曼帝国的起义，逼得住在这一带的土耳其人不得不逃到斯库台的城墙内避难，巴尔的监督官亚历山德罗·多纳随后高调地向威尼斯汇报称，他们已经获得了全面的胜利，当地如今已经全部宣誓效忠于威尼斯了。“这里已经没有我需要继续征服的土地了，因为我已经占领了整个地区。现在唯一剩下的事就是在各处升起圣马可的旗帜，以及攻打斯库台这个土耳其人最后的据点了。”但当他得知敌人正在逼近时，多纳毫不犹豫地投降了，并将城市的钥匙交给了艾哈迈德帕夏。这一次土耳其人遵守了一半的协议：土耳其人没有在进入巴尔后肆意掠夺，没有居民遭到土耳其士兵的任何暴力行为，但驻军士兵都被押上加莱桨帆船充当桨手。至于多纳本人，被土耳其人按照投降协议送到了拉古萨，但这对他而言并不是一件好事，因为他被判叛国罪，他和他的后裔都被威尼斯流放。

最后，轮到布德瓦了，这座城是“一座没有多少人口、面积不大的小城”，但由于该城的港口较大，因此在以往该城的重要性不可忽视。然而由于在过去长时间的潮汐作用，如今大片曾是锚地的海域已经成了海滩，使得海港只能废弃，因此威尼斯没有为这座城建造新的防御工事。当土耳其舰队出现时，布德瓦这座小城的命运已经注定了，当地的监督官阿戈斯蒂诺·帕斯夸利戈立刻投降，不过之后事态又出现了不幸的发展：在土耳其舰队离开后不久，卡塔罗的监督官扎卡里亚·萨拉蒙率军又再次占据了布德瓦，把留下的土耳其人全都用剑处决。几周后，当帕夏们前往这次漫长旅途的终点勒班陀时，再次经过了布德瓦，当地人都对土耳其舰队的到来极为恐惧，纷纷逃出城，想逃到附近的卡塔罗避难，但他们几乎全部都被俘虏和奴役，而小镇则被抢劫和焚烧作为报复。[8]

这一连串的噩耗传到威尼斯后，人们的恐惧加深了。8 月 9 日，教廷大使报告说，根据来自布德瓦和扎拉方面的消息，“最新情报称，土耳其舰队主力已经进入了亚得里亚海”，并在乌尔齐尼一带占据了阵地。亚得里亚海内传信的小型护卫舰也被土耳其加莱桨帆船追击，当事态发展到这种地步时，法奇内蒂担忧地写道，“我们必须注意安科纳的守卫”。8 月 15 日，从莱西纳送来的信件中称：“不幸的乌尔齐尼城沦陷了，所有士兵都被杀了；随后巴尔和布德瓦也在土耳其陆军的几轮攻势下先后投降。目前土耳其舰队返回了卡斯泰尔诺沃，似乎是要准备攻打卡塔罗。”在头几天内，人们以为这样的消息应该是有些夸张了，因为尚未证实这些消息的真伪。教廷大使写道：“一些拉古萨商人打赌这些地方并未沦陷，愿上帝保佑真是如此。”但这些拙劣的赌徒要输钱了：到了月底，这一消息得到了无可辩驳的证实。法奇内蒂 9 月 1 日写道：“那么多可怜的妇女和小孩都从乌尔齐尼逃了回来，我简直不敢直视他们的惨状……我祈求上帝赦免我们的罪孽。”两天前，在追究这些灾祸的原因时，法奇内蒂写下了更加严厉的评论：“威尼斯人必须认识到，带来这场战争的不是土耳其人，而是上帝。他们必须考虑清楚，自己如何冒犯了上帝的威严。”

事实上，局势变化得非常快，而威尼斯城内的情绪越来越悲观。如今很明显，卡塔罗不但已经被从陆上围困，而且也即将被从海上封锁了：在通报乌尔齐尼和布德瓦两城的沦陷的那些信件中，提到土耳其舰队已经推进到卡斯泰尔诺沃，而只要土耳其舰队留在那里，就无法从海上救援卡塔罗了。更糟糕的是，在“夏拉·马丁嫩戈伯爵率领最优秀的 200 名步兵前往救援乌尔齐尼，并且在那里遭遇了不幸后”，卡塔罗城内的兵力已经不多了，而且缺少有经验的指挥官。但还有更让人不安的消息：土耳其部分陆军已经绕过卡塔罗，向扎拉而去，而土耳其舰队也在准备继续向北推进。

到目前为止，扎拉还没有受到严重威胁，尽管其内陆地区仍然偶尔遭到小股土耳其骑兵的袭击；但斯福尔扎·帕拉维奇诺在视察扎拉返回后，认为扎拉真正需要加强的是靠海一侧的防御，并且认为除了现有的 2000

名驻军以外，还需要增加12门火炮和2000名士兵。以现在的情况，如果土耳其大军来袭，这座城根本守不住。威尼斯元老院得知此事后非常焦急，立刻写信给维尼埃，告诉他如今的事态已经到了最坏的地步：敌军舰队“正在攻入我们国家的核心地区”，如果不能阻止他们的话，土耳其舰队“甚至可能出现在威尼斯城的海岸”。[9]

在上一年冬季，威尼斯元老院已经提出过土耳其人袭击威尼斯城的可能性，但这多少只是一种抽象的风险。圣诞节那天，威尼斯元老院决定“在利多的两座城堡加强警卫，这两座城堡守卫着该城的港口，所有大型船只都必须从两座城堡之间通过”；战争爆发初期，威尼斯人还有过计划要彻底改造这两座城堡的其中一座，但至今才刚刚开工，因为之前人们普遍认为这项工程并不是首要任务。但当土耳其舰队袭击了赞特并一路北上科孚岛的消息传来后，威尼斯人便决定在亚得里亚海部署25艘新的加莱桨帆船，用来防守利多，同时之前为舰队招募的5000名步兵也留下驻防，这些步兵由包括普罗斯佩罗·科隆纳在内的4名团长指挥。武装这么多加莱桨帆船，与其说是一个现实的目标，不如说是荒谬的吹嘘，到了7月底，当唐胡安的舰队抵达热那亚的消息传来后，威尼斯人决定再武装七八艘就足够了；但同时之前那最后3艘原本准备从波拉起航前去和舰队会合的加莱塞桨帆战舰也被召回待命了，等得知敌舰队具体动向后再做决定。

当时许多人认为，在土耳其舰队推进到科孚岛附近后，他们就不敢再继续向北前进了，因为基督教舰队正在集结，随时可能封锁他们的退路；但在8月15日，已经可以确信土耳其舰队正继续向亚得里亚海深处推进，因此威尼斯元老院不得不决定采取紧急措施。威尼斯政府似乎非常有信心，还向法奇内蒂大使承诺说，目前没有任何危险，加强本土的防御只是为了让民众安心，避免恐慌而已。法奇内蒂随后写道：“我们发现敌舰队似乎是要虚张声势，想要一路推进到威尼斯城，不过这些威尼斯贵族决定加强本土防御，似乎并不是因为恐惧，而是为了避免民众的恐惧和困惑。”军械库的各仓库也都打开了，武器被分配给民众；除了威尼斯城已有的4000名民兵外，还有来自威尼斯陆上之国的1万名民兵；而所有领取军饷的职业军人和拥有封地的封建领主也收到命令，他们应立刻带着他们的马匹赶往威尼斯城，“所有人的马匹所需的稻草和燕麦都会由共和国供应”。

如果土耳其人真的要进攻威尼斯城的话，那必将经过南方的基奥贾：因此，威尼斯颁布了法令，要求“基奥贾的民众（绝大部分都是水手和渔夫），带着他们的妻子和孩子睡在自己的船上，当发现土耳其舰队时，他们可以迅速进入潟湖，那里水位很低，大船无法进入”。另外，各地的驻军也得集结起来守卫正在紧急建造防御工事的马拉莫科码头，“一旦土耳其舰队进攻马拉莫科港的话（虽然这有些难以置信）”，他们首先会遇上两座架起了无数火炮并驻满士兵的城堡，在不攻下这两座城堡的情况下，土耳其舰队是无法进入利多的。所有城里留守的加莱桨帆船和各种其他船只都安排在两座城堡附近，以封锁这一通道。有了强大的防御工事，再加上从陆上之国召集的数千名步兵和轻骑兵，教廷大使显然放心了：“我们已经做了如此多的准备工作，就算土耳其整支舰队全部攻过来，也无法给我们造成分毫的损失。”然而此时在城里，恐慌情绪达到了顶峰，想要返回君士坦丁堡的翻译官马泰卡·萨伊瓦戈被扣留了，“以免他把城里民众的恐慌情绪报告给土耳其人”。[10]

威尼斯当局非常担心公众的恐惧，8 月 13 日，十人团以最高机密等级向驻罗马大使发出指示。而当索兰佐和苏里亚诺两位大使向威尼斯国内回信时，他们要求信使以最快的速度把信带回去，并告诉他这封信写的是个“好消息”：基督教舰队已经集结完毕，离开了墨西拿，正在赶往亚得里亚海。由于这条消息是彻头彻尾伪造的，因此两位大使必须保证罗马方面完全不知情，并且在信使骑上马准备出发前才告诉他。但两位大使希望信使在路上停下休息时把这条消息在民间四处宣扬。威尼斯政府希望民间能把这条假消息口口相传，这能安抚民心，而且不用让政府公开发布虚假消息，如果敌人的间谍也将这条消息上报的话，或许还能让敌方舰队的行动更加谨慎。[11]

事实上，帕夏们根本不想冒巨大的风险过度深入亚得里亚海内部。根据勒班陀海战后收集的情报显示，在索波蒂地区的 3 座城市，乌尔齐尼、布德瓦和巴尔的一系列行动总共已经给土耳其人提供了 4000 名奴隶，此外对赞特和凯法洛尼亚地区的入侵行动也俘虏了6000多人。土耳其加莱桨帆船上载满了妇女和各种战利品，许多雷斯、西帕希和耶尼切里都想要返航了。在他们证实基督教舰队已经会合以前，舰队可以继续留在卡塔罗一带的海上，再发动几次袭击，但看上去土耳其舰队从上到下都没有这种意图，特别是因为此时已经是8月中旬，夏季快要结束了：巴尔的海岸附近的一场风暴，导致了4艘土耳其加莱桨帆船的沉没。

只有私掠者还在继续向亚得里亚海深处挺进：欧吉德·阿里和卡拉·霍格加继续前进至大型岛屿科尔丘拉和莱西纳一带。8月15日，他们发起了首波攻势。当地的威尼斯监督官带着麾下的士兵逃跑了，后来他因此被审判定罪；不过据说当地一名神职人员组织城内的老人和妇女，戴上驻军逃跑时丢下的头盔，拿起长矛，在城墙上虚张声势，让土耳其人放弃了攻城，只烧掉了城墙外的房屋和还留在港口内的一些小船就回到了船上。在莱西纳，堡垒里的炮兵向敌舰开火，但正如一名目击者所说，“这些炮手根本不懂得如何瞄准，炮击没有造成任何破坏”，士兵们把自己锁在堡垒里，任凭土耳其人抢劫和烧毁村庄；在做完这一切后，私掠者便回到了船上，给威尼斯居民留下了又一波的恐惧。土耳其人这次掠夺总共获得1600名奴隶，还有许多战利品，其中包括监督官卡纳尔为还愿献给莱西纳圣母教堂的灯笼：这些私掠者对能夺得这件物品非常高兴，“认为这是一个好兆头”。[12]

在君士坦丁堡，这一系列的胜利的消息传了回来，引起了热烈反响，苏丹还重赏了艾哈迈德帕夏。而威尼斯的盟国看到威尼斯的领土如此轻易就被敌人攻占后，对此有了一些不友好的评论。8月17日，德苏尼加大使在一封给西班牙国王的信中写道：“威尼斯人实在犯下大错，在土耳其舰队攻过来的时候，他们居然完全守不住自己的领土；我已经和教宗谈过，希望他出面警告一下威尼斯人。否则如果他们不能解决这个问题的话，同盟的舰队就不得不在错误的时间冒险赶去救援他们了。”[13]

但是，公正地来讲，根据今年冬天在罗马达成的协议，这支舰队不是本应在5月或6月完成集结，以阻止敌人进攻意大利半岛吗？

23

联军集结

在神圣同盟赶来墨西拿会合的舰队中，第一个抵达的是之前已经出租给教宗国的托斯卡纳的分舰队。6 月 11 日，科隆纳接过庇护五世给他的旌旗和指挥官权杖，几天后前往奇维塔韦基亚。教宗风流放荡的外甥米歇尔·博内利与他同行；科隆纳显然对此不太满意，因为他担心这个被托付给他的年轻人会惹上麻烦，而且“无论他闯了什么祸，都可能要科隆纳负责”。奥诺拉托·卡埃塔尼也对此不满，因为他觉得这位“米歇尔先生”不但是个彻底的傻瓜，而且还在背后搞阴谋暗算他，这家伙向他的教宗舅舅讲了不少卡埃塔尼的坏话，希望能顶替卡埃塔尼担任步兵指挥官。

在 6 月 19 日抵达科尔内托后，这支穿着华丽、拿着全新的武器的军队在科隆纳的妻子费利切夫人和其他罗马贵族的注视下，开始从奇维塔韦基亚的港口陆续登上了 12 艘加莱桨帆船。根据塞雷诺的说法，这些连非常优秀，“装备精良，里面都是最优秀的人”，不过他也参与了这些部队的招募工作，因此该评价可能不完全公正。20 日上午，卡埃塔尼的秘书写信向罗马报告说，这批士兵登船工作基本完成了；人们曾因为恶劣天气担心他们要推迟出发，“但到了 11 点左右，在上帝的帮助下，基本可以肯定，舰队今晚或最晚明天就能出发了”。于是第二天，教宗国舰队终于出发了，并在港口要塞的礼炮声中，于 24 日在那不勒斯入港。[1]

按照之前的协议，教宗国舰队将在墨西拿停留，然后继续前往奥特朗托，最后再按照对威尼斯人的承诺，抵达科孚岛。然而在抵达那不勒斯几天后，科隆纳就得知土耳其舰队主力出海并袭击了克里特的消息，便开始怀疑之前的计划到底是否合适。他认为威尼斯人在科孚岛应该有 60 多艘加莱桨帆船，在克里特还有 70 艘，但土耳其舰队的突然出现使这些舰队目前暂时无法会合。卡埃塔尼 7 月 9 日写道，事情就是这样，“我们独自一人去那里不会有任何好处”，这相当于自投罗网，因为如果敌人的舰队已经推进到凯法洛尼亚，它可以在墨西拿和科孚岛之间的过境点毫无困难地拦截他们。在咨询过布翁里佐的意见后，科隆纳写信给维尼埃，建议他尽快来墨西拿，不要再在科孚岛继续等了；而教宗却继续坚持要按原计划执行；可以理解，这种情况下，科隆纳不会急于离开那不勒斯。7 月初，总督开始建造凯旋门，以迎接唐胡安的到来，科隆纳认为，在冒险进入黎凡特水域之前，最好等待西班牙的战船。

当时为了解释在那不勒斯停留比预期的时间更长一事，他们以国王提供给马耳他骑士团的加莱桨帆船还在军械库中为借口。当时朱斯蒂尼亚指挥官率领着 3 艘马耳他加莱桨帆船已经抵达了那不勒斯，但其中一艘最旧的船已经不适合继续在舰队服役了，因此人们想把这艘船上的设备和桨手转移到别的船上，船体则留下。此外这些马耳他加莱桨帆船上也没有士兵，科隆纳承诺会等他们一起前往墨西拿，以免他们在海上再次遭遇不测；随后，朱斯蒂尼亚再次返回了马耳他“让骑士们上船”。由于马耳他的加莱桨帆船现在是半空着的，科隆纳想在那不勒斯再招募一个有 200 名士兵的连，坐上马耳他舰队的船，并将这个连作为他自己舰队的预备兵员，“因为船上经常有人生病”；但代理那不勒斯总督的德格朗韦勒严守他的职责，反对科隆纳的这一计划，教廷特使正式以教宗的名义请他帮这个忙，他依然拒绝。

教宗本人在加莱桨帆船上的特使手中有大量汇票，并希望在那不勒斯兑换成现金，将其带到黎凡特，但被德格朗韦勒拒绝了，德格朗韦勒提醒他，现在那不勒斯王国禁止将现金带到国外；哪怕庇护五世对此事恼火不已，德格朗韦勒也依然不妥协。而科隆纳却利用他的圆滑，背着德格朗韦勒私下招募士兵，把舰队中因生病而空缺的位置都补充满了；事实上，他招募的主要是此时在那不勒斯王国的教宗国的国民，此外教宗国舰队中的病号并不多。卡埃塔尼也对此长舒一口气地写道：“那些病号几乎没有死亡的，而且许多人最终都痊愈了。”

在马耳他和教宗国的舰队停靠在那不勒斯期间，各种事件证明了这些不情愿的盟友之间关系的极端紧张。一个马耳他加莱桨帆船上的船员曾经在那不勒斯当过强盗，他刚上岸就被当地的行刑人逮捕了；他高声呼救："马耳他！马耳他！"船上的人下来，杀死了一个行刑人，把他救了回来。德格朗韦勒命令朱斯蒂尼亚交出那个强盗和杀死行刑人的凶手，并威胁说，如果不照办，就要把几艘马耳他加莱桨帆船全部击沉。随后港口的要塞火炮全部对准了这3艘马耳他加莱桨帆船。这种做法在我们今天看来似乎有点太过激了，但对那个年代的政治家来说，裁判权和个人荣誉都是和生命一样重要的大事。随后，那名强盗突然失踪了，但到了晚上，他又上了一艘加莱桨帆船并杀了一个船员，在尸体上还留了一块写有他名字的牌子，称所有背叛他的人都是如此下场。在潜逃了一周后，最终他总算被抓住了，骑士们松了一口气。

几天后，教宗国舰队上的意大利士兵和那不勒斯大方阵团的西班牙士兵又发生了冲突，几个西班牙士兵被杀，随后意大利士兵一路追杀剩下的西班牙士兵，直到总督的官邸门口。德格朗韦勒对再次发生这种不尊重主权的行为愤怒不已，决定要以铁腕手段杀鸡儆猴。然而科隆纳此时再度表现出极高的外交调解才能，他说服了德格朗韦勒放弃这种强硬做法，以免引起士兵的大规模哗变。尽管发生了这么多事件，但卡埃塔尼却依然有胆量如此写道："这些士兵非常老实，让人都觉得他们是好兄弟。"不过他也承认，"大约有20来名士兵只是来骗军饷的"，因为在拿到预支军饷后，这些人就做了逃兵，但和往常相比，这次的骗子已经算是非常少了。他们中有7名逃兵后来由于带着武器在路上行走引起了怀疑，因此在卡普阿被逮捕了，卡埃塔尼向总督请求由他自己来审判这些逃兵，后者这次却给了他一个不寻常的善意姿态，一口答应了。随后卡埃塔尼做了个让各方都满意的判决，罚这些逃兵上船充当桨手，并把他们分别派给那不勒斯舰队和教宗国舰队。

与此同时，由于科隆纳的舰队迟迟不出发前往墨西拿，一些流言开始四处散播。卡埃塔尼的秘书以巴洛克式的文风写道，他的主人此时已经不耐烦了："就像一个已经在他心中固定了自己荣耀的想法的人，他以真正杰出的高贵而顺从，并被自己的美德所吸引。"在梵蒂冈，庇护五世发出了不少于3封信要求科隆纳率领舰队速速出发，而科隆纳也以他一贯的风格回复了每封信；因此早在 7 月 10 日，教廷特使就向罗马报告：“马肯托尼欧大人明天就会出发了，确认无误。”事实上，他一直拖到了 15 日，新的马耳他加莱桨帆船此时才全部准备完毕，骑士们让旧船上的桨手和水手来驾驶这些船。科隆纳终于出发了，随科隆纳登船的还有几名著名的军人：罗梅加斯骑士、刚被任命为同盟步兵总指挥的阿斯卡尼奥·德拉科尔尼亚，还有炮兵总指挥加布里奥·塞尔贝洛尼。

教宗国的 12 艘加莱桨帆船，马耳他骑士团的 3 艘加莱桨帆船，以及那不勒斯分舰队的 6 艘刚在军械库改进过的新造的加莱桨帆船一起出发了：没有人能保证欧吉德·阿里真的去了黎凡特，科隆纳不想冒险。德格朗韦勒一直不想让这 6 艘加莱桨帆船也跟着出发，“不过教宗似乎愤怒地写信给这位枢机主教”，最终德格朗韦勒还是妥协了。不过尽管如此，当一艘渔船报告曾在附近海域见过土耳其船只时，科隆纳经过了慎重考虑，决定在特罗佩亚暂做停留，并在那待了至少两天。有着 150 艘船的土耳其舰队突然出现在普利亚附近，甚至在这一带靠岸补给水源的消息很快就传开了，在民间造成了极大的恐慌；不过后来才发现这支舰队是维尼埃率领的威尼斯舰队，他们从科孚岛出发后，正率领 70 艘船赶往墨西拿。由于科隆纳急于想要第一个抵达，于是也起航出发了。7 月 20 日，科隆纳抵达了墨西拿。[2]

3 天后，维尼埃的舰队也抵达了，科隆纳率领舰队出海迎接他：托斯卡纳的加莱桨帆船用整齐的礼炮声欢迎维尼埃，纪律散乱的威尼斯舰队则是所有加莱桨帆船都在无序地鸣炮；之后，双方都用重火绳枪朝天射击，以示欢庆。从科孚岛出发的旅程持续了 12 天，在奥特朗托停留了一段时间，一路上要警惕随时可能出现的敌方舰队，同时需要拖曳的加莱塞桨帆战舰和拿浮船也使得舰队航行缓慢。关于此时维尼埃舰队的数量，除了 6 艘加莱塞桨帆战舰和 3 艘拿浮船可以确定外，其他船只的数量各种消息来源给出了不同的答案。威尼斯元老院给驻盟国首都的大使的信件中，有时说有 60 艘加莱桨帆船，有时说有 65 艘，但无论哪个数字都肯定是夸大了的。在 7 月 25 日给墨西拿寄去的一封信中，卡埃塔尼称维尼埃共有 57 艘加莱桨帆船，但同一天，科隆纳写给西班牙国王的一封信中说有50艘。维尼埃本人在勒班陀海战后提交的报告中，关于此时船只数量的说法也很混乱，但可以确定他称抵达墨西拿的加莱桨帆船有55艘。[3]

不同的消息来源提供的数字有较大差异是很正常的，但当时的官方通信中也出现了这样的出入，确实很不寻常：我们不得不怀疑，威尼斯人在尽力隐瞒他们舰队的实力，这可能是出于对盟友的不信任。事实上，他们来到墨西拿港就要任凭费利佩二世摆布，他们一直与他保持着非常紧张的关系，威尼斯舰队来到这里是史无前例的，他们肯定有所警惕：科隆纳看到他们时"非常高兴，但更感到惊讶"，因为直到船进港前的最后一刻，很多人都认为他们不可能来这里。

在墨西拿，西班牙的耶稣会士要负责给船员提供精神和物质上的帮助，他们发现威尼斯舰队相当奇怪，颇有异国情调。他们困惑地写道："威尼斯舰队船上居然各种国家的人都有。有贝尔加莫人、斯拉夫人、阿尔巴尼亚人和希腊人。"这些人中的大多数已经很久没有忏悔了；有人暗中议论说，鸡奸和渎神行为在船上很常见，包括不少船长和年轻显贵也会共居一室，而威尼斯当局并未惩罚他们，这种做法和其他"天主教"加莱桨帆船的管理纪律完全相反。[4]

但更糟糕的是，尽管维尼埃对去年他在多里亚面前出丑还记忆犹新，他也的确付出了不少努力，但威尼斯舰队依然兵员不够。之前已有5000名士兵登上了一些大型加莱桨帆船和拿浮运输船，准备加入舰队服役，但因为土耳其舰队入侵亚得里亚海的消息传来的缘故，如今他们被下令留在威尼斯。维尼埃称，如今他的舰队每艘加莱桨帆船只有20名士兵和60名斯卡波利，并补充说，当联合舰队返回黎凡特时，他将在科孚岛停留，让留在那里的步兵上船。有传闻称保罗·奥尔西尼在科孚岛有六七千人，而维尼埃对这样的传言并没有反驳，虽然他自己非常清楚目前岛上最多也就1000名士兵而已。但关于加莱桨帆船上的士兵人数的传闻却比较接近事实，"只有大约6个连的士兵，由蓬佩奥·朱斯蒂尼·达卡斯泰洛团长指挥，部队供给不足、十分不满、纪律散漫"。科隆纳也很快就发现了这个事实，便向维尼埃提出帮助他在西西里岛招募士兵；但这位心高气傲的老将拒绝了科隆纳的提议，并称从干地亚来的分舰队将会带来足够的士兵来补充目前缺少的兵员，而科隆纳最后也假装信了他的话。[5]

维尼埃很快就发现，在入港时虽然众人都以凯旋之礼来迎接他，但当他真的要在这个外国的港口中停留时，还是要面临许多的困难。墨西拿的物价是威尼斯城的两倍，而且这里的商人都拒收威尼斯的货币。西西里总督佩斯卡拉侯爵也得了重病，并于7月30日去世，他的死在当地造成了权力真空，使局势变得更加复杂。维尼埃不得不和国王的财政监察官谈判，要求准许用他手头的现金在当地购买索具、子弹和葡萄酒等物资：后者的答复是，他可以随意花钱买他想要的东西，但舰队出发后禁止将这些货物倒卖到别处。此外他还承诺给维尼埃提供16个用来制作海用饼干的烤炉，并允许他先购买头一批100桶葡萄酒；然后他违背了自己的诺言，“又说要先请示西班牙宫廷才能决定，如果只有10桶葡萄酒的话，他可以做主”。维尼埃从盟友那里获得的唯一的好处是他购买物资不需要缴纳交易税。斯帕塔福拉领事是墨西拿最有钱的富商之一，负责管理威尼斯共和国在当地的产业，甚至已经被威尼斯晋升为本国的贵族了，但他却拒绝借钱给维尼埃；他只同意代购制作海用饼干所需的小麦，但要维尼埃先给他一笔押金，维尼埃对他这种态度厌恶不已。[6]

在这座不太好客的城市里，为舰队购买食物变得越来越困难，而且维尼埃虽然已经宣称从干地亚来的舰队会给自己带来足够的士兵，但他明白他需要另想办法招募人手，因此他决定前往卡拉布里亚。8月6日，维尼埃率领35艘加莱桨帆船起航，他在特罗佩阿靠岸，因为有人告诉他在该地可以找到葡萄酒，并招募到士兵；水手和当地的导航员都告诉他，这座港口不适合大舰队靠岸，但维尼埃却认为，如今是夏季，反正可以随意停靠在岸边，没太大关系。在特罗佩阿，他购买了一些葡萄酒；至于士兵，“有一个毛遂自荐的连长自称能招来200名步兵”，但他的条件太多，所以维尼埃把他打发走了。紧接着，一场风暴袭击了停泊在海岸附近的分舰队；船上的大部分桨手都是自愿报名的，而不是被锁链锁住的罪犯，他们此时都在岸上，所以这些加莱桨帆船来不及离开海岸，大风把船吹到了礁石上。有8艘船搁浅并严重损坏；通过日夜工作，他们设法修好了2艘。船上的火药和设备都被放在阳光下晾干，但当鸣炮发出离开信号时，这两艘船中的一艘的火药桶着火了，整艘船都化为灰烬。

与此同时，监督官巴尔巴里戈正带着6艘加莱桨帆船前往帕蒂装载葡萄酒，结果他也遇到了风暴；大部分船只都成功进入米拉佐港避难，但有一艘加莱桨帆船由于部分桨手还在陆地上，船划不快，结果到了晚上，船被毁了，原因是船上的船员在黑暗中把海边的一座塔误认为港口的灯塔，结果开过去后撞上了礁石。在特罗佩阿的维尼埃好不容易才从那些搁浅的加莱桨帆船上抢救下了火炮、桅杆、船帆、所有的铁器及索具等物资，但搁浅的船体只好抛弃了，而且船上的许多桨手也趁此机会逃跑了。在返回墨西拿时，维尼埃的舰队已经少了7艘加莱桨帆船，"其余的船从划桨到桅杆也都破破烂烂"；教宗国的军人发现维尼埃此时不知所措，这是可以理解的——即使维尼埃可以自我安慰说"巴尔巴里戈也遭遇了同样的灾难"，如他后来在报告中有些幸灾乐祸地提及的一样，但这场飞来横祸足以让整个威尼斯舰队在盟友面前颜面扫地，"因为盟友们会认为威尼斯缺少有经验的海员来驾驭这些船"。卡埃塔尼对此记载道："威尼斯人不只是对那一带的地形不熟悉，因为至今我们都没人那天晚上在海港的灯塔下见过他们的船，而且，他们缺少经验丰富的领航员。"即使是斯拉夫人出身、对黎凡特地区的地形非常熟悉的著名威尼斯海军军官祖安·弗拉纳在这件事上也显得无能，因为正是由于他的失误，加莱桨帆船才会撞到岩石上。[7]

然而，正如维尼埃在报告中向元老院哀叹的那样，他的折磨还未结束。"我不知疲倦地工作，依然有两个沉重的任务，一个是关于我已经招募到的士兵的，另一个是关于我还没招募到的。"在整个舰队航行过程中，加莱桨帆船上的士兵们一直在抗议，因为他们认为支付给他们的军饷比之前讲定的要低。维尼埃向他们承诺，会先预支一笔军饷，但在一名连长的鼓动下，士兵们拒绝接受维尼埃的提议，随后6个连中有3个发生了哗变。50名全副武装的士兵来到墨西拿当地的政府前抗议，称他们"快要饿死了"，并要求当地政府给他们食物。斯帕塔福拉大使和其他贵族对此事都很担心，他们立刻前去见维尼埃，希望他不要给这座城市带来这样的麻烦。这位老将愤怒地回答说，士兵们拒绝了他提出的预支军饷的解决方案，至于那些声称要饿死的人，他们前一天还在城里订了餐食，而且加莱桨帆船上也给他们提供了食物。哗变者带着他们的军官和军旗进了一座教堂，在那里他们受到教会庇护权的保护，并要求按之前的承诺给他们支付军饷，否则他们就自己动手了。

最后这场哗变能得到妥善处理，还要归功于科隆纳。他在得知此事后，便立刻和哗变的士兵谈判，说服他们接受维尼埃提供的预支军饷的方案。但为了平息这场哗变，维尼埃不得不又多贷款了 1 万杜卡特。墨西拿当地的商人给了他一半，至于另一半，他只能去求助于教宗国舰队的教宗特使，以及马耳他骑士团的大团长，鉴于威尼斯舰队的脸面早就丢光了，这也不会让情况变得更糟。好处则是，这笔钱让舰队的军需官能够支付拖欠士兵的军饷，而且可以通过发餐补来代替每天的饼干，避免消耗舰队的食物储备："如果我没有做这一切的话，如今舰队就会严重缺少食物了，那样的话我可能就只有去找唐胡安借了。"在解决了这个问题后，维尼埃还做了一下计算，结果发现考虑到饼干的价格，发现金餐补不但没有增加开支，反而还让威尼斯政府省了钱，"这得感谢我的军需官马尔科·福利耶尔"。

在这场危机的同时，维尼埃收到了威尼斯元老院的正式命令，要求他给每艘加莱桨帆船配备至少 100 名士兵，这意味着他要招募几千名士兵。科隆纳依然本着乐于助人的精神，动员了他的亲戚和朋友来为在当地人生地不熟的威尼斯人招募士兵。一位卡拉布里亚的贵族，名叫加斯帕雷·托拉尔多，一个人就帮威尼斯人招募了 1200 名士兵，但维尼埃说，他的条件是"任命他当团长……虽然我没有这个权力，但我还是这样做了"。此外还有许多别的中间人愿意帮忙，维尼埃都给了他们每个人一笔报酬。但在钱付完后，维尼埃却发现真正到位的士兵人数只有承诺的一半，因此即使在勒班陀海战大获全胜后，这位老将军还要向威尼斯元老院解释此事，强调他当时没有别的选择，并恳求元老们不要为此事审判他，因为按照共和国的无情法律，他原则上来讲要为此接受审判。[8]

在那不勒斯，布翁里佐也在尽一切所能帮助维尼埃，但他自己也有种种难处。那不勒斯总督已经准许唐安东尼奥·图塔维拉在奥特朗托招募600名步兵，以补充威尼斯舰队；到了8月初，这几个连终于准备完毕可以登船了，只等威尼斯方面把军饷送来，这些士兵就能上船了。普罗斯佩罗·科隆纳的团被留在威尼斯守卫这座城市，他前往那不勒斯，提议让他再招募1000名士兵，而阿特里公爵承诺再多500名士兵；布翁里佐如今的任务就是向那不勒斯总督申请许可，由于他预见这件事不会很顺利，于是他邀请了几位在当地政府有较大影响力的那不勒斯贵族来为他斡旋。威尼斯动用了外交能力，让西班牙驻罗马大使和教宗来写信说服这位顽固的枢机主教总督。德格朗韦勒最后总算同意普罗斯佩罗在卡拉布里亚地区招募这批人了，也同意让阿特里公爵在奥特朗托招兵，但士兵必须获得特别许可才能携带自己的武器离开王国，否则是被官方禁止的。为了支付经费，布翁里佐给了普罗斯佩罗3000杜卡特，但在给在普利亚的阿特里公爵1500杜卡特时却遇到了困难：钱不能通过陆路运输，因为道路上到处都是强盗，也不能通过海上运输，因为没有船。最后，一名商人接受了这张大额汇票，他可以到巴里去把汇票换成现金，当然，他要的手续费堪比最黑心的高利贷者。

另外，布翁里佐之前还从驻罗马的威尼斯大使那收到了给维尼埃的2万杜卡特，这笔钱或许能用来救急，但这么做其实并不符合当时的法律，因为西西里本身就是一个王国，从那不勒斯王国直接输入黄金是违法的。因此目前唯一的方案是将汇票在墨西拿贴现，但这么做造成的损失相当巨大，布翁里佐不想承担这个责任。威尼斯元老院建议他等唐胡安赶到后，在盟国政府不知情的情况下，借用唐胡安的加莱桨帆船来暗中运输所需的现金。驻罗马大使得知这些事后，竭力反对，并坚称要先向德格朗韦勒申请许可证才行，但后者很显然一定是会拒绝的。因此布翁里佐只能去找愿意接受汇票的那不勒斯商人谈判，单个商人最多只愿意接受数千杜卡特的汇票，因为这些汇票只能在墨西拿兑换成现钱，非常麻烦和浪费时间。此外，那不勒斯当地的汇兑交易仅在周五开放，因此要汇出所有的钱需要至少两周的时间，还需要支付1%的佣金，这让布翁里佐深感耻辱。

8月底，布翁里佐勉强完成了汇出2万杜卡特的任务，但不久后，威尼斯又要他汇出3万杜卡特，其中部分是给维尼埃的舰队用的。布翁里佐请求总督允许他以现金的形式运送这笔钱，但再次遭到拒绝。在罗马的枢机主教鲁斯蒂库奇以教宗的名义向这位同为枢机主教的德格朗韦勒斡旋，但依然被拒绝。当布翁里佐希望德格朗韦勒准许他在普利亚地区购买小麦并运回正在发生饥荒的威尼斯时，总督还是拒绝了他。德格朗韦勒向布翁里佐解释说，他的首要任务是保证那不勒斯的食物充足，而当年那不勒斯的收成也不太好，因此不可能考虑出口哪怕一粒小麦给威尼斯；德格朗韦勒甚至称，哪怕是西班牙国王亲自下令，他也不会出口小麦。

但幸运的是，德格朗韦勒在其他方面还是提供了一些方便：他批准教宗在那不勒斯境内为威尼斯舰队招募800名士兵，此时威尼斯舰队缺少兵员的事早就不是秘密了，他命令奥特朗托的民兵聚集在港口，以便在舰队通过时登船。布翁里佐对此时维尼埃的舰队中的加莱桨帆船的糟糕状态也非常忧心，他为此还向总督订购了200支划桨，但这批划桨最终未能运抵墨西拿，因为那不勒斯的加莱桨帆船都已经负载过重了。而在另一边，在卡拉布里亚和普利亚两个地方的募兵工作却进行得比较顺利，德格朗韦勒也准许那些准备加入威尼斯舰队的士兵自由地在王国内部随意穿越，在塔兰托集结，舰队将在那里接他们，然后前往黎凡特。[9]

在西西里的港口，士兵的各种不守纪律和暴力行为依然存在。和在那不勒斯一样，西班牙当地驻军的士兵和教宗国舰队上的意大利士兵之间也时常发生摩擦。某天晚上，一名西班牙连长带着他的手下袭击了一群意大利士兵，这些意大利人为了避暑，离开了加莱桨帆船，在港口的码头上睡着了，他们中有几个人被打伤，斗篷和剑也被抢走了。托斯卡纳的加莱桨帆船上的船员们表示要为他们复仇，威尼斯船上的士兵也想参加；第二天早上，一些西班牙人遭到袭击，意大利人计划在晚上进行一次惩罚性进攻，这肯定会导致流血。幸运的是，马肯托尼欧·科隆纳及时得知了此事并积极介入，安抚了手下的士兵，并向他们保证这件事会得到公正的处理。卡埃塔尼 8 月 10 日写道："非常幸运，港口内的西班牙士兵没有被杀光。"最终只有一人在冲突中死亡，墨西拿当地的政府也很快把这件事的首犯绳之以法。卡埃塔尼说："一个西班牙人和一个意大利人挑起了此事，二人都被捕了。"至于那名西班牙连长和他的旗手，两人也都被投入了监狱，等唐胡安到来后由他审判，"我想这两个人也会有同样的下场"。

除了控制越来越暴力的军队之外，科隆纳还有本职工作要干。威尼斯指挥官们一直在担心西班牙舰队迟迟不来，而在他们等待的这段时间内，"敌舰队可能已经在达尔马提亚和阿尔巴尼亚地区给他们造成无可弥补的损失了"，因此威尼斯人甚至威胁说要独自出发。科隆纳得知威尼斯人有独自先走的想法后非常震惊，他尝试说服他们，告诉他们唐胡安是不可能迟到的；如果他们不能无所事事，他建议他们将桨手和士兵集中在 50 艘加莱桨帆船上，组成一支装备精良的快速部队，在奥特朗托进行侦察。不考虑正面交战的话，也可以轻松跟在土耳其舰队的"队尾"，因为根据各种情报显示，土耳其舰队同样缺少桨手，因此他们航行时队形肯定非常散乱，部分较慢的船只肯定会被主力舰队甩在后方，这样就有机会俘虏一些敌船了。事实上，如果土耳其人真的想要在航行中保持队形整齐，保证整支舰队的绝对安全，不撇下任何一艘船在后方的话，那整支舰队的速度将会慢到根本不足以威胁亚得里亚海了：马肯托尼欧说，只有当舰队"出人意料地"出现时，突袭和征服才是成功的。至于威尼斯这方，由这 50 艘加强的加莱桨帆船组成的舰队的速度将会非常快，可以在需要时轻松撤退，"并且在任何时候都能撤到我方港口内"。

除了第一个建议，科隆纳还提出了一个替代方案，以节省时间并确保威尼斯人有思考的空间。他建议威尼斯人航行到巴巴里海岸，"焚烧村庄和带走奴隶，像他们（土耳其人）所做的那样，像我们担心他们将在海湾做的那样"。马肯托尼欧·科隆纳非常清楚，威尼斯人在北非没有战略利益，更不会用他们状态已经如此差的加莱桨帆船去为西班牙国王火中取栗，但威尼斯人肯定不可能当面明说这一切，因此科隆纳希望威尼斯人自己来否决这个方案，威尼斯人也果然如此做了。此外，有报告显示一些运载小麦的大型货船在米拉佐海岸附近被 6 艘土耳其轻型桨帆船俘虏了，目前尚不知这些土耳其战船到底是巴巴里海盗还是苏丹的主力舰队的侦察船，但基督教的将军们最终决定出动 18 艘加莱桨帆船前去尝试俘虏这 6 艘船，这一行动由卡埃塔尼指挥。但他们最终无功而返，连敌船的踪迹都没发现，因为这些船只像往常一样消失在雾中，但他们利用这次航行在米拉佐补充了葡萄酒和食物。与此同时，科隆纳也收到了一个噩耗，他的女儿蒙德拉戈内公爵夫人焦万娜去世了，于是他和他所有的仆人都为她哀悼，加莱桨帆船上也盖上了黑布。这是当时所有人都必须遵守的传统，没有商量余地，然而那些迷信的水手们却认为这会带来坏运气。[11]

联盟的协议规定费利佩二世必须派出 70 艘加莱桨帆船参加联合舰队，而他为此得到的好处，是联合舰队将由他的弟弟、当时年仅 24 岁的奥地利的唐胡安来指挥。虽然详细协议已经在罗马讨论得非常清楚了，但意大利各国之间的通信表明，人们非常关注西班牙国王的加莱桨帆船究竟什么时候能来。法奇内蒂写道，如果不希望威尼斯人继续作战的信念发生动摇的话，就最好不要再浪费时间了：西班牙必须给出关于唐胡安的行动路线和抵达日期的准确信息，“这样才能维持谈判带来的热情，以防那些利益相关的商人说服不明现状的人与土耳其和谈”。也就是说，威尼斯需要得到非常详细的信息，否则，支持与土耳其立即讲和的主和派商人可能会利用错误信息和混乱的公众舆论，让其声势再次壮大起来。在得知唐胡安打算到 6 月 20 日后才起航离开巴塞罗那后，威尼斯总督非常震惊和愤怒。教廷大使想要让他平静下来，但最终也无功而返：“我已经劝过总督大人了，但他还是那样……我祈求上帝让唐胡安大人能以最快速度赶来，更重要的是，让西班牙国王头脑清醒起来，意识到他的责任，和让舰队投入战斗的必要性。”教宗本人也在焦急地等着唐胡安的到来，为此没少找德苏尼加大使的麻烦，这位不幸的大使向国王写信汇报：“教宗非常期待在意大利见到他。”5 月底，庇护五世实在坐不住了，干脆亲自写信给西班牙国王，催促他让唐胡安尽快出发，“如果再拖下去的话，将会对已经损失惨重的基督教世界造成更大的危害”。[12]

唐胡安 1570 年 12 月底抵达马德里宫廷，在此之前他指挥军队在西班牙南部镇压了摩尔人的起义。威尼斯大使写道："这个年轻人只有 25 岁，但他的面相比这还要小。"1571 年 2 月，据说之前在费利佩二世的宫廷里待了好几年的奥地利哈布斯堡王朝的两位年轻王子要启程回国了，西班牙将派 12 艘加莱桨帆船把他们从巴塞罗那护送到热那亚。多纳想要在这个被秘密笼罩的宫廷中打探到消息，确认唐胡安是否会跟着他们一起出航，"但没有一个人知道答案，或者说，没有人愿意把答案告诉我"。不过唐胡安是好斗和乐观的，他向这位威尼斯人保证，一旦接到命令，他将立刻出海，"因为他只需要穿上靴子、装好马刺，就可以前往巴塞罗那了"。

3 月，费利佩二世决定把那不勒斯的分舰队也调回西班牙本土，和唐胡安一起出发，把在安达卢西亚招募的步兵带上舰队，并"保证这次航行既安全又有尊严"。威尼斯人得知消息后非常不满：那不勒斯的加莱桨帆船没有靠近他们，而是更加远离他们，尽管这是有充分理由的。让多纳感到安慰的是，两位奥地利王子计划于 4 月 2 日离开马德里，"我们准备收拾行李"。然后他得知他们生病了，直到复活节星期一，即 4 月 16 日，他们才离开；而那不勒斯的那些加莱桨帆船也因为总督的突然去世而暂时无法调动了。不过这些事其实影响不大，因为加莱桨帆船在 5 月 10 日或 15 日以前依然不能离开巴塞罗那：这些加莱桨帆船此时正在巴巴里海域执行任务，此后还得前往直布罗陀，为唐胡安带上他那艘有 290 名桨手的华美旗舰"皇家"号。

多纳和教廷大使卡斯塔尼亚此时只能无奈地看着日子一天天过去，而西班牙国王也找各种借口推脱，明确表示他对此无能为力。5 月 28 日，两位王子终于离开了马德里，走了一条在一个月内无法到达巴塞罗那的路线。毫无疑问，西班牙大臣们平静地向震惊的意大利人解释说，他们要到 7 月初才能离开巴塞罗那。事实上，国王希望确保在让弟弟前往意大利之前签署联盟条约。传递这条重大消息的信使直到 6 月 6 日才抵达马德里，"当信使最终赶到时，唐胡安已经备好了马，穿上靴子，做好了前往巴塞罗那的准备"。一小时后，他就离开了，向意大利大使们暗示，在上帝的帮助下，他可能会在 7 月 10 日抵达热那亚。[13]

唐胡安接到命令后兴奋异常，因为他几个月来一直跃跃欲试。仍记恨着多里亚去年的行为的卡斯塔尼亚观察道："当然，这位王子很年轻，非常渴望荣誉，如果军事会议太放任他，我相信，当他找到战机时，他会不顾舰队的安危去追求荣耀。"此时同盟协议已经签下，费利佩二世已经没有理由拖延下去了，他命令他的兄弟"尽其所能加快步伐"。在几天后，费利佩二世给他的一封长信中，同样提到了尽快动身的必要性：他只需要在必要的时间内在巴塞罗那停留，然后立即启航前往意大利。然而，让他小心地带着足够的食物离开，以免过早地花掉交给他的现金："因为，正如你所理解的，重要的是，你不要出于任何原因把钱花在船上，你应把这笔钱带到意大利。"

在给唐胡安发出上述指示后，费利佩二世还关注了船上的士兵和水手的信仰状况。唐胡安带着他的方济各会告解神父以及其他牧师一起出发了，费利佩二世要求船上所有人都必须遵循基督徒的准则，并希望清除船上渎神和鸡奸的恶习；因此他还派了一名宗教裁判官随行，此人名叫基耶罗尼·曼里克，并希望教宗确认"无论走到哪里都能行使他裁判官的权力"。（卢纳尔多·多纳大使对此评论说："当然，我不想说这些烦琐的宗教裁判所的规矩符合我的喜好，因为我不同意他们的做法。"不过在他看来，威尼斯加莱桨帆船上的信仰状况同样需要更多重视。）另外，宗教权力也需要世俗权力的支持，因此费利佩二世同时还在舰队中任命了一名总检察长，全权负责各种案件的审理；这个职位最终由那不勒斯最有声誉也最敬业的一名法官来担任，人们称他为莫尔卡特博士，他因之前打击劫匪的铁腕手段而闻名。[14]

与此同时，在意大利，唐胡安迟迟不来在众人中引起了巨大的恐慌。法奇内蒂6月23日在威尼斯城写道："由于一直得不到唐胡安的消息，如今这里在等待中的痛苦程度已经难以想象。"几周后，他又接着写道："这些绅士们如今都很尴尬，因为他们至今还是没有唐胡安大人的消息。"土耳其舰队及其在伊奥尼亚海的活动让所有人都惊恐不已，7月9日，在维尼埃决定撤离科孚岛前往墨西拿的两天前，法奇内蒂写道："基督徒的舰队必须尽快集合，否则的话土耳其舰队便可能抢先一步，阻止我们会合。"法奇内蒂总结说："我们每天都在期待唐胡安抵达热那亚的消息传来。"在罗马的梵蒂冈高层中，人们同样对此已经急不可待了。而在民间，人们对此也非常关心，各种小道消息也在四处传扬，如今无论是在公开场合还是私下，都在谈论唐胡安。德苏尼加因此不得不向西班牙国王汇报说："唐胡安每晚一小时，都会让圣座和所有民众的抱怨再多一分。"[15]

在前往巴塞罗那的途中，唐胡安对他将要带多少艘帆船前往黎凡特有着非常清晰的想法。在出发前两天，卢纳尔多·多纳大使就询问过他此事，大使后来说："他对我说，他会有 30 艘以上的加莱桨帆船，然后他问了另一个在场的人，后者回答他是 37 艘。"然而，在抵达巴塞罗那后，唐胡安只看到了热那亚共和国和萨伏依公爵的 6 艘加莱桨帆船：西班牙舰队的加莱桨帆船有的在马略卡岛，有的在卡塔赫纳，而圣克鲁斯侯爵从那不勒斯带来的那些船则在装载步兵。唐胡安 6 月 17 日赶到了罗马，第二天他的副手唐路易斯·德雷克森斯，写信给他在罗马的兄弟唐胡安·德苏尼加，对目前准备工作进展缓慢大发怨言："我们宫廷的原罪就在于它从来不能按时完成任务。在你离开之后，情况日益恶化，并且还在一天天继续恶化。"然而，更糟糕的是，西班牙国王在没有给出明确指示的情况下就让他的弟弟出发了，因此唐路易斯·德雷克森斯忐忑不安：

> 到目前为止，无论是唐胡安大人还是我自己都没有得到指示，我们也不知道我们被命令做什么；我相信他们一直等到我们离开后才给我们下达命令，这样我们就无法讨论这些命令；但我以前早就告诉过国王、枢机主教还有德韦拉斯科，我一直在担心此事，我希望给我明确清晰的命令，好让我做我能做的事。

德雷克森斯可以如此直言不讳，是因为他当年被查理五世选中担任费利佩王子的侍从，二人从小一起长大。但即使是他，要得到这位素有"谨慎的国王"之称的费利佩二世的清晰的命令，也没那么容易。

在接下来的几周里，来自西班牙的各种信件都显示，由于时间一点点过去，准备工作依然迟迟没有完成，所有人对这次舰队出征的事都非常恼火。唐路易斯·德雷克森斯在给他的兄弟的一封信中写道："缺乏食物、金钱和人员；可以想象接下来会发生什么。”他还说，虽然唐胡安自己已经准备好了，但他依然什么也做不了。教宗在罗马十分焦躁，德苏尼加还必须找到尽可能让他平静下来的方法：“对我个人来说，最好的解决方案就是我回家过冬，然后这辈子再也不出家门了。”两位奥地利王子早就抵达巴塞罗那多时了，但那不勒斯加莱桨帆船装载安达卢西亚步兵花费了很长时间；而已经在巴塞罗那的加莱桨帆船和上面的士兵也都在旅途中消耗完了所有的物资，还得购买新的。在马德里的教廷大使卡斯塔尼亚说：“那些停靠在巴塞罗那的加莱桨帆船的管理完全一片混乱，而且比预期的日期要迟到了许多。”此时船上缺少海用饼干，“那些匆忙赶到的王子们要再等一个月了……总之，在这个国家，分秒必争，或者说不拖延误事，是根本不存在的”。

这不是说西班牙人缺乏宗教热忱：在整个西班牙，特别是南部的港口，人们都在谈论打击敌对信仰的伟大事业。早在6月的头几天里，法国驻马德里大使就报告道：“由于神圣同盟已经成立，此时已有人数众多的贵族在卡塔赫纳上了船，随唐胡安一起出发，期待能前往塞浦路斯和土耳其人一战，或至少能在摩里亚或是发罗拉登陆打一仗。”而唐胡安本人和其他人一样不耐烦：早在6月21日，他写信给科隆纳，告诉他说，他现在只等去安达卢西亚港口的加莱桨帆船赶来，毫无疑问，他将在7月2日出发，当时在他看来，这是一个相当遥远的日期。不过到了7月6日，唐胡安依然在巴塞罗那，然而此时的他仍很乐观：他写信给罗马，表示他将在那不勒斯舰队的加莱桨帆船抵达后立即出发。但最终圣克鲁斯侯爵的舰队直到7月16日才抵达，第二天，舰队出发前往热那亚。在舰队的几千人中有一名苏丹的奸细，他是个格拉纳达的摩尔人，在7月26日舰队抵达意大利后便趁机逃离了舰队；5周后，他抵达了君士坦丁堡，并把异教徒舰队大举逼近的情报报告给了苏丹。[16]

在热那亚，吉安·安德烈亚·多里亚正在他的官邸内以最阔气的方式迎接国王的兄弟的到来，唐胡安的秘书胡安·德索托向费利佩二世的秘书安东尼奥·佩雷斯报告道：“一张绣有金线的床，同样绣金的挂毯，一间芳香的房间，几乎没有噪声，还有一张最华丽的桌子，大使们在此举行仪式。另一方面，唐胡安大人感到牙痛，屋子里蜘蛛很多，而且缺少现金。”在多里亚的官邸中的两次宴会期间的空闲时间内，唐胡安沉浸在混乱的未完成的准备工作之中，而正是这些工作几个月前把门多萨大使逼疯了。他本以为热那亚已经准备了足够的半身甲，这种护甲对长矛兵而言是不可或缺的，“因为我带来的所有士兵都没有武装”，但“我被告知没有找到半身甲”。因此，他写信给米兰总督，要求他尽快向热那亚发送所有可用的半身甲，并提前通报数目，好让他安排足够数目的加莱桨帆船去港口接货。但要这些从西班牙远道而来的士兵们就这么等在港口无所事事肯定是不行的，因为如此肯定会造成卫生方面的问题：圣克鲁斯侯爵受命立即带着 14 艘满载士兵的加莱桨帆船前往那不勒斯，并在那里确保完成所有准备工作，这样唐胡安的舰队主力在途经那不勒斯时就不会浪费时间了。

弗朗西斯科·德伊瓦拉是这一庞大行动的唯一财务主管，他早已来到热那亚，为从德意志和米兰招募的步兵的登船做准备，他向唐胡安报告说，其中一个由温奇圭拉·阿尔科伯爵招募的日耳曼步兵团已经抵达了拉斯佩齐亚；唐胡安·德卡尔多纳留在热那亚安排要上船的士兵，等待奥地利的唐胡安以及西西里岛和那不勒斯的 27 艘加莱桨帆船。洛德龙内伯爵的日耳曼步兵团和西吉斯蒙多·冈萨加的意大利步兵团此时还在米兰，正准备徒步行军前往拉斯佩齐亚，不过唐胡安此时已经没有耐心等这么久了：这两个步兵团，将由多里亚负责带 11 艘加莱桨帆船和那位不知疲倦的德奥维多租来的几艘拿浮船来运输。但伊瓦拉向震惊的唐胡安解释，那些步兵团的士兵们在没有拿到军饷前都不肯离开米兰；这位王子此时几乎没有现金了，而且他得到了明确的命令要他减少开销，他再次写信给米兰总督，要求他用米兰的钱来预付军饷。

与此同时，还留在热那亚的加莱桨帆船依然在忙着装载食物、火炮和弹药，包括 16 吨供重火绳枪使用的火药，和大量洛梅利尼家族生产的海用饼干。唐胡安决定在这些装货工作都完成后就立刻出发，到了 7 月 31 日，他写信给西班牙国王，说他此时已经出发了：此时是晚上 9 点，在等到顺风后，舰队便立刻起航了。在走之前，唐胡安留给了多里亚关于如何在拉斯佩齐亚接步兵上船的确切指示：必须确保没有无用的人登船，没有舞弊行为，确保部队能够在如此重要的远征中保持战斗力；不应允许士兵携带妇女、儿童和行李，“除了他们认为绝对必要的行李”。在所有人都上船后，多里亚便用加莱桨帆船拖着那几艘拿浮船出发了，先前往墨西拿，随后在那不勒斯和主力舰队会合。

我们不知道多里亚对于为唐胡安这位20多岁的年轻人效力做何感想，然而可以肯定的是，这位热那亚人当时脑子里有更紧迫的事情。由于此前西班牙国王已经同意花钱购买他的加莱桨帆船，多里亚迫不及待地想交付船只，他希望唐胡安在热那亚就接管他的船；然而这位王子得到了他兄长的命令，要他到那不勒斯再接受这些船，因此此事就拖下来了。最复杂的问题还是钱方面的。银行家尼科洛·斯皮诺拉已经借给了唐胡安11109埃居用于购买火药和食物，并同意在西班牙付款，因此此时唐胡安认为已经完全可以不动那笔舰队上的备用现金了；然而，其中一部分现金要留在热那亚，以便军需官伊瓦拉在核实抵达港口的士兵的确切服役时间后，支付他们的军饷。更糟糕的是，唐胡安还要再次写信给米兰总督，向他保证，他预付给军队的钱之后将会还给他，因为与米兰政府的通信使人们担心在这方面会发生重大冲突；最让人不舒服的是，“由于这次出征规模宏大，气势磅礴，因此吸引了所有人的目光，无论敌人还是盟友”。[17]

在热那亚，有几位意大利贵族上了唐胡安的加莱桨帆船，参与了直到勒班陀海战的全部战事。他们包括乌尔比诺大公爵的继承人、舰队意大利步兵总指挥斯福尔扎·迪桑塔菲奥拉伯爵，以及帕尔马公爵的继承人亚历山大·法尔内塞，他日后将担任西班牙佛兰德军团的指挥官，并成为那个年代最伟大的将领之一。在抵达热那亚后，唐胡安还遇到了教宗的一位下属，催促他以最快的速度赶往奥特朗托，和威尼斯舰队会合。于是他决定先派在西班牙招募的大方阵团团长唐米格尔·德蒙卡达前往威尼斯，向威尼斯当局保证他的热情。唐米格尔所收到的指令证明这位年轻的指挥官确实不想随便去冒犯盟友最为敏感的方面：

请务必牢记，无论是你还是你的随从，都绝对不可以对威尼斯人拖到很晚才签下神圣同盟协议一事发表半句怨言，也绝对不要有任何批评他们的士兵和舰队的负面言论。相反，你们必须找机会称赞肯定他们的作为，因为这么做才符合我们的利益。

与此同时，德蒙卡达还有别的任务，他必须调查威尼斯舰队的战斗力，并评估主和派目前在民间的影响力；更重要的是，他还要了解威尼斯人目前的财政状况是否能继续这场战争。[18]

但唐胡安和他的随行人员还有其他要担忧的事。其中最重要的一点，也是让许多人彻夜难眠的原因，就是这位年轻王子的头衔。由于他是个私生子，费利佩二世下令禁止人们称呼他为“殿下（Son Altesse）”，而要求人们称他为“阁下（Son Excellence）”。很明显，许多人并不注意这一点，还是继续称他为“殿下”，但在宫廷里，特别是在国王面前，他们必须特别小心自己的用词。威尼斯大使本人也注意到了：

关于这个称呼问题，我曾经斟酌了很久，最后决定还是仅仅称他为“阁下”，因为绝大部分领主和国王的侍从都这么称呼他，尽管另有许多人称他为殿下。但当我得知国王陛下目前似乎更愿意称呼他为“阁下”时，我认为自己的做法是合乎礼仪的。

多纳非常清楚唐胡安对此怀恨在心，他本人肯定并不喜欢“阁下”这个称呼，但他认为，这个问题可以用意大利人的方式来解决：“我认为称他‘殿下’肯定更对他的口味，随着时间的推移，很可能所有人都会这么称呼他。”然而当唐胡安出发后，费利佩二世却立刻向他在意大利的大使们出发这方面的具体指示：无论出于什么原因，他的这位弟弟都不应在同盟的正式文件中被称为“殿下”。此外，费利佩二世还命令他的秘书安东尼奥·佩雷斯把该命令的副本也寄给唐胡安本人，他在 7 月初于巴塞罗那收到了命令。同时他还受命，不经德雷克森斯、多里亚和圣克鲁斯侯爵的同意，不得下任何决定；德雷克森斯必须乘坐“皇家”号，所有文件都需要他过目并签字。这个年轻人对这种双重羞辱感到愤怒。他一反常态地用直截了当的措辞写信给国王，说他更希望国王陛下屈尊亲自告诉他有关头衔的问题，因为这样不会引起这么多的议论。他还说，他非常清楚自己年轻，缺少经验，因此会忠实地服从那些比他更有学识的人的指示；然而，他担心国王不放心让他担任舰队指挥官，“我常常在想，如果我能用其他方式为陛下服务，是否更能让陛下满意”。

这道强制要求称唐胡安为“阁下”而不是“殿下”的命令传到罗马后，人们惊呆了。德苏尼加写信向国王报告，自从唐胡安抵达意大利后，为了此事一直没少出过麻烦：“由于各位阁下是在恶劣的条件下一路奔波至此的，而且在我看来，在西班牙本土的事情已经有了进展，因为可以肯定这些事是会随着时间而变化的。”最重要的是，教宗本人并非贵族，因此他可能不会注意这些西班牙礼仪中的微妙之处，而这就会让西班牙驻教宗国大使们也陷入难堪：“我觉得教宗见到唐胡安很可能会称呼他为‘殿下’，这样的话，我们这些陛下的代表当众称他为‘阁下’就会很不得体。”

不过在远离宫廷的地方，唐胡安的仆人们一直称他为殿下，德雷克森斯对此表示反对。德雷克森斯对国王交给他的顾问职责非常上心，这让年轻的王子对他十分反感，因为他清楚地意识到这个人是被安排来“指导和监视”他的；因此在公共场合，唐胡安只要一有机会就会羞辱德雷克森斯。唐胡安之前每天和德雷克森斯共进午餐，德雷克森斯认为这是惯例，但在舰队离开热那亚后，唐胡安却派他的秘书通知德雷克森斯说，现在情况不同了，他只有在受到邀请后才能和唐胡安共进午餐。唐胡安的秘书德索托在 7 月 31 日半夜，舰队起航时如此写道：“唐路易斯·德雷克森斯对此显然非常不满，他威胁说，他以后就留在自己的加莱桨帆船上了。”第二天，愤怒的德雷克森斯立刻给国王写了一封信，指责了唐胡安这样的做法，称这一行为“已经在意大利引起了极其恶劣的影响”。从那以后，这两人之间的关系愈发恶化，甚至在勒班陀海战后，唐胡安依然还在写信给国王，给自己的做法辩护。胡安·德索托写道：“愿上帝为我作证，我厌倦了为了面子的争执和各种宴会，我希望就此隐退。我现在饱受折磨，我可以保证，我很快就会离开这个鬼地方。”[19]

8月1日，唐胡安的舰队起航离开了热那亚，8月8日，舰队抵达了那不勒斯，但迎接他的庆祝活动此时还没准备好，于是他先在皮耶迪格罗塔停留，直到8月9日晚上才隆重地进入港口，“这令民众非常满意”。埃托雷·斯皮诺拉指挥着热那亚的3艘加莱桨帆船，他给政府的报告中却对此时的形势并不乐观。下船用的跳板坏了，还得从加莱桨帆船上拆卸木料来修复；德格朗韦勒亲自来迎接唐胡安，但“一同来的骑士和贵族们态度并不好，因为他在那不勒斯不受欢迎”。此时斯皮诺拉的旗舰进了水，还需要修理；此外，热那亚的洛梅利尼家族的那4艘加莱桨帆船的指挥官也有所不满，因为在之前的旅途中，王子突然心血来潮，下令搜查他们的船只，结果在船上找到了90捆呢绒和其他走私货物，于是把这些货都留在了波尔图埃尔科勒，将其暂时扣押了。

与此同时，唐胡安·德卡尔多纳也随同温奇圭拉·阿尔科伯爵的日耳曼步兵团一同抵达了拉斯佩齐亚；许多士兵都在航行途中病倒了，但德格朗韦勒却不让他们上岸，因为他认为这么做会把他们的病传染给城里的居民，德卡尔多纳8月10日带着西西里的分舰队的加莱桨帆船再次起航，前往巴勒莫。萨尔诺伯爵的团也开始登上唐胡安的舰队，计划需要3天的时间；另外还有8艘热那亚加莱桨帆船正前往加埃塔接保罗·斯福尔扎的步兵团上船。与此同时，庇护五世在得知唐胡安已经抵达热那亚后，便匆忙开始制作神圣同盟司令官的军旗，“因为他之前把此事给忘了”，他在给旗帜祝圣后，便派人将其送往了那不勒斯。8月14日，枢机主教德格朗韦勒举行了一场按礼节所必需的庄严的仪式，把这面军旗交给了唐胡安。[20]

随军旗送到的还有一封教宗的信，信中他对之前的延误表示遗憾，并希望不要再浪费时间了。唐胡安本人并不想浪费时间，但由于海上刮起了来自南方的热风，船一时走不了，只好在港口内又待了一周。在这段时间里，他表现得非常不好相处，给人留下了糟糕的印象。教廷大使愤怒地指出，唐胡安殿下自抵达以来，只和德格朗韦勒、德雷克森斯和圣克鲁斯侯爵合作，“没有意大利人介入的余地”。但和德格朗韦勒总督合作是十分困难的，唐胡安对此极不耐烦。普罗斯佩罗·科隆纳说服他赦免一名著名的强盗，作为交换，此人将亲自带着300人来为舰队效力。此人带着唐胡安为其担保的亲笔信来到那不勒斯：他遇见了总督的一名法官，并对法官出言不逊，导致他被绞死了。唐胡安对这一侵犯其管辖权的行为感到愤怒，于是他把这名法官传来“皇家”号，把他吊死在船上，而德格朗韦勒对此却根本不敢抗议。[21]

8月21日，所有人都总算松了一口气，因为唐胡安终于率领25艘加莱桨帆船离开了，他在两天后抵达了墨西拿。而圣克鲁斯侯爵则率领30艘那不勒斯分舰队的加莱桨帆船留在了港内，他们的任务是为6艘拿浮运输船护航，因为这些运输船尚未把弹药和军需补给装货完毕，不久前抵达的西班牙步兵也还没全部登船。另一方面，多里亚在等第二个日耳曼步兵团上船后，也率领11艘加莱桨帆船离开了拉斯佩齐亚。

西班牙舰队的持续分散在罗马引起了极大的愤怒：教宗问德苏尼加，这一切到底是不是有意为之，而威尼斯人则认为，如果基督教同盟舰队此时能在奥特朗托集结，土耳其人就会撤退了。但事实上，协调属于4个不同行政系统的80多艘加莱桨帆船的行动，并将从西班牙、意大利和德意志招募的9个团带到不同的港口，使这些部队和船只集结到墨西拿绝非易事；这是费利佩二世的官僚系统的非凡成就，尽管正如上文提到的，这一过程花费了很长时间。[22]

24

血染法马古斯塔

法马古斯塔城大致呈一个四边形，周长 2 里，城市有一道古旧的城墙，城墙上共有 12 座炮台，墙外还有一道护城壕。而在正对黎凡特的海港入口的最狭窄处，有一座小城堡屹立在海角上把守要道。南边陆地一侧的城墙最为脆弱，不过这里的城墙用新建的建筑加强过了。在 4 座分别叫"军械库""圣坎波""安德鲁奇"和"圣纳普"的炮台，以及被称为"莱梅索斯门"的通向城市的大门后，都建造了被称为"骑士"的高大防御平台，平台上架设了用堡篮和沙袋保护的大炮，可以对城外的原野进行炮击。城门前修建了一座被称为"钻石"的六角形炮台，并建了一座三角堡来保护它，好让城门常年都不需关闭。在土耳其敌军登陆前，巴廖尼将护城壕加深加宽，还在城墙外平整土地，将许多房屋和教堂都拆除了，并强令当地居民将橘子和枸橼果园中的树全部拔掉，好为城墙上的大炮清理射界。所有城外的小麦、油、奶酪、木柴和牲畜都已经集中到城内，而所有无法带走的东西都被付之一炬。

在得知土耳其人已经登陆后，即将返回威尼斯的拉加佐尼主教在广场举行了弥撒，并请求所有人宣誓效忠基督和威尼斯总督。布拉加丁、巴廖尼和其余的指挥官率先起誓，"然后广场上的所有人都泪流满面地发誓，在露台和凉廊上以及窗户后观看仪式的妇孺们也一致喊道：'我们宣誓效忠。'"在广场上列阵的步兵和巴尔干骑兵也重复道："我们宣誓效忠。"如果说城内军民士气高昂的话，巴廖尼本人是否这么有信心就不太好说了，特别是因为在尼科西亚陷落后，法马古斯塔已经是孤立无援了。前几年有工程师检查过法马古斯塔的城防，他们都认为法马古斯塔的城防太过陈旧和薄弱，巴廖尼也很清楚他们是正确的。在给他自己的城市彼鲁兹的市长的信中，巴廖尼写道："我希望你们的负责人能参照法马古斯塔的平面图，判断我们防御体系的不足之处。”他本想加固城防，但土军的出现使他丧失了这么做的机会。[1]

随着春天的临近，土耳其营地开始活跃起来。在马尔科·奎里尼的舰队离开后，那些来自卡拉曼尼亚和叙利亚地区的土耳其运输船重新前往塞浦路斯；它们向法马古斯塔城外的土耳其陆军运输各种火炮，还有渴望掠夺法马古斯塔的志愿兵们，特别是运输用于攻城的羊毛捆、木料、废金属、木桩和长矛等物资。土耳其人这一切的活动都没有逃过城墙上的守军士兵的眼睛，他们对此一直都在密切监视着，在卡普丹帕夏本人4月返回前线，并运了一批耶尼切里军团和亚美尼亚工兵后，还留下了25艘加莱桨帆船，用于运输各种物资器材。有一位意大利连长写道，当时在穆斯塔法帕夏的大本营，每天都有大量的木料和木梁运进去，并且能看到这些物资越堆越高，“好像一座座山峰一般”。而攻城者和守军也不时会相互交流：4月1日双方还签订了暂时停战的协议，以便双方交换战俘，3名在尼科西亚被俘并沦为奴隶的波达卡塔罗家族的贵族妇女被赎了回来，并被迎接进城。[2]

毫无疑问，用不了多久，土耳其人就会再次发起对法马古斯塔的攻击了，在4月中旬，布拉加丁也开始了守城方面的准备工作。4名当地的贵族和4名意大利连长负责2人一组地巡视全城，统计城内的人口和存粮。他们收到的命令是“要小心仔细地从上到下搜查所有的房子、水井、避难所，统计所有的谷物、蔬菜、油、酒和醋”。在登记完毕后，政府决定把城里的无用人员全部驱逐出城；加托连长是唯一留下关于此事记录的目击者，他声称这次行动由民众自由抉择，政府公开宣布，所有想要出城的人都可以来登记；最终总共有5370人被登记为对守城没有任何益处的人员，他们被命令“尽快在上帝的保佑下出城”，并立刻从莱梅索斯门出城。他们每个人都带着自己的财产，以及一天份的面包，但不能携带任何武器，也不能带小麦或是面粉；马肯托尼欧·布拉加丁亲自一个个打开他们的包检查。据所有证人说，帕夏“礼貌而仁慈地”欢迎了他们，并将他们送回村庄。[3]

除了奎里尼之前运来的步兵外，法马古斯塔还得到了另一批援军，就是之前在尼科西亚陷落后侥幸逃脱的几个意大利、希腊和阿尔巴尼亚连，他们之前在山上躲藏，当冬季来临后，他们选择进入法马古斯塔城过冬。布拉加丁下令对城里的守军人数再进行一次统计，此时城内的守军还有4000名意大利步兵，3000名就地招募的希腊士兵，800名达尔马提亚地区招募的士兵，还有200名阿尔巴尼亚裔巴尔干轻骑兵。[4] 人们可能会好奇守城方的间谍是怎么工作的，因为他们报告的敌军数量过于惊人了：共有24万人，其中包括7000名骑兵，19.3万名步兵，还有4万名工兵！由于加托连长非常认真地记录了这些数字，因此只能得出结论，城内的基督教指挥官们相信这些数字，尽管他们的敌人并不可能向塞浦路斯运送一支数量远远超过整个岛屿人口的部队，而且还能供养这支大军；很可能是土耳其人自己故意透露了这样夸张的数字，来恐吓敌人。然而法马古斯塔的守军对自己的坚固堡垒充满信心，他们根本没考虑过投降的可能性，至少一开始是如此。[5]

在土耳其人离开他们的冬季营地，重新发起攻势以前，守军早已开始尽一切可能阻止土耳其人靠近。在城外，守军士兵铺满了大量的铁蒺藜，此外还在地里埋了无数钉了4个钉子的小木板，这样土耳其人就很难毫发无损地接近到城墙300步内。此外，守军的轻骑兵也趁着夜色在城外的井水中下毒，用的都是为此从威尼斯运过来的毒药。然而守军最严重的问题还是补给匮乏，特别是谷物。面包要士兵自己用现金购买，而所有的面包都是从一座烤炉中生产出来的，以此来防止舞弊行为，“每人每天最多只能买两个面包”；而大麦、单粒小麦和稻草也已经没有了，因此只能用粗面粉喂马。其余食物都是免费发放的，“因此每名士兵每天只用花2个苏来购买面包”：布拉加丁亲自监督奶酪和葡萄酒的配给工作，而当酒喝完后，改为配给兑水的醋；在靠近城墙的地方，人们还建起了一座临时厨房，共有8口大锅，用于煮米饭和腌肉；每人每天的口粮是一碗饭加上4盎司的肉，而在守斋的日子，则用豆类和油代替肉。[6]

另一个不能忽视的问题，是如何支付士兵的军饷。在和母国的联系被切断后，塞浦路斯的威尼斯地方政府很快就发现自己现金短缺。在公共府库里的最后一分钱花完后，政府被迫开始强行发行金属片来代替现金，并承诺在战争胜利后兑换，这是当时被围困的城市的惯例。在法马古斯塔，马肯托尼欧·布拉加丁“日夜督造价值10苏的铜币”。政府开始用这种临时货币支付给所有的士兵和物资供应商人。显然他们一开始并不情愿，但“布拉加丁阁下大吼道，如果拒收这种钱币，将受到严惩”，因此这种铜币“像真金白银一样流通了”。[7]

4月17日，拉拉·穆斯塔法帕夏检阅了全军。虽然城墙离土耳其军队的大本营还有3里远，但巴廖尼使用他最大口径的几门火炮，从莱梅索斯门的“骑士”平台上向土耳其人开炮，造成了一定的损失，也给他们造成了一阵混乱。土耳其重火绳枪兵们则在一座离城只有一箭之遥的名为犹太山的高地上建立了阵地，向“骑士”平台和三角堡开火；然而由于这座高地太过孤立，离城也太近，因此在接下来的几天里，守军挖掘地道至高地下方，爆破了土军阵地。但到目前为止，这些只是小打小闹，此时土耳其大部队正在拔营，来到法马古斯塔城下安营扎寨，甚至已经到了之前守军拔掉果树的地方；理论上说，在炎热的夏季，这个有许多水井的地方是理想的宿营地，因此守军应该在井水里下了毒，但土耳其军喝了井水后并未感到任何不适。与此同时，从尼科西亚调来了15门攻城火炮，一旦这15门火炮抵达，便一切就绪，可以开始攻城了：4月25日，土耳其工兵在士兵和岛上农民的帮助下，开始挖掘战壕，逐渐逼近城墙。[8]

土耳其攻城部队面临的问题是要在尽可能接近城墙的位置建造炮垒和挖掘战壕，掩护本方的重火绳枪兵，不让他们暴露在守军火力之下：因此，在最初几天，人们使用的是木桩和铁锹，而不是武器。在工程师的监督下，士兵们挖出了顶部有防护的战壕网，逐渐逼近城墙。加托在城墙上看着他们一点点推进，他说，这些土耳其士兵“好像蛇一般，小心翼翼”地前进，城外的原野“变成了一个迷宫，有数不清的战壕和地下通道”。这些从军营到城墙之间的壕沟非常深，不但步兵可以在里面安全地行军，甚至可以容纳西帕希骑兵骑着马在里面走：城墙上的士兵只能看得见西帕希的矛尖。到了夜间，法马古斯塔守军的火炮无法开火，工兵就抓紧加固这些相互平行的战壕，在战壕上覆盖一根根捆在一起的横梁，横梁上铺满了松散的泥土，这样重火绳枪兵就可以躲在下面，对城墙上开火。挖掘工作堆出了许多土山，军队开始陆续躲到土山后扎营；最后在离城市只有几米远的地方，出现了一个完整的营地，其有许多帐篷和小屋，守军的炮火被土山遮挡，无法射击这些土军。

无论是当时的目击者，还是那个年代的历史学家，比如之前提到过的帕鲁塔，都毫不掩饰他们对土耳其人这种非凡的攻城技术的钦佩，以及赞叹他们在工作过程中付出的“难以置信的艰苦努力”和表现出的“惊人的才智”。挖掘工事的工兵“被远比他们本人高大得多的土山保护着，守军士兵只能看见沟渠边缘的土山，而看不见壕沟里的工兵，因此无法开火”。与此同时，前几个月中四处收集的木材此时也陆续运抵前线，当推进最快的战壕已经离城墙足够近时，土耳其人便开始日夜赶工，在前线建造炮垒，“高度和大小都超过了标准尺寸”。炮垒正对城墙的那一侧用橡木搭建了一个个隔间，隔间之间填满了泥土、柴捆和棉捆；每个隔间都开了一个炮口，用木制堡篮来保护。第一座炮垒以惊人的速度出现在佩斯波拉，在城墙的西南角，紧靠着保护莱梅索斯门的半月堡的右侧面。其余的炮垒也一路往黎凡特方向陆续建了起来，直到海边的“军械库”炮台下。[9]

守军知道接下来会发生什么，他们竭尽全力自保。护壕墙的外侧被用砖加高，厚达两尺，并开有供重火绳枪兵开火的射击孔；城墙上修建了防御工事，在半月形炮台和“骑士”平台上加装了木板护墙，为射手开了枪眼，并建造了重火绳枪兵用的平台。最后，“所有状态良好的火炮也都被运了上来，安装在正对炮垒的位置”。护壕墙上日夜都有士兵巡逻，炮台的出口也一直有人值守，那里离城外的战壕已经非常近了。

起初，希腊和意大利步兵尝试过对城外的土耳其工兵发动突然袭击；有时候阿尔巴尼亚轻骑兵也会一同出发助阵，其中一次出击演变成了一场血战，许多守军士兵被大量敌兵包围，被逼到海边，最后双方在水中战斗，“双方在海中交战，水没过了马腹”，而守军的火炮则从城堡的凸角处向敌军开火。但一段时间后，守军便放弃了这种战略，因为在一次出击中，以 300 名希腊剑盾步兵和 300 名意大利重火绳枪兵为首的大量出击部队被困在战壕组成的迷宫中，最后损失了 100 人才杀回城内：如果想要继续守城的话，守军不能一直承受这样的损失。[10]

到了5月中旬，土耳其人的战壕已经逼近了护壕墙，战壕中有着数不清的耶尼切里士兵，持续不断地向城墙上的守军开火，特别是在每天的黎明和黄昏时，耶尼切里军团的攻势最为猛烈。通常都是最左边或最右边的士兵先开火，随后枪声在整条壕沟战线上逐渐扩散，“在所有人都开了一枪后，便重复之前的做法，开始第二轮射击，从战线的一头直到另一头一个接一个地开火”；加托连长回忆说，在这场“可怕的风暴”中，登上城墙是非常危险的事，而且城里的人连门都不敢出，“由于数不清的敌军重火绳枪兵的猛烈火力，谁也不知道什么时候天上会掉下一颗火绳枪子弹砸到自己”。5月19日，周六，黎明前两小时，耶尼切里军团如往常一样开始了一轮轮的射击，持续了一小时；然后他们突然停了下来，随后在战线上传来了士兵的三声战斗呐喊，同时响起的还有战鼓声和刺耳的嘎吱声，而战壕中各步兵分遣队的旗手们纷纷爬上战壕的护墙，挑衅城内守军。紧接着，至少70门重炮从10座炮垒中同时开火，按照当时一位目击者的说法，这轮火炮齐射“所造成的惊天动地的巨响，让人觉得整个世界都要崩溃了”。一年多后，君士坦丁堡靠近黑海边的监狱塔中关押的几名在这场战斗中被俘的意大利连长回忆说，炮击“在城内造成了大量的恐慌、毁灭和死亡，我们中最年长的人也不记得在其他被围攻的城市中看到过这样的场面”。[11]

威尼斯指挥官们躲在城墙上观察，试图了解敌人武器的情况，这就是为什么所有幸存者的报告都对不同的炮台进行了详细的盘点，而他们的说法显然存在一些差异。攻城炮包括口径50磅至120磅的加农炮和蛇炮，以及4门“尺寸惊人”的巨炮，可以发射重达180磅的炮弹。其中3座炮垒使用共计34门火炮集中轰击莱梅索斯门和保护城门的半月堡；2座炮垒使用总共2门巨炮和9门加农炮轰击圣纳普炮台；2做炮垒使用2门巨炮和7门加农炮轰击安德鲁奇炮台；另有2座炮垒用12门加农炮炮击“军械库”炮台边的城墙；还有一座海边礁石上的炮垒用5门火炮炮击“军械库”炮台。震惊的守军计算后发现，在头一天里，敌军竟然总共发射了

3373 枚炮弹。而后来在整场攻城战中，土耳其人平均每 24 小时发射大约 2000 枚炮弹。起初，敌人并没有试图“摧毁城墙，而是向城市和我们的（大炮）开火”；换言之，炮击并不是为了在城墙上打开一个缺口，而是为了摧毁城墙上和炮台中的火炮，以及“骑士”防御平台，所以大量炮弹越过了城墙，落在城内的房屋上。城内军民因此纷纷逃离屋子，躲到了城墙脚下。[12]

守军也在用要塞炮火还击，对着那几十门攻城火炮自由射击，敌军炮兵此时不得不暂时隐藏，不敢露头。许多土耳其火炮被击中，炮垒也被摧毁了一半，但到了夜间土耳其人很快又把它们都修复了，因为土耳其人的人力充足，而且之前他们也在军营里堆积了大量的柴捆、木料、羊毛捆和棉捆等物资：清晨，守军绝望地发现所有他们昨天造成的破坏都被修复了。在连续 10 天这样的炮火反击后，守军清点了还剩下的炮弹和火药，发现剩下的弹药已经根本不允许他们继续这么消耗下去了；于是法马古斯塔的火炮纷纷停火。只有 30 门火炮被允许在合适的机会出现时开火，但为了避免浪费，开火需要一名连长的许可。此时守军缺少火药的消息已经在城里传开了，士兵们也开始纷纷批评他们的长官们缺乏远见。“当需要开至少 1000 炮来阻止敌军逼近时，他们只开了 50 炮。”一位幸存者如此痛心地回忆道。不知是否是由于这个原因，一名意大利连长马里奥・孔帕尼奥内・德马切拉塔和马肯托尼欧・布拉加丁发生了争执，但总之这位连长付出了血的代价：盛怒的布拉加丁拔出剑“杀死了他”，而且布拉加丁之后也并未因此受到审判。[13]

为了激励民众的士气，威尼斯指挥官们故意散布一些鼓舞人心的谣言。有一位从土耳其战俘营逃回来的奴隶报告说，敌方的炮兵和工兵的损失其实非常惨重，甚至在穆斯塔法帕夏的营地中有士兵聚众闹事，要求他停止炮击。但加托的回忆录中也记载说，当时城墙上的损失也同样不容忽视。土耳其人不间断的炮击摧毁了好几门守军的火炮，并且杀死了大部分的炮手；守军为了能继续从城墙上的“骑士”平台上开炮，不得不把所有开口的地方都用棉捆堵上，等到快开炮时再把棉捆拿掉；但即使这么做，他们依然损失惨重。[14]

土耳其军队见他们已经成功地让守军的火炮哑火，便开始转而轰击城墙，“他们开始炮击城墙，打得各处城墙从上到下到处都是弹痕；当他们完成了试探后，土耳其人便开始坚定地射击”，他们集中火力对最薄弱的点开炮，试图打开缺口。工兵使用泥土、垃圾以及炮弹轰击所产生的瓦砾来填满护城壕。而在守军这一边，他们也在日夜不停地忙着清理护城壕；各连轮流带着平民下城，在牧师和修士的监督下工作，妇女则在牧师的组织下把砖头、石块和水运到城墙上。然而在 5 月 24 日，土耳其人利用守军在护壕墙上的枪眼，用重火绳枪向壕内射击，阻止守军出来清理壕沟。巴廖尼从莱梅索斯门派出两个意大利步兵连，随后双方在大雨中战斗了一整天；战斗极其艰难，因为在大雨中双方都一度无法使用火绳枪，但土耳其人的箭雨之密甚至遮住了天空，三角堡上钉满了箭，“一支挨着一支”。最终意大利士兵一手拿着长棍，另一手拿着长矛或是火绳枪，到达了护壕墙边，并在炮兵和半月堡与三角堡上的重火绳枪兵的掩护下摧毁了这里的工事。[15]

第二天，穆斯塔法帕夏派了一名耶尼切里，带了一封信给守军，要求他们投降。巴廖尼单独接见了信使，而且不允许他接触其他指挥官，在读了信后，他要信使转告穆斯塔法帕夏，法马古斯塔是不会投降的。在信使返回土耳其军营时，守军士兵在城墙上纷纷喊道“圣马可万岁！”，同时还朝向敌人吹口哨，并用了一个古老的嘲讽手势，把拇指放在食指和中指之间朝向敌人。两天后，穆斯塔法再次派人命令他们投降，这封绑在箭上射进城内的信是给城里的居民的，告诉他们只有投降才能保全性命。[16]

与此同时，土耳其人依然控制着护城壕的护壕墙，并继续填壕。守军在夜间把敌人填到壕沟里的土搬回城里，然而土耳其人在护壕墙上新挖了许多枪眼，墙被挖得千疮百孔，好像鸽子笼一样，重火绳枪兵的火力使清理壕沟变得十分危险。巴廖尼的士兵试图发起几次夜袭来夺回阵地，然而“他们一出城就被敌军的大量重火绳枪兵射杀”。有位名叫乔瓦尼·莫尔莫里的希腊工程师发明了一种用铰链连接的装置，可以由一个人扛在肩上。他认为利用这种装置，可以形成一条能在敌人重火绳枪兵的火力下安全穿过护城壕的有盖通道。当他造出了足以覆盖从出口到枪眼之间的距离的装置后，便在 5 月 30 日晚上让守军带着这些装置进入护城壕清理瓦砾。然而，在土耳其人重火绳枪兵和弓箭手的射击下，人们发现这种装置的防护能力太弱了，在数人死伤后，他们不得不尽快撤退；工程师莫尔莫里本人也在这场战斗中被子弹打中大腿，几天后就死了。

在护城壕被填平后，土耳其工兵便拆掉护壕墙，用和之前挖战壕同样的方法挖掘了数条从炮垒直到城墙脚下的通道，并用沙袋、柴捆、羊毛捆和棉捆来保护这些通道。从那以后，土耳其攻城部队便可以带着尖桩和铁锹直接来到城墙下，除了“骑士”平台上的火炮外，没有其他火力能伤到他们。土军在护壕墙上建造了一些更接近城墙的新炮垒，火炮被转移到这些新阵地，从近距离轰击城防。土耳其工兵在城下堆起了柴捆、木材和沙袋，挡住了守军的出口，堵死了炮台的枪眼，并在几天的时间里几乎堆到和城墙同样高了。布拉加丁下令，能从敌人那抢到1个棉捆或羊毛捆并带回城里的，赏1杜卡特，然而与此同时，敌军的工兵正躲在刚挖好的通道里，用铁锹破坏城墙。[17]

6月初，炮击开始的一个半月后，法马古斯塔南部的城墙已经被炮火和敌方工兵严重破坏，攻城方用瓦砾和沙袋堆起的高大土山已经几乎与城墙齐平：甚至可以骑着马从城外直接跑到城墙上。但半月形的炮台使得守军有足够的空间，再修建一道胸墙来阻止进攻，这种墙在工程师的行话中被称为“后退城墙”，是用木制堡篮、填满潮湿泥土的箱子和棉捆堆成的，重火绳枪兵可以躲在后面安全地射击。穆斯塔法帕夏依然认为如今并不是全面总攻的最佳时机，他还想要继续试探各个位置的抵抗能力；土耳其士兵们4次爬出战壕，而这些守军并没有开火，只是侮辱和嘲笑土耳其人踟蹰不前的样子“就像是老母鸡”。另一边，穆斯塔法帕夏加强了工兵的工作，工兵们要用木桩和铁锹深入瓦砾堆，在半月形的炮台下方挖掘，在城墙上，弓箭手用火箭点燃了守军胸墙中的棉捆，工兵们则要在烈火中用钩子去拉拽修建胸墙用的堡篮和沙袋。[18]

此时守军还有一样可怕的武器，那就是“人造火焰”，这是希腊火的一种。这种武器的外容器是金属或玻璃球，也可以用陶罐、瓶子甚至是木桶，里面装着沥青、硝石、硫黄、樟脑、松节油或白兰地的混合物，也可以用钵装满这种混合物，然后用木塞堵上钵口，在木塞上钻一个孔，孔里填满火药。当守军把这种武器从城墙上丢向敌军工兵时，会发生爆炸，火焰会跟着易燃物四处乱飞，把柴捆和羊毛捆都点燃，同时烧死大量敌兵。指挥官加托也毫不掩饰自己对这种武器的赞赏："这些火焰不分昼夜地屠杀着土耳其人。"但敌军也知道这种秘密武器，他们反过来也开始用类似的武器攻击守军。土耳其人用的人造火焰是一个小袋子，里面装着一个装有火药和硫黄的罐子，加托目睹了土耳其人的这种武器的强大威力："那些被小袋子碰到的人，都开始如蜡烛一般燃烧。"而周围的火枪和火药都会爆炸。在整场攻城战中，土耳其人一直在丢这种火焰武器来支援他们的进攻，把许多守军士兵都活活烧死。"那些沾上了这种火焰却侥幸没死的士兵，也因为大面积烧伤而不能再继续参加这场战争了。"[19]

如今土耳其士兵已经到达城墙脚下，甚至"已经挖到了城墙的中心"，攻城战中最残酷和可怕的阶段开始了：地道战。土耳其工兵在一些专于挖掘的技工们的带领下，开始在地下挖掘竖井和通道，一路挖到守军的城墙和炮台下方，在挖掘期间，他们用木桩支撑地道，并在完工后在地道尽头放了大量的火药。一次成功的坑道爆破，足以摧毁一座炮台或一段城墙，上面的守军也会被埋在废墟之中。对付这种战术，守军唯一能做的就是注意聆听地下挖掘的声音，并反向挖掘通道通往敌军的地道，让守军士兵进入敌方地道杀死正在工作的工兵。

6月，拉拉·穆斯塔法帕夏麾下的亚美尼亚工兵们共计挖掘了6条地道，分别用来爆破三角堡、"圣纳普"炮台、"圣坎波"炮台、"安德鲁奇"炮台、"军械库"炮台和城墙。同时守军也冒着风险在每天夜间仔细听地下挖掘的声音，试图找出敌方地道的位置。此外守军还常常出城放火，烧掉保护土耳其人的战壕的柴捆和羊毛捆。那些出城的士兵都在盔甲外穿了一件罩衫，以免铁制的盔甲反射月光暴露自己，因此这些夜间出击的士兵在军队行话中被称为"罩衫兵"。在日夜挖掘了几天后，守军成功控制了土耳其人准备爆破中央3座炮台用的地道。在守军挖掘的地道连通到敌人的地道后，守军立刻在地下借着火炬照明发起了袭击，在黑暗中这场激战持续了几小时。甚至有一次，守军挖通了连向地道的通道时，千钧一发间发现土耳其工兵已经在地道里堆满了火药，他们匆忙将火药运回城里。

守军就这样连续摧毁了 3 条土耳其人挖的地道，但从地底下传来的声音却证明土耳其工兵的行动依然在继续着，而那些在城墙上放哨的士兵们也纷纷把耳朵贴到墙上，想听到地下挖掘的声音，好提前预知谁会是下一个塌方的倒霉鬼，虽然这完全是无用功。6 月 21 日，土耳其人对“军械库”半月形炮台进行了坑道爆破，炮台的大部分被摧毁。对守军来说幸运的是，当时负责守卫炮台的那个连，在塌方时并没有站在女墙后，而是在位置更靠后的用堡篮和棉捆堆成的“后退城墙”后面，否则他们必定会被埋入废墟。这场爆炸非常可怕，甚至整个城市都在颤抖，好像地震一般。而还没等爆炸卷起的巨大尘埃云散去，土耳其人炮垒里的所有火炮就齐射了两次，随后步兵开始了冲锋，并爬上了瓦砾堆成的小山，“他们在坑道爆破后的废墟上插了许多旗帜，一面紧挨着一面”。

在烟与火中，根本无法估计这次守军的损失有多大；意大利重火绳枪兵仍在“后退城墙”后方射击，土耳其人不敢贸然继续前进。他们用重火绳枪、弓箭、石头和“盛有那种致命的混合物的袋子”攻击守军，掩护其他人用沙袋在废墟上堆起一道简易女墙，耶尼切里军团的士兵们躲在墙后射击，而继续在废墟中工作的工兵们“带着镐、铲子和钩子爬到‘后退城墙’前，从下方挖掘将其破坏。他们用钩子把沙袋、箱子和里面的所有东西都破坏了”。土耳其人突击受阻，使得守军可以重整战线，并调来新的连冲上炮台，试图发起反击把土军击退。而“军械库”炮台的“骑士”平台和城堡凸角上的火炮“在近距离接连不断地射击，杀伤无数”，而步兵的战斗则是“守军用长矛和剑，对抗拿着尖桩和包括土耳其大弯刀在内的其他奇怪武器的土军”。

战斗持续了 5 个小时。耶尼切里军团总共发起了 6 次冲锋，全部被守军击退。其中一次，一群土耳其士兵藏在废墟后面，躲避枪炮的火力，但守军用投掷的希腊火将他们全都烧死。在前线作战的意大利连的旗手大多受伤，华丽的旗帜也在战斗中严重破损，但最终土耳其人还是放弃了进攻，撤离了废墟。然而守军在这场战斗中最大的损失并不是坑道爆破或是紧接而来的战斗造成的，而是随后一场让幸存者后来每次想起来都不寒而栗的意外横祸：一批运往前线的希腊火在穿过守军重火绳枪兵的阵线时被引燃了（可能是被火绳），在人群中发生了大爆炸，有100多人死亡或被烧伤。[20]

6月22日，来自干地亚的一艘小型护卫舰抵达了法马古斯塔的港口，向他们保证援军很快就会抵达，守军顿时士气大振：很难说士兵中流传的基督教舰队已经抵达卡斯特罗索的消息是由当局传播的，还是自发产生的。无论如何，他们还得坚定守住，才能等到救援。在所有被土耳其火炮轰击过的地方，或是被挖掘过地道的地方，守军都在尽力修复女墙并加固"后退城墙"；而城里的居民也给他们带来了床垫、破布、床单甚至地毯，用来缝制沙袋。此时土耳其人的轰击还在无情地继续着，只有在一天中最热的时候才会停下几小时；内斯托雷·马丁嫩戈后来回忆，土耳其人的战壕中一直不断地传出战鼓和呐喊声，"我们当时连喘息的时间都没有"。守军士兵只有中午才能睡上几小时，因为塞浦路斯炎热的夏季使得此时双方都无法采取任何行动。

6月29日，土耳其人进行了第二次坑道爆破，这次的目标是城门前的三角堡，使其完全倒塌，瓦砾填满了堡前的壕沟。在爆炸过后，"在敌军战壕和炮垒上竖起了无数的旗帜，延绵不绝，旗帜之间的间距大约两臂长，这是总攻的信号"。土耳其火炮全部向三角堡的废墟开火，随后按惯例，土军发出3声呐喊，开始了进攻。土耳其士兵们爬上了废墟，"用剑和弯刀与守军厮杀了起来"。布拉加丁和巴廖尼两位将领也亲自上了前线，他们很善于激励士气，加托激动地记载道："二位阁下以身作则，有他们在，就算是那些没有战斗经验和荣誉感的人，也会像岩石一样死战不退。"土耳其人最终被击退。而"军械库"炮台遭受了7个小时的炮击，"所有的土耳其加莱桨帆船都投入了战斗，向港口内开炮"；但威尼斯守军的蛇炮击退了他们，"军械库"炮台的"骑士"平台、城堡和"钻石"炮台上的蛇炮纷纷开火，迫使穆斯塔法下令撤退。这场战斗守军只战死了35人。[21]

土耳其人对这场战斗的报告虽然简短，但里面还是提到了由于守军抵抗顽强，而之前的炮战和地道战都死伤惨重，又加上土耳其士兵因疟疾大量死亡，因此土耳其军开始感到沮丧。此刻他们眼前的这座堡垒看起来似乎坚不可摧。一封从前线送到苏丹手中的信中称“这座堡垒简直不是人所造的，而是魔鬼造的”。[22] 在两次突击都被打退后，穆斯塔法认为必须继续削弱城防，便下令把火炮继续部署在战壕内，日夜不停地轰击守军的工事；在 7 月 8 日晚上，守军估算了一下土耳其人开炮的次数，发现竟有 8000 次之多。此时守军的女墙各处被毁，而且基本上已经无法修复，“因为敌方重火绳枪兵依然不间断地向这边射击”。守军集中一切力量修复“后退城墙”：当破布、地毯和床垫用完后，巴廖尼和布拉加丁打开了仓库，把商人存放的布料和呢绒拿来制作沙袋。三角堡后的“后退城墙”被土耳其人的炮火和镐严重破坏，墙后的步道变得非常窄，守军工程师们不得不用木板将其加宽，使步兵可以勉强站住。但即使这样，“留下的空间太小，使得在上面使用长矛很困难”。当土耳其人在三角堡的残余部分对面的战壕里架起了两门火炮后，威尼斯指挥官下令放弃阵地，并在瓦砾下埋了大量火药，等敌人来占领这个阵地时就将其引爆。

而在海边，此时的形势已经非常严峻。土耳其人在海滩的护壕墙后用木桩和沙袋筑起了一座比城墙还高的炮垒，正对着“军械库”炮台。此时守军大部分意大利步兵连只有 20 名到 25 名士兵了，当地希腊居民的士气也跌到了最低点。7 月 2 日，莱梅索斯的主教、米兰的道明会修士塞拉菲诺·福尔特布拉乔首次代表人民与布拉加丁交涉，要求他谈判投降。在敌军上次进攻时，这位主教还举着十字架来到城墙，鼓励士兵们英勇战斗。这个威尼斯人轻蔑地拒绝了，并命令他耐心等待，同时承诺再坚持两周，援军就会赶到；事实上，几天后，又一支土耳其舰队抵达了，还带来了 40 门全新的火炮。土耳其军营中的庆祝还让守军之间开始流传一个谣言，说是“土耳其人已经把吉安·安德烈亚·多里亚大人俘虏了”。[23]

7 月 9 日，拉拉·穆斯塔法帕夏第三次发起了攻击，这一次是在整条战线上的全面进攻。在抵达半月形炮台“安德鲁奇”后，耶尼切里军团的士兵们像往常一样用棉捆堆起矮墙保护自己，但守军发动反击打退了他们。另一边，在三角堡的废墟上，工兵们最终到达了“后退城墙”的墙脚下，从下方拆除这道墙，这次进攻是成功的：意大利步兵没有足够的空间使用长矛，在重火绳枪和希腊火的火力下他们不得不撤退了。内斯托雷·马丁嫩戈回忆道："我方空间太小，根本无法用长矛来战斗……部队陷入彻底的混乱，只能撤退，而撤退时土耳其人也依然紧追不放，和我方士兵依然纠缠在一起。"然而就在此时，城墙上的某位指挥官失去了理智，下令点燃地下的火药。三角堡废墟中的瓦砾被炸上了天，掩埋了大量土军和约 100 名意大利士兵。巴廖尼愤怒地跑过去，想要亲手处死那个下令点火的人。然而，由于担心遭遇新的意外，土耳其人撤退了，守军暂时夺回了这个瓦砾堆，并收殓己方的死者，之后他们认为继续守在这里太危险了，就放弃了三角堡的废墟，此处暂时变得无人占领。[24]

过早引爆火药的灾难性决定在守军中引发了激烈争论。法马古斯塔城行政长官彼得罗·瓦尔德里欧写道，这一命令"的发出者是谁并不清楚，他为了保全自己的荣誉而保持沉默"；然而根据投降后被俘的连长们的说法，毫无疑问下令者是阿维斯·马丁嫩戈。此外，这些人还毫不犹豫地把这次灾难性的失败的责任推给了希腊人。他们认为，自从三角堡被敌军用坑道爆破后，这些希腊人就丧失了斗志；尤其是在土耳其人发起攻势时，是希腊人在防守阵地，"因为意大利人太少了，他们在战斗中死伤惨重"，然而希腊士兵根本没有战斗就逃跑了，所以敌军能够"杀死许多我方士兵"，占据这片废墟并插上他们的旗帜。这次意外的爆炸让守军士气大受打击，士兵中开始流传对指挥官们的各种怨言和不满，而在不久之前他们还非常受士兵尊敬。[25]

这座三角堡被土耳其人称为"白塔"，他们在作战报告中称其为"法马古斯塔城防的钥匙"，[26]它的陷落意味着这场城市保卫战已经接近尾声。在三角堡失陷前，守军还能用其后方的莱梅索斯门进出，这座城门由带有尖刺的铁栅栏保护，只要切断绳索就会瞬间放下栅栏。在土耳其人用大量泥土和瓦砾填平护城壕并堵住了炮台侧面的出口后，守军只能夜间从这个门进出；守军先前顽强地把护城壕中的泥土和瓦砾运回城内，也正是通过这个城门。但如今，土耳其人在小心翼翼地等了几天后，便占据了城门外的地堡的废墟，随后让重火绳枪兵驻守在废墟附近，用火力封锁这个城门，守军再也出不去了。守军利用这几天的喘息时间基本堵住了大门，只留下了一条狭窄的通道，并在三角堡废墟的左侧（这里是唯一还有较完整的建筑的部分）挖了一条新的地道，并埋入炸药。

7 月 14 日，土耳其人开始攻打莱梅索斯门，并成功在那插上了自己的旗帜。此时守军引爆了炸药，三角堡最后的残骸也被炸得粉碎。突然出现的爆炸让土耳其人陷入混乱，意大利步兵趁机发动了反击，打退了敌人的进攻；巴廖尼本人也随同士兵们上了前线一起战斗，他杀死了一名土耳其旗手，并夺下了军旗。第二天，土耳其工兵用镐挖开了一条通道，打开了“圣纳普”炮台的门，随后一些土耳其士兵从那里冲入城里，但都被守军击杀。最后士兵们向布拉加丁上交了“9 个土耳其人的头”。几天后，“安德鲁奇”炮台的门也被打开，但防御者再次成功击退了进攻。

土耳其人在看到他们无法占据莱梅索斯门后，便决定将其烧毁。他们用沥青和木头作为燃料，搭了一个巨大的火堆，这种火堆燃烧时没有明显的火焰，但会产生大量烟雾和刺鼻的臭气。守军尽管从“钻石”炮台上倒下大量的水、泥土和石块，却依然无法将火扑灭；大火燃烧了 4 天，酷热和恶臭迫使守军关上城门撤退。大火遮挡了双方的视线，土耳其人利用这段时间清理了废墟，以令守军震惊的速度建造了一座炮垒；他们在炮垒里布置了两门大口径的火炮，而城门则完全被火烧毁了。守军在此期间则建起了“一道又高又厚的双层墙”，围住城门的开口，并用石头、泥土和棉捆在墙后堆起了一座小山，以防这道新墙被炮击打开缺口。[27]

此时城里的希腊民众发现，要继续抵抗土耳其人的攻势已经不可能了。敌人继续在不间断炮击，他们的弹药好像无穷无尽一样。根据守军自己的估计，在两个半月的攻城战期间，土耳其人总共对城墙发射了 15 万枚炮弹。[28] 而此时守军已经找不到哪怕一块布来制作沙袋了，没有沙袋就无法修复被炮击摧毁的女墙，因此最终决定用动物皮来缝制沙袋。而城里也已经没有葡萄酒和肉类了，不但军马早就吃光了，甚至连驴和猫都没有了；人们只有面包和豆类可吃，喝的也只有水和醋，最后连醋都喝完了。此时守军的核心战斗力，也就是意大利步兵们，还能战斗的已经不超过 1000 人了，而城里的平民的损失也同样惨重：莱梅索斯的主教在自己家里被土耳其重火绳枪兵的一枚子弹击中头部，不幸身亡。

如果守军把耳朵贴在地上的话，还能听到土耳其工兵依然在孜孜不倦地挖掘着；7 月 15 日，土耳其人对军械库附近的城墙进行了坑道爆破，幸运的是没有造成很大的破坏，但可以肯定土耳其人挖的地道不止这一条。守军在“军械库”炮台下方挖了一条地道，在发现敌人的地道后，守军士兵引燃了火药，但由于火药的量不足，这次反地道行动以失败告终。此时布拉加丁自己也发现，如今的形势已经岌岌可危，他的态度也开始发生了变化。之前在城里的民众第一次请求他考虑投降谈判时，他愤怒地喊道：“上帝保佑，布拉加丁家族里没有会投降的人。”他威胁说，如果再有提议投降的人，他会把他们全部绞死。但如今他也明白，城里的人已经在公开讨论投降的事情了，他派一艘小型护卫舰前往干地亚向政府报告这里的形势：如果不能保证立即派遣援军，他有权开始谈判投降事宜。[29]

土耳其人也在担心基督教同盟舰队突然出现在塞浦路斯海域：如果前来救援的舰队真的赶到，光靠在法马古斯塔附近的阿拉普·艾哈迈德率领的 20 艘加莱桨帆船肯定无法抵挡。有一名土耳其人的基督徒奴隶，趁着在“军械库”炮台下方工作的机会投奔守军，他高喊：“基督徒！基督徒！”守军“用长矛帮助他爬了上来”。随后他向守军报告说，此时在土耳其的军营里到处流传着有人看见基督教舰队前来救援的传闻。而另一边，穆斯塔法帕夏也从一名脱逃的佛罗伦萨士兵那里得知，此时城里缺少火药，民众们纷纷要求开城投降。因此在 7 月 28 日，他又一次要求布拉加丁投降，这已经是不知道第多少次提出这一提议了。根据加托的说法，随后双方开始了一场正式的谈判：穆斯塔法帕夏下令升起“谈判旗”，随后基督徒守军也很快同样升起了“谈判旗”，并派出了一些代表，举着白旗向敌方军营走去。但其他被俘的连长则声称，“土耳其人甚至没听这些谈判代表说话，双方没有任何交流，土军就用枪炮把他们赶回了城”。[30]

巴廖尼和布拉加丁显然还想再拖几天，期待最终救援他们的舰队能及时抵达。但现在他们的时间不多了。在 7 月的 29 日和 30 日两天期间，土耳其人继续在莱梅索斯城门下进行了 3 次坑道爆破，基本摧毁了这里的“骑士”平台，龙达基斯骑士也在爆炸中丧生；“军械库”炮台也遭受了一次坑道爆破，炮台被彻底摧毁，一个连的守军几乎全军覆没。在每次爆炸后，土耳其步兵都会发起一次进攻，“但并不如以往那么猛烈”，因此守军的损失也比以前小一些：很明显，在之前的进攻中遭受的损失使得土军不敢冒进。但由于守军此时已经开始缺少弹药，在抗击最后一次进攻时，守军没有开炮，重火绳枪也用得很少；最终守军是用“长矛、剑、戟和盾”打退了敌人的进攻。法马古斯塔的守军指挥官再次清点了剩下的火药数量后吃了一惊，因为如今他们只剩下 7 桶火药了，根本连第二天的战斗都不够用。根据当时的战争法，如果此时他们继续坚持抵抗，就意味着敌军有权在破城后杀死所有军人，奴役所有平民，再没有时间可以浪费了。[31]

最后法马古斯塔到底是如何投降的，留下的各种说法互相矛盾。根据被俘的意大利连长们的说法，他们认为希腊士兵的临阵脱逃对他们来说如同来自背后的致命一刀，应对此负责的“与其说是希腊民众，不如说是那些毫无廉耻的希腊贵族”，他们宣称此时除了举起白旗别无选择；而虽然已经弹尽粮绝，防御工事也被破坏殆尽了，意大利人还是坚持要求继续抵抗，但巴廖尼和布拉加丁意识到，“如果我们再不投降的话，我们将要同时面对来自身前和背后的两个敌人”。他们此时已经没有选择了。按照这个版本的说法，最终是土耳其人再次提出投降谈判的，并派来了一名举着白旗的和谈使者。这名土耳其使者小心地前进，因为他担心守军会如之前土军射击谈判使者那样对他开火；基督徒士兵作为答复，也在塔上升起一面白旗，并把他带入了城。土耳其使者见到指挥官后，警告他们说：“希望你们考虑清楚了，如果我们最后是用武力破城而入的话，就不会尊重任何人了。”随后两位威尼斯指挥官答复说，他们愿意投降。[32]

彼得罗·瓦尔德里欧在这局势紧张的一天里，也留下了一份非常详细的记载，但他所记载的和上面的说法相比，却完全是另一幅景象。根据他的说法，在民众纷纷要求投降的巨大的压力下，两位意大利指挥官含着泪称，他们已经没有别的选择了，随后感谢当地的行政官员们的提议，并答应去谈判。两位指挥官甚至强调，必须赶快去谈判，否则可能就没机会了，“因为土耳其人明天早上就可能发起总攻”。城内民兵部队的一位连长马泰奥·科尔蒂奉命和土耳其人联系：他的部下此前在保卫“圣坎波”炮台时，在地下挖了一条拦截敌方地道的地道，两军正在两条地道的交会处对峙。他利用这条通道和土耳其人联系，在只能靠火炬照明的地下，这位连长向土耳其人转交了法马古斯塔的政府的信件，信中他们向穆斯塔法帕夏承诺，法马古斯塔已经做好了投降的准备，士兵也随时可以放下武器。第二天，8 月 1 日，穆斯塔法给巴廖尼回信，表示他接受谈判。[33]

谈判在当天开始，城墙上的守军和土耳其军营门口同时升起白旗，表示暂时停战。根据当时的意大利目击者们的说法，穆斯塔法帕夏给他们送了一张白纸，“纸上印有苏丹的印章和他的精美的肖像，我们要在这张白纸上写上我方的条件”。事实上，奥斯曼帝国舰队的指挥官们都在出征前领到了这样的白纸，上面印有金色的苏丹本人的花押，以及意大利人看到的苏丹的“头像”，指挥官使用这种纸就能以苏丹的名义发布各种命令。穆斯塔法帕夏派出了他的切卡亚和耶尼切里军团的阿迦的切卡亚作为谈判使者，二人骑着马进了城，“带着武器，并穿着最华丽的衣服”。为了保证万无一失，穆斯塔法帕夏要求城里也送两人来军营当人质。守军选了马泰奥·科尔蒂连长和一位名叫弗朗西斯科·卡莱伊斯的贵族，但埃尔科莱·马丁嫩戈伯爵由于“太过好奇，想要看看土耳其舰队和大军”，因此他顶替卡莱伊斯前往。

谈判过程中，双方都保持了基本的礼节，并且很快就达成了协议。根据协议规定，穆斯塔法帕夏将提供船只，意大利军人可以在鼓声中登船，展开旗帜，携带武器和行李，他们将被安全地带到干地亚；而希腊和阿尔巴尼亚军人则可以自由选择离开或留下，城里的平民也不会遭到土耳其士兵的侵害。意大利人还要求带走 5 门火炮，另外还有 3 匹属于巴格里奥尼、布拉加丁和奎里尼的战马，此前城里虽然已经粮食不足，但这 3 匹战马还没有被吃掉，土耳其人答应了。第二天，8 月 2 日，穆斯塔法帕夏派出了加莱桨帆船和一些客船在法马古斯塔港的封锁锁链的外侧停了下来，开始运载城里的妇女、小孩以及守军士兵的个人行李。双方依然维持着礼貌，穆斯塔法的切卡亚肯定了意大利人之前听到的那些令人难以置信的兵力数目，并给出其他一些夸张的数字，这些数目随后被记录下来，成为史料：他声称土耳其向塞浦路斯运送了25万人，包括4万名工兵和7000骑兵；他们用70门大炮和4门巨炮炮击城墙，发射了16.3万发炮弹，其中12万发是铁弹，4.3万发是石弹，在随后的攻城战中土军损失了超过8.3万人。[34]

关于城里当时的形势，以及土耳其人在这些日子里的所作所为，当时的几位目击者的叙述有着显著的差异。加托连长称，当时守军的意大利重火绳枪兵们继续把守着城门入口，因为虽然此时已经有大量土耳其人因为好奇想要入城，但法马古斯塔还没有正式投降。而塞浦路斯人瓦德里奥的说法却刚好相反，他说当时守门的卫兵都撤离了，土耳其士兵可以随意入城，而且他们的行为非常恶劣：他们进入意大利士兵撤离的房屋，拿走他们想要的东西，并迫使业主支付费用，以避免最坏的情况。帕鲁塔并不是当时在场的目击者，按他的说法，在投降协议签署后，土耳其人便开始把自己军中的伤病员抬上船先运回国，其余的士兵留下把守城市的各处入口，不让土军进城；反而是意大利士兵和城里的居民常常跑去土耳其军营。在希腊和阿尔巴尼亚士兵，以及第一批意大利步兵连上船离开后，法马古斯塔便对土耳其人开放了，随后入城的土耳其人立刻开始了种种暴行。8月4日，布拉加丁写信给穆斯塔法帕夏，谴责那些土耳其士兵的暴行，随后穆斯塔法帕夏下令，要求士兵们约束自己的行为。[35]

这场投降的最后一幕已经广为人知，因此似乎无须详细讨论，但事实上关于这起事件，各种资料来源完全相互矛盾，因此我们至今依然不知道，而且我们可能永远都不会知道那起事件中到底真正发生了什么，更无法得知它为什么会发生。那一天是8月5日黄昏时分，意大利守军指挥官出城并向穆斯塔法帕夏移交法马古斯塔城的钥匙。马肯托尼欧·布拉加丁是骑着马来的，穿着紫色衣服，按照威尼斯行政官员履行职责时的礼仪，还有一名仆人陪同他，为他打着一把同样是紫色的遮阳伞；紧跟其后的是巴廖尼，也骑着马，后面还有其他连长和贵族们，包括瓦德里奥，他作为该市的代表，负责向穆斯塔法帕夏交出城门钥匙。号手在前方引导，指挥官左右有一群戟兵和重火绳枪兵随同，此外还有城里的一名商人，名叫安杰洛·迪尼科洛，他带着一大批丝绸，作为送给帕夏和其他土耳其高层人员的礼物。穆斯塔法在他的军营里按礼节接待了他们，他说他很高兴终于能见到他们了；随后帕夏让瓦德里奥坐在他左边，并强调此后法马古斯塔市民将被视为苏丹的臣民，受到苏丹的庇护，他还给意大利人准备了凳子，高度都低于他自己的座位。[36]

从这以后，目击者关于发生了什么事的证词大体一致，但关于这些事件发生的顺序，他们给出的说法则各不相同，不过毫无疑问，布拉加丁在谈判中两次激怒了帕夏，或者说是极大地冒犯了他，从而决定了他本人和其他意大利人的命运。当穆斯塔法询问被俘的土耳其士兵，特别是6个月前马尔科·奎里尼的舰队俘虏的那些人在哪的时候，布拉加丁第一次冒犯了他。当穆斯塔法帕夏要求留下一名意大利指挥官作为人质，以保证那些把守军士兵运往克里特岛的船只能平安返回时，布拉加丁第二次冒犯了他；第二个要求看上去合情合理，但问题在于穆斯塔法帕夏并没有在8月1日的投降协议中提到这一条。

根据当时在场的瓦德里奥的说法，这两次事件是按上述顺序先后出现的，并且最后让事态恶化的不是战俘的问题，而是要求留下人质的问题。穆斯塔法问布拉加丁，那些之前被奎里尼的舰队俘虏的土耳其人现在状况如何，并称其中有一个人是穆斯塔法本人的奴仆。布拉加丁回答说，奎里尼把大部分俘虏的船员都带走了，只留下6个人，这些人之前被关在城堡里，但都在开城投降的时候逃跑了。穆斯塔法反驳说，这6个人向他陈述的事实与布拉加丁的说法完全不符，他们说和他们在一起的战俘都在守军投降后的几天里被处死了，因此威尼斯人破坏了停战协议。此外，穆斯塔法还指责威尼斯人在投降后故意销毁了城里的葡萄酒、醋和油（有人为此辩解，称这些物资早已在围城期间耗尽了），不仅如此，威尼斯人还烧掉了500个棉捆，把这些价值不菲的物资故意摧毁，好让它们不落入土耳其人的手中。不过瓦德里奥对此补充说，烧毁棉捆的命令不是布拉加丁下的，他作为一个典型的威尼斯人，对这样的浪费感到震惊。

瓦德里奥继续说，在此之后，意大利人又反驳称，他们没有处死过任何土耳其俘虏，穆斯塔法似乎平静了许多。他表示苏丹的加莱桨帆船随时都可以送意大利人回去；但坚持他们必须留下一个人作为人质，直到送他们回干地亚的船返回为止。布拉加丁辩驳说，这一条并没有在投降文书中有所提及，穆斯塔法也承认他之前没有想到这一点；然而，他意识到，如果他在没有担保的情况下就让苏丹委托给他的船冒险进入威尼斯港口的话，他可能会为此付出生命的代价。随后布拉加丁称他无法强迫任何人留下来，于是“穆斯塔法帕夏发火了”，要求布拉加丁至少留下一名连长作为人质。而布拉加丁继续反驳说，穆斯塔法应该更早考虑到这一点：在投降之后，这些连长在法理上已经是非军事人员了，没人有权命令他们。按照瓦德里奥的说法，在听到这样的话后，穆斯塔法失去了理智，下令把所有人全部抓了起来。[37]

在穆斯塔法帕夏叙述给皮尔图帕夏的版本中，事件顺序也是同样的。穆斯塔法派一艘弗斯特战船给皮尔图帕夏送去关于此事的报告，但该船出身于布德瓦的雷斯决定前往克里特投奔威尼斯，因此威尼斯人得以截获这一报告并翻译了其中的内容：“在他们出城投降的前夜，他们以最残酷的方式杀死了所有土耳其俘虏，这些俘虏此前作为奴隶被关押在不同地点。”穆斯塔法接着还提到，其中有 3 名囚犯设法逃脱了，随后返回了土耳其军营，并向穆斯塔法报告了这一切。随后在布拉加丁回来移交城门钥匙时，“他和他身边的人都全副武装，还带着一支点着火绳的重火绳枪。耶尼切里看到这幅情景说：‘他们不是来议和的吗？为何要全副武装呢？’”穆斯塔法帕夏指责布拉加丁把那些土耳其俘虏们都处死了，“但布拉加丁矢口否认，并称是下面的士兵们杀死了那些俘虏，他本人没有下过这样的命令。因此他们到底在遵守什么样的和平协议，值得商榷”。总之穆斯塔法帕夏认定那些土耳其战俘已经被虐杀，而布拉加丁也没有否认这一点，只是认为他本人对此没有责任。穆斯塔法帕夏接受了这个说法，并向布拉加丁提出了另一个问题：那些运载意大利士兵的弗斯特战船和其他船只的船员都是土耳其人，在抵达干地亚后，他们可能被杀或被当作奴隶。因此他要求威尼斯方面留下“几名可敬的负责人”作为人质，保证土耳其人能平安返回。布拉加丁傲慢地回复，如果帕夏没有诚意议和，不如立刻撕毁和平协议。穆斯塔法听到这话后，之前已经一直在积累的怒火终于彻底爆发了，下令立刻把布拉加丁抓起来，并要“逮捕所有和他一起前来的军人，并将这些人全部斩首，其他那些士兵和所有带着妇孺准备乘船离开的人，都要成为奴隶”。[38]

关于这起事件的消息立刻开始在奥斯曼帝国流传，土耳其人认为是威尼斯人杀害战俘的行为导致了这场悲剧。巴尔巴罗得知法马古斯塔陷落的同时，就听说土耳其士兵愤怒地要求帕夏处决被俘的意大利士兵，“因为他们在前一天将所有被俘的土耳其人都碎尸万段了”，他此时还未得知布拉加丁遭受的酷刑；随后布拉加丁被杀的消息也传回了君士坦丁堡，大维齐尔闻讯后非常不满，但他补充道，布拉加丁杀死了战俘，他是咎由自取。当天被俘的意大利连长们并没有听到帐篷里的谈话，他们一致认为情况急转直下是因为穆斯塔法指控布拉加丁在投降前杀死了俘虏，没人提到要留下人质的问题。在阿勒颇的威尼斯大使也报告了同样的情况：“穆斯塔法询问那些土耳其战俘现在在何处，当他得知一部分已经死了，另一部分也已经因为城里缺少必需的口粮而被杀了之后，他便下令处死布拉加丁和所有的随从。”奥斯曼帝国的外交系统立即开始传播这一版本的说法，这清楚地表明，帝国朝廷完全明白这一事件的严重性，他们试图降低它必然带来的恶劣影响。早在9月，神圣罗马帝国的皇帝马克西米利安就收到了布达的帕夏的一封信，信中称：“有人对苏丹陛下称，他的子民违背了信仰的原则，但这不是事实，因为威尼斯人先违反了协议，把俘虏的穆斯林都处死了。”[39]

正如土耳其编年史作者佩塞维的叙述那样，在土耳其方的历史记忆中，事件发生的顺序是威尼斯人拒绝穆斯塔法帕夏留下人质的提议在先，随后帕夏才问那些穆斯林战俘的事。佩塞维坚称布拉加丁当时对穆斯塔法帕夏有侮辱性的行为，这也证明这位史学家很清楚这件事的严重性，并以此来为穆斯塔法帕夏开脱：

> 当一切准备就绪时，他们排成一列，然后向塞尔达尔致意。前来的共有11名指挥官，他们还带着一条狗，他们一一重复着同样的仪式。穆斯塔法帕夏给了他们每人一个座位，让他们坐在他面前。在此之后，帕夏以非常严肃的口气说：“我给了你们很多船来运人，但

你们的舰队却依然在海上游弋。因此你们必须留下一名指挥官作为人质，直到我方船只回来后再放人。”愤怒的布拉加丁回答：“你们无法留下我们中的任何一人，哪怕是一条狗也不会留给你们。”塞尔达尔听到这样的回复后怒气冲天，问道：“那些穆斯林俘虏们在哪？”布拉加丁回答：“他们并不都在我这。每个俘虏都跟着一名指挥官和他的士兵；投降的那天晚上，所有俘虏都被杀了。”“你对你的那名俘虏做了什么？”“当其他人杀死他们的俘虏时，我也下令杀死了我的俘虏。”于是穆斯塔法帕夏说：“这样的话，你违背了投降协议。”于是下令把他们都绑了起来，并在军营门口斩首了他们中的10个人。[40]

尽管毫无疑问，一定是布拉加丁的侮辱激怒了穆斯塔法，但也有必要探究，杀死穆斯林俘虏的指控是否只是一个借口，以及这一指控是否有任何根据。在法马古斯塔的现场目击者中，只有马丁嫩戈声称该指控完全是无稽之谈；加托没有像他一样坚决否认，按照他的说法，当穆斯塔法帕夏质问“你对关在城堡里的那些俘虏做了什么？”后，布拉加丁的回答是：“其中一部分还在法马古斯塔城内，另一部分被送去威尼斯本土了。”穆斯塔法愤怒地说：“你把他们都杀了，你以为我不知道吗？”但加托并未对此进行任何评论。根据另一个不知名的目击者的报告，布拉加丁当时回答说：“有些人被送回威尼斯了，有些人自然死亡。”这意味着城中的确没有任何活着的俘虏。威尼斯驻阿勒颇领事的报告更令人不安，根据他的说法，守军杀死了所有俘虏，而这只是因为城内缺少食物，并没有其他心理上的原因。[41]

在接下来几年里记述此事的意大利历史学家中，帕鲁塔提出了另一个版本的说法，他的版本后来被广泛接受，尽管这和当时在法马古斯塔的目击者们的说法并不相同。根据他的说法，早在穆斯塔法要求布拉加丁留下人质的时候，谈判气氛就已经开始恶化了：布拉加丁非常高傲地拒绝，而穆斯塔法见到他这样的态度后被激怒了，便指责他杀死了法马古斯塔城内的穆斯林战俘，随后事态才开始急剧恶化。和当时大部分基督徒历史学家的观点一样，帕鲁塔认为穆斯塔法早就想破坏这场投降协议了，他提出人质的事情不过是个借口罢了；而面对这一针对“我们的人不遵守战争和人权准则，杀死被俘的穆斯林士兵”的指控时，这位威尼斯历史学家不愿发表评论——他本可以和热那亚历史学家福列塔一样，怒斥这是“无耻的谎言和诽谤”。此外还有个名叫纳塔莱·孔蒂的人提供的版本更加令人不安：按照他的说法，那些战俘确实被杀了，而且布拉加丁直截了当地把此事告诉了穆斯塔法帕夏。不过他强调，这起不幸的事件是投降协议签署之前发生的，而不是在投降期间，而且是因为土耳其人先处死了其军营中的基督徒战俘。[42]

无论这一切到底是什么原因，但有一点是肯定的，穆斯塔法使用了极端残酷的手段来对待布拉加丁。随后布拉加丁被监禁，并且连续 10 天受到了可怕的折磨，伴随着折磨的还有各种羞辱。穆斯塔法帕夏下令割去他的鼻子和耳朵，并强迫他扛上牲畜的驮袋，每当经过他面前时，都会强迫他跪下脸贴地面。随后穆斯塔法帕夏还下令把他吊起来，绑在加莱桨帆船的桅杆上，好让所有人都可以看到他，最后还把他活活剥皮。那天是 1571 年 8 月 15 日。当时在场的一位牧师称，布拉加丁直到死前还在激烈地辱骂着土耳其人，有一名伊玛目想要劝说他改信伊斯兰教，好保全性命，结果布拉加丁骂他“卑鄙的狗，上帝的仇敌……山羊肏的杂种”，他还对穆斯塔法说，如果他赢得了胜利，他会“把狗屎涂在你的大胡子上”。[43]

这起事件非同寻常，只能用两个性情暴烈又高傲的人之间的冲突来解释，因为在当时紧张又疲劳的环境下，两人都持有坚定的信念，在事态到了这样的地步后谁也不可能再退让了，因为两人都是要面子的人物。当然，做出如此冲动的行为，穆斯塔法帕夏的仕途也可能会大受影响。在“塞尔达尔没有遵守投降协议”的消息传回君士坦丁堡后，那位犹太医生所罗门·阿什克纳齐告诉巴尔巴罗，大维齐尔闻讯后异常愤怒，这也一点不奇怪，因为我们之前已经提到过，两人其实早已结仇。然而在拉拉·穆斯塔法帕夏从法马古斯塔前线返回，在 12 月初回到君士坦丁堡后，巴尔巴罗便得知整个土耳其朝廷对他的到来非常冷淡，他当时的杀俘行为饱受批评。有说法称，当时穆斯塔法帕夏为了给自己开脱，便称他这么做是奉命行事。但谁能给他下这样的命令？实在不可想象。随后穆罕默德帕夏也向巴尔巴罗透露说，苏丹本人在见到穆斯塔法后，对他进行了最为激烈的指责。加尔佐尼在大约一年后写道：“君士坦丁堡朝廷上下都对布拉加丁被如此虐杀非常不满。”这不是不可能的，因为这是一个前所未有的严重事件，破坏了一切规则，对土耳其人形象的打击是灾难性的。[44]

穆斯塔法帕夏本人后来也对加尔佐尼说，他为他当时的做法后悔了。按照加尔佐尼的说法，穆斯塔法称“他在整个法马古斯塔的攻城战中饱受折磨，那个倒霉的布拉加丁的傲慢正好给了他发泄的借口”。几年后，穆斯塔法在和另一个威尼斯人谈话时称他一直认为自己是威尼斯的朋友，并且“过去的事他都已经忘了”。[45] 有足够的迹象表明，在与布拉加丁的对话中，穆斯塔法确信自己受到了侮辱，为了不丢脸，他认为必须以如此血腥的方式进行报复；而这也不妨碍他在事后可能会意识到自己做得太过火了。通过这一逻辑，我们还可以理解他为何会顽固地要对在所有人面前挑战他的人进行冷酷报复，以及帕夏为何想要如此残忍地摧毁布拉加丁的身体和颜面——他甚至还要在字面意义上让布拉加丁“颜面尽失”，他割下了他的鼻子和耳朵。

此外，当时愤怒的穆斯塔法对在场的其他人根据其不同状况进行了相应的处理，尽管这起事件不像是有预谋的背弃条约，而是在这次谈判中临时出现的变故。正如帕鲁塔也承认的那样，巴廖尼和其他意大利连长在投降时太过招摇，“不像是败军之将，反而像是胜利者”，他们在谈判中也支持布拉加丁，穆斯塔法帕夏认为他们同样侮辱了他，而且根据奥斯曼帝国的官方说法，这些人全都犯下了处死土耳其战俘的罪行，因此他们都被当场斩首。然而瓦德里奥和其他同样在军营里的希腊人，比如马泰奥·科尔蒂连长和那位名叫安杰洛·迪尼科洛的商人都没有受到责难，并且不久后就被释放了。这么做也等于是在告诉法马古斯塔城内的所有人，穆斯塔法帕夏不会惩罚真心投降的军民，他只惩罚那些背弃投降条约的意大利守军。

在处刑后爆发的暴力事件中，我们也能看到穆斯塔法帕夏在努力表现出他有进行区分对待的意愿。那些陪同他们指挥官来到军营的意大利士兵，和其他来到军营的军人和平民都遭到了袭击和屠杀；在穆斯塔法帕夏的帐篷前，总共堆了350个意大利人、希腊人和阿尔巴尼亚人的人头。瓦德里奥和加托都提到一件事，就是此时土耳其士兵们开始一个个争先恐后地想冲入城中，军官们都控制不住了。穆斯塔法出面尽力阻止他们，并宣称城里的民众都是处于他的保护下的。不过许多还在城里的士兵还是被杀了，免于一死的则被绑架、抢劫，或是被强迫上加莱桨帆船划桨，而军人的妻子都被强奸了。而那些之前已经上了船、等待前往克里特的军人也遭到了同样的厄运。然而针对城里的其他平民的暴行却受到了约束，几乎无人被杀，但在城市投降的头几个小时内，已经发生了几百起抢劫和强奸案。被俘的意大利连长们用他们的令人毛骨悚然的行话描述了发生的事："这些得胜的土耳其人恣意洗劫了城里的希腊居民，并在他们面前享用他们的妻子和孩子。"

根据瓦德里奥的说法，在这座被占领的城市里，当土耳其军官能够控制住他们的士兵后，就建立了一种不稳定和可怕的日常秩序。有20名耶尼切里士兵奉命跟随瓦德里奥，暂时听从他的命令，并保证城里的街道上的秩序，不过结果并不如意：这些士兵中，两人负责把守当地希腊人的大教堂，但他们却在未经允许的情况下擅自离岗了，随后其他土耳其士兵冲进教堂，破坏和洗劫了一切有价值的东西，包括印有圣像的硬币。另外还有一些士兵住在城里的一些富裕的平民家中，这又给了他们敲诈勒索的机会。瓦德里奥说，第一个住在他家的耶尼切里士兵在8天内总共向他勒索了40西昆。随后穆斯塔法帕夏为了恢复城里的行政秩序，需要他的合作，便派了两个耶尼切里士兵把守他的家，禁止任何人闯入；但这种保护同样要他用真金白银来换取。无论如何，与入侵者密切合作的瓦德里奥的命运比法马古斯塔的其他贵族还是要好得多，后者的府邸和商铺都被土耳其人没收了。[46]

不过不管怎样，最终法马古斯塔的平民没有像不少幸存的守军士兵和之前的尼科西亚城里的人那样被充为奴隶。根据加托的统计，在攻城战前，法马古斯塔共有3700名意大利守军士兵，其中600人死于瘟疫，2400人战死或是在投降后的杀戮中被杀死，最后幸存的只有700人，包括 200 名伤病员。而如果观察土耳其军队登陆时那 34 名团长和连长的话，这个比例也大致相似，虽然战死的比例要小得多：他们中有 10 人死于从 1570 年 5 月到 1571 年 4 月期间的瘟疫，3 人跟着奎里尼的舰队撤回意大利，9 人在守城战中战死，1 人被布拉加丁亲手杀死，2 人在 8 月 5 日穆斯塔法军营中的那次变故中被杀，剩下 9 人被充为奴隶。

根据加托的记载，被充为奴隶的幸存者中的意大利人，包括 38 名连长和 700 名士兵，而阿尔巴尼亚人中则有 7 名连长和 200 名士兵，连长在其中占的比例如此之高，显然是因为死者的职位有其他人接替。其中部分人后来通过支付赎金得以重获自由，这主要是驻的黎波里的法国领事的功劳，他作为苏丹盟友的代表，与帕夏有着良好的关系，得以赶往塞浦路斯为基督教俘虏提供帮助。内斯托雷·马丁嫩戈在被关押了 42 天后，也在交了 500 西昆的赎金后重获自由。他的主人是美索不达米亚的桑贾克贝伊，此时他却不肯放人，说要等他返回幼发拉底河附近的家中后才肯让马丁嫩戈走。马丁嫩戈不想相信他，他找到了一名希腊渔夫，付了钱让他带自己逃离了塞浦路斯。随后他幸运地得以返回威尼斯，此时已经是 12 月初了。他是第一个公开报告当时在塞浦路斯发生的一切的，因此他的报告被争相印刷出版，并成为所有后来的历史学家的第一手资料来源。马丁嫩戈报告称，当时法马古斯塔城的投降协议包括两条主要内容，第一是要求守军能平安离开，土耳其人没有遵守；第二是“土耳其人在入城后不能烧杀抢掠，也不能以任何方式扰民，这一条土耳其人遵守了”。

9 月 22 日，穆斯塔法帕夏离开了法马古斯塔返回君士坦丁堡，他率领的舰队有 22 艘加莱桨帆船，还有约 30 艘运输船：塞浦路斯战役正式结束。在返回途中，由于遇到恶劣天气，船队被吹散了，总共损失了 4 艘马霍恩运输船，船上运的都是从法马古斯塔城缴获的火炮，更悲惨的是，大部分意大利女性也都在这 4 艘船上。10 月 18 日，头两艘拿浮运输船返回了君士坦丁堡，开始卸运船上的奴隶和其他战利品。11 月 3 日，穆斯塔法率领 5 艘加莱桨帆船返回了港口，“许多土耳其人都欢天喜地地前来欢迎他”。剩下的船在接下来几天后也先后返回了君士坦丁堡。总共 1350 名战俘被关进了苏丹的监狱，而布拉加丁的皮被填满填充物，“公开展示，以激励民众的士气”。守军连长们都被关进了那座黑海旁边的塔中，在那里他们遇见了许多之前和他们一样不幸被俘的战友，其中不少人我们在此前都已经提到过，比如在阿尔巴尼亚被俘的贾科莫·马拉泰斯塔侯爵、被欧吉德·阿里俘虏的“扎拉廷纳”号的船长彼得罗·贝尔托拉齐，以及在索波蒂战役中被俘的连长马诺利·穆尔穆里。[47]

25

前所未有的庞大舰队

8月23日，唐胡安抵达了墨西拿，这让所有人都感到惊讶，因为王子不想宣布这一消息，以至于从港口派出的一艘护卫舰无法独自返回。不过如果唐胡安想要不举行隆重的仪式而直接入港的话，他可能要失望了：科隆纳和维尼埃闻讯后立刻乘坐他们各自的旗舰出海，同时也没忘记放礼炮欢迎他。墨西拿的地方政府花了500埃居的资金来为舰队入港造了一道凯旋门，此时还没完成，因此他们还派人来找唐胡安并希望他拖到明天早上再入港。唐胡安对此有些不太情愿，随后回复说，他当天晚上准备睡在他的旗舰上，当他踏上地面时，可能是在早上的弥撒时，他会欣然接受凯旋门和为他保留的庆祝活动。[1]

第二天，唐胡安主持了他就任基督教同盟舰队指挥官以来的第一次军事会议。为了政治平衡（考虑此事无疑让他少睡了好几个小时），他邀请了塞巴斯蒂亚诺·维尼埃、阿戈斯蒂诺·巴尔巴里戈、马肯托尼欧·科隆纳及他的副手蓬佩奥·科隆纳，还有唐路易斯·德雷克森斯，前往他在旗舰的船尾的房间里开会。蓬佩奥其实与这次行动关系不大，他的权力也比某些未受到邀请的指挥官更低，但以这种方式，委员会由3位舰队司令及其副手组成，这一配置严格尊重盟国的平衡。在会议上，威尼斯方面希望立刻行动，因为他们相信“土耳其舰队很长时间以来都一直缺少人力，神圣同盟方面的实力更强大”。然而要行动的话目前还不行，还得等干地亚的那60艘加莱桨帆船赶到，此外还有最后一批加莱桨帆船也将在一两天内抵达。关于这最后一批船，已经很久没有消息了，不过威尼斯人一再保证它们绝不会迟到。唐胡安不需要别人的鼓舞，他公开宣告“只要能击败敌人，他愿意在战争结束的那天死去”。[2]

不过不是所有人都像他这样积极；尤其是热那亚人，因为他们完全不明白为何要冒着这样大的风险、耗费如此大的财力去援助威尼斯人。他们从未想过，和西班牙国王的联盟有一天会迫使热那亚捍卫其最可恨的对手的利益，这最终引起了许多不满。埃托雷・斯皮诺拉是舰队中 3 艘性能最优良的加莱桨帆船的指挥官，在他一抵达墨西拿后，便开始四处发牢骚，并称这次舰队出征必定不会成功；因此，他通知热那亚政府，他打算像往年一样，尽快装载热那亚商人的丝绸返回家园；为了便于他执行这一计划，他要求热那亚政府尽快给他关于此事的明确指令。热那亚人似乎只关心丝绸，当多里亚抵达墨西拿时，他也被要求运丝绸回国；值得一提的是，多里亚拒绝用他的加莱桨帆船援救威尼斯人，并称“除了这件事外，别的事他都会尽可能提供帮助”。[3]

斯皮诺拉可能太过悲观了，但他不是舰队中唯一一位对这次出征的结果持怀疑态度的指挥官。阿斯卡尼奥・德拉科尔尼亚向唐胡安提交了一份备忘录，在里面他清楚地证明土耳其人不可能缺少桨手，因为他们之前俘获了许多威尼斯的加莱桨帆船和运输船；而他们的士兵也同样不会少。由于他们的舰队这次行动是和陆军协同作战的，因此舰队“随时可以补充士兵”。阿斯卡尼奥一直拒绝在海上冒险：几个月前，他已经认为很难组建一支能够对抗土耳其舰队的基督教舰队，在地中海的任何征服都是无用的，必须在陆地上攻击土耳其人。他持这种立场是因为他是陆军军官，对海战根本没兴趣，人们也认为他这么想太过消极了。但总之，此时舰队依然没有到齐，还得继续等下去。在等待期间，西班牙最杰出的船长之一，吉尔・德安德拉德和他的经验丰富的导航员切科・皮萨诺，带着两艘特别补满了桨手的加莱桨帆船出海，去打探敌人的情报。[4]

关于基督教同盟舰队和土耳其舰队双方的实力对比，此时开始出现了一些分歧。根据阿斯卡尼奥・德拉科尔尼亚的计算，在基督教同盟舰队全部会合后，能有 206 艘加莱桨帆船，还有 6 艘加莱塞桨帆战舰，而敌舰队估计总共至少有“250 艘划桨战船”。但科隆纳则观察到，“敌军虽然船多，但很大一部分是弗斯特战船和其他各种小船。而我方有 210 艘加莱桨帆船、6 艘加莱塞桨帆战舰和 30 艘拿浮运输船，这样的舰队恐怕今后也难得一见”，那些高估敌人低估自己的观点，显然无益于联盟的共同利益。

科隆纳愤怒地写信给枢机主教鲁斯蒂库奇，批评那些主张谨慎行动的人（按照以往和敏感人士通信时的惯例，这封信自然是加密的），他在信中指责了阿斯卡尼奥·德拉科尔尼亚和斯福尔扎·迪圣弗洛拉伯爵二人，说他们公开口头和书面表示“我们的舰队实力不足以和土耳其人一战，企图冷却唐胡安大人的战斗热情”。科隆纳暗示这是一种背叛行为，因为这些人“身为教宗的臣属”，却公开否定教宗的愿望。[5]

此时最大的问题依然是，那支已经很久没有消息的干地亚的分舰队到底何时才能赶来会合？在土耳其舰队撤离克里特岛后，当地的威尼斯指挥官们便开始设法向法马古斯塔输送援军。之前从威尼斯本土陆续开来的船只运来了一些士兵，因此目前克里特岛的兵力充足，分出其中一部分救援塞浦路斯后，依然有足够的兵力守卫克里特岛。但克里特的加莱桨帆船和运输船至今还没准备完毕，不能出海，舰队只好继续等下去。不过马尔科·奎里尼此时已经坐不住了，7 月 2 日，他出海寻找敌舰队的蛛丝马迹，并于 10 天后返回。他得知敌舰队似乎是向西去了，而且他们走的那条海路畅通无阻。但到了 14 日，一艘满载着各种资材的运输船“巴尔巴拉”号在海上遇到了风暴后搁浅，并最后被海浪冲毁了；岛上的守军不得不去抢救船上的货物并把它们运上另一艘船，因此奎里尼又等得不耐烦了，便再次出海前往罗得岛，希望能得到些法马古斯塔方面的情报。7 月 26 日，他回到了干地亚，然而让他吃惊的是，他回来时，发现岛上收到了维尼埃的一条命令，让他率领分舰队赶往墨西拿会合。

这条命令让克里特岛上的威尼斯指挥官们大为不满，因为他们认为当前救援法马古斯塔才是重中之重。在奎里尼走后，另一位舰队的监督官安东尼奥·达卡纳尔便派一艘名叫“贝内蒂塔”号的加莱桨帆船先行前往墨西拿，并汇报说在奎里尼返回后，分舰队才能出发前来会合。然而在奎里尼返回后，岛上的指挥官们最终决定无视这条命令，继续准备塞浦路斯救援舰队的工作。7 月 31 日，护航舰队的出航准备工作总算完成了，当然由于之前不小心出了几次事故，使得那些运输资材的运输船最终不能参与这次行动了。几个月后，当勒班陀的大胜掩盖了塞浦路斯的灾难时，威尼斯政府却针对当时克里特分舰队的这次无正当理由的迟到而启动了一系列内部审查。马尔科·奎里尼和干地亚的监督官马里诺·迪卡瓦利在这场审查中互相推卸责任，随后二人都险些为此锒铛入狱。在那个年代详细记录了这场战争的历史的学者孔塔里尼非常例外地发表了个人观点，指出毕竟这些拖延使得基督教舰队得以在墨西拿会合，而毫无疑问，如果当时有25艘或30艘加莱桨帆船护送船队前往法马古斯塔的话，“那么在它们返回前，联盟舰队就不会作战……因此，所有人都沉默了，我们必须赞美主，感谢他迄今为止赐予我们的一切”。[6]

在墨西拿，此时威尼斯人开始认为克里特分舰队一再推迟前来会合是因为奎里尼去救援法马古斯塔了。而威尼斯本土也以为法马古斯塔守军应该已经得到干地亚方面的支援了；但随着时间的推移，人们的忧虑与日俱增，直到8月25日，德贝内代蒂船长带来了噩耗：“巴尔巴拉”号遭遇海难，有4000蒲式耳的小麦沉到了海底。法奇内蒂写道：“这艘干地亚的运输船是在离港口很近的地方沉没的，简直让人触目惊心。”同时他强调，从这件事上也可以看出，干地亚的加莱桨帆船既不可能去支援法马古斯塔，也不可能及时赶来墨西拿。法奇内蒂大使叹息道：“我恳求上帝赦免我们的罪孽。”而且他还焦急地注意到，在经历一系列的战事不利后，威尼斯政府似乎已经不像过去那么好战了。他说：“这些威尼斯贵族们看到事态如此糟糕，个个脸色都不太好。”到了8月底，在罗马的教宗也开始担心威尼斯人想要召回他们的舰队，抵御敌人“对其本土”的攻击。[7]

在整个意大利，到处都在流传关于黎凡特海域发生了什么，以及为什么克里特分舰队还没有抵达墨西拿的谣言。9月7日，德苏尼加在罗马给西班牙国王写了一封信：“从科孚岛来的信都称克里特的分舰队去救援法马古斯塔了，还和留守塞浦路斯的土耳其舰队的20艘加莱桨帆船打了好几场海战。如果这些海战中哪怕有一半是真的话，威尼斯政府早就开始吹嘘了。”不过德苏尼加也有他的一套理论，只是他的版本可能比较接近事实真相，因为自从上一次土耳其舰队攻入克里特岛后，当地的形势依然严峻。他说：“我怀疑干地亚分舰队迟迟不来的真正原因不过是岛上发生了叛乱，他们不敢离开而已。”[8]

在8月中旬，克里特岛上的监督官们依然还在要求出发去救援法马古斯塔，他们还不知道法马古斯塔此刻已经沦陷了。此后他们收到了一道从威尼斯本土花了5周才送到的命令。威尼斯元老院在命令中称，他们担心会遇到其他变数给他们带来新的麻烦，因此对他们的命令是，一旦维尼埃要求他们的舰队前去会合，他们必须无条件服从。因此在最后一刻，奎里尼和卡纳尔终于做出了一个重要的决定（如果当时没有这个决定的话，后来的勒班陀海战就不会发生了）：他们放弃支援法马古斯塔，同时也不再守护克里特海域，带着他们的60艘加莱桨帆船立刻赶往墨西拿。8月2日，两位监督官率领舰队平安抵达了这个西西里港口。唐胡安、科隆纳和维尼埃对他们的到来非常高兴，特别是维尼埃，他日后用蹩脚的意大利语回忆道："我们3位将军都很高兴，决定去寻找敌人。"[9]

而多里亚还在热那亚，和他一起留在那的还有他的那11艘加莱桨帆船，再加上他在马赛武装起来的一些马耳他加莱桨帆船，他现在正在监督洛德伦伯爵的日耳曼步兵团和西吉斯蒙多·冈萨加的意大利团的登船工作；他有10多艘拿浮运输船，主管弗朗西斯科·德伊瓦拉却担心这些运输船数量可能不够，"因为那两个团都带了很多不必要的人"，按照惯例，士兵无论前往何处执行什么任务，都有权带着妇女、孩子和仆役。多里亚让德伊瓦拉率领4艘加莱桨帆船和6艘拿浮运输船前往拉斯佩齐亚去接那里的日耳曼士兵们上船，他本人则留在热那亚继续监督当地的意大利士兵的登船工作。冈萨加手下的士兵8月14日抵达了，但一见到这些士兵后，多里亚的心情一下子跌到了低谷：部队状况非常糟糕，不到1300人，质量堪忧。多里亚核查后，发现"他们衣不蔽体，手无寸铁，不服从军官，其中包括非常年轻的男孩"，而且，似乎这些士兵觉得多里亚所受的打击还不够，他们对预支军饷居然还不知足，提出要拿到全部军饷后才肯上船，因为他们觉得之前在伦巴第地区收到的那笔钱太少了。最终在劝说后，他们总算上了拿浮运输船，随后一路平安地抵达了墨西拿。而德伊瓦拉则汇报说，那边的日耳曼士兵的登船工作在14日也完成了，运输船会尽快出发离开拉斯佩齐亚。

吉安·安德烈亚随后自己也来到了拉斯佩齐亚，想要接收那4艘加莱桨帆船，此外他还计划从那直接起航前往那不勒斯，并从那里前往墨西拿；但天气变得不好，“持续了8天，就像在隆冬一样”，多里亚后来解释说，他厌倦了总是因为拖延而受到批评，这不是他造成的。必须指出，根据历史学家的研究，当时正处于一个为期几百年的全球变冷的阶段，被称为“小冰河时期”，其特征是春夏季降水量比一般时期要多，而且常常会出现气温骤降的现象。而当时的加莱桨帆船之间的战争中双方都还是暴露在室外进行的，肯定会受气候影响。因此吉安·安德烈亚直到23日才得以从拉斯佩齐亚出发，并于4天后抵达了那不勒斯。在他刚抵达不久，由于港口大量士兵等着登船，非常拥挤，因此造成了出征前的最后一起事故：那不勒斯的士兵和大方阵团的新兵打了起来，打死了一两名西班牙士兵，其他士兵向四面八方开枪，以保护自己免受想要私刑处死他们的人群的伤害，并被追赶到卡斯泰尔诺沃，在那里他们及时躲藏起来。总督设法使人群平静下来，命令所有部队上船，不让他们上岸。

虽然预计会有有利的风，但新的复杂情况再次出现。多里亚迫不及待地想要把他卖给西班牙国王的11艘加莱桨帆船交给唐胡安。而当时还在热那亚的唐胡安却决定等到了那不勒斯后再接收这批船，多里亚虽然不情愿，但也只好服从了。（“这个决定让我大受损失。”）而在他抵达那不勒斯后，唐胡安却已经出发了，不过他走之前给总督留了一道口信，希望后者负责代为接收这批船。多里亚知道，现在他的积蓄已经快耗尽了。8月29日，多里亚写信给西班牙国王说，由于每个人都在敦促他，他宁愿毫不拖延地前往墨西拿，放弃移交，因此他自费留下了这些船，尽管这令他“几乎倾家荡产”。

事实上，多里亚如此奇怪的举动另有原因。在那不勒斯时，多里亚得知费利佩二世想要把他的那11艘加莱桨帆船转手卖给他直接的竞争对手，绰号“君主”的热那亚船主尼古拉·格里马尔迪。多里亚得知此事后非常恼火，便在他周围的人中透露他想要撕毁这纸卖船的交易，宁可把钱都丢给魔鬼。随后他便出发前往墨西拿，并于9月1日抵达，基本上和威尼斯的干地亚方面的分舰队是同时到达的。此时多里亚脑中基本上只有一件事：在考虑了好几天后，他9月10日给西班牙国王写信，请他至少暂停这笔交易，因为在他看来，“任何在我自己的国家内帮助尼古拉·格里马尔迪这样一个地位如此低贱、工作如此卑下的人的行为，在我看来都是无法忍受的”。这件事也能让我们从侧面看出，多里亚对这次出征根本心不在焉。但这也不能完全怪他，实际上这是当时海军船只和海战管理的私有化的必然后果。不只是多里亚，当时所有的海军指挥官，甚至包括总司令官本人都或多或少在海军中拥有私人利益。虽然我们没有详细的信息能说明其他海军指挥官在这方面的现象有多严重，但可以肯定多里亚绝对不是唯一一个。[10]

在8月底和9月初，几乎每天都有加莱桨帆船和载着士兵和弹药的运输船开进墨西拿的港口。8月24日，卡埃塔尼看到几艘从拉斯佩齐亚方向开来的运输船载着洛德伦伯爵的团进入了港口。他记载道：“船上共有大约3700名士兵，但其中大部分都是病号，许多人都死了。”28日，从热那亚开来的运输船也进入了港口，船上有1300名西吉斯蒙多·冈萨加手下的步兵，随后9月2日又有4艘从那不勒斯方向前来的“更大的”运输船抵达了，船上是萨尔诺伯爵麾下的士兵。9月5日，圣克鲁斯侯爵率领他的30艘那不勒斯加莱桨帆船也终于抵达了，因为在海上遇到了恶劣天气，他比预定日期要迟到了不少，众人曾为之担心不已。在这批那不勒斯加莱桨帆船上也运载了那不勒斯大方阵团的西班牙步兵，此外“还有不少志愿参战的那不勒斯骑士”。第二天，唐胡安·德卡尔多纳也抵达了墨西拿，之前他率领10艘西西里岛分舰队的和8艘从私人船主那租的加莱桨帆船去了巴勒莫。此时返航的船上有阿尔科伯爵招募的日耳曼团，还有“西西里岛上三分之一的西班牙老兵”，他们是驻守岛上的西班牙大方阵团中的老兵。由于船上步兵人数过多，因此也引起了一些卫生方面的问题。萨伏依的海军指挥官普罗瓦纳对此写道：“我们的士兵，无论是意大利人还是日耳曼人，都开始生病了，但日耳曼士兵比别人更为严重。”唐胡安得知情况后，也立刻下令让船上的士兵全部下船，住到周围的村庄中去。[11]

9月初，后来参加勒班陀海战的这支同盟舰队总算在墨西拿全部集合了，这比预期计划晚了至少三四个月。舰队总共有209艘加莱桨帆船和6艘加莱塞桨帆战舰，此外还有众多运输船和替补船只。[12] 和去年同盟舰队的180艘加莱桨帆船和11艘加莱塞桨帆战舰的规模相比，这次舰队的组成有些不同，但实力并不比去年逊色。在干地亚的分舰队抵达后，同盟舰队便得知了土耳其舰队的最新情报，因为监督官卡纳尔在干地亚的时候，“曾经见过整支土耳其舰队在干地亚城堡前驶过”。根据他的情报，土耳其舰队毫无疑问比基督教同盟舰队的实力要弱一些，无论他们的舰队的组成如何，总之只有总共168艘加莱桨帆船和轻型桨帆船可以投入战斗。在这样的情况下，就不应该再有任何犹豫了。卡埃塔尼写道，唯一要做的就是向敌人前进，希望及时到达亚得里亚海拦截敌人；更好的情况则是，土耳其人“对其胜利感到兴奋，主动来迎击我们”。在这样的情况下，“我方不但在战船上占据优势，而且以逸待劳，而土耳其人在之前的战斗中已经消耗了不少精力，因此这么一来我方必定大获全胜”。而多里亚最后也没能卖掉他的船，他致信热那亚的银行家，要求他们为他的船购买保险，直到10月底：即使他满怀希望地参战，谨慎也是必要的。[13]

此时还有个问题没解决：威尼斯加莱桨帆船上的兵力严重不足。8月30日，唐胡安写信给年迈的唐格拉西亚·德托莱多，他是西班牙舰队的前任司令官，一直以来都与唐胡安保持密切来往。信中说：“我昨天开始检阅威尼斯人的加莱桨帆船，我亲自上了他们的旗舰。阁下可能无法想象他们船上多么缺乏士兵和水手。他们不缺少武器，但没有足够的人就无法赢得战争。”此外，威尼斯舰队船员的纪律也很差，让唐胡安非常不满。他说“他们根本没有像样的统一命令，每艘船都自行其是”。但缺乏士兵才是当下最大的问题。唐路易斯·德雷克森斯在给德格朗韦勒的信中进一步写道：“他们都说干地亚的监督官抵达了。但如果这支舰队装备如此差，比之前抵达的其他舰队要差得多的话，对我们的帮助并不太大。”这位愤怒的高级指挥官继续写道：

无法相信他们的舰队如今会是这样的状态，他们既没有士兵也没有水手，而桨手也主要是由不戴镣铐的志愿桨手组成的，他们在靠岸后就会自由行动。如果遇上恶劣天气，需要及时离开的话，也得等那些桨手都归队才行，因此哪怕遇上一场小风暴，他们的处境也会非常危险，可能会损失一些船只，与他们一起航行一定是一种无法忍受的痛苦，你很难相信他们在做任何事情时都如此缓慢。

在唐路易斯·德雷克森斯看来，解决这些问题完全没有任何希望，并且“哪怕他们还有足够的士兵，我们都可以继续和他们一同航行。他们说在卡拉布里亚还有大量士兵等着上船，然而我觉得现在再去接他们已经太晚了，而且那里的士兵数只是他们的缺口总数的十分之一而已”。[14]

由于发现威尼斯舰队的准备不足，在意大利半岛上又引起了一阵几方的互相指责。在罗马，西班牙国王的代表们公开抱怨此事，而枢机主教们根据他们从墨西拿收到的情报，也无法给他们合理的解释。而威尼斯大使们却反驳说，如果敌舰队真的闯入亚得里亚海、俘虏许多满载士兵的运输船并封锁以后输送援军的运输船的航路的话，责任全在唐胡安：如果基督教同盟舰队能在原本同盟协议中的预定日期集结完毕的话，如今所有的士兵早就在墨西拿了。但教宗对威尼斯人这样的辩解并不满意。于是教宗命令法奇内蒂大使正式通告威尼斯总督，说庇护五世很不满意，因为维尼埃抵达西西里岛至今已经一个月了，舰队依然“没有士兵、没有弹药也没有海用饼干”，而威尼斯参与这次出征的舰队“不但加莱桨帆船数量远远低于西班牙国王的，而且几乎没有像样的装备，派不上用场”。随后法奇内蒂继续以非常不满的口吻说道：“威尼斯必须证明，它不仅在海上拥有巨大的能力，而且知道如何使用这些能力；我们非常清楚，战斗的不是船只，而是船上的人。”[15]

事实上，威尼斯加莱桨帆船上的士兵一直以来都只有从科孚岛带来的那 6 个连的步兵，而卡埃塔尼看到这些士兵后，认为他们“纪律极差，而且有一半士兵完全放任自流”，甚至他们已经到了兵变的边缘。[16] 在维尼埃第一次见到唐胡安后，就无法再向他隐瞒真相了。他说，在从西西里岛赶来的 55 艘威尼斯加莱桨帆船中，“我总共损失了 7 艘，都是因为海上的风浪或是和敌人交火，如今我只剩下 48 艘了，上面的剑士也状态很差，许多人都生病了，另有一些人在敌袭中战死了，有的船也被夺走了”。但维尼埃还是比较信任那些在那不勒斯王国招募士兵的团长。他还说：“如果不是那不勒斯总督之前阻碍我采购补给，后来又阻碍我募兵的话，我如今应该已经有 5000 名秩序井然的士兵了。”简而言之，一切责任均在德格朗韦勒。唐胡安也只好接受现状，问他在干地亚的舰队上还有多少士兵，“我回答说，通常每艘有五六十人，因为所有的桨手都能参加白刃战。他便说：‘那就让同盟舰队中有多余的士兵的船只分一些士兵出来吧。’”[17]

唐胡安知道自己的话意味着什么：自从开始谈判后，西班牙人便已经预见了有一天他们可能会派他们自己的步兵登上威尼斯的加莱桨帆船救急。国王要求他的代表们增加一项条款，根据该条款，将军有权将士兵运送或转移到联盟的所有战舰，包括威尼斯战舰。不过这也会造成一个微妙的问题，因为在那个年代，一个主权国家的舰队接受另一个主权国家的陆军在其上服役的情况非常少见。费利佩二世为了打消威尼斯人的疑虑，便命令所有登上威尼斯舰队的西班牙步兵都必须向威尼斯共和国宣誓效忠。威尼斯人当时在谈判时对这种做法显然也不太乐意，而西班牙谈判代表也不太敢强迫他们接受，但根据德苏尼加后来的说法，威尼斯人当时在谈判桌上也早已清楚他们根本拿不出协议中要求的陆军兵力，因此最终还是同意了必要时总指挥官可以强制给他们分配一些别国的士兵。[18]

总之这样的计划已经有一段时间了，早在 8 月初，威尼斯元老院写信给维尼埃，告诉他“如果有别国向威尼斯舰队提供他们的陆军士兵的话”，他应当接受。在墨西拿也有人公开在讨论此事，卡埃塔尼信心满满地写道，威尼斯人“在与敌军舰队作战时，将同意把国王陛下的人带上他们的战船”。9 月 6 日，在西班牙国王的步兵全部到齐后，他们的总兵力已经达到 2 万人。随后卡埃塔尼记载道：“唐胡安已经清楚表示，可以调拨其中 6000 人给威尼斯舰队，而威尼斯人也会毫无疑问地照单全收，因为如今他们相互间的信任程度已经超过我们的想象了。”严峻的现状使威尼斯人对西班牙帝国的警惕这一主要障碍变得不那么重要了；不仅如此，威尼斯舰队甚至把所有船都派来了，全部在墨西拿港口靠岸，“他们的意思很明显，想在所有船上都配备西班牙士兵”。干地亚舰队抵达后，他们缺少士兵的问题依然严重。“他们的桨手配备齐全，部分船上配有干地亚弓箭手，几乎所有船都有 50 名斯卡波利，但没有别的士兵了。”无论如何有一点可以肯定，威尼斯人自己的兵员根本不足以像之前维尼埃所吹嘘的那样能填补科孚岛舰队上的士兵空缺。[19]

唐胡安和威尼斯人公开谈及这个问题，并要求后者的舰队接受 5000 名士兵：2000 名日耳曼士兵，1500 名西班牙士兵，还有 1500 名西班牙在意大利各地区的士兵。维尼埃一开始不同意，因为他清楚记得过去船上在有别国的水手和士兵时发生过一系列冲突，但最终在唐胡安这位总司令官的压力下，勉强答应接受 1500 名西班牙士兵和 2500 名意大利士兵，只有日耳曼士兵被拒之门外，原因是他们不太适应海上的生活，而且其中大部分人此时已经病倒了。唐胡安 9 月 9 日带着一丝讽刺记载道：“这些威尼斯贵族们最终总算同意接受 4000 名陛下的士兵上他们的船了。”随后，士兵的调动工作立刻下达并执行，不过按照愤怒的维尼埃的说法，这次调动工作“造成了很大的麻烦，也导致士兵之间发生了许多严重冲突”。[20]

如今最多只需要再等几天了，卡拉布里亚地区募集的士兵们也陆续抵达了墨西拿，而从奥特朗托的内陆地区募集的士兵也抵达了塔兰托，等舰队将来经过时把他们接上船。但最重要的依然是要等到天气好转后加莱桨帆船才能起航出港，因为直到如今墨西拿地区的天气一直非常恶劣。到 9 月 6 日，唐胡安写信给唐格拉西亚·德托莱多，信中他对这次出征信心满满：“过不了几天，9 日或 10 日，上帝保佑，我将带着这支精心组建的舰队离开这里，准备和敌人决战，好像我们在灯塔下迎接敌人那样。”9 月 9 日，他又写道：“至于陛下的加莱桨帆船，只要我们觉得天气适宜，便会立刻起航出发。”他还说，就算明天立刻就要出发他也没问题。吉尔·德安德拉德此时还没有回来，但他之前已经派了一艘小型护卫舰来报告，土耳其舰队已经开出了卡塔罗海湾，正向发罗拉方向返航，而威尼斯本土送来的情报也证实敌舰队正在撤回他们的港口。因此要想拦截敌舰队的话，就必须尽快动身了。[21]

当所有人都在抬头望天等待顺风时，一位名叫奥代斯卡尔基的主教抵达了墨西拿，他是这支舰队上的教廷特使。他给唐胡安带来了一尊祝圣过的神羔蜡像，用来保护他免受海上的危险，此外他还带来了教宗庇护五世的一封私人信件。德雷克森斯对这封信件的内容很感兴趣，他得知信中庇护五世告诉唐胡安，“特别建议加莱桨帆船上的船员按照基督徒的道德规范生活，杜绝赌博和亵渎言论，并合理安排自己的时间：早晨祈祷，午餐后再参加海上或甲板上的军事操练。简而言之，教宗给了许多的建议，和他从前在维杰瓦诺担任修道院长时给他的修士们提供的建议基本类似。无论是在加莱桨帆船还是任何别的地方，这些建议都是非常有益的。至于我们，我们将尽我们所能”，这位老兵如此总结道。[22]

26

举棋难定

8月23日，一艘吉安·马里亚·德奥特朗托的护卫舰抵达了莱切，船上有一个敌方的叛徒带来了一条重要的情报。此人声称，土耳其舰队之前在围攻卡塔罗，但不久前收到一条命令，要他们立刻前往基督教同盟舰队的集结处决战；卡普丹帕夏派欧吉德·阿里前去掠夺达尔马提亚地区的岛屿，并要求他在9天内返回，然而不久后又派了一艘轻型桨帆船去把他叫了回来。8月底到9月初，来自卡塔罗和拉古萨的信件证实并澄清了这一信息，在意大利引起了相当大的轰动。在得知基督教同盟舰队最终在墨西拿成功集结后，奥斯曼帝国的指挥官们便决定放弃攻打卡塔罗，并于8月中旬撤往发罗拉，同时命令分散在亚得里亚海各处的私掠者们火速赶回和舰队主力会合。由于匆忙和恶劣的天气，舰队的撤离非常混乱，有3艘船沉没。同样，舰队为围攻而登陆的人员和器材也未能有序撤离：在撤退完成之前，威尼斯人冲出了卡塔罗，攻进了土耳其人为封锁运河而建造的两座堡垒，控制了所有大炮。[1]

在返回发罗拉后，卡普丹帕夏让一些要人下船，其中包括管理舰队开支的财务官，这意味着舰队可能即将交战。波斯尼亚的桑贾克也为舰队中兵员不足的加莱桨帆船送来了一些士兵以补充兵力，利用停留的时间让他们上船。等亚得里亚海的私掠者们都归队后，卡普丹帕夏再次派欧吉德·阿里前往卡拉布里亚，同时卡拉·霍格加也被派往墨西拿，二人的任务是收集敌舰队的最新情报。同时卡普丹帕夏也急忙向君士坦丁堡写信，汇报当前的情况，并希望得到下一步行动的指示。随后，他率领舰队来到奥特朗托的河流最深处的一座名叫萨塞诺的小岛，该岛刚好正对发罗拉海湾，一旦敌人突然出现在地平线上，他就可以及时进入战斗状态。

在此期间，卡普丹帕夏一直没有收到最新的命令，不过他得知了法马古斯塔投降一事，这将简化战略局势：由于塞浦路斯征服战已经结束，此时他唯一需要关心的就是敌方的舰队了。卡拉·霍格加在一路航行到墨西拿海湾附近后，俘获了一艘小型护卫舰，他带回来的情报证实了基督教舰队已经在墨西拿集合完毕。阿里帕夏认为此时继续向北航行已经没有意义，苏丹可能会命令他和敌舰队决战，也可能让他结束今年的行动，率领舰队返回母港，而这都意味着他要向南返航。因此，在 9 月初，土耳其舰队便起航离开了萨塞诺岛，往南驶去。[2]

在沿着海边航行很长一段路后，土耳其舰队又返回并夺取了布德瓦，在此之前，在土耳其舰队离开不久后，威尼斯人便夺回了此地。土耳其人烧毁该城并奴役其居民，为其驻军遭到屠杀复仇。在做完这一切后，土耳其舰队便继续推进到科孚岛的水道。在 7 月时，土耳其舰队曾在此地待过很长一段时间，但最终并未对岛上的威尼斯主基地发起进攻（虽然在君士坦丁堡的马肯托尼欧·巴尔巴罗曾经听说上面下达了这样的命令）。可能是因为当时没有足够的时间准备攻城。事实上，当时苏丹曾下令要求阿尔巴尼亚地方政府向他汇报在当地进行建筑工程所需的人力和财力资源，准备建造供骑兵通过的通道，由此可见土耳其人早已在“为进攻科孚岛做准备”。而这一次，由于所需的士兵和物资都已经运输齐全，卡普丹帕夏便下令对科孚岛发起这场他策划已久的进攻。舰队首先停在科孚岛附近的布特里托港，这里是海峡最窄的地方，距科孚岛只有 3 千米，并接了五六千名骑兵上船，这批骑兵都是德维纳和约阿尼纳两地的桑贾克为了舰队派来的。与此同时，私掠者的弗斯特战船也纷纷派人下船前往岛上侦察要塞防御的情报。[3]

然而，行动一开始并不顺利。土耳其人的一支侦察队离科孚岛上的要塞太近，被卡米洛·达柯勒乔团长指挥的出击部队俘虏；另一种说法则是他们遭到了阿尔巴尼亚轻骑兵的伏击。落到了威尼斯人手中的还有一名著名而又让人恐惧的私掠者，此人正是科孚岛本地出身的叛徒，绰号“巴福”（意为胡子）。几位帕夏想要用钱将其赎回，或是用别的威尼斯战俘来交换，但当局拒绝了。此人直到 9 月底依然被关押在科孚岛，随后在基督教同盟舰队抵达科孚岛后，由巴尔托洛梅奥·塞雷诺负责审问他，但他也不会在科孚岛停留很久，因为威尼斯十人团在10月命令科孚岛政府“尽快将此人处决，而且处决的工作要尽量谨慎而保密”。[4]

在骑兵们全部回到船上后，土耳其舰队便离开了布特林特，随后环绕科孚岛一周，希望能找到一块适合大规模登陆的地方。舰队在途经离城较近的水域时，遇上了守军炮火的猛烈攻击，但舰队并未受到任何损伤，随后他们在往北几千米的地方找到了一片适合登陆的土地，在一个叫波塔莫斯的小镇附近。骑兵上岸后便立刻直奔城市而去，而舰队则在科孚岛北部的一个新的商业港口靠岸，守军曾经在旧的商业港口造了一些防御炮塔，但这座新港口恰好在其射程之外。守军指挥官保罗·奥尔西尼命令团长菲利普·龙科尼带着400名希腊和意大利步兵防守郊区，但这些兵力太少了。他们一路败退，最后只好躲进要塞里。（关于龙科尼，维尼埃后来对他的评价十分尖锐：“我错了，我曾以为他是罗兰那样的英勇骑士。在十人团的时候我曾如此欣赏他，但事实证明他只是个懦夫。”）

然而科孚岛的要塞不是那么容易就能攻取的，因此这次攻城行动和许多别处的一样，并没有任何进展。守军的一次次出城反击阻碍了土军的行动，而且土军既没有工兵也没有攻城火炮，这使得土军寸功未建。此外，根据卡米洛·达柯勒乔的提议，堡垒的大炮转向北方，抬高炮口让炮弹越过城镇后面的小山，直接落进土耳其舰队驻扎的港口。虽然守军只是盲射，但由于炮火密集，而锚地的土耳其船只也非常密集，在多次射击后成效显著：土耳其舰队共有3艘加莱桨帆船被击沉，几位帕夏最终不得不下令取消攻城计划。随后土耳其陆军在一把火把郊区和各村庄烧干净后，便纷纷回到船上去了。9月8日，土耳其舰队起航继续向南航行。然而这次行动依然给人留下的深刻而持久的印象。在接下来的几年里，土耳其人在当地留下的被烧毁的废墟残骸向后来的旅行者们证明了他们已经能威胁到威尼斯本土，并且“只要有500名骑兵，加上足够的勇气，便可以登陆科孚岛，洗劫和焚烧这些村庄，并以此羞辱要塞内的守军”。[5]

在离开科孚岛后，由于地中海的南方吹来的热风，土耳其舰队被困在伊古迈尼察的港口数日。然而就在此时，两名传讯官却带来了苏丹的一条命令，要求土耳其舰队依然以攻取卡塔罗为首要目标，这让整支舰队极度困惑。事实上，苏丹直到8月底才得到卡塔罗攻城战役结束以及基督教同盟舰队集结于墨西拿这两条情报。在看到苏丹依然关心卡塔罗后，皮尔图帕夏便回奏苏丹说："冬天快要来了，军队也开始缺乏兵员和必需的补给，属下以为如今已不是攻打卡塔罗的时机了。"同时他又在信中希望苏丹给他新的指示。帕夏们自然也知道，苏丹的回复要过很久才会送到他们手里。即使是在最佳的气候条件下，信使也要花一周才能抵达君士坦丁堡，而中间只要出现哪怕一点小意外，所需时间就可能延长到整整一个月；但只要这条命令仍然存在，就不可能解散舰队并返回君士坦丁堡。[6]

在天气好转后，土耳其舰队抵达了帕尔加的海湾，这里离马加里蒂城堡只有几千米，去年威尼斯人曾试图攻占这座城堡，但没有成功。此处的居民主要是阿尔巴尼亚人，经常反对奥斯曼帝国的统治，不久前，这个小镇被土耳其人摧毁，居民被驱逐出境；然而最近威尼斯政府命令保罗·奥尔西尼派兵前往该地，并用各种宣传手段让帕尔加人回来。奥尔西尼不想为了这个任务削弱科孚岛的防御力量，便辩解说这场行动计划在战略上毫无意义而且非常危险，但政客们坚持"希望将这些如此依附于威尼斯的人带回家"，以鼓舞附近阿尔巴尼亚人发动起义。但如今土耳其舰队再次占领了帕尔加，并第二次将其摧毁，随后便扬长而去，前往此地以南50千米的普雷韦扎。[7]

普雷韦扎大海湾深达30千米以上，通过一条极其狭窄的水道与外海连通，是极佳的天然军事基地。大约1500年前（公元前31年），马克·安东尼和屋大维在这里打了举世闻名的亚克兴海战，而1538年，海雷丁·巴巴罗萨也在此打败了安德烈亚·多里亚。此时土耳其舰队开入了普雷韦扎海湾，意味着今年奥斯曼帝国的海上行动即将结束。帕夏们再次写信给君士坦丁堡，希望得到下一步的指示，同时还附加了一份详细记录了今年年初从发罗拉出航至今的一切海上行动的报告。按照传统，土耳其舰队应该在儒略历的圣德米特里日，也就是10月26日返回君士坦丁堡的港口，如果今年还想遵守这个传统，就不能再浪费时间了。在海上他们已经度过了很长时间，各种传染病和不间断的战斗已经使舰队的船员精疲力竭。皮尔图帕夏在他的报告中也提到舰队中的传染病在船上的士兵中引发的一系列严重问题。两周后，在审问私掠者巴福时，塞雷诺同样得到了与这个事实相吻合的情报，并获悉土耳其舰队“装备已经不全，无论是战斗人员还是桨手都有相当大一部分人员死亡”。这位出身科孚岛的叛徒也认为土耳其舰队会前往普雷韦扎，随后他们应该不准备再出海战斗了。这些帕夏们今年“烧毁和洗劫了这么多基督徒的据点，从未遇到过像样的抵抗”。因此他认为，土耳其舰队在抵达普雷韦扎后，只要得到苏丹的许可，不久就会返航君士坦丁堡。[8]

然而在抵达普雷韦扎后，帕夏们收到的命令却完全和他们所预料的相反。这件事只有西方国家的史料对此才有记载，特别是孔塔里尼的记载最为详尽，因为威尼斯编年史大量使用了对勒班陀海战中俘虏的土耳其战俘的审问记录。根据孔塔里尼的说法，当时苏丹派了一名传讯官去向舰队的帕夏们传达法马古斯塔已经攻克的消息，“正式命令是在海上取得胜利，不放过任何人，并占领所有邻近岛屿，不惜一切代价找到基督教舰队，无论它在哪里，然后与之战斗并摧毁它，似乎他们真的认为自己的舰队有这样的实力”，孔塔里尼讽刺地评论道。能够从政府办公室指挥舰队的幻想开始显示出其局限性及其危险后果，在那里，信息总是晚了几个星期，而且无法对船只和船员的状况有任何具体的了解。

可以想见，皮尔图和阿里两位帕夏对这道命令不太满意，他们期待的肯定是与之相反的命令。毕竟，这位送信的传讯官是在 8 月 16 日，也就是君士坦丁堡刚刚得到法马古斯塔战役胜利的消息后立刻出发的，因此这道命令自然没有考虑帕夏们最近送回去的那些描述舰队状态何等糟糕的报告。于是，他们最终决定离开普雷韦扎，前往更南方的基地。按照孔塔里尼的记载，他们的意图是装载食物和弹药，“然后按照其大君的命令，立刻前去面对基督徒”；然而这次舰队转移却是让他们移动到了比较安全的海域，同时也离君士坦丁堡更近了一些，这样信使就能更快速地从国内赶到，也好让他们能更快收到苏丹最新的指示。9 月 16 日，土耳其舰队起航离开了普雷韦扎；一直在监视他们的基督教间谍说：“当时土耳其舰队出发时状态非常糟糕，甲板上许多人都感染了传染病。”而帕夏们最终决定让舰队转移的下一个军事基地，便是勒班陀。[9]

任何曾经在希腊度假并从意大利海岸前往希腊的人都会在帕特雷登陆时看到勒班陀湾的入口，我们现在更常称之为“科林斯湾”。勒班陀在南部海岸线上仅仅是个无足轻重的小港口，它正对帕特雷，海湾的入口极其狭窄，以至于日后在这里修建了一座连接希腊北部和伯罗奔尼撒半岛的公路桥。当时土耳其人在海峡两侧各造了一座要塞，相互正对着对方，可以用火炮阻止敌人进入海峡。而在这两座要塞的保护下，敌舰队根本无法闯进海峡袭击停靠在海湾内的本方舰队，当时两位帕夏认为此处便是最佳的舰队休整地，可以从巴尔干地区的陆路和伯罗奔尼撒地区的海路同时得到更多弹药补给。

如果帝国舰队要在战区附近过冬，而不是返回君士坦丁堡，勒班陀是最佳的位置。但当卡普丹帕夏到达时，他收到了苏丹的新命令，就在他们几天前在普雷韦扎收到的命令之后。它的日期是 8 月 19 日，在这里也有必要完整引用：

> 伊斯兰历 979 年 3 月 27 日
>
> 给卡普丹帕夏的命令
>
> 你之前给朝廷寄了一封信。在信中你报告了朕的帝国舰队以及那些刚刚攻占的要塞的最新情况，还有关于那些可咒诅的异教徒们的情报。你汇报说，舰队如今需要在冬季来临前找一个港口过冬。你之前所汇报的这一切，朕都已经全部知晓了。
>
> 卡西姆，黑塞哥维那的贝伊（愿他的荣耀长存！）也给朝廷寄来了一封信：就在你们前往发罗拉的同时，敌舰队派了 5 艘加莱桨帆船刚刚到过卡塔罗，他们派了士兵下船袭击我方，给我方造成了很大的损失。而贝伊也出兵抵抗，想要阻止他们烧杀。他杀死了许多这些可咒诅的异教徒，同时还俘虏了一些人。随后他审问了那些俘虏有关敌舰队的情报。敌舰队大致有 130 艘威尼斯战船、130 艘西班牙战船，这支注定要覆灭的舰队已经准备好了，他们打算在帝国舰队重新集结时前往围攻卡斯泰尔诺沃。
>
> 卡斯泰尔诺沃此时同样缺乏弹药补给。而另一方面，从斯梅代雷

沃和赛兰姆地区把物资运过来的费用高达每包货物15皮阿斯特。因此你和阿尔及尔的贝格勒贝伊阿里，你们的舰队就前去卡塔罗的要塞的港口中过冬，同时需要为朕的舰队准备6个月的弹药补给，还有各种军需品和其他物资，必须要在卡斯泰尔诺沃的要塞储存足够的物资才行。

朕命令将发罗拉和德维纳地区的小麦全部收集起来，制作面粉和海用饼干，同时也要征集其他谷物。

朕已命令朕的维齐尔皮尔图帕夏把他的船只、船长和军官们都移交给你，此外还有你的舰队过冬所需的武器弹药等，此外如果你需要的话，各海军和陆军的贝伊们也可以听从你的调动，同时拨给你支付阿扎普和桨手所需的工资。

在你收到这些命令后，你要和上述人员保持联系：你率领130艘加莱桨帆船，或者多一点少一点都可以，看你自己的需要，同时带上所有的武器、物资、士兵、桨手和6个月的补给。这些船必须装备精良，状态良好。如果西方海域比较安全，你就和阿尔及尔的贝格勒贝伊阿里一起去卡塔罗过冬。但如果在你们西方的海域有敌舰队跟随你们出没的话，上述人员和你本人就去勇敢地和敌舰队决战，发挥你的勇气和智慧打败他们。

关于过冬的计划，你可以调用朕的维齐尔皮尔图的资金，用来支付舰队的阿扎普和各船长的工资。如果剩下的钱不够支付耶尼切里军团和其余人员的工资的话，你可以把所需的资金登记造册，随后送到朝廷，以便调款。

你要向这支必胜的军队发出指示，让他们在与你一起过冬期间必须时刻保持警惕，还要时刻注意不要出现缺少补给或资金的情况。

朕已命令必要的传讯官从朕的宫廷出发，前往舰队服役；他们将负责补给工作和其他任务。朕已经把相关的指示下达给鲁米利亚的卡迪了。

朕要求你遵守上述命令。

根据一位读过这份苏丹的命令的摘要的西班牙编年史学家的说法，这份命令是战后在阿里帕夏的旗舰上找到的，“按照每次发出重要命令时的惯例，这道命令放在一个绣金袋子里”。[10] 这份命令值得我们仔细研究，因为这是卡普丹帕夏在勒班陀海战惨败战死前收到的苏丹的最后一道命令。最重要的是，这份命令的日期清楚地表明，它并不是为了回复帕夏们在发罗拉期间向苏丹询问下一步的指示时的那封信的，它写于这之前。8月19日时，苏丹不知道卡塔罗的围困已经解除，舰队正在向发罗拉撤退。他写下这道命令所基于的情报都是前线的帕夏们7月底时寄回去的，当时他们刚刚攻占索波蒂，随后正在从南向北往发罗拉方向航行，准备在亚得里亚海行动。命令中提到的威尼斯加莱桨帆船袭击卡塔罗河口是指7月的一起事件，在舰队返回并开始围攻之前。卡塔罗的围攻仍然是朝廷的主要关注点，因此，舰队将违背惯例在那里过冬，以保持对地面部队的支援。基督教舰队攻击的危险被低估了，但无论如何，人们似乎对帝国舰队应对挑战的能力充满信心。[11]

这份命令是给卡普丹帕夏的，也提到了皮尔图帕夏与此同时收到的命令。从命令中我们可以得知，皮尔图帕夏将返回君士坦丁堡，留给阿里帕夏130艘加莱桨帆船继续驻守前线，如果后者觉得需要更多船的话，也可以多留下一些，还要留下所有士兵。随后按计划，卡普丹帕夏和欧吉德·阿里要在卡塔罗过冬，但前提是“西方海域安全”。这最后一句话似乎是给欧吉德·阿里的，隐含的意思是一旦西方海域发生什么变故，便允许他返回马格里布。而如果基督教同盟舰队真的来黎凡特和他们决战的话，皮尔图帕夏必须立刻停止归途，回去和阿里帕夏一起考虑必要的对策。[12]

在苏丹提到的报告中，卡普丹帕夏表示他即将在亚得里亚海发动攻势，但他也在7月底之前发出了警告，提醒政府“有必要在冬季来临前回到可以安全过冬的港口”。通过这些来往文件，我们能感受到一线指挥官的担忧，他被迫服从来自首都的命令，但他知道这些朝廷要员很容易无视真实情况，有着不切实际的幻想。阿里和皮尔图帕夏很快就发现8月19日的这道命令根本已经不符合当时形势的变化了，舰队中根本没有人认为此时应该返回亚得里亚海，去卡塔罗附近过冬。然而命令中不止这些，还提到说如果舰队遇上了“可咒诅的异教徒舰队”的话，必须和他们战斗，正如他们之前几个月一直收到的命令那样。此时舰队状态很差，满是病号，帕夏们唯一正确的选择就是回到君士坦丁堡，但这样一来，他们就是在公然违抗苏丹的命令了。没有人敢冒违抗苏丹的风险，因此他们决定继续等待。

与此同时，在墨西拿，“糟糕的季节”使得同盟舰队依然无法起航，此时舰队各指挥官对是否直接出发去和土耳其舰队决战也还是无法达成共识。9月6日，卡埃塔尼已经等得不耐烦了，他写道，神圣同盟的舰队毫无疑问能打败敌舰队，如果这种情况下谁还不这么认为，那这个人一定居心叵测：“这是有史以来最壮观的基督教同盟舰队，我很惊讶他们到如今还在争论是否应该出征决战，或者坚持不去战斗：会反对战斗的只有利益攸关的热那亚人。”但犹豫不决的不仅是热那亚人，萨伏依舰队的将军普罗瓦纳·迪莱尼同样如此，他承认，赞成参战者“不是每个人都发自真心，很多人是出于无奈或羞耻”。在花费了大量精力和钱财后，没人能接受如今舰队依然被困在港口无所事事，眼睁睁地看着“近在咫尺的敌人肆意洗劫和毁灭一切”。而且如今已经离冬季不远了，船上已经出现了第一批病倒的船员。至于船上的士兵们，普罗瓦纳也说，他们“所有人都是新兵”，对海上生活并不熟悉。总之普罗瓦纳认为，基督教指挥官应该避免陷入这样一个困难的境地，否则最终会“逐渐丧失一切有利因素”。但土耳其人可能并不会在那里等待他们：“我们将继续前进，让敌军舰队逃离，或者说，他们没有面对我们强大舰队的决心，就此撤退，这样我们将节省时间；如果不是，我们就不得不战斗。”[13]

唐胡安的西班牙顾问们认为，最好的办法是按兵不动让土耳其人有机会撤退。费利佩二世在出征前要求唐胡安要把本方舰队的安危放在首要位置，并希望他考虑“如果上帝没有眷顾我们，我们和基督教世界的公共利益会受到何等影响，可能会发生什么不幸”。在与这位他从小就认识的充满热血和对荣誉的渴望的弟弟谈话时，费利佩二世没有过于强调这一点，但他向德雷克森斯清楚地传达了这一希望，要求他在唐胡安身边，抑制他的冲动。国王的重要臣仆们之间的通信表明，他们都知道这个秘密，并认为自己有必要使用一些密谋手段。9月11日，德苏尼加大使写信给他的兄弟唐路易斯·德雷克森斯：

> 这个不要出征决战的决定必须严格保密，不能让科隆纳和威尼斯人知道唐胡安和陛下没有与敌人交战的意思。因为如果我们没有遇到土耳其舰队的话（我可以肯定这是会出现的情况），那这样的决定就是正确的。但万一真的遇上了土耳其舰队，哪怕我方实力弱于他们，我也认为他们不可能避战；因此有必要的话，应该用一些手段确保不会遇上土军舰队。

在给唐路易斯·德雷克森斯写这封充满疑问的信时，唐格拉西亚·德托莱多自己也在极度保密的情况下在做同样的建议，也就是必须不惜一切代价避免让威尼斯人知道西班牙国王和大臣们此时还在讨论如何找机会避免战斗。在信中他们还要求唐路易斯·德雷克森斯看完这封信并给唐胡安和他的秘书德索托也看过后，立刻将信烧掉。[14]

有人认为唐胡安会对这种保守策略不屑一顾；然而，事实上，由于天气还不允许出发，王子决定在9月10日再次召集作战会议，研讨“是否有必要与敌人交战”。由于国王的指示，他不能独断专行，无视西班牙顾问的意见。而这一道召集令也让威尼斯人大为不满，他们不无道理地回复称“这个问题之前早已有定论，没有必要再进行讨论”。唐胡安却称，因为政治原因，这次开会还是有必要的，“是为了让许多贵族们满意”，让他今后能更方便地给他们传达命令，于是维尼埃勉强同意了。然而根据传到墨西拿的情报，西班牙人的担忧是错误的，并没有迹象证明基督教同盟舰队在实力上不如土耳其舰队。那位之前抵达莱切的叛逃者说，土耳其舰队只有“150艘装备精良并可以随时投入战斗的加莱桨帆船”。其余300艘船装备很差，“而且其中很大一部分都是私掠者用的小型战船”。此外，他们的船只也缺少人手，许多人都病死了。[15]

这场军事会议的最终讨论结果是决定出击。即使连阿斯卡尼奥·德拉科尔尼亚都改变了主意。他们认为，即使战况不利，也能大幅度削弱土耳其其舰队的实力，大大减轻海上的威胁，“而且，我方各国的实力都不弱，失利后仍有补救的办法，至少能维持防御”，若能战胜就能使得局势发生更有利的变化，包括“促使希腊人起义”。因此，德拉科尔尼亚这位老兵也建议舰队推进到布林迪西，甚至可以更进一步，直接前往科孚岛，等敌舰队返回黎凡特的时候直接出海拦截。唐胡安此时已经迫不及待地想要打一仗了，他欣然接受了意大利人的意见：一旦天气转好，就出发搜寻敌人的主力舰队。[16]

27

出　击

当唐胡安准备率领地中海有史以来最强大的舰队出战时，他与西班牙最著名的军人频频通过信件交流，从他们那里得到了很多建议。阿尔贝公爵从布鲁塞尔给他寄来了一份很长的备忘录，告诉他应如何管理作战会议，可能正是多亏了这份备忘录，他才能在一次次的会议中把各种重大的决定往他所希望的方向引导。这位长期奋战在镇压异端一线的老将解释道，军人是非常敏感的，“哪怕面对自己的兄弟和儿子也会寸步不让”；对他们必须要宽容，因为他们把作战会议当成一场竞赛，每个人都想在会议上为自己争取到比别人更多的荣誉，总司令必须学会利用他们的这一弱点，而不是跟着他们的节奏走。另外，按照这份备忘录的建议，在作战会议前，有必要私下询问每个人的想法，以满足他们的自尊；而且，那些事先向总司令陈述了立场的人，就不会仅仅为了反驳他人而改变立场。“希望阁下在会议上禁止一切争吵。一定要让大家就事论事讨论主题，绝不能允许出现个人争吵行为，因为放纵这种行为会严重削弱阁下的权威。”

随后这位公爵继续建议唐胡安时不时地召集扩大会议，让团长甚至连长们也参加，“告诉他们可以公开的信息，让他们也参与讨论”，以满足他们的自尊心。你必须始终对士兵友好，与他们开玩笑，依次赞扬这个或那个国家；至于剩下的事，当然还有要时常关注他们的军饷、住宿和饮食问题，当发现士兵们受到虐待时，必须要立刻严惩应为此负责的军官，让士兵们都知道虐待他们的行为是不允许的。但最重要的事，是掌控他的下属们，而不是反过来让下属们辖制他。“阁下需要明白，需要对付的敌人首先是阁下自己的部下，他们会建议阁下在错误的时机投入战斗，而在阁下没有照他们的意思做的时候他们便会大发脾气，称阁下错失了战机。”公爵警告唐胡安，他能否做到这些还有待证明。“我不得不说，阁下太年轻了，我不能要求您完美应对这样的挑战，哪怕是我们这些老兵，在主持会议时也面临着巨大的困难。”这位荷兰总督总结道。[1]

关于舰队在海上的指挥，这位公爵就帮不了他什么忙了。他说：“我对航海所知甚少，无法给你任何这方面的建议。关于海上的行动，我唯一能告诉你的就是晕船的体验，我在海上的大部分时间都在晕船。”然而在决定出击迎战敌舰队后，还有别的一些决定要做，唐胡安并没有足够的智慧独自决断。早在舰队还在墨西拿的时候，各司令官们就讨论过决战那天的队形问题。普罗瓦纳对此记载道：“当时意见分歧很大，有人提议摆出弧线队列，也有人喜欢摆成一排直线正面前进；有人想要整支舰队在一起，也有人想把舰队分散成几支分舰队。”此外还要决定如何善用威尼斯人的那几艘加莱塞桨帆战舰，是把他们平均分配在前线，还是集中在其中一翼？还有那些运输船摆在队列中的什么位置也是个问题，因为运输船上还载有一些火炮，在海战过程中可能会用得上，只是运输船机动性非常差，在战斗中根本不可能跟得上加莱桨帆船的速度。[2]

关于这一点，唐胡安曾向唐格拉西亚·德托莱多求助，后者当时住在比萨的丽池，他给唐胡安的回信中充满了不祥的预感和有用的建议。这位年迈的海员在信的一开头就如此这么写道：“我必须对殿下这么说，看着敌人越来越逼近，我也越来越担心，终日不得安宁。”随后他又给了许多非常基础但又很有用的建议，后来唐胡安从中大受启发。比如，舰队不能以一个整体前进，而必须拆成几个分舰队，否则加莱桨帆船数量众多，容易引起混乱，“就像普雷韦扎海战时一样”。因此需要把舰队分成 3 支分舰队，并将最有经验的指挥官安排在两翼，同时在分舰队之间要留出足够的空间，使其能在不受干扰的情况下机动。这一切都是唐格拉西亚从敌人那学来的，由于那一次的惨败，他对敌人的这套战术记忆犹新：“这是普雷韦扎海战中巴巴罗萨使用的队列，由于这种队列是我见过的最好也最有优势的，因此我一直清楚记得它，并且希望有朝一日能用得上。”唯一可能影响布阵的不确定因素是威尼斯人，因为他们可能出于对荣誉和特权的渴望想要抢夺前锋的位置，如果他们这么要求的话，就应该冒着让其他盟国不满的风险同意其要求，因为最先与敌人接战的应该是大家最不放心的舰队。在这种情况下，舰队将分为前卫和后卫两条战线，并分为 3 支分舰队，“在我看来，这是一件必须保密的事情，因为如果让他们知道自己要求打头阵就会被分配到前卫的话，他们可能会放弃提出这一要求”。

在从墨西拿起航出征前夕，唐胡安再次写信给在比萨的唐格拉西亚，问他走哪条海路最好（毕竟不像阿尔贝公爵，唐格拉西亚称呼唐胡安为“殿下”，这证明唐格拉西亚显然很乐意收到他的来信）。之前有人建议他率领舰队前往塔兰托，在那等敌人经过时拦截他们，因为人们相信敌舰队此时还在亚得里亚海。唐格拉西亚在回复中谦虚地写道，不要太过依赖他的判断，“因为即使在前线睡觉的人都比在后方醒着的人知道的情况多”。但由于“什么都不懂的人说的话往往最多，这是这个世界的古老传统”，因此他也坚信自己依然有理由给唐胡安提建议。他继续说，塔兰托的位置实际上并不如布林迪西，因为前者的地理位置并不在土耳其舰队返航的路上，舰队前往塔兰托意味着我方想要防御而不是出击。此外，唐格拉西亚也提到一些该方案的缺点，比如加莱桨帆船船身巨大，可能无法开进塔兰托的“小海”（这是当时对塔兰托港内的锚地的称呼），而布林迪西港相比而言更大，可以容纳整支舰队，而且离达尔马提亚海岸非常近，让后者的守军能清楚感觉到舰队的逼近。如果遇上恶劣天气，舰队也可以躲在港内，而敌人如果想进攻也会面临更多困难和危险（“因为他们不得不考虑天气，由于你指挥的舰队非常庞大，只要天气稍有变化，附近的海域便会对敌人更加危险。”）在前往布林迪西的途中，舰队可以在克罗托内、加利波利和奥特朗托中途停留，这些地方都有火炮要塞重兵把守，并且港内都配备快船以防敌人偷袭。“这一切都是为了预防敌人的舰队比我方更强大的情况，因为如果我方舰队足够强，那么无论走哪条海路、在哪里停留都同样安全。”[3]

墨西拿的恶劣天气依然在持续，由于舰队迟迟不能出发，各种议论和疑虑又开始出现了。地方监督官奎里尼和卡纳尔开始担心花了这么多时间精心组建的舰队最终又要一事无成了，二人因此写信给威尼斯总督说，如果有噩耗传到威尼斯的话，请务必牢记这不是没有原因的，因为“我们从未被召集开会过，也从未参与过任何协商或审议”。吉尔·德安德拉德侦察完毕返回后，报告说他在科孚岛附近的河流一带发现了敌舰队。他没时间数敌舰队的船数，但岛上的人告诉他敌舰队的总数不会超过 300 艘，其中只有 190 艘加莱桨帆船。同时他的汇报还提到敌舰队兵员缺乏，而且甲板上许多人病倒了。但问题是敌舰队随后便不知所踪，德安德拉德再也没发现过他们。考虑到恶劣天气同样也会影响敌舰队的行动，可能他们依然在科孚岛，但没有人敢肯定这一点。如今最需要做的就是尽快出发，沿着海岸先航行至圣玛丽亚·迪莱乌克，并希望尽快在此期间获取新的情报。然而大雨依然没有停止的迹象，基督教同盟舰队不得不继续待在港口，哪也去不了。[4]

9 月 15 日，天气终于放晴了，维尼埃迫不及待地想要立刻起航，但有个西班牙人却告诉他说，这么急出发完全没用，然而他却说“这并没有让我绝望”。事实上，把舰队拖出港口等待顺风花了一整天的时间，唐塞萨雷·达瓦洛斯是运输船队的指挥官，负责运载那些已经被疾病折磨得困苦不堪的日耳曼步兵。唐胡安下令让这些船都先行前往塔兰托，等候舰队主力抵达。在出发前，舰队举行了一场弥撒，由教宗特使奥代斯卡尔基隆重地为全体船员祝福，仪式让所有船员都大受鼓舞。16 日，在一切准备妥当后，舰队于当天晚上终于出海了，不过按照维尼埃讽刺性的记载，舰队才出发没多远就不得不停在了墨西拿对岸的卡拉布里亚的圣乔瓦尼一带，因为整个舰队当时“没有统一命令，非常混乱”。[5]

维尼埃此时开始觉得似乎无论是西班牙人还是科隆纳本人都毫无斗志，在他给国内的报告中，他毫不犹豫地提及了这一点。不过对于唐胡安来说，这样的指责显然是不公平的。在 9 月 16 日同一天，唐胡安在给费利佩二世最重要的一位秘书路易·戈麦斯的信中，提到他身为总司令官所遇到的种种问题，比如他周围的盟友个个对他阳奉阴违，表面上假装合作，但暗地里却依然个个摆出居高临下的姿态。“虽然有些人还在说我们比预期计划更早出发，但我依然非常不满。”军队和政府中管财政的官员们做事效率低下，让他不得不在港内再等了更多的时间。他说：“我让他们利用这段时间好好休息和放松，他们却以他们一贯的表面上顺从的态度，借口想要给我提建议，结果说的都是些最幼稚又无聊的东西。”舰队中许多人吵吵嚷嚷说如今已经太晚了，敌舰队肯定已经逃回安全的港口去了，而也有人认为土耳其人不是那么容易怯战退缩的，他们会来证明他们才是这片海域的主宰者。唐胡安说，舰队中此时士气空前高涨，船员们纷纷求战，对胜利也充满信心。同一天，唐胡安回信给唐格拉西亚·德托莱多，正式向后者确认了他下令让舰队主动出击和敌人打一仗的最终决定，即使如今似乎想把他们困死在亚得里亚海已经不太可能了：

> 对于敌人这支舰队，按照我方目前掌握的情报来看，虽然他们数量比我们神圣同盟舰队要多，但得胜的关键不是船只的质量，也不是兵员的素质，而是对上帝吾主的信仰。我们是为了主的荣耀而战，主必帮助我们。我们最终决定出征，到海上去追踪袭击他们。如果上帝允许的话，我今夜就起航前往科孚岛，到那后我应该就能知道敌舰队现在的位置。我这次出征，总共率领208艘加莱桨帆船，2.6万名步兵，6艘加莱塞桨帆战舰，还有24艘拿浮运输船。[6]

从圣乔瓦尼的港湾起航后，同盟舰队便缓缓上路了。由于海上稍有逆风，他们不得不依赖划桨动力，沿着卡拉布里亚的海岸线航行。头一个早上，在舰队的各加莱桨帆船还在按命令列队的时候，普罗瓦纳当时正在萨伏依公国舰队的旗舰上，他发现马耳他舰队的旗舰占了教宗国舰队旗舰的右边的荣誉位置。根据这位皮埃蒙特将军的说法，这个位置本该是他的，为此早前他就在墨西拿与马耳他舰队司令官讨论过此事。普罗瓦纳下令加快速度插入两艘旗舰之间，甚至不惜冒着撞到马耳他旗舰在船尾拖着的那艘小型护卫舰的危险，同时他下令尽快把此事通报给总司令官的旗舰，希望唐胡安亲自解决这次争议，并说“如果他不介入，我就只能自己解决这次旗舰位置之争了”。唐胡安随后命令马耳他司令官把位置让给萨伏依旗舰，后者便听从了。然而普罗瓦纳却很担心，把这件事详细汇报给了萨伏依公爵伊曼纽·菲利贝尔，并建议他要求费利佩二世干预此事，他甚至认为如果能直接要求教宗干预就更好了，以此正式确认萨伏依和马耳他的地位。[7]

19日，舰队抵达了科隆内角，然而此时他们却遇上了一股寒冷的北风，于是唐胡安决定停止前进，对此懊恼不已的维尼埃甚至开始认为唐胡安做的这一切都是阴谋，是为了故意拖延时间；随后两人还大大争吵了一番。如果我们阅读维尼埃留下的报告的话，不难发现年轻的唐胡安当时表现出极度的忍耐，从而回避了一场更严重的冲突。当时在克罗托内，大约有五六百名卡拉布里亚当地的民兵在那不勒斯总督的命令下集结了起来，唐胡安便提出把这批士兵都给维尼埃的威尼斯舰队。维尼埃记载："当时我回答说，我不需要。"随后唐胡安说，舰队需要停靠一下来补给水源，"而我回复说，如果每过一地都要像现在这样停下补给水源的话，等我们抵达科孚岛就晚了"。唐胡安有些生气了，便说"舰队还要等你们威尼斯人那 6 艘龟速的加莱塞桨帆战舰，所以当然要停下"。听到这话后，维尼埃只好作罢。这次靠岸后，舰队又多了 800 名卡拉布里亚士兵，都是唐加斯帕雷·托拉尔多招募的，"这批士兵都是当地最优秀的士兵，而且其中有不少受人尊敬的绅士"，维尼埃罕见地对这批士兵赞不绝口。

第二天，有一艘科孚岛的武装双桅船抵达了舰队所在地，向他们传达最新的情报，说土耳其舰队如今已经撤退到普雷韦扎的海湾中去了，并在那等待最新的命令。另外似乎有情报显示欧吉德·阿里已经率领五六十艘私掠船撤回突尼斯了。该情报在几天后被证实是毫无根据的，至少是被曲解了，但它当时大大鼓舞了基督教同盟舰队的指挥官们。维尼埃立刻开始策划另一个计划：不再前往科孚岛，而是掉头往凯法洛尼亚，希望在敌舰队出港时拦截他们。当时的风向对这个计划来说有利，然而作战会议上多数人都不太确信这样的计划真的可行，因为带着一支如此庞大又难以驾驭的舰队前去，极有可能毫无预兆地遭遇土耳其舰队，而这是十分危险的，而且同盟舰队不想放弃威尼斯人所说的在科孚岛的那 6000 名步兵（虽然维尼埃自己本人知道实际兵力少于这个数目）。到了晚上，天气开始平静了下来，于是最终他们依然决定继续向科孚岛前进。[8]

由于如今已经清楚敌舰队正在返回黎凡特，唐胡安便决定冒险将舰队分散，由吉尔·德安德拉德和赞巴蒂斯塔·孔塔里尼二人各自指挥一支 4 艘加莱桨帆船的侦察舰队前往侦察敌人动向。圣克鲁斯侯爵此时也率领 30 艘那不勒斯的加莱桨帆船抵达了塔兰托，接收了由多名连长指挥的

1000名那不勒斯大方阵团的西班牙士兵。监督官卡纳尔带着12艘威尼斯加莱桨帆船前往布林迪西、奥特朗托和加利波利，接收了阿特里公爵为威尼斯招募的步兵，和由蒂贝里奥·布兰卡乔团长指挥的普利亚民兵。同时他还派了一艘小型护卫舰前往塔兰托，命令当地统管运输船的指挥官唐塞萨雷·达瓦洛斯独自先行前往科孚岛。舰队主力本想21日起航，但当天却遇上了严重逆风，把舰队一路刮到了克罗托内港，马耳他的旗舰撞上了礁石，"不得不花了一整天的时间来修理"。22日晚上，大风终于平息了，舰队得以再次起航。

不幸的是，时间已经所剩无几了。这里需要说明一件事，当时的历法还是儒略历，因为格里高十三世的历法改革要到11年以后才发生。因此当时说的9月22日，相当于我们今天的10月5日，因此当时离冬季比我们想象的还要近。此时舰队中开始冒出一些悲观的声音，纷纷认为今年再出海和敌人战斗已经太晚了。普罗瓦纳甚至忧愁地认为，他们不仅要和敌人战斗，还要和恶劣的天气战斗，因此他认为"即使是把这支舰队完好地带回港口"，也已经是很大的胜利了。比起为一场许多人都已经认为不会打起来的战争操心，指挥官们此时反而更关心他们各自的仕途：在舰队离开墨西拿前，人们得知米兰总督阿尔武凯克公爵去世了，这意味着意大利有了一个总督的位置出缺。唐路易斯·德雷克森斯希望能做西西里的总督，唐胡安也表示会支持他争取这一位置，"然而不是因为他真的想为前者争取利益，而纯粹是因为他厌烦前者，希望他早日离开自己"；而科隆纳也基本可以确定能就任米兰总督的位置，他们二人将在船上的空闲时间都用于争取更多的支持，而与此同时舰队则在风雨中艰难航行。在海上，舰队遇上了赞特派来的一艘小型护卫舰，从船上的信使那里得知敌舰队已经离开了普雷韦扎，袭击了赞特，并在附近大肆掠夺。随后吉尔·德安德拉德派出的一艘由卡塔林·马利皮耶罗指挥的侦察船也紧接着返回了，汇报说敌舰队已经离开了赞特，往南航行。9月26日，已经被雨淋成落汤鸡，又在寒冷中哆嗦着的唐胡安总算率领舰队在科孚岛的港口靠岸了。[9]

舰队离开了墨西拿，整个地中海世界都为之屏住了呼吸。在威尼斯，此时法马古斯塔沦陷的消息还没有传来，人们祈祷斋戒，而威尼斯总督每天都在组织宗教游行，祈求上帝保佑威尼斯舰队。法奇内蒂虔诚地说：“因为胜利的关键在于让我们的上帝喜悦。”在希腊，东正教神职人员试图和基督教同盟舰队取得联系，并把土耳其舰队目前状态糟糕的情报透露给他们，并准备发动起义。土耳其人也一直防备着他们，日夜监视他们内陆的修道院，其中迈泰奥拉被土耳其人认为是最不安分的地方；阿索斯山上的修士们被指控私通基督教国家，并为他们的胜利祈祷，他们不得不给当地土耳其统治者送礼以换取保护。[10]

希腊的东正教教区教士所做的就更多了，特别是在伯罗奔尼撒半岛，马尼地区的希腊起义军至今还没被平定，当地许多居民都亲眼看到土耳其舰队的状态非常糟糕。伯罗奔尼撒的贝伊穆夫拉纳·穆赫丁向苏丹汇报：

> 帕特雷市大主教杰尔马努斯和他的侄子底米特拉基，以及另外两位名叫伊斯提玛和卡拉亚尼斯的基督徒，已经成为那些邪恶的异教徒国家的仆从，并和他们结盟。他们和曼亚地区的叛军悄悄在海上接触，一直在不停地向他们透露情报。在帝国舰队抵达帕特雷时，他们对外泄露的情报的内容是：“他们的运输船没有士兵，加莱桨帆船也是空船，快来袭击他们！”他们还准备了旗帜，并和当地居民达成了协议。

马尔瓦西亚大主教马卡里奥斯来到了马尼，领导当地的起义，“举起了救世主和圣马可的旗帜，并掠夺和杀戮那些狗杂种”，给威尼斯总督的一份汇报中如此写道。[11]

被土耳其统治的希腊人和被威尼斯统治的希腊人的想法有着惊人的对称性：他们都无比厌恶他们各自的统治者，想要换成另一方来统治，以此来获得更好的生存环境。而这种悖论的结果是，塞浦路斯和克里特的希腊人趁着这场战争的机会想要脱离威尼斯人的统治，转投土耳其苏丹，而伯罗奔尼撒的希腊人却在做相反的事。在勒班陀海战后，希腊民歌传唱着“土耳其人和法兰克人的这两支庞大而可怕的舰队的对决”，而双方船上的桨手都是希腊人，他们注定要为异族的主人战死。[12]

此时在勒班陀，卡普丹帕夏、皮尔图帕夏和欧吉德·阿里都清楚知道，一场风暴正逐渐逼近。阿尔及尔最资深也最大胆的雷斯卡拉吉亚·阿里被派到西方海域去侦察，他趁着夜色乘一艘轻型桨帆船偷偷进了墨西拿的港口，清点了基督教同盟舰队的数目，顺便还俘虏了几名士兵，并从他们的口中得到了一些情报；之后他又在海上尾随了基督教同盟舰队几天，直到塔兰托海湾，在那里他又到岸上抓了一些俘虏，还在海上俘虏了一艘小型护卫舰。这个令人尴尬的旅伴的存在无法被忽视，当时在圣玛利亚·迪莱乌的唐胡安很快得知了此事，而消息也很快在舰队中的桨手中如野火般传开了，而且和以往的惯例一样，消息越传越离谱。在所有基督教同盟舰队的加莱桨帆船上，都在谈论私掠者的一艘黑色轻型桨帆船趁着夜色袭击墨西拿的事情。[13]

卡拉吉亚·阿里返回时，几位帕夏正在帕特雷，按照刚收到的苏丹最新的命令分配了工作：皮尔图帕夏准备返回君士坦丁堡，而阿里帕夏则准备率领大部分剩下的舰队在勒班陀过冬。但卡拉吉亚带回的情报让所有人都停下了上述准备工作，因为按照俘虏的口供，敌舰队在唐胡安的率领下，正在赶往科孚岛。当时几位帕夏给苏丹写了一封信，从他们的汇报中我们可以详细得知，在决战前土耳其人所掌握的情报的具体内容，以及敌方具体的目的。后来苏丹在回信中对卡普丹帕夏如此写道：

你之前汇报你在勒班陀收到了要求你安排舰队在那过冬的命令，同时还让阿尔及尔的贝格勒贝伊前往卡塔罗的港口过冬；阿尔及尔贝格勒贝伊手下的船长卡拉吉亚·阿里前往墨西拿抓一些知情人来打听情报；他返回后向你汇报这些异教徒舰队进了墨西拿旁边的塔兰托的港口。他抓获了一艘掉队的异教徒们的小船，并审问了上面的俘虏，得知了那些可诅咒的异教徒们的舰队的情报：敌舰队中有那些可憎的西班牙人的战船，还有那些留在后面的威尼斯船只，他们直奔我方而来，总指挥官是唐胡安，如今他们正前往科孚岛，想要和我方舰队决战，同时袭击我方的领土。你还汇报了你们开的一次作战会议上的情况，说你们会为了我们伟大的信仰和国家竭尽全力。

皮尔图帕夏的汇报中还有更详细的情况：

> 阿尔及尔的船长阿里雷斯之前被派去搜集情报，他从墨西拿返回后汇报说，那些异教徒的舰队进了墨西拿旁边的塔兰托港，他还抓回了一艘从他们可诅咒的舰队中掉队的船。这些可诅咒的西班牙和威尼斯异教徒们总共在港内集结了 230 艘加莱桨帆船、28 艘拿浮运输船、6 艘加莱塞桨帆战舰和 70 艘小型护卫舰。可以确信他们是要前往科孚岛，之后他们的进一步动向，我方目前尚不清楚。

传讯官穆斯塔法是负责送这份报告的信使，他从陆路返回了君士坦丁堡，半路上他打听到了最新的情报。苏丹在 10 月 12 日给皮尔图帕夏的一封信中如此写道：

> 3 天前，穆斯塔法带着你的信回到了朝廷。在途经德尔维纳时，他得知那支可诅咒又邪恶的舰队在本月 7 日（儒略历 9 月 27 日）抵达了科孚岛附近。可以肯定这些可怜的异教徒们正等待机会袭击返航的帝国舰队，或是进攻帝国领土[14]。

欧吉德・阿里同样给苏丹寄回了一份报告。欧吉德・阿里确实带着 60 艘船离开了勒班陀，甚至在随后几天里此事多次得到证实；但他只是前往伯罗奔尼撒沿海的莫顿装载士兵和补给，只向突尼斯派出了一支侦察小队。后来在苏丹的回复中也证实了这一点：

> 你之前送了一份报告，汇报内容如下：按照朕之前给你的命令，你留在帝国舰队中，并准备补给，你派了两艘轻型桨帆船往突尼斯，另有两艘前往卡塔罗，在那抓了一些俘虏。从他们口中问得那支可憎的敌舰队的情报如下：奎里尼的舰队还在克里特，其余的船都已经和

西班牙人会合，总共230艘加莱桨帆船、70艘小型护卫舰和28艘拿浮运输船。他们的指挥官是西班牙国王的弟弟罪人唐胡安。他把他自己的士兵派给了威尼斯人，威尼斯舰队如今已经配备了大量的西班牙士兵，他们正准备前往科孚岛。[15]

如我们所见，尽管基督教同盟舰队的指挥官们一直能收到关于土耳其舰队的行动和恶劣状况的情报，但帕夏们同样掌握了大量对手的信息。卡拉吉亚·阿里从抓到的渔民那里得知敌舰队正赶往塔兰托，这是个不大不小的错误，因为唐胡安进入塔兰托只是订购了几艘船用来运载港内的士兵。甚至他们情报中那个“罪人”的舰队规模也有些夸张了，但帕夏们得知西班牙士兵上了威尼斯舰队服役的情报。如今同盟舰队步步逼近，他们的目的很清楚是要对自己不利；虽然如今冬季已经临近，这些他们口中的“邪恶的异教徒”依然有充足的时间对他们造成重大的打击。皮尔图帕夏和卡普丹帕夏有责任不惜代价阻止这一切发生。

在君士坦丁堡，基督教同盟舰队逼近的消息引起了巨大骚动，土耳其朝廷决定采取有力的反制措施。塞利姆苏丹立刻写了一封信给卡普丹帕夏，指示他由于如今敌舰队已经抵达科孚岛，明显是要准备袭击帝国的领土，因此他有义务率领舰队出去和敌舰队决战。尽管直到勒班陀海战爆发，阿里帕夏都没有收到这条命令，但命令的内容主要还是重复3个月前已经说过的话：

朕现在命令你们，只要得到了敌舰队的情报，你们就主动出击，袭击这支异教徒舰队，你们要相信真主和先知。你一旦收到这条命令，立刻就去找皮尔图帕夏，和他以及阿尔及尔的贝格勒贝伊、其他贝伊和船长一起协商，共同做出你认为最合适的决定，只要时机出现，就率领整支舰队出击，把敌舰队撕成碎片，不要迟疑，用你们无尽的热忱和最完美的斗志去捍卫我们的信仰和伟大的帝国。如果你认为帝国舰队需要找地方过冬的话，因着真主的旨意，你们就按照朕上

> 一道命令中说的，可以在前线的卡塔罗的港口，或别的附近的港口过冬，在决定过冬地点之前你要和皮尔图帕夏商量，并把详细的过冬措施上报，按朕的命令行事。

苏丹补充说他已经给阿里帕夏的上级，舰上陆军的塞尔达尔皮尔图帕夏也送出了一道命令，“详细告诉他如何执行对敌舰队的攻击计划”。这道命令中说：

> 一旦时机成熟，你要凭借先知的护佑，为了荣耀率领帝国舰队去袭击敌人……同时你要把帝国舰队的兵员需求情况也上报给朕。你可以联系丘斯滕迪尔的负责边境防务的贝伊，让他给你提供足够的西帕希骑兵，把他们都带到舰队上去。如果这些还不够的话，你也可以调用米西斯特拉和摩里亚要塞的新兵……在塞浦路斯的来自发罗拉、德尔维纳和吉安尼纳等地的西帕希骑兵们也快要抵达目的地了……至于朕之前的那道命令，如果真主的旨意确实是要让帝国舰队在卡塔罗或普雷韦扎一带过冬的话，你就应提交一份书面报告。

最后，苏丹写信给欧吉德·阿里，要求他如果可以的话，不要离开舰队主力，而在黎凡特过冬。由于欧吉德·阿里同样要负责西方海域的防御，苏丹给了他自由选择的余地：

> 如果你收到关于西方海域的情报，让你不得不离开舰队的话，按照朕至高的指示，你可以去，不要迟疑。在你的任务完成后，你就在明年春季的好兆头来临前再次归队，和舰队主力会合。

在收到卡拉吉亚·阿里侦察得到的情报后，土耳其朝廷立刻向陆军指挥官发出了一系列的指令，这些指令都着眼于基督教同盟舰队进攻君士坦丁堡的可能性。当时没有人会想到唐胡安的目的是寻找并歼灭帝国舰队主力。下令让舰队出海决战正中敌人下怀。在那个年代，决定性海战和制海权的概念还没有形成，土耳其人依然相信敌人组建了如此强大的舰队是为了征服陆上目标。此外，即使是基督教同盟舰队的指挥官们自己也没有清晰的目标，因此在军事会议上，不断有人提出应该进攻土耳其人的某个地区或岛屿。

由于当时这种军事理念尚未出现，因此当时还没有人意识到“这场战斗本身就是一个战略目的，赢得一场大决战的战略价值要远远超过占领敌方任何领土”。只有唐胡安、维尼埃，或许还有科隆纳直觉上意识到了这一点，并采取了相应的行动，而土耳其方，无论是朝廷还是前线指挥官都毫无这种意识。因此苏丹强令当时已经精疲力竭的舰队还要继续付出更大的精力去阻止那些“可诅咒的异教徒”对帝国的领土造成破坏，并要求治海地区的地方政府警惕面临的入侵威胁，所有要塞进入防御状态，平民撤离海边，并集结陆军和收集补给：“如果敌人来袭的话，真主保佑，这些是必不可少的！”

在这样的战略思想下，当时正指挥陆军镇压阿尔巴尼亚的起义的艾哈迈德帕夏收到的命令是最重要的：“我的荣耀的皮尔图帕夏（愿他的荣耀长存！）可能会要求你给他补充兵员。”苏丹如此提前通知他们。他接着说：“你们绝对不能有半点轻视……他需要补充兵员是因为他麾下的士兵已经精疲力竭了。”苏丹也清楚，如今冬季临近，陆军已经疲惫不堪了，因此他严令陆军不得离队：

> 当你收到这条命令后，请务必小心，不要让陆军中的穆斯林离队……你要宣布，那些开小差者的蒂马尔都将被收回。必须时刻准备，不要让那些邪恶的异教徒（愿真主刑罚他们）敌人们来破坏我们的国土。如果这些低贱的异教徒们袭击某个地方的话，请立刻通知鲁米利亚的贝格勒贝伊侯赛因帕夏……让他在那些异教徒所在的位置附近过冬，然后，在真主的帮助下，赶走这些可咒诅的异教徒。

诚然艾哈迈德帕夏的镇压行动依然重要，帕夏因“惩罚那些叛乱的基督徒”受到了称赞，他“教训了这些民众，让他们不敢再反抗”，但苏丹最担心的依然是海岸线的防御。苏丹通知艾哈迈德说，他已经特别任命了一位指挥官，专门负责普雷韦扎、帕特雷、德尔维纳、发罗拉和都拉斯的要塞。“甚至是穆罕默德（愿他的勇气长存！）也提出要征募2000名士兵，准备增援敌舰队袭击的目标；朕已经给他下了命令，让他监视那些危险地区，只要那些异教徒们一登陆，便立刻率军去救援。”[16]

我们大量引用了苏丹的命令，因为这些命令的内容能让我们知道当时土耳其人眼中的战略形势，也可以得知当时他们是如何理解敌人的命令的。但有一点不能忘记，所有这些命令都是在舰队的两位帕夏的报告抵达皇宫后，也就是10月9日以后才发出的，因此这些命令最后并未送达。比如给卡普丹帕夏的那道10月13日送出的命令，是在阿里帕夏于勒班陀海战中阵亡6天后才送出的。因此土耳其舰队指挥官们最终没有机会按照这些命令来行事，他们遵守的依然是更早的命令，而正是更早的命令要求他们一旦基督教同盟舰队前来的话，他们必须出海战斗。[17]

因此，虽然帕夏们觉得当时的形势并不对他们非常有利，但还是开始了战斗的准备工作。在整个夏天，斑疹伤寒和痢疾在甲板上肆虐，情况不比上一年威尼斯舰队遇到的那次要好。在前往普雷韦扎时，帕夏们不得不把人数众多的病号留在了岸上。[18]此外，当舰队后来开始向黎凡特撤退时，人们以为今年的战役已经结束了，因此那些有机会回家的人都离开了。而对海军将领来说，比陆军指挥官们更棘手的是，西帕希骑兵由于讨厌上加莱桨帆船服役，从而出现的逃兵现象，这一直以来都是个严重的问题。早在1570年至1571年的冬季期间，有一艘停靠在伯罗奔尼撒海岸的威尼斯帆船上的船员就从当地居民那获悉：“许多西帕希骑兵都离开军队，想要回去看他们在这个地区生活的家人们，随后他们也不再归队了，而是逃到了山里，不想再做士兵了。”土耳其舰队在勒班陀停靠期间也遇上了同样的问题。正如奥斯曼帝国自己的编年史学家们所说的那样：“由于冬季临近，那些西帕希们已经没有多少还留在船上的了，而私掠者的船也一艘接一艘用各种借口离开了，船上的许多其他士兵和桨手们也离开了。”

在勒班陀停留期间，帕夏们讨论了许多事。按照土耳其编年史学家的想象，反对出海战斗的一方所坚持的依据大致如下：“大部分战斗人员都已经离开了舰队，而运输船所运载的士兵也已经配备不齐了；耶尼切里和西帕希们在之前袭击岛屿的战斗中掠夺了不少战利品，他们将其作为礼物献给了他们的长官，来换取长官同意他们上岸，他们说自己会留在附近。”塞尔达尔皮尔图帕夏对兵员缺乏的问题知道的情况更多，他不停地重复说：“在舰队从科孚岛返回勒班陀后，许多士兵们和耶尼切里都擅自离队了，他们说要‘回家’。”自然土耳其编年史学家们在官方传统文献中写这些话的目的之一，是想要为战败开脱，因此互相抄袭了一些说法。但未抄录他人说法的编年史作者阿里也写道：“舰队在海上航行了很久，他们还是没见到半个人影。土耳其人觉得基督教同盟舰队不敢来挑战他们了。而冬季也快到了。私掠者们和各沿岸省份的贝伊们纷纷申请回家。因此舰队便解散了。”[19]

在战前最后几天里，当得知基督教同盟舰队逼近后，帕夏们立刻狂热地四处补充新的兵员。赛兰尼基写道：“当得知敌舰队逼近，大战无可避免时，他们集结军队困难重重，动用了要塞的驻军和辅助部队。”特别是在伯罗奔尼撒一带，他们招的兵最多。苏丹的命令可以证实这一点。在命令中提到说，摩里亚的贝格勒贝伊亲自上了土耳其的舰队，“还带走了当地的沿海要塞的大量驻军，使得该地区防御空虚。”卡普丹帕夏的儿子们的老师，拉拉·穆罕默德在勒班陀海战中被西班牙人俘虏，随后在审讯中当西班牙人问他“你们舰队当时是否在勒班陀和附近的省份募兵”时，他回答说：“我们不仅仅是把能找来补充兵员的人都召来了，甚至我们经过每家每户后，只留下了女人关上房门。”他还补充说，摩里亚的贝格勒贝伊也上了船，“他带着 1500 名士兵，都是当地最上等的士兵”。在这个冬季逼近，出海非常危险的季节，这些士兵们本该准备回家了，然而此时他们被临时拖上了本该回港过冬的舰队上服役，登上了一艘艘瘟疫肆虐的加莱桨帆船，由此我们不难想象此时他们的士气是何等低落了。[20]

28

走向勒班陀

9月26日，基督教同盟舰队抵达了科孚岛，按惯例他们受到了极高规格的迎接。维尼埃的舰队此时已经开始出现粮食短缺，一靠岸便急忙找到当地的监督官们，询问在他离开期间一共准备了多少海用饼干。令他失望的是，他被告知，在他率领舰队离开后，土耳其人烧毁了城外的磨坊，随后在围城期间，仓库里的海用饼干也都发给守城士兵了，因此如今还存留的食物已经很少了。由于形势不容乐观，因此威尼斯指挥官们不得不下令降低桨手的食物配给，并支付现金补偿。实际上这意味着他们会因此挨饿，因为很明显他们即使上岸了也肯定买不到面包了。而且威尼斯指挥官们还担心如果西班牙人得知此事，他们可能会拒绝继续前进，于是他们达成一致，同意在舰队重新起航后便恢复桨手的正常食物配给。“然而西班牙人很快就会得知此事”，因为他们很容易就能从各种迹象推测出威尼斯舰队缺乏食物。

也许正如维尼埃怀疑的那样，唐胡安已经知道威尼斯人缺少食物，或仅仅是因为他在等派往普利亚装载日耳曼步兵的达瓦洛斯的运输队返回，唐胡安提议攻打附近的敌方据点：索波蒂，或是位于圣莫尔岛上的马加里蒂的要塞，甚至更往北的那座把守卡塔罗海湾的卡斯泰尔诺沃要塞，以及发罗拉港。威尼斯人对这个提议非常不满，他们觉得他们的盟友只想着避免和土耳其舰队决战。在维尼埃给国内议会的一份汇报中，提到当时为此发生了一次非常激烈的言语冲突：由于维尼埃坚持舰队应该继续前进，迫使敌舰队出来决战或是撤退到达达尼尔海峡去，“当时会议上其他人都说他们食物不够，而冬季也已经临近，因此不同意。他们还对我说，如果我认为这支同盟舰队可以一路抵达希腊群岛地区的话，那我就大错特错了”。这位性情暴烈的威尼斯司令官随后用侮辱性的口气顶了回去，他在汇报中明显为此还得意扬扬。他说："那我们应该做什么？告诉我。去攻打马加里蒂吗？我知道这样的话会惹怒他们，但我当时控制不住自己。"

维尼埃在上述文字中并未点名和他争吵的是谁，但在另一份威尼斯政府的官方文书中提到科隆纳"不想让这么大一支舰队冒着巨大的风险出海，更不应该一直航行到希腊群岛地区这么远"，他提议只在这附近袭击一些土耳其在亚得里亚海的军事基地。勒班陀海战后，在给威尼斯总督的一份报告中，科隆纳淡化了这一冲突，像他往常一样为之降温。唐胡安提出这些建议，仅仅是为了在等普利亚的运输船队抵达前"让舰队不要闲着没事做"；的确，有人希望轻而易举地征服一些土地，而不想打一场硬仗，因为如今冬季临近，而舰队中许多人都相信土耳其舰队此时应该已经在往君士坦丁堡返航了；但无论如何，作战会议最终还是决定只要时机一到便出航继续追踪敌舰队。即使随后在半路上得知土耳其舰队真的已经返回君士坦丁堡了，同盟舰队也可以按照维尼埃的建议，在克里特岛过冬，这可以稳定当地的局势。

科孚岛的堡垒兴高采烈地迎接唐胡安的到来，用大量火炮鸣炮致意，这使舰队中的所有人都注意到了威尼斯人在这里拥有许多大炮。尽管这些火炮要守备整座岛屿依然不够，那些至今还在的村落和郊区的废墟就是最好的证明。但舰队指挥官们却还是想要搬运一批火炮上船，以备将来万一发动陆上进攻的时候可以攻城用。维尼埃对此并不乐意，他写道："对于将这批火炮运出要塞，我非常不满，尤其是因为我觉得这么做完全是浪费时间，而且这批火炮以后毫无用处。我们面对的敌人有 200 多艘加莱桨帆船，因此我们想要让步兵和火炮上岸攻城，基本上是痴人说梦。"不过他最终不得不让步，同意了这个决定，随后以非常高的效率，在仅仅一天内就把 6 门要塞重炮搬上了加莱桨帆船，同时搬上船的还有 6000 枚炮弹和所需的火药。至少维尼埃自己向国内汇报的官方文书中是这样描述的。但有位知情的编年史学家的记载却截然相反：他说是科隆纳负责将火炮和弹药运上船的，而且"只花了几小时"，而维尼埃却声称，如果没有元老院的命令的话，他拒绝执行这项任务。因此科隆纳不得不动用神圣同盟签署的协议中赋予唐胡安的特殊权限来强令这位固执的威尼斯人执行。[1]

这次舰队来到科孚岛，主要目的是带走维尼埃口中的那些人数众多的岛上的士兵。然而最终舰队抵达后却发现岛上士兵很少，负责募兵的团长却很多。由担任将军的保罗·奥尔西尼麾下指挥的团长就至少有 3 人：科雷乔、龙科尼和阿夸维瓦。按照威尼斯本土的指示（至少按纸面上的意思），他们每人都要募集 2000 名步兵，但实际上他们所统帅的士兵总共只有 1000 人，加上他们还要留下一些人驻守科孚岛，因此最终上船的只有 500 人。而且更复杂的是，科雷乔当时因为得到了能参加舰队出征的承诺，才答应在科孚岛上服役，然而如今科孚岛地方政府却命令他带兵就地驻防。由于他一心想要不惜一切代价参加舰队出征，便竭力想争取让自己上船，而地方政府也毫不退让，结果科雷乔最终不得不申请从威尼斯共和国辞职，随后以志愿冒险者的私人身份参加了舰队。而他之前统管的士兵也归龙科尼接管。关于龙科尼，之前提到过，维尼埃后来写道，他看走眼了，他本以为这个人是个如罗兰一般勇敢的战士，而实际上他不过是一只懦弱的兔子。[2]

在舰队停靠期间，指挥官们顺便还把前几天抓获的那些土耳其战俘提出来审讯。最重要的收获是那个名叫巴福的科孚岛叛徒的交代证实了之前基督教同盟指挥官们一直以来的情报：敌舰队如今状态非常糟糕。他透露，敌舰队总共有大约 300 艘船，但其中只有 160 艘加莱桨帆船，其余都是轻型桨帆船、弗斯特帆船和私掠船。而在船上，如今士兵和桨手都极度缺乏，许多人死于瘟疫。船上现今最主要的战斗力只是 4500 人的耶尼切里军团而已。巴福继续交代说，帕夏们清楚地知道他们的舰队实力不够，“他们认为他们如今根本不可能和基督教同盟舰队正面对抗”，因此按照这位叛徒的交代，土耳其舰队此刻毫无疑问是准备返航回君士坦丁堡。此外还有一些其他来源的情报也证实，当土耳其舰队从普雷韦扎起航时，状态非常糟糕，还在岸上留下了一大群病号，随后舰队进入了勒班陀湾。帕夏们还打算至少先把损坏最严重的部分加莱桨帆船先送回君士坦丁堡。维尼埃认为土耳其人此时肯定不敢出来迎战，但正是这个原因，他才一心要求舰队快点动身出发，继续追击敌人，如果需要的话，可以一路追到内格罗蓬特岛地区，随后在半路上拦截敌舰队，发动一次“伟大的战役”，接下来他还想着在击溃敌舰队后还能往法马古斯塔继续派出援军，因为此时他还不知道两个月前法马古斯塔已经沦陷了。[3]

与此同时，那些负责把那不勒斯大方阵团和普利亚民兵运到塔兰托和奥特朗托的加莱桨帆船，此时总算抵达了，舰队终于可以上路了。[4] 9月28日，唐胡安率领加莱桨帆船离开了科孚岛，随后在岛的最南方的莫利纳港下锚。维尼埃和科隆纳的舰队则被甩在后方，到第二天上午才跟上，因为他们还在忙着许多事：安排长矛兵上船，往船上搬运那些在要塞里大量储存的火药，还要在那6艘加莱塞桨帆战舰上装6000蒲式耳小麦，因为他们此时还想着以后有机会可以把这批物资运往法马古斯塔。9月30日，在科孚岛和对岸的伊庇鲁斯中间的海峡上刮起了南方吹来的热风，重新集结到一起的舰队便借着风势起航了，然而随后由于这股风越来越猛烈，因此又决定在伊古迈尼察暂时避风。这座属于奥斯曼帝国的城市没有堡垒和火炮的保护；只在海滩上看到了一些土耳其骑兵，首次在敌人领土上登陆的基督教指挥官们心情不乏激动。[5]

此时，不知疲倦的吉尔·德安德拉德也抵达了赞特和凯法洛尼亚，随后在当地得知敌舰队此时正在勒班陀，并且几天前大约有60艘加莱桨帆船刚刚从岛的附近海域经过，还拖着两艘拿浮运输船。这支舰队毫无疑问是欧吉德·阿里的，此时他正赶往莫顿，准备运一些当地的士兵和补给回舰队，然而德安德拉德所提供的这些情报中提到，在当地对这支舰队到底是往哪去的问题却有不同的看法。按照他在当地打听到的消息，一部分人说这支舰队应该是要返回君士坦丁堡，把整个夏季掠夺到的战利品上缴给苏丹；但也有人认为这支舰队是在运送粮食回突尼斯；此外还有人说欧吉德·阿里是在把主力舰队中的伤病员运回科伦，随后在当地招募新兵再运回舰队。最后一个版本实际上更贴近事实真相，吉尔·德安德拉德也认为可能性最大；同时他还强调，如果基督教同盟舰队的行动速度足够快，便可以在欧吉德·阿里返回前攻击他们的主力舰队。他立刻派出一艘小型护卫舰，把该情报送回主力舰队，同时前往勒班陀海湾的入口处进一步侦察。但不幸的是，这艘侦察船看到了土耳其人在勒班陀海湾入口处建造的那两座堡垒挡在面前，让它无法进入海湾内进一步侦察敌舰队的动向。而且很快侦察船的船长就发现自己已经被敌人发现了，数不清的船帆从敌人所在的方向正朝自己逼近，于是他只好下令掉头逃跑，并赶在被敌船俘虏前逃脱了。

10 月 1 日，吉尔·德安德拉德和唐胡安终于在伊古迈尼察会合了，舰队召开了军事会议讨论新来的情报。所有人都认为土耳其人的那两艘运输船应该是“莫塞尼加”号和“康斯坦丁纳”号，两艘船都是早些时候被敌人俘虏的，如今他们在用这两艘船运输病倒的船员。军事会议一致认为，欧吉德·阿里此行应该不只是要去离勒班陀只有几天航程的莫顿或是科伦，而是在那暂时靠岸后，继续往另一个目前情报中还未知的地方前进。如今由于敌舰队分散兵力，他们更渴望赶紧去与之决战了。于是同盟舰队指挥官便决定，只要天气转好，就立刻起航，堵在勒班陀海湾的入口处，挑动敌舰队前来决战。[6]

然而恶劣天气却依然在持续，他们不得不在伊古迈尼察停留了 3 天。船上的桨手们每天都在重火绳枪兵的护送下上岸取水和木柴。而在那几艘船员主要是罪犯的加莱桨帆船上，有个托斯卡纳囚犯名叫奥雷利奥·谢蒂，在所有罪犯中，他有点与众不同，因为他会写字。他之前曾是位音乐家，后来因为谋杀他的妻子而入狱。在他留下的一份记录当时所发生的事的文献中，他说就算土耳其人不能阻止他们入港，他们也不会远离港口，因为岸上充满危险。唐胡安不得不让“船首一直对着陆地，因为在他们取水的时候，常常有土耳其骑兵来骚扰他们，唐胡安希望舰队能用火炮还击”。护卫队士兵上岸后持续遭遇零星的冲突，几名西班牙士兵被敌方的阿尔巴尼亚骑兵俘虏了。为了报复，基督徒士兵们便全军出动，上岸把附近的村庄都烧了，以迫使当地居民不敢帮助土耳其人。[7]

唐胡安为了有效利用靠岸的时间，便下令对舰队所有加莱桨帆船做全面检查，因此所有在战斗岗位的士兵都得离开，而保护桨手和重火绳枪兵的舷墙也都得拆下来。唐胡安亲自登上了大部分加莱桨帆船，同时要求其他几名下属的指挥官，唐路易斯·德雷克森斯和多里亚等也都检查他们的船。巧合的是（也有可能是故意的），多里亚被安排登上维尼埃的旗舰和其余的威尼斯战船检查。然而多里亚是热那亚人，热那亚和威尼斯这两大海上强权从古至今一直是互相敌对的竞争对手，这种敌对状态到如今依然存在，因此所有威尼斯船长一致地拒绝多里亚登船检查，而作为司令官的维尼埃拒绝的态度比下面的船长还要坚定。在他给威尼斯总督的一份报告中，他是用他一贯的讽刺语气开头的。他写道："10 月 2 日，如今还有一些不安分的事情。安德烈亚·多里亚想来我和我麾下的加莱桨帆船上检查，看看它们是否状态良好。这家伙居然想要看总督阁下的加莱桨帆船是否完好，我对此感到愤怒。"尤其是因为之前唐胡安亲自检查过他的旗舰，并赞扬了船的情况。根据维尼埃的说法，他最终允许多里亚登上他的旗舰。但根据塞雷诺的记载，最终为了避免不必要的争端，还是改由唐路易斯·德雷克森斯上了威尼斯人的船检查，威尼斯人对此非常满意。[8]

士兵们受命在船上射击孔旁的平台就位，这里空间非常狭窄，处于桨座之间，休息时每个平台上都要睡两三个人，他们还要带着武器和行李，在等待检阅时，一艘干地亚加莱桨帆船上的水手和穆齐奥·阿提科齐·德科尔托纳发生了冲突，后者是一个由西班牙国王雇佣的意大利连的连长。维尼埃得知此事后，便派了一名军官去通知那位连长，让他和他的士兵换乘一艘加莱桨帆船，然而军官回来汇报说，那位连长拒绝了，他回复说他不接受威尼斯人下的命令。随后双方便发生了冲突，一开始只是用棍棒互相殴打，后来则演变成使用刀剑和火枪的真正战斗。后来维尼埃在他给国内的报告中对此事件有非常生动的记载：

> 今天 22 点左右，水手长安德烈亚·卡莱齐和穆齐奥连长因把士兵布置至射击口发生了冲突。我派我的水手长和旗手前去处理。这个恶棍和他下属的一些人对我派去的军官恶语相向，他们手中拿着武器，还把我派去的士兵中的旗手殴打了一顿。我便要求我的引航官[9]带着 3 个人去要求那个连长来见我，然而他们却手持刀剑和火枪，射中了他的肩膀，又把他的军服给烧了。随他去的 3 个人也被他们打伤，其中贾科莫·富兰被他们刺透了侧腹，并于几天后不治身亡。

在一封情绪激动的信中，维尼埃提到了阿提科齐对他的侮辱："威尼斯的恶棍，山羊的杂种……我绝不会听从那个威尼斯恶棍的命令。"随后他又派了另一艘加莱桨帆船去救援，然而那位连长依然拒绝就范，最后维尼埃只好亲自出马，带兵冲上了那艘船。

> 他们一直在顽抗，直到那名连长快死了，其余人都受伤了后才投降。随后他们都被抓了起来，并开始接受审讯。这里每天都有新的这类狂傲的事出现，每天都有人在加莱桨帆船上被杀，有个塞本扎纳人被一个西班牙士兵杀了，还有一名桨手杀死了另一名桨手，在我的旗舰上也有过两次火绳枪的枪响……再这样下去，他们可能就会来俘虏我的加莱桨帆船了，我觉得我有必要把他们都绞死。

看上去这位年迈的将军确实是被登上了威尼斯加莱桨帆船的西班牙士兵的所作所为激怒了，由于这类事持续不断地在发生，让人觉得西班牙人搞不好会用武力兵变来强行成为威尼斯加莱桨帆船的主人。而在阿提科齐拔出武器后，他可能太过惊恐，以至于不敢投降，因为维尼埃一直以来都对下属非常严厉，让手下的士兵很害怕，甚至有一次一名士兵仅仅因为出言不逊就被他绞死了。然而在不通知唐胡安的情况下就做出这样冷酷的决定，把一个已经重伤"半死"的连长绞死，最终差点引起一场巨大的灾难。事实上，在离开墨西拿前，唐胡安就清楚说过，凡是登上威尼斯舰队的西班牙步兵，如果起了什么冲突，必须要交由他自己来裁决，维尼埃本该非常清楚地知道这一点，因为他在之前给国内的汇报信中还为此抱怨过。所以他这次这样的处理方式无异于挑衅。

唐胡安很快就得知了这场兵变，他立刻派出了一名法官来调查此事。但当该法官抵达时，看到的只有那名连长被吊在维尼埃的旗舰上的尸体，随同被绞死的还有一名伍长和两名士兵。维尼埃侵犯了唐胡安对军队的管辖权，对后者造成了无可挽回的冒犯。唐胡安非常恼火，便在他的旗舰"皇家"号上召集了所有西班牙的顾问们，教宗国的科隆纳也被一同叫来了。按照唐胡安后来自己所透露的，当时他一共召集了 11 个人，而其中有 8 人赞同“立刻派出 20 艘加莱桨帆船，把维尼埃的旗舰包围起来，随后把维尼埃也用同样的方式绞死并挂在半空中”。唐胡安本人不想这么极端，但他必须让整个舰队都明白他才是同盟舰队的最高司令官，也要让人知道，“他有权力惩罚其他司令官，也随时准备这么做”。维尼埃听到要惩罚他的消息后非常震惊，他下令让麾下所有的加莱桨帆船的火炮全部开始装弹，做最坏的打算。

这一次依然是那位一贯擅长外交手腕的科隆纳在双方之间做起了调解人。他不是以教宗国舰队的指挥官的身份被唐胡安叫来的，而是作为费利佩二世的封臣。当时他是会议上最后一个发言的。他说，在和巴尔巴里戈，也就是威尼斯舰队的二号司令官谈话前，他不会对此事发表任何意见。到了晚上，科隆纳便悄悄离开了唐胡安的旗舰“皇家”号。按照科隆纳后来自己的说法，“当时我要找巴尔巴里戈，而他在得知此事后，也同时来找我，最后我们在我的旗舰上碰面了。”在确定没有隔墙有耳后，科隆纳便开始直截了当地说话了。他说，维尼埃做律师做了一辈子，在他接任舰队司令官后，他的法律知识对科隆纳自己也一直很有帮助。“他怎么可能在遇到这么重要的事时不通报唐胡安就擅自越权行事呢？”然而如今已经不是讨论谁对谁错的时候了，而是必须解决当前形势下的问题。巴尔巴里戈认为维尼埃确实做错了，而现在绝对不是他去见唐胡安的时候。于是在二人私下讨论后，决定由巴尔巴里戈单独代表威尼斯舰队去见唐胡安，并参加作战会议。

由于把威尼斯舰队的指挥官排除在作战会议外是一种极大的羞辱，因此科隆纳在回到唐胡安的旗舰后，花了不少精力才说服后者这么做是合适的。当然唐胡安为此事要做出很大的努力，他后来承认，在开会时控制自己不要冲动和打败土耳其人一样困难。这起事件在舰队上下都引起了一阵恐慌，卡埃塔尼在他给他的叔叔，枢机主教塞尔莫内塔写信时，对信件进行了加密。这次舰队出征行动差点因为此事而告吹，科隆纳和巴尔巴里戈也整夜都在商讨此事。幸运的是，唐胡安对这次出征极为看重，并认为要牺牲这次行动来满足他自己的荣誉和面子是不值得的。不过这起事件依然是造成了严重后果的：唐胡安宣布，从今以后，他不想再见到维尼埃，并且他还写信给威尼斯元老院，希望后者在维尼埃回去后对他严加惩罚；而科隆纳也彻底相信了“维尼埃是个极其不可理喻的人”，并从此不想再和他合作指挥舰队了。而维尼埃则倾向于淡化此事：“这件事我别无选择，只是如今他们都不再和我说话了……但我觉得这种状态不会一直持续下去的。”[10]

威尼斯元老院当初在把司令官的职位给了脾气暴躁的维尼埃的同时，还给他配备了巴尔巴里戈作为副司令官，从这个安排上不难看出他们早就料到了可能会发生这类事情。其余基督教国家的指挥官们都很快意识到威尼斯高层这样的任命背后的原因，并对代替维尼埃前来参加会议的巴尔巴里戈大加赞赏。普罗瓦纳评论说：“他（巴尔巴里戈）是个聪明又能干的人，如果没有他，我认为维尼埃根本成不了大事，而且哪怕连最小的事都做不好。”维尼埃自然也不难看出这样的任命背后的原因，他对此非常不满。这一点，从他一有机会就讽刺地称呼其为“无比睿智的巴尔巴里戈”这点上就可以看得出。两人的关系非常不好，甚至在夏季期间，“二人的分歧已经到了互相仇恨的地步”。不过这次，巴尔巴里戈的存在却化解了一场危机，避免了局势继续恶化。[11]

第二天，10月3日，天气好转。在穿越伊古迈尼察和凯法洛尼亚之间的海域时，唐胡安下令让舰队摆出战斗队形。在战斗队形下，各加莱桨帆船需要并排前进，“排成笔直的战线”，并且整个舰队分成4支分舰队，每支分舰队都是威尼斯和西班牙战船的混编（唐胡安在这点上最终没有采纳唐格拉西亚让威尼斯舰队处于前锋的建议）。中央分舰队也被称为“皇家战线”，唐胡安的旗舰“皇家”号，以及维尼埃、科隆纳、萨伏依公爵和马耳他骑士团的旗舰都被部署在这支舰队，各舰悬挂天蓝色的军旗；“右翼（角）”分舰队的指挥官是吉安·安德烈亚·多里亚，军旗是绿色的；而“左翼（角）”分舰队由巴尔巴里戈指挥，军旗为黄色。关于分配给每个分舰队的加莱桨帆船的具体数目，不同史料的记载稍微有些出入，但大致上中央分舰队略多于60艘，两个侧翼则各有50多艘。除了上述船以外，其余的加莱桨帆船的军旗都是白色的：30艘加莱桨帆船作为“预备队”，由圣克鲁斯侯爵指挥；还有另外 8 艘作为舰队的前哨，指挥官是唐胡安·德卡尔多纳，他们始终在舰队主力前方20里至25里处探路，“并配备有 2 艘小型快速护卫舰”，负责传递前方最新的军情。最后，至于那几艘加莱塞桨帆战舰，要等到战斗时才能由别的船拖到舰队前部，这些加莱塞桨帆战舰相互距离大约 1 里，以覆盖整个舰队漫长的战线。[12]

如今他们所处的已经是敌人控制下的海域了，自从上次阿提科齐事件后，唐胡安开始对舰队船员的纪律问题重视了起来。从离开墨西拿后，船上的重火绳枪兵在每次舰队入港或在海上遇到友方舰队时都会朝天放枪以示庆祝；尽管舰队一再禁止这种行为，并处死了不止一名违禁的士兵，但依然无法制止。而从伊古迈尼察起航后，唐胡安对这样浪费弹药的行为非常恼火，便下令再出现此类行为，不但放枪的士兵要受惩罚，而且士兵所在的船上的指挥官也要一并处死。在这样严厉的律例下，这个问题总算解决了。[13]

前往凯法洛尼亚的一路上并不顺利，虽然海上风平浪静，但唐胡安为了让舰队保持战斗队形费尽了心思，因为敌舰队随时可能突然出现；为此他还让每 20 艘加莱桨帆船都选出一名船长负责监督，让各自下属的战船都确实能按他所指示的战斗队形列阵。在海战开始阶段，一般来说双方都会降下船帆，仅靠划桨航行，因为这么做能大大增加船只的转向力，因此唐胡安从起航后就要求所有船全部降下船帆，靠划桨航行，即使当时他们是顺风航行。而唐胡安本人则登上了一艘小型护卫舰，到处视察并纠正整支舰队的队形。最后他发现，即使他花了如此大的精力，还是有许多加莱桨帆船没排成他所要求的队形。

唐胡安非常愤怒，便命令他的行刑人登上那些没能按他的命令列队的加莱桨帆船，用绳索抽打上面的水手长，也就是那些负责操控船只的船员的指挥官。对那些身为贵族的船长们来说，如此的惩罚方式对他们简直是不可想象的，但这些水手长大部分都是从平民船员中选拔的，他们被认为是“无赖”。不过虽然被唐胡安抓住现行的加莱桨帆船中也有西班牙舰队的船只，但唐胡安派出的行刑人们却只责罚了那 3 艘威尼斯加莱桨帆船上的水手长。后来在勒班陀海战后，科隆纳在向威尼斯总督提到此事时，反复强调那些打手的这种做法是严重的错误，他们被他们的热忱冲昏了头脑：“如总督阁下所知，这些卑鄙的家伙们想要用这种方式取悦殿下，然而殿下最终却对此非常不满。他后来对我说，他保证不会再出这种事了。”

无论当时的真相是什么，在阿提科齐事件后，威尼斯人当时还是选择先咽下这口气，对此事保持沉默。不过在维尼埃后来的汇报中，可能是作为对此事的发泄，他转而对唐胡安下令让舰队靠划桨动力航行一事大发牢骚，说后者这么做是无能的表现，“在如此良好的顺风下，我们却不得不收起船帆，整夜靠划桨航行”，因此在他们抵达凯法洛尼亚后，整支舰队的桨手们都已经精疲力竭。维尼埃如此发怒可能有他自己道理，不过卡埃塔尼本人同样暗示，总司令官的这条命令让他们浪费了大量时间。他说：“虽然海上天气晴朗，又是顺风，但我们一路上却非常不顺利。”船上的船员们同样不明白这样行动迟缓的原因，他们甚至怀疑总司令官是不是已经叛变了。“甲板上的船员们都在纷纷议论说，唐胡安大概是在故意给敌舰队足够的时间撤退。”鉴于我们所知道的唐胡安的顾问们之间的保密协议，因此很难说这种传闻没有道理。[14]

10 月 4 日，舰队终于驶进了波尔图费斯卡尔多，此时全军上下士气都非常低落。然而雪上加霜的是，一艘从赞特来的小型护卫舰带来了几封干地亚的监督官马里诺·迪卡瓦利寄来的信，法马古斯塔沦陷的噩耗终于传来了。消息的来源依然是拉拉·穆斯塔法帕夏给土耳其舰队上的两位帕夏发的一份公文，当时负责送这封信的一艘弗斯特战船的船员叛逃到了克里特岛，这些信也就落入了威尼斯人手中。而且更坏的是，穆斯塔法在信中还提到，“他破坏了和守军面对面签署的投降协议，把他们都屠杀了”。这是自从事发两个月以来，基督徒们第一次得知这场灾难，威尼斯人的士气此时跌到了最低谷。维尼埃当时写道：“我不只是为白白浪费了那么多时间，又让桨手们这段时间内白受那么多折磨而感到愤怒……而且我们已经完全失去了收复塞浦路斯王国的希望。”[15]

由于遇上了逆风，舰队在凯法洛尼亚的港口滞留了 3 天，也就是 10 月 4 日到 6 日；和以往一样，这 3 天舰队上下充满了各种抱怨和不满。维尼埃由于之前的“罪行”，此时已经被开除出了作战会议，只好压着怒火从巴尔巴里戈那听他报告会议上讨论的事务。在第一天的会议上，西班牙人首先提出了他们一贯的忧虑：如今岂不是更应该袭击敌人的军事基地，比如圣莫尔岛或是纳瓦里诺海湾，而不是再继续追踪一支可能躲在重重防御下的勒班陀港口，可能今年再也不会出海了的舰队吗？巴尔巴里戈尽力让舰队在10月5日离开了岛屿北侧的波尔图费斯卡尔多，但维尼埃却认为这是一个新花招："为了更快更有效率，我们先前往12里远的亚历山德里亚"，随后"因为逆风"，舰队不得不抛锚停船。根据维尼埃的记载，不久后逆风便停了，但他们直到晚上才再次起航，然后只航行了几百米就又因为夜幕降临而不得不再次靠岸。似乎这些折磨还不够，当天晚上，巴尔巴里戈来向维尼埃汇报说，在会议上盟友们还嘲讽了威尼斯人一番，不相信他们还有很强的战斗意志。"他向我汇报说，他们说我们不想再战斗了，如今的一切都是摆摆样子而已。"

事实上，所有的史料都证明当时确实遇到了大逆风，没有人再相信他们可以立即起航去战斗了。迪耶多曾询问过当时舰队上的许多威尼斯船员，他承认"要战胜敌舰队……当时已经没有人相信他们能做到了"，甚至能不能见到敌舰队都是个问题，因为威尼斯船员都相信敌舰队今年再也不会出港了。[16] 而且他们多次获悉的情报都表明此时土耳其舰队状态非常不好，战斗力很差，因此帕夏们不太可能率领舰队出海作战了。赞特的监督官曾冒着危险收集到了舰队的一些情报：他派了一队巡逻士兵上岸，抓了一名俘虏，随后他们乘上了一艘前往干地亚报信的小型护卫舰。这个俘虏是个阿尔巴尼亚的基督徒，他交代说敌舰队此时就在勒班陀，状态非常差，而欧吉德·阿里也离开了舰队主力返回阿尔及尔，带走了两艘拿浮运输船和共计约50艘战船，主要都是加莱桨帆船和弗斯特战船，而且瘟疫继续在土耳其舰队中肆虐，甚至敌人都不知道基督教同盟舰队此时正在逼近要和他们决战。"他们根本没有得到关于我方舰队的任何情报，他们以为我们是去巴巴里了。"[17]

然而另一方面，这样的情报也让基督教同盟舰队不甘心就这样放弃进攻。维尼埃怒气冲冲地写道："基督教世界将会失去有史以来最好的机会。"而其他几位司令官们也不情愿地承认，这种情况下还要撤退是有失体面的，至少不能立刻撤退。巴尔巴里戈请求众人至少前进到勒班陀海湾入口处后再做打算，并说如果敌舰队不肯出来的话，威尼斯人会同意放弃战斗。随后科隆纳总结说，为了不失颜面，至少要向敌人“叫阵”，如果土耳其人真的宁可荣誉扫地也不敢出战的话，“我们回去后可以说我们胜利了”。至于唐胡安本人，此时他依然没有放弃对荣誉的追求，最终他同意了这个妥协方案。

在勒班陀海湾入口处，有一大群岩石小岛组成的一片群岛，名叫艾齐纳德，威尼斯人则称其为库佐拉里，对岸便是地处阿卡纳尼亚海岸线上的一座天然港口，名叫佩特拉。最终作战会议决定舰队先停泊在该港口，然后派出侦察船接近那两座守卫海湾入口的要塞，以确认敌舰队此时是否依然在港内，如果在，是否有可能把他们引出来战斗。会议上还有人提议把在科孚岛时搬上船的那几门“巨型火炮”搬上岸，然后从陆上攻打那两座要塞，这样敌人就“不得不出来战斗了”。可能有人不相信，但如迪耶多所指出的那样，“必须做些什么”，才能让他们在返回后不被批评。10 月 6 日晚上，海上起了风，导航员们认为如今可以起航了。随后在当天夜里，舰队以战斗队形抵达了勒班陀海峡入口的对岸。[18]

如果说欧吉德·阿里率领数目众多的加莱桨帆船离开的消息不够准确的话，那么认为土耳其人根本没有意识到危险临近的想法就完全是毫无根据的了。实际上帕夏们每天都非常清楚地掌握着基督教同盟舰队的动向，因为卡拉·霍格加驾驶着一艘轻型桨帆船一直在敌舰队附近海域出没侦察，却一直没有被发现。他甚至可以统计敌人加莱桨帆船的数目，但由于这一带海域来往船只很多，要做到这一点并不容易，而且他不能被发现。9 月 30 日，当舰队穿越科孚岛和伊古迈尼察之间的海域时，卡拉·霍格加总共看到了 150 艘至 160 艘加莱桨帆船，随后把这个过低估计的数目报告给了帕夏。另外，伊古迈尼察的阿尔巴尼亚守军士兵俘虏了几名西班牙士兵，随后由海盗船将其带回勒班陀审讯。土耳其人从这些不幸的俘虏的口中套出了一些关于有 40 艘加莱桨帆船前往普利亚接士兵的消息，但他们却没有一个人见到那批船返回的。土耳其人还知道基督教同盟舰队的那几艘加莱塞桨帆战舰和那几艘运输船都还没赶到。此外他们还认为，基督教同盟舰队在那时的舰船总数基本和卡拉·霍格加所看到的一致。[19]

但在10月5日到6日的夜间，在同盟舰队从波尔图费斯卡尔多转移到了亚历山德里亚后，卡拉·霍格加再次潜入了舰队附近的海域，依然没有被发现（似乎私掠者们比基督徒执行任务时更加大胆）。此时他再数了下舰队的船数，发现比他之前所估计的还要多，于是便立刻返回勒班陀发出警告，称敌人共有200艘加莱桨帆船。[20]随后两位帕夏立刻召集了所有桑贾克和最知名的私掠者们，开了一次作战会议来决定下一步打算。这次作战会议的过程后来在一个月后经过审讯俘虏后，由意大利历史学家们整理后记载了下来。孔塔里尼从“一些战后被释放的土耳其加莱桨帆船上的基督徒奴隶桨手”和“两名被俘的土耳其秘书”那获悉，正是在这次作战会议上，两位帕夏才最终决定“按照苏丹的意愿，出海决战”。迪耶多主要是根据勒班陀海战后“成为奴隶的土耳其人”的口供来记载的，特别是内格罗蓬特岛的桑贾克穆罕默德贝伊以及私掠者贾沃尔·阿里的口供被采用得最多。到了下一个世纪后，土耳其的编年史学家们也采用了土耳其舰队当时的作战会议的文字记录，而他们留下的文献记载基本上和意大利人留下的内容吻合，这值得注意。

两边的文献记载都提到，当时在会议上，塞尔达尔皮尔图帕夏，土耳其舰队上的陆军最高总指挥官，在作战会议上坚决反对出击，因为舰队目前实力太弱。然而卡普丹帕夏阿里却想要出击，他反复用强硬的辞藻强调这是苏丹的命令：“信仰的热忱激励我们，苏丹陛下的荣耀照耀我们，难道这一切还不够让我们得胜吗？我们每艘船少个5人或10人有什么关系？”因此很明显，作战会议上完全分成了两派。根据意大利编年史学家的说法，哈桑·巴巴罗萨，也就是大名鼎鼎的海雷丁的儿子，在这场作战会议上也主张出击，他认为如今舰队的实力已经足够一战了，此外欧吉德·阿里和士迈纳省的桑贾克贝伊卡亚·贝格都持同样的意见。而亚历山大的贝伊舒鲁克·穆罕默德，以及之前提到过的内格罗蓬特岛的穆罕默德贝伊都认为应该谨慎行事，不要轻易出击——不过需要强调一点，存留至今的对这次作战会议的描述，都是出自主张谨慎行事的那一派高官的说法，因为大部分参与这次作战会议的人员都在后来的决战中战死了。而根据一些土耳其编年史学家的观点，欧吉德·阿里反对出击，他在会议上说，经过6个月的行动，舰队如今状态已经很差了，无法再战斗了。但同时我们也要知道，在这些土耳其编年史学家写下这些的时候，欧吉德·阿里这位出身于卡拉布里亚的改信者已经成为土耳其传说般的人物了，在这起事件中他已经为许多人所尊崇，因此完全有理由相信他们可能在战后改动了他当时的说法，好维护他的形象。

然而卡普丹帕夏依然坚持要出击：他认为必须要在敌舰队完全集结完毕，在他们装满士兵的运输船和主力舰队会合时出击，因为目前海上还刮着南方吹来的热风，他们向南航行很困难，目前还没能顺利集合。无论如何，他们当时收到的最后一条君士坦丁堡送来的命令是8月19日的，上面说得很清楚，"如果发现敌舰队的踪迹，随后敌舰队出现了的话"，苏丹便命令他们出击和敌人决战，并把对方摧毁。所有人都知道这道命令发出时的形势和现在完全不一样，当时离冬季还早得很，而且舰队状态也很好；而如今舰队的状态使得这些军官们进退两难，因为他们没人敢用类似"如今形势已经不同"之类的借口来拒绝执行苏丹的命令。最后还是阿里帕夏赢了，作战会议决定舰队当天便以战斗队形出击和敌舰队决战。[21]

10月6日晚上，虽然双方都没有能遇到对方的绝对把握，但勒班陀海战终于箭在弦上，一触即发了。先发现敌军的是土耳其人，因为在日落时，不知疲倦的卡拉·霍格加来到了库佐拉里群岛："那个夜晚能见度很高，他发现了敌主力舰队。"随后他立刻返回，上了帕夏的旗舰并报告敌舰队正在逼近群岛。此时离天亮还有一段时间。而基督教同盟舰队的前锋，在唐胡安·德卡尔多纳的率领下率先抵达了海岸线，并在派塔拉斯岛靠岸。在勘察附近的地形后，他认为此处适合舰队主力靠岸。随后德卡尔多纳又发现海路畅通无阻，便派了一艘加莱桨帆船前往库佐拉里群岛的更深处，往勒班陀方向继续侦察。在这片遮挡视线的群岛海域航行时，这艘侦察船并没有发现在更远的地方，土耳其舰队正在逼近，随后回去汇报说海上一切正常，因此直到那个周日的黎明以前，基督教同盟舰队依然没有发现敌舰队。

当天夜晚，同盟舰队继续在风平浪静的晴天下靠划桨前进。在离开凯法洛尼亚后不久，萨伏依舰队旗舰上的导航员在靠近一座岛屿时告诉普罗瓦纳，他们经过的这座岛是“著名的奥德修斯的故乡，以前叫伊萨卡”。在他们越过伊萨卡岛后，便已经看得见库佐拉里群岛在海上的一些礁石了。普罗瓦纳此时依然认为他们仅仅是在虚张声势而已，因为土耳其人不会这么轻易离开海湾出来决战的。但唐胡安却清楚地知道，敌舰队随时可能突然出现，不能掉以轻心。为了不让敌人轻易发现，他下令所有船员不得使用明火。当时随同舰队一同出征的格拉纳达的西班牙步兵指挥官唐洛佩·德菲格罗亚在后来的回忆录中提到那个夜晚他们只能靠海用饼干充饥。[22]

当同盟舰队在群岛海域艰难地穿梭，同时又不得不将舰队分成几个小分队时，地平线开始亮了起来，前方的瞭望员们终于第一次发现海上出现了数不清的船帆。目前这些船帆离自己还很远，没有人知道应该如何应对，但随后看见它们的船员越来越多，一艘艘小型护卫舰争先恐后地向自己的将领报告。唐胡安闻讯后，立刻下令让最有经验的水手们爬上桅杆瞭望，他们也都确信自己看见了敌船。如今的形势已经毫无疑问了：这些填满了从埃托利亚海岸到伯罗奔尼撒半岛之间狭窄地平线的船，正是倾巢出动的敌舰队主力。同盟舰队最终没能如他们一开始所预计的那样，等唐胡安·德卡尔多纳侦察返回报告后在群岛地区和派塔拉斯岛靠岸。唐胡安下令让旗舰开了一炮，同时又以最快的速度在旗舰的主桅杆上架起了侧支索，一端朝天——这种做法用威尼斯水手的话说叫“放鹳”——一面方形的绿色旗帜升起，这是要让整支舰队迅速摆出战斗阵形的信号。舰队中经验最丰富的导航员，切科·皮萨诺乘上了一艘小型护卫舰，迅速前往前方侦察敌舰队总船数。而唐胡安本人则上了另一艘小型护卫舰，亲自到一艘艘加莱桨帆船上鼓舞各船长和士兵们奋勇杀敌，并告诉他们胜利一定属于我方。根据维尼埃的记载，唐胡安当时同样也来到了他的旗舰的船尾，并问他：“你们要战斗吗？”随后维尼埃回答说：“必然如此。这场战斗已经无可避免了。”[23]

29

决战开幕

太阳从埃托利亚山脉的后方冉冉升起，相向而行的两支舰队已经能相互看到对方了。神圣同盟舰队用三四节的速度划桨航行，这是能避免桨手体力透支的最高航速，大致上相当于一个正常人以较大步伐行走的速度。而土耳其舰队有一定的顺风之利，他们是升起前帆航行的，而前帆在遇敌时很快就能收下。因此土耳其舰队的航速更快。[1]

在得知敌舰队数目众多，倾巢出动后，神圣同盟舰队的各指挥官曾一度有所担忧。普罗瓦纳记载，最终“他们发现挑动土耳其人出来决战居然如此不费功夫”，而这些把海湾入口处都遮盖了的敌舰队的数目也证实了之前说欧吉德·阿里带着一大批加莱桨帆船离开的情报有误。总之如今的情况“和之前的预测大相径庭”。此外，在之前穿越库佐拉里群岛时，神圣同盟舰队的队形变得分散和混乱，如今需要再花时间重整队形。在舰队右翼的吉安·安德烈亚·多里亚的分舰队第一个从库佐拉里群岛和海岸线之间的海道中钻了出来，进入了宽阔的海域，船与船之间靠得很近，“仅仅能保证船桨不会接触到邻船的桨”；而中央分舰队以同样的方式跟着右翼分舰队通过了水道，而巴尔巴里戈所率领的左翼分舰队，却是以混乱不堪的队形沿着海岸线出来的，他们等了很久才找到足够的空间驶出群岛地区，进入大海。至于那几艘加莱塞桨帆战舰，则是根据早已定下的计划，在舰队前排艰难地被拖着航行的。此外，他们还急忙下令让圣克鲁斯侯爵和德卡尔多纳的分舰队赶紧和舰队主力会合。[2]

同盟舰队担心他们是否能赶在敌人开始向他们开炮前完成编队工作。幸运的是，普罗瓦纳观察到，“敌舰队此时依然距离很远，而且他们同样也在忙着调整战斗队形，这给了我们足够的时间做同样的事”。但多数当

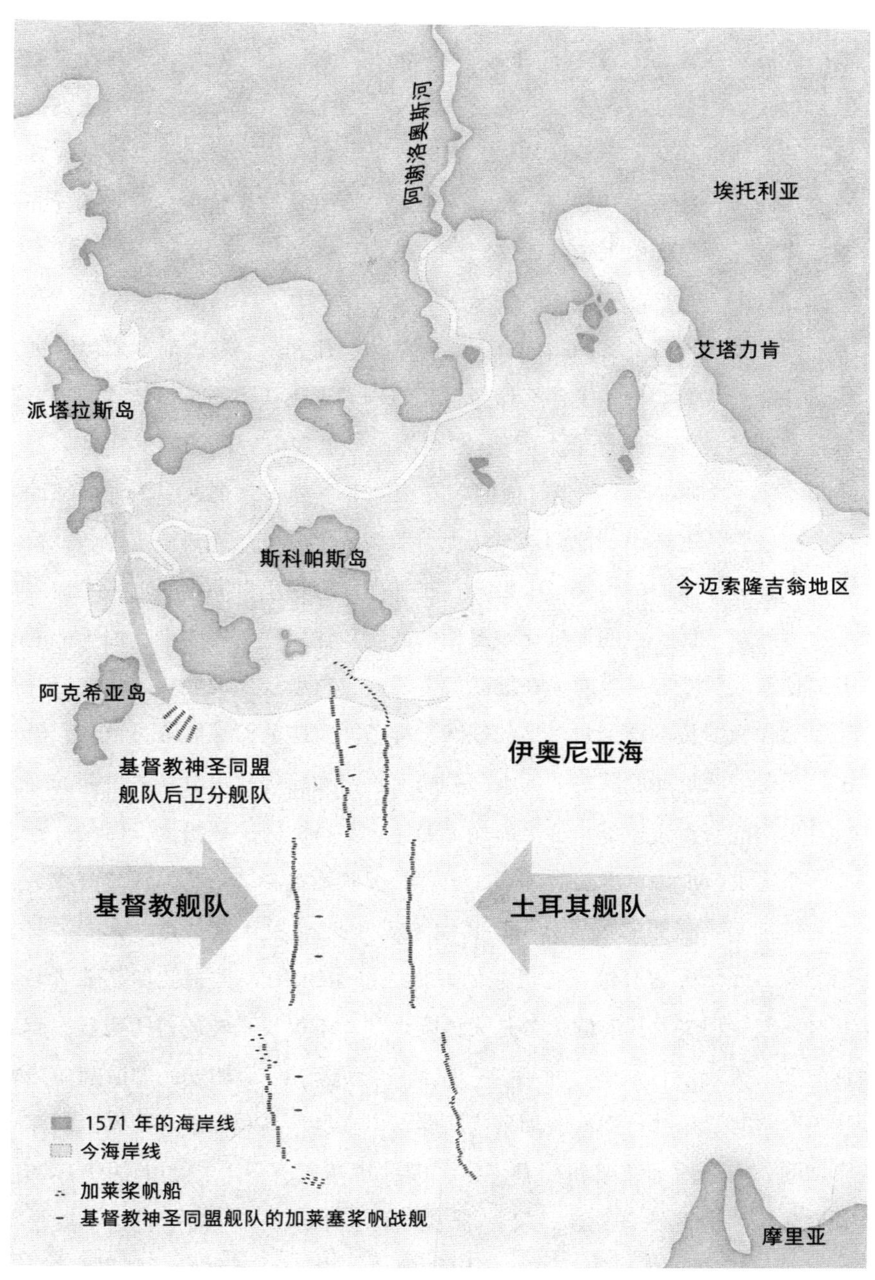
阿谢洛奥斯河
埃托利亚
艾塔力肯
派塔拉斯岛
斯科帕斯岛
今迈索隆吉翁地区
阿克希亚岛
基督教神圣同盟
舰队后卫分舰队
伊奥尼亚海
基督教舰队
土耳其舰队
1571 年的海岸线
今海岸线
加莱桨帆船
基督教神圣同盟舰队的加莱塞桨帆战舰
摩里亚

时在场的目击者提到另一件更重要的事：当时海上突然风停了，变得风平浪静，这在这个深秋季节是非常不寻常的。因此土耳其人不得不收起船帆，也开始用划桨航行。但这么一来，又浪费了不少时间，使得唐胡安得以从容地让全舰队列出最佳阵形。当时导航员们都说这是一个神迹：通常在这片海域，在清晨一般都是风越来越大，而不是越来越小，因此基督徒相信风突然停息证明上帝与他们同在。[3]

而要知道奥斯曼帝国指挥官们当时的想法却并不容易，对他们当时到底给各加莱桨帆船传达了什么命令，我们今天也无从得知，但拉拉·穆罕默德在战后被俘，西班牙人问他："当你们看见我方舰队的时候，是兴奋还是不满?"他回答说，当时他们整支舰队上下都很兴奋，因为他们都深信此战必胜。他还说，他们甚至认为，敌舰队此时已落入他们手中。根据一些基督徒作家们的说法，卡拉·霍格加在库佐拉里群岛中心进行了最后一次夜间侦察后，他的汇报让帕夏相信敌舰队数目比本方要少，因为他的海盗侦察船没能看见当时还在舰队后方的圣克鲁斯侯爵的舰队，还有当时还停靠在佩特拉的德卡尔多纳的舰队。神圣同盟舰队以纵队穿过群岛，巴尔巴里戈的威尼斯舰队之前的大部分船只也都被库佐拉里群岛最里面的维拉马里讷的岩石遮住了，这也加深了卡拉·霍格加的这种错觉。[4]

事实上，如果单看船数的话，土耳其舰队确实更多一些，但论海战最重要的加莱桨帆船的数目，土耳其舰队却更少。（关于这一点，吉安·安德烈亚·多里亚曾有过较为可靠的评价。按他的话说："一艘加莱桨帆船面对一艘轻型桨帆船时的优势是无比巨大的，不仅仅是吨位差距明显，而且前者的火炮数目众多，而后者只有少量火炮。"）[5] 唐胡安的舰队起航离开墨西拿时，总共有 208 艘加莱桨帆船，但在科孚岛和伊古迈尼察之间停靠期间，有 4 艘加莱桨帆船进了水，因此唐胡安不得不把船上的士兵和大部分桨手分配给其他船，又把船上的火炮拆了下来，随后把这 4 艘加莱桨帆船都送回普利亚修理，并用作别的用途了。因此如今只剩下 204 艘加莱桨帆船。[6] 此外还有 6 艘加莱塞桨帆战舰，其火力比普通加莱桨帆船更加强大。奥代斯卡尔基在墨西拿忙完舰队出征的准备工作后，于 9 月

24 日来到了那不勒斯，随后他告诉当时在当地担任威尼斯大使的布翁里佐说，威尼斯人那几艘加莱塞桨帆战舰让他们所有人都赞不绝口：唐胡安还说，他愿意指挥 6 艘加莱塞桨帆战舰迎战整支土耳其舰队，并且他还建议西班牙国王也给他的舰队造 10 艘这样的加莱塞桨帆战舰，马耳他骑士团著名的私掠者罗梅加斯对此也有同样的看法。[7]

穆斯林舰队的司令官们当时到底有多少加莱桨帆船，今天已经不得而知，但只要把那一年春季时基督教国家潜伏在君士坦丁堡的间谍所获知的当时起航的所有舰队总数加起来，再加上上一年冬季时留守海上的那些巡逻舰队，可以得知总数目大约是 200 至 205 艘加莱桨帆船。拉加佐尼曾在君士坦丁堡度过了一个夏季，收集了各种情报，在他返回后汇报说苏丹的舰队“有大约 200 艘已武装的加莱桨帆船，此外还有 15 至 20 艘轻型桨帆船。还有乌奇阿里（欧吉德·阿里）的 20 艘加莱桨帆船和轻型桨帆船，以及许多别的我们尚不知详情的海盗船。”[8] 欧吉德·阿里的阿尔及尔舰队实际上有 7 艘加莱桨帆船和 12 艘轻型桨帆船。此外卡拉·霍格加统管的黎凡特地区的私掠者也有大约几十艘轻帆船和弗斯特战船。另外还要加上一些小型船，但其中大部分船在主力舰队抵达勒班陀后便被遣散回家了。[9]

然而还有一点要考虑，就是卡普丹帕夏在塞浦路斯还留下了 20 艘左右的加莱桨帆船，由阿拉普·艾哈迈德指挥，以便在穆斯塔法帕夏的陆军需要时使用，另外在今年的各种战役和意外事件中，土耳其人还损失了至少 20 艘加莱桨帆船。另外由在君士坦丁堡的巴尔巴罗 10 月底时送出、由勒班陀海战的幸存者带回的情报显示，当时土耳其人还有 12 艘加莱桨帆船正赶往莫顿地区，另有 15 艘加莱桨帆船留在了勒班陀港内忙着装运士兵和饼干，或许以上这些船最终都没能赶上大决战？就算我们和所有历史学家们一样忽略上述因素，土耳其舰队依然绝无可能有超过 170 艘至 180 艘加莱桨帆船，而轻型桨帆船也最多只有 20 艘至 30 艘，而这样的数目，比起一般根据战后流传的说法中提到的过高估计的数目来说，要小得多。[10]

这个数目和神圣同盟舰队的指挥官在最后几个月从各处所搜集到的情

报中的数目也大致吻合。6 月底，有情报显示“170 艘土耳其加莱桨帆船”在苏达港附近的海湾旁登陆士兵，敌舰队总共 250 艘船，但其中除了加莱桨帆船外，还有轻型桨帆船、弗斯特战船和前列横帆双桅船，用更简洁的话说，就是“一大群小船”。到了 8 月初，有个逃脱的奴隶透露，敌舰队总共“180 艘加莱桨帆船，还有 100 艘其他船只，主要是轻型桨帆船、前列横帆双桅船、弗斯特战船和卡拉穆萨商船”。在舰队还在墨西拿时，在第一次军事会议上，马肯托尼欧 · 科隆纳也指出，敌舰队总共有 250 艘船，但“大部分都是弗斯特战船或其他类型的小船”。9 月初，监督官达卡纳尔也汇报说，在土耳其舰队袭击干地亚时，可投入战斗的力量总共是 168 艘加莱桨帆船和轻型桨帆船；另一方面，有个从土耳其叛逃到莱切的人也报告说，敌人总共不过只有“150 艘装备精良，可以投入战斗的加莱桨帆船。其余 300 艘船都是还没有武装好的，主要都是些私掠者船，船型都很小”。而在私掠者袭击后逃到莱西纳的奴隶们也称，敌舰队总共大约 310 艘船，“但只有 70 艘加莱桨帆船是最精锐的，其余的都不值一提”。在土耳其舰队袭击科孚岛期间，岛上的居民也称他们看见敌舰队总共 300 艘船左右，其中有 190 艘是加莱桨帆船。不过在审讯那位叫巴福的叛徒时，他透露的数目却比这要小：他的口供中称敌舰队确实有总共 300 艘船，但其中只有 160 艘加莱桨帆船，其他都是些轻型桨帆船、弗斯特战船、前列横帆双桅船。到了 9 月底，在赞特的赞巴蒂斯塔 · 孔塔里尼得知敌舰队共有“150 艘加莱桨帆船”停靠在勒班陀，另有 60 艘至 70 艘加莱桨帆船和轻型桨帆船往莫顿方向开走了。[11]

在战后，从俘虏和奴隶口中，基督徒指挥官们也获取了一些情报，证实了上述数据：10 月 8 日，达卡纳尔记载，敌舰队总共有“200 艘加莱桨帆船，还有 80 艘小型护卫舰和弗斯特战船”，当然 200 艘这个数字显然是包括轻型桨帆船的。恩弗雷 · 朱斯蒂尼亚爵士当时被维尼埃指定把胜利的消息传回威尼斯，可能是因为他的加莱桨帆船名叫“大天使加百利”号。而他所带回的捷报中称土耳其舰队总共有“200 艘加莱桨帆船”投入了战斗。但为什么今天许多人都认为当时卡普丹帕夏的舰队的实力要比这强呢？实际上，在战后接下来几天里，各种过高估计的数目就已经开始流传了，在战胜了的同盟舰队中，人们也更愿意相信这些夸大了的数目，于是才导致土耳其舰队的实力被越传越强大。在唐胡安给西班牙国王的官方文书中，他宣称土耳其舰队总共有225艘加莱桨帆船和60艘轻型桨帆船，而仅仅一个月后，在他的另一封信中就提到敌舰队总共有248艘加莱桨帆船和48艘轻型桨帆船！[12]

而那些用来指敌舰队战船的术语用词，也和指代神圣同盟舰队的战船的术语不太一样，基督教一方的船只中，只有那些和别的船有明显差异的船才会使用不同的术语来指代，这也导致了混乱。我们并不清楚这是否真的意味着奥斯曼帝国的加莱桨帆船的形态与尺寸有着巨大差异；还是当时同盟舰队故意把敌舰队的那些小型运输船也算成加莱桨帆船，以此来夸大胜利的成果；根据普罗瓦纳的记载，当时负责瞭望的水手们看到敌舰队总共有“230艘大型船，其中有203艘加莱桨帆船和27艘大体积的轻型桨帆船，此外还有30艘至40艘‘扎卡利’和其他小型船”。福列塔也记载说，唐路易斯·德雷克森斯掌握了在战斗中俘虏的“土耳其首席大臣”那审问来的情报，称敌人的“长船”总共有270艘，其中“230艘是大型船”。而塞雷诺则称，切科·皮萨诺的导航员在被唐胡安派去侦察后汇报说，敌舰队总共有“270艘大型船”，但因为不想让他的士气受打击，便没有说出全部的事实，只在后来对科隆纳说出了实情（这样的说法看上去并不可信）。然而孔塔里尼的说法却比较保守，因为为了使事实更清楚，他避免使用了那些可能造成歧义的类似“大型船”或“长船”之类的术语，只区分加莱桨帆船和轻型桨帆船；按照他的记载，土耳其舰队总共有200艘加莱桨帆船，50艘轻型桨帆船，以及20艘弗斯特战船。但即使按他的说法，依然很难理解土耳其人为何会有这么多的加莱桨帆船。在这方面，土耳其编年史学家赛兰尼基的记载或许更为合理：按照他的说法，在勒班陀战败的土耳其舰队总共有184艘加莱桨帆船。[13]

两支舰队互相逼近，双方都升起了战旗。在阿里帕夏的旗舰上升起了来自麦加的白色棉布军旗，这是属于作为哈里发，也就是穆斯林的领袖的正统继承者的土耳其苏丹的私人财产，在军旗上，安拉的名字总共绣了28900次。有个西班牙人在战斗结束后看到了这面旗帜，他说：“和我方战旗相比，这面军旗并不大。”因此这些字绣得非常小，要识别起来并不容易。在这面旌旗的边上，还有另一面军旗迎风飘扬，是卡普丹帕夏从君士坦丁堡出海时就升起的，按照惯例，这面军旗直到年末返回母港后才能降下。军旗上绣着金边，上面同样绣满了各种宗教性的文字，另外还有一只银色的手，象征苏丹赋予卡普丹帕夏的权力。在西班牙舰队的旗舰1“皇家”号上，此时升起的旌旗是由代表神圣同盟的天蓝色锦缎做的，上面绣有十字架上的基督，还有代表西班牙王国、威尼斯共和国和教宗的纹章；维尼埃升起了一面绣有圣马可之狮的红色金边旗帜，而科隆纳升起了一面代表教宗国司令官的军旗，是由红色锦缎做的，中间是基督，左右分别是使徒彼得和保罗，旗上绣着拉丁语“In hoc signo vinces”。但除了象征各指挥官，以及上帝和众圣徒对他们的庇佑的旗帜以外，所有加莱桨帆船都装饰得好像过节一样：在神圣同盟舰队的加莱桨帆船上：“每个人都按自己的喜好挂出了各种颜色和形状的旗帜。”而作为回应，土耳其人也同样“挂出了各种制作水平高超的旗帜，在他们的所有加莱桨帆船上密密麻麻到处都是，正如他们一贯的传统”。[14]

“在小号、笛、单簧管、鼓和其他各样的乐器声中”，两支舰队升起了各自的旗帜，特别是几艘旗舰，“号声合奏”从一开始就没有间断过。但在最后一面军旗也升起后，军乐声却并没有停止：战鼓和其他乐器继续在为桨手打节奏，还有许多加莱桨帆船上传出祈祷的声音，穆斯林和基督徒都在祈求神赐予他们胜利。在神圣同盟的加莱桨帆船上，随舰队出征的神职人员按照教宗的意愿行动，圣方济各会和耶稣会的会士们在船上来回走动，举着十字架祝福和鼓励船上的人，许多桨手长也向部下展示了自己的十字架，并告诉他们，在十字架的庇佑下，他们可以不用害怕。在唐胡安返回“皇家”号旗舰后，便也开始来回激励部下们尽全力奋勇杀敌，随后他自己也跪下祷告，他的部下们也都随他一起跪下祷告，神父们也一个个为跪着的人群行告解礼，并赦免他们的罪。但军乐使唐胡安分外亢奋，他无法长时间跪着不动。根据当时一位目击者的说法，“在战斗的号角响起后，他燃起了熊熊战意，再也压不住年轻人的冲动，便开始吹起了笛子，又和身边的两名骑士跳起了舞”，想要以此来展示他的战斗能力和对敌人的蔑视。在号角声和鼓声中，士兵和水手们都开始大声呼喊：“愿胜利归于耶稣基督直到永远！”与此同时，在土耳其加莱桨帆船上也传出了鼓声和笛声，根据当时神圣同盟舰队的一名船员的说法，对面的土耳其船员也同样在跳舞，但他却说这些土耳其人看上去“好像一群疯子”。[15]

在灵魂和心理方面做准备的同时，两边也都没忘记物质上的准备工作。在神圣同盟舰队的加莱桨帆船上，每名桨手都领到了大量的食物和一碗葡萄酒，在甲板上也堆满了面包、葡萄酒和奶酪，所有船员在战斗间歇期间都可以随意领取。此外船上所有通往室内的门全部关了，除了船尾的指挥官办公室还开着，作为战斗中伤员的休息室，此外书记官的房间也开着，用来存放武器和弹药。所有室外的空地全部都空了出来，给战斗人员活动用：“我们这些快乐的基督徒们开始了清理上层甲板、搭建掩体和清理船尾的工作。”步兵们拿起了“重火绳枪、戟、钉锤、长矛、长剑和军刀”，炮手开始忙着装填铸铁和石头做的炮弹，还有链球弹和装满了各种碎片、小铅丸甚至硬饼干的霰弹，而火枪手们也忙着架起火枪的支架。此时虽然海上没有风，但部分神圣同盟舰队的加莱桨帆船依然升起了方形帆，用来为船员抵挡敌人可能射出的箭雨。[16]

此时两支舰队撞在一起的时刻越来越近了，双方都开始解除部分值得信赖的桨手的镣铐，好让他们能够参加战斗。在西班牙和教宗国舰队上，那些被戴上镣铐的桨手中的志愿冒险者，还有罪犯桨手中的基督徒们也都获得了自由，只有奴隶桨手们依然戴着镣铐，在威尼斯舰队中，大部分船只有志愿桨手，并且没有奴隶，都是自由人，除了那些在战斗中被俘的船以外，部分罪犯加莱桨帆船上的桨手们也都获得了自由。此时给人的感觉是所有人都自由了；在战斗结束后，维尼埃下令释放所有在威尼斯舰队上服役的罪犯，并且免除了他们的一切债务。在逐渐释放桨手的过程中，船只划桨的频率也开始下降了，但如今这已经不是问题了，因为土耳其舰队已经高速向本方冲过来了，唐胡安希望尽可能延迟双方接战的时间，好让后方的加莱桨帆船和那几艘加莱塞桨帆战舰都有更多的时间就位。此外，在双方的战船进入接舷战阶段后，许多加莱桨帆船直到战斗结束都不会再移动了。因此通常接舷战的胜利方并不能随意追杀对方，“因为他们的桨手已经解下镣铐投入了战斗”。[17]

与往常的刻板印象不同，奥斯曼舰队一样能够武装其桨手，因为其桨手主要都是征募来的，只有几十艘最好的加莱桨帆船以及部分轻型桨帆船和弗斯特私掠船上的桨手主要是奴隶。部分史料证实，当时土耳其舰队的各雷斯给自己船上征募来的桨手都发了武器。谢蒂当时是一艘托斯卡纳加莱桨帆船上的罪犯船员，但由于他能协助书记官的工作，因此获得了一些特权，没有戴上镣铐划桨。按他的记载，当时部分敌方加莱桨帆船“只有桨手有武器，到战斗时也只有他们能战斗”，这些船都留作后备队用。然而在舰队抵达勒班陀后，由于之前的一次次战斗，加上那场瘟疫的缘故，此时舰队中的桨手的主要组成人员已经变成了夏季战役中俘虏来的那些奴隶，而不是年初出发时的那些人了。在西班牙加莱桨帆船“格拉纳达”号在勒班陀海战中俘虏的 3 艘土耳其加莱桨帆船上，总共释放了“至少 227 名基督徒桨手，其中 10 人是神父、修士和其他神职人员，都是被土耳其人俘虏并抓来充当桨手的”，这些奴隶桨手占了所有桨手的一半。[18]

在双方的舰队中，所有的奴隶都依然戴着镣铐，留在桨座内，甚至双方都要求自己的奴隶在接战后停止划桨并躺在桨座下面以免卷入战斗。根据好几位基督徒作家提供的资料，当时卡普丹帕夏告诉船上的西班牙奴隶说“过去我一直善待你们，也希望你们在战斗中尽本分”，他还说：“如果我方胜利了，我会给你们所有人自由。但如果我方战败了，那就是真主的旨意要释放你们了。”这可能是一个编造的故事，但无疑它深入人心：阿里帕夏是一位值得尊敬的对手。在战后，唐胡安也为阿里帕夏的战死感到悲伤，因为“所有被释放的基督徒奴隶都一致称赞阿里帕夏的善良和人道，说他特别善待基督徒奴隶。甚至可以说，那些基督徒奴隶对他的爱戴已经超过了惧怕”。[19]

在进入火炮射程前，这两支舰队还有 5 小时的时间可以完成战前准备工作：在日出时分，两支舰队就都已经可以看得到对方了，但直到中午战斗才正式打响。[20] 神圣同盟舰队直到最后一刻还没有完全做好准备工作。根据当时一些威尼斯船员的说法，在双方正式接战时，本方有些加莱桨帆船还没有完全按照计划的战斗阵形排列完毕，维尼埃本人也看出中央分舰队“队列不是非常整齐”。在最前排拖着那几艘加莱塞桨帆战舰的船直到大部分舰队的战船都开始开炮时才完成战斗阵形的排列，而有些当时在场的船员后来甚至说有两艘在右翼支援的加莱塞桨帆战舰没有在预定的时刻进入自己的战斗位置，因此至少有一艘加莱塞桨帆战舰最终没能投入战斗。[21] 而其他的加莱桨帆船最终是否都如事先的计划精确地就位，我们今天也并不清楚。和之前的许多史料一样，许多记载都互相矛盾，但最终由总旗舰“皇家”号率领的中央分舰队的至少 60 多艘加莱桨帆船是按预期计划顺利投入战斗的，而两个有着 50 多艘加莱桨帆船的侧翼分舰队则未能顺利投入战斗。圣克鲁斯侯爵率领的预备队在唐胡安多次不耐烦的催促下，终于从库佐拉里群岛中钻了出来，开始在中央分舰队的后方列队，随后德卡尔多纳的分舰队也从派塔拉斯岛上的港口起航，往相同的方向赶去。[22]

而双方当时打响战斗的那片海域和今天相比，地理环境也已经今非昔比。由于阿克洛奥斯河在入海口处沉积造陆，当时的库佐拉里群岛中的部分岛屿如今已经成为大陆的一部分。直到 1971 年，在一次为了纪念勒班陀海战 400 周年的水文地理勘察中，学者们才得以还原当年这片海域的海岸线地区的地貌。和今天相比，当时的海岸线要往陆地方向后退很长一段距离。当时神圣同盟舰队从凯法洛尼亚出发后，是从库佐拉里群岛中间，以及群岛和大陆中间的海域穿过的，今天这些地方已经变成了陆地；而当时穆斯林舰队在从勒班陀海湾出发后，是沿着伯罗奔尼撒半岛北岸航行的，随后两支舰队在这一大体封闭的海域中开战，大致位置是在凯法洛尼亚岛和伊萨卡岛西边，在圣莫尔岛和希腊大陆的东北边，以及在伯罗奔尼撒和赞特的南方海岸不远处。根据塞雷诺的形容，此地如同一座早期巴洛克的风格的竞技舞台，“天生适合上演罗马式的海战戏剧”。[23]

当时这样的地形下，双方都是直线冲向对方的，两边都无法进行复杂机动。从一侧海岸线到另一侧海岸线，无论是神圣同盟舰队左翼的指挥官阿戈斯蒂诺·巴尔巴里戈，还是奥斯曼帝国舰队右翼的指挥官亚历山大的贝伊舒鲁克·穆罕默德，都非常清楚阿克洛奥斯河入海口处的那些沙洲的危险性，因为沙洲周围的水底下堆积了大量沉积物，船很容易搁浅。巴尔巴里戈决定尽可能贴着陆地航行，从沙洲后面绕过去，因为这样就能把沙洲当作天然障碍物，逼敌人在和自己决战时不得不绕道而行。但导航员们都一致认为此处水太浅，因为担心搁浅而不敢太靠近陆地。而舒鲁克·穆罕默德最后不得不把舰队的加莱桨帆船拆分开来，在几名最熟悉当地水文条件的导航员的带领下，在沙洲和陆地之间最靠近陆地一侧的水域航行。这么做未必算是占了什么便宜，因为这种情况下一旦遇到变故，船员们一定会把船搁浅后往陆地上逃跑了。土耳其编年史学家佩塞维记载说，欧吉德·阿里曾要求卡普丹帕夏让舰队右翼在开阔水域航行，但被拒绝，于是他扯着自己的胡子，高声尖叫说这支舰队被一个无能的指挥官指挥，而那些跟随过巴巴罗萨和图尔古特（苏莱曼大帝时期的著名私掠者）的船员们也对此敢怒不敢言。[24]

位于神圣同盟舰队右翼的吉安·安德烈亚·多里亚是唯一能够进行机动的指挥官，因此他决定好好利用这个机会。当时他的舰队已经进入了开阔海域，所有船都已经可以排成一行了，同时还能留出足够的空间布阵，但仅仅做到这些他还不满足，于是他下令让右翼分舰队远离中军，还带走了一艘分配给他的右翼的加莱塞桨帆战舰。直到他已经遭遇敌舰队阵形的最前部，发现敌舰队的阵形比他更分散，而且他当面的对手是一大群小型战船后，他才停止这种做法，并急忙下令让各加莱桨帆船调转船头迎向敌军，多里亚这么做是想要阻止土耳其人绕过他的舰队后将他们的船逼到陆地上，让自己的舰队继续有足够的机动空间，继续在宽阔海域行动，并且如果时机成熟的话他或许还能绕过敌方战线的末端，他随后的行动就证实了这一点。然而这样的做法却会导致无可预见的后果，因为多里亚对面的土耳其左翼分舰队的司令官在这方面比他经验更丰富，那位司令官正是年迈的卡拉布里亚改信者，欧吉德·阿里。[25]

而双方的中央都没有机动的空间，双方都只能笔直往前冲。两支舰队的核心都是一艘作为最高指挥舰的混合式加莱桨帆船旗舰，而总旗舰周围围绕着一些次级的旗舰，也都是比普通加莱桨帆船更大、装备更精良、船员人数也更多的战船。在进入火炮的有效射程前，卡普丹帕夏的旗舰率先开了一炮。虽然当时到处都是鼓声、号声和祈祷声，然而同盟舰队的旗舰“皇家”号上的船员们都听到了那一声炮响，如战后的俘虏所交代的，当时所有人都明白，这是阿里帕夏在告诉唐胡安他的旗舰的方位，是在向他下挑战书。随后唐胡安的旗舰同样开了一炮。当时同盟舰队的船员都清楚看到炮弹掉到了水里溅起了一朵大浪花，然而敌舰队却似乎没有看到，旗舰的主舷炮又开了一炮，随后唐胡安的旗舰也同样又开了一炮。此时阿里帕夏的旗舰终于对唐胡安的“皇家”号有了答复：人们看见阿里帕夏的旗舰越过了其他船，径直向唐胡安的旗舰开了过来。那艘船的速度极快，甚至同盟舰队中的一位深受骑士小说影响的贵族当时以为阿里帕夏是想和唐胡安决斗，并且他还为后者没有接受单挑而感到遗憾。[26]

这场战斗就在唐胡安的回应炮声中打响了，双方杂乱无章又持续不断的炮声顿时响彻天空，到处都是四处乱飞的爆炸碎片，空气中弥漫着浓浓的黑色烟雾。神圣同盟舰队的战船总数不比对方更多，但舰炮火力的优势明显：后来帕鲁塔总结时，把同盟舰队的胜利归功于“我方舰队的炮火火力强于敌方，并且我方也成功地发挥了这个优势”。[27]实际上在勒班陀海战之前的几年中，基督教国家的舰队虽然不同加莱桨帆船的舰炮数量和口径都有所不同，但总体上火力配备不断得到加强。[28]同盟舰队所有加莱桨帆船上最大的主炮都位于船首中央，炮管体型巨大，通常长度超过 3 米，重量超过 30 担，能发射 20 至 50 磅重的铸铁炮弹。而在西方国家的加莱桨帆船上，在主炮两侧有两三对中等口径的炮，称为“鹰炮”和“中型炮”，能发射 8 至 12 磅的炮弹。另外还有石炮，炮管较短，但口径很大，是发射石弹或霰弹用的。此外还有 4 门、8 门或 12 门发射 1 磅炮弹的隼炮，安装在可旋转的架子上，一般主要是安装在船尾或两侧的空地上，主要是厨房或存放小艇的地方。而威尼斯加莱桨帆船的设计却有所不同，主炮两侧一般要么是 2 门 16 磅重的加农炮，要么是 2 门 12 磅重的蛇炮。但有时候威尼斯人也会为了节约资金，把这几门副炮的口径缩小一半。这种情况下为了补偿火力，副炮就会增加到 20 至 30 门隼炮和发射了 3 至 6 磅弹丸的石炮，而这些火炮周围还有大量安装在可旋转支架上的回旋炮。卡埃塔尼写道，威尼斯战船在这方面算是个特例，因为“他们拥有数不清的火枪”。[29]

而土耳其舰队的加莱桨帆船在过去几十年里并没有跟随当时武器发展的步伐，因此其火力要弱得多。在1558年，米歇尔写道：“他们在船首安装了一门60磅口径的重炮，两边再加上两门小一些的副炮。而他们在船尾却没有安装任何火炮。”随后作者讽刺地说：“这就是土耳其加莱桨帆船的火力配备，足以让所有人惧怕。”在1560年，马里诺·迪卡瓦利的记载也证实了这一点：“他们的船只有3门火炮，主炮口径为25磅至30磅，而左右两边再加上两门10磅至15磅的大炮，都放在船头。”有人或许认为在之后的10年里土耳其人在这方面会有所改进，但事实并非如此。在1570年，巴尔巴罗送回来的情报也称当时即将出征塞浦路斯的土耳其加莱桨帆船“火炮配备非常差”，只有两门火炮。而博纳尔达的木匠还透露，土耳其加莱桨帆船上只有一门30磅炮和两门6磅炮，“而弗斯特战船上只有几门6磅炮”。在1571年春季，拉加佐尼在看到皮尔图帕夏的舰队在金角湾起航，根据他的报告：“土耳其人习惯每艘加莱桨帆船只安装3门炮，许多船甚至只有1门炮。”那不勒斯总督的一名间谍也证实这个说法，他汇报说，“卡普丹帕夏率领出征的加莱桨帆船武装配置齐全”——根据当时的术语，这指的是船上配备了足够的桨手和士兵——“然而他们每艘船上的火炮却没有超过3门的。”在1573年，威尼斯和奥斯曼帝国签下和平协议后，有位法国旅行者曾看到过一艘土耳其加莱桨帆船和一艘威尼斯加莱桨帆船同时并排停泊在科孚岛，他总结说，土耳其加莱桨帆船体积更大，“涂漆和镀金也都更华丽”，但威尼斯加莱桨帆船上武装更齐全，火炮也更多。[30]

当我们仔细观察一艘土耳其加莱桨帆船时，我们会发现除了那3门炮以外，船上还有一些其他的轻型火炮，只不过这些火炮的数量也不多。在勒班陀战役中“格拉纳达”号俘虏的那3艘土耳其加莱桨帆船每艘总共都只有3门船首炮，还有9门鹰炮和11门小型火炮，都是半鹰炮和隼炮。而勒班陀战役中缴获的战利品也同样证实了土耳其人的火炮总体上都比较小。在土耳其人的117艘加莱桨帆船和13艘轻型桨帆船中，总共只有

117 门加农炮，这也证明只有加莱桨帆船才会配备这种重炮，此外还有总共 273 门其他各种类型的轻火炮。很明显神圣同盟舰队的火炮数远远比之更多，特别是小口径火炮的数量。[31]

总之，哪怕只比较普通加莱桨帆船上的火炮，土耳其舰队的实力也比神圣同盟舰队要弱；除此之外我们还要考虑那几艘加莱塞桨帆战舰。加莱塞桨帆战舰是前几年威尼斯军械库从巨型商用加莱桨帆船改装来的，总共 11 艘，而此刻唐胡安的舰队只有其中的 6 艘。负责将这批商船“改装成战船用”的人名叫弗朗西斯科・都欧多，他将这 11 艘船改装成了可以运载大量士兵、水手、桨手和火炮的船。由于人手不足，第一次改造并没有成功，但后来第二次改造却成果显著：在勒班陀海战中，这 6 艘巨型加莱桨帆船依然由都欧多指挥，总共 12 门五六十磅口径蛇炮和加农炮，此外还有至少 89 门 14 磅至 30 磅口径的副炮和 58 门口径更小的轻型火炮。[32] 如果再加上这 6 艘加莱塞桨帆战舰的话，那么两边的火力差距就更加巨大了：神圣同盟舰队总共有 350 门加农炮和蛇炮，都是大口径和中等口径的火炮，而敌舰队却最多只有总共 180 门同等水平的火炮。此外同盟舰队还有至少 2700 门小口径的火炮，其中包括鹰炮、蛇炮、隼炮等，而土耳其舰队的小口径火炮的数量连其一半都不到。而至于其余的小型隼炮、回旋炮和大型火枪等，神圣同盟舰队所拥有的不计其数，而土耳其舰队则基本没有。[33]

在当时的各国海员中，常常有争论到底是一进入射程就立刻开炮好，还是等敌人足够靠近后再开炮好。在离开墨西拿前，唐胡安曾在给唐格拉西亚的信中也提到过这个问题，并向他询问这方面的建议，“因为这个问题至关重要，而我周围的人对此的意见却不一致”。有些人主张，主炮开炮时的巨大后坐力会对脆弱的船体造成损害，因此抢先开炮的一方更容易在本方引起混乱，从而暴露在敌方火力之下；但也有人主张说，如果被敌人抢先开炮，那么本方就会被对方射击造成的烟雾干扰视线，还要考虑炮弹在本方水手中所造成的恐慌等因素。唐格拉西亚回信说，战斗中考虑到很难在敌方的炮火下重新瞄准和装填，事实上开炮的机会几乎只有一次，因此最好学习那些经验丰富的士兵的做法，他们会让敌人靠近到血几乎会溅到自己身上时才开枪，同理："我听到不少有经验的船长说，当本方战船的撞角撞到敌船的那一刻同时开炮是最好的。"

唐格拉西亚的回信后来应该没能及时赶在舰队离开前送到墨西拿，但他在信中的结论和当时大部分海军指挥官都一致：当时最出色的加莱桨帆船战争理论家，潘特罗·潘泰拉也认为，在船上安装射程太远的火炮是毫无意义的，因为重炮的准度极差。（他说："如我们一次次用经验证实了的那样，每次大量火炮同时开火后，只有少数几枚炮弹才能靠运气打中目标。"）潘泰拉在这点上的意见和唐格拉西亚一致，他认为"在两支舰队互相逼近时本方能一轮远程炮击后再来一轮近距离炮击，从而炮击两轮以上，这种想法是荒唐可笑的"，说这完全是不切实际的幻想，只能是白白浪费第一轮炮击的时机，而第一轮炮击的时机恰恰是最佳的，"因为第一轮炮击前船员们可以自由不受干扰地装弹和瞄准，完全按照战争艺术来做"，而第二轮以后的炮击，就算还有时间装弹瞄准，但由于"船员们是在这种大战将至的重压状态下急匆匆地操纵火炮的"，因此效率自然低了。

上述这一切，土耳其人也同样清楚。马里诺·迪卡瓦利坚持认为，土耳其人精通这一射击原则："他们一直到足够近的距离，能对敌船造成巨大破坏时才开炮。他们的做法没错，因为在远距离就开火的话，基本上是打不中目标的，更别说是在海上了。这么做只是白白浪费炮弹而已，而近距离的一发炮击有时候就能奠定胜局，甚至直接击沉敌船。"唐胡安和他的顾问们的结论也大致相同：所有加莱桨帆船都收到了命令，"只有在确定能对敌船造成巨大破坏时才可以开炮，并在和敌船决斗时至少做好炮击两轮的准备"。[34]

因此两支舰队在相同的军事理念的指导下开始了炮击战。并不试图远距离炮击敌舰水上部分，并摧毁敌人的桅杆或是划桨，而是等到双方距离很近后，才开始轰击对方加莱桨帆船的船体，以求破坏其水下部分，或是杀死对方的船员，为接舷战做火力准备。然而在双方距离还很远时，土耳其战船突然遭到同盟舰队的几艘加莱塞桨帆战舰的炮击。在土耳其指挥官们看到这些从未见过的船被拖上第一线时，他们困惑不已。可能一开始土耳其人以为这些船是运输船，在那个年代，运输船也会安装火炮，在海战时同样可以起一些作用。当时所有战斗中在场的见证人的记录都证实，土耳其人根本没想过要登上这几艘加莱塞桨帆战舰打接舷战，因为这几艘加莱塞桨帆战舰看上去“在海上好像城堡一般高，简直是人力所无法对抗的”，土耳其人想要直接绕开这几艘加莱塞桨帆战舰，去和后面的同盟舰队主力作战。[35] 如果这几艘加莱塞桨帆战舰仅仅是普通的运输船的话，它们的火力会非常有限，然而加莱塞桨帆战舰上安装了大量的加农炮和蛇炮，其火炮射程长达 1 千米，面对足以覆盖地平线的众多敌舰，他们利用其强大的远程火力在远距离开火了。[36]

当时所有在场的意大利和西班牙船员们都证实，那几艘加莱塞桨帆战舰的炮火造成的破坏是史无前例的：几艘敌船沉入了海底，还有几艘要么船体被轰成了几段，要么桅杆被炸断，或是完全失去了行动能力；有几艘敌船开始燃烧，而正在前进的敌舰队当时正在“惊人的呐喊声”中急忙进入炮击阵形，此时立刻出现了严重混乱，浓烟也阻碍了他们的视线。[37] 可能普通加莱桨帆船的指挥官们会担心他们只有一次炮击的机会，但显然那几艘加莱塞桨帆战舰并没有这个问题。和普通加莱桨帆船不同，加莱塞桨帆战舰上的船员可以随心所欲地操作一门门分配到船头和船舷的火炮，轻松地一次次装弹开火，因此他们可以射击位于侧方和后方的一艘艘土耳其加莱桨帆船，从船舷到船尾都是他们的目标，直到其撞上己方主力舰队的战线为止。[38]

而土耳其人也和预料中的一样，急忙开始开炮还击。然而由于其准备工作过于仓促，在神圣同盟舰队的加莱桨帆船上的船员们清楚看到土耳其舰队打出的所有炮弹全部掉到了海里，没有造成任何破坏，船员们开始欢呼，并高声喊着这是神迹。唐格拉西亚的预言开始应验了，但却是以完全相反的方式应验的：“有人说抢先开炮可以在敌人中造成混乱，但我认为，如果我们没有达到这个目的的话，抢先开炮只会壮敌人的胆。”很快土耳其舰队的雷斯们也发现他们的炮火效率低下，便纷纷下令抬高炮管角度，然而到底要抬高到多少角度才合适，却很难计算，随后几乎所有的土耳其加莱桨帆船第二轮炮击中发射角度又抬得太高了。在提到当时这一情况时，威尼斯作者认为，这一切的根本原因在于土耳其加莱桨帆船的设计不合理：船首太高了。不过这一点很难说是个缺点，因为西方的加莱桨帆船同样有类似的设计，但不同的是，同盟舰队是在敌船只有几米远的时候才开炮的，因此都是平射，实心弹命中了敌舰的水下部，霰弹则击中了桨座和甲板，“我方所有的炮击都造成了极大的破坏”。

然而还是有不少例外的，因为一旦接战，司令官们除了自己的旗舰和周围相邻的加莱桨帆船以外，对别的加莱桨帆船不再有任何指挥权，而是由每艘船的船长自己随机应变自由指挥。然而威尼斯船员们来自一个共和制的国家，他们一直都是这样各自随机应变行事，因此对来自君主制国家的船员们的各种严格的纪律非常不习惯。唐格拉西亚对此也曾感到惊奇，因为他发现“威尼斯舰队总是混乱不堪，好像每艘船都自行其是”。唐胡安的命令已经尽可能传达给了所有的加莱桨帆船，但在离总旗舰越远的战线上，忠实执行命令的加莱桨帆船也越少。德索托的秘书写的一份公文中提到，“皇家”号和卡普丹帕夏的旗舰都是在两艘船即将撞到一起时才开炮的，而卡埃塔尼则记载说：“我方的火炮是在开始接舷战后才开炮的。”不过威尼斯人的报告却称当时同盟舰队的火炮“在双方的船撞到一起前总共开炮了 2 轮、3 轮甚至是 5 轮，特别是蛇炮的开火次数最多”。而热那亚人福列塔则证实当时土耳其舰队总共只开了 1 轮炮，而且发射角度过高，而同盟舰队这边则“总共开了 5 轮炮，甚至更多”。

福列塔随后还补充说，如果说谁是让同盟舰队的炮火如此有效的功臣的话，那一定是吉安·安德烈亚·多里亚，因为在战前他曾提议把加莱桨帆船的撞角高出的部分锯掉，好让火炮能平射；这一说法曾给史学界带来了一个误解，人们一度认为当时的神圣同盟舰队的加莱桨帆船都移除了撞角。至于土耳其人那边，所有人都一致认为当时开炮时机过早，但也有人认为刚好相反，开炮时间太晚了，因为在他们准备开炮期间，那几艘加莱塞桨帆战舰持续不断的火力给他们造成了极大的混乱，“使得大部分已经装填完毕的火炮无法顺利开炮”。所有的记载都一致证实，和土耳其舰队低下的远程火力效率相反，同盟舰队的火炮对敌人造成了极大的破坏。考虑到双方火炮数量的巨大差距，加上同盟舰队的那几艘加莱塞桨帆战舰，这一切都是意料之中的。因此当双方的加莱桨帆船进入接舷战阶段，双方的撞角开始纷纷撞进敌船的船体时，土耳其人的胜算已经大打折扣了。[39]

30

贴身血战

此时船上的导航员都已经被火炮开火时的烟雾遮住了视线，基本处于半致盲状态，而双方的加莱桨帆船也一艘艘互相撞上了对方。按照事先的战术，每艘船都要选一艘敌船来战斗，随后径直用撞角朝这艘船撞上去。撞角撞击敌船不是为了直接把敌船撞沉，由于船头的撞角撞击的敌船部位都是水面以上的船体，要直接撞沉是不太可能的，但撞角撞击造成的震荡可以让敌船桨座中的划桨纷纷错位，从而使敌船失去行动能力。在撞角撞击后，双方船上的陆军便开始冲锋，试图夺取敌船，这个阶段的战斗就和一般的陆战差不多了。最终谁能夺取对方的加莱桨帆船取决于双方重火绳枪兵的实力，剑士肉搏战的战斗力，陆军指挥官不顾危险身先士卒的勇猛程度，当然还有双方的兵力对比。在所有守军被杀死或推下海后，胜利方士兵便会降下敌船桅杆上的敌旗，释放最底层关押的奴隶，随后把敌船用一根铁链和自己的战船锁起来，作为战利品拖走。

有位威尼斯人写道，在两支舰队互相逼近时，"太阳光照在我们闪亮的头盔和半身甲上，我们的武器和盾牌闪闪发光，好像镜子一般"。他们纷纷拔出了剑，向迎面而来的敌人挥舞着，以示挑衅。但在这些剑兵们重复着这些古老的动作的同时，火枪手们却躲在桨座中，站在木质平台上紧张地为射击做准备，他们所站的平台此时依然被称为"弩射击口"，这是那个步兵还在用弩的时代遗留的术语，这些重火绳枪兵才是真正的主要战斗力。当时两支全速撞在一起的加莱桨帆船舰队中，神圣同盟舰队一边的士兵几乎所有人都配备了火绳枪，而土耳其人那一边还有大量的弓箭手。土耳其人的传统是把士兵分成三人一队，这种三人队称为"曼加（manga）"，每个三人队中一人是火枪手，一人是弓箭兵，还有一人是长矛兵。在勒班陀海战中，由于船上兵员紧缺，因此没有长矛兵。当时在左翼分舰队的费兰特·卡拉乔洛后来回忆说："土耳其士兵从船头到船尾都是两个重火绳枪兵加两个弓箭手的组合，沿着船舷列阵。"他还补充说，他们的打扮奇特，"所有人戴的头巾都和一般的土耳其人戴的不同，而他们的举止也与我们有很大差别"。但他们所站的船舷上并没有护墙掩护他们，土耳其人并没有这样的习惯，因此"他们从头到脚都能成为同盟舰队重火绳枪兵的射击目标"。[1]

根据卡埃塔尼的记载，土耳其人"呐喊着用弓箭和重火绳枪猛烈射击"，但不久后神圣同盟舰队的重火绳枪兵便同样开始开火了，对敌人造成了沉重打击。"我方在一瞬间……总共射出了 4 万颗子弹，杀伤无数。"而战线中央的教宗国舰队旗舰"狮鹫"号上的陆军指挥官则回忆说，他们就是这样取得胜利的："我们再次用同样的方式招呼了他们，我们的火枪数量多于他们，我们就这样不间断地开火 3 小时后，终于发现胜利的天平开始向我方倾斜了。"而西班牙人的官方文件也证实，在当时同盟舰队重火绳枪兵猛烈的火力打击下，土耳其士兵难以还击，死伤惨重："我方部分火枪手在战斗中总共开火了 40 次。"卡拉乔洛的一段记载让我们更清楚得知当时神圣同盟舰队士兵们的优势："我们知道，我方的武器装备优于敌方，火绳枪能靠一发子弹解决掉所有类型的敌兵，而土耳其人只能一边在船舷走道上到处逃窜，找船舱躲藏，一边回头零星地反击几下。"[2]

除了火绳枪和箭雨之外，双方还使用了大量的希腊火。[3]许多在场者的记载都提到当时空中到处都是火焰在飞舞，"（希腊火）用大盆或其他容器盛着，用泵射出并点燃"。塞雷诺看到水上到处都是火焰，没有任何东西能把火扑灭，并且烟雾还散发出难闻的恶臭味。在这些战斗过程的报告中，我们没有发现里面提到这些火焰的可怕的效力，或是有敌兵如蜡烛般被火点着后四处乱跑的情景，而这些描述却在尼科西亚和法马古斯塔的战斗报告中常有提及。因此我们可以怀疑，由于接舷战一般是两艘船互相撞击后，双方都想要俘获敌船，因此这种燃烧性的武器可能被限制使用。不过在战后的信件中，经常提到"被烧伤者"，首先是唐胡安·德卡尔多纳自己的腿就被严重烧伤了，而保罗·奥尔西尼的头颈和肋部也被烧伤；此外不少耶稣会会士们说他们战后用在敌船上缴获的黄油"涂抹被土耳其人向我方投掷的火焰烧伤的伤口”，这也证明当时双方都无限制地使用了希腊火。[4]

双方头一批撞到一起的加莱桨帆船是最靠近大陆海岸线一侧的那部分，也就是大部分由威尼斯加莱桨帆船组成的神圣同盟舰队的左翼对阵土耳其舰队的右翼。同盟舰队左翼的监督官巴尔巴里戈的加莱桨帆船最终没能足够靠近海上的沙洲，而舒鲁克·穆罕默德所率领的六七艘加莱桨帆船和海盗贾沃尔·阿里的船为了躲避加莱塞桨帆战舰的炮火，一路贴着海岸线航行，从同盟舰队和大陆中间钻了过去，如今他们可以掉头从同盟舰队后方杀过来。不过监督官安东尼奥·达卡纳尔后来汇报说：“但我们很快就发现并拦截住了他们。”因此土耳其人的计划失败，不过威尼斯舰队也差点因此陷入困境。此时威尼斯战船纷纷掉头准备迎击从后方来的敌船，而土耳其加莱桨帆船已经向他们射出了密密麻麻的箭雨，甚至连巴尔巴里戈的座舰的船尾都钉满了箭。不过很快同盟舰队稳住阵脚后就开始依靠火枪和火炮反击，并逐渐占了上风。在双方激战了一小时后，两艘土耳其舰队的旗舰被俘获，其余土耳其战船纷纷掉头逃跑，随后一艘艘船在海岸上搁浅，船员们纷纷上岸往内陆深处逃跑了。

由此我们可以看出，在本方领土的海岸线附近战斗，此时对土耳其舰队来说反倒成了劣势：对土耳其船员来说，在面对实力悬殊的敌人时，他们最大的渴望不是战斗，而是把船搁浅在岸边后逃回陆上。由于水道狭窄，那些成功渗透到神圣同盟舰队后方的土耳其加莱桨帆船仅仅是土耳其舰队左翼的一部分。他们最后不是抵达了海滩，而是撞上了维拉马里讷的岩石，不过从那里下船的话，他们还是可以靠游泳逃生的，因为河流的冲积物已经把将岛屿和海岸线之间的狭窄海域的大部分地方都填满了，其中多数地方已经变成了滩涂。不过同盟舰队的加莱桨帆船此时还在后面紧追不舍，他们中的许多人被杀死，或是在慌乱中淹死。然而在看到同盟舰队绝对的火力优势和第一批被俘虏的船只后，许多土耳其右翼舰队加莱桨帆船上的船员仍选择了弃船逃生。

同盟舰队左翼的威尼斯和那不勒斯加莱桨帆船已经摆好冲锋阵形，准备把敌船全部摧毁，此刻许多土耳其船员们都认为再抵抗下去已经没有意义，于是他们在慌乱的逃亡中开始用刀剑给自己开路："他们互相推挤着，甚至不惜拔剑乱砍来给自己开路，砍死任何挡着自己路的人。"在同盟舰队逐渐占领一片片海域的同时，土耳其舰队上的基督徒奴隶桨手们也开始挣脱枷锁，加入了同盟舰队一方。根据编年史学家们的记载，当时无论是土耳其船员还是基督徒奴隶都没有被俘虏并关押，而只有少数跳水想要逃生的土耳其船员最终侥幸逃脱。除了那些戴着镣铐的奴隶桨手外，土耳其船上还有不少被关押的妇女，都是在乌尔齐尼、布德瓦和巴尔等地俘虏的。监督官卡纳尔下令将其中大部分人释放。最终土耳其舰队的整个右翼分舰队都被逐渐逼到了海岸线上。同盟舰队冲在最前面的一艘大型加莱桨帆船的指挥官叫安东尼奥·布拉加丁，是马肯托尼欧·布拉加丁的兄弟，此时他的船不间断地开炮，把敌船一点点逼进了沙洲，而同盟舰队左翼分舰队的右侧部分的指挥官是马尔科·奎里尼，此时他的舰队也在向同一个方向移动，同盟舰队在包围敌船后，逐渐缩小包围圈，形成了一个致命的陷阱，使得敌船员不得不弃船而逃，往内陆深处躲藏。但不是所有船员都能逃脱：当地的希腊人袭击了这些溃兵，并屠杀了他们。

在战斗结束后两天，有一位同样名叫卡埃塔尼的人物用非常积极的方式对战斗当天的这幅情景做了如下描述：

> 威尼斯人在这场战斗中表现神勇，他们的斯卡波利水手们和志愿桨手们和他们的士兵一样出色，特别是他们的火炮给敌人造成了毁灭性打击。勇敢的阿戈斯蒂诺·巴尔巴里戈率领他的56艘加莱桨帆船组成的左翼分舰队和敌人的56艘加莱桨帆船战斗，最后总共缴获敌船54艘。由此可见威尼斯人的海战实力之强。

但在激烈的战斗中，巴尔巴里戈仅用他自己的一面盾牌来抵挡敌人的箭雨，而且为了发号施令而摘下了头盔，他的一只眼睛中箭，在他被抬到安全的船舱内时他还意识清醒，然而此时他已经说不出话了。两天后，他因伤势过重而去世。[5]

在两条战线撞到一起后，双方的接舷战此时已经全面展开。总旗舰“皇家”号的右边是科隆纳的旗舰，左边则是维尼埃的旗舰，这3艘加莱桨帆船都是混合式指挥舰，船上的士兵和火炮数都比普通加莱桨帆船要多。3艘船缓缓前进，速度并不快，因为他们需要保证其他加莱桨帆船以他们为参照物来保持阵形，同时也不让那些已经拿起武器准备战斗的桨手过度劳累。而另一边，卡普丹帕夏的旗舰也在整个敌舰队战线的中心，这也是一艘比一般加莱桨帆船装备更精良的混合式指挥舰，每个桨座有5名桨手，都是阿里帕夏私人拥有的奴隶和招募来的桨手中最强壮的人，此时该船和其他全速航行的加莱桨帆船相比，已经领先了一段“相当于重火绳枪射程的距离”。一开始同盟舰队的船员以为阿里帕夏准备让旗舰用撞角撞向维尼埃的旗舰，因为后者的船上挂着一面红色的绣有圣马可狮子的军旗，很好辨认。不过在最后一刻，阿里帕夏的旗舰却突然向“皇家”号撞去，而维尼埃的船则撞中了敌舰的船尾。

至少按照威尼斯人战后的描述，当时的情况是这样的。不过当时就在不远处的卡埃塔尼却强调，卡普丹帕夏的旗舰其实一开始是准备撞向科隆纳的船的，直到最后时刻才掉头直奔唐胡安的旗舰而去。而科隆纳的教宗国旗舰随后撞上了阿里帕夏的旗舰的侧方（船上厨房所在的位置），而土耳其舰队的另一艘混合式指挥舰，皮尔图帕夏的船则撞上了科隆纳的教宗国旗舰的另一侧（存放小艇的位置）。还有一些战后的记载则综合了上述两种版本，认为卡普丹帕夏的旗舰是被3艘神圣同盟舰队的旗舰同时撞上的，如果这个版本正确的话，那当时奥斯曼帝国舰队的战斗方式也实在太过古怪了。

无论当时到底谁撞上了谁，总之阿里帕夏的旗舰处于非常不利的形势。在撞上阿里帕夏的船后，“同盟舰队的士兵们很快就登船成功，把阿里帕夏的旗舰船尾一侧的士兵都消灭了”。而阿里帕夏的士兵们在试图登上“皇家”号时，却遭到了西班牙士兵们“持续不断高强度的火绳枪火力打击”，登船的土耳其士兵很快就被全部消灭。在一侧遭到西班牙人的火力打击，另一侧被登船的士兵猛攻的情况下，卡普丹帕夏的士兵们很快就撑不住了。然而这场战斗还是打了相当长的时间，西班牙士兵们几次登船后已经攻到了桅杆的位置，却都被阿里帕夏的耶尼切里军团打退了回去。最后另一艘同盟舰队的加莱桨帆船撞上了阿里帕夏的旗舰，才把上面的土耳其重火绳枪兵全部消灭干净。“皇家”号上的步兵指挥官是唐洛佩·德菲格罗亚，此时他见机会来临，便立刻下令再次登船，这一次土耳其舰队的旗舰终于被攻陷了。而阿里帕夏本人也在最后的战斗中战死了，他的首级被割了下来，插在一支长矛上，好让所有人都看见。而唐胡安本人当时还在旗舰后方的指挥室，手里握着剑，但他很快得知了敌方旗舰已经攻下的消息，便立刻下令所有人高喊“胜利！”。随后周围的船上的船员也都跟着喊了起来。[6]

在互相厮杀成一团的几艘司令官旗舰的周围，其他加莱桨帆船之间的战斗也愈发白热化。大部分神圣同盟舰队的旗舰上除了士兵外，还载着不少贵族，此时其余的旗舰大多集中在那几艘司令官旗舰周围，其中有帕尔马公爵的儿子所在的热那亚舰队旗舰、乌尔比诺公爵的儿子所在的萨伏依舰队旗舰、保罗·焦尔达诺·奥尔西尼（他是托斯卡纳大公爵的女婿和奥尔西尼家族的族长）指挥的洛梅利尼舰队旗舰，还有唐路易斯·德雷克森斯的旗舰。而土耳其舰队这边，除了阿里和皮尔图帕夏的混合式指挥舰以外，舰队的中央部分还有其他好几艘带着灯笼的加莱桨帆船，此外还有几艘属于著名私掠者的轻型桨帆船，船上载着的也是最精锐的耶尼切里军团士兵，都是清一色的重火绳枪兵。所有神圣同盟舰队的指挥官们后来在汇报中都提到他们的旗舰同时被多艘敌船撞击，然后在总兵力占劣势的情况下战斗，不过对比我们之前所提到的情况，这种说法似乎并不太可信。科隆纳和维尼埃的旗舰当时正和卡普丹帕夏的旗舰肉搏，但他们同时每艘船都还在抵挡几艘别的土耳其战船的进攻。热那亚舰队的旗舰“被敌舰队第二强大的 3 艘加莱桨帆船同时撞击”，不久后“又有 3 艘敌船迎面撞了上来”。而萨伏依舰队的旗舰在撞上了一艘敌船后，“被另一艘敌船撞上了存放小艇的仓库部分，于是不得不同时和两艘敌船展开肉搏战，许多士兵战死，损失惨重”。另外卡埃塔尼和塞雷诺二人所在的教宗国的旗舰“狮鹫”号也遭到几艘卡拉·霍格加的舰队的轻型桨帆船的撞击，此外还有一艘海盗船也撞了上来，其指挥官叫德利雷斯，几艘船一艘撞上了船头，另一艘撞到了厨房的位置。卡埃塔尼回忆道："当敌船撞上来的时候，火炮开火的响声惊天动地，没有人能想象，也无法用文字来形容。"[7]

有段时间，在混战的形势还不明朗时，面对箭雨和猛烈的火枪火力，怯战者不在少数。塞雷诺在记载中毫无顾忌地不点名指责了这些怯战者：有些看上去像是老兵的士兵躲到了用床垫搭的掩体后面，有的贵族"假装眼睛被火枪子弹打中"后逃离了战场，随后还返回罗马并连续3个月"治疗一只用绷带遮起来的完全正常的眼睛"。不过也有些骑士们证明了他们能不顾危险知难而上，比如教宗年轻的外甥米歇尔·博内利，他冷静地一直坚守前线的位置，不停地发射火枪，直到敌人的一发炮弹把他旁边的一名科隆纳的仆人的头打碎了，飞溅的血和脑浆淋了他一身；这才让这个男孩无法再坚持下去了。[8]

但很快神圣同盟舰队后方出现了援军，就是圣克鲁斯侯爵的预备舰队，这无疑给敌人造成了很大的压力。援军中有两艘船是威尼斯人的，他们抵达战场后便立刻直奔维尼埃的舰队救援，两艘威尼斯战船的船长乔瓦尼·洛雷丹和卡塔林·马利皮耶罗都被耶尼切里军团的重火绳枪击毙，但这两艘威尼斯战船的加入使得战斗的天平立刻向神圣同盟一方倾斜了。"马利皮耶拉"号和洛梅利尼舰队的旗舰最终俘虏了皮尔图帕夏的座舰，而皮尔图帕夏本人则从船尾乘上了一艘小型护卫舰逃上了岸。"洛雷丹纳"号随后掉头去支援教宗国旗舰"狮鹫"号，当时"狮鹫"号已经俘虏了一艘土耳其海盗轻型桨帆船，在有了支援后，卡埃塔尼又俘虏了卡拉·霍格加的旗舰。这位私掠者一直以来都给基督教世界造成了极大的麻烦，因此卡埃塔尼在记载中特别还给了他一段简短的墓志铭："卡拉霍扎（卡拉·霍格加）死于赞巴蒂斯塔·康图西奥的一发火绳枪子弹，当时他的船上还活着的土耳其人已经不超过6人了。"圣克鲁斯侯爵的旗舰则转而拦住了一艘正准备往"皇家"号后方撞去的土耳其加莱桨帆船，"随后侯爵的旗舰一直和那艘船战斗，直到把船上所有敌人全部消灭"。而萨伏依和热那亚舰队的两艘旗舰则带着圣克鲁斯侯爵舰队的其余加莱桨帆船闯入了战场，每艘船都夺取了他们所撞上的敌船，威尼斯旗舰最后总共俘虏了敌人的一艘混合式旗舰和一艘轻型桨帆船，"如此，每艘船都成功俘虏了自己的目标”。而在阿里帕夏和皮尔图帕夏的旗舰上，西班牙士兵们兴高采烈地降下了土耳其舰队的旗帜，释放了船上的奴隶，并四处掠夺船舱里的物资。见到旗舰被俘后，土耳其中央战线立刻瓦解，所有船都纷纷掉头逃跑。[9]

至此同盟舰队左翼的威尼斯舰队已经解决掉了对手，开始拖着一艘艘缴获的加莱桨帆船返航，并把那些战斗中俘虏的土耳其人充为奴隶桨手来填补战斗中损失的本方桨手的位置。而威尼斯舰队中部分最好战的指挥官们已经开始往中央舰队方向驶去。大部分想逃跑的土耳其加莱桨帆船都被拦截并俘虏，他们许多船一路被追赶到海滩上，随后在海滩搁浅。马尔科·奎里尼后来用非常凶狠的语气写道：“我们（在海滩上）狠狠地屠杀那些狗东西。”被称为“卡纳莱托”的加布里埃莱·达卡纳尔、奎里尼和尼科洛·利波马诺的座舰都俘虏了 2 艘船，“看到这 3 艘船都拖着 2 艘俘虏的敌船，这个场面实在是太美妙了”。[10]

唯一一个形势非常不同的战场是在土耳其舰队的左翼，欧吉德·阿里展示了他在海战方面比吉安·安德烈亚更胜一筹的实力。神圣同盟舰队的右翼向大海深处延展，甚至让人怀疑多里亚是否想通过这么做来避免战斗，以保存他的加莱桨帆船舰队的实力。在战后的第二天，同盟舰队中已经出现了类似的传闻，直到今天依然还是有这种说法。在勒班陀战役后两个月，庇护五世还向费利佩二世建议一次性买下多里亚的所有加莱桨帆船，把他的船用在更能发挥它们价值的地方。教宗用明显怀着怨恨的口气写道：“如果我们相信这些传闻的话，那么多里亚在那一天完全可以表现得更好才对，他当时的表现完全更倾向于自保，而不是向敌人发起进攻，他偏向于被部署在右翼，是为了逃入海中。”在有次接见威尼斯大使时，教宗说的话更尖锐：“这家伙（多里亚）应该被清除出海军，因为他不像一个战士，而更像私掠者。”[11]

实际上还是有一些当时在场者的记载能证实多里亚有着更高尚的动机。在战斗开始前，唐路易斯·德雷克森斯曾乘着一艘小型护卫舰检阅了整个同盟舰队战线右侧的所有战船，以检查所有加莱桨帆船是否都按阵形的要求排列到位，同时和各指挥官交谈，这次检查从唐胡安的“皇家”号直到战线末尾的多里亚的旗舰都没有落下。当时多里亚告诉唐路易斯·德雷克森斯，他已经准备让舰队深入大海深处，因为他注意到在两侧海岸线之间的这片海域对这么多船来说太狭窄了，还抱怨说为此他的右翼分舰队分散的距离比原计划更远。唐路易斯认为，即使舰队的战线中出现了漏洞也怪不到他头上，而且他也并不认同那些嘲讽地记载说多里亚本人的座舰在战斗中并未受到很大损伤的说法，“如阿尔巴公爵所说，在他们损失了‘沃尔皮亚诺号’的时候，有位船上的意大利指挥官浴血奋战后杀出了重围，他后来说：‘如果不是上帝的旨意，没有人能死。’”[12]

至于塞雷诺，他的记载则认为敌舰队的左翼战船总数要多于多里亚的舰队，因此多里亚选择把舰队转移到宽阔海域的做法并没有错，因为这样可以避免被敌人从侧面包围。而在对面的欧吉德·阿里的应对措施也非常娴熟，即使多里亚的舰队不被打败，也至少能使其让出足够大的空间，好让欧吉德·阿里直接掉头包抄同盟舰队的中央舰队。因此，同盟舰队的右翼阵型开始瓦解：许多加莱桨帆船还在后方，没有跟随多里亚。根据塞雷诺的记载，当时部分同盟舰队右翼的加莱桨帆船主动离开了多里亚的战线，因为他们“想要在战胜的战场分一杯羹，因此他们要主动出击，而不是在一旁观看”，最终这些指挥官不顾多里亚的信号，纷纷自顾自掉头往中央战线驶去。然而他们对面的对手是欧吉德·阿里，在看到多里亚的其余加莱桨帆船渐行渐远后，他便推测出“多里亚根本不想找他决战”，于是他的舰队掉头向那些脱离战线落单的加莱桨帆船扑去。

那些同盟舰队的加莱桨帆船显然被突如其来的攻击吓到了：他们每艘船都遭到敌人 2 艘、3 艘甚至 4 艘船的同时撞击，而其余的敌船则绕到他们后方攻击。船员们奋勇战斗到了最后一人，也给敌人造成了极大的损失，其中著名的私掠者卡拉吉亚·阿里就是在这场战斗中战死的，但最终他们还是寡不敌众，和其他两个战场的土耳其人一样被打得落花流水。在战后威尼斯人的报告中，他们并不隐瞒对欧吉德·阿里的行动的赞誉，说欧吉德·阿里“对加莱桨帆船的操纵已经熟练到好像骑手对马那样灵活”，而吉安·安德烈亚·多里亚此时还在艰难地指挥着他以那艘加莱塞桨帆战舰“皮萨纳”号为中心的舰队，想要从背后袭击敌人，不过此时为时已晚，他只能眼睁睁地看着敌人屠杀那些落单的船而无能为力。[13]

那些落单的同盟舰队的加莱桨帆船中的“皮埃蒙特”号，当时遭到3艘敌船同时撞击，1艘撞在船头，2艘撞在侧面，普罗瓦纳后来在汇报中如此写道：

> 就这样，虽然所有人都奋勇作战，但那些最勇敢的水手和桨手们死死抵挡了敌人的进攻一个小时，但依然不见援军到来，随后有人开始跳海，逃离了追杀，最终全船所有的水手和桨手中只有12人幸存。

在一长串死于这场灾难的皮埃蒙特的贵族、士兵和水手的阵亡名单中，排在第一位的是“皮埃蒙特”号的指挥官奥塔维亚诺·莫雷托，“甚至可以说，对我们来说这场胜利无疑是血腥而不幸的”。[14]

还有两艘托斯卡纳大公爵提供给圣艾蒂安骑士团的加莱桨帆船也被卷入了这场灾难。“圣乔瓦尼”号的所有士兵和罪犯桨手都战死了，而船长虽然幸存了下来，却被两发火枪子弹打成重伤。而“菲奥伦扎”号则被1艘加莱桨帆船和6艘轻型桨帆船夹击，最终只有16人幸存，所有幸存者都受了重伤，再也无法操纵战船了。随后该船偏离了正常航道，并在当天晚上遇到了一阵狂风，在勉强逃过一劫后，第二天他们在海上遇上了一艘基督教国家的小型护卫舰，船员们把这艘船一路拖到了佩特拉，随后该船不得不就地烧毁。“菲奥伦扎”号是神圣同盟舰队在勒班陀战役中彻底损毁的两艘加莱桨帆船之一，另一艘是威尼斯人的，船长是贝内托·索兰佐，人们看到该船爆炸并在燃烧中沉入海底。此后不久，同盟舰队的船员中开始流传着一种说法，说当时那艘船已经即将被欧吉德·阿里俘虏，而索兰佐已经是船上唯一还活着的人，于是他点燃了船上的火药，在爆炸中和敌人同归于尽。[15]

取胜的左翼和中央分舰队，以及吉安·安德烈亚·多里亚的舰队急速赶往支援。为了加快航行速度，许多船被迫割断了拖着缴获的敌船的绳索，这使得战后分配缴获的敌船时出现了很多纠纷。但即便如此，他们的航行速度依然非常慢：许多桨手都战死或受伤了，那些从敌船中释放的奴隶大多都逃走了，而且许多划桨在战斗中损坏或遗失。在摧毁或俘虏了他们遇上的最后一艘船后，欧吉德·阿里趁着同盟舰队右翼和另外两条战线中间依然还有巨大空隙时继续前进。马耳他的旗舰当时在同盟舰队的右翼战线中最为靠后，因此被大量的敌船同时撞击，并遭到大量敌兵登船。在后来西方国家所流传的各种记载中，当时船上的船员们英勇地战至最后一人。而最终登上这艘船的雷斯也只找到了两个伤员，其中包括该船的指挥官彼得罗·朱斯蒂尼亚，雷斯向他保证其性命安全，因为这位雷斯从前曾在马耳他做过奴隶；然而在雷斯准备走进船舱时，彼得罗却告诉他“船上只有战死者”。不过此后苏丹在给哈桑帕夏的一道命令中提到此事时，却讲述了另一个版本的故事：

> 在最近的一次海战中，我方在阿尔及尔贝格勒贝伊阿里（愿他的荣耀长存！）的指挥下登上了马耳他骑士团的一艘混合式旗舰。在胜利后，船上的基督徒们由于对刀剑的恐惧纷纷跳海。总共 6 名奴隶和三四十名基督徒士兵被俘虏并带上了你和你儿子的船。朕已得知他们如今还在你家，因此命令你把这批俘虏移交给国家。[16]

在唐胡安·德卡尔多纳的指挥下，中央分舰队以及预备队的部分加莱桨帆船曾尝试堵住战线的漏洞，然而欧吉德·阿里的机动能力依然胜过同盟舰队的指挥官们，他再次一一战胜了前来的舰队。德卡尔多纳在这第二场灾难中也受了重伤，他的一条腿被希腊火严重烧伤，而他的旗舰上的人伤亡殆尽。这场本可以避免的灾难在勒班陀海战后依然一直被人耿耿于怀，因为只要看看几个月后公开的当时同盟舰队的战斗计划就知道了：按原计划，在中央和右翼舰队中间，有马耳他的旗舰，西西里舰队的旗舰和“帕托恩”号，还有作为尼科洛·多里亚的旗舰的潘多尔福·波利多罗的加莱桨帆船。“在一片狼藉中，这些加莱桨帆船被乌奇阿里打得溃不成军。”正如卡拉乔洛回忆的那样，在欧吉德·阿里进攻期间，“我方损失了 11 艘威尼斯的加莱桨帆船，1 艘萨伏依的，2 艘西西里的，1 艘教宗的（船上的许多圣艾蒂安骑士团的骑士都阵亡了）……1 艘尼科洛·多里亚的，这些船大多在战后被成功回收，只有 2 艘彻底损毁，其中 1 艘沉没，另 1 艘被烧毁”。[17] 姗姗来迟的吉安·安德烈亚·多里亚、唐胡安本人及其他神圣同盟舰队指挥官最终没能拯救那些船上的船员，但至少他们夺回了大部分船，因为欧吉德·阿里考虑到后有追兵，便丢下这些缴获的船匆匆离开了。皮耶罗·布瓦的“拉奎拉”号是来自科孚岛的 3 艘武装加莱桨帆船之一，它是唯一一艘在战斗中被土军俘虏的船只。欧吉德·阿里随后便利用两条战线之间依然存在的空隙升帆起航，从茫茫大海上消失了，他同时还带走了从马耳他舰队的旗舰上救出的穆斯林奴隶，顺便还把马耳他旗舰的帅旗也一起拿走了，这是他航海生涯中最重要的战利品之一。在西班牙士兵们登上马耳他旗舰时，人们只发现了几个伤员，其中有朱斯蒂尼亚，随后士兵们把马耳他旗舰上的物资扫荡一空，“好像这是敌人的船一样”，但土耳其人掠夺过后也不可能再给他们留下什么有价值的东西了。另外还有一种说法，说当时彼得罗用船上所有的金银来贿赂私掠者，换取他们留他一命。[18]

然而即便是这个方向上的战斗总体上也是基督教一方有利，因为只有阿尔及尔分舰队的加莱桨帆船和轻型桨帆船靠着其奴隶桨手和有经验的雷斯们，得以在包围圈形成之前逃走，而土耳其舰队左翼的大部分加莱桨帆船，在看到敌人胜利后从四面八方包围自己时虽然试图逃脱，但最终仍被追上并消灭。当时在“皇家”号上的唐胡安身边的唐路易斯·德雷克森斯后来在给西班牙国王的汇报中如此写道：“敌人开始四散逃跑，我方的加莱桨帆船的火炮和火枪响个不停，到处在追杀他们。”而吉安·安德烈亚、圣克鲁斯侯爵和唐胡安·德卡尔多纳 3 人也参与了这场追击，后来他们为此还抗议说，在给西班牙国王的官方公文中对他们的功劳的记载不够。而唐路易斯在公文中也确实承认他们 3 人在某个时刻起也加入了追击，但把大部分功劳都归给了唐胡安：“‘皇家’号整夜都在追击敌人，抓获了许多敌船，又让不少敌船在慌乱逃跑中搁浅，让陛下的其余船只得以在半路上俘虏它们。”根据孔塔里尼的记载，敌船当时早已放弃了抵抗，“因此他们不费一枪一弹就把剩下的土耳其舰队的船只全部俘虏了”；在欧吉德·阿里逃走后，“所有土耳其战船都向最先接近的战船投降”。一位在一艘那不勒斯加莱桨帆船上的西班牙贵族总结道：“因为我们的追击而搁浅的敌船不计其数。”[19]

此时士兵们已经不战斗了，都忙着掠夺战利品，而在这种在暴力和战利品中狂欢的局面下，什么事都可能发生。不少战船为了援救友军而丢下了缴获的敌船，然而在返回后却发现另外一艘友军战船把他们之前丢下的那艘缴获的敌船掠夺了一番并拖走了。卡埃塔尼所在的船当时正拖着卡拉·霍格加和德利雷斯的加莱桨帆船航行，随后他愤怒地看到“几艘威尼斯加莱桨帆船从后方登上了我所缴获的敌船，然后从上面掠夺了大量战利品，因为这两个私掠者非常富有”；幸运的是，卡埃塔尼这位罗马人是个心胸宽阔的领主，他对此选择了视而不见。“这件事对我无足轻重，因为我来这里不是为了偷东西，而是为了战斗和服侍我们的上帝。”根据维尼埃的记载，当时西班牙从“塞本扎纳”号手中强行夺走了其缴获的皮尔图帕夏的座舰，“甚至还有一艘缴获的敌船本来是我的旗舰的船尾拖着的，但也被西班牙人夺走了”。还有另一艘土耳其加莱桨帆船上，有些西班牙士兵杀死了刚被释放的基督徒奴隶，以掠夺他们手中的战利品，甚至连基督教一方的战船也没能幸免：

> 当一艘船上的士兵登上了一艘敌船掠夺战利品时，另一艘船就会靠过来，他们不是敌人，而（更糟糕的）是友军，他们会登上这艘毫无防备的船……彻底洗劫，把所有能看到的东西都掠夺走了。

威尼斯船长弗朗西斯科·波恩的战船此前在战斗中一度被土耳其人俘虏，船上的船员都被杀死了；而后来当西班牙士兵们重新登上这艘船后，他们把船上所有东西都抢夺一空，甚至包括圣马可的旗帜，一名威尼斯商人在墨西拿发现了它，把这面旗帜从一名西班牙士兵手里买了回来。[20]

此时太阳已经落山了，海面上熊熊燃烧的大火已经把漂流着的土耳其舰队的残骸焚烧殆尽。神圣同盟舰队依然在大海中四处追杀最后一批还没有投降也没有搁浅的土耳其战船，塞雷诺记载道："海上到处都是衣服、头巾、箭袋、箭支、弓、战鼓、定音鼓、划桨、桌子、大箱子、行李，还有尸体。"

在被舰队航行激起的浪花中随波逐流飘荡的尸体中，还有一些幸存者，多数都受了伤，他们在血海中拼命游着，想要找东西抓住。有少数几次，神圣同盟舰队的几艘加莱桨帆船上的船员们对拥有奴隶的贪婪胜过了对暴力的渴望，便帮助这些敌人的船员爬上船。然而在绝大多数时候，"船上的船员们对这些在水中挣扎的绝望的溺水者们没有丝毫同情"，反而把他们当作靶子，用火枪或长矛把他们全部杀死在水中。夜幕的降临让这场屠杀终于停止了。神圣同盟舰队拖着一艘艘破烂不堪的船缓缓回到了佩特拉和圣莫尔两座港口。卡埃塔尼在给枢机主教塞尔莫内塔的一封信中总结了当时船上人们的想法："因着上帝的恩典，这个神圣的日子终于来临了，我们狠狠地惩罚了这些狗东西，让他们品尝到了惨败的滋味。他们从此以后再也无法恢复之前的热忱和勇气了。"[21]

31

棋终复盘

这场基督教神圣同盟的大胜让在此之前几个月期间一直坚称舰队出征准备不足的人为之惊奇，因为船上的士兵缺乏经验的情况在此前一直非常让人担心。阿尔巴公爵5月时曾写信给唐胡安道："我认为舰队中根本不会有哪怕一个有经验的老兵出征，因为无论如今已经上船的西班牙士兵还是还在意大利等着上船的士兵都是新兵。就算他们中偶然有几个老兵，但整个连肯定也缺乏战斗经验。那些即将被招募上船服役的意大利人的战斗力都是如此糟糕。"唐格拉西亚也对唐路易斯·德雷克森斯表达过他的悲观："我方舰队上基本都是新兵，他们连拿起军官发给他们的火枪射击都不会，而反观土耳其人，他们的士兵都已经非常老练，对火枪已经能应用自如。"在墨西拿，普罗瓦纳用遗憾的口气写道："我们的士兵，无论是西班牙人、意大利人还是日耳曼人，都是新兵，而且是我航海生涯以来见过的最不合格的士兵。"而圣克鲁斯侯爵加莱桨帆船上的一名蒙托亚的耶稣会会士也证实说："这些士兵不仅大部分是少年人，而且基本都是新兵。"

实际上最终参加勒班陀战役的士兵大部分都是在舰队出征前的最后时刻克服了很大困难后才勉强招募来的，基督教联军因格拉纳达战争和前一年的失败损失了不少兵力，无论海军士兵，还是那不勒斯和西西里的西班牙大方阵团，当时都已经疲惫不堪。而只有教宗国对他们招募的士兵素质非常满意：卡埃塔尼心满意足地汇报说"在他那边所有的领主们都对他称赞不已，因为他所招募的士兵比萨尔诺伯爵给西班牙国王招募的士兵要优秀不少"。他在汇报中还提到，那些西班牙人在意大利地区征募的士兵的数量也不足。[1]

然而神圣同盟的总兵力和装备水平依然占据压倒性的优势，这弥补了他们经验上的不足，令人惊讶的是，直到今天许多历史学家依然没有充分考虑这些优势。首先来看兵力数目．如果不考虑那 4000 名登上了唐塞萨雷·达瓦洛斯的运输船舰队、却没能赶上舰队主力参加战斗的日耳曼士兵的话，神圣同盟舰队上的士兵总兵力在 2.1 万人左右。除此之外，如我们所知，威尼斯战舰上还有自己的白刃战水手——斯卡波利：按照官方的说法，他们那 60 艘抵达干地亚的加莱桨帆船上每艘都有 50 名左右的斯卡波利，而维尼埃从科孚岛起航时所率领的船上每艘则大约有 60 名斯卡波利（虽然这个数目看上去是夸大了的）。而在战后，一份威尼斯人提供的报告中显示，此时威尼斯舰队上还有 4000 名斯卡波利。[2]

此外还要算上 2000 名志愿冒险者，他们多数都是带着侍从的贵族，所有人都士气高涨，并且武器装备精良，他们这次都是自掏腰包来参加这次大型远征行动的。在部分旗舰上，这些志愿冒险者们的贡献非常大，大大提升了船上的士兵们的战斗力：帕尔马公爵的儿子亚历山大·法尔内塞曾登上过两艘热那亚的加莱桨帆船，他记载："船上总共有 10 位有头衔的贵族、22 名骑士、10 名私人军官和贵族、152 名自掏腰包来参军的意大利士兵，他们都装备精良，骁勇善战。"而在萨伏依的旗舰上，乌尔比诺公子也率领了"115 名私人骑士，个个装备精良"，还有 12 名仆人。而在唐路易斯·德雷克森斯的唐路易斯自己的船上，则有"58 名骑士、军官和贵族，都是层层选拔的上层人士"，此外，除了标准的士兵预备队以外，他还有 50 名日耳曼重火绳枪兵作为卫兵，还有 65 名带武器的仆人。[3]

除了士兵、斯卡波利和志愿冒险者以外，舰队中的其他基督徒也全部以各种身份参与了战斗。而神圣同盟舰队中的西班牙战船上，军官和水手的数量特别多，平均每艘普通加莱桨帆船都有 50 人，而旗舰或指挥舰则有 75 人。这个数目的配备，是吉安·安德烈亚·多里亚早已计划好的，也是费利佩二世下令要求所有加莱桨帆船都达到的必须配置。1571 年夏季的多方面的文献都证实，那不勒斯和西西里的加莱桨帆船上每艘都配备了"50 名操纵索具的水手"，而旗舰则稍微多一些。托斯卡纳大公和教宗之间所签署的协议中要求给后者每艘船准备 60 名水手，当时的许多人都看到托斯卡纳的加莱桨帆船上都满载着人，而威尼斯的加莱桨帆船上的船员则少一些，因为他们还有斯卡波利们辅助操纵船只。总之我们可以认为，每艘威尼斯加莱桨帆船上大约有 30 名水手，而西方战船每艘则有 50 人，整个舰队中总数约为 30 艘的各旗舰和指挥舰每艘则有 60 人至 70 人，而那 12 艘教宗国加莱桨帆船和 6 艘加莱塞桨帆战舰上，总共大约有 9000 名可投入战斗的士兵。[4]

因此当唐胡安的舰队在接近库佐拉里群岛摆出战斗队形时，整个舰队总共有 3.6 万名士兵，此外还要加上桨手中的自由人，也就是威尼斯战船上的全部桨手加上大部分西方战船上除了奴隶以外的桨手。然而教宗国、马耳他和萨伏依的舰队上的桨手中能投入白刃战的只有一部分，大约只占所有桨手总人数的十分之一，因此最终整个舰队中自由桨手的总人数约为 3 万人。再来看看先前研究不多的甲板上的步兵们的数据。步兵在舰队中的分布非常不均匀。在占整支舰队一半的威尼斯加莱桨帆船上，平均每艘有 128 名士兵、水手和斯卡波利，而相比之下，西班牙加莱桨帆船每艘则有 212 人。就算加上能拿起武器的桨手，威尼斯加莱桨帆船上除去奴隶桨手后，每艘也只有 150 人。[5]

威尼斯加莱桨帆船一旦进入接舷战后，即使船上已经有西班牙士兵补充，缩小了差距，但其总体战斗力依然不如西方战船。因此我们就能明白为什么主要由威尼斯战船组成的左翼分舰队的战况如此不利，以及为什么威尼斯人为这场胜利付出的代价要比他们的盟友大得多。然而到目前为止，各方面所统计的数目却表明，神圣同盟舰队每艘加莱桨帆船上的士兵数还是要比土耳其舰队在平常时期的配备要多。在 1560 年，马里诺 · 迪卡瓦利记载说，通常在每艘土耳其加莱桨帆船上有“40 名耶尼切里军团的士兵或 60 名西帕希骑兵，但 40 名耶尼切里的战斗力要强于 60 名西帕希”。在勒班陀海战时期，土耳其舰队的这些士兵配备都是大致不变的，正如不断有人指出耶尼切里的战斗力远强于西帕希时说的那样：“必须优先给加莱桨帆船配备耶尼切里，每艘船 50 人，如果剩下的加莱桨帆船还有士兵不够的，才用西帕希去补充，后者可以说是整个奥斯曼帝国最差的兵种。”至于船员方面，一般一艘出港的土耳其加莱桨帆船上包括雷斯本人在内最多八九名长官，包括从军械库登记造册的阿扎普中选拔的雷斯，此外还有 20 来名水手，都是征募或任命的，而这些水手在帝国的档案中同样被称为阿扎普，这也给历史学家的研究造成了极大的困难。总之土耳其加莱桨帆船一般每艘只有不到 30 名船员。

从跟随皮尔图帕夏出发的那 80 艘加莱桨帆船中，我们也能找到一些当时的在场者。巴尔巴罗认为，这批加莱桨帆船上获得的人手方面的支援要比通常情况多一些，这是为了万一遇到神圣同盟舰队的情况而提前做的准备。不过有名那不勒斯间谍可能掌握了第一手情报，而他的记载显示，这批加莱桨帆船上可能既没有耶尼切里也没有西帕希，每艘船上只有 60 名斯卡波利，都是或多或少强行征募的。我们可以相信，卡普丹帕夏此前出海时所率领的那些加莱桨帆船上的船员和士兵配备应该是完整的，但即使如此，每艘船也只有 80 名至 90 名士兵。而如我们所见，神圣同盟舰队中即使是威尼斯加莱桨帆船不算自由人桨手也比他们多了，更不用说西班牙的加莱桨帆船士兵数比威尼斯的还要多一倍。[6] 阿尔及尔分舰队的轻型桨帆船的人员配备则更强一些，每艘船有约 100 名耶尼切里。而按照吉安·安德烈亚·多里亚的记载，弗斯特私掠船"通常都配备 80 名至 100 名士兵"。[7] 而在勒班陀海战中，土耳其舰队到底有多少小型船只参加了战斗却很难估计，因为如我们之前所见，这些记载估计的人数完全不一致，但即使往最多的方向算，土耳其人整支舰队所有的士兵也不会超过 2 万人。

当土耳其舰队进入勒班陀的港口时，船上可战之兵的人数肯定比这还要少，因为在此前几个月舰队刚发动了各种军事行动，许多士兵不是战死就是病倒了。早在 3 月的时候，卡普丹帕夏就从希俄斯向首都写了一封信，信中称去年在海上过冬的舰队中已经有人染上了传染病，不得不让许多人脱离舰队上岸。而那些带着瘟疫出发的皮尔图帕夏的加莱桨帆船在穿过海峡时，还把大量尸体丢下了海。在 6 月份进攻克里特时，土耳其舰队已经染上了斑疹伤寒。传到君士坦丁堡和威尼斯两边的情报都证实土耳其舰队当时因为"船上严重的瘟疫肆虐"已陷入极大的困境。在舰队离开普雷韦扎前往勒班陀时，就有间谍回报称，"土耳其舰队船上肆虐着那种流行的传染病"，也就是痢疾。而在战斗爆发前几天，唐胡安·德卡尔多纳抓住了一名叛逃的敌人，后者交代说，舰队中"瘟疫非常严重"。换句话说，这批土耳其加莱桨帆船在海上已经待了五六个月，而去年冬季驻守在海上的驻防舰队则服役时间更长，而在整个海上服役期间“船上都在和各种传染病战斗”，当然病死的桨手可以通过战斗中掠夺的奴隶或是从当地人中强行征募来补充，但船上的耶尼切里和西帕希的士兵兵员补充就没那么方便了。[8]

因此几个月以来传到神圣同盟的指挥官手中的情报都一致证实土耳其舰队人员紧缺。早在6月的时候，当卡普丹帕夏的舰队经过克里特时，“舰队中就已经有大量船只出现了桨手和士兵不足的情况”。8月11日，德苏尼加写信给西班牙国王称，教宗和威尼斯人“都相信土耳其舰队此刻人员短缺，神圣同盟舰队很快就在这方面占据优势了”。在科孚岛，巴福也交代称土耳其舰队“所有船都缺乏人手，无论是桨手还是士兵都死了一大批”。而土耳其境内的希腊起义军甚至向基督教同盟舰队指挥官透露，许多土耳其加莱桨帆船上“根本空无一人”。另外逃出来的奴隶们也称土耳其舰队“此刻状态极其糟糕，除了30艘装了灯笼的加莱桨帆船”。在停靠在勒班陀后，土耳其舰队又损失了相当多的士兵，因为他们中许多人不是被遣散了就是擅自离队回家了。福列塔甚至写道：“到了战斗的那一刻，土耳其战船的甲板上已经几乎没有士兵了。”[9]

在出航前的最后几天，帕夏们曾疯狂地在勒班陀和伯罗奔尼撒一带强行征募当地人上船服役，虽然一定程度上填补了空缺，但肯定不可能完全恢复到之前的状态。最初的几次审讯中，俘虏们都提到（在大战前夕）有1500名“摩里亚地区最上等的士兵上了船”。值得一提的是，上述信息在被西方人记载下来时，其许多数目都已经被夸大了：马耳他骑士团的罗梅加斯骑士在信中提到此事时，把这个数字整整夸大了4倍。他在信中提到帕夏们总共组织了“6000名摩里亚地区最上等的西帕希和耶尼切里”上船服役。而西班牙编年史学家费尔南多·埃雷拉在提到上述事实时，更是进一步记载上船服役的有“至少1.5万名老兵，全部是耶尼切里和西帕希，都是摩里亚地区最上等的士兵”。

而关于土耳其舰队整支舰队上的士兵总数，对拉拉·穆罕默德的审讯记录是唯一由当事人留下的史料：“在我问他这支土耳其舰队总共多少人，兵种如何时，他回答说共有 2.5 万人，其中 2500 人是耶尼切里军团的士兵，剩下的还有西帕希和其他兵种。”当然耶尼切里士兵的人数也有可能比拉拉·穆罕默德所认为的要多，因为按照被俘的改信者巴福的交代，在此前进攻科孚岛时，土耳其舰队总共有 4500 名耶尼切里士兵。但就算我们采用这个较高的数目，也可以下结论说，在土耳其舰队在勒班陀时，只有约 100 艘加莱桨帆船上还有标准的兵员配备，而其他的加莱桨帆船上已经没有那么多有战斗经验的士兵了。至于舰队的士兵总数，拉拉·穆罕默德的说法和我们之前计算出的 2 万人很接近，因此真实的数目在数量级上不会与之差得很远，并且无论如何要大大少于神圣同盟舰队的 3.6 万人的总兵力。[10]

此外，如果再加上在接战后参加战斗的桨手的话，神圣同盟舰队的优势就更大了，因为在之前的几次大规模入侵中抓了那么多奴隶后，奥斯曼帝国舰队中奴隶的比例已经远远高于同盟舰队了。此外还要考虑奥斯曼帝国舰队中的许多自由人桨手是希腊基督徒，因此各雷斯下令让他们离开桨座并发给他们武器的比例也肯定要远远小于唐胡安的舰队中桨手参战的比例，后者的存在几乎让神圣同盟舰队的白刃战兵力增加了一倍。考虑到上述所有因素后，我们显然可以认为神圣同盟舰队的白刃战总兵力是土耳其舰队的两倍多，甚至可能达到三倍。

而这还没完，同盟舰队在武器上也占据绝对优势。主流海战理念一般都认为海战中火枪才是决定性武器，而不是近战冷兵器。吉安·安德烈亚·多里亚同样如此认为。在 1556 年，他第一次和土耳其人交战时就认识到了这一点，当时他在海上俘虏了发罗拉的私掠者的 5 艘轻型桨帆船。后来他在回忆时说“他本可以在海上更好地学会和土耳其人作战，因为所有人当时都认为只要在战斗中一下子跳到敌船上，就能把敌船夺到手了”。当时还年轻的多里亚有次发现，在破碎不堪的敌船甲板上前进并不容易，因为倒下的桅杆阻挡了通道，而桨座上的划桨也会成为障碍物：“土耳其人全部从桅杆撤退到了船头据守，他们用火枪和弓箭就能轻松射杀我方船上最出色的战士，我们不得不撤退回到自己的船上，拿起之前丢在一边不用的火枪来再次发起进攻。”多里亚麾下的士兵在撤回自己的船后，用火枪的火力打击敌船甲板上的士兵，直到把大部分敌兵都杀死后才开始重新登上敌船。[11]

而热那亚历史学家福列塔记载说，在当时于墨西拿由唐胡安召开的作战会议上，人们决定以火枪为战斗的主要武器，并命令各船士兵必须在用火枪大幅度削弱敌船士兵的战斗力后才能开始夺船，这一切都不是偶然的，因为这个命令显然完全和多里亚当年的经验吻合。此外，在最近这些年里，所有西方国家的海员们都用类似的经历证实了这一点。在唐格拉西亚还是西班牙舰队的总司令官时，就有一份备忘录向他建议给所有登船的士兵配备火枪，这也和当时西班牙大方阵团降低长矛兵的比例、增加火枪的改革有关。在 1570 年，在给连长们布置为教宗国舰队招募步兵连的任务时，马肯托尼欧·科隆纳给他们所有人下达了如下的命令：“阁下必须招募 200 名士兵，其中包括 190 名重火绳枪兵和 10 名半身甲戟兵”。斯福尔扎·帕拉维奇诺给威尼斯舰队招募来的 3000 名士兵同样也包括 2400 名重火绳枪兵和 600 名半身甲步兵。而 1571 年 1 月，朱利奥·萨沃尔尼安则认为这一切太夸张了：“如今已经不需要像去年那样几乎所有招募来的士兵都是重火绳枪兵了。”他认为最终至少有三分之一的士兵是长矛兵。而这样的意见反映的是要塞驻军的士兵兵种需求。[12]

在勒班陀海战中，几乎所有的同盟舰队甲板上的士兵都是重火绳枪兵，他们都只有在用火枪的火力大大削弱了敌船士兵的战斗力后，才会丢下火枪拔剑登上敌船近身战斗。在萨伏依公爵的舰队中，还出现了一种能加快火枪射速的战术：每名士兵配备了两支火枪，外加 50 发预先包装好的定装子弹筒，并且每名重火绳枪兵都事先指定一名桨手在战斗中专门为他的火枪装填子弹。在这个阶段的战斗中，最暴露在外的部位是头部，而那个年代的指挥官们和后来第一次世界大战前期的军官一样，认为所有士兵都需要戴上头盔。科隆纳说：“重火绳枪兵都需要头盔，因为不戴头盔的士兵最终都无法在船上作战。”在威尼斯步兵中，头盔是和火枪一起由政府配发给士兵的，“但头盔的价格会从军饷中扣除”。[13]

此外斯卡波利、普通水手和没戴镣铐的自由桨手们也要配备火枪，有的还要穿戴头盔和胸甲，携带一柄冷兵器，成为名副其实的“剑士”，参与最终的近战。为了武装这些人，每艘加莱桨帆船上都有大量的兵器，其清单能提供许多信息。在1572年，圣克鲁斯侯爵的4艘加莱桨帆船上每艘都有50支火枪、50柄长矛、36柄阔头枪、50顶头盔、50套胸甲、50柄剑和100支手枪。另外在1575年，洛梅利尼的一艘加莱桨帆船上装载着50支火枪、16柄长矛，还有50柄各样的冷兵器，此外还有46顶头盔和50套盔甲。而这些只是常规武器配备而已。在出征勒班陀的准备期间，西班牙政府还计划大批量购买武器分发给舰队。比如在1571年9月14日，也就是唐胡安启程开赴黎凡特前两天，一艘拉古萨的盖伦帆船抵达了墨西拿，运来了1650顶普通头盔，还有50顶带颜色的头盔，是给各指挥官用的，此外还有65件胸甲、456支火枪和149件半身甲。[14]

在威尼斯加莱桨帆船上，武器配备就更加充沛了，因为威尼斯人很早就计划在船上携带大量足以武装所有水手和斯卡波利的火枪、头盔和胸甲，此外计划中还包括给桨手也发放剑和盔甲，如果可能还会给他们配备火枪。威尼斯的编年史学家们证实，在后来的战斗中，“威尼斯舰队所有桨手都身穿胸甲，佩戴剑盾，和士兵完全一样，没有任何区别”，他们当时甚至连划桨都有困难，“因为为了战斗而穿在身上的胸甲妨碍了他们的行动”。桨手的武装工作并不是首要任务，但却依然是正常的备战程序中的一环，因此船上也为他们预留了一些武器，比如船上其中一个武器仓库存放的就是“桨手专用的头盔、胸甲和剑”。现在所有的数据已经足够让我们得出下列结论了：在3.6万名船上的战斗人员中，几乎所有人都配备了火枪，包括士兵、斯卡波利、水手等，因此卡拉乔洛记载的“在每艘加莱桨帆船上都有至少130名重火绳枪兵”应该是完全可信的，甚至他的这个数目可能都是低估的。在最终的近战中，又有至少3万名持剑的桨手们加入了战斗，其中多数桨手都穿戴了头盔和胸甲。[15]

而反观土耳其舰队的船员，他们基本没有盔甲，并且配备火枪的士兵只是其中一小部分，因为只有耶尼切里军团才把火枪当成常规武器。而且卡拉乔洛记载说，土耳其重火绳枪兵“战斗力非常差，也不像我方重火绳枪兵那样灵活自如，因为他们的火枪又长又重，而且他们火枪上的火绳也很短，每次发射后要重新点燃，还要浪费时间用手掌倒火药”。当然无论这样的记载是否属实，都不重要了。当时土耳其人“不擅长火枪射击”，或是他们“只掌握了火枪射击技术中的很小一部分，我们很少看到基督教国家的士兵的火枪射击技术会这么差劲”之类的说法非常流行，但这种观念值得怀疑，因为在西班牙大方阵团中也常常出现类似火绳质量差的投诉和抱怨，而士兵不会操作火枪的情况也同样常常发生。[16]最关键的事实在于，土耳其加莱桨帆船上只有少数士兵配备了火枪，因为船上多数都是西帕希，而土耳其朝廷在征召他们时，只要求他们携带长矛、盾牌、弓和箭矢，再发给他们一桶水和8个月的海用饼干，并不要求他们持有火枪。[17]土耳其舰队中和斯卡波利对应的阿扎普水手的主要的武器都是剑和弓，以至于当时有个威尼斯人的日记中在翻译“阿扎普”这个词汇时将其解释成了“加莱桨帆船上的弓箭手”。而那些上船的土耳其志愿冒险者们通常却携带火枪，因此一定程度上缓解了不利的局面，但无论如何，有一点是肯定的，就是土耳其加莱桨帆船上火枪手和弓箭兵的人数大致相同，因此在双方接舷战时的火力对比上，土耳其舰队居于劣势是毫无疑问的。[18]

此外，神圣同盟舰队的船员们个个身穿盔甲，后来的战斗报告中也常常提到参战的士兵的头盔、盾牌和盔甲如何有效地抵挡敌人的箭支，甚至如果他们运气好的话有时候还抵挡了敌人的火枪子弹。普罗瓦纳记载：“当时在人群中，我头部被一枚火枪子弹打中，由于我戴着一顶坚固的头盔，因此在子弹的打击下我只是头部受伤，摔倒在地，在半小时的时间里暂时失明，甚至不知道我自己在哪。”此后，他又重新站了起来回到自己的岗位，只是第二天他头疼得厉害，不得不去休息了。至于圣克鲁斯侯爵本人，也被敌人的火枪子弹打中了两次，但他的护甲质量上乘，因此连续两次挡住了敌人的子弹。唐迪耶戈·恩里克斯，西西里大方阵团的指挥官甚至中了三次火枪子弹，但都被护甲挡住而毫发无伤。奥诺拉托·卡埃塔尼本人也中了“两枚火枪子弹，其中一枚打在头盔上，力道并不大，甚至头盔上几乎没有凹痕，另一枚则打在胸部的盔甲上”，最后他也没有受伤。[19]

还有一个更大的因素，就是土耳其人的弓箭攻击对穿戴着盔甲的同盟舰队士兵们所造成的伤害非常有限。3艘热那亚加莱桨帆船的指挥官埃托雷·斯皮诺拉腿上中了3箭，但他每次只是弯腰把箭支拔出来而已，而且第三次弯腰拔箭时反而救了他的命。他说，当时在弯腰时，“一枚火枪子弹就擦着我的头盔飞过，如果我当时站着的话，或许就中弹而亡了”。西尔维奥·达波尔恰伯爵当时在巴尔巴里戈的船上，他在战斗中肋骨被一支箭射中受伤，随后在退回船舱简单治疗后，便立刻返回战场继续战斗。维尼埃本人“右膝盖也中了一箭，但箭支刺得并不深”，因此他依然没有离开司令官的岗位，继续指挥战斗。卡埃塔尼后来也向他的叔叔汇报说：“枢机主教塞尔莫内塔手臂上中了3箭，但尊敬的威尼斯元老院诸位阁下们送给他的盔甲中的臂甲把它们都挡住了。”在船上真正战死的人并不多，但受轻伤的人却不少。“赞巴蒂斯塔·康图西奥手臂和胸口受了伤，是被敌人的一支箭和一块石头打到的，目前无大碍；维塔莱脚上受伤，目前无大碍；领主唐维尔吉利奥的属下阿德里亚诺腿部受伤；保罗领主……手臂中了两箭；秘书一根手指中箭。”显然当时虽然箭如雨下，但很少有真正造成威胁的，如科隆纳自己所经历的那样：“马肯托尼欧大人本人被敌人数不清的箭支袭击，但毫发无损。”[20]另外，神圣同盟的加莱桨帆船的舷墙在保护本方士兵躲避箭雨的时候也起了很关键的作用。由于神圣同盟舰队的士兵当时已经不用弓箭作战了，因此土耳其人并未受到弓箭的打击，如马里诺·迪卡瓦利所记载的：

> 敌人没有舷墙，他们所有的加莱桨帆船的船舷都很低，因为他们从不担心敌人的弓箭攻击。舷墙只能抵挡弓箭，对火枪没有任何作用，因此他们不需要舷墙保护。而我方的舷墙则非常有效，而且要搬开舷墙的时候也非常方便。

不过最后一条建议并未被威尼斯人采纳。在1602年，克雷申齐奥也注意到：“威尼斯加莱桨帆船的舷墙的缺点很明显，它们都是钉死在护栏上的，因此遇到逆风时增加为船只航行的阻力。而西班牙战船上的舷墙是用轻白杨木做的，在平时航行期间可以方便地移除。”但毫无疑问，在战斗中舷墙的存在，再加上墙上另外放置的床垫和棉被，给本方船员提供了很好的保护，也提供了极大的心理安慰，让西帕希的弓箭杀伤力非常有限，而基督教方的重火绳枪手则可以把枪架在舷墙上，这更便于瞄准。[21]

此外不止一位观察家还提到了最后一个优势，就是同盟舰队的船头平台。这些船头上架起来的可移动平台能让本方士兵在和敌船接战时占据绝对高度优势。卡拉乔洛认为，同盟最终胜利的其中一个原因就是“土耳其人没有这些在平台上的勇士”。实际上，当时只有西班牙战船上才有这种平台，威尼斯战船上的平台结构与之相比要小得多。不过也不能排除有几艘土耳其战船上也有这种船头平台。根据部分当时在场者的说法，阿尔及尔海盗船上同样有类似的平台，不过轻型桨帆船上没有。不过总体而言，占据高度优势对步兵作战肯定是极为有利的。此外，这些船头平台对船首炮台和炮手也都有一定的保护作用，能有效保护它们免受敌人的炮火，而“土耳其人的炮手排成一排，同盟舰队上的士兵老远就看见它们暴露在外，因此一个接一个地被射杀”。很快土耳其舰队的火炮就被压制住了。[22]

神圣同盟舰队的士兵总兵力更多，穿戴头盔和盔甲，配备火枪，并在舷墙的保护下，使得远程火力最大化，因此在面对总兵力不如自己，又没有盔甲保护，并缺少火枪的敌人时，显然优势巨大。帕鲁塔对此清楚地指出：

> 我方基本上是用全副武装的正规军和一群没有像样武装的敌人战斗：土耳其士兵使用更多的武器是弓箭，就算我方士兵受伤了，大部分人也还能战斗，但我方士兵的火枪射出的子弹对他们的打击却是致命的；而且反复击发火绳枪并不会像开弓射箭那样消耗体力，敌方在一段时间的弓箭射击后，许多士兵的手都没力气了。

另一位威尼斯编年史学家蒂耶波洛注意到，在战斗中“土耳其人主要是用弓箭战斗的，而基督徒们则是毫无疑问以火枪为主”，因此他总结说，在这样的情况下，当双方进入接舷战阶段后，土耳其加莱桨帆船上的士兵基本只剩下一半了：“在他们看到敌船已经空出一半后，他们便拔出了剑和其他短兵器，冲上了敌船，杀死所有幸存的敌兵，并成功夺取敌船。”[23]

勒班陀战役的走向非常单纯，尽管在那个早晨神圣同盟指挥官们并不确信自己能打赢，但最终结果显然从一开始就注定了。至于土耳其人这边，那些在这场灾祸中幸存的人对战败的根本原因也并不抱任何幻想。在1573年，也就是勒班陀海战一年半后，加尔佐尼抵达君士坦丁堡和土耳其人议和时，发现土耳其人正在疯狂地调用瓦拉几亚和摩尔多瓦等地的铁矿来制造火枪："在我在君士坦丁堡的那6个月期间，他们总共制造了6万支火枪…… 自从那次让他们震惊的舰队大惨败后，他们便下令要制造如此大数目的火枪，因为从前他们一直以为弓箭才是值得信赖的武器。"土耳其朝廷给各省行政官发布的命令中要求各地的西帕希骑兵全都要配备火枪，并且从此以后战争中的战斗小组"曼加"改为由两名重火绳枪兵加一名弓箭手组成。同时他们还四处邀请所有懂得如何使用火枪的人来自愿参军，而至于境内的基督徒臣民们，土耳其人强令他们把之前拥有的私人财产都交出来，并且上加莱桨帆船服役。在勒班陀战役后仅一年，重建的土耳其舰队又再次出海了。对此法国大使惊讶地表示："整支舰队中总共有2万名重火绳枪兵，我在这个帝国内从未见过这种场景。他们的将军表示土耳其士兵在上次勒班陀战役后开始纷纷学习火枪，这次出征他们甚至把弓箭都丢在了住处。"土耳其人从这次战败中显然学到了很多，不过代价未免也太大了！[24]

32

截然不同的命运

神圣同盟舰队的指挥官们很快就意识到，他们赢得了一场史无前例的胜利。当时所有同盟舰队的加莱桨帆船都拖着一艘缴获的敌船，而逃脱的敌船只是很小一部分，不过其数量至今未能有一个得到公认的结果。10月9日，卡埃塔尼写道："我们总共缴获了近150艘敌船，另有大约40艘被击沉或烧毁，所有知名的私掠者和海员都战死了。"11日，马肯托尼欧·科隆纳写道："我们一共俘虏了160艘敌船，不算那些被烧毁和击沉的。"和蓬佩奥·科隆纳和罗梅加斯二人一同统计的赞巴蒂斯塔·孔塔里尼也说："据我们统计，我方总共俘虏61艘加莱桨帆船，6艘大型轻战船，还有30艘至35艘船被烧毁或报废。"几位指挥官各自的报告在这些数目上稍微有些差异。在给西班牙国王的报告中，唐胡安称总共俘虏170艘加莱桨帆船和20艘轻型桨帆船，还有25艘"被烧毁或是沉入海底"。10月19日，在战后维尼埃急忙向威尼斯本土寄回了一份报告，读到报告的法奇内蒂也写道，"在200艘土耳其加莱桨帆船中，有180艘，我再强调一遍有180艘被我们基督徒俘获"，还有35艘沉没，只有5艘得以逃脱。[1]

而后来的几位作者们给出的数目估算却有很大差异。根据塞雷诺的描述，那个晚上，神圣同盟舰队回到港口时"拖着至少150艘缴获的敌船，基本可以确定有至少50艘逃走了，其余的都不是被击沉了就是被烧毁了"。卡拉乔洛后来根据唐胡安的战斗报告，提到有170艘加莱桨帆船和20艘轻型桨帆船被俘虏，还有25艘"大小不同的敌船"被击沉或烧毁，并估计总共有32艘敌船逃脱，其中7艘是跟着欧吉德·阿里逃脱的。而孔塔里尼则是根据后来官方公布的战利品清单估算的。根据记载，后来许多俘虏的敌船由于状态太差无法修复而不得不放弃拖回，最终官方公布的战利品中只有117艘加莱桨帆船和13艘轻型桨帆船，"大部分都运载着面包、沥青、牛脂、奶油、大米、豆类等”。他还估计（虽然我们不知道他是怎么知道的）有 80 艘加莱桨帆船被击沉，“人们还认为有 40 艘逃脱”。此外，根据唐路易斯·德雷克森斯的汇报，在战后的几天里，陆续在海滩上又发现了几艘搁浅的加莱桨帆船和轻型桨帆船，都是被弃船而逃的土耳其船员丢弃的，特别是 7 日的那场风暴使得最终的真实数据中的不确定因素更大了。

另一个能反应这场胜利的规模之大的，是击杀和俘虏的敌人数量，还有被释放的基督徒奴隶的数目。唐胡安的一份公文中提到，他们总共杀死了 3 万敌军，释放了 1.2 万名基督徒奴隶。而维尼埃在捷报中提到他们“杀死了 2 万土耳其人，并且释放了许多俘虏，包括 1.5 万名基督徒奴隶”。还有一份匿名，而且可信度更值得怀疑的公文，里面是这样说的：“土耳其舰队战死的人数无法确切统计，溺水死亡和尸体残缺的敌兵为数众多。还有一些进行了估算的人说，死亡的敌军在 2 万人以上，其中只有五分之一是奴隶。”在第一批数据从战斗现场出炉后，后来从审讯的俘虏口中又套出了一些更可靠的信息，并开始为敌军中死亡的重要人员登记造册，虽然隐去了他们名字，但他们的职务却记载了下来：米蒂利尼省的桑贾克，阵亡；希俄斯的桑贾克，阵亡；罗得岛的桑贾克，阵亡；卡瓦拉的桑贾克，阵亡；纳夫普利亚的桑贾克，阵亡……[2]

此外有大量的基督徒奴隶被释放，其中不少是妇女，这也是胜利的一方值得骄傲的一件事，因为人们还清楚记得在此之前土耳其舰队在夏季入侵伊奥尼亚海和亚得里亚海沿岸地区时俘虏的那一大批奴隶。仅在凯法洛尼亚一地，当地监督官的一份报告中宣称就有 2500 人被掳为奴隶，“如果没有这场幸运的胜利，把这些奴隶都救了回来的话”，岛上人口将会大量减少。而马尔科·奎里尼所俘虏的那两艘加莱桨帆船上，也有大量被从乌尔齐尼和安蒂瓦里俘虏的男女，“其中一部分是士兵，另一部分是村民”。格拉纳达号俘虏的 3 艘加莱桨帆船上则释放了 277 名被充为桨手的基督徒奴隶，“还有 27 名希腊和威尼斯妇女，都是土耳其人之前从威尼斯的领土上掠夺的”。奥诺拉托·卡埃塔尼甚至还释放了几名一年前在尼科西亚沦陷时被掳为奴隶的贵族妇女，她们的主人当时刚好把她们带在舰队中。他还写道，比起听到他们杀死了多少敌人，俘虏了多少敌船，他母亲在听到他释放了这些奴隶时肯定更高兴。[3]

在最初几小时的狂欢过去后，神圣同盟舰队指挥官们开始意识到他们自己的损失同样很大，不过这并不妨碍他们对胜利的狂喜之情。同盟舰队基本没有损失多少加莱桨帆船，但船员的伤亡很惨重，这表明当时的战斗有多么惨烈。在传回威尼斯的第一份汇报中写道："监督官巴尔巴里戈和其余 6 名或 8 名威尼斯船长战死。"此后这个舰队指挥官阵亡的数目又上升到 17 人，占整个舰队指挥官总数的六分之一。而关于西班牙舰队的伤亡率，我们没有确切的数据，威尼斯的编年史学家们为此也编了一些传说，说威尼斯船员承受了几乎全部的伤亡。不过事实上，后来偶然发现了当时的一份报告，是吉安・安德烈亚・多里亚的秘书写的信，里面提到在多里亚的 11 艘加莱桨帆船上，2 名指挥官阵亡，其中有"多里亚"号船长贾科莫・达卡萨莱，还有"马尔凯萨"号船长欣托・彼得拉。[4]

尽管当时普遍的乐观态度，但伤亡人数的统计数目却随着时间推移一直在增加。在战后第二天，卡埃塔尼估计"总共 3000 人战死，8000 人受伤"。此后威尼斯人的一份行政文件，给出了超出常理的数据，里面说阵亡人员总共有 324 名军官和水手，925 名斯卡波利，2274 名桨手和 1333 名士兵，共计 4856 人。在这些数据中，还要加上 4551 人受伤，其中 294 名军官和水手，680 名斯卡波利，2490 名桨手和 1087 名士兵。如果上述的计算数目都是可信的话，我们已经可以说威尼斯人战败了，因为他们的士兵伤亡率已经达到了 56%，斯卡波利 40%，桨手 30%，水手 18%。这个数据也说明船上的各种船员对战斗的参与程度是从前往后呈降序排列的，也证实威尼斯人虽然对这场战斗做了充分的准备，但最终的优势却并不具备压倒性。[5]

如果按比例算的话，西班牙和教宗国的战损就小得多了。最惊人的统计数据来自热那亚人的舰队：在吉安・安德烈亚・多里亚的 11 艘加莱桨帆船中，只有 74 名桨手阵亡，而热那亚共和国的那 3 艘加莱桨帆船中，则只有 1 人阵亡。斯皮诺拉用戏剧化的口气宣布在他的加莱桨帆船上"从船头到船尾，所有人都在流血”，但随后又加了一句“但只有一位指挥官和一位西班牙骑士当场阵亡。不过后来有些人因伤势过重去世”。这3艘加莱桨帆船上的战斗汇报中，都只提到伤员的情况：“船上没有桨手阵亡。旗舰上有不少水手受伤，但都不算严重；指挥舰上也有水手受伤，但桨手无一伤亡；‘蒂亚娜号’上许多水手也受伤了，而桨手只有一人受伤。”圣克鲁斯侯爵的舰队在接舷战开始后，只参与了一次接舷战，因此他的舰队的损失也是最小的，船上当时有一名西班牙人参与了夺取卡普丹帕夏的旗舰的白刃战，他后来汇报说：“我们的船上只有6人受伤，但无人当场阵亡。”

而几艘指挥官的旗舰的损失则更严重，因为它们当时在整个舰队战线的最中央，参与了最终决战，此外西西里的分舰队还参与了一次对欧吉德·阿里的舰队的攻击行动。卡埃塔尼记载说，在“皇家”号上“数不清的人员阵亡”，而科隆纳的旗舰上则有70人阵亡。8日，唐胡安·德卡尔多纳在一封给西班牙国王的信中称“陛下的舰队英勇地战斗，许多人当场战死了，西西里的分舰队战后部分加莱桨帆船上只有10人还活着。我可以证实的大方阵团的士兵阵亡或受伤人数就达600人”，这个数目已经是其参战总兵力的三分之一。唐路易斯·德雷克森斯也证实“（战后）西西里分舰队甲板上的大方阵团中已经没多少人了，部分步兵连甚至所有士兵无一幸存，全部阵亡”。然而这些零星的说法并没有向我们提供一个确切的总数目。唯一的官方资料是至今还保留在梵蒂冈档案馆的一份官方公文，是当时在战后立刻开始流传的，并且从未被人否认过其真实性。在这份文献中提到教宗国舰队总共阵亡800人，另有1000人受伤，而西班牙舰队则有2000人阵亡，2200人受伤。按照该文献的说法，平均每艘西班牙加莱桨帆船的阵亡人数是25人，而相比之下，威尼斯加莱桨帆船则是46人。而教宗国舰队平均单艘加莱桨帆船的伤亡人数则是最高的，达到每艘船66人之多，而且还要考虑在教宗国12艘加莱桨帆船中有至少2艘被欧吉德·阿里摧毁了。[6]

在意识到自己的损失有多惨重之前，神圣同盟舰队的指挥官们曾一度以为自己能乘胜追击，完成比这场胜利更大的丰功伟业。唐胡安在作战会议上还提出过攻打把守勒班陀海湾入口的那两座要塞，因为如果能攻陷这两座要塞的话，将是一场巨大的战略性的胜利。而维尼埃则想让舰队一路攻到希腊群岛地区，“登陆并攻打塞浦路斯，并且一路上在所有土耳其的领土上放火搞破坏”，而还有些人甚至想要来一场比这更大的行动，但在后来形势逐渐明朗后，他们不得不放弃这些幻想。卡埃塔尼 10 月 9 日写道：“我觉得我们的伤员太多，不适合执行之前策划的攻打君士坦丁堡的计划。”但他继续乐观地说道：“不过，我们或许可以考虑攻占发罗拉、都拉斯、卡斯泰尔诺沃以及所有土耳其在亚得里亚海域的领土。”但到了第二天，唐胡安的战斗报告中就出现了对这场战斗出乎意料的战损的担忧。他向西班牙国王汇报时写道：“每天我们都发现更多的损失。”[7]

不过这一切还没完，舰队此时又出现了食物短缺的问题，而且此时离冬季已经非常近了。在起初沉醉于胜利的狂欢的阶段过去后，指挥官们最终还是决定先优先拯救自己那么多状态已经非常糟糕的伤病员，以及处理那些战利品。13 日，同盟舰队在圣莫尔重新集结，唐胡安在那做了最后的忏悔仪式，随后便派出阿斯卡尼奥·德拉科尔尼亚，加布里奥·塞尔贝洛尼和其他几个威尼斯人前去侦察当地的防御工事的地形。他们返回后汇报说，要塞位处一片沼泽地的中心位置，要布置攻城火炮至少需要 10 天。指挥官们最终不得不放弃攻打要塞的计划，在花了几天时间清点战利品后，舰队便掉头返回科孚岛，并于 10 月 23 日抵达。在科孚岛旗舰，唐路易斯·德雷克森斯的唐路易斯给威尼斯政府写了一封信，为他的这个让舰队返航的决定辩护：

> 唐胡安大人非常希望乘胜追击，攻下勒班陀，但在检查了舰队上下的状态后，他发现船上伤病员人数太多，而许多身体健康的士兵则发现自己的装备不足，因为在那场大胜后他们都忙着掠夺战利品，情况非常混乱。

卡埃塔尼也证实：“我们中的伤员比我们想象的还要多得多……此外我们的海用饼干也所剩无几。”因此他们不得不决定返航。他们对伤员人数之多感到惊讶，这本身也耐人寻味，因为这表明虽然当时战斗非常惨烈，但他们从一开始就预感这场战斗一定能轻松取胜。[8]

在做出返航的决定时，指挥官们早已预见他们回国后将会面临国内舆论的批评。当时比较有远见的唐格拉西亚·德托莱多已经提前提醒过唐胡安，任何时候都不要尝试让所有人满意。“即使你们能成功俘虏半数敌船，他们也会质问你‘为什么你们没有俘虏整支敌舰队？’，而你们就算真的俘虏了全部敌船，他们又会控诉你们居然没能攻下君士坦丁堡。”后来的事实确实如此：多年后，在写回忆录的时候，塞雷诺毫不掩饰地抱怨了当时那些纸上谈兵的人，他们非常热衷批评那些取胜的指挥官们没有继续乘胜追击，攻占伯罗奔尼撒、内格罗蓬特岛、希腊群岛和君士坦丁堡。而如果这些人当时在战场，“如果他们能亲眼看看大战过后的舰队加莱桨帆船的状态如何，甚至连返回墨西拿都得冒着风险航行，如果他们能体会一下舰队船员们在返回科孚岛时的忍饥挨饿，他们肯定就会赞同当时这些勇敢的舰队指挥官们的决定了”。

实际上唐胡安、维尼埃和科隆纳当时没有别的选择。舰队上的海用饼干仓库已经空了，船员们吃的都是从敌船上缴获的豆类和大米。而且许多加莱桨帆船的划桨都在战斗中丢失或损坏了，还有一些掉进了海里；教宗国旗舰“狮鹫”号在后来返航科孚岛时差点沉没，后来卡埃塔尼和塞雷诺的两艘加莱桨帆船不得不拖着它继续航行。普罗瓦纳当时因为被那发火枪子弹打中头盔造成的震荡当时还在发高烧卧病在床，他写信给公爵说，他们已经到了必须用缴获的土耳其加莱桨帆船来替换他们的“玛格丽塔”号，因为后者已经无法再继续航行了。而“皇家”号的状态也很糟糕，在抵达那不勒斯后，便决定将其就地销毁，只按照唐胡安的要求，保留船尾作为纪念。而威尼斯人的那 6 艘加莱塞桨帆战舰，尽管舰队当时“迫切需要它们”，但最终还是有 4 艘被迫返回威尼斯本土修理。虽然同盟舰队取得了胜利，在战斗中真正损失的战船并没有多少，但船只的各种损坏，特别是人员的伤亡使得这支舰队几乎已经残废了。亚得里亚海的监督官菲利普·布拉加丁率领 11 艘加莱桨帆船抵达科孚岛后，记载说当时维尼埃率领 119 艘加莱桨帆船抵达科孚岛时，整支舰队极度缺乏桨手、水手和甲板士兵，他剩下的人手总共只够武装 70 艘至 75 艘加莱桨帆船，因为在战斗中许多人战死了，在后来的几天里又有许多人因伤势过重或因为疾病和伤口感染而去世。

在战斗中许多罪犯也被释放参加战斗，但他们却不太相信维尼埃说过会给他们自由的承诺，战斗一结束就纷纷找机会逃走了。他们的选择确实是正确的，唯一留下了关于此事的记载的托斯坎·谢蒂称那些罪犯在战后返回加莱桨帆船后又被重新戴上了镣铐，并要求他们再服役几年，不过不是所有人都是这么天真的。维尼埃遵守了承诺，撤销了这些罪犯桨手们所有的罪名，但他的条件是这些人继续留在船上作为自由或任命的桨手服役。不过他很快发现大量的罪犯桨手失踪了，于是下令说凡是逃走的，一旦抓回来，将处以再划桨服役 10 年的惩罚。唐路易斯·德雷克森斯则承认那些罪犯们“在战斗时表现出色，没有理由再次强迫他们回去继续划桨”。而且他们四散逃跑，根本找不回来。11 月，唐胡安不得不写信给西班牙国王，希望他能把国内所有能找到的囚犯都送来，因为原先的罪犯桨手不是死了就是重获自由了，如今他的舰队急缺桨手。而且他们缺少武器。唐路易斯·德雷克森斯要求米兰迅速加急生产武器：“因为在那一天的大战过后，我们损失惨重，不但许多火枪炸膛了，而且所有战死和受伤的士兵的火枪都丢失了，许多幸存者的火枪都掉海里去了，还有一些则被偷了。”[9]

处境更戏剧化的是那些伤员，他们如同苍蝇般一个接一个死去。在圣莫尔期间，许多伤员都死了，大量被扔到水里的尸体被水流冲到岸边，对卫生状况造成了灾难性破坏，出现了大面积感染。11 月 7 日，塞巴斯蒂亚诺·维尼埃从科孚岛写了一封信汇报说，他们的伤员大批死去，舰队中随时可能出现大面积的瘟疫。几天后，唐路易斯·德雷克森斯写信给费利佩二世，建议让那不勒斯和西西里岛的城堡留出一部分空间，用来安置舰队中那些断手或断腿的伤残士兵，但他保证“这些残疾士兵总人数不会太多，因为他们中多数人在战后几天里都因伤去世了”。如此死去的不仅是普通士兵，根据塞雷诺的记载，科隆纳的旗舰上的指挥官博马尔佐的奥拉齐奥·奥尔西尼和维科瓦罗的维尔吉尼奥·奥尔西尼二人，一个被敌军的火枪子弹打中了大腿，另一个被打中手臂，最后二人先后因伤去世。[10]

此外人们还发现科孚岛上的城堡都太小，那些村庄则在几周前刚被土耳其人摧残和放火烧过，根本容不下那么多伤病员，维尼埃因此不得不把 4 艘加莱桨帆船解除武装，把船体拖到岸上，并用麻绳和帆布在上面搭起帐篷，充当临时医院。每 5 名伤病员分配一名船员负责确保他们的日常所需，理发师们也收到上面的命令，要求他们常常去照顾伤员，维尼埃还把自己的私人医生和手术师都派了出去。而各船的船长也承担了为他们购买食物的职责（“他们中有些人表现出色，但也有些人对这份差事暗自抱怨”）。[11] 西班牙舰队在科孚岛停留一会后，很快便往墨西拿返航了，船上载满了伤员，在抵达墨西拿后，许多经过这段航程后还依然存活的伤员纷纷在墨西拿下了船。从 1571 年 11 月到 1572 年 2 月，墨西拿当地的医院挤满了伤员，以至于医院的负责人不得不借用圣多明我会修道院的场地，因为医院所有地方都被伤员占满了。在当时当地政府的一份财政报告中也提到，“为了接待这批纷纷在城里死去的伤兵”，他们的财政开销巨大。[12]

但即便如此，城里的空间依然不够容纳所有伤兵，以至于最后一批留在船上的伤员不得不再忍受一次海上的颠簸，转往热那亚的医院。与此同时，大量涌入的伤兵也造成了极大的问题：12 月 12 日，帕迪利亚大使写信给西班牙国王说，唐胡安本该用他的权力说服当地医院的负责官员接收这批伤兵，并向他们承诺国王会承担一切开支，然而医院却无法接受他们，使得最后西班牙不得不紧急四处筹钱“来救那些伤员，好让他们不像已经发生在部分伤兵身上的那样，死在陛下的领土的大街上”。根据帕迪利亚的统计，热那亚总共接收了 190 名西班牙士兵和 250 名日耳曼与意大利士兵，“如果要接收所有需要治疗的伤兵的话，需要的资金还要大得多”。幸运的是，还是有一些伤兵得以痊愈的。帕迪利亚向西班牙国王申请拨款，用来给这批痊愈的伤兵每人购发一双靴子、一件衣服和一笔路费，好让他们返回伦巴第。[13]

马肯托尼欧·科隆纳此时非常兴奋。这场胜利证明了他之前一年的战略布局是对的，而让他来指挥教宗国舰队的决定也是正确的。10月9日，在佩特拉期间他写道："很明显威尼斯人还是和过去一样，而土耳其人也和普通人没什么区别……在过去的这一年里，我得到了很好的启发，没有盲目跟随恶魔般的幻觉，也没有犯下鲁莽行事的错误。"他在上一年回来后所遭受的各种非议如今在胜利的事实面前也不攻自破了。他在给枢机主教埃斯皮诺萨的一封信中写道："陛下很快就能看出去年那次我完全没有发疯，因为去年我们舰队的比敌人多了40艘战船，而今年这次我们用和去年同等的舰队实力取得了胜利。"[14]

虽然胜利了，但不是所有人都有他这样的好心情的。吉安·安德烈亚·多里亚此时和往常一样，并没有很乐观的情绪，他在热那亚期间写的信都只是在建议他的代理人在11月以后不要为加莱桨帆船保险续约，因为如今船只的风险已经不存在了。唐胡安派从格拉纳达招募的大方阵团的指挥官唐洛佩·德菲格罗亚先行回国，把他的秘书胡安·德索托加急起草的战斗报告交给国王。在这份送回国后就很快被印刷流传出来的报告中，唐胡安对那些在战斗中勇敢作战的贵族一一点名，但显然他不可能列出所有人，因此名字没有被提到的贵族便会感到冒犯。更糟糕的是，报告中提到在临近战斗前夕，唐胡安对圣克鲁斯侯爵和唐胡安·德卡尔多纳的缺席非常担心，二人得知报告中写了这些话以后，纷纷向唐胡安表示他们非常震惊，唐路易斯·德雷克森斯艰难地为他们居中调解。[15]

而这份战斗报告同时再次引发了唐胡安和塞巴斯蒂亚诺·维尼埃之间的冲突。根据卡拉乔洛当时听到的传闻，维尼埃当时拒绝在这份报告上签字，因为它是用西班牙语写的。而另一方面，维尼埃向威尼斯本土送了一份自己另外写的报告，在宣布胜利的同时也把唐胡安说的话都丢在了一边。唐胡安得知后自然非常愤怒，威胁说要搜查所有未经许可擅自脱离舰队的威尼斯战船。自从伊古迈尼察的那次冲突后，这两个人之间的关系从未恢复，维尼埃一直非常恼火，因为自从代替他参加作战会议的巴尔巴里戈去世后，唐胡安和科隆纳从来都不征求他的意见就独自做决定。[16]

而其他人的一些冲突则产生了更悲惨的结果。威尼斯陆军指挥官普罗斯佩罗·科隆纳和蓬佩奥·朱斯蒂尼·达卡斯泰洛，都是罗马贵族，二人长期以来互相交恶。在舰队抵达科孚岛时，普罗斯佩罗在岸上等蓬佩奥下船，而后者从前者面前经过时，科隆纳并没有行礼，而是命令蓬佩奥摘下头盔。而蓬佩奥把手按在剑上，但在他还没来得及拔剑时，科隆纳便一剑刺入他的头部，把他杀了。在杀了人后，普罗斯佩罗这位罗马贵族便丢下他的一切随身物品，坐上一艘小型护卫舰逃跑了。随后他委托维尼埃身边的亲信，萨尔诺伯爵和马西米的莱利奥二人在维尼埃面前游说，转告他自己那个版本的事情经过。这位脾气暴躁的老司令官不得不耐着性子听他们讲他的故事："这么多美丽的谎言，一边吹捧科隆纳家族，一边贬低卡斯泰洛家族，这简直已经不能说是虚伪了，根本是无耻。我居然能控制自己不用同样的语气回答他，这不能不说是个奇迹。"然而普罗斯佩罗来自一个很有分量的贵族家族，威尼斯的法律对他的审判很难完全公正，维尼埃上述的话也就只能留给自己读，随后这件事很快就不了了之。[17]

当时最大的争执是因为战利品的分配问题引发的。在圣莫尔靠港期间，指挥官们亲自监督战利品入库的工作，并达成了分配协议。在勒班陀海战后，和那个年代的任何战斗结束后一样，战利品一直是士兵们除了自身性命以外最关心的东西。在意识到他们胜利后，"基督徒士兵们把精力开始放在抢夺战利品上，并且开始纷纷捆绑而不是杀死敌兵"。舰队上的教廷大使格里马尔迪先生当时也戴着头盔穿着胸甲参加了战斗，他记载说，"在这场光荣地亲自参加的战斗中"，他亲眼看见他的加莱桨帆船上的三四名士兵为了争夺一名敌军俘虏而引发了争吵，差点拔剑互砍。随后他亲自介入并把他们拉开，但在此期间他没站稳，随后和土耳其俘虏一同掉入了水里。那名土耳其俘虏非常会游泳，如果不是因为拉着他的话，教廷大使身上沉重的盔甲肯定早就让他沉到海里溺死了。战斗的当天，大部分时候士兵们都在忙着分战利品，以及把死尸丢到海里。塞雷诺的记载给我们构建了一幅情景：海浪随风把数不清的尸体推到了岸边，由于尸体数量太多，远远看去甚至把海岸都遮住了。舰队上的船员和罪犯们忙着用钩子把尸体捞出来，并从他们身上拿走所有有价值的东西，"他们从尸体身上拿走了大量金钱、衣服、头巾、皮甲、头盔，还有各种奇异的物品"，随后把尸体丢回了海里。[18]

神圣同盟舰队中所有士兵、水手和桨手都渴望财富，我们可能永远都不会知道他们当时把多少财富装进了他们的口袋。唐胡安下令每个人最多只能拿走 100 埃居的战利品，多余的部分必须上缴，但没有一个人听他的，这让他很恼火。当时到处都有传言说这里或那里发现了新的战利品，比如一会传出罗得岛的桑贾克的旗舰上发现了 4 只猎鹰和 4 只猎犬，一会又传出在另一艘加莱桨帆船上有人偷了一本珍贵的古兰经抄本等等。不止一位船长作为称职的基督徒为找回了土耳其人傲慢地在各处岛屿上掠夺的教堂的大钟而自豪。比如"格拉纳达"号就救回了 4 口大钟，而一艘九桨座小型护卫舰的船长塞萨雷·里佐在卡尔萨教区把一口来自塞浦路斯的钟奉献给了圣母，该大钟"是从土耳其人手里夺回来的"。而那些找不到值钱的战利品的人，就只能从死去或被俘的敌人身上抢头巾和衣服了。当时在帕多瓦有一首用当地方言写的小诗是歌颂这场胜利的，其中提到"他们没有公平交易 / 也不买卖头巾 / 或是沾满鲜血的卡夫坦长袍"。[19]

根据塞雷诺的说法，之前战斗中最不卖力的士兵，此时塞进自己口袋的战利品却最多。在卡普丹帕夏、罗得岛桑贾克和穆斯塔法·切莱比 3 人各自的旗舰上都发现了大量的金银财宝，船上战死的船员身上也有不少财物，因为土耳其人一般都习惯在头巾的底部放一些现钱。在抵达墨西拿后，士兵们带着塞满战利品的一个个口袋上岸后开始毫无节制地购买东西，这让塞雷诺非常不满："这些士兵都是平民阶层出身，这辈子从没见过那么多钱，现在他们已经不知道自己该干什么了。"他们买东西从不讨价还价，或是在街上四处晃悠，看到什么都掏钱买，"好像他们厌恶这些金钱，想要尽快脱手一样"。但也有许多士兵确实更喜欢战斗，对战利品兴趣不大，他们在离开舰队后立刻就发现自己处境艰难。教宗国舰队上的步兵们在舰队抵达那不勒斯后就被遣散了，船上的书记官对他们的军饷计算得分毫不差，甚至把他们战斗中消耗的弹药的花费都扣除了。一般来说，行政官在一场战斗胜利后如果严格照章办事的话，是不能给士兵分发超过他们常规军饷以外的奖金的，因此许多士兵最后回家时都身无分文，不得不把他们的武器卖掉来换取路费，有的甚至不得不在路边乞讨。[20]

在勒班陀，指挥官们也为战利品的分配问题操心，这在以往任何战斗过后都是从未有过的。战斗中最让他们兴奋的战利品是被派往罗马和马德路送回第一份战斗报告的唐洛佩带回的卡普丹帕夏的那面白色旌旗，上面绣了 28900 次真主的名讳。费利佩二世后来说，

> 我当时以难以想象的兴奋的心情迎接了这面旗帜。他也想知道那些字母是什么意思，我告诉他，我们虽然读不懂上面的字，但旗帜上的这些文字是在麦加的清真寺写下的，是他们的宗教人员祝圣过的，这面旗在战斗中被好几发火枪子弹打中过，上面许多字都没了。

唐洛佩也有足够的理由高兴，因为在他献上这面军旗后，作为交换，费利佩二世封他为圣地亚哥骑士团的骑士，并给了他 1000 埃居的奖励。还有一些人则把战利品带回了家，比如“圣母”号的指挥官，特罗吉尔的阿维斯·奇皮科就把他缴获的土耳其加莱桨帆船的标志放在自己家的前院。[21]

最重要的战利品还是加莱桨帆船本身，包括船上的火炮和那些被敌人充为桨手的奴隶，这才是最能证明这场胜利的战利品。它们本身不但经济价值巨大，又是一大笔可再利用的军事资源，对它们的分配是一个重大政治问题。根据神圣同盟的协议，战利品是按三大同盟国对同盟投入的资金的比例来分配的，因此一半归西班牙国王，三分之一归威尼斯，六分之一归教宗国。然而战争法同时又愚蠢地规定指挥官有权在分配其余的战利品之前先拿走十分之一，并给士兵们发奖金，因此最终条约无法落到实处。另外当时几方都已经被狂热的情绪盖过了理智。维尼埃还在对唐胡安怨恨不已，因为在他看来，在分战利品时，唐胡安的举止傲慢无礼，让他无法忍受。而相反，唐路易斯·德雷克森斯这边却认为战利品的分配方式已经让威尼斯人占了便宜，“好让他们不再整天不满”，不过这次西班牙国王显然又输了。如早些时候科隆纳给威尼斯总督的信中所说的，就在条约签署前不久，几个盟国之间的敌对依然非常严重：“我们能取得这场胜利，完全是因为上帝的神迹和恩典。而在胜利后，由于几方都对战利品非常贪婪，因此直到现在我们内部依然还没有打起来，这也是神迹。”[22]

10月18日，在圣莫尔进行了一次正式的讨论战利品分配问题的会议，会议记录中有勒班陀战役所缴获的战利品的详细清单，在胜利的消息正式公布后，这份清单在当时混乱的局面下却被保留了下来。之前我们已经提到过，根据当时的各方在场者的估计，总共俘虏的敌加莱桨帆船数大约在140艘至180艘之间。不过其中许多加莱桨帆船的状态已经非常糟糕，不值得再冒着风浪的风险把他们拖回意大利半岛了；因此，这些船直接在海上烧毁了。这样一来，需要分配的战利品也就只有117艘加莱桨帆船，13艘轻型桨帆船，117门船首炮，256门中小口径的火炮，17门射石炮，此外还有3486名奴隶。巧合的是，刚好差不多一半的战利品被西班牙人夺得，而另一半则由威尼斯和教宗国掌握，因此只要稍微调整一下就可以完成战利品的分配了。所有人都在拼尽全力把分配给他的加莱桨帆船战利品拖回家，而这么做是有风险的，因为此时海上天气很恶劣，这些空无一人的船体很难操纵，常常有船头撞到前面拖着它的加莱桨帆船的危险。为了避免更坏的事发生，不止一艘船在半途中被迫丢弃。[23]

而当唐胡安宣布从战利品中按惯例要为总司令官，也就是他自己预留十分之一时，更严重的问题立刻出现了。维尼埃对此拼死反对，拒绝交出他的那一部分，并要求将此事提交到教宗面前审议，然而唐胡安直接扣留了威尼斯人的6艘加莱桨帆船和174名奴隶，在等教宗裁决期间，唐胡安只给马肯托尼欧·科隆纳那留下了部分火炮。除了唐胡安的事以外，维尼埃还写信给国内的总督，建议后者任命一个比他自己更谨慎耐心的人为司令官，因为他忍受不了西班牙人的傲慢，但他也不想让神圣同盟因为他而解散。他说得不无道理：唐胡安称维尼埃是个“愤怒的老混蛋”，甚至任凭他的秘书胡安·德索托在公开场合也这么称呼维尼埃。就连一贯擅长外交的科隆纳，他也在一封官方的信中认为如果要威尼斯继续打这场战争的话，就必须把维尼埃撤职，任命一位更明智也更会和唐胡安打交道的人选。[24]

此外，各方正式公布的奴隶的数目似乎都太低了，因此有理由怀疑许多奴隶被刻意隐藏了。在清点时，唐胡安又一次激怒了其他指挥官们，因为他在不征求他们意见的情况下就向他们发布了公告，命令他们立刻上报每艘加莱桨帆船上的奴隶清单，并警告威尼斯舰队的船长，如果他们私藏奴隶的话，将会面临罚款，只是这样的威胁并没有起到多大作用。卡埃塔尼认为："公开报上去的奴隶只有3000多人，尽管我们有理由怀疑他们并未申报所有奴隶，甚至可以怀疑事实上他们都被杀了，因为那些奴隶根本没想过活着当俘虏。"在3486名申报的奴隶中，348名归给了唐胡安，最后他还多得了一些，而由此他也获利可观，因为在来年他以每名奴隶100杜卡特的价格把365名奴隶卖给了西西里总督。[25]

然而给各自的国家元首的战利品还要由指挥官们代为分配。10月26日，在科孚岛，卡埃塔尼已经预见了这一点："所有在这一天参战的教宗国人员，圣座都会给他们奖励。"有许多人"争先恐后地争夺加莱桨帆船，还有人哄抢奴隶、火炮还有各种其他战利品。我觉得第一批战利品到手的人已经在向圣座要奖赏了"。为了证明科隆纳的高尚，卡埃塔尼还强调说："马肯托尼欧大人和我都不想拿一分钱，也不想要一个奴隶。"不过这并不妨碍他也有一些自己的小算盘：如果有人能给他属于教宗的21艘加莱桨帆船，外加一些奴隶的话，他会很高兴自费武装这些船参战。[26]

但当涉及西班牙国王所得的战利品的份额时，最强烈的冲突爆发了。没有人怀疑加莱桨帆船本身都是费利佩二世的财产，不过吉安·安德烈亚·多里亚和其他高级指挥官却认为，按照战争惯例，船上其中部分奴隶和火炮应该归他们所有。唐胡安没有试图和他们协商达成协议，而说了一句挑衅他们的话，强调这些要求在之前的协议中根本没有提到。而他自己在以神圣同盟舰队总司令官的身份拿到十分之一的战利品后，又要以西班牙舰队司令官的身份为西班牙国王再拿十分之一。幸运的是，这位向来谨慎的西班牙国王此前已经给过他详细的战利品分配方案，如果我们仔细读其中的内容的话，会发现里面主要都是在讲火炮的分配，而至于奴隶，确实应该在各指挥官中平分的，不过国王有权以每名奴隶30杜卡特的政治价格买下这些奴隶。

就在这些争论还没结束前，唐胡安在为自己挑选奴隶时又闹出了丑闻，他没有经过任何正式程序就为自己预定了奴隶人选，而不是按照惯例在奴隶中随机抽取。随后他又给自己分配了一批奴隶，不是从他已经收取的奴隶中挑选的，而是从剩下的别人的份额中分的。他给帕尔马、乌尔比诺、奥尔西尼、圣菲奥拉、德拉科尔尼亚等地的领主，还有日耳曼、意大利和西班牙和其他各国的步兵连指挥官们每人都送了一些奴隶作为礼物，奴隶的总人数为 315 人。多里亚和其他指挥官们对此都深表愤怒，甚至唐路易斯·德雷克森斯都在抱怨，他说："无法否认，这些骑士们对他的抱怨都没错。"

但这些事中最耻辱的是，虽然战利品的那十分之一是按 10 月 18 日在圣莫尔时清点的量来分的，但直到 11 月 7 日在墨西拿时才开始分配奴隶。也就是说，这支满载着受伤和濒死的人员，又缺乏补给，并且在恶劣天气下航行的舰队，先是抵达科孚岛，随后又从科孚岛抵达西西里岛的港口，这一路上船上的被铁链拴着的奴隶不属于任何人，因此没有人关心他们的生活起居。如唐路易斯·德雷克森斯后来承认的那样，最后结果可以说是灾难性的："在这段时间内有大量的奴隶死亡，因为他们中很多都是伤病号，似乎舰队中根本没有人知道这些奴隶中哪些人是归自己的，他们并没有得到应有的照顾。"唐胡安在这事上又一次惹了众怒，他决定还是按照在圣莫尔时清点的数目来给他自己份额，并不考虑这期间死亡的奴隶，也不算他要作为礼物送人的那部分。唐路易斯·德雷克森斯试图为他开脱道："当然，阁下的动机未必是因为贪婪，因为本来属于他的那十分之一的奴隶中，很多他都转手送给别人了。"[27]

最终唐胡安自己从中获利巨大，而留给别的贵族的好处却很少，他为此在很长时间内遭到别人的怨恨。所有这一切都让大家都非常不满，卡拉乔洛用厌恶的口气写道："战利品的分配方式非常特别，更多是按买卖人而不是君主的惯例来分的。"而那些没有拿到战利品的人都在用非常尖锐的语气互相开玩笑，如弗朗西斯科·穆里略在写给秘书安东尼奥·佩雷斯的一封信中，在给他传达胡安·鲁比奥，也就是那不勒斯加莱桨帆船"露娜"号船长的消息的同时说了如下的话："我和他都很走运，没有得到一分钱。在这样的知足的心态下，他就算只拿到一些钱也会很高兴。"而维尼埃也给自己威尼斯国内的政府送去了一份报告，里面称自己被排除在所有未决的纠纷之外："至于我，总督阁下，在这场大胜后，我得到了总共

150杜卡特2里拉6苏，几柄弯刀，还有一条珊瑚项链和2个黑人奴隶，刚好够划一条贡多拉小船。如果阁下喜欢，这些都可以拿去。”[28]

而“要赎身的奴隶”的问题，则本身就是个问题。关于那些俘虏的战俘，很多都是重要人物，因此可以用这些战俘来换取那些还被关押在君士坦丁堡的基督徒指挥官们的自由。从原则上所有人都同意“必须把这些重要人物集中起来，和一般俘虏分开管理，即使那些人在众人中并不起眼”。在脾气暴躁的维尼埃的诸多抱怨中，还包括另一件事，就是在圣莫尔的时候，唐胡安“派了一个西班牙人到我的加莱桨帆船上来，他曾在君士坦丁堡待过很长时间，他挑走了我的俘虏中的所有西帕希，用来换取赎金；不过作为回报，唐胡安也邀请我去他的船上挑人”。[29]为了收赎金就把这些西帕希挑走，这在维尼埃看来似乎不合逻辑，但在这个问题上没有明确的协议，因此维尼埃很难阻止唐胡安做他想做的事。

一年又一年过去后，那些有价值的战俘总算被列入了赎身的名单，并委托教宗将他们关押，等待和苏丹谈判。这些土耳其战俘人数并不多，舒鲁克·穆罕默德以前是著名的私掠者，后来当上了亚历山大的贝伊，在勒班陀海战时，他是土耳其右翼分舰队的指挥官，在落水后被威尼斯人从海里捞了起来，而他的加莱桨帆船则被安东尼奥·达卡纳尔的船的火炮击沉了。被从水里打捞上来时，他虽然还活着，但已经受了重伤，并且几天后就去世了。根据几个当时的人的说法（也包括维尼埃的），他的“拯救者”认为应该砍了他的头来减少他的折磨。唐路易斯·德雷克森斯认为“这些威尼斯贵族们”对挑选奴隶来交换本方战俘一事根本不想合作，他这话确实没说错。在战后的第二天，维尼埃在唐胡安不知情的情况下把恩弗雷·朱斯蒂尼亚的加莱桨帆船派去给国内传捷报，船上也带着几名从敌船上俘虏的土耳其军官：“君士坦丁堡的扎菲尔，水手长；易卜拉欣，船长；穆罕默德，船长；德尔维希，由苏丹亲自任命的水手长兼捻缝工。”这些人后来进了十人团的监狱中就再也没出现过，而他们的盟友却对此一无所知。[30]

最后总共找出40名有价值的战俘，唐胡安带着他们一路抵达墨西拿和那不勒斯，准备把他们移交给教宗。有3名土耳其的桑贾克被活捉：穆罕默德，又名“萨利帕夏扎德”，意思是“萨利帕夏的儿子”，内格罗蓬特岛地区的桑贾克；贾沃尔·阿里，莫顿地区的桑贾克；还有艾哈迈德，安纳托利亚的谢宾卡拉希萨尔地区的桑贾克。有份土耳其人的备忘录中详细记录了他们赎身战俘的赎金和战俘的身份：他们的赎金分别是2万埃居、1万埃居和6000埃居；他们还提到他们还赎身了至少10名西帕希骑兵，其中至少一人是希腊人，赎金分别在180埃居到1200埃居不等；此外有两名雷斯，在600埃居至1200埃居不等；还有三名水手长和6名加莱桨帆船水手，基本都是来自君士坦丁堡的佩拉街区的，赎价在240埃居到480埃居不等；最后还有16名其他人员，“大部分都是私掠者和平民”。而在最后那16人中，最重要的人物是马哈茂德，是个苏巴什，也就是耶尼切里军团的高级指挥官，赎价为1200埃居；后面还有德尔维希，土耳其军械库的秘书，600埃居；还有其他一些人，其中甚至包括一对桨手，240埃居。这也证实了土耳其人选择赎身的战俘时。其身份范围是非常广的。关于这份名单，还要插一个注释：关于内格罗蓬特的贝伊，人们当时认为他很有钱，因此“想要为他开更高的赎价”，当然同时也是因为“其余的人一文不值”。关于桨手，包括西帕希骑兵战俘的赎金开价，则是要“剥他们一层皮来榨取钱财，而其余人都不值钱。”我们可以相信，这些威尼斯人显然认为这些拥有蒂马尔的西帕希是很有钱的，而这种观念不无道理。[31]

事实上还有另外两名选中的战俘，他们是卡普丹帕夏的儿子，17岁的穆罕默德贝伊和14岁的马哈茂德贝伊，他们都有他们自己专属的加莱桨帆船，这二人是和他们的老师拉拉·穆罕默德同时被俘的。唐胡安作为总司令官得知后，立刻命人从士兵中买回他们抢来的最好的土耳其衣服，给二人穿上，并立刻亲自去和他们谈判释放他们的事宜：在抵达科孚岛后，他先是释放了他们的导师，并要求他回到君士坦丁堡后，去联系这两个少年的家人。在1572年3月10日最终移交给教宗的战俘中，只剩下那名年纪较小的少年了，他的哥哥在舰队前往那不勒斯的途中去世了，但唐胡安依然坚持要让剩下那名男孩也一同随行。两位少年的姐姐法蒂玛与此同时也开始了交涉，在和唐胡安一番有礼有节的交涉后，1573 年 5 月 15 日她终于把那名幸存的少年带了回去。唐胡安非常大方地释放了他和他的 4 名仆人，其中一人是个哑巴，这让梵蒂冈很不愉快，因为这个被唐胡安放走的少年本能换取大笔赎金："这个身为帕夏的儿子的少年比其他人加起来都有价值。"[32]

而热那亚叛徒格雷戈里奥·布雷甘特，又名穆斯塔法，是在当年夏天随着哈桑帕夏的舰队离开君士坦丁堡的，他也被排除在被移交给教宗的战俘名单之外。"在这场幸福的胜利中得到那么多的奴隶"以后，布雷甘特从墨西拿给热那亚政府写了一封信，称自从他到了土耳其后，他一直尽自己力量"为整个基督教世界服务"，并希望国内的政府能将自己引荐给教宗和唐胡安。事实上一直以来，西班牙政府为间谍开的工资名单中一直都有此人的名字：他一直都通过一名在君士坦丁堡的威尼斯商人获取一定数额的薪资报酬，和他一起拿工资的还有两个人，一个叫艾哈迈德雷斯，还有一个是耶尼切里军团的军官，名叫穆拉德阿迦。他的请求很快便有了回应：穆斯塔法起初是在移交给教宗的战俘名单中的，但很快枢机主教德格朗韦勒"以为神圣同盟效力"的理由把他留在了那不勒斯。然而一年多以后，一名在君士坦丁堡的天主教神职人员截获了一批此人的信件，当时他还在那不勒斯，信中他称他在监狱中受到了虐待，一旦返回君士坦丁堡后便准备向基督教世界复仇。这名神职人员随后赶紧将此事报告给西班牙国王，并希望他不要相信布雷甘特的忏悔，不要释放他，因为他口口声声说自己只为基督教世界服务，但实际上他只关心"他的一己私利"。[33]

40 名抵达罗马的战俘因为身份显赫的缘故，起初是被关在博尔戈，随后又被转移到了圣安杰洛城堡，在此期间教宗开始了和苏丹的谈判。塞利姆表示他愿意用被关押在君士坦丁堡黑海旁的那座塔中的同等人数的基督徒战俘来交换，不接受单独战俘一个一个地谈判这种方式。然而问题在于，那批战俘虽然是被移交给教宗的，但按照协议，这些战俘一半属于西班牙国王，三分之一属于威尼斯，因此梵蒂冈还需要征求他们的盟友的意见。最后花了 3 年，几方才达成一致，在此期间教宗的谈判代表一直很紧张，并指出"为了供养这批战俘，我们已经花了好几千埃居了"，而这笔钱都是教宗承担的。1575年，几方终于达成了协议，这批战俘被转移到了费尔莫，随后从那转道抵达拉古萨，在那他们将被用来交换39名基督徒战俘。

在狱卒的报告中被称为“内格罗蓬特的领主”的内格罗蓬特贝伊穆罕默德作为军衔最高的战俘亲自参加了谈判，并给土耳其朝廷的几位维齐尔写信，通报他们已经抵达拉古萨的消息。另一位战俘，土耳其军械库的秘书德尔维希，也是位富裕的商人，他花了大量的精力，最终使得自己比别人更早重获自由，这也为16世纪地中海的政治与经济利益之间的联系提供了一个很好的例子。德尔维希所拥有的纺织物的总价值起码在1700杜卡特以上，全部都储存在安科纳，他用这些货物来作为抵押来担保一名基督徒战俘重获自由，并且德尔维希最后得到了回应也证明他有良好的信誉。而还有3包胭脂也在这笔交易中，这些染料都是德尔维希的父亲作为抵押存放在拉古萨的。德尔维希的一个受托人带着900杜卡特来到城里支付赎金，大维齐尔亲自写信给拉古萨，要求他们一旦收到赎金，便释放那些基督徒战俘，并让他们去安科纳拿回被扣押的货物后把钱交还给德尔维希，而德尔维希本人在此事上则充当了这笔交易的收据凭证，而如果没有见到他被释放，拉古萨人就得亲自偿还这笔赎金。

其中有一名战俘还找到了有效利用他被囚禁的时间的方法：塞利姆苏丹的秘书和司库马哈茂德，他是一名诗人，之前就常以“信蒂”（意为“印度人”）的笔名与苏丹以诗歌相酬答。在他回到君士坦丁堡后写的其中一首诗中，他讲述了他当时如何在海战中被俘虏，而他如何像伊斯兰战士一样为了信仰而战斗，并且在另一首诗中他又接着提到他在罗马被关押的漫长的日子：“一个金苹果，在教宗手中，我落到了异教徒手里四年之久。/ 我们总共四十个穆斯林，在那里履行着我们的信仰 / 我在那写下了我们一切的冒险经历。那里充满了痛苦，如海浪一般波澜！ / 我在那写下了八千句诗歌的书……”不过遗憾的是，他关押期间写的诗并未保存至今。

在其余战俘中，长期的牢狱生活已经把他们的精神消耗殆尽，对未来不再抱有任何幻想。比如在费尔莫，有位战俘名叫加齐·穆斯塔法，又名米哈利奇（很明显是塞尔维亚出身的西帕希骑兵），还为了床铺的分配问题和苏巴什·马哈茂德吵了一架。后者作为耶尼切里军团的军官，打了前者一巴掌，随后前者拿出了刀捅了后者一刀。去看望过受伤的马哈茂德的理发师后来说他伤势并不重，“因为刀是斜着刺进去的”，然而6天后，这位军官却去世了。最后，运输船花了巨大精力总算抵达了拉古萨，幸存的土耳其战俘们终于踏上了回家的路。幸运的是，苏丹也明确下了命令，要求一旦这些本方战俘抵达，便释放协议中所有的那些基督徒战俘，“即使本方战俘中部分人在半路上死了也不例外”。[34]

而这40名土耳其战俘并不知道他们曾经命悬一线。在收到捷报后，威尼斯十人团便写信给维尼埃，指出现阶段最重要的事是阻止土耳其人重建新的舰队。苏丹根本不缺钱，也不缺木料，但很缺人力，因此十人团要求必须不惜一切代价，哪怕不要赎金，也不能让那些俘虏的私掠者、雷斯、水手和其他海军专业人员重获自由。在这道命令中，十人团要求维尼埃逐个单独审问战俘，并用他们的脑袋威胁他们每个人都交代出其他人的信息，随后总结出所有战俘中的高级军官的名单，再根据名单“小心翼翼地把这些高级军官秘密处决，并把处决的过程细节上报回国”，后来维尼埃上报的名单中，头一个准备秘密处决的人就是舒鲁克·穆罕默德，当时他还活着。[35]

由于唐胡安和马肯托尼欧·科隆纳的俘虏同样很多，十人团便写信给教宗和费利佩二世，试图说服他们也做同样的事。威尼斯总督亲自秘密召见教廷大使，暗中跟他讲了威尼斯人的愿望是“不让任何一个敌舰队水手被赎回，必须把他们全部处死”。法奇内蒂随后将该消息用加密信件转达回了罗马，然而信刚送出去第二天他就后悔了。他后来在给枢机主教鲁斯蒂库奇的一封信中担忧地写道：“这场战争让我们有机会讨论处死那些人，如我之前给阁下的那封加密信中说的那样。但我不想做这种不合规矩的事。”而教宗在明白他的意思后，也回复说，愿意赦免他为了传达这样的谈判信息而犯下的罪恶。[36]

而威尼斯驻罗马和西班牙的大使一开始回报说，教宗和西班牙国王原则上同意威尼斯的意见。但后来在那些重要的战俘抵达罗马后，十人团却失望地得知教宗正准备安置他们。他们写信给索兰佐大使表示“我们对此深表惊讶”，并命令他继续在教宗面前坚持要处死这些战俘。并且他还要求“西班牙国王以宗教裁判所或是任何别的名义做同样的事，因为这些人的罪行够得上死刑”。可能大使们太过乐观了，也可能是教宗和西班牙国王重新考虑了他们的立场，但总之他们最终都没有对这批战俘采取行动。费利佩二世向他在意大利的官员们下令“所有在这场战斗中俘虏的敌方重要人员都不允许为了赎金而释放”，但这条命令随后就没有了下文；而教宗则更直接，明确告诉索兰佐大使，威尼斯方面的提议他们无法接受。十人团对此非常不满，便提出“如果我们不能冷血地杀死这些人的话，至少应把战俘分配给各个盟国，这样各方都能按各自的意愿来处理他们”，但该提议依然被拒绝了，最终这 40 名战俘还是被释放了。而十人团则满足于处决那些被押往威尼斯和还关在科孚岛的战俘：1572 年 2 月 29 日，十人团下令“把他们全部溺死，处决过程尽可能保密。”[37]

不过那些有价值的战俘们并没有全部移交给教宗或是在威尼斯的监狱中被秘密处决；在战斗结束 10 年后，奥斯曼帝国政府依然听到风声，“部分高官和西帕希骑兵曾在最近的海战中被俘”，并在能频繁接触的边境哨所科孚岛做奴隶。在这种情况下，土耳其朝廷会正式介入解救他们的工作。但上述这些都只是个例，因为大部分俘虏，包括数千名在勒班陀被俘的奴隶后来再也没能回家。那些属于教宗的奴隶被带到罗马后，充当了泥瓦工，戴着镣铐建造梵蒂冈的城墙。他们中最幸运的那部分人被留在俘虏他们的人身边做仆人，比如一名名叫西尔维奥·达波尔恰的弗留利贵族，他曾在威尼斯监督官巴尔巴里戈的船上担任连长，在他家里当劳工的那两名俘虏就是典型的例子。伯爵每天都带两人去贝加莫，随后在那他让一名神职人员天天给他们上基督教信仰的课，后来在众人的欢庆中，二人一同受洗，当时有 40 名宾客参加了宴席一同庆祝了这起事件。（“虽然我为此得花费 25 杜卡特至 30 杜卡特，但考虑到我的头衔，我出的钱不能比这更低了。”）然而，土耳其舰队中的“帕帕索”，也就是懂最多语言，知识最丰富的人，一般都是舰队中的卡迪担任的，后来却下落不明。一开始俘虏他的是保罗·焦尔达诺·奥尔西尼，在把他带回罗马后，他一直很满足，因此奥尔西尼把他献给了梅迪西斯的枢机主教，后者又把他献给了教宗。在土耳其加莱桨帆船上，人们还发现了许多穆斯林妇女，而各种史料却对此很少有提及，因为所有抢到了妇女的人都把她们归为己有了。只有卡埃塔尼在回到罗马后，在给他的母亲的信中提到他“把他能找到的最漂亮的土耳其女奴带回了城堡”；她们加入了在意大利的贵族和商人宅第中的土耳其、鞑靼和摩尔人奴隶的行列。[38]

很少有俘虏能逃脱的。但还是有些人成功了，比如在马德里和那不勒斯跟着一个西班牙贵族做了 6 年奴隶的侯赛因就成功逃脱，他回到君士坦丁堡后，还当了一名传讯官。还有一些人则差点逃脱，比如穆斯塔法·巴里拉吉，他一度拒绝转信基督教，但后来由于爱上了一名热那亚年轻女子而答应成为基督徒，不过他最终还是于 1586 年逃往威尼斯，躲到了土耳其商馆里，但在他试图化装乘船返回黎凡特时却还是被抓了回来。大部分幸存的奴隶最终都注定一辈子戴着镣铐在加莱桨帆船上划桨，直到他们年迈后才接受基督教，这样起码能以自由人的身份去世。我们知道的第一批人是在做了 30 年桨手后，在 1600 年前后转信了基督教，他们被威尼斯元老院安排进医院接受治疗，直到 1616 年又陆续有少量奴隶转信基督教并受到同样的待遇。[39]

然而他们中有一批人的命运却是最悲惨的，就是在勒班陀海战中俘虏的许多背教者，他们被一一找了出来并移交给了教廷，和格雷戈里奥·布雷甘特不同，他们无法以“多年来在交战方进行间谍活动”之类的理由开脱。这些叛徒都是被土耳其人在海上俘虏后转信伊斯兰教的意大利人，比如改名穆拉德的乔瓦尼·达维耶斯特和改名马哈茂德的斯特凡诺·德文托，都是在孩童时期就被土耳其人俘虏的，随后他们在土耳其皇宫当了太监，并在苏丹的恩宠下得以成为舰队指挥官。此外这些人中还有从西班牙的战火中逃脱的摩尔人，他们为了寻找财富而参加了苏丹的舰队。在一系列严格的审查中他们一一被从俘虏中找出，并因为受过伊斯兰割礼而被认定为叛徒，他们中有 52 人被西西里宗教裁判所和舰队上的宗教裁判官耶罗尼莫·曼里克判刑。在1572年4月至7月间墨西拿和帕耶梅举行的火刑仪式上，大部分人（按宗教裁判所的行话讲）都成功“脱出”了。其中一次最重要的火刑是在墨西拿的沙滩上，奥地利的唐胡安也亲自到场观看。总共至少37名叛徒参加了信仰公审大会，大部分是意大利人。而最终真正处决的只有4人，因为他们顽固地拒绝放弃信仰回归基督教。

这4人分别是威尼斯人马泰奥·库尔托、卡拉布里亚人朱塞佩（又名艾哈迈德）、科西嘉人彼得罗（又名贾费尔）以及摩尔人弗朗西斯科·佩雷斯。最后那人是犹太人和穆斯林的混血后裔，曾在西班牙加莱桨帆船上做医生，并于1560年在杰尔巴被俘虏，后来他放弃基督教信仰并在阿尔及利亚结婚。在1571年春，当神圣同盟舰队开始威胁伊斯兰世界的消息传开时，他主动参加了苏丹舰队，做了船上的医生。后来在勒班陀战役中他再次被俘，并被带回了墨西拿。在路上他和舰队上的牧师辩论，试图说服他们相信伊斯兰信仰更好，并想让他们改变信仰，同时还鼓励那些背教者们坚持信仰。后来即使在审讯中，他依然到最后一刻都坚持对宗教裁判官称“教会的圣礼是愚蠢的”，最后他因为不肯放弃信仰而自己主动上了火刑柱。

另有一些在勒班陀被俘的摩尔人还是愿意回到基督教来拯救他们的性命，但在今后好几年里，那不勒斯和西西里的宗教裁判所将会继续监视他们，看他们是否真的改变信仰了。而其中3人是西西里一个贵族的私有奴隶，他们是被家里的其他仆人揭发的。虽然他们已经宣布放弃伊斯兰信仰了，但他们却继续不吃猪肉，而且继续每天洗小净，这表明他们依然还是穆斯林。我们不知道他们后来的遭遇如何了，但我们知道唐杰罗姆·曼里克曾和他的上级产生了一些矛盾，因为后者指责他对信仰狂热过度。部分公开恢复了基督教信仰的人有机会前往墨西拿参加火刑仪式，其中有两位前雷斯在君士坦丁堡有大笔产业，如果他们回归基督教的事能够保密的话。但如今苏丹肯定把他们的产业没收了。此外曼里克还被要求以后不要发表太多印刷物，而他提出的给他报销组织火刑仪式的开销的要求也被拒绝了。[40]

后　记

勒班陀海战当天，塞利姆苏丹正离开君士坦丁堡，前往他最喜欢的哈德良波利斯度过秋季的时光。在他刚抵达不久，10月23日他就从欧吉德·阿里的报告中得知了这场灾祸。第二天，底万迅速召集成员，开了一次紧急会议，随后便发出一系列全方位的命令，以阻止情况继续恶化。给欧吉德·阿里的命令中写道："你务必立刻集结四散的战船，随后按你自己的判断选一个安全的地方待命"苏丹希望以此来阻止敌人进一步攻入希腊群岛海域。苏丹还加了一句，"关于你之前从皮尔图帕夏和卡普丹阿里帕夏那到底收到了什么命令，你也给我写一份详细报告"，这表明之前苏丹收到的报告中并没有提到这件事。而给艾哈迈德帕夏的命令是这样写的："现任阿尔及尔的贝格勒贝伊阿里在10月8日给我皇宫送了一封信，信上说我方舰队和那些卑劣的异教徒舰队交战了，但真主的旨意却站在了敌方一边。"艾哈迈德此时必须加强各处沿海驻军，招募新兵，巡查普雷韦扎一带，随后赶往摩里亚地区以阻挡敌舰队可能的登陆行动。

在地中海沿岸的所有卡迪都收到命令，要求他们在海岸线上布置哨兵监视海上的情况，同时加强各地驻军，并随时准备往高处疏散民众。而海峡地区，罗得岛和莫顿一带的城堡也收到命令，要求提高警惕，并称会派出援军加强塞浦路斯的防御。另外往吉安尼纳送去的一份官方公文中显示了奥斯曼政府的紧张、对了解更多军情的渴望，以及绝望：

> 我们到底有多少士兵能参与防御？各处要塞的士兵是否已经就位？他们的表现如何？你对这些邪恶的异教徒的情报到底掌握多少？他们现在到底在哪？他们下一步到底在计划什么？在做些什么准备工作？他们想要攻打哪？那些异教徒中战死的有哪些人？他们总共损失

了多少战船？船只的状态如何？有多少船？都是哪些类型的船？

皮尔图帕夏的报告10月28日终于送来了，报告中证实了这场灾难，并强调其影响力巨大。同时报告中还宣布了卡普丹帕夏阵亡一事。同一天，苏丹写信给那位战败的维齐尔，信中宽宏大量地写道："胜败乃兵家常事，人的命运都是真主定的。"由于此时舰队总司令官的职位已经空缺，因此决定任命唯一一位成功从战斗中活了下来，并且名誉也无损的人，欧吉德·阿里为新任卡普丹帕夏。10月28日关于正式签署的任命书如下：

> 给阿尔及尔的贝格勒贝伊的命令。由于你立下无数功劳，皇帝决定，任命你为众岛屿的贝格勒贝伊，卡普丹帕夏。你可以和我手下的维齐尔，皮尔图帕夏联系（愿他好运常在！），你立刻集结战船……

作为荣誉的象征，这位年迈的卡拉布里亚背教者从此有了一个新名字：凯尔斯·阿里，意思是"军刀阿里"。[1]

在奥斯曼帝国首都，这场灾难的消息让所有有家人亲戚在舰队上的民众都陷入了绝望，对敌舰队随时可能出现在土耳其海峡的恐慌也立刻开始蔓延，正如此前基督教国家的政府和民众对土耳其舰队的恐慌一样。当时在君士坦丁堡的不少西方国家的间谍和旅居的民众也都传回了与之一致的各类情报。有3个威尼斯人11月从城里离开，回国后报告说："在得知战败的消息后，君士坦丁堡出现了各种传闻，许多妇女都在哭泣她们死去的丈夫、父亲或是兄弟，因此如今基督徒面临巨大的危险。"此外，"还有一些耶尼切里军团的士兵们也在对奥斯曼帝国政府发表不满，他们正说自己作为基督徒的后代，对这个帝国将来是否会覆灭根本不关心"。然而除了几句不满的牢骚以外，并不是所有人都有如此煽动性的言论。无论如何，苏丹并未在城里采取监视措施来平息骚动，无论是在首都还是其余各省。斯科普里的桑贾克汇报说，城里有个名叫尼古拉·莱科的拉古萨人曾在塞浦路斯沦陷的消息传来时把店铺关门，关在家哭泣，而这次勒班陀的消息传来时他却非常兴奋。苏丹下令调查此事，并说如果证据确凿，便逮捕此人并没收他的财产。[2]

而在巴尔巴罗的家中，此时他早已习惯了被软禁下的生活。有位匿名的仆人每天都负责向他报告外面有价值的新闻。10 月 17 日，仆人告诉他苏丹外出前往哈德良波利斯的事，次日则告诉他“库巴特传讯官感染了瘟疫并于第二天去世”的消息。这场瘟疫在土耳其境内肆虐的程度比以往要严重得多，在易卜拉欣贝伊去世后，又一位负责和威尼斯谈判的土耳其朝廷要员同样也因为瘟疫去世了。18 日，两艘被穆斯塔法俘虏的威尼斯船只满载着奴隶和战利品从塞浦路斯抵达了君士坦丁堡的港口，两艘船分别叫“丹多拉”号和“巴尔巴拉”号，而另一艘“巴尔巴”号则半路上沉没了。到了 24 日，有消息传来说基督教神圣同盟舰队和奥斯曼帝国舰队交战了，那位不肯透露姓名的仆人并不知道交战地点的名称，并且消息称“交战结果是土耳其舰队损失巨大”。在此之后，下面的线人就没有再送来什么有价值的新消息了。直到 10 月 30 日才有新消息传来，在苏丹外出期间代管城内事务的耶尼切里军团的沙乌什阿迦“以苏丹的名义宣布，舰队中幸存的雷斯和所有其余人员必须全部归队报到，不得有误”。

在巴尔巴罗大使家中，以及整个佩拉街区西部，人们对胜利的喜悦很快就被担心土耳其人对他们报复的恐惧感所掩盖。31 日，从哈德良波利斯传来一条命令，要求佩拉地区的卡迪没收所有当地基督徒商人的货物，并迫使他们支付押金。同一天，卡迪亲自来到巴尔巴罗的家中，延长了不让他和外部通信的禁令，并要求卫兵加强对他的监视。他在匿名的日记中如此写道：“他的到来让我们非常紧张，我们以为我们可能要被关进那座塔里去了。但最终我们只是得知必须把窗户封得比现在更死。不知将来还会发生什么，愿上帝帮助我们。”事实上，在当时西方就有流传土耳其人对城里的基督徒进行激烈报复的传闻，直到今天这样的说法依然存在，但并没有任何一种说法能在史料中得到证实。相反，各种史料都证实“土耳其人对城里的基督徒的政策照旧，而商人也没有成为被骚扰的对象”。

从塞浦路斯来的各种运输船不断抵达，上面装满了从法马古斯塔掠夺来的战利品，这对土耳其人来说或许可以缓解一下恐慌和悲伤，因为当时关于勒班陀惨败更具体的细节还没有传回来。11 月 3 日，拉拉·穆斯塔法率领 5 艘加莱桨帆船抵达了君士坦丁堡，人们用盛大的庆祝活动欢迎他。7 日，塞浦路斯的驻军指挥官阿拉普艾哈迈德也回来了，随行的有他的大部分士兵，800 名在法马古斯塔被充为奴隶的意大利士兵，还有布拉加丁的尸体。在他回来时“城里响起了礼炮庆祝这场胜利，说明这是件非常大的事”。耶尼切里军团的阿迦们都在尽可能用各种方式鼓舞城里低落的士气。有个威尼斯人 11 月 30 日离开，他报告说：“在君士坦丁堡，民众都非常害怕。为了让民众重新振作，有人散布谣言说乌奇阿里总共俘虏了 50 艘神圣同盟舰队的加莱桨帆船。”土耳其人开始从加齐中募集志愿兵，这些老兵都可以从他们的伤疤和一件特别的衣服来识别。土耳其政府鼓励他们出来绕城游行：“他们总共 600 人，都是参加过军队的勇士。他们一边绕城游行一边高喊要求参加舰队。”[3]

最终，12 月 18 日，欧吉德·阿里率领残余的舰队也返回了君士坦丁堡，此时他的舰队还有 42 艘加莱桨帆船和轻型桨帆船，挂着缴获的马耳他舰队的旗帜，入港时向四面鸣礼炮以示庆祝，“船员们兴奋地对着人群大喊着，一切都是为了让民众高兴，民众们也纷纷赶来港口和爬上屋顶围观”。然而政府的宣传和民间舆论的反应这次形成了巨大的反差。在此之前，虽然没有消息，但无数家里有人参加舰队的家庭还在继续期待他们家人能平安归来，他们如流行歌曲的副歌那样重复着“妇女等待着她的丈夫”：“远征军会回来吗？他会回来吗？”但如今民众已经清楚明白，今年春天出发的舰队不会再回来了，他们彻底绝望了，但依然在竭力控制自己的悲伤。

> 大部分民众都开始哭泣并高声喊着“Amedet Amedet”，意思是“噢，我的真主啊！噢，我的真主啊！我的丈夫在哪？我的父亲在哪？我的兄弟在哪？”他们都哭喊着这样的话，因此没有人抱怨，不过舰队的火炮声盖过了他们的哭喊声。[4]

这一次这位卡拉布里亚老人又有上佳表现，在战后第二天，拉拉·穆罕默德在接受审讯时被问到欧吉德·阿里的去向时，他回答说他不知道，但可以肯定不会返回君士坦丁堡，因为苏丹必定会砍他的脑袋。而事实上，塞利姆对他的反应非常温和，或许他真的认为战争胜败的命运都是真主所掌握的。有段时间曾有传闻说他要绞死皮尔图帕夏，但也有人证实另外两名维齐尔，穆罕默德和皮亚里的皇族妻子成功劝说苏丹赦免了皮尔图帕夏。但他在回来后，还是以强制退休的方式被撤了职。巴尔巴罗12月底时在家中写道："他算是逃过一劫，因为大家都一度担心他人头不保。"然而在一番严格的审讯后，有些人还是付出了沉重的代价：1572年6月21日，在召集了舰队全体船员后，4名在战斗中临阵脱逃的雷斯被绞死。阿拉普·艾哈迈德的儿子差点也同样被绞死，因为他撇下了他的船上的奴隶，独自乘坐一艘小船逃跑了，但由于他父亲刚刚得到苏丹的恩惠，得以接任欧吉德·阿里原来的职务，因此苏丹也赦免了他，只是警告他再有下次的话就会被处死。[5]

新任卡普丹帕夏在一片哭泣和礼炮声中抵达了君士坦丁堡，随后便立刻赶往军械库清点现存的加莱桨帆船，并要求他们加紧建造新船。拉拉·穆罕默德后来还向西班牙人吹嘘说，他们还有50艘加莱桨帆船作为库存。而威尼斯收到的情报却显示这个数目要小得多：在土耳其军械库，目前大约只有15艘加莱桨帆船的库存，另有6艘还在建造中。

在欧吉德·阿里抵达前，已经有命令下达到各地要新建更多加莱桨帆船，不过数目却差异很大：在君士坦丁堡本地是30艘，加利波利是10艘，而在黑海则是30艘、40艘甚至60艘，一名前基督徒背教者在那里负责此事。底万的文献记录中包含了多条命令，都是10月24日及随后几天里发出的：在巴尔干沿岸各处都要尽可能建造加莱桨帆船；黑海地区的基督徒社区也要负责砍伐高大的树木运来制作主桅杆；各地的卡迪需要负责提供麻绳、沥青、牛脂、工具，并把它们都运到各省的造船厂的木匠和捻缝工那里；而各金属冶炼作坊也收到命令，要求他们制造足够装备100艘加莱桨帆船的火炮。"为了取悦天上全能的真主，这支庞大的舰队一定要在来年春季以前重建完毕。"

总之，穆罕默德帕夏和整个底万会议在欧吉德·阿里返回前就已经着手准备舰队的重建工作了：根据12月6日的一份情报，当时在海上和还在建造的加莱桨帆船总共是 196 艘。一位东正教大主教在写给罗马教宗的一封信中如此震惊地写道："这些土耳其人真是有钱，他们居然还有这么多粮食和工匠，他们为了重建舰队，不惜让全国上下都饱受折磨……他们日日夜夜除了战船的工作以外什么都不做。每天夜晚他们都不让工人们休息，而是点起蜡烛让他们继续工作。"为了提供木材，苏丹接受了在君士坦丁堡附近就近砍伐森林的建议，而过去他经常在那片森林中打猎。勒班陀惨败的教训如今起了作用：8 艘马霍恩运输船被拖到船厂进行改造，如今它们不但在船头安装了火炮，而且船尾和侧舷也安装了火炮，以仿造威尼斯人的加莱塞桨帆战舰。巴尔巴罗记载说："他们认为加莱塞桨帆战舰是神圣同盟舰队胜利的关键。"此外还有命令要求大批量生产火绳枪和用来训练火炮射击用的多边形靶子，并建造一个让耶尼切里军团用来训练射击的射击场。在托普哈内，许多火炮被回炉重铸，都是由一群在法马古斯塔被俘的威尼斯炮手来操作。土耳其人向他们承诺给他们工作和薪水，并且把那些效率低下的原工匠都解雇了。而奥斯曼帝国的贵族们也没有闲着：巴尔巴罗一直都很厌恶的那位年迈的康塔屈泽纳用他自己的钱造了 12 艘加莱桨帆船；底万的秘书和大维齐尔最亲密的顾问，费里敦贝伊也自己花钱建了 1 艘；还有罗得岛的一个犹太人也提出由他负责建造并武装 1 艘轻型桨帆船，但条件是给他所需要的经营特许证。

最大的问题是人手：为了给新造的加莱桨帆船配备船长，土耳其人不得不征用卡拉穆萨和各种小型运输船的船长，而这些人过去都是保证奥斯曼帝国各沿海地区的贸易活跃的中流砥柱。北非私掠者的雷斯也纷纷收到邀请，希望他们返回首都担任新舰队的雷斯。此外舰队中顶替战死的士兵的新一批耶尼切里军团士兵的任命工作也开始进行，负责德夫希尔梅体系的官员们为此立刻前往巴尔干地区募集人员。安纳托利亚的库尔德部落们也派出他们的战士们纷纷登上了舰队，有位西方人曾看到他们成群结队地涌向君士坦丁堡，"都是些非常可怕的人"，他们配备着剑和火枪，头上还戴着各种颜色的头巾。苏丹还命令各地的地方监督官就地招募志愿者，只要是会操作火枪的，都给他们发放武器和补给，并把他们送到君士坦丁堡，"好让他们登上我的帝国舰队去参加战争"。此外那些不肯去首都报到的志愿兵们的火枪也被收缴了，苏丹还公开对民众说，那些勇敢作战的人将能得到蒂马尔作为奖励。[6]

这次动员的成果是惊人的。到了第二年春季，当神圣同盟舰队再次出海时，发现新任卡普丹帕夏已经率领重建的舰队和他们对峙了。1572 年 5 月 8 日，驻土耳其的法国大使达克斯主教弗朗索瓦·德诺瓦耶热情地向法国国王汇报：

> 在 5 个月里，他们总共建造了 150 艘加莱桨帆船，并且配齐了全部所需的火炮。此外舰队所需的船员也已经招募齐全，他们已经准备今年再次出海……他们的司令官决定本月底就率领 200 艘加莱桨帆船和 100 艘轻型桨帆船出海，私掠舰队的规模也和过去一样大，如此大的开销，苏丹本人却没有从私人府库中出一分钱。简而言之，如果不是亲眼所见的话，我从来不曾想到他们的君主制度竟然能做到这样的程度。

在君士坦丁堡，巴尔巴罗想尽一切办法想要把所见到的这一切报告给国内的政府，但在战争结束后他回国后发现国内的政府根本没认真对待他的报告。他在报告中清楚强调："正如我们所见，他（苏丹）仅仅花了 6 个月就重建了之前被摧毁的舰队，又造了 120 艘加莱桨帆船，虽然我自己之前已经预见这种情况，甚至是我亲笔写下的预言，但这种连我自己都觉得不可能的情况真的发生了。"

当然，这支舰队的质量比起之前的还是差了不少。根据德诺瓦耶后来的回忆：

> 这支舰队的船都是用未干燥的树木建造的新船，船上的桨手从未碰过划桨，船上的火炮也是匆忙铸造的，船上的零件很多都是锈蚀朽坏的，水手和导航员都还是没有经验的学徒，而船上的士兵们还没有从上一次失败中走出来，他们中的许多人都是从要塞驻军中临时抽调的。

由于去年各沿海省份和岛屿已经招募过一批桨手，而他们几乎都战死了，因此这次这批桨手都是从安纳托利亚、希腊内陆、色雷斯和马其顿等地招募的。在那个年代的意大利人的记载中，都提到这批桨手经验非常不足，同时还指出这批匆忙赶造的加莱桨帆船存在各种缺陷："这批加莱桨帆船中只有为数不多的船有良好的武装，它们所用的木料都是安纳托利亚的木材，许多木料的质量都很差，并且做工粗糙，而且都没有充分干燥。此外船上的火炮数量也很少。"用未干燥的木料制造的船根本无法在海上长时间航行。此外，几年后威尼斯大使向国内报告说，那批新船纷纷开始在军械库中烂掉了，"因为它们是在那场惨败后匆忙建造的，而土耳其人当时没有足够的干木料"。而且船上的雷斯也缺乏经验，"因为几乎所有优秀的雷斯都在我方胜利的那一天战死了"。[7]

不过指挥这些雷斯的司令官是凯尔斯·阿里，而在他的指挥下，即使是一群新手船员也足以抵挡敌人的攻势了。起初神圣同盟舰队抱有巨大的希望，但 1572 年的一系列海战中，他们却没有任何进展。[8] 威尼斯人当时已经开始产生厌战情绪，考虑和土耳其人单独议和，于是从 1572 年 4 月 4 日开始，威尼斯人便在普雷加迪和土耳其人开始一系列和平谈判。而当年夏季同盟舰队一无所获，这更使得元老院相信必须尽快展开谈判。再加上当年 5 月 1 日教宗庇护五世又去世了，最积极促成神圣同盟的关键人物已经不在了。到了秋季，在君士坦丁堡的一系列谈判一直持续到了第二年春季，其间也遇到了许多困难。因为一开始威尼斯使者们一直受到苏丹特使的王国级别的礼遇，然而在威尼斯人丢了塞浦路斯王国后，土耳其朝廷便不想继续给威尼斯的使者王级别的待遇了，因此如今威尼斯使者们不得不忍受这一羞辱。

最终在 1573 年，威尼斯大使巴尔巴罗和穆罕默德帕夏签署了和平协议。根据协议，威尼斯承认苏丹对塞浦路斯的主权。随后在几天里，犹太医生所罗门·阿什克纳齐和新任的土耳其朝廷翻译官阿里贝伊用两种语言写下了这份和平协议的文本。苏丹当时在华丽的纸张上用金色文字签署了敕令，而这份敕令如今保存在威尼斯国家档案馆。第二年，一支比勒班陀被摧毁的那支更庞大的土耳其舰队出现在突尼斯海岸，把 1573 年唐胡安占领的突尼斯又夺了回去，同时攻占了拉古莱特，在北非又重建了奥斯曼帝国的势力范围。苏丹的实力看上去一点也没有因为勒班陀的失败而被削弱，因此巴尔巴罗后来在签署和平协议并返回威尼斯后，认为"奥斯曼帝国依然完全可能君临天下统治大地"。[9]

从这点上说，困扰费尔南德·布罗代尔许久的那个问题是不可避免的：勒班陀海战到底是改变了当时的局势，还是根本没有丝毫影响？[10] 在政治和军事方面，确实可以认为这场战役的影响并不大，也不可能有很大的影响，因为战斗是在10月打响的。如果这场战役是6月打的，那么神圣同盟舰队可以继续乘胜追击，攻占各处沿海要塞，挑动希腊人起义乱，大大削弱奥斯曼帝国的实力。然而由于战役是在10月才打的，因此随后的一系列军事行动都只能推迟到来年春季，而土耳其人也因此有了足够的喘息时间采取反制措施。而由于同样的原因，勒班陀战役拯救了西方的说法也是毫无意义的，因为即使土耳其人打赢了，卡普丹帕夏也同样会返回母港并解散舰队船员。只要观察土耳其人之前在塞浦路斯入侵战中花费的精力和时间，再对比这场在土耳其人自己的港口外爆发，却使帝国的人力物力资源陷入如此紧张的地步的战斗，我们不难发现苏丹根本没有进一步乘胜追击征服更多土地的可能。虽然土耳其人有红苹果的预言，但如今对他们来说红苹果依然遥不可及。

勒班陀海战的历史意义更多是在于其对人心的巨大影响力，以及后来的舆论宣传作用上。这场胜利的消息传到各天主教国家首都的时候，对人心的振奋是空前的，因为在此之前他们经历了多年的沮丧和失败。到处都是庆祝活动，这给民众留下了深刻的印象，这些民众平时都习惯了艰苦的生活，如今奢华的庆祝活动与之形成了鲜明的反差。在帕多瓦，有个可怜的病人由于太过兴奋，一天晚上他因发烧而神志不清，"认为自己在和土耳其人战斗"，随后便拿起一把大刀拆了自己的房子。第二天上午他重复喊着："我把这些土耳其人都杀光了。"[11] 所有基督教国家的民众的情绪都不同程度地受到类似的影响。

最初的几天里，这样的情绪影响力主要来源于官方准备的《感恩赞》大合唱和其他各种教会的感恩活动。但很快民众又回到自己原先的生活中去了，之后的影响力自然免不了强大的印刷术的功劳。10 月 19 日，胜利的消息传到了威尼斯，5 天后，教廷大使法奇内蒂就把“一份印有神圣同盟舰队和土耳其舰队在战斗时双方的战线排列的版画”送到了罗马。在随后的几个月中，欧洲的各大印刷所大量印刷出版了各种时事书籍、公文、备忘录、祈祷文、诗词、歌曲和版画等。在此后的几年里，大量此类出版物还在继续印刷流传着，因此无论在欧洲何处，特别是天主教地区，任何人都可以得到这类出版物来获取这次战役前后的具体细节，以及评估它的重要意义。随着时间推移，公共场所和各私人建筑都画上了各种壁画，展示当时的战斗场面，并且画上的主角都是身穿盔甲站在被戴上镣铐的土耳其战俘和缴获的敌军旌旗中间，而背景也都是在烈焰中燃烧的敌加莱桨帆船，天上则是圣母玛利亚和众天使欣喜若狂地用手指着战斗结果的场面。[12]

而在奥斯曼帝国，印刷术是被彻底禁止的，也没有这类公共场合的艺术来描述这场战役，更不用说把这些用来教学了。和中世纪一样，勒班陀战役的记载在土耳其也是由编年史学家们完成的，他们为了集体自豪感而构建了一个大家都可接受的版本。不过根据编年史学家穆斯塔法·阿里的记载，按照一个后来成为谚语的说法，这是一场不幸的旅途，“战败的舰队之旅”。[13] 他们想要把战败归咎于指挥官的无能以及当时舰队在基本解除武装的状态被迫应战的因素上。更重要的是，要把注意力导向这场惨败后全国上下所做的巨大努力上。土耳其人为此还发明了一个传统，苏丹狂傲地下令，要求建造和损失的加莱桨帆船数目相同数目的新船。[14] 人们互相流传着穆罕默德当时向苏丹承诺的话：“我国国力强盛，只要愿意，哪怕在造加莱桨帆船时用银来制作船锚、丝绸来制作侧支索、天鹅绒来制作船帆都没问题。”[15] 他们骄傲地宣称，很快异教徒就会面对一支全新的舰队了：“他们根本不相信我们能建造这么多加莱桨帆船，更不相信我们能招募到所需的桨手来武装这批船只。当他们看到如此完美的舰队时，他们会说正是这个国家在损失了那么多战船后还能在 6 个月内成功重建了同样数量的战船。”[16] 但如果我们把这种土耳其编年史学家们发明用来安慰人心的传统和欧洲那些印刷出版的图画艺术作品做个对比的话，我们会发现，奥斯曼帝国真正落后西方的地方并不在于火枪和火炮，而在于信息的公众宣传上严重滞后，这也使得在以后的历史中奥斯曼帝国还会继续失败下去。

与此同时，被遣返的士兵和桨手回到了家，伤员纷纷在医院死去，而指挥官们还继续渴望着荣誉，死者有的有体面的葬礼，有的则被人彻底遗忘，他们原来的位置也都被别人占据了。在尼科米底亚的桑贾克的一份蒂马尔登记册中，在 1571 年底那一栏中我们可以读到如下文字："亚拉卡巴德区：伊瓦兹的蒂马尔税，包括哈曼村和周围地区，今年总共 5000 阿克切。达乌德，在上述地区收了 3000 阿克切的蒂马尔税，有权收取 7000 阿克切的蒂马尔税。由于伊瓦兹已死，此人提出请求把空出的蒂马尔权限转移给他。此后他每年可以多收 1000 阿克切。"[17]

注 释

注意：

以下注释都是指所使用的资料来源和参考书目。引用资料中的缩写，如 CB 或是 ASV，是未发表的来源。标明作者姓名（如 Vargas Hidalgo）或标题（如 *Nunziature*）的资料，则来自已公开发表的来源。而带有姓名和日期的资料，比如“Braudel 1976”，指的是本书“参考文献”部分列出的研究。

第 1 章

1. 巴尔巴罗的肖像画至少有三幅：第一幅的作者是 Tintoret，第二幅的作者是 Véronèse，而第三幅画的作者则是 Lambert Sustris（Yriarte 1874, 218-9; *Venezia e Istanbul* 2006, pl. 10, et *cf. infra*, chap. 2, n. 17）。此外还有份名叫 Albert de Hollande 的资料也有提及（*Venezia e la difesa del Levante* 1986, pi. 1）。关于塞浦路斯战争爆发前夕威尼斯人在黎凡特的投资状况，可以参见以下资料：*Relazioni*, Cavalli 1560, 274-5，以及 CB, 339r：仅仅君士坦丁堡一地的威尼斯商人所申报的投资数额就达到了 13 万杜卡特，但巴尔巴罗相信实际数额比这还要多。关于威尼斯大使正常情况下的职责，可参考：Simon 1985, Coco-Manzonetto 1985 和 Dursteler 2006, 25-40。而关于威尼斯和君士坦丁堡之间的旅行所需时间，可参考：Pedani 1994, 48-9。
2. 这份和谈协议文本可见 Quarti 53-4。
3. 关于君士坦丁堡军械库的情况，在历任威尼斯大使的记载中有非常详尽的资料可以参考，可特别参考以下资料：Lybyer 1913, 第 255 和 270 页；*Relazioni*, Renier 1550, 79（引自其中）；Navagero 1553, 66-7；Trevisan 1554, 144-6；Michiel 1558, 118 sqq.；Cavalli 1560, 291-2；Garzoni 1573, 419-22；Soranzo 1584, 277；Bernardo 1590, 388；Zane 1594, 399 *sqq*。关于工匠头目的情况，可参考：*Relazioni*, Trevisan 1554, 145-6；Michiel 1558, 118（在军械库全面开动下“工匠数目可能是 900 名 *marangoni*［木匠］和 1500 名捻缝工，再加上那些城里本来就有的工匠”）；Imber 2002, 140, 293-4。关于威尼斯人花钱雇用工匠头目的情况，除了以上引用的资料外，还可以参考：Concina 1984, 148；Costantini 2005, 57-60（该段指出，军械库里的工匠常年可以得到葡萄酒）；Dursteler 2006, 67, 81, 84, 89。此外还可参考：*infra*, chap.4, n. 18。关于在军械库中工作的奴隶的状况，可参考：*Relazioni*,

Michiel 1558, 120；Correr 1578, 241（在造船期间，卡普丹帕夏也会提供 600—700 名他自己私人的奴隶，“给他们每人每天 10—12 阿克切”）。此外，还可以参考一份描写当时君士坦丁堡的奴隶生活的文献：*Viaje de Turquia*。奥斯曼帝国行政部门中关于军械库的文献资料中缺少了 1530—1610 年期间的部分（Cizakça 1981），而关于军械库的发展过程，可参考：Mantran 1987, Panzac 2009, 56-63。

4. Buonrizzo 136.“海边游记”：*Relazioni*, Renier 1550, 79。关于他们如何轻而易举地就能监视军械库中造船的动静，可以参考：Bernardo 1590, 388。
5. CB, 95v, 104r（“X 艘马霍恩运输船用来运输战马，非常方便，比普通运输船大得多”），110r。关于这种船并没有准确的资料，因为正如巴尔巴罗后来的报告中提到的那样，土耳其人并没有用这种马霍恩运输船来运输战马，而是用一种更合适的载客船，称为“帕兰迪尔”。参考：p. 18 以及 *infra*, n. 10。
6. CB, 115r.
7. Setton 936. 关于 1569 年在塞浦路斯问题上对土耳其人的谴责，我们可以在威尼斯档案馆里保存的文档中查阅到丰富的资料：Setton 925-31；Hill 1948, 878-81；Arbel 1979, 28-9；Arbel 1987, 168-9；Preto 1994, 99-101；Arbel 1995, 55；Panciera 2005, 20；Costantini 2005, 54-5；Capponi 2008, 114-5；Costantini 2009, 43-4, 75 等；还可参考：*infra,* chap. 3, n. 7。在 *Nunziature* VIII-IX, passim 中，有相当多的资料指出，在塞利姆苏丹继位后（1566 年 10 月 26 日）：“人们认为，这位塞利姆苏丹对得到塞浦路斯王国渴望不已，而那些土耳其领主对此也有很强的嫉妒。”而在 1570 年，苏丹曾对大维齐尔说，他决定在继位前就征服塞浦路斯：CB, 306r；Buonrizzo 141。
8. ASV, SS 76, 20rv；*Nunziature* IX., 49；Braudel 1979, II, 358 n. 3；Panciera 2005, 20；Costantini 2009, 47；1569 年 7 月 19 日苏丹给塞浦路斯地方政府的信可参考：Lamansky 031；而在此之前巴尔巴罗 6 月 11 日写给塞浦路斯地方政府的信可参考：CB, 120v。
9. CB, 120v-129v, 136r-138r ; *Nunziature* IX, 49 et 60.
10. *Nunziature* IX, 70 ; CB, 125r-126v. 关于马霍恩和帕兰迪尔两种运输船的区别，可参见 Pantera 42-3：“马霍恩是一种在黎凡特常常使用的船，船体巨大，和威尼斯的巨型加莱桨帆船非常相似。船上使用方形帆，和拿浮运输船一样，但由于其船体巨大，因此速度比拿浮运输船要慢……土耳其苏丹使用这种船来运输步兵、骑兵、火炮、弹药、补给品……帕兰迪尔同样在黎凡特地区常常使用，且只有土耳其人使用，用来运输骑兵，但并没有太多别的用途。”至于船的建造方面，可参见 Crescenzio 4：“土耳其人造的运马船和卡拉穆萨商船，用的是大型的悬铃木做成的木料，在海中可以长期浸泡也不会腐蚀，而且非常坚固。”
11. *Nunziature* IX, 51 和 65. 给达穆拉的命令是 9 月 3 日下达的，参见：ASV, SS 76, 19。关于达穆拉，参考 Panciera 2005, 78-9。
12. 关于威尼斯军械库，可参考：Lane 1934；Romano 1954；Concina 1984；*Venezia e la difesa del Levante* 1986；Concina 1990；Concina 1991；Aymard 1991；Davis 1991；

Bellavitis 2009[2]；关于威尼斯军械库和君士坦丁堡的土耳其军械库的对比，可参考：*Relazioni*, Michiel 1558, 119；Cavalli 1560, 291；而关于 1569 年的那场威尼斯军械库的改革，还可以参考：*Nunziature* VIII, 363 以及 Setton 943。

13. 关于那场军械库的火灾，第一手的资料来自 *Nunziature* IX, 7484；而关于损失情况则来源于：帕鲁塔（Paruta）23；关于后来的调查审讯：Preto 1994, 100, 161-2；关于工人们的奖金，还可参考：Setton 943 n.；其余资料可参考：Quarti 61 sq. 以及 Concina 1984, 156。关于军械库的火药桶的位置，可参考：*ibidem* 以及 Bellavitis 2009[2], 108-9。对切莱斯蒂娜废墟旁的军械库扩建工程已经引起了修道院方面的不满：Concina 1984, 154。
14. *Nunziature* IX, 60, 76, 82-3 ; CB, 138r, 154v-156v, 160rv, 173v, 178v-179r.
15. CB, 178v-179r. 关于穆夫提的职责，更确切地说是关于埃布苏德的人格方面的记载，可以参考：Imber 2002, 225-44。历届威尼斯使者的报告中都常常强调穆夫提发布的教令的重要性：*Relazioni*, Barbaro 1573, 323-4；Garzoni 1573, 432；Zane 1594, 407-8。关于苏丹一直以来都承受来自国内民众和宗教人士的巨大压力，要求他去救援格拉纳达的摩尔人叛乱的资料，还可以参考：CB, 246r；Buonrizzo 137；Braudel 1979, II, 360, n. 6；Setton 946。在热那亚和马德里收集到的情报指出，从 5 月起，军械库一直高负荷运转着，一直持续到年底，让人以为这次舰队的出征目标“是西班牙”。参考：Braudel 1979, II, 358, n. 3。关于马哈茂德贝伊的详细资料可见：*infra*, chap. 2, n. 27，以及 chap.9, n. 10。
16. *Nunziature* IX, 93.
17. CB, 136r-137r, 154v-155r, 156v, 160rv, 173r, 188r, 190r, 205r, 231rv; *Nunziature* IX, 83, 95, 99, 104.
18. CB, 126r, 160r, 173v, 230v.
19. *Nunziature* IX, 112-3.
20. *Nunziature* IX, 118 et 120. 对比 CB, 230v-231v, 239r 这两部分的文献，让人觉得教廷大使并未能从巴尔巴罗的信中直接获取情报，而是从其余各种信息渠道做的推论。
21. AV 1566-1570, 46r；*Nunziature* IX, 123-4；以及 CB, 246r, 251r-252v，上述文献互相有显著的差异。似乎如其他情况下一样，威尼斯元老院收到了德格朗尚大使和巴尔巴罗的信后，也把信的内容和教廷大使通过气。1 月 25 日，塞浦路斯的监督官得知，负责运输 1000 名步兵的“多尔芬纳”号，“朱斯蒂尼亚纳”号和“莱泽”号正赶来增援。而 2 月 8 日，他又被告知其中“多尔芬纳”号已经带着 500 人先行出发，随后另有 1000 人由“朱斯蒂尼亚纳”号、“莱泽”号和“莫琴尼加”号 3 艘加莱桨帆船运载着前往，因此总共是 1500 人。以上信息可以参考：ASV, SS 76, 38v 和 44v，以及 *Nunziature* IX, 130；还可参考：*infra*, chap. 6, n. 30-31。
22. 参考：*Nunziature* IX, 125 和 127；CB, 258r-260v，该文献中有更详尽的资料。这一次威尼斯人并未告知教廷大使当时的详情，他只知道一些大家都知道的普通情报。威尼斯元老院 1 月 31 日的审议可参见：ASV, SS 76, 39 sqq. 以及 AV 1566-

1570, 47v-48r。

第 2 章

1. *Relazioni*, Michiel 1558, 104. 在登基后，塞利姆苏丹吝啬的名声比以往更严重了，因为他没有给士兵发放他们所期待的奖金（*Nunziature* VIII, 61.）图尔松贝伊的编年史对我们了解奥斯曼帝国的君主制意识形态很有帮助；我这里借用的“财富像雨一样从天而降”的说法是来自他的编年史中的第 19 段，此外还有《古兰经》46 章。
2. 孔塔里尼（lv）是那个年代的一位学者，和当时很多学者一样，他认为塞利姆苏丹是主动挑起了这场战争，他的目的是建造“他自己的 Almarat，也就是清真寺或学校的附属医院”。另外塞浦路斯修道院长安杰洛 · 卡莱皮奥曾在尼科西亚战役中被俘，1572 年 7 月他也看见过哈德良波利斯在建中的清真寺，并认为那座清真寺比君士坦丁堡的苏莱曼清真寺更雄伟。可参考：Calepio 93r. 以及 CB, 95v, 129r（此段话明确指出了苏丹想要“用从塞浦路斯掠夺的财富”来建造这些宗教建筑）以及 168r。
3. *Relazioni*, Renier 1550, 75 ; pour le trône, Badoer 1573, 358.
4. *Relazioni*, Navagero 1553, 76 ; Michiel 1558, 104 ; Ragazzoni 1571, 97 ; Garzoni 1573, 401 ; Badoer 1573, 361.
5. *Relazioni*, Anonimo 1571-73, 176; Badoer 1573, 360-1 ; Santa Croce 1573, 183 ; Barbaro 1573, 318 ; Garzoni 1573, 401.
6. *Nunziature* IX, 197 et 342 ; *Relazioni*, Santa Croce 1573, 183.
7. *Relazioni*, Ragazzoni 1571, 97.
8. 易卜拉欣贝伊在威尼斯元老院上的讲话内容可参考：Pedani 1994, 181；而关于这位重要人物的情况，可参考：*infra*, chap. 3, n. 5。
9. Bellingeri 2001, 14.
10. 关于奥斯曼帝国底万的运作状况，可参考下列文献：*Relazioni*, Trevisan 1554, 117-9; Imber 2002, 154 sqq。还有以下文献中引用的话：*Relazioni*, Garzoni 1573, 431。在 Fleischer 1986 中，也有一幅微型画，描绘了当时底万开会的情景，画上大维齐尔穆罕默德帕夏在主持会议，而塞利姆苏丹则坐在一旁。
11. 关于德夫希尔梅体系，可参考下列文献：Metin Kunt 1982, Imber 2002, 134-42; 此外下列文献中对此也有一些重要的描述：*Relazioni*, Renier 1550, 78（“如果可以这么描述的话，我们可以说：这么多年轻人长大成人了。因为如今要等到比过去年龄更大时才能带走他们。”）; Navagero 1553, 48-53; Trevisan 1554, 128-31（“在过去，这种制度被认为是真正的巨大痛苦，所以被选中者的父母会想尽一切办法不让他们被带走，但现在看来这种制度对被选中者来说意味着极大的特别恩惠。”）; Garzoni 1573, 396; Santa Croce 1573, 189-90。在下列文献中有关于这种制度的经历者的第一手证词：Bennassar 1991, 274-80。

12. Lybyer 1913, 85-6；*Relazioni*, Cavalli 1560, 283；Barbaro 1573, 315-7；Bernardo 1592, 358（还可参考 Moro 1590, 360）; Venier 284；*Nunziature* VIII, 143。关于这个问题，在下列文献中提供了丰富的信息：Preto 1975, 163-232。关于卡瓦利，他是当时威尼斯寡头政治中的最重要人物之一，我们后面还会提到他。可以参考：Preto 1979, 128，以及 Simon 1984。

13. 这段引用文字是从下列文献中汇总的：*Relazioni* rapportées *infra*, n. 15-17。除了 *Encyclopédie de l'Islam* 中的一些条文外，西方的当代文献中对此记载并不详细。可参考：Fleischer 1986（特别是关于拉拉·穆斯塔法），Samardjitch 1994——但可以参考下列文献：G. Veinstein dans *Turcica*, 27 (1995), 304-10——以及 Dursteler 2006, 127。需要指出的是，可能塞利姆苏丹当时麾下总共有 6 名维齐尔，而当时关于任命工作的年表记载并不确切（*cf.* Fleischer 1986, 53 n.）；但只有本书中提到的那 5 位维齐尔被记载在了威尼斯使者的文献记录中，他们在整个塞浦路斯战争期间都有积极而活跃的表现。

14. *Relazioni*, Barbaro 1573, 317, 330; Soranzo 1584, 283. 关于穆罕默德帕夏的儿子们，参考：Ragazzoni 1571, 80-1；Anonimo 1571-73, 168；CB, 220v：1569 年 10 月 29 日，穆罕默德帕夏"和所有父亲一样，开始给他的儿子们争取各种特权和利益，并把他的长子选为切尔泽齐的桑贾克贝伊"。（在和苏丹的亲族结婚前，他不过是奴隶出身而已。可参考 141r，1569 年 7 月 22 日：穆罕默德帕夏刚出生的儿子死了，"儿子的死把他的心都刺透了，因为这样一来他和来自苏丹家族的妻子就没有孩子了，因为他们生了 5 个孩子，结果都死了。他们本来都能来到这个世上建功立业的"，et *cf.* CB, II, 227r。）关于拉拉·穆斯塔法的儿子的情况，可参考：Garzoni 1573, 408；而皮亚里帕夏的儿子的情况可参考：Pedani 2010, 204。此外还有 *Piyâle Rasa* 和 *Encyclopédie de l'Islam*。

15. *Relazioni*, Cavalli 1560, 295；Ragazzoni 1571, 98；Anonimo 1571-73, 172；Garzoni 1573, 403-7; Badoer 1573, 365-6; Correr 1578, 255-6（关于艾哈迈德帕夏，该文献提供了更具体的细节："因为他同时也是个职业诗人，他给自己取名为 Semps，意思是太阳。"）。

16. *Relazioni*, Ragazzoni 1571, 99; Badoer 1573, 366; Garzoni 1573, 408; Barbaro 1573, 331; Santa Croce 1573, 192 ; Correr 1578, 255 ; Buonrizzo 156.

17. *Relazioni*, Cavalli 1560, 295；Ragazzoni 1571, 98（le même épisode dans CB, II, 143r-l48v："并非天生丑陋"）; Garzoni 1573, 405-7; Barbaro 1573, 319-20; Badoer 1573, 364; Soranzo 1576, 209; Correr 1578, 254。关于委罗内塞画的那幅肖像画：*supra*, chap. 1, n. 1。卡瓦利从斯科普里寄出的那封加急信件可见：Lamansky 064。

18. CB, 155rv, 229v, 275, 350r-351v；Buonrizzo 142, 153, 156-7；*Relazioni*, Barbaro 1573, 330-1；Barbaro 1573b, 390-1（"对这场战争的发生完全感到不可思议"）；Badoer 1573, 366；Contarini, 2v-3r；法奇内蒂的加急信件中关于穆斯塔法的晋升的事情的记载，可见：*Nunziature* VIII, 350。关于拉拉·穆斯塔法周围的人的分析：Fleischer 1986。

19. *Relazioni*, Barbaro 1573, 319 ; Garzoni 1573, 407 ; Pedani Fabris 181.

20. 关于传讯官（Siyavush）这个官职，参考 *Relazioni*, Soranzo 1584, 283-4; Bernardo 1590, 3401，还可参考 *infra*, chap. 3, n. 14。关于哑巴拉拉，可以参考：CB, II, 120v。

21. 关于努尔巴努，可参考以下文献：Bellingeri 1985；Arbel 1992；Pedani 2010, 199-201；还可参照 *Relazioni*, Badoer 1573, 362；Garzoni 1573, 403；Santa Croce 1573, 182 和 188；而关于加赞法尔，可参考：Dursteler 2006, 119-23, Pedani 1997, 68-70 以及 Pedani 2010, 194-6。

22. CB, 278rv, et II, 223v ; *Relazioni*, Anonimo 1571-73, 165 ; Garzoni 1573, 380 ; Antelmi 1576, 199 ; Zane 1594, 424-7 ; Fresne-Canaye 268. 关于这一段，特别是关于亚伯拉罕・阿贝桑蒂奥此人，可以参考：Lucchetta 1997, 7-13。关于奇加拉被俘的那场战斗，在下列文献中有提及：Doria 152-5；也可参考下列文献：G. Benzoni, *Cicala, Scipione* 以及 *Cicala, Visconte*，还有 DBI 和 Montuoro 2009。关于土耳其皇宫里的良好的教育机会的介绍，可见下列文献：*Relazioni*, Navagero 1553, 42-7。

23. 关于米歇尔・康塔屈泽纳此人：*Relazioni*, Anonimo 1571-73, 167；Santa Croce 1573, 184 和 186。按照文献记载，威尼斯政府当时有一场针对"这位悲哀又粗鲁，学尽了所有作恶的艺术的康塔屈泽纳"的无休止的审判，要收回曾经支付给他的信用款：CB, 187r, 201r-202v, 205v-206r, 212v- 213v, 218v-220v, 226v, 237v-238r, 245v, 250rv, 266v, 273v-274r, 355rv，以及 II, 84v 和 234v。

24. 关于若昂・米格，又名唐约瑟夫・纳西，各种参考资料非常多，而且互相说法不一。可参考下列文献：Inalcik 1969b, 122-3；Ravid 1983；Arbel 1987；Pedani 1994, 153-9；Arbel 1995, 56-63。而关于他在纳克索斯岛上的地方政府，可见：Slot 1982, 88-97 以及 Vatin 2004。在 *Relazioni*, Buonrizzo 1565, 66 中，记载了一些信息和一些有意思的传闻；Ragazzoni 1571, 91；Barbaro 1573, 334 和 343；Badoer 1573, 361；Antelmi 1576, 199。

25. Arbel 1987, 167 ; Simon 1984, 987-92 ; Arbel 1995, 13-28, 55-76.

26. 两位法国大使，德格朗尚和杜博格二人对这些传闻的扩散起了极大的作用。可参考：Charrière II, 735-6 和 III, 87。在 1569 年 10 月，布翁里佐秘书是第一个得知另一个稍有不同的版本的说法的：土耳其人发起塞浦路斯入侵战是因为米格的多次要求，"因为他想做贝格勒贝伊"，也就是当地的地方监督官。当时他并不知道，身为犹太人，他是无法担任这个职务的，到后来他才明白。可参考：CB, 207v-209r。而关于他才是军械库火灾的主谋的传闻，在事件发生前几天也已经传到了费利佩二世的耳中。参考：Braudel 1979, II, 358, n. 4。关于为什么我们说威尼斯当时有强烈到偏执的反犹主义情绪：Arbel 1987, 170-2；而关于那个所谓的犹太阴谋，就是 1568 年揭露的关于纳西一手策划的把法马古斯塔出卖给土耳其人的传闻，可参考：Arbel 1979, 28-9。

27. Charrière III, 70-1；CB, 104r, 175v, 还可参考 338v："我可以确信他已经没有一分钱了。"马哈茂德贝伊和法国大使馆的翻译官也发表过一个有意思的声明，指责这是针对法国商人的报复，是应"若昂・米格，又叫唐约瑟夫・纳西"这个人的要求才发生的。而关于“穆斯林的皇帝塞利姆苏丹最杰出的首席大臣，穆罕默德帕夏”和“高卢人的皇帝的首席大使”德格朗尚之间的谈判，可参考：CB, 164。关于马哈茂德贝伊的旅程，参考：*infra*, chap. 9, n. 10。

28. CB, 327v-328r, 331r, 338r (février-mars 1570). 关于穆罕默德帕夏对纳西的厌恶，参考：*Relazioni*, Ragazzoni 1571, 91 以及 Barbaro 1573, 343。

29. 1569 年 9 月 17 日，巴尔巴罗从米格自己家里的人中打听得知“（土耳其）舰队肯定会出征的，指挥官应该是皮亚里帕夏，苏丹最宠爱的沙乌什也会担任船长，而若昂·米格也将一同出征”，舰队攻击的对象应该是西班牙或马耳他。可参考：CB, 188。1570 年 3 月 8 日，巴尔巴罗却向国内汇报了不同的情况：拉拉·穆斯塔法希望米格随他一起出征塞浦路斯：CB, 338v。

30. *Nunziature* IX, 205 和 207. 在 1571 年，有个传闻传到了威尼斯：塞利姆苏丹和犹太人唐约瑟夫之间有一段谈话（*Dialogo de Selin con Giosuf ebreo*），在谈话中，塞利姆指责纳西将他拉入了战争。参考：Arbel 1987, 168-9。有份完整的现代史学文献详细描写了“马拉诺犹太人若昂·米格在君士坦丁堡的生活”，参考：Contarini 2r。

31. CB, 306r, 327v ; Buonrizzo 141.

第3章

1. 关于卡蒂普·切莱比的引用，可参考 Bellingeri 2001, 12，除了关于掷骰子的说法是来自另一个人的记载，他叫比利雷斯，可参考 Bausani 1979, 181。关于奥斯曼帝国对威尼斯的印象，参考：Bellingeri 1985; Costantini 2009, 6-8; Pedani 2010, 250-6；关于对意大利的印象，可参考：Bausani 1979 ；而对天主教欧洲的印象，可参考：Veinstein 2001。关于奥斯曼帝国对威尼斯人“渔民”的贬义绰号的来源，可参考下列文献：Bausani 1979, 181; Haie 1990, 141; Pedani 2010, 250；以及参考：*infra*, chap. 16, n. 28。

2. 关于土耳其帕夏们在威尼斯购买的商品，可参考：Gôkbilgin 1979; Pedani 1994, 93-4; Raby 2007; Costantini 2009, 29; Pedani 2010, 101-9；在以下文献中也有记载：*Relazioni*, Ragazzoni 1571, 96; Barbaro 1573, 312 以及 Garzoni 1573, 401; CB, 116v-117r, 121v-122v, 169r, 227v, 272v。几年前，法国大使尼古拉前往君士坦丁堡赴任时被允许携带希腊麝香葡萄酒和“一大块上等奶酪”。可参考：Nicolay 120，以及参考：Pedani 1994, 61。关于保险，可参考：Simon 1984, 986。

3. 在下列文献中，谷物贸易的结束被认为是威尼斯和奥斯曼帝国两国关系急转直下的一个关键转折点：Braudel 1979, I, 517-538; *Relazioni*, Cavalli 1560, 290; Barbaro 1573, 313-4，此外还有：Donà 104。

4. CB, 164v-165r, 184v-186v, 206r, 211rv, 223v, 235rv, 248v-249v, 265r; *Nunziature* IX, 120. 关于奥斯曼帝国的政要和耶尼切里军团与威尼斯暗中所进行的非法贸易：Simon 1984, 1003-4; Dursteler 2002, 114-24, 以 及 2006, 163-9。Costantini 2009,

34：此处指出塞浦路斯战役给拉拉·穆斯塔法帕夏带来了60万阿克切的收益，这个数目大约相当于1万西昆，对帕夏来说，这样的数额并不大，不足以成为他支持这场战争的动机。

5. *Relazioni*, Navagero 1553, 106; *Nunziature* VIII, 78-91, 111. 关于易卜拉欣贝伊这个人物，值得单独为他写一篇传记，因为在当时的许多外交信函中都有提及他的名字。更具体的详情可参考：Pedani 1994 *ad ind.*；*Nunziature* IX, 64；Serrano III, 129；Charrière III, 85 以及 *passim*；还可参考 Veinstein 2001, 60 以及 Pedani 2010, 140-1。
6. *Nunziature* IX, 298.
7. Jennings 1993, 11 ; Pedani 2003 et 2005b ; Costantini 2009, 14-26. 1567年末穆罕默德帕夏对威尼斯大使的抱怨，还有威尼斯元老院一系列对塞浦路斯的命令，都记载在下列文献中：Setton 931。但关于奥斯曼帝国抗议塞浦路斯暗中支持海盗的事情由来已久：早在1559年，开罗的帕夏就对当地的威尼斯大使抱怨并威胁说："只要苏丹入侵塞浦路斯，我就会立刻挑起对你们的战争，并且倾全力发起军事行动。"（Poumarède 2004, 462-5）。
8. *Relazioni*, Ragazzoni 1571, 101.
9. CB, 268v-269v, 272rv, 还有部分内容记载在 Lamansky 033 中。伊赛波另外还回复说（至少这件事是巴尔巴罗证实过的），一旦爆发战争，威尼斯一定会释放塞浦路斯岛上所有被罚为奴隶的村民，"他们将会为威尼斯拼死作战"。后面我们会提到塞浦路斯民众对威尼斯人的统治的敌意：*cf. infra*, chap. 14, n. 11-16, 30-33, 41。
10. 1569年夏季到秋季期间奥斯曼帝国在政治和军事上的困难使得他们无法下定决心攻打塞浦路斯的事情，被记载在一些西方的文献中。参考：*cf.* CB, *passim*；*Nunziature* IX, 95，此外还有一些出版物如 Vargas Hidalgo 593, 606, 610-1。关于突尼斯征服战，可见 Braudel 1979, II, 364-365, 以及 Vargas Hidalgo 1998, 101-3。
11. CB, 127r-129v. Chiecaia 真正的发音可能是 tchecaia，是当时奥斯曼帝国 kahiya 或 kahya 这个称号的音译，等同于奥斯曼帝国境内的波斯裔所说的 kethüda，有时这个词根据语境会翻译成"总管"（*cf. Viaje de Turquia* 131），一般是指高级官员或首席大臣的助手。
12. 关于1569年7月的那次"马背上的底万"，可参考下列文献：CB, 136r-137v, 156rv, l60r, 以及 *Nunziature* IX, 60。
13. Braudel 1979, II, 358, n. 4, 关于君士坦丁堡的那次大火（9月28到30日的那次），以及随后10月份的那几次火灾，可以参考：CB, 192v-195r, 203v-204v, 212r；Charrière III, 89；*Nunziature* IX, 94-5, 99 ；关于对军械库遭到蓄意破坏的恐惧，在奥斯曼帝国一些内部资料中有记载，其中 *ibidem*, 166 中提到一些相关的应对对策，一部分在 Vargas Hidalgo 591 有发表 , *cf.* Fleischer 1986, 56-7。
14. CB, 137v, 156v, l68r, 188r, 195r, 239v ; Charrière III, 89.
15. CB, 192v-195r; Fleischer 1986, 57.
16. 关于卡普丹帕夏的职责，可参考：Imber 2002, 297-302 以及 *The Kapudan pacha*

2002；关于威尼斯这边的信息，是根据 1534 年 Benedetto Ramberti 和 1537 年 Alvise Gritti 二人的记载来的，在下列文献中也有较多提及：Lybyer 1913, 255 和 270 以及 *Relazioni,* Trevisan 1554, 136；Garzoni 1573, 419 和 425（在文字中有引用）；Antelmi 1576, 197；Soranzo 1584, 278（直到勒班陀战役时，“土耳其人的传统依然是把海军司令官的位置给苏丹最宠信的年轻人，并且是从苏丹后宫中挑选，正如耶尼切里军团的阿迦的选拔一样”。）；Moro 1590, 36。

17. 关于“宣礼员之子”阿里，资料并不多：根据 Scetti 108，作者曾参加了勒班陀战役，他在文献中说：“此人是君士坦丁堡土生土长的土耳其人，深受塞利姆苏丹的宠爱，他名叫阿里帕夏。”在他还活着的时候，最直接的信息是来源于下列文献：Buonrizzo 136, 155 和 157, 以及 CB, 120v, 154v, 168r, 242v, 246v, 267r。不少奥斯曼帝国编年史学家都提到阿里帕夏缺乏海战经验，这也直接造成后来在勒班陀的灾难性后果。可参考：Yildirim 2007, 534-5, 546, 550。其余信息可参考奥斯曼帝国编年史学家佩塞维（Peçevi）在 Capponi 2008, 214 的记载。阿里帕夏访问法马古斯塔一事在下列文献中有记载：Valderio 934-5, 此外还可参考：CB, 242rv。
18. Buonrizzo 157；CB, 120v-121r，而那些奴隶的证词可参考：Caracciolo 39。
19. 关于皮亚里帕夏主张对地中海西部发起进攻，并期待自己被任命为舰队帕夏一事：CB, 120v, 156v, 188r；avis dans Vargas Hidalgo 591 和 593, 以及 Buonrizzo 136 *sq*。
20. CB, 104r, 115v, 154v, 231v, 246v ; Buonrizzo 136 ; Vargas Hidalgo 591, 593-4 et 597.
21. 关于历届卡普丹帕夏都无可避免地支持战争的好战情绪，可以参考后来的一些文献：*Relazioni*, *Antelmi* 1576, 197 以及 Correr 1578, 242。
22. Buonrizzo 136-8 ; *cf.* également CB, 115r, 121r, 251v.
23. Fleischer 1986, 55 ; Buonrizzo 136（以及 142，此处最后一次提及穆罕默德帕夏和穆斯塔法帕夏之间的分歧）：CB, 231 v, 236r。这里 Paruta 16 把哈德良波利斯之行和几个月前“马背上的底万”两件事搞混了。
24. Vargas Hidalgo 594 ; CB, 239rv.
25. CB, 115r, 173v, 221v-222r, 239v, 241v ; Vargas Hidalgo 594.
26. Vargas Hidalgo 597；在下列文献中也有类似的报告：ASG, 2170；Braudel 1979, II, 358 n. 3 和 373 n. 4；关于卡普丹帕夏对此并不知情的记载，可参考：CB, 246v；ASV, SS 76, 39；Buonrizzo 137-8。

第 4 章

1. CB, 246rv, 251v, 262v ; Buonrizzo 136-7 ; Vargas Hidalgo 597 ; *Nunziature* IX 120, 123-4. 关于混合式加莱桨帆船和灵巧式加莱桨帆船的区别，参考 Pantera 45：“加莱桨帆船有两类：混合式和灵巧式。混合式加莱桨帆船的船尾在外侧分开，就像两瓣大蒜，但这种结构使得它们性能更强，并且在海上更稳定。而灵巧式加莱桨帆船只有一整块的船尾，但更狭窄，因此更适合划桨航行，混合式加莱桨帆船则更适合用风帆航行。两者在所有其他方面都大致相同。”可参考：Tenenti 1962, 34 和 45 以及 Aymard 1974, 73-5。关于苏丹的座舰，可参考：CB, 258v-259r：“我在那待了 15 天才看到这艘船。该船非常大，共有 29 到 30 个桨座，每个桨座 1 根划桨，每根划桨有 4 名桨手操纵。”而相比之下，1570 年马肯托尼欧·科隆纳的旗舰有 28 个桨座，每个桨座有 5 根划桨。（参考 *infra*, chap. 6, n. 18）；至于吉安·安德烈亚·多里亚的旗舰，则有 26 个桨座，每个桨座有 5 名桨手（Vargas Hidalgo 623）；此外萨伏依公爵的旗舰则有 25 个桨座，每个桨座 5 名桨手（Lo Basso 2003, 376）。

2. Buonrizzo 136-7；CB, 246v, 251r-252v, 254v, 258r, 260r；*Nunziature* IX, 120 和 127。关于那 10 或 12 艘之前在尼科米底亚的马霍恩运输船，参考：CB, 104r, 115v, 126rv. Barbaro, 261r, 此处巴尔巴罗还附加了几份当时下达各省卡迪的命令（éd. dans Quarti 76-7）。

3. 这些数目的评估和估算在勒班陀战役后依然还存在，参考：Tenenti 1962, 63；Buonrizzo 154（“在我还在土耳其皇宫时……他们就预测他们可以用奴隶来武装 40 甚至 50 艘加莱桨帆船，这批加莱桨帆船性能优良，速度极快，可以做舰队的中坚力量了。”）；*Relazioni*, Renier 1550, 80；Garzoni 1573, 421（“他们总共另外又武装了大约 40 艘满船员的加莱桨帆船，所有人都是从他们的长官那领取工资的，给了他们长官每人一共 1300 阿克切，这可以说是整个土耳其舰队中性能最优良，甚至是唯一一批性能优良的加莱桨帆船了。”）；Barbaro 1573, 307；Soranzo 1576, 206（“在我还在君士坦丁堡的时候，土耳其人所有的奴隶就足够武装 35-40 艘加莱桨帆船……这批船将是土耳其舰队的主力”）；Correr 1578, 239；Soranzo 1584, 277；Moro 1590, 354-5；Zane 1594, 403-4；Donà 1596, 357-8。参考：CB, 239r：苏丹命令海军司令官清点“在君士坦丁堡可以用奴隶和其他能招募做桨手的人员武装起来的加莱桨帆船总数，因为如苏丹所知，那些雷斯们都拥有不少私人奴隶，马上就能拿来做桨手用，这些私人奴隶平时都是雷斯们自己养着干私人活的，非常能干。而当舰队要武装加莱桨帆船时，雷斯们就会把他们的这些私人奴隶都带上船，并且他们支付的报酬也很高，高到足以让不想去的人都能改变主意”。

4. Buonrizzo 154, *Cf. Relazioni*, Garzoni 1573, 421（“另有 20 艘加莱桨帆船是靠流浪汉武装起来的”）；在 16 世纪时的有些学者更乐观地认为这些流浪汉能武装 30 多艘加莱桨帆船。（Tenenti 1962, 63；Dursteler 2006, 68），但在那个时代也有一位西班牙作者证实苏丹“每艘船都需要招募 160 人，而他却最多只有三四千人而已，用那个术语来说，那些人都是‘扎卡里’［sur ce terme, *cf.* p. 64 et, *infra*, n. 8］他们都是以租借的形式被招募来君士坦丁堡做桨手的”。（*Viaje de Turquía* 427）。人们称呼这些从君士坦丁堡以外招募来的桨手为 marioli，意思是“歹徒”（*Relazioni*, Navagero 1553, 67-8；Bernardo 1590, 329）。他们中许多是克里特人（*Relazioni*, Cavalli 1560, 293-4：“这些斯卡波利［«galériens libres», sur ce terme, *cf.* p. 101］他们一直在酒馆中生活，都是基督徒，大部分是干地亚人。”；Moro 1590, 354；Bernardo 1592, 335-43）。他们中大部分是被定罪的。他们逃离了威尼斯领土以避免被捕，许多人的罪行应该是会被处以流放到克里特或是别处：Dursteler 2006, 68-72。

5. Faroqhi 2004, 108.
6. 根据教廷大使的记载，威尼斯大使在 11 月底宣布说“至今为止君士坦丁堡所招募的桨手只够武装 60 艘加莱桨帆船”（*Nunziature* IX, 120）。事实上，在文献 Barbaro（CB, 239r）此处并没有提及具体数字，因此应该是负责和教廷大使联系的威尼斯官员自己基于以往历任威尼斯大使所提供的情报做的计算，才得出“君士坦丁堡的桨手”能武装 60 艘加莱桨帆船这个结论。
7. Buonrizzo 154. 关于奴隶的短缺和人力资源成本，威尼斯大使在 1569 年 5 月 11 日说：“每个人每天领到三四个马切利的工资，而所有健康状态下的奴隶的价格是每人 100 杜卡特，甚至更多。”（CB, l00r）。
8. 关于这套特别的义务征兵体制（*avariz-i Divaniye*），参考：Fontenay 1981；Veinstein 1983；Imber 2002, 306-8；Agoston 2005, 118-9；Panzac 2009, 34-7。而关于那些征募来的桨手的质量有多差，参考：*Relazioni*, Renier 1550, 80（“这些来自安纳托利亚的人粗鲁又不守纪律，将会成为舰队中最悲哀的一群人。”）；Buonrizzo 154（“在武装起来的加莱桨帆船中，这些扎卡利和别的征募来的人员是最差的一批桨手。”）还可参考：Santa Croce 1573, 182, 以及 Tenenti 1962, 64；Soranzo 1576, 206（“要武装剩下的加莱桨帆船，他们有比较方便的途径，因为他们统治下各处的民众都有义务服从加莱桨帆船兵役……因此他们永远不会缺少桨手，但除了奴隶以外，其余加莱桨帆船上的桨手都是新手，在当年服役完后，第二年他们不用再回来接着服役，而由于雷斯们并不算勤奋，所以加莱桨帆船的质量也不算优秀。如我们所见，在他们的舰队回港解除武装前，这些桨手大部分都死在海上了。”）；Bernardo 1590, 330（一位希腊人海军军官在 Vargas Hidalgo 676 这份文献中如此评价道：“这些人毫无经验，对海上生活根本不适应。”）关于多招募的人员的情况，可参考：*Relazioni*, Michiel 1558, 120, 和 Garzoni 1573,420-1。
9. Vargas Hidalgo 597；CB, 239r（11 月 26 日：为了找到需要征募的桨手的档案，命令中加了一条“必须在上一次舰队出航的记录中找出哪些人在其中服役了，哪些人没有”），259v-260r；Buonrizzo 139。而在征募中每 15 户家庭出一人这个数字是来源于下列文献：Imber 2002, 306-8。Barbaro（CB, 260v）这份文献中还抄录了一份送给各省的卡迪的命令的样板，其中说到预期的工资“土耳其人每人 106 阿克切，基督徒则是 80 阿克切”，并且明确要求卡迪“不要把钱直接给那些人，否则你会受到惩罚”，此外命令中还要求“无论是在基督教会，或是麦加工作的人，或是任何别处工作的人，都不能免除兵役，因为这次他们中也要出人参加舰队”，还要求“无论什么事都要在这场崇高的行动的理由面前让步，让他们务必信任我这次的做法”（éd. dans Quarti, 75-6）。
10. 例如，1552 年每 23 个家庭出一人（Veinstein 1994）；而在塞利姆二世统治期间，在别的情况下则是每 20 至 22 个家庭出一人（Fontenay 1981, 901）。在勒班陀海战后，这个比例上升到危险的程度（Imber 2002, 306-8），不过在世纪末又有所回落。（*Relazioni*, Bernardo 1592, 335-43：“每 15 至 20 个家庭出一名桨手。”）文中所引用的文字是取自 *Viaje de Turquia*, 426。

11. 土耳其人共有三种流通货币用来支付开销，最主要的是金币，或者叫杜卡特，土耳其人称为“苏丹宁（sultanin）”，1 杜卡特等于 60 个阿克切，铸有在位苏丹的头像。随后第二种就是阿克切，是银制的，上面刻有阿拉伯字母，他们称为阿克切是因为它的颜色是白色的（*Relazioni*, Santa Croce 1573, 188）：“阿克切”的希腊文意思是“白色”，而土耳其语的“阿克切”的意思刚好是“金钱（akçe）”。60 阿克切兑换 1 杜卡特的这个汇率是圣克罗齐（Santa Croce）提到的，这个汇率显示阿克切实际上在贬值，因为在那个年代前的许多文献记载中都显示 1 杜卡特兑换 50 阿克切：比如可以参考 *Relazioni*, Barbaro 1573, 304，“3000 阿克切刚好兑换 60 杜卡特”；甚至在同一篇文献中都能找到两种不同的兑换汇率，如 Garzoni 1573, 394：“1000 阿克切兑换 20 杜卡特。”还有 *ibidem*, 412：“3000 阿克切兑换 50 杜卡特。”另外，市场上的兑换汇率和官方的并不一定完全一致，1 杜卡特甚至可能兑换 65 至 70 阿克切：Pamuk 2000, 97。
12. *Cf. Relazioni*, Trevisan 1554, 137-40 ; Michiel 1558, 120 ; Garzoni 1573, 424 ; Anteimi 1576, 197. 同样的金额，“每人 XX 埃居，都是由那些有义务服役的人支付的”，这些钱都是给上了加莱桨帆船服役的奴隶们支付工资用的，但毫无疑问其开销却是由奴隶主来承担的：*Relazioni*, Correr 1578, 242 和 248。无论如何，想尽办法逃避这个义务的现象非常普遍，参考：Yildirim 2007, 536-7。
13. 这样的评价记载在下列文献中：*Relazioni*, Cavalli 1560, 292（此处还写道，“苏丹的加莱桨帆船的寿命一般是 18 至 20 年”）；而在下列文献中也有提及：Garzoni 1573, 419- 20；Soranzo 1576, 207；Antelmi 1576, 197。Correr 1578, 241, 此处强调，在勒班陀海战前，“雷斯的义务不只是自己筹集资金，而且也会获得一些捐赠，其数额可达 1000 杜卡特”。而关于从低级人员中晋升的现象，可参考：*Relazioni*, Michiel 1558, 120：“加莱桨帆船的船主称为雷斯，每天有 7 至 20 阿克切的工资。无论谁都可以被任命为雷斯，不考虑他们的荣誉或身价，雷斯是一艘船的最高长官，很多时候一艘船上的水手长能晋升为雷斯。”
14. 关于在勒班陀海战前夕的制度和形势，可参考：Erdogru 1997, 100, 以及 Imber 2002, 303：“在 1571 年，总共有 227 名雷斯，各自都率领他们在军械库里指定的下属，还有 150 名雷斯没有下属。”可能这些没有下属的雷斯是预备役，还在等待正式任命。关于军官们的等级，可参考：*Relazioni*, Trevisan 1554, 136-7；Michiel 1558, 120-1；Cavalli 1560, 293；Garzoni 1573, 425。基督教国家的加莱桨帆船舰队上的军官等级对比，参考：*infra*, chap. 6, n. 19。
15. Barbaro 1573, 306-7. 根据威尼斯人的情报，土耳其加莱桨帆船上的水手数在那个世纪中不断有显著的减少。参考附录四。 即使是拿薪水的阿扎普的人数，在勒班陀战役前几十年增加的趋势结束后，此后也在减少。在 1537 年，阿维斯 · 格里蒂证实苏丹“一直都在从阿扎普（加莱桨帆船上的水手）中抽走人员，前后有 1000 人之多，为此他花了总共 40 万阿克切”。（Lybyer 1913, 270）；在勒班陀海战那一年，阿扎普的总人数约为 3000 人（Garzoni 1573, 425, 以及 Imber 2002, 303），然而到了 1609 年，在薪水支付档案记录中记载的水手总数只有 2363 人。（Murphey 1999, 17 et n. 16）关于 1570 年的 5000 名应征新兵，参考：CB, 260r（et *cf.* 261v ：“他们应征入伍做桨手和斯卡波利，总人数为 3.5 万人。”），以及 Buonrizzo 139。

16. *Relazioni*, Ragazzoni 1571, 100-1；Garzoni 1573, 420-1；Antelmi 1576, 197；Correr 1578, 239（引用的文字出自此处）。
17. Concina 1984, 148 ; Concina 1991, 236 ; *Relazioni*, Barbaro 1573, 306-7 ; Dona 1596, 356 *sqq*. *Cf.* également Trevisan 1554, 146 ; Soranzo 1584, 277 ; Moro 1590, 348-50 ; Bernardo 1590, 327 ; Bernardo 1592, 335-6, 339-42 ; Zane 1594, 399 *sqq*.
18. *Relazioni*, Trevisan 1554, 185；Michiel 1558, 119；Cavalli 1560, 291；Capponi 2008, 165；关于潮湿的木料及其较短的寿命，参考：*Relazioni*, Soranzo 1584, 277；Moro 1590, 348；关于威尼斯工匠师傅：Preto 1975, 214-7，此外还可参考：*supra*, chap. 1, n. 3。
19. *Relazioni*, Ragazzoni 1571, 100-1, Tenenti 1962, 34-5 ; Aymard 1974, 73-5; Concina 1991, 241-2; Conway 1995, 178-80; Fenicia 2003, 1257. 关于威尼斯人的困惑，可参考 *Relazioni*, Morosini 1570, 133：萨伏依公爵的加莱桨帆船都是只有（每个桨座）一根划桨的，“他们认为这种设计能让他们的船速度更快”。此外还有 CB, II, 21r：“每个桨座只配备一根巨型划桨……如此他们轻易就能武装他们的战船，在航行时船员的互相配合也较为容易。” *Relazioni*, Zane 1594, 401 此处证实土耳其加莱桨帆船的划桨更细，对桨手的体力需求也更小。即使是西班牙舰队的划桨也比之更细，体力需求也更小；而且他们的划桨也更灵活，更不容易折断。参考：Cristoforo Da Canal 78-9。
20. *Relazioni*, Cavalli 1560, 292-3; Cristoforo Da Canal 69-70, 82-4; Tenenti 1962, 32 et 52.
21. Crescenzio 4-5 ; Cristoforo da Canal 78 ; *Relazioni*, Cavalli 1560, 294 ; Paruta 294 ; Tenenti 1962, 31 ; Lane 1934, 13. 另外参考：Fresne-Canaye 308，此处作者在 1573 年威尼斯人和土耳其人签下和平协议后，在科孚岛曾同时见过双方的舰队并列在一起停靠。他说：“和威尼斯加莱桨帆船相比……土耳其加莱桨帆船好像马霍恩一样，因为后者的船尾更高，船头的撞角也更高；而且土耳其加莱桨帆船的油漆和镀金都更好。”
22. 关于土耳其加莱桨帆船上的食物供给，参考下列文献：*Relazioni*, Cavalli 1560, 294; *Nunziature* VIII, 348 ; Sereno 222。

第 5 章

1. CB, 258r；*cf.* 251v, 18 décembre 1569：“现在看来，许多线人从各种渠道传来的情报都证实土耳其人要入侵塞浦路斯了，消息绝对可靠。” 254v, 10 月 20 日：“各种传闻都证实，他们入侵塞浦路斯的战争准备工作规模每时每刻都在扩大，参与战争准备的人考虑的也越来越多。” 262v, 1 月 4 日：如今人们谈论这件事，已经好像是众所周知的事一样了。有个威尼斯商人跑到了法国使馆，要求成为法国的臣民，他的请求被批准了：Dursteler 2006, 131-2。

2. 关于该段提到的事实，不同文献中所记载的情节稍有不同 dans CB, 263r, 270v, 和 Buonrizzo 139。
3. CB, 267r-268v, 以及 pour Iseppo 268v-269v, 272rv。一般在传统上，土耳其人不会公开透露卡普丹帕夏率领舰队出航时的目的地，只是将一封密封的信交给卡普丹帕夏，并且要求他在起航后才能打开。参考：*infra*, chap. 7, n. 13.
4. CB, 275r.
5. CB, 276rv, 279v-282r ; Buonrizzo 140; *Nunziature* IX, 146. 其中一艘加莱桨帆船，“博纳尔达”号，从苏达港起航后于 1 月 4 日抵达君士坦丁堡。另外一艘“巴尔巴”号，于 1569 年 9 月 15 日抵达君士坦丁堡，当时已经在起航返回途中，却在马尔马拉海的西利夫里的港口被扣了下来，并被再次带回了君士坦丁堡。173v, 262v, 304r, 306v. 关于苏丹巡视军械库以及军械库在夜晚的工作情况。参考：Buonrizzo 146-7; CB, 307v, 311v; *Nunziature* IX, 137; Contarini 4r; Setton 953。
6. CB, 254r ; Buonrizzo 138 et 141.
7. CB, 275v, 286r, 305r, et *cf.* 314v ; ASV, SS 76, 52.
8. Buonrizzo 140-1；原版见 CB, 305r-307r；*cf. Nunziature* IX, 146。
9. Buonrizzo 145-6；原版见 CB, 307v-310r，在 Quarti 91 中部分引用并出版。
10. Buonrizzo 146; CB, 310r-311v, 321v; *Nunziature* IX, 161 ; Braudel 1979, II, 374 n. 4. 奥斯曼帝国的文献中提到他们曾在 3 月初截获威尼斯元老院给巴尔巴罗的一些信件：Costantini 2009, 45。
11. Charrière III, 102 ; Buonrizzo 147-8 ; *cf.* CB, 311v.
12. CB, 313r, 315r ; Buonrizzo 148-9.
13. Buonrizzo 148-9. 穆罕默德说的话和后来 1571 年从威尼斯出发前往议和的翻译官马泰卡・萨伊瓦戈所说的几乎完全一致：他要对“那些统治威尼斯的议会的老人和十人团说话，而不要去找那些年轻人，因为那些年轻人说的话只会惹来苏丹的怒气”（Quarti 383-4；*cf. infra*, chap. 18, n. 10）。大维齐尔此处特别强调他的话转达的对象中“老人”和“年轻人”的区别，这点很特别，因为在那个年代的威尼斯政治中，老人和年轻人的区别至关重要（Lowry 1971,276-8）。
14. *Don Quichotte*, chap. XL ; *Relazioni*, Garzoni 1573, 382-4 ; Soranzo 1576, 207 ; Correr 1578, 256 ; Soranzo 1584, 278-9. *Cf.* les entrées *Galeni, Dionigi* dans DBI, et Kologlu 2007, 526-31.
15. Vargas Hidalgo 606-32 ; Braudel 1979, II, 373 n. 4, 377. 关于德席尔瓦此人，参考：Vargas Hidalgo 1998, 35-8。
16. *Nunziature* IX, 134, 137 和 149. 给驻西班牙的大使的指示可以参考下列文献：ASV, SS 76, 39, 52, 55v；Setton 945-6, 950-1；Donà 21。 关于卡瓦利，可见：*Nunziature* VIII, 148。
17. *Nunziature* IX, 144 ; CB, 275r, 282v ; ASV, SS 76, 48v *sqq*.
18. *Nunziature* IX, 146, 152 ; ASV, SS 76, 99v ; AV 1566-1570, 55v ; CB, 317r, et Lesure (*b*),

150 ; Costantini 2005, 55. 关于威尼斯人在奥斯曼帝国境内，特别是在亚历山大和叙利亚一带的巨大的商业利益，参考：Simon 1984。这场战争让底万再次审查他们给了西方商人的这些资产，并限制他们接触一切和战争有关的货物：Faroqhi 2002。

19. ASV, SS 76, 99v; AV 1566-1570, 231r et 485r ; Charrière III, 104 ; CB, II, 6v ; Lesure (*b*), 150 et *Nunziature* IX, 180 ; Pedani 1994, 933 ; Costantini 2009, 33 et n., 44, 153. 在下列文献中有许多细节需要检验：Conti 80-1。

20. *Nunziature* IX, 156, 161 ; AV 1566-1570, 67v-68r ; Setton 950 ; Quarti 344-6. 被抓捕的人数记载在奥斯曼帝国内部的某人给苏丹的一份请愿书中，此人刚刚逃脱并返回君士坦丁堡，而巴尔巴罗则设法看到并翻译了这份请愿书：（CB, II, 97v, 103v-104r）；这份请愿书的内容后来在出版的 Quarti 345 中有提及。关于威尼斯在后来的报复行动中的反犹行为，参考：Braudel 1979, II, 70；Arbel 1987, 170-3；Arbel 1995, 55-76。

21. *Nunziature* IX, 161, 168, 192-3, 205, 264（“这些威尼斯贵族看上去因为那些黎凡特的犹太人而恼怒不已”），266。而关于教宗国所保护的那些安科纳的犹太商人，参考：Poumarède 2004, 342-68。

22. Buonrizzo 142 ; Paruta 49. 奥斯曼帝国入侵达尔马提亚和阿尔巴尼亚的最早的第一批迹象可追溯到 3 月初，ASV, SS 76, 55v-56v, 59; AV 15661570, 55v-57v，以及 CB, 310v，1 月 31 日：“昨天帕夏向达尔马提亚边境各省下令，称如果我方议会诸位阁下们继续坚持不放弃那些他们认为的属于他们的领土的话……帕夏就会要求他们用武力来夺取。”此外还可参阅 Sereno 35。此外，卡塔罗当地的监督官也用同样的方式回答说，“他们摧毁并烧掉了土耳其人的一切，除了卡斯泰尔诺沃和利赛诺的防御工事”（AV 1566-1570, 142v）。2 月底时有份送回威尼斯的情报称，苏丹在卡斯泰尔诺沃一带又集结了 700 人的耶尼切里军团在当地驻扎：Braudel 1979, II, 374。关于非正规军：Imber 2002, 260-5，此外参考：*infra*, chap. 12, n. 27。

23. AV 1566-1570, 55v-56r（仅在扎拉境内就有 1.2 万头牲畜被袭击）；*Nunziature* IX, 152, 154, 156, 163，此外还可参考：Serrano III, 119 以及 Vargas Hidalgo 633。关于马利皮耶罗之死，参考：AV 1566-1570, 56v; Contarini 5r; Manolesso 21v; Sereno 41; Paruta 49。关于在达尔马提亚和阿尔巴尼亚一带的威尼斯骑兵，大约有 20 个连，总兵力大约有 500 名巴尔干轻骑兵，外加监督官下属的士兵。参考：Hale 1974, 165，但也有一些情报让监督官乔瓦尼·达莱切感到尴尬：Lezze 253-4（以及 261 关于敌人的这段话：“敌方桑贾克的骑兵都非常骁勇善战，而且不知害怕为何物，个个都敢冒着危险行动。如今他们大部分都配备轻甲和头盔，以及长矛和弯刀。”）。关于扎拉的遇袭，还可以参考：Braudel 1979, II, 375 和 n. 2。1570 年 7 月 20 日，威尼斯元老院上提出了扎拉的领土问题。他们认为“扎拉如今已经被敌人占领了”。参考：Setton 970 n. 在 1571 年 2 月，达莱切证实，敌人“如果把我方关在城里（如果可以这么说的话）……我们就会损失大片领土，城外所有的农作物都会落入敌手”。参考：Lezze 263。关于扎拉的防御工事的状况及其战略上的重要性，参考：Dal Borgo-Zanelli 2008。

24. Buonrizzo 135, 150；CB, 317r-318r，以及 II, 41v-42v, 97r；AV 1566-1570, 231r, 400rv。驻开罗的大使遭到了无理关押，货物也被充公，扣押他们的“是一个名叫穆斯塔法的阿迦，当时他率领着一群 sipahi-Ulufedji（骑马重火绳枪兵），穆斯塔法原来是曼托瓦的一名贵族，来自帕韦西家族，在匈牙利的布达佩斯战役中被土耳其人俘虏，后来被带到土耳其皇宫里，在苏丹的房间里做仆人，服侍苏丹本人、他的第一房妻子的姐夫还有大维齐尔。他服侍的对象都是有权有势的大人物”。参考：Paruta 49；Conti 80-1；Arbel 1995, 70-1；Costantini 2009, 153，以及 *infra*, chap. , n. 12。

25. 关于库巴特对威尼斯的眷恋，以及他在旅途中的表现，可参考：CB, 222v 以及 Buonrizzo 151。关于他 1567 年 10 月到 1568 年 2 月期间第一次访问威尼斯的记载可见下列文献：*Nunziature* VIII, 156-97 以及 Pedani 1994, *ad ind*。在君士坦丁堡的一位犹太商人和马里诺·迪卡瓦利大使发生争吵后，后者为此付出了以贪腐的罪名接受调查的代价，而这次使命的目的正是为了解决这场冲突。参考：Conti 80-1；Setton 924-5；Pedani 1994, 1589；Arbel 1995, 95-144。关于他离开去执行这场新任务的事：CB, 326v（“在如此大的雨中，从我来到这以后，就一直没见到过他。”）。记载在 Goffman 2002 的库巴特的伪传记明显不只是虚构，而且充满了巨大的不准确性，并且对威尼斯的文献中已有的大部分资料根本一无所知。关于队伍中的成员，参考：Bellingeri-Vercellin 1985, 159；Pedani 1994, *ad ind.*；Pedani 2010, 224。

26. ASV, SS 76, 60rv；3 月 25 日，土耳其高层同时对海军和陆军指挥官多次重复了几道命令。参考：Setton 953。关于塞尔西，可见：Setton 928 和 935。

27. 参考：Setton 953 和 *Nunziature* IX, 163, 165, 167-8；bragonetti 117。此处可参考 CB, 319r：布翁里佐和库巴特一路上努力赶路，“但他们不能跑，因为这位传讯官无法忍受疲劳。而威尼斯大使在他的秘书出发前也曾指示他，让他尽量在旅途上拖延时间”。

28. Sereno 36 *sqq.*；Setton 954；Quarti 105-6；关于赞恩的任命，参考：*infra*, chap. 6, n. 36-37。这一天很可能是在圣马可广场上举行的弥撒，有大批普通民众涌来参加，在弥撒期间“宣布对土耳其开战”，在当时的一份文献里对此有提及：Quarti 104。然而该文献提及此事的时间却是在两周前，而教廷大使法奇内蒂对此却没有发表任何评论。

29. 关于库巴特的使命，以及他所得到的答复，在当时的下列文献中有实时记载：*Nunziature* IX, 170；Vargas Hidalgo 645；documents dans AV 1566-1570, 77r79v, Quarti 106-11。而下列文献也在事后记载了此事：Manolesso 19v-21r；Sereno 36 *sqq.*；Paruta 35 *sq*。

30. 最后通牒的文本记载在下列文献：Pedani Fabris 808（也记载在 Pedani 2005, 23-4）；关于穆罕默德帕夏的那封信，参考：*ibidem*, 810。威尼斯大使翻译，并由布翁里佐秘书带回的两份文本（我在文中引用的是其中第二份的一部分）可参考：CB, 322r-325v；而翻译官的文本可参考：AV 1566-1570, 74r-76r。而塞利姆苏丹的这封信，是取自一份杜撰的版本，信中没有任何传统上的正式礼貌用语，完全是用威胁和自傲的口气写的。这份文本在下列文献中广为流传：Podacataro 202；Valderio 954。并且在 Quarti 107 中，这封塞利姆的信是被当作真实的文献而出版的。

31. CB, 329rv.
32. Gatto 27-30 ;*cf.* Calepio 94r 和 97v. 巴廖尼 1569 年离开威尼斯，随身带着 5000 杜卡特作为加强当地要塞防御的资金。参考：Costantini 2009, 47（他应该是 10 月出发的，不过按照 Sylvestrani Brenzone 33 此处的记载，他是 4 月走的）。关于此人物，参考：Promis 1874, 498-520。

第 6 章

1. 关于威尼斯军械库建造备用加莱桨帆船的仓库的事，可参考：Lane 1934, 141 *sqq.*; Concina 1984, 140-4; Concina 1991, 165。1 月 31 日，威尼斯元老院通知塞浦路斯当地的监督官说，他们已经下令武装 30 艘加莱桨帆船。参考：ASV SS 76, 4L。根据驻威尼斯的西班牙大使托马斯·德索诺萨的记载，威尼斯军械库收到的命令是在 2 月中旬前武装 30 艘加莱桨帆船，2 月底前另外武装 20 艘，3 月底前再武装 30 艘。参考：Vargas Hidalgo 614; 而教廷大使的说法在时间期限上有所差异，但最终结果是一样的："他们要在 2 月份武装 30 艘，3 月中旬要武装 30 艘，其余的要在 3 月底完成，总共要武装 100 艘。"（*Nunziature* IX, 127）。关于在役的加莱桨帆船数量，可参考：Contarini 3v。
2. 关于克里特的军械库，参考：Concina 1984, 34, 61, 76；Concina 1991, 183-3，而关于其战略上的作用，参考：Rossi 1998。威尼斯元老院之前给克里特送去了 20 艘加莱桨帆船的船体 (arsili) 以及所需的各种装备，此外还有 2 万杜卡特的资金用于这批战船的武装工作，并且只能用于此目的。 参考：supra, chap. 1, n. 8。在威尼斯元老院的命令中，克里特的加莱桨帆船总是分成 4 艘"常规"，6 艘"上等"，再加上 12 艘"将来可以勉强武装的（ASV, SS 76, 48）"，总共是 22 艘（Vargas Hidalgo 614, *Nunziature* IX, 152）；不过最终只武装了 21 艘：Contarini 8r。起初预期的加莱塞桨帆战舰有 12 艘，或者更准确地说："11 艘巨型加莱桨帆船和 1 艘盖伦战舰。"参考：ASV, SS 76, 41 和 83；而关于福斯托的那艘盖伦战船，参考：*infra*, n. 18；从 5 月下旬到 6 月 11 日，最终加上那艘盖伦战舰，总共出海的是 12 艘：Contarini 7r, 9r, 18v。
3. 在 1569 年至 1570 年，已经在海上服役的 31 艘加莱桨帆船是由监督官贾科莫·塞尔西、亚得里亚海湾指挥官马尔科·奎里尼和"罪犯指挥官"马肯托尼欧·福斯卡里尼（他无法在这个职位待太久）等人指挥的（Contarini 3v），此外还有 9 艘加莱桨帆船的船长分别依次是从亚得里亚海和达尔马提亚地区的莱西纳、阿尔伯、克尔克岛、茨雷斯岛、科佩尔、扎拉、卡塔罗、特罗吉尔、塞贝尼科等地赶来赴任的（关于上述资料的更详尽的信息可以参考：*Lepantska bitka* 1974）；此外还有两名船长来自塞浦路斯。关于海上之国 (*Stato da Mar*) 的船长的任命流程，参考：par exemple ASV, SS 76, 4r, 19v, 42r-43v, 以及 77, 22r。然而陆上之国（*Stato da Terra Ferma*）的贵族的任命流程却是 1571 年临时采用的：*cf.* infra, chap. 21, n. 2。

4. Lane 1934, 306 ; Lane 1982, 187 ; Tenenti 1962, 70 ; Lo Basso 2003, 52 *sqq*. ; Lo Basso 2004, 86-91, 201, 321 ; Pezzolo 2007, 86-7. 关于船只的维护费情况，参考：Cristoforo da Canal 90-1, 以及 Pantera 76。
5. 2000 杜卡特的押金在下列文献中有提及：Venier 285. 关于船长巧妙地挪用战船的拨款的事情，1588 年出版的一份备忘录 Lamansky 575 中有详细而丰富的记载。此外还可参考：Tenenti 1961, 152-8, 以及 Tenenti 1962, 94 *sqq*。关于 1570 年的指挥官名单，可参考：Rosell 2, 以及 Contarini 3v-9r。丁托列托曾为其中一名船长画过一幅宏伟的肖像画，收录在下列文献中：*Venezia e la difesa del Levante* 1986, pl. 113。
6. 关于任命了 28 名监督官这个数目，索诺萨的报告书（Vargas Hidalgo 614）和教廷大使在 *Nunziature* IX, 127 此处的记载一致。根据索诺萨的记载，在 3 日，有 19 名船长招满了桨手；但教廷大使却说（*Nunziature* IX, 130），才到 2 日，"他们就武装了 20 艘加莱桨帆船"。
7. Lane 1982, 184 sqq.; Tenenti 1962, 101-2；引用文字来自下列文献：Romano 1954, 46. 关于"印刷的小报"，参考：Lamansky 575。威尼斯加莱桨帆船在理想状态下每艘船应该有 160 名桨手，而加莱塞桨帆战舰的需求则还要增加 50%（Aymard 1991, 435- 6；此处需要注意里面的数字。直到 1587 年，由罪犯组成的加莱桨帆船上一直是每艘船 145 名罪犯桨手——*ibidem*, 467-8——但船上更多的是"*provieri, secondieri, portolatti et voderi*"：Lamansky 569-71；而关于这种技术，可参考：Hocquet 1991, 502）。每名船长都给桨手另外发奖金是因为当时要找到桨手并不容易。1561 年在克里特，"这些船长在武装他们的加莱桨帆船时，都自掏腰包给每名桨手多发三四个杜卡特（Lamansky 559）"。关于 1570 年各种对愿意应征桨手的人员的各种优惠条件，可参考一份出版的文献：Quarti 114-5。
8. 关于征兵的问题，参考：Quarti 158-9; Lane 1934, 421-7; Lane 1982, 189 *sqq*.; Tenenti 1962, 65-8; Hale 1983, 317-9 和 1990, 192-200; Aymard 1991 *b*; Pezzolo 2007, 81-3; Capponi 2008, 175。关于人们不信任那些内陆地区招募来的桨手一事，在 1542 年的人文主义者兼海军工程师韦托尔·福斯托的工程中也有所反映，因为当时他改进了一项技术，使得"那些从内陆来的桨手也能和黎凡特人一样自如地划桨"，参考：Concina 1990, 116。在 1543 年，威尼斯元老院也明确表示："那些由内陆地区来的桨手武装的加莱桨帆船的战斗力无法达到我们的需求。" Viaro 1981, 385. 在 1570 年 4 月 15 日，威尼斯元老院计算得出结论，头 50 艘从威尼斯下水的加莱桨帆船中，"有 15 艘船是由威尼斯本土的桨手武装起来的，另外 35 艘是由内陆地区的桨手武装的"（ASV, SS 76, 79v）。
9. Lane 1982, 198 ; Setton 948 et 952 ; Romano 1954, 41-2 ; Tenenti 1962, 65-6, 69.
10. Tenenti 1962, 32, 51, 68-75 ; Aymard 1991 b, 456-9. 关于在众岛屿和达尔马提亚的各城市由来自当地的船长们武装起来的那些加莱桨帆船，有人提出过疑问，因为船上的桨手一般都是固定的人选，这本身就是个问题：在 1569 年，地方监督官贾科莫·塞尔西决定把加莱桨帆船“Lesegnana”或者说“de Liesena”解除武装，并把船上的桨手分配到别的船上去，结果引起了桨手们的大规模暴力抗议，使得威尼斯元老院不得不对塞尔西下令“让那些桨手回到他们自己船上去”（ASV, SS 76, 4r）。

11. 关于在塞浦路斯战争期间克里特岛上招募桨手的困难，可以参考下列文献：Aymard 1991 *b*, 456；Pezzolo 2007, 81-4，此外可参考：*infra*, chap. 13, n. 2。无论如何，这是个地方性的问题。在战前和战后从干地亚送来的报告中都是如此证实的。参考下列文献：Lamansky, 558-64；Tenenti 1962, 102 以及 n., 130-7；Aymard 1991 *b*, 456-9，此外可参考：*supra*, n. 7。

12. 关于“罪犯加莱桨帆船”的引入，参考：Nani Mocenigo 1935, 42-5；Tenenti 1962, 78-93；Viaro 1981；Aymard 1991 *b*, 463-8；Capponi 2008, 1767；此处对这批罪犯加莱桨帆船的数量也有一定疑问，但要知道维尼埃曾对其中一艘罪犯加莱桨帆船的船长弗朗西斯科·特龙说过，他的船是“整支舰队最精良的加莱桨帆船之一”（Venier 294）。船上的罪犯船员们的食物配给都很少，食物质量也很差，也正是因为如此，他们后来的表现未能达到人们的期望。在 1576 年，有位船上的罪犯船员证实说：“我们在我们的桨座中是这样过日子的：其中一天一个人只喝汤，而第二天则轮到另一个人一整天只喝汤，因为给我们的食物配给根本不够。”（Tucci 1991*b*, 611）。

13. *Nunziature* IX, 134, 144, 161 ; Serrano III, 114.

14. *Nunziature* IX, 163, et *cf.* déjà 149 et 161. 早在 1569 年 7 月 20 日，威尼斯元老院便命令巴尔巴罗负责在黎凡特购买小麦：*cf. supra*, chap. 3, n. 4。1569 年 9 月 14 日教廷大使第一次把威尼斯出现粮食短缺的消息传回了罗马：“这些威尼斯人目前非常缺乏小麦，按照他们的说法，他们今年在全国各领土内的收成只有往年的六分之一。”（*Nunziature* IX, 74）。在 10 月时，他们就已经忙着采取各种措施来缓解面包供应的短缺：元老院宣布，凡是把小麦带到城里的人，他们将以为每蒲式耳多支付 1 埃居的价钱。“为了养活最缺粮食的那部分民众，他们不得不从军械库调集了一大批储存的海用饼干在城里卖了出去。”此外，“12 艘满载着小麦前往的黎波里的土耳其小船也被扣押了”（ibidem, 83）。

15. *Nunziature* IX, 167-8, 172, 176 ; ASV, SS 76, 81（et *cf.* 88）; Setton 955.

16. *Nunziature* IX, 174 ; Dragonetti 95 ; Lamansky 57.

17. Quarti 466-8；Stouraiti 2004；Ricci 2008, 80；关于尼科西亚的那场因饥荒而引发的暴乱，参考：Valderio 927；关于斯帕拉托，可参考：Braudel 1979, I, 521。

18. *Nunziature* IX, 152, 154, 170, 177 ; Contarini, 4r-5v, 7r-9r, 18v. 4 月时，威尼斯元老院宣布将要武装的加莱桨帆船总数减少到 80 艘。8 日，他们通知地方监督官塞尔西说“威尼斯本土已经准备好了 50 名已武装的加莱桨帆船的船长”，而他们还在努力让“剩下 30 艘”也能及时出海。而到了 27 日，他们才提到“武装总共 80 艘加莱桨帆船”的正式决定。（ASV, SS 76, 73 和 83）关于加莱塞桨帆战舰的武装情况，*cf. Nunziature* IX, 185, 1570 年 4 月 28 日，“我们开始武装巨型加莱桨帆船”；189, 1570 年 5 月 13 日，“很快就能有 8 艘下水了，另有 4 艘在 6 月 10 日前应该无法准备就绪”；197, 1570 年 5 月 31 日，“巨型加莱桨帆船已经全部出发去舰队报到了，只留下一艘盖伦战舰。这艘盖伦战舰并不比那几艘巨型加莱桨帆船大，但我也不知道它的优势在哪里”，按计划 10 天后，这艘盖伦战舰也应该起航了。但实际上直到 6 月 22 日，这艘盖伦战舰依然还没出海（ASV, SS 76, 108）。这艘盖伦战舰是第一次出海，在韦托尔·福斯托那个年代，该船是出现才几十年的新型船种。参考：Paruta 26；Conti 69v；Quarti 103；Lane 1934, 69；Concina 1984, 108-34；Concina 1990, 特别是 121-7；Concina 1991, 239；Aymard 1991, 265；Lo Basso 2004, 48。在 1 月份时该船回港解除武装，在下一年中它并未重新武装出海，因为赞恩在汇报中对这艘船在海上的性能的评价非常负面（“这艘船在海上每天性能都在下降”：AV 1566-1570, 381r, 427v）。福斯托设计的最出名的船是一艘五列桨座战船，一共 28 个桨座，每个桨座有 5 名桨手。该船 1529 年建造完成，随后被教宗借去在马肯托尼欧·科隆纳的舰队中服役，但在 1570 年的那场出海行动中在海上遇到了一场海难，不幸报废。参考：Pantera 19；Tenenti 1962, 45-6；Concina 1984, 112 和 n.；Concina 1990, 50-87, 127；Concina 1991, 238；Bellavitis 20092, 99-100，此外还可参考：*infra*, chap. 11, n. 29 和 16, n. 17-18。

19. 关于军衔等级，所有基督教国家的舰队基本都相同。参考：Lamansky 562 和 564；Scetti 25；Pantera 113；Crescenzio 92-4；Lo Basso 2004, 30-5 和 321，此外参考：Nani Mocenigo 1935, 30-6。不过在西班牙加莱桨帆船上，还多了一名船员队长（sottocomito），而在威尼斯加莱桨帆船上则没有这个职位（Cristoforo da Canal 118; Contarini 55r）。关于相比之下土耳其加莱桨帆船上的军衔等级，参考：*supra*, chap. 4, n. 14。
20. 关于水手的等级和工资，参考：Nani Mocenigo 1935, 36-7；Tucci 1981, 686 以及 Hocquet 1991。相关文献记录是 1545 年制定的，现在依然保留在海军学院：Nani Mocenigo 1935, 4-5；Tenenti 1962, 123；Lo Basso 2003, 64；Pezzolo 2007, 76。我们不确定威尼斯加莱桨帆船上实际就位的水手总数，但看上去应该约有 20 至 25 人（参考附录四）。关于土耳其舰队中军衔是如何晋升的，可参考：*Relazioni*, Michiel 1558, 120。而对土耳其舰队的水手的这种负面评价，可参考：Rudt de Collenberg 1987, 40。
21. Lane 1934, 186 ; Romano 1954, 41-2.
22. 关于舰队上的牧师，*Nunziature* IX, 166, 169-70。
23. Lamansky, 564 et 552. *Cf.* également Tenenti 1962, 39-40.
24. ASV, SS 76, 65rv ; Venier 295. 平时船上有 40 人（ASV, SS 76, 104v），但一般认为 36 至 38 人就足够了：Hale 1983, 312 以及 Lo Basso 2003, 74。
25. *Nunziature* IX, 200 ; ASV, SS 76, 104 ; Contarini 14.
26. AV 1566-1570, 144r.
27. AV 1566-1570, 48r. 在本书中，我们没有考虑威尼斯在 1570 年的舰队武装工作中花费的巨大财力，因为这一切如果要写下来的话，可以写整整另一本书了，参考：Pezzolo 1990, 178-92。

28. 朱利安・洛佩斯是西班牙驻威尼斯大使的秘书，他 1570 年 3 月 31 日给西班牙国王写信如下：威尼斯陆上之国的城市花钱招募的步兵约有 2000 人，预计 4 月 8 日抵达威尼斯城（Vargas Hidalgo 646）。4 月 4 日，威尼斯元老院估计他们的总人数约为 1800 人（Setton 958）。最终实际到的只有 1600 人，不包括那些自愿来参加舰队的贵族志愿者。关于他们的名单，参考：Contarini, 6r 以及 14v-15r，以及 Conti 68v。威尼斯驻罗马大使公布的数据中，布雷西亚需要提供 4000 名步兵，维罗纳则需要提供 2000 人（Serrano III, 129），但这最终只是纯粹的宣传，并未落到实处。他们最终分别只出了 1000 和 500 人（*cf.* également Quarti 80-5 et Avena I, II, VIII）。

29. ASV, SS 76, 59v, 65v-66v, 93（"所有方面……都有困难"）；*Nunziature* IX, 168 和 170。关于斯福尔扎・帕拉维奇诺此人，参考：Sereno 37；Promis 1874, 447-63；Manno 1986, 98-9 以及 Hale 1990, 127-34。

30. ASV, SS 76, 92v-93rv；Setton 958；Hale 1983, 323；*Nunziature* IX, 183："从前天、昨天到今天，这些威尼斯人已经招募了 8000 名步兵。"但要注意这里说的"招募"仅仅是指决定招募并且募兵所需的资金准备好了而已。最近几个月，"一些奇怪的名单在国内流传，名单上都是一些为这次对抗土耳其人的战争提供步兵的外国人（Contarini 6v；Setton 956）"，也包括从塞浦路斯、干地亚或别的威尼斯海外领土上的要塞中招募的士兵，但威尼斯的宣传机器似乎是把这些士兵的总兵力大大夸张了。关于保罗・奥尔西尼，参考：Brunelli 2003。

31. 所有登船步兵的详细名单可参考 Contarini 14rv：这里指的是 1570 年 9 月出航的舰队的情况，因为在此之前还发生了很多事，不过每个军官所招募的士兵人数在威尼斯的行政记录中都是取的整数（比如斯福尔扎・帕拉维奇诺招募了 3000 人，保罗・奥尔西尼招募了 1500 人，等等），因此很可能这些记录在舰队出发时都被当作官方的正式文件来对待了。根据作者的记载，威尼斯总共支付了 8561 名士兵的军饷，外加布雷西亚、维罗纳和萨洛等地招募的 1600 人，再加上 579 名"前往寻求财富的士兵和贵族"，以及他们所带的自负军饷的士兵等，最终按照官方文献记载，总共是 10740 名士兵。而威尼斯元老院起初计划招募 11600 人，取整就是 1.2 万人（Setton 958；ASV, SS 76, 83r）；而关于留在扎拉的那 1300 名士兵情况，可参考：AV 1566-1570, 148r。Paruta 128 此处提到"1 万名步兵"（在前几行中提到的 1.5 万人应该还包括了教宗国和西班牙的舰队上的人）。而其他引用的参考文献可见：Vargas Hidalgo 646；Serrano III, 192。

32. Longo 14. 有份匿名文献，是在舰队远征失败后写的，其中充满了对统治者的敌意，里面称，要想在这么短时间内武装 80 艘加莱桨帆船和 12 艘加莱塞桨帆战舰，这种动员能力只有苏丹才具备，"那些街上的人值得钦佩"：Setton 990。

33. ASV, SS 76, 38v, 44v-45r；*Nunziature* IX, 130 和 200；Paruta 28；Gatto 29，以及 *supra*, chap. 1, n. 21。关于塞浦路斯岛上的常规驻军，可参考：Paruta 92-3（"常规驻军最多不会超过 2000 名意大利步兵"）以及 Hale 1974, 165。关于辛格利提戈 – 罗卡斯，参考：Arbel 1995. 关于那些想帮忙让步兵上船的人中有人亲眼看见那些官员

们在参与其中，*cf.* le tableau de Battista del Moro, *Saint Marc assiste les provéditeurs à l'armement dans l'enrôlement des milices maritimes* (1570 ou 1571)，在威尼斯的海军历史博物馆中也有下列文献：Campo San Biagio, 由 Gibellini 2008 年重制 , tabl. 4。

34. ASV, SS 76, 39v; AV 1566-1570, 46r-47v; Setton 946-7, 952 ; Vargas Hidalgo. 614 ; *Nunziature* IX, 130, 152, 161, 163, 167 ; Quarti 209 ; Paruta 28. 然而根据富格尔家族的一名间谍的报告，马丁嫩戈和他的那 2000 名步兵要到 3 月 29 日才启程。参考：Setton 954。关于民兵的指挥，参考：ASV, SS 76, 9v, 18r。
35. ASV, SS 76, 42v, 48, 54, 87v; Vargas Hidalgo 614 和 646; *Nunziature* IX, 130, 137, 152（"除了常规军以外，我们要求朱利奥·萨沃尔尼安大人多带 1000 名步兵前往达尔马提亚，到了以后他们可以随机应变将这批士兵分配在各地。他今天晚上匆匆出发了，但没带任何士兵，后者会晚点再出发"），163。根据 Sereno 42，萨沃尔尼安是带着 500 名步兵出发的，"不过他被赋予了自行募兵的权力"。"在前往干地亚和斯拉沃尼亚地区的士兵中……约有 1000 名武装步兵"，其中准备前往萨沃尔尼安的其中一个连的士兵到 3 月 27 日依然还在威尼斯：Vargas Hidalgo 645，以及 Settori 954。在 3 月底，当时派兵支援塞浦路斯或是克里特的事已经毫无疑问了：在塞萨雷，卡拉法提议由他自己出资招募 1000 名步兵，并往科孚岛派遣其中的 500 人（Vargas Hidalgo 646）。关于第一批出海的土耳其加莱桨帆船，参考：*supra*, chap. 7；早在 3 月初，一艘名叫"朱斯蒂尼亚纳"号的载着货物的威尼斯加莱桨帆船从黎凡特起航，结果被罗得岛的地方巡逻舰队俘虏：Vargas Hidalgo 648。
36. 关于赞恩的任命，参考：Paruta 26 和 Setton 935 和 953；关于他有"幸运儿"的美誉这一点，参考：Paruta 190，和 Tucci 1974, 412-4；关于当时人们对他的极高的期望，可参考下列文献中的一个例子：Donà 11。而其任命书 4 月 15 日才送出：ASV, SS 76, 78。
37. 关于细节可参考 Vargas Hidalgo 645；关于来自扎拉的那些"以为我们的指挥官们效力而著称的"桨手们，可参考：ASV, SS 76, 60 和 77, 50v；此外参考：*Nunziature* IX, 168 和 170；Contarini 4r；Setton 948 和 954。
38. AV 1566-1570, 57r ; Vargas Hidalgo 614 ; Contarini 4r-5r. 起初，威尼斯元老院命令奎里尼率领 11 艘加莱桨帆船前往克里特，但后来他们把加莱桨帆船数目减少到 3 艘，随后又恢复到 11 艘，并要求"挑选舰队中性能最佳、速度最快的加莱桨帆船"：ASV, SS 76, 41v, 47v-48v, 49。
39. *Nunziature* IX, 127; Buonrizzo 152-7.

第 7 章

1. CB, II, 40v. 奥斯曼帝国底万 3 月 1 日就开始发布一系列命令，为进攻塞浦路斯的行动征募士兵：Costantini 2009, 44 et n。
2. Murphey 1999, 20-1. 在大规模的远征时，舰队一般都会尽量选择在圣乔治日（土耳其语称为 al-Khidr）出航：*Viaje de Turquía* 454. 这位圣徒的名字，按当时流行的土耳其语的发音，叫西泽尔（Hizir）。他被认为是先知以利亚，因为后者传统上被认为是冒险家们的保护者。这一天称为 Hizir Ilyas Günü，意思是“西泽尔和以利亚的日子”，土耳其人会任命他们的基督徒臣民们来负责庆祝这一天的节日。参考：www.khidr.org。

3. CB, 253r, 260r, 264v, 275v, 282v, 307v, 310v; Buonrizzo 147-8; *Nunziature* IX, 137. 威尼斯政府警告他们的指挥官们说，头一支分舰队的出现会给他们带来巨大的危险，他们此刻正赶往布拉佐·迪迈纳。参考：ASV, SS 76, 47v。在帕鲁塔后来的记载中，可能无意中在表明他对这支舰队的目的地也不是很清楚。一开始他说有 25 艘加莱桨帆船出海了，“船上装着大量从亚历山大运来的弹药补给，为塞浦路斯的入侵战做准备”，随后又说这 25 艘船的舰队是由穆拉雷斯指挥的，其目的是“前往布拉佐·迪迈纳阻止威尼斯舰队前去救援塞浦路斯”（Paruta 27, 46, 62）。关于这座有 40 门火炮的要塞的建造，还可参考：Vargas Hidalgo 594。
4. *Cf.* CB, 275v, 311v, 316r, 334v, et II, 10r；Vargas Hidalgo 646, et *cf. supra, chap*. 5, n. 11；关于桨手，参考：CB, 336v（3 月 8 日：“每天都有新抵达的桨手，他们的素质都极差无比。”）, 344v, 352r，和 II, 6v, 10v, 24r（“要让这 3 万人听从如此高效的命令是项极大的工程，最终能做到的也只有一半多的人”）。关于连夜工作一事，参考：CB, 307v, 315v。
5. CB, 3l4v, 331r ; Buonrizzo 147-8 ; Setton 953.
6. CB, 275v, 334v, 336v; *cf.* 331r：“据说在干地亚集结了 40 艘加莱桨帆船，此外还有一些由罪犯武装的加莱桨帆船，这支舰队船只数目不少，由伟大的地方监督官指挥。因此他们认为，舰队如果要出发前往这一带的话，并没有多大利益，反而要冒极大的风险。”（此外还可参考 335v）。
7. 在 1 月 23 日，巴尔巴罗就听到有传闻说苏丹会亲自和舰队一起出征，并且他的亲卫队会乘坐帕兰迪尔和拿浮运输船，由 23 到 30 艘加莱桨帆船护送，“并且他下令让舰队前往摩里亚，甚至可能直接闯入我方的内海（亚得里亚海），以阻止我方舰队前去救援塞浦路斯”。参考：CB, 282v, 285r, 316r; Buonrizzo 147。关于威尼斯人战争准备工作的消息，可参考：CB, 331r 和 II, 6v。
8. CB, 335rv, 348r ; II, 20v.
9. CB, 334v, 344v, 352r ; II, 6v ; *cf.* également Buonrizzo 147.
10. CB, 343v-346v；*Nunziature* IX, 186；Contarini 4v；16 世纪的土耳其水手唱的歌可参考 Masala 8-15。
11. Buonrizzo 148 ; CB, 352r ; *Nunziature* IX, 187 et 189 ; Vargas Hidalgo, 646-8.
12. CB, II, 6v, 10r.
13. *Viaje de Turquía* 448, 463-4; *Relazioni*, Navagero 1553, 68-9; Anonimo 157173, 170 ; Santa Croce 1573, 183 ; Garzoni 1573, 425. 关于猩红色的旌旗，可参考：Tursun Bey 232。对比 Fresne-Canaye 273-7 文献中对 1573 年欧吉德·阿里和皮亚里帕夏率领的舰队出征一事的不寻常的描述，此处帕夏的旗舰挂着用绿色的缎子制作的旌旗，而“绿色是土耳其人认为象征着荣誉的颜色，从远处看上去，整艘船好像一棵在海底扎根的柏树”。

14. CB, II, 13r, 15v, 50r ; Buonrizzo 154.
15. CB, II, 16r, 17v. Contarini 5v, Manolesso 22r, 和 Calepio 97v 几处文献都记载皮亚里帕夏是 4 月 17 日起航的，不过最终给了他 80 艘加莱桨帆船，还有 30 艘巨型加莱桨帆船；而 Paruta 62 则记载总共有 75 艘加莱桨帆船。5 月 12 日，罗马得到来自西西里岛的情报说“土耳其苏丹在圣乔治日至少派出了 170 艘加莱桨帆船，舰队司令官是皮亚里帕夏，他率领 100 艘加莱桨帆船先行出发了”（Charrière III, 112）。8 月，一位从希俄斯来的热那亚贵族从君士坦丁堡返回威尼斯后报告说“皮亚里帕夏 4 月 12 日已经率领舰队先行出发，舰队队形混乱，总共 87 艘加莱桨帆船”（*Nunziature* IX, 239）。而根据土耳其编年史学家赛兰尼基的记载，皮亚里帕夏是 4 月 26 日出发的，随行的有 84 艘加莱桨帆船和巨型加莱桨帆船（Hill 1948, 893 n.）。
16. Charrière III, 59 ; Dragonetti 101 et 125 ; Vargas Hidalgo 557-8, 646 ; Serrano III, 149. 无论是德格朗尚的信件还是墨西拿方面的情报都是 1569 年的，但他们肯定用的都是第一人称的写作风格。
17. *Nunziature* IX, 137 ; Donà 10 ; et *cf. supra*, chap. 5, n. 17.
18. Lamansky 574; Setton 944; Pezzolo 2007, 80；关于科孚岛上面包的制作，可参考：Tenenti 1962, 105-8; Ricci 2008, 22。
19. 这段引用文字摘录自：*Relazioni*, Soranzo 1584, 304; ASV, SS 76, 73v-74r; Tenenti 1991, 51; Hale 1990, 292；关于那些防御工事所需的花费，参考：Manno 1986, 100-5; *Venezia e la difesa del Levante* 1986, 184-95, Pezzolo 1990, 139, 以及 Hale 1990, 294-5。关于科孚岛在战略上的重要性：Braudel 1979, I, 116-117; Setton 958; Dragonetti 118; Serrano III, 149; Donà 82（“是意大利的钥匙”）; Fresne-Canaye 304（“不只是在威尼斯的领土内，甚至在整个世界范围内都找不到这样的要塞了”）。即使是在和平时期，科孚岛的常备驻军也有 1000 名步兵，这个数目是整个威尼斯海外领土的驻军总和的四分之一：Hale 1974, 165。
20. 关于 1570 年 3 月 14 日维尼埃的任命，参考：Molmenti II, 以及 Setton 935（然而“非常正式”的程序却是例行惯例，并不是仅仅科孚岛是如此）。比如 4 月 8 日在文献中提到“土耳其舰队正在准备攻打我方最重要的科孚岛要塞”。参考：ASV, SS 76, 72v。编年史学家卡蒂普・切莱比的引述记载在 Bellingeri 2001, 12，此处证实这位后来当上了卡普丹帕夏，后死于 1511 年的著名私掠者凯末尔雷斯，是另一位更出名的海军指挥官和制图专家比利雷斯的叔叔。参考：Bausani 1979, 173-4。关于赞特和凯法洛尼亚等地的人口锐减问题，在别处也很常见。参考：Lamanski 648-50。1573 年，在签署和平协议后，有一支土耳其舰队在科孚岛停留了一段时间，岛上许多居民来接触土耳其人，想要改变他们的信仰，归化为土耳其人。当时有位法国旅行者正好在岛上，他在下列文献中对此事有证实：Fresne-Canaye 307-9。
21. *Nunziature* IX, 170 et 183 ; CB, 348r. 关于和西班牙国王的接触，参考：*infra*, chap. 8。

22. Charrière III, 129 ; Serrano III, 214. *Cf.* également Paruta 27.

23. Costantini 2005, 53-4. 当时民间流传着各种虚假的噩耗，比如说威尼斯舰队“来到了发罗拉，围攻当地土耳其人的要塞，并很快攻陷”（Charrière III, 129）。这证实当时君士坦丁堡在战争初期普遍对这场战争非常悲观。

24. ASV, SS 76, 78r-80v, 91；Setton 959；Dragonetti 102：3 月初，教宗告知费利佩二世说“威尼斯人在科孚岛集结了 140 艘加莱桨帆船和 12 艘加莱塞桨帆战舰，但没有大型拿浮运输船”；*Nunziature* IX, 189；Serrano III, 176。

25. *Cf.* Contarini 5v, 7r, et, *supra*, chap. 6, n. 18.

26. Paruta 66-8 ; *Nunziature* IX, 193, 197, 205 ; Setton 961.

27. ASV, SS 76, 93; AV 1566-1570, 141v-142r; Contarini 8r ; Paruta 66-7; Foglietta 73. 在后来的调查审讯中（Tucci 1974, 425），关于这场瘟疫，赞恩给出了两个不同版本的说法。第一次他说瘟疫在他的第一批加莱桨帆船尚未抵达扎拉以前，在他本人也未抵达以前就已经暴发了，而第二次他却说是因为 7 月份马尔加里迪的登陆行动中士兵们遭受了长期的痛苦才导致的瘟疫。参考：*infra*, chap. 10 以及 , *supra*, n. 25，但头一个版本在他从扎拉寄回国的第一份报告中也有提及（AV 1566-1570, 141v），应该是真的。关于瘟疫造成的死亡人数，有位耶稣会会士 7 月写道，至今为止总共有 1 万名桨手死亡（Civale 2009, 45）；10 月，赞恩估计死亡人数在“2 万人以上”（AV 1566-1570, 279r），这个数目在 Longo 18 和 Paruta 74 两处也有引用；而 Foglietta 152 记载的数目更是高达 4 万人，“因为在年龄最大的那些人大量死亡后，他需要重新补充的兵员又多了好几倍”。到了年底，有 3 艘加莱塞桨帆战舰基本已经空无一人，3 艘船上的死亡人数加起来是 439 人：AV 1566-1570, 392r。

28. ASV, SS 76, 79r, 109r-110r ; Setton 959, 967-8 ; Pantera 95 ; Capponi 2008, 134 et n. *Cf. infra*, chap. 17, n. 27.

29. ASV, SS 76, 124v; *Nunziature* IX, 256：在干地亚，“看到这么多桨手死在船上，目瞪口呆的村民们纷纷逃往山上，不想让自己被抓到船上服役”。*Cf. infra*, chap. 13, n. 1-4。

第 8 章

1. *Nunziature* IX, 146 (et cf. Serrano III, 114) ; Dragonetti 10 ; ASV, SS 76, 55v. 关于庇护五世，需要注意的是，他的家乡亚历山德里亚属于米兰公国，没有人认为该地属于皮埃蒙特地区辖下的城市。

2. Serrano III, 119 ; Setton 955. 关于莱西纳，参考：Tenenti 1962, 158。

3. ASV, SS 76, 52v, 55v ; Buonrizzo 151.

4. Serrano III, 116 ; Vargas Hidalgo 644.

5. 庇护五世的这封信记载在 Rosell 1。教宗给德托雷斯的指示记载在下列文献中：Serrano III, 127；Dragonetti 10-3, 101-2, 119；Sereno 427；参考：*Nunziature* IX, 166, 以及 Braudel 1979, II, 378, n. 3，此处是关于梅迪西斯大使的那段引用。关于西班牙

的神职人员为组建加莱桨帆船舰队所支付的税，Cloulas 1967。

6. Serrano III, 128, 149, 162；关于那段预言，可参考：Preto 1975, 79-81；Pierozzi 1994；Poumarède 2004, 92-4；Gibellini 2008, 22-3，以及 Poptimisme du Sénat: ASV, SS 76, 95 和 101 v。
7. Dragonetti 78 et 89 ; *cf.* Donà 2 et 4.
8. Dragonetti 102-4. 德托雷斯在半路上遇到了刚上任的威尼斯驻西班牙大使，卢纳尔多·多纳，随后与之一同坐上了一艘热那亚共和国的加莱桨帆船，并把他准备在西班牙国王面前说的话都告诉了大使：*cf.* Donà 10。
9. Dragonetti 96, 104-5, 126（4 月 25 日，等不耐烦的德托雷斯从西班牙国王那得知他已经给多里亚下达了命令，已经交由信使送出，他本人也往罗马寄了一份副本）；Serrano III, 183，以及 *Nunziature* IX, 189。关于西班牙国王对德托雷斯的任务以及对组建同盟的计划的反应，可参考 1570 年 5 月 26 日他给唐格拉西亚·德托莱多的一封信：Codoin III, 354-6。
10. 参考下列文献中关于唐胡安的任命：Codoin III, 312-37。关于舰队的组织情况，参考：Bunes Ibarra 2006 以及 Favarò 2007, 303-8。
11. Lo Basso 2003, 312-3 ; Dragonetti 78. 关于在热那亚的威尼斯和热那亚工匠师傅们的情况，参考：Tenenti 1962, 31-2；Braudel 1979, I, 135 以及 II, 316；Doria 118。3 月份，在热那亚，德托雷斯把他的计划告诉了多纳，并称"这是他自己一个人构想的"，意思是他是在没有收到任何指示的情况下独立想出来的。参考：Donà 6. *Ibidem*, 56，此外其余对巴塞罗那的军械库的建造能力以及对西班牙舰队的负面评价，可参考下列文献中对西班牙海岸线的类似评价：Thompson 1976, 167-8。
12. Sirago 1993, 213（1570 年那不勒斯有 12 艘加莱桨帆船在建造中）；Fenicia 2003, 99 *sqq.*；Cancila 2007, 42-4；Favarò 2009, 123-66。关于那不勒斯和墨西拿的那些私人船主们，可参考：Doria 182；Sirago 2001, 691-3。巴勒莫港比起墨西拿的港口，并不太适合加莱桨帆船停靠，如唐胡安·德卡尔多纳后来在 1571 年 3 月的一份备忘录中写的那样：s.v. *Cardona, Giovanni*, dans DBI。
13. Vargas Hidalgo 563-5 et 692 ; *cf.* également Donà 142.
14. 关于西班牙加莱桨帆船舰队的惯例以及对当时被称为 asiento 的这种租赁的管理模式的利弊，参考：Thompson 1976, 163-79；Lo Basso 2003, 268；Bunes Ibarra 2006, 87-9，以及 Favarò 2009, 160-6。和威尼斯舰队的船长一样，西班牙皇家舰队的船长也是和国王签了合约的，但和前者相比，后者的责任更小。关于这一点，有位威尼斯大使指出："西班牙国王和总督阁下不一样，不喜欢给他们那些船员们每人每天都发一笔工资，他认为这些应该是船长负责的，但他的那不勒斯和西西里岛的地方官员们……在需要的时候可以由国王报销来购买海用饼干、葡萄酒和其余补给品。然后，这些地方官员们给每艘船的船长（和我国舰队中的首席军官平级）……足量的海用饼干、葡萄酒和其他补给品，随后由他们负责分发给所有船员。"（Lo Basso 2003, 321）。
15. Sirago 2001 ; Lo Basso 2003, 270-7 ; Lo Basso 2007, 397-403 ; Favarò 2007, 308-

13. 关于多里亚想要出售他的加莱桨帆船一事，参考：Doria, Stella 395 和 n.; Fenicia 2003, 15，此外还有 Codoin III, 358-9，以及 Donà 62。关于多里亚的大致个性，可参考 Stella 文献记载的他写的信，以及他的自传 *Doria*。关于其昵称“Andreetta”，可参阅：Charrière III, 140，以及 Scetti 110。关于多里亚的加莱桨帆船的行政管理方面的资料，也可参考 1552 年出版的一份文献：Borghesi 153-92。

16. Donà 70 et 72 ; *cf.* Poleggi 1987 ; Gatti 1990, 18 et 36 ; Gatti 1999, 51-2 ; Sirago 1993, 183-4 ; Mafrici 1995, 203 ; Fenicia 2003, 136 sqq. ; Cancila 2007, 44 ; Favarò 2007, 291-8 ; Lo Basso 2007, 404 ; Favarò 2009, 126. 在 Crescenzio 536 以及 Concina 1984, 19 和 150 这两份文献中，有关于热那亚和那不勒斯的军械库的描述（后者是 1577 年重建的）。

17. Fenicia 2003, 111 ; Favarò 2007, 295. 这里的“皇家”号和后来 1571 年奥地利的唐胡安的那艘新造的旗舰正好重名，并不是同一艘船。

18. Fenicia 2003, 134 ; Cancila 2007, 44 ; Favarò 2007, 293. 在 16 世纪，威尼斯颁布了一条严格的法律，严格管制那些有高大树木的森林，其木材只能用于公共建设。在 1568 年，威尼斯还决定把几片公有和私有的橡树森林的地籍转交给军械库中的一支木匠团队：*cf.* Lane 1934, 217 *sqq.*; Concina 1984, 74-5 和 154; Concina 1991, 169; Aymard 1991, 273-4; Vergani 1991; Pezzolo 2007, 77-9。热那亚一直以来都不得不进口部分木材，同时在整个 16 世纪一直采取措施限制砍伐森林，但这一切都没有太大效果。参考：Borghesi 139-40; Quaini 1968。奥斯曼帝国在安纳托利亚、伊斯坦布尔、加利波利以及黑海南岸一带都拥有大量的木材资源，但今天这些地方的森林基本已被砍伐殆尽。以上的森林地区是被保护起来的，供舰队造船使用，而各村庄里的村民也都在当地的卡迪的监督下被要求参与木材的加工工作，而他们所拿的工资也比市场上要低（Imber 2002, 294-5）。然而需要注意的是，根据一些当时的威尼斯学者的记载，虽然奥斯曼帝国的木材资源丰富，但他们的运输能力有限，这些地区的木材很难运到君士坦丁堡，因此军械库常常发生木料供应不足的情况，而许多加莱桨帆船是直接在黑海各港口就地建造的。参考下列文献：*Relazioni*, Michiel 1558, 121; Cavalli 1560, 291; Garzoni 1573, 420。

19. Lane 1934, 13; Tenenti 1962, 32-3; Conway 1995, 147, 176; Capponi 2008, 161-2，至于土耳其人的情况，可以参考：*supra*, chap. 4, n. 18-21。

20. Lo Basso 2003, 279 et 345 ; Codoin III, 318.

21. *Nunziature* IX, 339 ; Serrano IV, 97 ; et *cf. infra*, chap. 11, n. 23.

22. Lo Basso 2003, 319-20 ; Serrano IV, 97 et 105 ; Donà 89 et 91.

23. Lo Basso 2003, 319-20. 参考 Pantera 136-46，此处对这种“令人惊叹的招募桨手的手段”有一些让人难以置信的评价，而别处也有一些类比，以及对那些“口味挑剔”的人的批评。由于一直缺少志愿桨手，在南部只能以每人 20 埃居的薪资来招募桨手，关于这些情况的报告在 16 世纪中叶已经递到了国王的面前：Tenenti 1962, 64。

24. Braudel 1979, I, 416 ; Lo Basso 2003, 248 sqq. ; Lo Basso 2007, 413-24.

25. Serrano IV, 97, 105 et 117 ; Donà 62. 关于这些统计数据，可参考附录三，还可参考 ASG, 1966，此处有一份 1570 年 6 月 18 日从巴勒莫送出的报告：唐阿尔瓦罗·德巴赞于 20 日率领 20 艘加莱桨帆船从那不勒斯起航，“看上去舰队队形混乱，而且其中 8 艘船上的志愿桨手都是没有经验的新手”。
26. Aymard 1974, 81 ; Alessi Palazzolo 1977 ; Las Heras 2000, 293 ; Lo Basso 2003, 329 ; Angiolini 2006, 80-3 et 103.
27. *Don Quichotte*, I, XXII ; Aymard 1974, 82 ; Pike 1983 ; Las Heras 2000 ; Lo Basso 2003, 315 ; Lo Basso 2007, 414 ; Favarò 2009, 136 *sqq*.
28. Vargas Hidalgo 563-5, 664, 691 ; Codoin III, 316 et 329 ; Bono 1981.
29. Stella 383 和 n.（“我要去海上转一圈，希望能找到一些奴隶”）; Lo Basso 2003, 335; Lo Basso 2007, 415 和 423。关于黑人，可以参考 Pantera 130 *sqq.*：“最糟糕的是那些黑人，他们大量死亡，很多都是因为忧郁。”
30. Mafrici 1995, 197 ; Lo Basso 2003, 346 ; Capponi 2008, 174, et *cf.* Appendice III.
31. 以下内容可参考：Codoin III, 312-37. 给唐胡安的命令是用标准的模式写的。可以参考西西里岛分舰队的指挥官唐胡安·德卡尔多纳在下列文献中的类比：Favarò 2009, 257-70。
32. Vargas Hidalgo 563-5（1569 年夏季唐阿尔瓦罗·德巴赞的命令）。
33. Donà 2 ; 12 月多里亚在多纳发表了类似的演讲（Donà 62），其中把这些数目又重新调整了一下（“他可以轻而易举地武装其 20 艘加莱桨帆船”），但实际上威尼斯人认为西班牙舰队的扩建对多里亚并没有太大帮助，因为这样一来他的私人舰队的作用就减少了，而且他一直强调西班牙国王“随时都可以扩建舰队”，同时阻止这种长期投资的行为。
34. Dragonetti 79 ; Vargas Hidalgo 616-20, 639 ; Dona 3 et 8.
35. 早在 2 月初，那不勒斯的总督便得知了该决定（Vargas Hidalgo 621, 另可参考 Serrano III, 124，1570 年 3 月 14 日：“陛下会组建两个日耳曼步兵团，随后前往意大利负责海岸线和其他地方的防御。”）。3 月 4 日，总督的使者来到了威尼斯（“他明天前往日耳曼地区，招募 3000 名日耳曼步兵，随后带他们前往拉斯佩齐亚上船并运往那不勒斯”，参考：*Nunziature* IX, 154）。3 月 25 日，多里亚给西班牙国王的信中称：“3000 名日耳曼步兵”在 4 月中旬会抵达拉斯佩齐亚，而同一天西班牙国王也决定有必要往拉斯佩齐亚派一些加莱桨帆船“招募一些当地的日耳曼士兵上船”并带往那不勒斯（Vargas Hidalgo 642 和 644）。也可参考：Braudel 1979, II, 376。
36. Vargas Hidalgo 657-8.
37. Vargas Hidalgo 656 ; cf. Serrano III, 139, et Codoin III, 354.
38. 5 月 20 日亚历山德里诺的信可以参考：Serrano III, 406 n。5 月 23 日教宗给多里亚的命令可以参考：Serrano III, 183；而 5 月 30 日威尼斯元老院给赞恩的命令可以参考：ASV, SS 76, 98rv（但此处参考 94rv，5 月 13 日：威尼斯驻西班牙大使报告说，多里亚接到命令，要他带着 52 艘加莱桨帆船前往墨西拿；威尼斯元老院汇总了他的报告后，认为西班牙国王当时已经下令“让多里亚去和我方舰队会合”)。在 6 月，多里亚在巴勒莫写信给西班牙国王称，他是奉了后者的命令才来到此地的，接着又说他的依据是他在信的附录中的那道 4 月 23 日发出的命令，这让人觉得早在 4 月 25 日之前，在多里亚还在和费利佩二世说关于前往西西里的事情时，后者就已经给过他类似的指示，这一切都让人觉得这是西班牙国王独立的行为，和唐路易斯·德托雷斯并没有直接的关系（Serrano III, 179）。关于后者和造成这一切误解的源头——埃斯皮诺萨之间的那场对话的记录，可参考：Dragonetti 104-5。

第 **9** 章

1. CB, II, 21r, 24v ; Paruta 85.
2. CB, 346r, 352r ; II, 10rv, 14v, 16r, 22r, 24r-25r. 弗斯特战船有 14 个到 22 个桨座，每个桨座只有 2 名桨手：Lo Basso 2004, 125。
3. CB, 347r-348v; II, 14r, 22rv.
4. Setton 948-949 ; CB, 321v
5. CB, 341r-342v.
6. CB, 349r, 352v-353r ; *Relazioni*, Barbaro 1573, 324-5. 事实上，早在 4 月 16 日，塞利姆苏丹就有一封给“全体安达卢西亚的人民”的信，强调“那座叫塞浦路斯的岛上的异教徒”的挑衅行为让他目前无法来救援他们：Costantini 2009, 15-6。
7. CB, II, 26r ; *Relazioni*, Barbaro 1573b, 394-6.
8. *Relazioni*, Ragazzoni 1571, 83 ; CB, II, 26r, 136v-138r; Quarti 397 n. ; Setton 1018 ; Charrière III, 129 ; Paruta 61.
9. CB, II, 31rv. 在下列文献中，这些数据稍有不同：Contarini 5v, Manolesso 22r，和 Calepio 97v：5 月 16 日，阿里帕夏从君士坦丁堡起航，率领着 36 艘加莱桨帆船，12 艘弗斯特战船，2 艘从威尼斯商人那没收的拿浮运输船，4 艘土耳其普通船只，1 艘盖伦战舰，8 艘马霍恩运输船，40 艘战马运输船和卡拉穆萨商船，船上载着穆斯塔法帕夏的火炮。而编年史学家赛兰尼基的记载却和上述文献相反，土耳其舰队总共至少有 124 艘船。参考：Hill 1948, 893 n。舰队首先前往罗得岛，并于 6 月 4 日抵达 , dans Costantini 2009, 54, à partir du Diario dell' Armata。苏丹不亲征的决定是一个信号，标志着长期以来的传统被打破了，因此当时奥斯曼帝国内部对此非常不满。“土耳其人……不可能以（除了舰队以外）别的方式入侵塞浦路斯；而在君士坦丁堡，人们却认为舰队会无功而返”（*Nunziature* IX, 239, 以及参考：231）。
10. 关于马哈茂德贝伊与其被扣押一事（大维齐尔认为此事违反了当时的国际惯例，并说“这种做法已经超出了条款的许可范围”），可参考：CB, 140r, 163r, 172v, 175v, 226r 和 II, 109; AV 1566-1570, 43v-46r; *Nunziature* IX, 82, 122-4, 156, 174; Charrière III, 94, 99, 129, 176-80; Serrano III, 116; Buonrizzo 139; Setton 949-50 et 1049; Quarti

62-4；Pedani Fabris, 806, 813-4；Pedani 1994, 14, 52, 83, 92, 1624；Braudel 1979, II, 372 和 n. 4。法国人的抗议一事记载在下列文献中：AV 1566-1570, 82v-86v, 和 1571, 94v-195v, 198r-200v。*Cf.* également supra, chap. 1, n. 15 ; 2, n. 27.

11. 关于被关押在监狱的几个阶段，参考：CB, 344r, 356r，以及 II, 27rv-28r, 35v, 41r42r, 46r, 118rv, 131v, 190r；*Relazioni*, Anonimo 1571-73，以及 Barbaro 1573b, 395-6；*Nunziature* IX, 183, 185（1570 年 4 月 28 日："在巴尔巴罗被关押的时候"，他的儿子在教会还有份产业），209, 231, 236, 250, 309；Setton 976；Conti 72-5；Preto 1994, 250-1 和 281。关于 1569 年 10 月他急着返回威尼斯一事，可参考：CB, 195r-196v。关于要说服人帮他送信有多难，也可参考：ASV, X, Parti segrete 9, 164v。关于阿什克纳齐这个人物，他在许多事务上都充当了重要的中间人。参考：Arbel 1987, 1991 和 1995, 77-94；Pedani 1994, 25-6；Lucchetta 1997, 13-6； 以及 cf. *infra*, chap. 18, n. 22；附录，n. 9。亚历山大和的黎波里的威尼斯大使一开始被关押在自己家中，但后来就被释放了，但不许他们离开奥斯曼帝国境内，参考：Paruta 62。
12. CB, 318r, 333r, 338v-339r, 341r, 344r, 347v, 353r, 355r；II, 6v, 27v, 39r, 41v42v, 97r（此处提到在阿勒颇和亚历山大解除扣押一事）；Serrano III, 216；*Nunziature* IX, 187, 189, 205, 239, 264；Vargas Hidalgo 674；Conti 73-4。关于在威尼斯发生的扣押黎凡特人一事，参考：*supra*, chap. 5, n. 20。关于十二人团，参考：Tucci 1985, 45 以及 Simon 1985, 62-3。
13. CB, II, 13v, 22v.
14. *Nunziature* IX, 205；Vargas Hidalgo 676；关于皮亚里帕夏在雅典一事，参考：*infra*, n. 17。
15. Setton 965；关于皮亚里帕夏在内格罗蓬特又收到了若干新命令的假设，可以参考：Longo 18。
16. *Nunziature* IX, 211 ; Lamansky 641-2, 661-70.
17. Lamansky 57 ; Paruta 85 *sqq*. 关于皮亚里到底是在舰队停靠内格罗蓬特以前还是以后才进攻蒂诺斯岛的，历史文献中存在一些分歧。根据 Paruta 85 *sqq*. 此处的记载，皮亚里帕夏"把舰队从罗得岛转移到了内格罗蓬特岛"后才发起了进攻，但总之是从卡斯特罗索岛起航的。而在 Sereno 42 的记载中，这次攻击也是在舰队转移到内格罗蓬特期间发动的。另外在一些重要的编年史学家中，只有孔塔里尼（Contarini 5v 和 7v）先是记载了皮亚里帕夏于 5 月 28 日在内格罗蓬特地区补充了一些兵员和补给后又返回罗得岛，然后提到了他中途攻打蒂诺斯岛的事情。根据上述记载，再加上 Hill 1948, 893, 以及 Setton 971 等各处文献，可以推测皮亚里帕夏是在内格罗蓬特对舰队船只开始维护工作以前攻打的蒂诺斯岛，时间应该在 5 月初。这样说的依据是，这场进攻持续了 10 天，不可能在 5 月 28 日离开内格罗蓬特到 6 月 1 日抵达罗得岛期间发生。但问题是舰队起航离开内格罗蓬特的时间，也就是 5 月 28 日这个日期也只有孔塔里尼提到，并没有别的史料证实这个日期，而关于舰队抵达日期，土耳其的史料证实皮亚里帕夏的舰队是 4 日至 5 日抵达罗得岛的（*cf. infra*, n. 21）。事实上，文献的记载给人感觉是这场进攻蒂诺斯岛的行动确实是在舰队从内格罗蓬特转移到罗得岛中途发生的，时间大约是在 5 月的下半月：蒂诺斯岛上的居民在一封给自己征服的请愿书中也写道，在皮亚里帕夏还在雅典的时候，科罗内洛说服了他进攻蒂诺斯，因此应该是在舰队抵达内格罗蓬特以后才发生的事（Lamansky 57）；而那位之前已经提到过的希腊人指挥官也听说皮亚里帕夏 5 月 15 日就率领舰队离开了内格罗蓬特，因此这期间他有足够的时间来发动蒂诺斯岛的那场攻击（Vargas Hidalgo 676）；而地方总督吉罗拉莫·帕鲁塔送达威尼斯元老院的报告中则称，这场攻击是 5 月 30 日开始的（Slot 1982, 93）。在君士坦丁堡，巴尔巴罗 6 月 5 日写道，自从皮亚里帕夏抵达内格罗蓬特后，他已经很久没有听到那支舰队的消息了。然而最不可能的传闻却在民间流传，说“伟大的皮亚里帕夏去攻打蒂诺斯岛了，但却无功而返”，这也意味着攻打蒂诺斯岛的行动是发生在舰队抵达内格罗蓬特以后的，而由于这件事传到君士坦丁堡较晚，巴尔巴罗 6 月 5 日并不知情，所以此事没有出现在当天的正式记载中（CB, II, 35v）；关于这次行动的官方消息要等到 6 月 28 日才传来，是由一艘从纳克索斯岛出发的小型护卫舰送来的（ASG, 2170,1570 年 6 月 30 日的记载）。

18. Paruta 85 ; Lamansky 642, 651-60 ; *cf.* Slot 1982, 14 et 86-7.
19. 在 Paruta 85 此处有一份更详细的说明 *sqq*.；参考：CB, II, 35v；*Nunziature* IX, 209 和 214；Lamansky 37；Sereno 42。1570 年 6 月 30 日的报告记载在 ASG, 2170, 此处告诉我们，在那几名耶尼切里军官被绞死，并且在新任军官抵达君士坦丁堡后，有一条传闻传了出来：土耳其人总共损失了 600 人，而俘虏的敌人却只有 14 人，随后皮亚里帕夏发誓“他绝不会在岛上留下一个活口”。
20. CB, II, 22v, 35v（当时有传闻说“从这里出发的第一批加莱桨帆船遇到了 3 艘满载士兵，正准备前往塞浦路斯的拿浮运输船，在战斗中，加莱桨帆船居然输给了这些拿浮船”）；而当时在威尼斯的洛佩斯直到 7 月底才得知此消息（Braudel 1979, II, 380 和 n. 1）；Paruta 62。
21. 西方国家的史料对于这两支分舰队相遇的地点的记载，以及对其抵达罗得岛的时间的记载有所不同（Contarini 7v；Calepio 97v；Sereno 42；Longo 42），然而土耳其人的资料却认为两支分舰队是 5 日抵达罗得岛的。参考：Hill 1948, 893，以及 Costantini 2009, 51 和 54。几位传讯官从罗得岛出发报信，内容是要求两支分舰队 6 月 18 日在君士坦丁堡会合（CB, II, 38r）。
22. *Nunziature* IX, 209, 211, 214. 事实上，在 5 月 28 日，苏丹曾命令皮亚里帕夏在塞浦路斯附近的海域巡逻，拦截可能出现的威尼斯援军。参考：Costantini 2009, 44 和 n。
23. *Nunziature* IX, 214 et 239 ; AV 1566-1570, l47v, 155v; Longo 18 ; Contarini 9r ; Foglietta 75 ; Sozomeno 3 ; Calepio 94r. 在塞浦路斯登陆时，舰队总共有 200 艘战船，“还有 250 艘拿浮船、小型客船，卡拉穆萨和其他船只”（*Nunziature* IX, 264）；“400 艘船，总共 220 艘划桨船”（Calepio 94r）；此外还可参考 Falchetti, 80，此处提到有 200 艘加莱桨帆船、轻型桨帆船和弗斯特战船，还有 200 艘帕兰迪尔运输船，卡拉穆萨和其他船只。一艘弗斯特战船的希腊人军官离开了土耳其舰队后，在 9 月份被威尼斯人俘虏，他交代说土耳其舰队共有 200 艘加莱桨帆船和 50 艘弗斯特战船（AV 1566-1570, 274v）。意大利和土耳其编年史学家们的其他这方面的估算可参考：Hill 1948, 895 以及 Quarti 263 和 n。而关于拿浮运输船的更详尽的资料，参考：*infra*, chap. 12, n. 22. 关于巡逻舰队的战船数量，参考：CB, 95v, 224r, 315r, 334v, 346r；*Nunziature* IX, 214；Charrière III, 59；*Relazioni,* Zane 1594, 404。关于私掠者，可以参考之前已经提到过的那位希腊人船长的报告："那些海盗船现在在阿纳穆尔，不过他们应该已经没钱了，而补给也只够用三个月。"（Vargas Hidalgo 676）。

第 10 章

1. Charrière III, 116, et Setton 963. 关于洛雷丹的去世和莫切里戈的当选，参考：*Nunziature* IX, 266, 268-9, 272；Paruta 63；Sereno 37 和 48；Conti 69, 此外可以参考一本在下列文献中引用的小册子：*supra*, chap. 6, n. 17。关于莫切里戈当选威尼斯总督后发表的强硬的反土耳其立场的讲话，可参考：Gibellini 2009, 401 和 n。
2. ASV, SS 76, 98v, 116 ; *Nunziature* IX, 193, 197, 205 ; Contarini 8r.
3. *Nunziature* IX, 205（头两段引用）；ASV, SS 76, 95r, 103v, 105v, 108rv, 116；Setton 967 和 970。
4. Setton 974 ; AV 1566-1570, l43v（6 月 10 日，赞恩在威尼斯元老院上说："如果所有步兵连集结起来的话，我们有足够的弹药补给供应他们。但一部分步兵连的士兵和部分军官都还没到。"）关于这方面，那个年代有份文献中对此有一段批评，可以作为范例来参考：Charrière III, 129（参考：*supra*, chap. 7, n. 22）。
5. Castellani 1936, 474-6 et 1937, 40 et 45 ; Civale 2009, 45.
6. Setton 967 et 974; *Nunziature* IX, 197 et 216; Quarti 237 ; Contarini 8r; Paruta 68 et 73. 关于让 4 艘加莱桨帆船留在海湾地区的那道命令，参考：ASV, SS 76, 98v。
7. AV 1566-1570, 144rv；*Nunziature* IX, 209；Paruta 71-2；Contarini 7v（有 10 艘加莱桨帆船库存，而帕鲁塔的记载说有 12 艘）；Sereno 49；Caracciolo 5。关于穆尔穆里，参考：Molmenti 39 和 n., Manoussacas 1974, 226。关于维尼埃，当时他已经 74 岁，是威尼斯的监督官，也是威尼斯贵族精英中最有影响力也最封闭的一群人中的一员。参考：Molmenti。而他的肖像画则是由丁托列托和委罗内塞二人分别画的，参考：Gibellini 2008, tab. 13-14 和 29。
8. ASV, SS 77, 7rv, 9rv, 18rv；AV 1566-1570, 57r-58r, 159r, 268v-270v, 297rv, 302r-304r, 319v-320v；Serrano III, 129；*Nunziature* IX, 209（文中引用的那段话来源于此处）；Setton 970；Paruta 71-2, 134；Lesure 40 和 69；Manoussacas 1974, 226-7；Pippidi 1974, 302-4。关于这些阿尔巴尼亚南部的居民，弗伦 – 卡纳耶在 1573 年曾路过那里，他记载说："这个世上恐怕没有比这些阿尔巴尼亚人更邪恶的盗贼了，他们同时掠夺落入他们手中的土耳其人和基督徒的货物，然后把从土耳其人那掠夺的货物卖给基督徒，又把从基督徒那掠夺的卖给土耳其人（Fresne-Canaye 303）。"7 月时，由于形势严峻，土耳其人从君士坦丁堡调了 1500 名耶尼切里，赶往阿尔巴尼亚平叛，参考：CB, II, 48r。

9. AV 1566-1570, 268v-270v, 289r-290r, 297rv, 303r, 319v-321r, 323r, 340r, 366r367r, 394r, 403rv, 410v-411r, 416rv, 424v-425r, 435v-436v, 445rv, 452v-454v, 472r473r ; Paruta 135. 在扎拉地区也有传闻说有“土耳其人的臣民”正在发动叛乱，而威尼斯政府则下令，鼓励、资助“特别是保证该地区农作物收成工作顺利进行”：ASV, SS 76, 98（5 月 30 日）。
10. Lamansky 077-078, 083-089，以及 Manoussacas 1974, 223-4；关于当时阿尔巴尼亚人的反抗土耳其人的叛乱，这些文献提供了一些整体视角，有些是真实的，也有些只是推测的，由于这些文献倾向性较强，缺乏批判性视角，因此采用时需要谨慎考虑。
11. Vargas Hidalgo 686 ; Pippidi 1974, 302, 310-1.
12. Vargas Hidalgo 676 ; Dona 51, 66, 97 ; Manoussacas 1974, 220.
13. Vargas Hidalgo 676.
14. 关于要塞的建造，参考：Charrière III, 62（另可参考：supra, chap. 7, n. 3）。关于奎里尼按照凯里戈当地政府的要求所做的事，以及希腊人的叛乱，参考下列文献：ASV, SS 76, 121rv；AV 1566-1570, 157v-158r；*Nunziature* IX, 222；Contarini 8rv；Paruta 79；Conti 72v；Setton 970；Manoussacas 1974, 227-8。有个现代的雕刻作品重现了这座要塞被攻占时的场景。参考：Tenenti 1985, 22。而奎里尼的肖像画则名叫“le Stenta”。参考：Conti 152rv。
15. ASV, SS 76, 81v, 83；Arbel 1995, 146；关于土耳其间谍，可参考：CB, 279r 以及 330r。
16. Lamansky 55 ; Preto 1994, 316-7.
17. *Nunziature* IX, 174, 185, 197, 218, 231, 233；Vargas Hidalgo 680；Paruta 61 和 135；关于扎拉的章节在 Praga 部分。
18. ASV, SS 76, 109r-110r, 112rv; AV 1566-1570, 158rv; Vargas Hidalgo 680; *Nunziature* IX, 222 ; Lezze ; Paruta 72-3 ; Saraceno 711. 两艘加莱桨帆船是在政府的命令下武装起来的：Contarini 7r；而它们被摧毁一事则是由奥斯曼帝国的史料披露出来的（Charrière III, 135）；根据 Lezze 260 所述，这两艘船其实只是两艘弗斯特战船。5 月，威尼斯元老院决定再招募 2000 名步兵前往达尔马提亚，并命令赞恩在当地留下舰队上的 1000 名士兵（ASV, SS 76, 96r-97r, 109v），然而在整个夏季，威尼斯元老院依然继续担心达尔马提亚地区的驻防力量不够强。法奇内蒂 7 月底时写道：“达尔马提亚的步兵大部分都病倒了。”而到了 8 月 19 日，他又记载说：“这些威尼斯贵族们又派了 1400 名士兵增援达尔马提亚了。”（*Nunziature* IX, 227 和 237）关于加强要塞防御的措施，参考：ASV, SS 76, 96v, 以及 Setton 970。
19. 关于拉古萨在奥斯曼帝国的地位，参考：Biegman 1967；Sugar 1977, 168-83；Faroqhi 2002, 80-1, 85-6 以及 Faroqhi 2004, 89-92；至于拉古萨在塞浦路斯战争期间的表现，可参考：Anselmi 1974，文中的引用文字来源于其中的 51 和 68。
20. Anselmi 1974, VIII ; Preto 1994, 235-41 et 482 ; Tamborra 1974, 380.
21. Costantini 2009, 40 ; *Nunziature* IX, 174 et 303.

22. Anselmi 1974, 39 et II-V ; Preto 1994, 235-41 ; Serrano III, 171, et IV, 98 ; Donà 84 et 117-21. «comme Ragusains» : *Relazioni*, Cavalli 1560, 276; Bernardo 1592, 403 et 406.

23. AV 1566-1570, l45r ; Anselmi 1974, 39 et 65 ; Biegman 1967, 43-4.

24. *Nunziature* IX, 216 et 222 ; Quarti 237 ; Paruta 80.

25. AV 1566-1570, 145v-146rv ; Paruta 74-7 ; Contarini 10r ; Sereno 55 ; *Nunziature* IX, 222 ; Molmenti 42 n. ; Setton 974-5 ; Quarti 176-7. 在赞恩给威尼斯国内的报告，以及后来他在调查审讯过程中的口供中，他认为这次行动完全不是他的责任。参考：Tucci 1974, 415, 422, 425，以及 ASV, SS 76, 120v。关于船长的叛乱，可以参考一位名叫 Bernardo Sagredo 的未发表的编年史，在下列文献中有引用：Donà XXXIII。

26. AV 1566-1570, 146r ; Setton 965 et 975; Sereno 65; *Nunziature* IX, 231. 本博于 1570 年 1 月 1 日去世：Setton 928。关于维尼埃的任命，参考：ASV, SS 76, 107rv。关于兰戈内的任命，参考：*ibidem*, 106。实际上维尼埃和兰戈内都只是抵达了克里特：Foglietta 31，此外还可参考 *infra,* chap. 12, n. 34。

27. *Nunziature* IX, 216 et 237.

28. ASV, SS 76, 120rv.

29. ASV, SS 76, 123r, 125rv（有条消息 6 月 26 日传到了威尼斯，说西班牙国王最终下令让吉安·安德烈亚·多里亚前往和威尼斯舰队会合，这条命令为纠正误会起到了作用：*cf. infra*, chap. 11, n. 17）; *Nunziature* IX, 222, 229。

30. AV 1566-1570, 147v-148r; *Nunziature* IX, 231（“约有 3000 名桨手和差不多数目的士兵死亡”）, 236; ASV, SS 76, 125-6; Setton 968 et 970; Paruta 734; Serrano III, 192; Tucci 1974, 425。停靠在科孚岛的舰队实力统计应该只是近似。在威尼斯已配备武器装备的 82 艘普通加莱桨帆船中，赞恩只带走了 70 艘前往科孚岛，其余除了 4 艘驻守亚得里亚海以外，还留下了 8 艘。如果他们能为这 8 艘招募到新的桨手的话，这些船或许本可以一起加入舰队的，那样的话舰队就会有 78 艘加莱桨帆船了。虽然威尼斯监督官可能会被安排做别的事，但其中有 31 人（其实是 30 人，因为要去掉奎里尼）有条件参加这次出征。这样舰队的总数就达到了 108 艘加莱桨帆船。再加上克里特当地武装的 21 艘加莱桨帆船，还有奎里尼的那艘，一共是 130 艘。在 5 月，威尼斯政府下令武装 4 艘加莱桨帆船，其中 2 艘驻守扎拉，2 艘驻守卡塔罗（Contarini 7r）：头一批被派往安科纳，作为 12 艘威尼斯出租给教宗国舰队的战船的一部分，每艘船上有 20 名至 25 名桨手，“如我们所要求的，他们的任务是教会其余的人划桨”（ASV, SS 76, 98v），后两艘后来被土耳其人俘虏了，但理论上剩下两艘应该得以和舰队会合，因此舰队加莱桨帆船总数达到了 132 艘。而其中 6 艘在科孚岛被解除武装，4 艘离开了舰队，试图把维尼埃送到塞浦路斯，但这几艘船最终都和干地亚地区的分舰队会合了。可以参考 Contarini 9r 对此的估算，根据该文献，赞恩应该有 127 艘普通加莱桨帆船，“包括干地亚的分舰队，还有 31 艘在此之前已经武装出海的”，此外还有 11 艘巨型加莱桨帆船，也就是“福斯托式盖伦战舰”，以及 14 艘拿浮运输船。另外还可参考 Longo 14，此处记载说：“这个夏季，在吉罗拉莫·赞恩司令官的率领下的舰队有 126 艘普通加莱桨帆船……11 艘巨型加莱桨帆船，20 艘拿浮运输船和干地亚的盖伦船，还有一些别的加莱桨帆船驻守亚得里亚海。”而当时在威尼斯的科隆纳接收的舰队的船只数目也被略微高估了，而且显然没有算上损失和解除武装的加莱桨帆船：“舰队总共 145 艘加莱桨帆船，11 艘巨型加莱桨帆船，1 艘盖伦战舰和 20 艘拿浮运输船（Serrano III, 192）。”最后关于舰队总数的争论还是圣克鲁斯侯爵的一封信给出了最终的答案：9 月 5 日，这位那不勒斯分舰队指挥官从苏达港写的信中说，威尼斯人说他们有 126 艘加莱桨帆船，11 艘加莱塞桨帆战舰和 1 艘盖伦战船（Vargas Hidalgo 692）。在一开始出发的 1.2 万名士兵中，此时只剩下 7000 人了：1300 人被留在了扎拉，其余的不是死了就是病倒了，或者“因为战斗力差劲而被遣散了”（AV 1566-1570, l48r）。

第 11 章

1. *Cf. supra*, chap. 8, n. 9; Donà 47.
2. Vargas Hidalgo 664, 668（4 月 30 日多里亚“带着一群日耳曼人”停靠在港口，随后 5 月 4 日抵达了那不勒斯），685; Serrano III, 179; Braudel 1979, II, 376（5 月 3 日，多里亚就已经给那不勒斯的地方总督写信了）。多里亚提到了 4 月 23 日的那道命令；西班牙国王 24 日给多里亚的那封信（Vargas Hidalgo 656）以及同一天给德苏尼加的指示（Serrano III, 139），两份文献今天都还在。关于圣克鲁斯侯爵的抵达，参考：ASC, 1966。
3. Vargas Hidalgo 667 et 682; Serrano III, 170 et 184; Codoin III, 354 ; Stella 382.
4. Serrano III, 170, 175-6, 183 ; Setton 965.
5. Serrano III, 162 ; Donà 30 et 34 ; Setton 961 et 965.
6. ASV, SS 76, 102r-103r ; Setton 962 et 966 ; Serrano III, 180-1.
7. Serrano III, 182.
8. Serrano III, 183-4 ; *Nunziature* IX, 210 ; Setton 965-6.
9. Donà 19, 21-23, 25. 德托雷斯在出行葡萄牙无果后，7 月份时就返回了西班牙皇宫。后来有次在和枢机主教埃斯皮诺萨吃午餐时，他有些尴尬地承认他犯了错误（“我回答他说，我感谢伟大全能的上帝，他能纠正我的错误，因为当国王转达我皇室的决议时，我未能正确理解。”）。另有一次在和国王会面时他也承认自己犯了错（“可能是我搞错了，但感谢上帝的恩典，陛下纠正了我的错误”）：Dragonetti 205 和 210。
10. *Nunziature* IX, 209（关于当时威尼斯的状态，参考：ASV, SS 76, 115r）; Donà 25-7; Serrano III, 188 和 190。
11. Serrano III, 143, 153-61, 175；关于西班牙国王决定谈判成立神圣同盟一事，也可参考下列文献：Catena 263-5；Vargas Hidalgo 667；Codoin III, 354。
12. Dragonetti 161; Serrano III, 175 et 180; Charrière III, 114. 根据托马斯主义的外交规范，在外交礼仪上必须拒绝承认苏丹是有权且合法的君主，这也意味着认为苏丹是僭主，可以对其发动正义的战争，甚至将其杀死。然而法国国王却毫不顾忌地在信中如此称呼苏丹："至高、伟大、强大、尊贵和无敌的君主，穆斯林的伟大帝王，苏丹塞利姆可汗，无比尊贵和荣华，我们最亲爱和最友善的朋友，愿上帝增添陛下的伟大与尊荣。" Fresne-Canaye 73。

13. Charrière III, 117. 这场讨论的摘要记载在：Suriano，而西班牙国王的全权代表的报告则记载在：Serrano III, 186-207。

14. Donà 49, 58-61.

15. Vargas Hidalgo 682-4.

16. Serrano III, 193. 关于科隆纳在 35 岁时的大致背景，当时他是 16 世纪后半叶在意大利最有影响力的政治人物之一，他在教宗国和西班牙都担任重要而复杂的职务，参考：Rivero Rodriguez 1994 和 Bazzano 2003。

17. Serrano III, 196-8；参考：Codoin III, 356, 和 Capponi 2008, 125。教廷大使和几位使者 13 日就已经得知了消息，随后如我们所见，他们立刻给各自国内的政府写信。参考：Serrano III, 193 和 Setton 972。7 月 26 日消息传到了威尼斯，7 月 27 日或 8 月 2 日（有两个不同版本的说法）消息传到了罗马。参考：ASV, SS 76, 122v, *Nunziature* IX, 224，以及 Setton 969, 972-3。

18. Vargas Hidalgo 664 et 668. 关于日耳曼步兵不擅长海战一事，也可以参考：*infra*, chap. 31, n. 12。

19. 关于费利佩二世统治时期的西班牙王国的募兵机制以及其相应的权利，可以参考：Thompson 1976, 107-21。阿克斯公爵的士兵主要的武器都是从布雷西亚打造后运来的，这是威尼斯元老院为了讨好西班牙国王而特批的，"因此虽然我们自己也有大量士兵等着武器武装的需求，但我们还是同意准备那么多武器（给西班牙人用）"：ASV, SS 76, 73v。

20. Vargas Hidalgo 668, 680, 691.

21. Serrano III, 186 et 201 ; Vargas Hidalgo 681, 686, 702 ; Setton 973 ; Donà 63 ; Stella 383 n. ; Braudel 1979, II, 377 ; ASG, 1966. 冈萨加的 1500 名意大利步兵 5 月份时被派到了撒丁岛：Vargas Hidalgo 629。

22. Serrano III, 129 ; *Nunziature* IX, 170.

23. Serrano III, 149 和 IV, 97；Setton 959-60，以及参考：*supra* chap. 8, n. 21。

24. *Nunziature* IX, 170 ; Setton 960 ; Sereno 51 ; Charrière III, 112.

25. *Nunziature* IX, 187, 197, 204；Charrière III, 115；参考：ASV, SS 76, 105r 和 108r，6 月 13 日和 22 日，威尼斯元老院还在讨论要提供 15 艘加莱桨帆船的全部船体的事宜。

26. Serrano III, 170 ; *Nunziature* IX, 204 ; Guglielmotti 15-6.

27. Serrano III, 170 et 376 n. ; *Nunziature* IX, 187 et 204.

28. *Nunziature* IX, 205-6.

29. Serrano III, 170 et 180; *Nunziature* IX, 195-205 ; ASV, SS 76, 108r ; Setton 9645 ; Bazzano 2003, 129-32. 各任命书和船长名单可参考：Guglielmotti 14-8。关于威尼斯人为科隆纳准备的那艘旗舰，梅迪西斯的大使提供的信息非常夸张，但可靠性

并不高："他们翻修了一艘已经 30 年没有出海的福斯托的四列桨座加莱桨帆船，给马肯托尼欧·科隆纳当旗舰用（Guglielmotti 25）。"这艘船很特别，它实际上是一艘五列桨座战船，关于这艘船的更多信息可参考：*supra*, chap. 6, n. 18，以及 *infra*, chap. 16, n. 17-18。

30. *Nunziature* IX, 211-2, 216, 222 ; ASV, SS 76, 121r ; Serrano III, 192 ; Setton 967-9 et 972. 科隆纳从威尼斯写信说，他非常满意，因为那些威尼斯人"没有任何与土耳其人议和的愿望"：Guglielmotti 41 n。
31. Brunelli 2003, 15-6；Castellani 1936, 478-81；Civale 2009, 38-46（然而耶稣会士胡安·德比托里亚却从安科纳写信说"他根本不想上这艘船就任"）。关于科隆纳的步兵团，参考：Guglielmotti 16-22 和 Quarti 163-4。关于贡多拉：Anselmi 1974, VII。
32. Serrano III, 170 ; Setton 955-6, 961, 965, 968 ; Bosio 851-4.
33. Bosio 853-63 ; ASG, 1966 ; Setton 937 ; CB, II, 63r ; *Nunziature* IX, 254. 欧吉德·阿里的舰队出动一事之前已有人报告，但人们以为他最多应该只是去黎凡特"和苏丹的主力舰队会合"，参考：Donà 61 和 65, Braudel 1979, II, 377。顺便提一下，Bosio 857 此处记载说，在被杀的骑士中，有贾科莫·莱奥帕尔迪的祖先，fra Pier Antonio Leopardi Da Recanati。
34. *Nunziature* IX, 223 ; Vargas Hidalgo 688 ; Bosio 863.
35. ASG, 1966 ; Vargas Hidalgo 677 et 690 ; Stella I ; Donà 91.
36. Stella 383；此外可参考：*infra*, chap. 13, n. 10。关于热那亚加莱桨帆船的航程，可参考：Vargas Hidalgo 690-1；关于海上航行时遇到的事件，可参考其指挥官留下的报告，记载在 ASG, 1966。

第 12 章

1. *Nunziature* IX, 264；具体细节可见：Calepio 98r；Podacataro 203；Conti 77-8；Gatto 33；Quarti 223；Hill 1948, 894。龙达基斯是"彼得罗·龙卡第（Pietro Roncadi）的骑士，在塞浦路斯王国曾是阿尔巴尼亚民兵的指挥官"，在 Paruta 93 中如此写道。而巴尔干轻骑兵团则是由凯瑞艾雷森（Kyrieleison）指挥：Calepio 97r。有位 1560 年在格贝斯被俘的西班牙奴隶后来设法逃脱，随后向尼科西亚的当地政府报告说，土耳其人正准备在当地登陆 6 万名士兵：Quarti 221。
2. Setton 934-5 ; Preto 1994, 100 ; CB, 279r ; AV 1566-1570, 154r. 关于阿里帕夏访问法马古斯塔一事，参考：*supra*, chap. 3, n. 17。
3. CB, 268v-269v, 272rv, 357r（按此处的记载，唐约瑟夫·纳西也帮助了塞浦路斯的地图和沙盘的制作）；ASV, SS 76, 88r；关于法马古斯塔的港口的承载能力，参考：Conti 95。关于这位叫伊赛波的人物，可参考：*supra,* p. 5。
4. CB, 336v, et II, 25r. 关于要求把安纳托利亚和叙利亚各省的军队集结到菲尼凯和安塔利亚两地的命令，参考：Costantini 2009, 54 和 n。
5. Paruta 93 ; *cf.* également p. 200-201 et *infra*, n. 16-17.

6. 关于耶尼切里军团和有蒂马尔的骑兵，参考：*Relazioni*, Michiel 1558, 112-4 和 124-5；Ragazzoni 1571, 99；Garzoni 1573, 412-6；Barbaro 1573, 304- 5；Antelmi 1576, 195；Correr 1578, 241；Bernardo 1590, 322；Moro 1590, 339-42；Bernardo 1592, 329-32；Zane 1594, 391-2, 395-6；Donà 1596, 353（“按封建形式”）。关于非正规军和志愿者，参考：p. 205-206 以及 infra, n. 27-28。
7. Agoston 2005, 148-9 ; Veinstein 1985 ; Faroqhi 2004, 108.
8. *Nunziature* IX, 124-5, 127, 137, 144, 152 ; Lesure 91, et *cf.*Costantini 2009, 54.
9. Buonrizzo 139, 146-7 (*cf.* Paruta 46) ; CB, 260r, 268v, 282r 和 II, 24v.
10. Gatto 32, Sylvestrani Brenzone 37，以及可参考：CB, II, 38r, 此处提到巴尔巴罗清楚记得他一年前曾提议对阿纳穆尔的要塞采取先发制人的攻击。
11. AV 1566-1570, 154r；CB, II, 38r, 44v, 46v；ASG, 2170，参考 1570 年 6 月 30 日的记载；*Nunziature* IX, 200, 239；Charrière III, 129；Vargas Hidalgo 676；Contarini 9r；Sereno 42；Paruta 88。
12. *Nunziature* IX, 264 ; Gatto 33-4. 关于舰队的真实规模，可参考：*supra,* chap. , n. 23。
13. AV 1566-1570, 151v-152r; Calepio 96r et 106r; *Nunziature* IX, 256; Paruta 94 ; Sereno 54 ; Gatto 31 ; Setton 928 et 937 ; Hill 1948, 951. 关于疏散村民的计划及其失败的结果，可参考：*infra*, chap. 14, n. 29 和 33。
14. AV 1566-1570, 154r-155v ; Calepio 98v ; Podacataro 203v ; Contarini 9v ; Sereno 55 ; Paruta 92 ; Hill 1948, 958-9 ; Costantini 2009, 61. 关于 6 月 30 日从菲尼凯出发一事，参考：CB, II, 46v，以及 Costantini 2009, 54。
15. AV 1566-1570, 155r.
16. Contarini 9v ; *cf.* Paruta 88 *sqq*.
17. AV 1566-1570, 152v-153v; Sozomeno 3v ; Podacataro 203rv ; Gatto 34-5; Paruta 93 ; Conti 78v. 根据法马古斯塔当地一位监督官，彼得罗・瓦德里奥的记载，早在 4 月时，虽然巴廖尼反对，但当地的指挥官们已经决定，如果土耳其人登陆，他们便弃守海岸线，而是死守要塞：Valderio 991-2。实际上在 4 月时，他们所做的刚好相反，想用骑兵来击退登陆的敌军，参考：AV 1566-1570, 59r。7 月 5 日丹多洛的报告（AV 1566-1570, 153r）中指出，罗卡斯伯爵已经准备好用骑兵来防御海岸线，但巴廖尼却要求他撤离到内陆重新集结骑兵，因此才让土耳其人顺利地登陆成功。然而与之相反的是，所有那个年代知情的学者们都认为巴廖尼直到最后都一直坚持要在海岸线上抵挡登陆的敌军，是丹多洛和罗卡斯拒绝这么做：Calepio 95rv；Sozomeno 3v；Podacataro 202v-203；Sylvestrani Brenzone 35-6，此外还可参考：Quarti 214-6，下列文献中也有一些分析：Hill 1948, 959-60, 1037-40。
18. *Nunziature* IX, 231, 253-4；Contarini 11r；科恩的注释记载在：Sylvestrani Brenzone 35。赞恩 8 月 6 日在苏达港时得知“虽然说出来难以置信，但土耳其人在登陆时损失惨重”这条军情是假的，事实是“人们看见土耳其人在萨林斯海滩轻松登陆，甚至没有任何战斗”（AV 1566-1570, 150r）。根据 Conti 79v 此处的记载，是土耳其人自己故意散布的这条假情报，目的是迷惑威尼斯人，但这条假情报也可能是从之前土耳其人在帕福斯尝试登陆无果的那次行动中的损失夸大出来的，同时也可能是和在此之后攻打莱梅索斯城门时的损失有关。然而在君士坦丁堡，甚至在登陆前就已经开始流传着各种噩耗（“我们都在谈论土耳其人在尝试登陆这座岛屿时被撕成了碎片”）。这些消息在 1570 年 6 月 30 日之前就开始流传了：ASG, 2170, 以及 CB, II, 44v, 48r-49v, 51v。

19. Nicolle 1995, 27 ; *cf.* Tursun Bey 75 ; Paruta 92.

20. Capponi 2008, 128 ; Calepio 103v et 107v (et Sozomeno 3 : 10000 hommes) ; Sereno 54 ; Paruta 52 ; *Nunziature* IX, 172.

21. *Nunziature* IX, 239 et 254 ; Charrière III, 129 ; AV 1566-1570, 154v ; CB, II, 51 r ; Castellani 1937, 43.

22. CB, II, 31rv, 35v, 38r, 45r ; AV 1566-1570, 155v ; Contarini 5v et 9r, repris de Calepio 94r. 在帕兰迪尔运输船还没集结完毕时，有份从罗得岛送回威尼斯的报告中提到有 8 艘马霍恩运输船，20 艘小型帕兰迪尔运输船，30 艘卡拉穆萨商船和 5 艘拿浮运输船：AV 1566-1570, 147v。*Cf.* Longo 18 et Paruta 88.

23. CB, II, 46v. Sozomeno 3 此处记载说他们“每艘加莱桨帆船上还运了 2 匹马”，et *cf.* Calepio 107r；根据米佐特罗船长的说法，他们原计划是每艘加莱桨帆船运输 4 匹马（Vargas Hidalgo 676）。Doria 176 证实，在必要时也可以每艘加莱桨帆船运输 3 匹马，但这么做需要承担一定的风险。Fresne-Canaye 277 记载 1573 从君士坦丁堡出发的大型舰队中的加莱桨帆船也运输了马（“每艘加莱桨帆船载着一匹马”）。然而博纳尔达号加莱桨帆船上的木匠却说“马全部都是由拿浮运输船和卡拉穆萨来运载的，加莱桨帆船上并没有马”：AV 1566-1570, 155r（156r 有船上的弹药和补给品的详细清单）。

24. AV 1566-1570, 156rv; Calepio 98v ; Contarini 9v ; Sereno 54; Paruta 92; Foglietta 77 ; *Nunziature* IX, 256 ; Quarti 227-8 et 300.

25. Calepio 107r; Sozomeno 3; Contarini l0r ; Sereno 54 et 56; Paruta 92 et 105 ; Foglietta 87 ; Conti 82 ; *cf.* Quarti 300-1. 关于耶尼切里军团，参考：CB, II, 48r 和 50v。根据奥斯曼帝国官方的文献，1571 年 4 月在法马古斯塔攻城战前期，依然有 5000 名耶尼切里军团的总兵力投入战斗：Hill 1948, 994。

26. CB, 192r, 331r ; Buonrizzo 153; Paruta 92 et 105; Sozomeno 3; Calepio 107r. *Viaje de Turquía* 425 指出，在最辉煌的时期，每名西帕希骑兵都携带好几匹马匹，并总结说，其中六分之五的马是用来运输随身物品的驽马。*Relazioni*, Navagero 1553, 56 此处指出，耶尼切里军团“在战争或是某些军事行动中，常常毫不顾忌地四处抢夺马匹，一般也只付马匹原价的十分之一，为此他们每个人都很有耐心地掠夺，并且常常为此殴打当地人”。

27. CB, 192r（苏丹发布了一道诏令：“所有想要贡献自己的马匹的人都可以来报名上册，每匹马每天 17 阿克切的报酬，一年总报酬在 120 杜卡特以上。”而这还只是一名骑兵的战马的开销。）; Contarini l0r。当提到“志愿冒险者”时，西方文献更多称其为 achingi，这个词是指从巴尔干地区的土耳其人中招募的骑马佣兵，他们被纳入定期招募的计划中，享受特别的优待以换取他们服兵役，而且他们服役时还能带上一些非正规军人员陪同：*Relazioni*, Michiel 1558, 108 和 114-5；Soranzo 1576, 212；Correr 1578, 249；Bernardo 1590, 326；Puddu 2000, 25；关于这个组织，可以参考：Sugar 1977, 39 以及 Imber 2002, 260-5。

28. *Relazioni*, Trevisan 1554, 132, 和 Michiel 1558, 108 提到，招募这类志愿兵是一贯的传统，但他们其实招募时并不对那些 achingi 区别对待："在帝国境内有大量闲置，既无军饷也无任务的士兵……这些志愿兵都是自愿来参与战斗的，他们希望去寻找财富，或是跟随一些私人船主想要分一些战利品。"虽然他们总人数并不算多，但在塞浦路斯登陆的土耳其军队中，这些人的存在是被证实的。在 1571 年秋季，在彻底占领塞浦路斯后穆斯塔法帕夏留下的 3779 名士兵中，1000 人是耶尼切里，其他的包括炮手、阿扎普、müstahfiz（要塞驻军）、gonüllü（志愿兵）：Costantini 2009, 77。一份 1570 年的文献提到有部分志愿兵配备了火枪，当然他们都是步兵，是从安纳托利亚东部的游牧部落中招募的。参考：Inalcik 1975, 197。关于从开罗招募的那些志愿者，那些被称为"最邪恶的家伙"的人，参考：CB, 173r, 192r。在君士坦丁堡的各种官方记载中，多次提到关于由战争引起的人口流失问题。比如可以参考：CB, 331r, 334r, 347r, 和 II, 47r；*Nunziature* IX, 239 以及 *Relazioni,* Barbaro 1573b, 394-6。关于源源不断赶来加入法马古斯塔围城战的志愿兵和义务兵：Hill 1948, 994-5。

29. Buonrizzo 139, Paruta 92（"有 30 门重炮，有的是 50 磅炮，有的是 100 磅炮，此外还有 50 门隼炮"）；但按照马尔科·迪贝内托的记载，总共有 80 门火炮，其中 4 门 100 磅炮由"博纳尔达"号和"巴哈"号两艘船来运输，其余都是轻型蛇炮。参考：AV 1566-1570, 155r。实际上巴尔巴罗见到总共有 90 门火炮和轻加农炮运上了拿浮运输船。关于不让基督徒成为战斗人员一事，有位威尼斯大使曾记载说，苏丹的战争潜力其实并没有人们想象的那么大，"欧洲和亚洲部分的村落主要的居民都是希腊人，而非洲则主要是摩尔人……对这些居民来说，他们对效命于土耳其人的兴趣并不大"（*Relazioni*, Moro 1590, 338）。

30. Lybyer 1913, 90. 值得注意的是，在尼科西亚围城战中俘虏的 13719 名资料保存至今的奴隶中，2135 人，也就是 15% 是耶尼切里军团俘虏的（Costantini 2003, 234-5）。这样的百分比和耶尼切里军团占军队的总兵力的比例，也就是 4 万人中的 6000 人的比例基本相似。

31. 关于人口：Arbel 1984。关于小麦：*Nunziature* IX, 183 和 200；Paruta 101；Longo 18。塞浦路斯盛产小麦，在春季开始时，一般都是威尼斯食物供给困难的时期。当地政府会装满 2 艘船的农作物，总共 3 万蒲式耳的小麦和 2500 蒲式耳的大麦运往威尼斯本土：ASV, SS 76, 81r。关于农作物欠收的年份：Braudel 1979, I, 250 以及 Arbel 1984, 214。7 月 18 日，巴廖尼也不得不承认"我们虽然在要塞中储存了大量的食物，但还有一部分留在郊外，被土耳其人夺走了"，参考：*Nunziature* IX, 254。

32. *Nunziature* IX, 152.

33. 参考：*supra*, chap. 6, n. 33-34；ASV, SS 76, 39v；AV 1566-1570, 60v；*Nunziature* IX, 185, 200, 256；Calepio 94r；Paruta 28, 92-3；Foglietta 31；Hale 1974, 167；Setton 947-8。关于1290名士兵抵达这件事，参考：AV 1566-1570, 152r; Hill 1948, 899-900；Quarti 218；而带队的10名指挥官的名单可参考：Gatto 30-1。
34. 关于编年史记载的伤亡情况，7月16日布拉加丁的一份报告可以作为参考：AV 15661570, 154r（"每天都有人死亡"）；Sozomeno 5 和 9，另外关于当时的气氛，*Nunziature* IX, 170 和 200。副监督官丹多洛5月时写道："大部分士兵，无论新兵还是老兵，都是一群废物。"因此他更喜欢招募当地"适应本地环境"的人参军：AV 1566-1570, 152r。关于岛上实际的意大利步兵的总兵力估算，可参考附录一。而关于兰戈内·帕拉维奇诺，可参考：*supra*, chap. 10, n. 26 以及 *infra*, chap. 16, n. 14。
35. Lamansky 616-9；Salaris 144-6，关于具体数值，可参考附录一。
36. 关于前几年发生的问题，可参考：Lamansky 622-30, Salaris 144。关于数值，可参考附录一。根据索佐梅诺的记载，除了500名巴尔干轻骑兵外，土地所有者还提供了"超过1000匹战马"，以及"大量供重火绳枪兵使用的驽马"（Sozomeno 7 和 9）。而在尼科西亚总共有2000名士兵被俘，他们后来又被赎回（Vargas Hidalgo 703）。也可参考：Costantini 2009, 49-50。
37. *Nunziature* IX, 152；Paruta 92-3；但可对比参考朱利奥·萨沃尔尼安在一封备忘录中对此的批判性记载：Hale 1990, 320-1。步兵连的指挥官除了少数几名阿尔巴尼亚人以外，基本都是意大利人，在下列文献中记载了相关的普查数据：Calepio 96v, 以及 Quarti 267-8。
38. 关于具体细节，可参考附录一。而关于那些工兵，可参考 Sozomeno 10，而 Paruta 104 的记载也是从前者参考来的。
39. Paruta 104, Calepio 96r, Sylvestrani Brenzone 41, Conti 66v. 5月，丹多洛写信给威尼斯本土，希望能给他支援5000柄剑、5000支火枪和1000顶头盔，用来武装当地的民兵。参考：AV 1566-1570, 152r。Sozomeno 10 此处证实，除了在女墙上驻防的864名重火绳枪兵外，当时在城里"还有许多街头游民和其他民众参战，但缺少刀剑和火枪等武器，弹药也只够供应1400人"。
40. Buonrizzo 153.
41. Sereno 9；Foglietta 7-8；Panciera 2005, 206-7，关于萨沃尔尼安的信，参考：*ibidem*, 7；关于此人物，参考：*ibidem*, 197-212，此外还可参考：Promis 1874, 403-46，以及 Salaris 67-90。关于塞浦路斯的要塞在防御上的问题，文献资料非常丰富，比如可参考：Manno 1986, Hale 1990, 297-302, von Wartburg 2002, Costantini 2009, 46-8，而阿斯卡尼奥·萨沃尔尼安发表的文献可见 Salaris 125-47。关于尼科西亚要塞，参考：Promis 1874, 410-4；Quarti 212-3；von Wartburg 2002, 40-1，此外也可参考1567年的一幅画：Manno 1986, fig. 6，此外还有同时代的雕刻作品：Tenenti 1985, 23。
42. AV 1566-1570, 154r; Valderio 934; Sozomeno 7v；Podacataro 203; Paruta 100. 威尼

斯元老院在土耳其人登陆前夕发给塞浦路斯地方政府的公文中一直强调，要把加强尼科西亚的防御放在头等重要的位置。比如可参考：ASV, SS 76, 44v 以及 AV 1566-1570, 151v，此外还有：*infra*, chap. 14, n. 3。

43. *Journal de l'armada* 在土耳其人登陆前一天记载："今天，978 年穆哈拉月 30 日（1570 年 7 月 4 日），在真主的恩赐下（愿他的名被颂扬！），我们离开了萨林斯海滩，准备征服尼科西亚。"（Costantini 2003, 230）。向该方向移动应该是一开始就决定的，其余的行动按照 7 月 18 日巴廖尼在信中的说法："按照我们至今为止所掌握的线索，土耳其人应该不是想去攻取法马古斯塔，而是尼科西亚的那座在内陆新建的要塞，许多塞浦路斯当地的贵族现在都躲在里面。"该信是在他病好后写的第一封信，参考：*Nunziature* IX, 256。7 月 9 日，马尔科・迪贝内托也报告说，已经确信土耳其人"要去攻打尼科西亚，并且他们称很容易就能攻下"，参考：AV 1566-1570, 155r. 然而意大利编年史学家都同意土耳其人的陆军主力要到 7 月 23 日才离开大本营，随后两天后抵达尼科西亚城下。Sylvestrani Brenzone, 43 此处记载了帕夏之间的对话，阿里帕夏想要攻打法马古斯塔，而皮亚里帕夏和穆斯塔法帕夏却支持攻打尼科西亚（另一个版本记载在 Paruta 96-9）；但早在萨林斯海滩登陆成功的消息传来以前，巴尔巴罗已经就通过易卜拉欣贝伊得知土耳其人的计划是先攻打尼科西亚（CB, II, 44v）。

44. AV 1566-1570, 154v-155v; Gatto 43 et 46; *Relazioni*, Michiel 1558, 114; Ragazzoni 1571, 99 ; Barbaro 1573, 304-5 ; Correr 1578, 241 ; Moro 1590, 343 ; Zane 1594, 392 ; Puddu 2000, 26 et n. ; *cf.* Imber 2002, 258.

45. Masala 15, 23, 25, 53；关于这场战争在民间不受欢迎的事实，可参考：*supra*, n. 28。关于加齐，可参考 *Relazioni*, Santa Croce 1573, 182："有些人希望人们认可他们的勇气，这些人在土耳其人中称为加齐，他们习惯在肩上披一张狼皮……也有人喜欢在头上插上和他们杀死的敌人数目相当的羽毛。"早在 7 月 7 日，穆斯塔法帕夏就因为一名士兵的勇敢而给了他一份特别的奖赏：蒂马尔的所有权（Costantini 2009, 53 和 n.）。

第 13 章

1. ASV, SS 76, 125, 以及 77, 1；AV 1566-1570, 149v（科孚岛有 700 名桨手，凯法洛尼亚有 900 名，赞特有 500 名，圣莫尔有 100 名）；*Nunziature* IX, 240 和 254；Setton 975；Contarini l0rv；Sereno 65；Paruta 81，以及参考：*supra*, chap. 10, n. 30。7 月 30 日，一名耶稣会士在赞特写道"我在街上看到的尽是病号和尸体"（Civale 2009, 45）。
2. Longo 18. *Cf.* AV 1566-1570, 150r-151v, 241r, 400v-401r, 439v ; *Nunziature* IX, 231 et 256 ; Lamansky 799 ; Manoussacas 1974, 230 ; Tucci 1974, 424 et 428 ; Capponi 2008, 136.
3. Manolesso 39v (d'où Sereno 95) ; AV 1566-1570, 151r ; Setton 976-7 ; Paruta 80.
4. Slot 1982, 93；*Nunziature* IX, 250 和 256；Civale 2009, 109，而关于庇护五世，可参考在 Guglielmotti 94-5 中出版的文献：le *motu proprio*。关于 3 月被任命为舰队

的监督官的卡纳尔，可参考：ASV, SS 76, 60r 和 64r，以及 Setton 928。威尼斯元老院命令赞恩把从岛上俘虏的基督徒妇女和小孩都送回去，并“特别”强调要把当地教会的财产都如数归还：ASV, SS 77, 10r；关于最后一点，赞恩自己也已经想到要这么做了，并且他叫来了岛上那些妇女的父母们来认领他们回家：AV 1566-1570, 151v 和 243v。

5. Lamansky 80-3 ; Slot 1982, 362 ; Preto 1994, 102. 在科罗内洛被关押期间，有位请教皮耶罗・隆戈的贵族要求威尼斯元老院批准用交换俘虏的方式赎回他的兄弟，也是一位贵族，名叫祖安，他在尼科西亚沦陷后被俘虏并充为奴隶（关于这一点，可参考 *supra*, chap. 14）；威尼斯元老院答应谈判，但有可能最终还是以十人团的命令为准（ASV, SS 78, 13v-14）。
6. Setton 972-6 ; Tucci 1974, 409. 可能该情报是巴尔巴罗定时传回的君士坦丁堡流传的情报的放大后的版本，而威尼斯国内的议会对巴尔巴罗提供的情报根本不感兴趣，“考虑到威尼斯舰队已经没有时间了（在 17 日以前，威尼斯舰队不可能准备完毕了），因此不可能根据君士坦丁堡传来的这条情报来如此行动”：*Nunziature* IX, 250。
7. 关于 8 月中旬从克里特传来的情报，以及威尼斯收到该情报时的情况，可参考：AV 1566-1570, 150v; *Nunziature* IX, 254 和 256; Contarini 10v-11v; Sereno 6。需要注意的是，在 8 月中旬，威尼斯方面已经决定在圣乔瓦尼和保罗等地在帐篷中开设临时医院，用来接待抵达的舰队中的病号：Hale 1990, 132 n。
8. *Relazione di Marc'Antonio Colonna* 431 ; Guglielmotti 27-32; *Nunziature* IX, 240 ; Setton 969 ; Castellani 1937, 39-41.
9. Guglielmotti 49 n. ; *Relazione di Marc Antonio Colonna* 431 ; Setton 977.
10. Vargas Hidalgo 688 ;et *cf.* supra, chap. 11, n. 36.
11. Stella 384.
12. Setton 977 ; Guglielmotti 49 n. ; Vargas Hidalgo 691.
13. Stella 385-6 和 App. I（一个月后，吉安・安德烈亚依旧公开自夸说他“以基督徒和骑士的义务成功地参加了这场光荣的出征”：Parere del Signor Gio. Andrea Doria）。也可参考 Donà 86。
14. Stella App. II.
15. 在 1559 年，当时 19 岁的多里亚乘坐阿尔卡拉公爵的加莱桨帆船陪同其从巴塞罗那前往那不勒斯赴任总督的职位。在路上，公爵说服他陪自己赌博，随后公爵说“除了沉稳的老人面对浮躁的年轻人时的优势以外，他懂的比我还多”，多里亚一度赢了 1.5 万埃居，不过随后运气站在了公爵这一边，最终多里亚并未损失太多。从此之后，二人的关系就开始不怎么融洽了（Doria 64 et 113）。
16. 早在春季，西西里岛地方总督便写信给西班牙国王，希望能尝试对突尼斯发起一次攻击，但直到 10 月份在巴勒莫和马德里的通信中，他依然还在询问此事：Braudel 1979, II, 377 n. 4。在 1 月时，多里亚告诉多纳说：“如果上一年没有那道要求前往黎凡特的命令的话，我早就乘着土耳其舰队还在待机的时候就随佩斯卡拉侯爵一起去攻打突尼斯了，如此塞浦路斯沦陷也本可避免。”参考 Donà 67。

17. Stella 387 ; Guglielmotti 49 n. ; Vargas Hidalgo 691-2.

18. *Relazione di Marc'Antonio Colonna* 431-2；Stella 388 和 n.；Bazzano 2003, 1323，此外还可参考科隆纳在抵达克里特后对赞恩的信任：AV 1566-1570, 246r-247r。关于吉安·安德烈亚的野心，可参考 Doria 19 和 22。

19. Stella 388.

20. Charrière III, 118 et 120 ; Stella 384 n. ; *Nunziature* IX, 233 et 247 (et *cf.* Braudel 1979, I, 119 n. 5).

21. *Parere del signor Gio. Andrea Doria*，以及 *Relazione di Marc'Antonio Colonna* 432-3；两份文献都记载是 31 日抵达的，而 *Nunziature Napoli* 8 却记载说是 1570 年 9 月 28 日，在科隆纳于 3 日从苏达港送出的几封信，以及“那不勒斯的加莱桨帆船舰队的指挥官”圣克鲁斯侯爵 6 日寄出的信中都提到“他们得知舰队是 29 日抵达干地亚的”。还可参考 Setton 977-8，而关于舰队停靠凯法洛尼亚期间的情况，参考 *Nunziature* IX, 253。

22. 关于德苏尼加，参考：Serrano III, 216（国王完全赞同：ibidem, IV, 14，以及 Vargas Hidalgo 700）；关于接待，参考：Vargas Hidalgo 692，以及 Contarini 12r；关于最近一批情报，参考：Contarini 10r-11r 以及 Paruta 81；关于赞恩说的话，参考：*Relazione di Marc'Antonio Colonna* 433 *sqq.*，斯福尔扎·帕拉维奇诺写的备忘录可参考：Setton 978, 赞恩 9 月 12 日给威尼斯总督的信可参考：Quarti 246。

23. *Parere del signor Gio. Andrea Doria* ; AV 1566-1570, 247r ; Setton 973 et 980 ; Quarti 243-4 ; Longo 19 ; Sereno 67.

24. 圣克鲁斯侯爵的信，可参考：Vargas Hidalgo 692；赞恩和塞尔西分别于 9 月 5 日和 7 日递交给威尼斯元老院的报告，可参考：Quarti 243-4。

25. 除了 Vargas Hidalgo 692 此处的圣克鲁斯侯爵外，还可参考：*Relazione di Marc'Antonio Colonna* 433；关于多里亚的职位，参考：Stella 388 n.，以及 *Nunziature* IX, 262 ; Contarini 12r ; Sereno 67。关于威尼斯各指挥官之间的分歧，参考：Quarti 243-6 以及 371-2，此外还可参考斯福尔扎·帕拉维奇诺的备忘录，记载在：Setton 978-9。即使是统治热那亚的贵族们相互也称对方“尊贵的阁下”，但这种称呼却发生了变化，如多里亚在他晚年所记载的那样，他要和自我感觉良好的家伙划清界限：“他们互相称呼对方‘尊贵的阁下’（和后来‘杰出的’称呼，以及和威尼斯贵族们今天的称呼都不一样）。”（Doria 4）。

第 14 章

1. Podacataro 202r-203v ; *Nunziature* IX, 256 et 264 ; Paruta 97 ; Foglietta 84-5. 关于平民人口：Arbel 1984, 197。关于城门关闭后的人口普查结果：Sozomeno 10；Calepio 107r。关于痢疾，参考：p. 236 et, *infra*, n. 9。

2. Calepio 94v, 95v（关于丹多洛：“愿上帝保佑，希望他的昏庸到此为止。”98r ;

Foglietta 31, Paruta 101, Quarti 210 和 222-3)。

3. Paruta 99-100 ; Quarti 221. 8 月 29 日，丹多洛依然没从尼科西亚沦陷的消息带来的震惊中恢复："敌人和他们所有人的预料相反，根本没有从海上攻打海岸线边境的法马古斯塔。" AV 1566-1570, 157r 和 281r。
4. Sozomeno 3v ; Calepio 99r ; Quarti 265 ; Sereno 56 ; Conti 79 et 82-3 ; Sylvestrani Brenzone 44.
5. Sozomeno 4; Podacataro 204; Calepio 99r; Contarini l0rv; Paruta 102; Sereno 57; Foglietta 86; Conti 83; Sylvestrani Brenzone 44-5; Quarti 274-5; 关于在水井中下毒的事，参考 Conti 79v；关于挖井工人，参考 *supra*, chap. 12, n. 9；关于木料，参考 Buonrizzo 147。
6. 关于土耳其人在攻城战中的火炮轰击时的情况，有详细的描述，但并非面面俱到。可参考下列文献：Sozomeno 4; Calepio 99v; Podacataro 204; Contarini 10v-11v; Paruta 103-4, 109-10; Sereno 57-8; Conti 83; Sylvestrani Brenzone 45-6；此外也可以参考 8 月 29 日指挥官丹多洛的一封信，记载在 AV 1566-1570, 280r。关于尼科西亚的防御情况，参考：*supra,* chap. 12, n. 41。在战争即将爆发前，威尼斯十人团曾召集"一群军事要员来讨论战事"，基本上都是曾经在法马古斯塔当地做过指挥官的军人。他们几乎所有人都一致认为"尼科西亚坚不可摧，而法马古斯塔则根本守不住"（以上信息来自维尼埃自己的证词，参考：AV 1566-1570, 266r）。
7. Sozomeno 4v-5 ; Calepio 100r, 101r, 104r ; Podacataro 204r-205r ; Contarini 11v; Sereno 58 ; Paruta 110-1 ; Foglietta 89-91 ; Sylvestrani Brenzone 46-78 ; Conti 82-4 ; Quarti 274-9. 关于尼科西亚的要塞火炮，参考：Panciera 2005, 207-8。
8. 在下列文献中存在一些不同版本的记载：Sozomeno 5; Podacataro 204v; Calepio 101v; Sereno 59-60; Contarini 11v; Paruta 111-3; Foglietta 96-9; Conti 84; Sylvestrani Brenzone 49 以及 Quarti 280-3。
9. Calepio 100r（"到处都是疾病"）, 100v, 102v; Sozomeno 5（"到处都是死者"）和 9（"因疟疾而死"）; Podacataro 204v-205。法马古斯塔的主教证实，在尼科西亚沦陷时，城里的意大利人只剩下 400 人了。参考：*Nunziature* IX, 313。
10. Sozomeno 5-6 ; Calepio 100v-103r ; Podacataro 205rv ; Contarini 12r ; Paruta 113-6 ; Sereno 60 ; Foglietta 125 ; Sylvestrani Brenzone 50-3 ; Quarti 279 et 284. 第一次劝降的警告早在攻城战以前就开始了，警告发出者是一位名叫尼科迪姆的希腊修士，他被称为"科孚岛的盲僧"：Calepio 98v, Podacataro 203v。
11. Lamansky 622-30. 根据 Arbel 1989 此处的记载，塞浦路斯的贵族阶层由大约十来个希腊家族组成，其中大部分都已经拉丁化。这位作者（也可参考 Arbel 1995b）认为，塞浦路斯贵族对威尼斯统治者的忠诚度其实比威尼斯人自己认为的要更高（关于这个话题，也可以参考萨沃尔尼安对此的评价，记载在 Panciera 2005, 206 n.）。
12. Lamansky 563, 615, 025 ; Tenenti 1962, 130 et n. ; Paruta 7. 卡莱皮奥在君士坦丁堡时听说在此之前曾有两位"帕里西"（沦为农奴的村民）前去向苏丹表示效忠，但威尼斯大使用一份厚礼换取大维齐尔同意把这两人移交给他，此后“再也没人见过这两人”。参考：Calepio 93v。

13. Lamansky 025, 032-3；Calepio 98r. 关于“帕里西”被奴役的情况，参考：Lamansky 622 和 634；Hill 1948, 805；Inalcik 1969；Arbel 1984, 205-8；Costantini 2009, 56 和 93-4。

14. Hill 1948, 988; Inalcik 1969, 5; Costantini 2009, 56; CB, II, 51v; AV 1566-1570, 154v-155v, 232r.

15. AV 1566-1570, 150r；*Nunziature* IX., 256; Quarti 229. 下列文献在 7 月 11 日第一次记载了当时成群的村民做农奴的情况，参考 *Diario dell'armata*: Costantini 2009, 62。

16. Calepio 99r 记载了巴尔干轻骑兵的指挥官的姓名，并说当地政府任命他带兵进行这场惩罚性的行动，“要求他把村庄烧毁，无论老少全部杀死”。这件事当时在尼科西亚也有别的目击者证实。参考：Podacataro 203v, 以及 Falier, cit。在 Costantini 2009, 62 此处的记载，以及许多当时编年史学家的记载中，都提到此事：Paruta 92, 98-9；Foglietta 80-1；Conti 79；Sylvestrani Brenzone 42，另外还可参考：Hill 1948, 961-2。1572 年奥斯曼帝国的人口普查的结果显示，莱夫卡拉镇虽然人口已经基本恢复，然而 Arbel 1989*b*,139-40 中却拒绝承认这件事存在过，而后 Costantini 2009, 62 也采用了前者的说法，这些记载未必能采信，因为这件事有那个年代的多方报告和详细记载。另外，一些行政记录报告中记载说，后来莱夫卡拉镇上幸存的居民得到了免除一大笔税务的特殊待遇（Hill 1952, 21 和 27）。总的来说，两位作者在记载塞浦路斯平民与贵族阶层以及威尼斯统治者的关系时，由于其修正主义观点，因此似乎有些偏见，并且他们的记载并不是基于大量的证据，而且对那个年代大量一致的证词也存有故意抗拒的态度。

17. Paruta 116-7.

18. CB, II, 63v；Contarini 12r；Sereno 61；Vargas Hidalgo 703. Sozomeno, 8, 在尼科西亚沦陷后，这里的记载给人感觉土耳其人对基督教同盟舰队的动向“了如指掌”。

19. Calepio 103v：“部分土耳其人称，他们总共派了 2.5 万人，但也有人说他们每艘加莱桨帆船上有 100 人。” Sozomeno 7v：“土耳其人说他们总共 2,5 万人，但我不相信他们真有这么多兵力。” Contarini 12v-13r 和 Sereno 62 两处都记载土耳其人的总兵力是 2 万人。皮亚里帕夏的舰队总共 160 到 180 艘加莱桨帆船。参考：*supra*, chap.9, n. 23。

20. Sozomeno 6-7；Calepio 103v-105v; Podacataro 205v；Contarini 13r；Sereno 62-4；Paruta 116-22；Sylvestrani Brenzone 53-6；Quarti 294-9. 此外还可参考 *Nunziature* IX, 277 以及 Falchetti 81；关于那些逃出来躲到法马古斯塔城的人，可参考：Gatto 40-1, 45 以及 Quarti 355-6；龙达基斯骑士也在他们中间，但他被土耳其人一支箭射中后受伤被俘，但后来又得以从土耳其军营中逃脱，参考：AV 1566-1570, 295r。关于 *Diario dell'armata*，参考：Costantini 2009, 65。关于城市的沦陷，依然可参考：Sozomeno 7（“抵抗一直持续到了 6 点”）以及 Calepio 105r（“约到了 7 或 8 点”）；而巴尔巴罗却听说“总攻一直持续到了 21 点”，也就是日落 3 小时后（CB, II, 77rv）。

21. Calepio 105rv; Falchetti 81；另一个版本的说法可参考：Podacataro 205v-206v; Sylvestrani Brenzone 55。

22. CB, II, 78r ; Sozomeno 9 ; Vargas Hidalgo 703 ; *Nunziature* IX, 309 ; Conti 87. Sozomeno 9v 也记载了 13 名城里民兵连的塞浦路斯和威尼斯贵族指挥官的下落：9 人战死，4 人被俘。

23. *Nunziature* IX, 277 ; Vargas Hidalgo 712.

24. Calepio 105v-106v.

25. Costantini 2003 以及 Costantini 2009, 66-9 有对当时登记造册的奴隶的数据分析（5055 名男性，其中 760 人是神父或修士，6288 名妇女，541 名幼龄孩童，总共 13719 人中并非所有人的信息都存留至今）; Calepio 107r 和 109v-110r。

26. ASG, 2170. 巴尔巴罗看到战俘分批被运回君士坦丁堡：CB, II, 78r, 92r（"俘虏们把街道都占满了，在那里他们被卖为奴隶"）, 101r-102r。

27. Calepio 109v; Conti 86; Nicolini 420; Rosi (*b*), 156-7; Preto 1975, 189; Rudt de Collenberg 1981-82 和 1987，部分在 456-8; Gattoni 1999, 641; Heers 2003, 263; Costantini 2003, 240-1; Dursteler 2006, 73; Costantini 2009, 67-9 和 100。关于诺雷斯，可参考：Pedani 1994, 10-1, 和 2010, 224-5；关于卡塔罗蒂，可参考：Vargas Hidalgo 1998, 272-3。

28. 统计数据参考：Hill 1948, 786-8; Jennings 1993, 175; Costantini 2009, 92。*Nunziature* IX, 313（按照拉加佐尼以及帕福斯的主教已经死亡的假设来推测）; Sozomeno 7（"幸存的贵族大约有 25 到 30 人"）; Calepio 104r, 105v（帕福斯的主教死亡的事是未经证实的消息，"人们告诉我，说他死了"）, 268。

29. Jennings 1993, 157, 171 ; Lamansky 632 ; Stouraiti 2004, 7-8 ; Rudt de Collenberg 1981-82, 42. 关于卡拉法和辛格利提戈的故事，可参考：Calepio 96r, 106r; Podacataro 202v; Paruta 122-3; Sylvestrani Brenzone 50 和 58; Costantini 2009, 99，而布拉加丁的信可参考：AV 1566-1570, 295r, 在信中他说，帕夏给了他们"每人一个村庄"。此外还可参考：*supra*, chap. 12, n. 13。关于这种以蒂马尔的形式给当地贵族重新分配土地的做法（参见 *infra* note 34 中引用的一个范例），在当时很常见。在前一个世纪，那些被赋予蒂马尔的人一般仍然保留基督徒的身份，不过到了 16 世纪，就一般会要求他们正式转信伊斯兰教（Inalcik 1954）。

30. *Nunziature* IX, 307 et 313 ; Pippidi 1974, 296. 萨沃尔尼安 1563 年的公文后来在下列文献中发表：Promis 1874, 465-97。

31. Sereno 61-3 ; cf. Sozomeno 6v.

32. Charrière III, 135 ; Paruta 123 ; Sereno 123 ; Inalcik 1969, 6-7.

33. *Nunziature* IX, 294; Gatto 40-1. 另可参考布拉加丁 10 月的宣言："不要指望我们能得到帮助，无论是从岛上的居民还是别人，岛民们现在都已经站在敌人这一边了。"（AV 1566-1570, 294r）。阿斯卡尼奥·萨沃尔尼安也预测到这样的结局：Salaris 145。关于塞浦路斯人口数量，参考：Arbel 1984。

34. Charrière III, 124；关于凯里尼亚投降一事，西方的文献记载有如下这些：Calepio

105v；*Nunziature* IX, 305；Gatto 38-9；Paruta 122-3；Sylvestrani Brenzone 33-4；Hill 1948, 988；Hale 1974, 183；Capponi 2008, 133，此外还有一些目击者的证词记载在：AV 1566-1570, 295v-296r；奥斯曼帝国这一边的文献对此记载在：Inalcik 1969, 7；Costantini 2009, 47-8 和 69-71（以及可参考 86）；关于其位置和防御工事，也可参考：*Nunziature* VIII, 95；Salaris 128-30；Arbel 1984, 201-2；Manno 1986, 113-9；Hale 1990, 298-9；von Wartburg 2002, 37-8。

35. Calepio 106v ; Erdogru 1997 ; Yildiz 2005.
36. *Nunziature* IX, 313; Hill 1952, 2-5 et 26-8; Inalcik 1969; Erdogru 1997; Costantini 2009.
37. Martinengo 17; *Nunziature* X, 118; Valderio 1043; Calepio 288v ; Inalcik 1969, 11 ; Costantini 2009, 71, 109-10. 苏丹在一些命令中谴责了耶尼切里军团对平民的虐待和暴力行为：Hill 1952, 22。
38. *Relazioni*, Ragazzoni 1571, 88；关于人口普查及其结果，参考：Inalcik 1969, 7；Costantini 2009, 75-93。关于 56500 人这个数据，可参考：ici *supra*, n。对土耳其人占领前和占领后岛上郊区的人口，我们只能大致估算，不过总体上由于战争、饥荒和瘟疫，岛上的人口减少了约有 10%，也就是 2 万人左右。
39. Hill 1952, 1 et 21-4 ; Inalcik 1969 ; Costantini 2009, 94 et 110.
40. Hill 1952, 18-20 ; Lewis 1952, 28-34 ; Inalcik 1954, 123 ; Jennings 1993, 156, 175, 191, 214 *sqq.* ; Erdogru 1997, 103-4 ; Costantini 2009, 113-6. 关于驻军，参考：Erdogru 1997 以及 Costantini 2009, 77。
41. Hill 1948, 798 n. ; Braudel 1979, I 143 n. 3。关于贾费尔，参考：Dursteler 2002, 118-24 以及 Dursteler 2006, 165-6。关于在占领塞浦路斯后当地大致的税率，并且废除农奴制度的细节，可参考：Inalcik 1969；Costantini 2009, 93-6。

第 15 章

1. *Nunziature* IX, 239, 262, 269；赞恩的信可参考：AV 1566-1570, 241v-243v；此外还可参考科隆纳的公文，记载在：Bazzano 2003, 132-3，以及 Donà 59，还有 *Nunziature Napoli* 8。
2. Guglielmotti 60 n.；AV 1566-1570, 243v-244r（4 名加莱桨帆船船长和 1 名巨型加莱桨帆船的船长在短短几天内死亡），246r-250v, 282r；Quarti 244 和 248。
3. *Parere del signor Gio. Andrea Doria.*
4. Stella 388-9 et App. III.
5. Tucci 1974, 424-5；Stella App. III；*Relazione di Marc'Antonio Colonna* 4345；赞恩的报告记载在：AV 1566-1570, 248v-249r 和 257r 以及 Quarti 249。Sur Capizucchi, *cf.* Brunelli 2003.
6. AV 1566-1570, 253r-255v, 285rv ; Setton 978-81 ; Quarti 244-5 ; *Relazione di Marc'Antonio Colonna* 433-5 ; Serrano 1918, 81. 多里亚显然很懊恼：1 月在马德里

时，在看到科隆纳的备忘录中公布了这样的消息后，他便去找威尼斯大使，“我曾向他提出过这样的方案，而他却嘲笑我说，我已经三四次对他说同样的话了，现如今轮到他们苦恼了”（Donà 65）。

7. Contarini 14r-16r（关于步兵的兵力，Quarti 251*sq.* 的计算结果比威尼斯舰队总共12562人的人数要高，因此应该是指募兵时理论上计划招募的步兵兵力，不是特别可靠）；*Relazione di Marc'Antonio Colonna* 435（还可参考 Guglielmotti 73）；Pallavicino dans Setton 984；Castellani 1937, 44。关于舰队的总数：9月5日，根据圣克鲁斯侯爵的记载，威尼斯人称他们总共有126艘加莱桨帆船，加上49艘西班牙国王的和12艘教宗国的加莱桨帆船，一共是187艘加莱桨帆船，11艘加莱塞桨帆战舰，1艘盖伦战舰，还有10艘“naos gruesas”（Vargas Hidalgo 692）；科隆纳和多里亚都认为赞恩应该是把部分船只解除武装了，因此在从苏达港起航时，舰队总共有180艘加莱桨帆船，11艘加莱塞桨帆战舰，1艘盖伦战舰和五六艘拿浮运输船（*Giustificatione del Signor Gio. Andrea Doria* 175；多里亚的信可参考 *Nunziature* IX, 269；*Relazione di Marc'Antonio Colonna* 435；而奎里尼的信中提到的数目与之也对得上，参考：Quarti 371，还有位名叫比托里亚的耶稣会士的记载参考：Castellani 1937, 46）。孔塔里尼的统计则总共有179艘，其中118艘威尼斯战船，49艘西班牙战船和12艘教宗国战船，外加11艘加莱塞桨帆战舰，1艘盖伦战舰和14艘拿浮船。然而在解除武装的加莱桨帆船数目上，不同文献却互相不一致：多里亚写道：“那些威尼斯人解除武装了5艘加莱桨帆船，好让其余加莱桨帆船都达到每根划桨3名桨手的配置”，而孔塔里尼也提到有5艘加莱桨帆船被解除武装，不过其中2艘在干地亚，3艘在锡蒂亚，此外赞恩在给国内的正式报告中也提到他解除武装了5艘加莱桨帆船，另外加上教宗国的1艘（AV 1566-1570, 257r），然而后者却没被算在内。
8. Stella 389 et App. III.
9. Stella 389-90 和 n.; *Relazione di Marc'Antonio Colonna* 436；*Giustificatione del Signor Gio. Andrea Doria* 175；还有本博的文献：AV 1566-1570, 274rv, 以及赞恩的：*ibid.*, 282rv；Setton 992 n.；Longo 19；Sereno 68；Paruta 129；Foglietta 133；Tucci 1974, 427-8。Pallavicino, 在 Setton 984-5 和 Serrano 1918, 80 这两处都指责“威尼斯舰队既没有经验又不听从命令，战斗力也很弱”。关于吉安·安德烈亚的经验，参考：Doria 3-4；*ibid.*, 6，关于他不信任导航员“这个让所有指挥官都信任，却是由普通平民担任的职业”；以及他习惯在风暴时依然待在海上而不入港这一点，参考：p. 261 以及 *infra*, n. 13。
10. *Giustificatione del Signor Gio. Andrea Doria* 175；AV 1566-1570, 271r；Quarti 308；Setton 985；Tucci 1974, 421；Sereno 69.
11. *Relazione di Marc'Antonio Colonna* 436-8；*Giustificatione del Signor Gio. Andrea Doria* 176-9. 赞恩的报告记载在：AV 1566-1570, 270v-274r, 282r-284v。马尔科·奎里尼和弗朗西斯科·都多，“巨型加莱桨帆船分舰队指挥官”以及罪犯加莱桨帆船分舰队指挥官圣特龙的意见可参考：*ibid.*, 275rv。斯福尔扎·帕拉维奇

诺和地方监督官塞尔西以及卡纳尔的意见可参考：*ibid.*, 275v-278r；Guglielmotti 88-91；Setton 985。奎里尼的信记载在：Quarti 371-2；多里亚的信记载在：Stella 390 n。赞恩的调查审讯过程记载在：Tucci 1974, 421 和 429-30；Contarini 19v；Foglietta 137-45。塞巴斯蒂亚诺·维尼埃也上了舰队，22 日他在一封书信中认为，舰队应该继续赶往塞浦路斯：AV 1566-1570, 263r-264v。

12. *Giustificatione del Signor Gio. Andrea Doria* 176-80；类比的信息可参考：Génois Foglietta, 142 和 145；赞恩的版本的说法可参考：AV 1566-1570, 278rv，在信中他在提到别的事时强调了一句，说多里亚不打招呼就离开，而赞恩在舰队两周前从锡蒂亚起航时曾借给他一些海用饼干，"他必须要么为此付账，要么把饼干还回来"。
13. *Relazione di Marc'Antonio Colonna* 437，参考：*Giustificatione del Signor Gio. Andrea Doria* 177 和 179；Doria 4-5（然而可以参考 115, 这表明 1570 年的这次教训使得这条规则开始备受质疑）。
14. 一方面可参考 Sereno 70 以及 Manolesso 41, 另一方面也可参考：Contarini 19v-20r, 以及 AV 1566-1570, 439v。关于赞恩 10 月 13 日的信件，参考：*Nunziature* IX, 280，以及 Setton 986。
15. 关于多里亚的整个行程，参考：*Nunziature* IX, 272；*Nunziature Napoli* 16；Vargas Hidalgo 713；Stella 391；Donà 62。关于他写信的对象，参考：Molmenti III；*Nunziature Napoli* 13；Serrano IV, 29；Stella 391-4 以及 App. IV；Capponi 2008, 141。关于他在马德里说的话，参考：Donà 62 和 64。
16. *Nunziature Napoli* 14-15；Serrano IV, 29；Donà 58-9；Setton 993；Stella 392-4 et App. IV. 关于科隆纳从克里特写的信，参考：Guglielmotti 102-3；关于他从科孚岛用不同语气写给耶稣会的那位指挥官的信，参考：Castellani 1937, 49："我不知道我还要多久才能逃离这因为我自己的罪而掉进的炼狱。"他甚至更希望能把舰队上那些耶稣会士们遣散回去。至于他本人，他说："我的志向，就是如果我能走出这个炼狱的话，从此我就能不再犯罪了。"2 万人死亡这个数目是赞恩自己的估计：*cf. supra*, chap. 7, n. 27。
17. Guglielmotti 45 et 103；*Relazione di Marc'Antonio Colonna* 437-8.
18. Charrière III, 122；*Nunziature* IX, 271；AV 1566-1570, 311v-312v.
19. *Nunziature* IX, 272, 280-1；ASV, SS 77, 20v（赞恩 11 月 4 日的信，信中一开始就提到他"非常痛苦"），21rv, 26, 33；Vargas Hidalgo 713；Setton 994-5；Paruta 150。
20. Donà 57-9. 阿维斯·布翁里佐在从君士坦丁堡返回后，便被派到那不勒斯负责当地的事务，他也指出，这件事并没有让西班牙人感到不满：在 10 月时，他写信给十人团，指责"这些疯狂而不人道的西班牙人，特别是那个总督"竟然把尼科西亚的沦陷当成一场胜利来庆祝。但根据布翁里佐的说法，阿卡拉公爵非常厌恶威尼斯，称他们"无比傲慢，并且非常蔑视他们"，他为此事也非常恼火，因为他想要威尼斯总督"亲自派一名大使来见他"，而不是让一个小小的秘书来做这件事，好像他才是那不勒斯总督一样（AV 1566-1570, 309v）。

第16章

1. 穆斯塔法帕夏的投降通牒是由翻译官米歇尔·芒布雷翻译的，全文可见：Quarti 313-4。但下列文献中的记载却非常不同，参考：Setton 996；此外特别参考 Gatto 38 以及 Vargas Hidalgo 703。
2. *Nunziature* IX, 264 et 313; Gatto 45; Setton 1004; Quarti 343; Capponi 2008, 159. 根据 Martinengo, 3 的记载，在 1571 年土耳其人再次开始攻城时，守军有 4000 名步兵，800 名达尔马提亚兵，3000 名“来自市民和村民”的民兵，还有 200 名巴尔干轻骑兵。此外亚历山德罗·波达卡塔罗在 Quarti 343 记载的数目和上面所说的差不多（4000 名步兵，1000 名达尔马提亚老兵，3000 名达尔马提亚新兵外加当地参军的市民，还有 200 名阿尔巴尼亚士兵），然而还要算上 1571 年 1 月期间那 1319 名和奎里尼一起抵达的援军（参考：*infra*, chap. 17, n. 5），差距看上去也很小。
3. ASV, X, Parti segrete, 9, 146r；布拉加丁的报告记载在 AV 1566-1570, 290v-296v；Gatto 39-46；Calepio 112v；Quarti 314-22, 336-43；*Nunziature* IX, 294, 307 和 313；Contarini 13v；Paruta 123；Conti 95：这里提到猪和骡子，也证实了布拉加丁提供的信息（没有人死亡，除了一头骡子和一头牛）；Sylvestrani Brenzone 59-65。为了加强守城火炮的火力，布拉加丁在 1570 年春拆卸了部分途经港口的威尼斯加莱桨帆船上的一些火炮，但城墙上的守军中也还有 300 名火绳枪兵作为常备驻军：Panciera 2005, 175 和 210。
4. Contarini 13v, 16r, 19r.
5. Vargas Hidalgo 703；在下列文献中也有相同的记载：CB, II, 77v-78r。关于拉古萨：Anselmi 1974, 69-70。
6. Sozomeno 8 和 Calepio 109r，意大利编年史学家们的记载取自一些曾在土耳其军营做过战俘的目击者的说法：Contarini 19r；Sereno 70；Paruta 131；Foglietta 132-3。
7. Calepio 109r；Sozomeno 8（作者在这场悲剧中失去了一个女儿）；Podacataro 206r（“我是这艘加莱桨帆船上的一名奴隶，这出喜剧让我非常高兴”）；Gatto 40；而布拉加丁的报告则记载在：AV 1566-1570, 293rv；Contarini 20v；Sereno 64；Quarti 319；Capponi 2008, 133 和 n。
8. Sozomeno 8; Calepio 109v; Contarini 20rv ; Sereno 71. 关于土耳其人到底留下多少加莱桨帆船来封锁法马古斯塔的港口，对此不同文献的记载有些差异。参考：*infra*, chap. 17, n. 5。关于阿拉普艾哈迈德，参考：Bono 1982, 212 以及 Heers 2003, 138 和 182。关于 10 月 6 日这个日期，参考：CB, II, 90r。
9. Contarini 21r; Sereno 71 ; Paruta 133. 关于朱斯蒂尼亚的任命，参考：Guglielmotti 32 和 Donà 124。
10. Contarini 20r-21r ; sur Quirini, *Nunziature* IX, 295 et Paruta 132.
11. Contarini 21r ; Paruta 132-3 ; Bosio 868-9. 关于马肯托尼欧·奎里尼，参考：Dursteler 2006, 137, Pedani 1997, 78-9 以及 Pedani 2010, 202-3；关于赞恩，参考：Tucci 1974, 419。

12. Vargas Hidalgo 715；Guglielmotti 105-7；但根据 Contarini 20r 的记载，马西莫的加莱桨帆船也是之前在往苏达港转移时遭遇海难的那批加莱桨帆船之一。关于马西莫，*cf.* Brunelli 2003。

13. *Nunziature* IX, 280-1；Sereno 71；关于帕拉维奇诺可参考：Setton 986-7；关于维尼埃可参考：Molmenti 54 和 64-5；Vargas Hidalgo 715。即使是 Sozomeno, 8，也就是索佐梅诺这位曾经在土耳其军营里做过战俘的作者，也得知"干尼亚的意大利和希腊士兵遇到不小的麻烦"。

14. *Nunziature* IX, 294；关于帕拉维奇诺，参考：Setton 986-7; Contarini 21r; Manolesso 42r; Sereno 72; Paruta 150-2; Molmenti 64。关于留在克里特的加莱桨帆船数目，也可参考：ASV, SS 77, 79v。关于兰戈内·帕拉维奇诺之死，可参考：*supra*, chap. 12, n. 34, 以及 ASV, SS 77, 35r；在离开扎拉前，朱利奥·萨沃尔尼安事先曾警告他说，法马古斯塔"太小，根本守不住"，因此不难理解他为什么会担心"会损失惨重，他不担心自己的性命，因为他把他自己的性命置之度外，但他却非常看重他的荣誉"（Lezze 265）。

15. AV 1566-1570, 381rv, 401rv, 423v-424r ; *Nunziature* IX, 303 et 306; Contarini 21v ; Longo 20 ; Foglietta 147, 151-2. 赞恩的加莱桨帆船旗舰最终也因"无法再航行了"而被迫在港内解除武装：ASV, SS 77, 50v。斑疹伤寒也同样在达尔马提亚肆虐，萨沃尔尼安自己也染上了（Setton 1005），随后抵达克里特的马耳他加莱桨帆船上的船员也被他传染了，船上许多刚刚招募来的志愿冒险者都病死了：Bosio 869。

16. *Nunziature* IX, 287, 289, 295 ; ASV, SS 77, 20v-21v, 26, 31r, 35 ; Setton 988- 9, 994 n. 值得注意的是，11 月 25 日，教廷大使进一步写道："这边如今还是没有舰队的任何消息，如今已经 74 天没有舰队的任何消息了，我们也不知道舰队现在到底在哪，虽然我们觉得他们应该在科孚岛，但这些威尼斯元老院的贵族们还在满怀希望等待（ibid. 289）。"当然 74 天这个数字有可能是记载错了，也有可能是威尼斯元老院在故意隐瞒，因为赞恩的最后一批信件分别是 10 月 5 日、6 日和 13 日寄出的，11 月 11 日就送达了威尼斯本土：ASV, SS 77, 26r。

17. Contarini 21v; Foglietta 247-9; Serrano IV, 67; *Nunziature* IX, 308-9. 科隆纳最终只率领 7 艘加莱桨帆船抵达科孚岛，因为路上损失了 3 艘，在干地亚又有 2 艘被解除武装，随后在出发前又有 1 艘被解除武装。参考：AV 1566-1570, 367r, 381。关于韦托尔·福斯托和他的那艘五列桨座加莱桨帆船，参考：*supra*, chap. 6, n. 18。

18. Guglielmotti 70-4 ; Charrière III, 143. 除了旗舰外，科隆纳应该还在返航时又损失了 2 艘加莱桨帆船，因为他在给西班牙国王的信中说出航时给他的 12 艘加莱桨帆船最终他只带回了 3 艘：Bazzano 2003, 134。

19. Serrano IV, 44 (et *cf.* 9, n. 36) ; *Nunziature* IX, 342 ; Bazzano 2003, 134-5.

20. Manolesso 45rv.

21. AV 1566-1570, 357rv ; Longo 20 ; Contarini 21r ; Paruta 132 ; Tucci 1974, 426.

22. CB, II, 96v：皮亚里帕夏 9 日率领 40 艘加莱桨帆船抵达，还有 20 艘于夜间抵达（"这 20 艘加莱桨帆船状态极差，已经被解除了武装，他不希望民众看到这批船的破烂样子”），15 日，卡普丹帕夏率领 48 艘加莱桨帆船也抵达了，另外留下了 30 艘“负责照常驻防”，因此被留在了海上，其中部分被派往塞浦路斯，还有一些去了别处。Charrière III, 140，是法国大使德拉特里克里的一份报告书，写于 1570 年 12 月 22 日：“大人，本月 12 日，皮亚里帕夏率领 50 艘混乱不堪的加莱桨帆船返回港口，还有 15 日左右，阿里帕夏，也就是卡普丹帕夏也率领 60 艘左右的加莱桨帆船返回了，船上的船员状况和之前皮亚里帕夏的那批船差不多糟糕。”一位热那亚的间谍的报告有些不同，记载在：ASG, 2170，是 1571 年 1 月 17 日写的，上面说，12 月 12 日，皮亚里帕夏率领大约 85 艘加莱桨帆船返回，阿里帕夏于 15 日率领大约 56 艘返回，还有 30 艘留在海上驻防，另有 10 艘封锁法马古斯塔港口。根据一份奥斯曼帝国的档案，当时的命令是留下五六十艘加莱桨帆船留在海上驻守：Hill 1948, 947。*Cf.* aussi Calepio 109v（12 月 14 日），Contarini 21r 以及 Paruta 132。

23. Charrière III, 135.
24. Pippidi 1974, 314 ; CB, II, 98v. 此外威尼斯十人团也下过命令，要求加强马拉莫科一带的防御：ASV, X, Parti segrete, 9, 149v。
25. CB, II, 74v, 79v, 83v-84v, 90r, 92v, 94v-95v, 97r, 102v. *Cf. infra, chap*. 19, n. 1 et n. 18.
26. Charrière III, 140 ; Agoston 2005, 38 n. 早在 8 月，在君士坦丁堡已经为进攻塞浦路斯准备了 200 名炮兵。参考：CB, II, 66r，以及 *Nunziature* IX, 234。关于大使换人一事，参考 *Nunziature* IX, 318, 1571 年 1 月 31 日：“德格朗尚先生” 11 月 13 日从君士坦丁堡启程，已经抵达威尼斯。
27. CB, II, 62v-63v（“他的苏丹皇族妻子只是一个劲地重复说：只要我丈夫平安，其余的都不重要”）; *Nunziature* IX, 250。关于卢特菲帕夏，参考：Lewis 2005, 51。
28. *Relazioni*, Ragazzoni 1571, 85；关于红苹果，参考：Setton 1992, 29-46, 以及 *Les traditions apocalyptiques* 2000；此外还可参考：*infra*, chap. 32, n. 34。于“渔夫”这个称呼，参考：CB, II, 86v, 以及参考：*supra*, chap. 3, n. 1。

第 17 章

1. AV 1566-1570, 322v；Gatto 42-5；还有未知名的作者记载在：Quarti 336-43, 355-6, 359-60；Calepio 113r；Sylvestrani Brenzone 64-75。关于把多余人口疏散一事，布拉加丁 10 月 10 日和 11 月 15 日有两份报告，参考：AV 1566-1570, 294rv, 350v-351r。于最后一次驱逐的行动，有不同版本的说法，参考：*chap*. 24, n. 3。
2. AV 1566-1570, 296v, 321rv ; Gatto 42 ; *Nunziature* IX, 279, 302 et 313 ; Paruta 124.
3. AV 1566-1570, 357v-358r, 413v ; Molmenti 64-5; Quarti 310-1, 354 et n.
4. AV 1566-1570, 439v-440v ; *Nunziature* IX, 298, 302, 326 et 330; Contarini 22rv ; Gatto 45 ; Calepio 113r et Paruta 190. 法马古斯塔地平线上出现拿浮运输船的日期是 23 日、24 日、25 日或 26 日，不同目击者说法不一（参考布拉加丁在 AV 1566-1570 中的说法，以及 Valderio 1005；Gatto 45；Calepio 113r；Podacataro 206；

Hill 1948, 944；Monello 2006 , *Appendice*, 23)。

5. Contarini 22r；另外几个版本的说法可参考 Gatto 46 和 Quarti 357-8；关于具体数据，参考：AV 1566-1570, 460rv；Podacataro 206 以及 Valderio 1006（此处提到有 1270 名士兵）。关于水源和痢疾的问题，参考：AV 1566-1570, 246r 和 294v。皮亚里帕夏留下封锁法马古斯塔港口，由阿拉普艾哈迈德指挥的加莱桨帆船，总数是 5 艘，还要加上一些轻型桨帆船，根据 Gatto 46 的记载，轻型桨帆船数目是 2 艘；但根据 Valderio 1006 和 Podacataro 206v 则是 7 艘；根据 Sereno 71，Contarini 22r 以及奎里尼自己的报告的说法，他摧毁的轻型桨帆船总共有 5 艘（ASV, X, Parti segrete, 9, 157r），而另外布拉加丁在奎里尼离开后送出的报告中，同样提到有 5 艘（AV 1566-1570, 460r）；但根据布拉加丁和其他人在此之前的报告，还有 Calepio 109v 和 Paruta 150 等文献记载，则是 8 艘（AV 1566-1570, 321r, 350v, 357v, 394v）；另外根据君士坦丁堡 1 月 17 日送出的公文，封锁港口的轻型桨帆船总数是 10 艘（ASG, 2170）。
6. AV 1566-1570, 460rv ; *Nunziature* IX, 349; Gatto 47-8; Valderio 1006-7 ; Calepio 113r; Podacataro 206v ; Contarini 22v ; Conti 103-4; Quarti 358-9; Hill 1948, 945-6. 许多细节上都有不同版本的说法，比如在俘虏的船只总数和类型上就是如此。威尼斯元老院的说法是，船只主要是马霍恩运输船和法国拿浮运输船（可参考那道要求释放船上所有法国人，但扣下他们所有的财物的命令，记载在：ASV, SS 77, 92v）。直到今天尚不清楚到底船上的国库黄金是被夺走了，还是由负责管理国库黄金的被称为“德菲达尔（defiedar）”的帝国国库大臣从陆地逃跑时带走了。我们也不清楚他带走的到底是 7 万黄金还是仅仅 6000 而已。由于威尼斯元老院官方文献中没有对此事的任何记载，因此对此的质疑是完全合理的。那艘法国拿浮船名叫“良善的耶稣”号，后来被的黎波里的法国商人买了回来（Settori 1043）。巴尔巴罗对这次抓人行动深感不安，因为威尼斯商人一直都是通过法国船只来“保证自己当地的财产安全”，因此本来巴尔巴罗是希望法马古斯塔方面能稍微有点基本的理智，放这艘船离开的（CB, II, 127v）。
7. *Nunziature* IX, 349, et X, XXVI ; AV 1366-1370, 439r, 459v-460v ; Molmenti 64- 5 ; Setton 1007 ; Hill 1948, 946 et 956 ; Hale 1990, 42. 关于克里特的饥荒，参考：AV 1566-1570, 394v-395r, 416r。
8. ASV, SS 77, 20v-21v, 26v, 46v-47r, 53v, 65v；AV 1566-1570, 401r-402v, 415v416r, 439v-440v（根据奎里尼的记载，从克里特招募的船长们在就任后又纷纷开始反悔了，他们更希望“回到家里照顾自己家里的事情，过舒适的生活”，因此他们对那些桨手和斯卡波利们纷纷逃跑一事睁只眼闭只眼）；*Nunziature* IX, 272, 321, 326；Lamansky 561 和 799；Charrière III, 127；Setton 989, 1001, 1010；Donà 70。在 1571 到 1571 年的冬季，威尼斯元老院要求那批克里特岛武装的加莱桨帆船前往科孚岛或其他“除了干地亚以外的地方”过冬，因为按照以往的经验，他们担心船上的桨手中会大面积出现逃兵：ASV, SS 78, 14v。
9. Molmenti IV ; *Nunziature* IX, 305 et 340 ; Avena 106. 威尼斯元老院曾多次讨论过

是否从格里森一带（ASV, SS 77, 31v, 71v）和乌尔比诺公国招募桨手（72r）；在12月期间，他们命令赞恩对科孚岛、凯法洛尼亚和赞特等地所有的桨手登记造册，希望这场饥荒能驱使更多流民前来报名，同时让所有“需要重新认真检查”的加莱桨帆船在港内保持解除武装的状态，只把那些确实状态已经非常糟糕的船开回威尼斯本土（35r）。关于多尔芬的事情，可以参考：Setton 1002，而关于他破产一事，记载在：*Nunziature* IX, 233, 1570年8月9日（“多尔芬的银行虽然信用一直不错，但依然破产了。由于它破产时还对整座城欠下了50万埃居的债务，由于其造成的利息债务无比巨大，整座城都要被他颠覆了”）。如果考虑多尔芬当时自我辩护时的论据的话（Pezzolo 1990, 196），Conti 68r这里认为，他的破产和威尼斯元老院在战争爆发时，针对在扎卡（货币府库）中有存款的人所指定的过高的利率有直接的关系，因为这件事直接导致有存款的人纷纷从多尔芬的银行撤资。但值得注意的是，多尔芬同时也大量参与了与奥斯曼帝国的贸易活动（Simon 1984, 1006-7），根据那个年代的文献Manolesso 21r的观点，这可能才是让他破产的真正原因。

10. *Nunziature* IX, 311, 315, 320-1, 328.
11. CB, II, 141v-142v; AV 1566-1570, 441r, 470v-471r; Conti 100 ; Setton 958 et 989 ; Donà 64 et 77 ; Serrano IV, 86 et 109.
12. ASV, SS 77, 77v-78r.
13. *Nunziature* IX, 295, 297-8, 318, 321（担心干地亚，因为土耳其人“想要对那里发动一场大规模的攻击”）, 332（依然在干地亚，“那些威尼斯领主们每天都在调动援军前来驻防”）, 346。
14. *Nunziature* IX, 297 et 323 ; ASV, SS 77, 71r.
15. Savorgnan 89 ; Hale 1990, 230-4.
16. ASV, SS 77, 69rv, 72v-77 ; *Nunziature* IX, 328 et 340 ; Setton 1002 ; Vargas Hidalgo 720 ; Hale 1990, 184. 和阿伏伽德罗的步兵一同出发的，还有1000名科西嘉岛士兵，由热那亚指挥官弗朗西斯科·朱斯蒂尼亚尼指挥（AV 1566-1570, 453v-454v）；而关于他们抵达干地亚的记载，可参考：infra, chap. 21, n. 6。
17. *Nunziature* IX, 324, 354, 356 et X, 16 ; Paruta 161 ; *cf.* également Serrano IV, 86 et Brunelli 2003, 10-1 et 76-7.
18. *Nunziature* IX, 332, 346, 365（et *cf.* X, 63）; Nicolini 399. 在科孚岛，维尼埃本人也在处理士兵中的各种滥用职权的行为，“又有位名叫科尔内利奥·德瓜尔多的指挥官由于参与了走私而即将被判处绞刑”，但他本人最终还是想要把这样的案例移交给威尼斯总督处理（Venier 292）。
19. *Nunziature* IX, 305和326；Venier 288；此处有记载关于“格拉代尼戈”号被俘虏的细节，当时这艘船上运载了5000支重火绳枪，船上的士兵是故意让船搁浅的，因为他们对海上航行时忍受的连日的寒冷和各种折磨感到愤怒：Conti 106。此外还有一些叛逃的士兵逃到了黎凡特：ASV, SS 77, 81v（Setton 1010）；一旦这些逃兵被抓住，就会被充为桨手。

20. *Nunziature* IX, 311, 321, 324. 关于继任维尼埃成为舰队司令官的福斯卡里尼的任命，ASV, SS 77, 32r；而他的肖像画可见：*Venezia e la difesa del Levante* 1986, flg. 158。福斯卡里尼的前任，乔瓦尼·达莱切羞耻地被召回了威尼斯本土，因为他和达尔马提亚的地方民兵司令官朱利奥·萨沃尔尼安意见不合（ASV, SS 76, 113r），后来他在一份文献中记载说，扎拉地区的要塞还要一年才能完工，"如果调拨给我亲爱的继任者的资金继续像之前我在任时那样吝啬苛刻的话，再给一年也不够完工"。随后他还提到，当时要建造防御工事时，工人也很难找，"这片领土就是被丢弃的，整座岛有一半的沙漠，许多当地人都已经参军去了"，而且让他们从威尼斯本土返回内陆地区根本不现实，因为他们中死亡率非常高：Lezze 252。在 1571 年 1 月，萨沃尔尼安也往国内送过一份汇报，里面有提到扎拉的防御工事的状况，在 Salaris 86-90 中发表如下：（防御工事）需要 6000 名士兵，不过在报告中他也承认他的首要任务是保证防御工事"完好无损"。还可参考：ASV, SS 76, 116v。
21. *Nunziature* IX, 317-8, 321-2, 324, et X, 1 ; Contarini 23v ; Paruta 192 et 203 ; Setton 1007 ; Hill 1948, 948. 关于军饷增加一事，参考：ASV, SS 77, 32r-33v; *Nunziature* IX, 321; Setton 1001; Quarti 388; Capponi 2008, 146。多纳一行的事情记载在下面：ASV, SS 77, 43r-44r, 48v；他 5 月 10 日抵达克里特，随行的有巴尔佐托·巴尔巴罗，乘坐的拿浮船名叫"特伦卡维拉"号：*ibidem*, 90v。后来多纳被审判，并最终无罪释放：Foglietta 156-7。
22. *Nunziature* IX, 313, 317, 323-4; Contarini 22v ; Paruta 189; Setton 987 et 1004 ; Sereno 386-7. 帕拉维奇诺后来给了马多内·德洛雷托一艘加莱桨帆船的钱，作为救他的回报。参考：Manolesso 42rv。5 月 22 日维尼埃再次收到卡纳尔的确认信：ASV, SS 77, 89v。威尼斯海上之国的许多重要官员都换人了：在扎拉，巴尔达·萨雷兰戈内取代了萨沃尔尼安；雅各布·福斯卡里尼取代达莱切就任达尔马提亚的地方监督官；阿维斯·佐尔齐取代维尼埃负责科孚岛；马里诺·迪卡瓦利取代久病不起的达穆拉负责干地亚（Paruta 1945）。
23. *Nunziature* IX, 297-8, 307 ; ASV, SS 77, 49v, 53r ; Setton 989. 关于巴尔巴里戈，参考科隆纳对他充满赞誉的一段评价，记载在 Quarti 686-7（"在我看来，没有人比他更勇敢了"）。他死后有一幅肖像画，是委罗内塞的作品，现保存在克利夫兰：Gibellini 2008, tabl. 7。
24. Molmenti IV ; *Nunziature* IX, 307.
25. *Nunziature* IX, 321-3, 332, 346, 349；逮捕赞恩和他的司务长，也就是负责舰队财政的官员的命令记载在：ASV, *Terminazioni degli inquisitori dans armata*, 1570-71；而接下来对他的审讯过程的分析记载在 Tucci 1974；此外还可参考 Setton 990。
26. Lamansky 569 ; Setton 986, 990, 1002 ; Sereno 119 ; Pantera 109 ; *Nunziature* IX, 297 et 308 ; Molmenti IV ; Hale 1990, 132.
27. ASV, *Terminazioni degli inquisitori in armata*, 1570-71；*Nunziature* IX, 322, 332, 340, et X, 81；Molmenti IV；Venier 287；Manolesso 48rv；关于萨格雷多的审讯过程，

还可参考：Tucci 1974, 411。菲利普·布拉加丁后来被宣布无罪。随后由于预见土耳其舰队可能会闯入亚得里亚海，1571 年 7 月 21 日他又被任命为亚得里亚海舰队长官：ASV, SS 77, 115v，以及 Setton 1022。

28. Molmenti VI ; Setton 1010-1.

第 18 章

1. CB, II, 128v-131v, et Quarti 401-2 ; *Relazioni*, Anonimo 1571-73, 161-3.
2. 关于 1570 年 12 月期间谈判的进展情况，参考：Serrano IV, 34-5, 38, 42, 52；*Nunziature* IX, 275, 286, 298；Charrière III, 126-7。
3. Charrière III, 143 ; Serrano IV, 44-8 ; Dragonetti 57 ; Donà 64.
4. Serrano IV, 43-4, 51-2.
5. Serrano IV, 53-4, 60, 65, 67-8, 70, 73-4, 80, 82, 89-90.
6. Serrano IV, 76 et 78.
7. Serrano IV, 91-2 ; *Nunziature* IX, 331 ; Charrière III, 146.
8. Serrano IV, 92. 威尼斯谈判代表们看上去并没有立刻把他们那方所提议的数目透露给西班牙国王，但毫无疑问还是他们提出的，因为除了 Sereno, 90 这里记载了 70 艘加莱桨帆船这个数目，外加提供其余的船的桨手以外，我们还能参考亚历山德里诺在当月 8 日写给教廷大使法奇内蒂的指示：西班牙国王的大臣们“承诺他们很快，最晚到 5 月就能有七八十艘已武装的加莱桨帆船了”，由于对能否达到 250 艘的总数依然不确定，他们提议“威尼斯共和国如果可以的话，希望他们能再提供一些船来补足剩下的数目，让舰队加莱桨帆船总数达到 250”，而西班牙则负责为那些船提供“船员、补给、划桨和弹药”（*Nunziature* IX, 335）。
9. *Nunziature* IX, 287, 298, 302, 318, 325. 在那位传讯官抵达的消息传来以前，巴尔巴罗派出的信使带着一些信件先行抵达了，威尼斯元老院在读过后，立刻召集十人团召开了一次秘密会议，这让威尼斯元老院的一些成员非常不满，他们后来私下说：“那些信件送到后，被十人团连续藏了 3 天，而普雷达基送来的信件中直到现在都没有向我们透露其中的内容，这让我们非常恼火，我们中许多人都认为大使送回来的信肯定是和奥斯曼帝国议和有关的。”*ibidem*, 323。
10. 关于这场促成拉加佐尼出使的交易，可参考：CB, II, 52v-53r, 97v-98r, 99v, 104r-109v, 111v-116r, 136v-138v；AV 1566-1570, 475v476v；*Nunziature* IX, 326, 332, 335, 353, 359；*Relazioni*, Ragazzoni 1571, 79-95；Donà 39 和 89；Setton 1011-2, 1018；Charrière III, 146；Paruta 163；Conti 96-100；Quarti 345-6, 383-92, 429-30；Arbel 1995, 70-4；Capponi 2008, 146-7。关于拉加佐尼的为人，也可参考：Pezzolo 1990, 186。在他出发后，威尼斯政府便释放了黎凡特商人，参考 *Nunziature* IX, 365, 1571 年 5 月 16 日：“我们看到之前被关押起来的土耳其商人都被带到了君士坦丁堡的巴尔巴罗大使的家中，并且允许他们在里阿尔托贸易。人们认为威尼斯人释放他们的原因是因为在君士坦丁堡的威尼斯商人依然能自由地贸易。”

11. CB, II, 140r，以及 Quarti 402-3；*Relazioni, Anonimo* 1571-73, 161-3；此外还可参考：ASG, 1967，以及 ASV, X, Parti segrete, 9, 164v（我们看到“他们对那位弟兄所做的事”让其他一些信使们也“人人自危……一旦被发现，就会被立刻刺死”）。

12. *Nunziature* IX, 315, 335-6.

13. Serrano IV, 93, 96-8, 105-6, 117 ; *Nunziature* IX, 337, 339, 344, 346 ; Setton 1010.

14. Serrano IV, 103, 105, 109, 112, 121, 124；*Nunziature* XI , 349 和 361，以及 X, XXIV*sqq.*；*Relazioni*, Ragazzoni 1571, 88 和 96；Quarti 409-10；Setton 1012 和 1014；有份报告中对科隆纳有非常美化和正面的记载，参考 Sereno 93-110；Bazzano 2003, 143-4。

15. Serrano IV, 124-5.

16. Serrano IV, 126, 129-30 ; Quarti 422-3 ; Sudano 418 ; Brunelli 2003, 14。神圣同盟的条文可参考：Sudano 419-24 以及 Serrano IV, 136。

17. Serrano IV, 106 et *Nunziature* IX, 364.

18. Lesure 98; *Nunziature* X, 6 et Charrière III, 137; Selaniki cit. par Yildirim 2007, 531.

19. Guglielmotti 140-3 ; Donà 61 et 108 ; Sudano 417. 威尼斯元老院也写信给维尼埃说，神圣同盟舰队无论在战船数目还是船员数量上都将占据优势，因此他应该“带着必胜的信念和希望”去开战：ASV, SS 77, 106v。

20. CB, 147v-148r；*Relazioni*, Barbaro 1573, 341；Charrière III, 85；关于通过翻译作为中介时遇到的种种困难，可参考 *Relazioni*, Navagero 1553, 103；Donà 1596, 322；而至于在和土耳其人谈判时更常见的方式，可参考 Bernardo 1592, 397-421。

21. 这场谈判的过程是按照下列文献的记载来重现的：*Relazioni*, Ragazzoni 1571；Barbaro 1573b, 397-9；CB, II, 136v-139r, 141v-159r, 163v-180r, 183r-184v（其中一部分在 Quarti 406-16 中编辑过）；*Nunziature* X, 28-32, 35；Paruta 209。关于威尼斯十人团通过拉加佐尼带给巴尔巴罗的指示，可参考：ASV, X, Parti segrete, 9, 141r-146r；而 4 月 14 日的那道指示则可参考 157r。

22. CB, II, 181rv, 184r-186r, 191r, 213v-214r. 萨伊瓦戈和纳翁一直服役到了 1592 年，此后时任当地威尼斯大使的洛伦佐·贝尔纳多在报告中对前者发表了非常负面的评论，而对后者的态度也非常傲慢，*Relazioni,* Bernardo 1592, 413-5。在此之后第二年，十人团认定马泰卡已经叛变，并要求时任当地威尼斯大使的马尔科·维尼埃负责将其毒死（Pedani 2010, 169）。

第 19 章

1. CB, II, 97r, 118v；Charrière III, 140；*Nunziature* IX, 323 和 326；Serrano IV, 94；*Relazioni*, Anonimo 1571-73, 161；ASG, 2170；此外可参考土耳其编年史学家佩塞维在下列文献的记载：Yildirim 2007, 548-9。关于桨手的招募工作，可以参考巴尔巴罗更严谨的估算：*supra*, chap. 16, n. 25. 关于过冬的习惯，可参考：Braudel 1979, I, 228；*Relazioni*, Garzoni 1573, 419；Moro 1590, 353；Zane 1594, 402。

2. CB, II, 90r, 97r, 117r, 127r ; Charrière III, 143 ; *Nunziature* IX, 323, 332 et X, 1 et 18 ;

Serrano IV, 89 et 92 ; Donà 82-3 ; ASG, 2170. 西方国家的资料对土耳其舰队加莱桨帆船的总数的估计有所不同：200 艘，“部分船只武装程度非常差”，再加上 60 艘私掠者船（Vargas Hidalgo 733）；如果不算海盗船的话总共是 250 艘（Serrano IV, 92）；250 艘加上 100 艘其他船只（Braudel 1979, II, 392）；“加莱桨帆船略少于 200 艘，但状态非常糟糕”（*Nunziature* X, 1）。而奥斯曼帝国的文献中则记载有 227 艘加莱桨帆船，其中 35 艘是用奴隶桨手武装的，其余船的桨手则是招募来的：Inalcik 1974。在黑海各处建造的加莱桨帆船数目，见君士坦丁堡 1571 年 3 月 19 日的报告 Vargas Hidalgo 721，其中提到黑海各处建造的总共是 36 艘，另有 5 艘是在尼科米底亚建造的。但一位那不勒斯间谍后来却说土耳其人仅仅在黑海造船，并且总数是 45 艘：Lesure (*b*) 159。

3. Manoussacas 1974, 221-2 ; Braudel 1979, II, 373 n. 4 et 432-434.
4. CB, II, 105v-106r ; Preto 1994, 29 et 306 ; Garda Hernân 1999, 148-52 ; Donà 83. 关于这场大火，参考：ASG, 2170 和 Charrière III, 142。在 1566 年至 1569 年期间，马德里和佛罗伦萨都有研究过在君士坦丁堡军械库纵火的计划：Aglietti 1998, 126-8。
5. Vargas Hidalgo 721.
6. 在下列文献中有更详细的数据：CB, II, 119r，以及 *Relazioni, Anònimo* 1571-73, 161；此外还可参考 Paruta 203, Hill 1948, 1006-7，以及 Inalcik 1974；关于卡亚・切莱比，可参考 Kologlu 2007, 528，关于马哈茂德・希罗科，可参考 Capponi 2008, 183。此外土耳其人可能还有更重要的执行计划，因为有文献提到 2 月就有 50 艘加莱桨帆船出海了（CB, II, 105r; ASG, 2170）。
7. *Nunziature* IX, 359 ; Vargas Hidalgo 721 ; Contarini 23r. 此外土耳其人的官方文献在 Hill 1948, 946 中也有引用。穆罕默德贝伊又被称为“萨利帕夏扎德”，意思是“萨利帕夏的儿子”，Sereno XL；Capponi 2008, 30-1，还可参考：*supra*, chap. 32。
8. 关于日期和具体数目，我是采用了 *Relazioni*, Anonimo 1571-73, 162 的记载，在和 CB, II, 126v-127r, 129v 的对比后得出的。1571 年 3 月 19 日有份来自君士坦丁堡的情报，记载在 Vargas Hidalgo 721，里面提到有“25 艘加莱桨帆船，14 艘巨型加莱桨帆船，马霍恩运输船上也装满了火炮和弹药，还有 1500 名士兵，此外还有各类其他船只”。然而那不勒斯地方总督的一名间谍却提到总共有 50 艘加莱桨帆船出海，时间在 3 月 17 日和 25 日左右，此外还有 8 艘从加利波利一带出发与其在海上会合。（Lesure［*b*］, 158-9）；Inalcik 1974 提到有 30 艘船，出发日期是 3 月 21 日。此外还可参考佩塞维在 Yildirim 2007, 549 的记载。2 月 28 日有一道给卡普丹帕夏的命令，记载在 Hill 1948, 1007。关于卡亚・切莱比所遇到的海难，*Nunziature* X, 1。
9. Charrière III, 157 ; *Nunziature* IX, 364; *Relazioni* Ragazzoni 1571, 86 ; Gatto 51 ; Martinengo 3 ; Valderio 1007 ; Calepio 113v ; Contarini 23r ; Paruta 203 ; Sereno 124 ; Peçevi dans Yildirim 2007, 549 ; Inalcik 1974. 关于工兵和亚美尼亚人，参考：ASG, 2170；Charrière III, 157。80 艘加莱桨帆船这个数字是通过土耳其官方分配给那个冬季留在海上驻防的五六十艘加莱桨帆船的设施来推算得出的（Hill 1948, 947），

此外还要算上卡亚·切莱比和阿拉普艾哈迈德的分舰队，但要扣除阿里帕夏因为船上发生瘟疫而留在希俄斯的那些船（CB, II, 135v）。根据另一份文献，内格罗蓬特的贝伊在出发时把他所率领的加莱桨帆船留在了港口，只乘坐他自己的混合式旗舰去和舰队会合，因为他的分舰队中同样出现了瘟疫：Hill 1948, 1006。之前提到过的那名间谍（Lesure［*b*］159）在加上了那50艘从君士坦丁堡起航的加莱桨帆船后，得出了同样的数目，按照他的说法，还要减去8艘在加利波利被俘的船，以及24艘留守米蒂利尼、希俄斯和纳夫普利亚的船。同一份文献中提到有500名耶尼切里，而不是1500名，“还有4500名kouloughlis，他们都是耶尼切里军团士兵的后代”，并提到他们要“留在塞浦路斯”。

10. Vargas Hidalgo 721. 根据巴尔巴罗的记载，皮亚里帕夏其实是在装病，因为他不想再指挥舰队了：CB, II, 127v, 130v。关于克里特的形势，这也证实了土耳其人一直以来的期待，*cf.* infra, chap. 21, n. 7。
11. ASG, 1967（36艘加莱桨帆船中有18艘加莱桨帆船是从黑海地区建造的）；*Relazioni,* Ragazzoni 1571, 86-7；Anonimo 1571-73, 163；CB, II, 132v, 135v-140r（10艘是从黑海建造的，其中一艘在航行半路上损毁了）；Lesure (*b*) 159（此处说有13艘加莱桨帆船从黑海抵达，“并且半路上损毁2艘”）；Contarini 23r；Setton 1018。前来等待舰队的人群中的男男女女很多（“由于人太多了，一眼望去都觉得恐怖”），并且在舰队起航的典礼中人群有纪律地保持安静（“我们听不到半点鼓声、号角声和呼喊声，似乎我们不只是在等候为舰队送行，而是在参加最受尊敬的神父在主持的教会仪式”），参考Fresne-Canaye 275-6中作者在1573年见到舰队入港后写的见证。
12. Venier 285 ; *Nunziature* IX, 360 ; Vargas Hidalgo 735 ; *cf.* Lesure 67.
13. *Nunziature* IX, 320, 350, 360; Vargas Hidalgo 745; Paruta 193-4 et 210; Conti 128rv. 最大的胜利是攻占了斯卡尔多纳的要塞，捷报是5月6日传回到威尼斯的：*Nunziature* IX, 360；Setton 1013-4；Paruta 194-5。
14. Venier 284（在从干地亚起航前，他又任命了8名新船长）；Contarini 23r。
15. Venier 289, Paruta 210, Quarti 440.
16. *Nunziature* IX, 358-60, 364-5, 367 ; Quarti 409. 君士坦丁堡也有类似的传闻。根据6月3日巴尔巴罗的记载，6月27日的底万会议的内容是要下令维修遭到损失的都拉斯港口：Costantini 2009, 57-8。
17. ASV, SS 77, 81；*Nunziature* IX, 346（此外可参考322和325，注意土耳其人持续不断地对卡塔罗一带的入侵的记载）和X, 12, 16, 21；Charrière III, 217, 283-4；Fresne-Canaye 86；Setton 1002；Venier 293；Gatto 121-5；Manolesso 50rv；Sereno 125；Paruta 194。关于“马托罗斯（martolos）”，可参考：Sugar 1977, 39。即使在获释后，马拉泰斯塔依然忙着为了他的下属（其中包括他自己的儿子）能重获自由而奔波。参考：Rosi I, Rosi (*b*) 16；关于他本人，还可参考：Brunelli 2003。
18. Inalcik 1974；*Relazioni*, Ragazzoni 1571, 86；Anonimo 1571-73, 163；Vargas Hidalgo 735；Lesure (*b*) 161（这里记载有1000名耶尼切里，2000名朝廷直属的西帕希，

还有 3000 名西帕希骑兵，以及 18 门火炮）；CB, II, 130v, 139v；Paruta 207；关于运输小麦一事，参考：ASG, 2170，而关于在半路上的事，参考：*Nunziature* IX, 346（另可参考：*supra*, chap. 16, n. 25）；关于威尼斯人对此的警戒，参考：Setton 1018。关于瓦拉几亚当地领主提议发动叛乱一事，参考：Pippidi 1974, 312（以及 318-9）。此外可参考 ASG, 1967，关于给热那亚的那封情报，大致如下：4 月 29 日，艾哈迈德帕夏出发了，有人说他要前往特兰西瓦尼亚，也有人说他要前往斯拉沃尼亚，还有人说他的目的地是科孚岛，而我们所掌握的情报还不如他们详细，"因为从此土耳其人本身就已经成为最大的谜了"。

19. AV 1566-1570, 469r-470v ; *Nunziature* IX, 325 et 330 ; Paruta 194-5.
20. ASV, X, Parti segrete, 9, 159-62 ; Lamansky 56 ; Preto 1994, 306 ; Costantini 2009, 45. 然而斯卡尔多纳的要塞却在春季沦陷了：*supra*, n. 13。
21. Lamansky 19 et 55. 关于塞浦路斯，参考：Conti 79v；Preto 1994, 317，还可参考：*supra*, chap. 10, n. 16。
22. ASG, 1967 ; Vargas Hidalgo 733 ; Braudel 1979, II, 393.
23. Venier 284 et 292；Vargas Hidalgo 735；Lesure (*b*) 159；Contarini 23r；Paruta 205；Slot 1982, 93-4（此处错误地认为这场在基克拉泽斯岛的掠夺是欧吉德·阿里做的）；Lamansky 087 *sqq.*；关于拉古萨人透露的情报，参考 Costantini 2009, 40；还可参考 CB, II, 189v：在君士坦丁堡，关于舰队的传闻则是说其人力缺乏，"舰队没能从希腊人中招募足够的船员，因为当地人都逃跑了"。
24. 关于阿里帕夏的动向，可参考 Contarini 23v（他率领 55 艘加莱桨帆船出发了，在塞浦路斯留下了 22 艘加莱桨帆船，还有一些卡拉穆萨，马霍恩和帕兰迪尔等船只）；Paruta 203（他率领 54 艘加莱桨帆船离开了，在塞浦路斯留下了"Aramat"，指挥 20 艘加莱桨帆船，10 艘马霍恩和 5 艘拿浮运输船）；Foglietta 158（他留下了"23 艘加莱桨帆船，还有大量的拿浮运输船……并命令 Rapamàt 管理它们"）；*Relazioni*, Ragazzoni 1571, 93（他留下了 20 艘加莱桨帆船，各类拿浮和别的船只）；Martinengo 3（他率领"80 艘加莱桨帆船"抵达塞浦路斯，在留下 30 艘后便起航离开了）。只有在 Gatto, 51 此处才记载道，阿里帕夏"留下了 40 艘加莱桨帆船"以及一些运输船。奥斯曼帝国的官方文献提到有 15 至 20 艘加莱桨帆船留了下来（Hill 1948, 1007）。关于日期，参考：Inalcik 1974（孔塔里尼经常提供错误的日期，此处他认为舰队出发日期是 5 月 15 日）。
25. CB, II, 140r, 149v, 162r（起航的有 25 艘加莱桨帆船，再加上皮尔图帕夏返回的 2 艘，还有 6 艘帕兰迪尔，每艘装载了 15 匹战马）；ASG, 1967（巴尔巴罗也自信地记载说，起航的有 34 艘加莱桨帆船，还有穆拉德阿迦，*cf.* également CB, II, 127r）；*Relazioni*, Anonimo 1571-73, 163（起航的有 30 艘加莱桨帆船和 10 艘帕兰迪尔）；Vargas Hidalgo 733；Paruta 205；*Nunziature* X, 14。关于那位那不勒斯间谍，参考：Lesure (*b*) 15960；关于疾病的传染，参考：CB, II, 189v，以及 ASV, SS 77, 106v（敌舰队上"瘟疫肆虐，实力大为削弱"）。在 7 月，除了威尼斯以外，别的地方的人也开始认为土耳其舰队“虽然看上去船帆很多，但许多都是小型船只，而且状态非常糟糕”：Setton 1022。

26. ASG, 2170 ; Donà 66 et 77. 关于阿尔及尔分舰队的规模，可参考下列文献，其中的数据基本上出入不大：Vargas Hidalgo 556 以及 Gattoni 1999, 627。
27. 关于巴巴里海盗时代的社会的记载非常多，起码可以参考下列文献：Bono 1964 和 1982；Manca 1981 和 1982；Boyer 1985；Braudel 1979,1, 163 和 II, 10；Bennassar 1991, 356-78；Khiari 2002；Heers 2003, 68-73, 154-89。在 1570 年 7 月 15 日马耳他舰队的三艘加莱桨帆船被俘虏的那次战斗中，马米·甘乔也是参与战斗的海盗成员之一：*supra*, chap. 11, n. 33（Bosio 857）。Masala 17 记载说：“他们不了解土耳其人。”后来这些歌都在 Deny 中有记载。关于阿尔及尔的奴隶的生活，也可参考 chap. XXXIX-XLI du *Don Quichotte*。
28. Vargas Hidalgo 728, 733, 735 ; Paruta 205. 根据科孚岛方面的情报，欧吉德·阿里共有 7 艘加莱桨帆船和 12 艘轻型桨帆船（Vargas Hidalgo 735）；而在勒班陀战役中俘虏的战俘交代说，他总共有 7 艘加莱桨帆船和 13 艘轻型桨帆船，或者是 8 艘加莱桨帆船和 12 艘轻型桨帆船（*L'ordine delle galere*; Romegas 186）；其余的估算可参考：Charrière III, 157；*Relazioni*, Ragazzoni 1571, 93；*Nunziature* X, 14；Setton 1018。
29. *Nunziature* X, 5 ; Charrière III, 157.

第 20 章

1. Serrano IV, 68 ; Donà 66, 77, 80 ; Sereno 87 ; Doria 152 ; Sirago 1993, 213 ; Fenicia 2003, 107-8 ; Favarò 2007, 295-301. 关于西西里岛的分舰队的组建，有那个年代许多文献资料的记载（比如 Donà 80）。其中有 4 艘热那亚加莱桨帆船，由尼科洛·多里亚和大卫·因佩里亚莱这两位统管西西里王国的常驻官员来指挥。
2. Serrano IV, 80 ; Vargas Hidalgo 723-8 ; Donà 93.
3. Serrano IV, 142 ; Sereno 115.
4. *Relazioni*, Morosini 1570, 133-5（此处补充说：“大人非常善待船上的桨手，如果看到食物不够的人，他会给他们再加一点汤。在正常情况下，每人可以领到 36 盎司的面包，而相比之下，吉安·安德烈亚·多里亚每人每天只发 30 盎司，因此大人船上的桨手领到的面包比他们所需的还要多。”他们甚至可以把面包卖掉换葡萄酒，“因此船上的桨手中很少有人只能喝水”。）；Segre 1899（引用文字取自 p. 36 n., 39, 122）；Promis 46；Vargas Hidalgo 723；Codoin III, 189；Gattoni 1999, 630-1；Lo Basso 2003, 376-9。值得注意的是，维尼埃一直都把萨伏依的加莱桨帆船当作他自己的分舰队来用：在从墨西拿起航前夕，他在给威尼斯总督的信中说“阁下在我这里的，加上萨伏依的舰队，总共有 112 艘加莱桨帆船”（AV 1571, 190r）。然而在勒班陀海战时，船上的桨手并没有满编，因为船上有些桨手生病了，普罗瓦纳不得不将其中 150 人留在了墨西拿，而唐胡安和维尼埃只给他补充了 70 人（Segre 1899, 134-5）。

5. Donà 66, 70, 72, 77, 80, 83, 89, 100 ; Serrano IV, 80, 93, 141.

6. Serrano IV, 106 ; Codoin III, 187.

7. AV 1566-1570, 417 ; Nicolini, 390-9 ; Serrano IV, 173 ; Alessi Palazzolo 1977, 240-2. 西西里岛 1571 年的收成也不错，因此总督得以每个月生产 7000 担的海用饼干（Braudel 1979, II, 370）。

8. 奥维多和多里亚给西班牙国王的报告可以参考：Vargas Hidalgo 723, 726, 72832, 734, 740-1。关于门多萨 6 月再次复发一事，参考：Serrano IV, 159 以及 Vargas Hidalgo 738。关于门多萨和奥维多的关系，参考：Vargas Hidalgo 1998, 38-42；7 月 28 日，秘书向新任大使帕迪利亚汇报了上面的指示，随后 8 月 15 日，他便登上多里亚的舰队的加莱桨帆船巡查去了。

9. *Relazioni*, Barbaro 1573, 308 ; Charrière III, 146 ; Caetani 90. 关于塞尔贝洛尼，当时意大利最著名的战士和军事工程师之一，也是经历过意大利、匈牙利和佛兰德之间的战争的一名老兵 *cf.* Promis 1874, 208-47，以及 Brunelli 2003。

10. Nicolini 391-402.

11. Favarò 2005, 251 ; Serrano IV, 80 et 93 ; Donà 61, 66, 74, 80, 83, 89 ; Nicolini 392, 394, 398, 402. 根据 Donà, 93 的记载，最终抵达的有 3000 人，因为“其中有 1000 人死亡了”。在那不勒斯的布翁里佐（Nicolini 398）也预计能抵达 3000 人，但最终实际上许多人在抵达时都已经死了。在 5 月，驻那不勒斯的西班牙大方阵团原来有 3 个连，加上 431 名士兵，以及 17 名从西班牙本土来的士兵后，总共有 2826 人（*Tercios* 413；Fenicia 2003, 34）。

12. Donà 74, 85, 89, 93, 99, 102-3, 106, 109; Serrano IV, 347 n., 384-5 n. 由此可见，唐胡安支援给意大利盟友的士兵“都是经历过格拉纳达战争的老兵”的观念有必要纠正（Caetani 99, Sereno 131）。

13. Donà 74, 78, 81, 91；Nicolini 400-1 和 405；Caetani 123；Codoin III, 203（有 2371 名“健康的士兵”上了洛德龙内伯爵的船，有 2616 人上了阿尔科伯爵的船。前者总共“在墨西拿留下了 736 名病号”，而后者则留下了 232 人。早在 10 月，我们就得知“由于管理不善，造成他们大量死亡，还有些人也注定活不长了”。参考：Civale 2009, 90。而关于在墨西拿的医院中接待这批病号的事，参考：Castellani 1937, 440-1）；Sereno 133。热那亚的执政团则被要求提供足够的住宅，供 7100 名到 7300 名日耳曼士兵居住：Vargas Hidalgo 741 和 744。

14. Serrano III, 170 et 214 ; IV, 12, 23, 38, 56, 62, 71, 79. 合约的内容可参考：Quarti 433-5 以及 Aglietti 1998, 112-3。

15. Donà 72 ; Vargas Hidalgo 728 et 742 ; Scetti 106 ; Guglielmotti 43-4 n., 154-7 ; Lo Basso 2003, 337 *sqq.* ; Capponi 2008, 152-3. 关于比萨的军械库，参考：Angiolini 1987 以及 Concina 1984, 18 和 Angiolini 1996, 8-9；*ibidem*, 特别是 67-82，关于圣艾蒂安骑士团的地理和社会起源的这一段。

16. Caetani 84-91 ; Sereno 115 ; Guglielmotti 148-51.
17. Serrano IV, 133, 145, 150, 167, 176, 194 ; Sereno 132 ; Aglietta 1998, 122-4.

第21章

1. Venier 284 et 296; Contarmi 23v, 25v, 27r, 29v ; ASV, SS 77, 80v. 在发现“贝尔纳达”号需要修理后，11艘巨型加莱桨帆船变成了10艘，随后它们驶入了亚得里亚海，负责把威尼斯本土的士兵运到达尔马提亚：ASV, SS 77, 74v-75r。
2. Aymard 1991 *b*, 447（帕多瓦的监督官的报告，写于1571年9月）；*Nunziature* IX, 332, 340；Paruta 188。布雷西亚的案例分析记载在：Capponi 2008, 184。这场程序中有些特别的地方是几乎没有先例的，在下列文献中也有记载：Pantera 139。在勒班陀战役后，维尼埃记载说，布扎卡里诺“请假来治疗他战斗中受的伤，留下一个不负责任，任由加莱桨帆船在海上腐蚀损坏的弟弟，而该加莱桨帆船在帕塔罗做指挥官期间曾一度是舰队中性能最顶尖的”（Venier 321）。
3. Venier 290；ASV, SS 77, 78v-79v, 80r；关于乌代蒙诺吉安尼斯，参考：Manoussacas 1974, 225；关于他的家族，参考：Pezzolo 1990, 152。
4. Venier 290-2 ; *Nunziature* IX, 365 et X, 1-2 et 9 ; Sereno 120 ; Paruta 211. 墨西拿也收到报告，称敌舰队只有100艘加莱桨帆船，随后4月23日该情报传到了马德里：Braudel 1979, II, 373；这条情报基本可以确定是基于皮尔图帕夏统帅下即将起航的那一支舰队，并没有算上已经在海上的。
5. Inalcik 1974 ; *Relazioni*, Ragazzoni 1571, 94.
6. Contarini 25v-27r ; Manolesso 59rv ; Sereno 127 ; Foglietta 235-7 ; Paruta 2056 ; Morales 30 ; Lamansky 630-3 ; *Nunziature* X, 23. 关于在科西嘉岛招募步兵并上船的事情，参考：supra, chap. 17, n. 16。奥斯曼帝国舰队6月14日驶入了苏达海湾（ASV, SS 77, 108v; CB, II, 191r）而阿伏伽德罗19日抵达克里特（AV 1571, 207v）。
7. 关于克里特岛上民众的不满，参考：Lamansky 630-47（在下列文献中我们可以找到关于岛上人口的一些数据：Dursteler 2006, 78）和013；Vargas Hidalgo 721；Sassi 1946-47, 195-200；Tenenti 1962, 134；Braudel 1979, I, 143 和 n. 5；Dursteler 2006, 82。关于这次事件，参考 Sereno 65；Vargas Hidalgo 715；关于土耳其人的愿望和“智慧”，可参考 CB, II, 117r 和 229r，以及 supra, chap. 19, n.10。
8. 关于卡莱伊，参考：Saraceni 724。此处将他定义成“最重要的人之一……在干地亚岛上拥有数不尽的财富，并且无论是权力或是给后来造成的影响力都很大”。此外，在这些事前，威尼斯元老院还把他当成克里特岛的非官方代表：ASV, SS 77, 29r，以及 AV 1566-1570, 151r 和 279v。
9. ASV, SS 77, 135v, 139-40（“几个村落有大量的村民发生暴动，想要寻找并加入土耳其舰队”），78, 5r；AV 1571, 201v-202, 203r, 207v-208v（仅在雷斯蒙一地，彼得罗·阿伏伽德罗和马里诺·迪卡瓦利就总共绞死了8名当地的神职人员，其余的神职人员则被判处终身充军桨手，而当地的叛乱直到9月还尚未平定）；*Nunziature* X, 42, 44 和 63；Serrano IV, 201；Lamansky 635。关于克里特人对威尼斯统治者的态度，以及当地贵族阶层的各派系间的政治关系方面的更深层的研究，可参考：Karapidakis 1998。到了17世纪，土耳其人征服克里特后，发现当地居民自发地臣服于土耳其人，“并希望在这些野蛮人的统治下能过得比现在更好”。参考 Preto 1975, 178-80，还可参考 Benzoni 1985, 129。

10. 关于土耳其加莱桨帆船数量，参考：Caetani 96；*Nunziature* X, 23；ASV, SS 77, 108v。关于俘虏威尼斯加莱桨帆船时发生的事：Braudel 1979, II, 374。关于俘虏的奴隶，参考：Romegas 186；Lesure 52。关于罗梅加斯：Capponi 2008, 182。
11. Caetani 96-8；Venier 292, 而关于贝内代蒂，参考：Setton 923。关于舰队糟糕的状态，参考：ASV, SS 77, 108v。关于土耳其舰队上瘟疫的蔓延，参考：*supra*, chap. 19, p. 321 和 331 以及 n. 9 和 25。
12. 部分土耳其官方文献可参考 Lesure 72；*Nunziature* Napoli 26；Venier 294；Diedo 179；Contarini 27rv。Foglietta 235 认为在攻打克里特前，土耳其人已经攻打过凯里戈岛。从技术上说，舰队从内格罗蓬特起航前往苏达港的航程中，确实有可能途经凯里戈岛，然而不可置疑的是，攻打凯里戈岛确实是发生在土耳其舰队从克里特岛到莫顿再到纳瓦里诺转移的半途中，因此关于事件的先后顺序，一般更倾向于采用孔塔里尼和迪耶多的说法。
13. Caetani 106；Romegas 186；Lamansky 610-5（特别参考1560年的报告中对凯法洛尼亚防御状况非常薄弱一事的描述）；Sereno 121；Paruta 217；Foglietta 237；Morales 30；Arroyo 338（在凯法洛尼亚和伊萨卡总共有4000名战俘）；Manoussacas 1974, 225。
14. Caetani 104 et 106 ; Molmenti VII ; ASV, SS 77, 113r.
15. ASV, SS 77, 113r ; X, Parti segrete, 9, 165r.
16. Venier 293 *sqq*. 关于加莱塞桨帆战舰，*Nunziature* IX, 360 和 X, 16, 和 ASV, SS 77, 107r；“船底漏水而沉没”：Caetani 111。在罗马，7月时也有人谈论威尼斯舰队出发前往奥特朗托或布林迪西一事：Serrano IV, 173。而与此同时在威尼斯，高层写信给威尼斯，建议他前往布林迪西，但也给他自由选择的权力：ASV, SS 77, 109rv。奥尔西尼2月期间确认被任命为科孚岛的地方总督，他却要求返回威尼斯，因为他的兄弟刚刚去世，“然而国内却试图用强烈的请求和善意的信件阻止他回国”，法奇内蒂如此记载道。5月初，他被任命为整个舰队上的陆军的指挥官（ASV, SS 77, 64v, 90rv；*Nunziature* IX, 321）。
17. Setton 1021（10月14日维尼埃的报告）；Venier 294；*Nunziature* X, 24（“睿智的阿戈斯蒂诺·巴尔巴里戈，监督官将军，来到扎拉视察以确信所有加莱桨帆船都已经和舰队会合”）；Contarini 27v。关于从墨西拿出征时的舰队大致状况，可参考：*infra*, chap. 23, n. 3。

第 22 章

1. Caetani 113 ; Diedo 179, Contarini 27v ; Sereno 121 ; Paruta 216.
2. *Nunziature* X, 34（这里却提到有 3 艘拿浮运输船）; Caetani 117-8; Diedo 179; Venier 294-5（2 艘拿浮船，“莫琴尼加”号和“弗蒙廷诺”号）; Contarini 29v, 36v（2 艘拿浮船，第一艘一开始叫“莱切”号，随后又改名“莫琴尼加”号，第二艘一开始叫“莫琴尼加”号，后来又叫“康斯坦丁诺”号）; Sereno 125-6; Conti 126v（“莱切”号和“莫琴尼加”号）。这也使我们得以揭晓威尼斯元老院的那封信中的秘密，ASV, SS 77, 128v：两艘拿浮船在海上被俘虏，第三艘叫“弗蒙廷诺”号，在科孚岛曾卸货了一船用来供应舰队的小麦，“船却被烧毁了”（可能是在港口？）。被俘的士兵包括一支乌尔比诺公国用维罗纳城的资金招募的 500 人左右的步兵团，其中部分士兵在后来的勒班陀战役中被救了回来，另一部分在被带到阿尔及尔后被骑士们赎回。来自塞浦路斯当地一个贵族家庭的乔・托马索・科斯坦佐指挥官也被俘了。在大约 17 岁时，他曾带领另一批人前往君士坦丁堡，按照他自己的说法，他在那受到了极高的礼遇，土耳其人希望他也能归化为土耳其人，苏丹还强令他接受伊斯兰割礼。“但在接受割礼后……作为藐视他们的表现，我丢掉了土耳其人的头巾，又把土耳其人的长袍给撕了，此后我依然求告基督的名”，因此很快他就被囚禁到黑海的那座塔中去了，在狱中众囚犯都非常钦佩他。他还给巴尔巴罗写过一封信，希望商量把他赎出去的事，信中称“其他奴隶们都尊他为首领”。参考：Rosi（*b*）III；还可参考：*Nunziature* X, 99 以及 Conti 127r（1574 年他就和其他一些战俘一同被释放了）。有一种说法，可能并不可靠，但当时在君士坦丁堡非常流行。根据这种说法，在他死后，著名的威尼斯人哈桑，也就是接替欧吉德・阿里的新任卡普丹帕夏也曾在莫琴尼加被俘，当时他只有 20 岁，在船上做书记官助手（*Relazioni*, Seguito Bernardo 1592, 70；但还可参考：Fabris 1997）。
3. CB, II, 217r; *Nunziature* X, 29-31; Sereno 128 以及 Contarini 29v（这位作者常常搞混卡拉・霍格加和欧吉德・阿里）。关于拉加佐尼在“特罗纳”号上的航海冒险历程，还可参考：*supra*, p. 314。
4. Lesure 73-4 ; Inalcik 1974. 一到冬季，卡塔罗便面临“大量土耳其人入侵”的威胁：ASV, SS 77, 70rv。
5. *Nunziature* X, 34; Serrano IV, 186; Caetani 121 ; Gatto 121 ; Contarini 29v ; Paruta 217. 关于在科孚岛的那场烧杀抢掠，参考：ASV, SS 77, 128-9。
6. Inalcik 1974, 186-7 ; Yildirim 2007, 540-1 ; Caetani 118.
7. 这是 7 月 16 日那封信唯一可能的解释，其中提到了 8 月 13 日在罗马的德朗布耶所说的事情，内容是：“土耳其军队一路如入无人之境，已经包围了卡塔罗，我们担心他们会有一场大行动，取得极大的进展，因为如今是他们掌握主动权，他们可以随心所欲地选择在任何时候发起攻势和战役。”（Charrière III, 159-60）；参考：Caetani 118 和 121；Setton 1025；Contarini 29v。关于卡塔罗攻城战，参考：

ASV, SS 77, 112r，此处有一些记载，是关于当时土耳其人在海湾入口处建造起来的防御工事的，其目的是阻挡威尼斯人从海路增援卡塔罗城。

8. *Nunziature* X, 27, 44, 46, 99（马丁嫩戈 12 月抵达威尼斯）; ASV, SS 77, 132r; AV 1566-1570, 268v-270v, 297rv 和 1571, 191r; Caetani 124; Contarini 29v-30r; Paruta 218 *sqq.*; Sereno 128; Foglietta 157, 235, 238-9; Conti 127v-128r, 131v-132r, 159v。关于土耳其编年史学家们的记载，参考 Inalcik 1974, 187-8 以及 Yildirim 2007, 547-9; 关于对这些地方的描述，参考 *Relazioni*, Michiel 1558, 93; 乌尔齐尼的作战计划则可参考 *Venezia e i turchi* 1985, 247。土耳其人应该在攻下 3 座城后总共俘虏了 4000 人: Romegas 186, Morales 30。关于马丁嫩戈的任命和他带着 600 名加斯科步兵前往卡塔罗一事，参考: ASV, SS 77, 112r 和 128r。为了重获自由，马丁嫩戈发誓他再也不会拿起武器对抗苏丹，不过他似乎并不怕违誓，因为根据穆罕默德帕夏向法国大使抱怨时所说的，就在第二年，在卡斯泰尔诺沃攻城战时，马丁嫩戈“并未在城内安分地做一个平民作坊主，然而他再也没能在战场上获得乌尔齐尼那一次那样的荣誉”（Charrière III, 284）。
9. *Nunziature* X, 35-7, 42, 44, 46 ; ASV, SS 77, 131-2 ; Caetani 111 ; Venier 300 ; Setton 1025. 关于帕拉维奇诺在扎拉的视察，及其后续措施: *Nunziature* X, 14, 16, 18, 26-7, 29; Charrière III, 157; Sereno 130; Setton 1022; Praga（到了 10 月，士兵总兵力增加到了 2700 人）。
10. *Nunziature* IX, 302, 321 ; X, 22-4, 26, 28-32, 36-7, 44; ASV, SS 77, 119r, 132v133, et X, Parti segrete, 9, 167-9 ; Longo 25 ; Sereno 131 ; Paruta 223-5 et 232. 关于防御工事的建造，参考: Manno 1986, 130-1, Morachiello 1991; Panciera 2005, 22; Bellavitis 20092, 101-8。关于民众对此的反应，参考: Quarti 466。在 1570 年 9 月舰队返回后，马尔科·奎里尼写道:“我开始担心，除非土耳其舰队已经打到威尼斯本土的利多，并且和蒂诺斯的监督官的信件中所报告的一样，做出皮亚里帕夏最近途经当地时所做的同样的事，否则这些自称是守护人的家伙（帕拉维奇诺，以及地方监督官塞尔西和卡纳尔）是不会去和敌人正面作战的。愿上帝保佑我们。” Quarti 372.
11. ASV, X, Parti segrete, 9, 169v.
12. Romegas 186; Codoin III, 191. 从莱西纳来的信件记载在: Ljubic 274-5; Diedo 179; Lesure 75; Contarini 30r, 32v; Manolesso 64r; Paruta 221-2; Foglietta 240-1; Fresne-Canaye 312; Foretić 1974。8 月，当欧吉德·阿里的舰队 23 日以及卡拉·霍格加的舰队 24 日分别返航，再次途经拉古萨时，前者加莱桨帆船和轻型桨帆船共有 11 艘，后者则有 42 艘弗斯特战船和前列横帆双桅船。参考: ASV, SS 78, lv. 根据莱西纳方面的公文的记载（Ljubic 275），总共有“80 艘敌船，12 艘是加莱桨帆船，其余则都是轻型桨帆船、弗斯特和前列横帆双桅船”。
13. Serrano IV, 190 ; Inalcik 1974, 187-8.

第 23 章

1. Caetani 83-95 ; Nicolini 400 ; Sereno 115-6 ; Setton 1017 ; Vargas Hidalgo 742.
2. Caetani 94-105 ; Nicolini 398-403 ; Guglielmotti 160-2 ; Vargas Hidalgo 739 et 742; *Nunziature Napoli* 25-6; Codoin III, 186; Scetti 109; Sereno 113 et 117. 关于阿斯卡尼奥·德拉科尔尼亚，参考：Setton 1000；Braudel 1979, II, 394；Brunelli 2003。
3. Setton 1021 ; Caetani 109-14 ; Venier 295-6; Guglielmotti 166-7. 最权威的编年史学家在事后几个月的记载中，只提到有 50 艘加莱桨帆船，但有部分依然还是认为有 56 到 57 艘：Contarini 27v；Sereno 122；Longo 25；Foglietta 255；Paruta 216。而卡埃塔尼提供的数据，可以认为是因为 5 月份维尼埃已经派出 2 艘加莱桨帆船前往墨西拿。参考：Quarti 441-2, 445。威尼斯元老院也故意在夸大干地亚的加莱桨帆船数目，他们在给西班牙人提供的情报中称在干地亚有 70 艘加莱桨帆船，实际上当地却只有约 60 艘：ASV, SS 77, 121r。
4. Castellani 1937, 441-2 ; Civaie 2009.
5. Sereno 122（这是我文中摘录引用的那段文字）；Caetani 108-12, 117（这里提到，蓬佩奥·达卡斯泰洛“率领着 6 个混乱不堪，而且半数士兵已经被抛弃的连”），126（这里的记载让人惊奇，称为威尼斯人“把整支舰队都驶入墨西拿港了”）；Venier 293。关于留在威尼斯的军队情况，参考：ASV, SS 77, 119r。每艘加莱桨帆船 60 名斯卡波利和 20 名士兵这个数字是 Caetani, 112 这里提到的，作者应该是采纳了威尼斯人的数据，不过需要注意的是，在科孚岛，维尼埃的舰队实际并未达到这个数目，因此文献中肯定有夸张的成分：*supra*, chap. 21, n. 16 e, *infra*, chap. 31, n. 5。
6. Venier 296 *sqq.*；Molmenti VII；关于佩斯卡拉去世一事，参考：Serrano IV, 186 以及 Caetani 116。关于西西里岛上缺少军需补给一事，也可参考 7 月 30 日佩斯卡拉侯爵给吉安·安德烈亚·多里亚的一封信，该信记载在：Capponi 2008, 195。
7. Venier 296 *sqq.* ; ASV, SS 77, 136v ; Sereno 133 ; Caetani 120 ; Nicolini 410 ; *Nunziature Napoli* 32. 关于弗拉纳，参见：Venier 321；Hocquet 1991, 488；Coralić 2005（此处提到他给威尼斯的圣约瑟教堂捐了一座象征勒班陀海战的舰队的祭坛）。
8. Venier 296 *sqq.* ; Sereno 118. 早在 5 月 22 日，威尼斯元老院就决定给每一艘加莱桨帆船，“除了水手和桨手以外，另外配备 120 名士兵”，而西班牙人则称应该每艘船至少 150 名士兵才行：ASV, SS 77, 89r 和 119r。
9. Nicolini 402-11；ASV, SS 77, 119r-120r, 125r（此处可以看出，威尼斯元老院担心他们不得不支付高达 15% 的利息），129v, 135r, 138r。参考 Arenaprimo 79 中提到的关于墨西拿的银行家们的账户的兑换券问题，以及 Promis 44 关于招募民兵的记载（每 100 户出 4 名民兵），关于正规军步兵的招募，则可参考：Caetani 117, Caracciolo 17, Paruta 233, Braudel 1979, II, 393。关于西班牙统治下的意大利地区的民兵组织结构，参考：Mafrici 1995, 208-15, 以及 Favarò 2009, 86-99。
10. Caetani 119；根据 Sereno 118 此处的记载，部分判处充军桨手的西班牙人和其他人后来都被绞死了。

11. Caetani 114-6; Sereno 133.

12. *Nunziature* XI 361 et X, 4-5; Serrano IV, 139-40, 143-4. 关于唐胡安的年龄，参考：Bennassar 2000, 31-8。

13. Donà 62, 72, 74, 77-8, 80, 82, 84-5, 93, 99-100 ; Serrano IV, 93, 97, 102, 117, 146.

14. Serrano IV, 148, 152, 155; Codoin III, 185-7; Donà 111. 关于曼里克的活动，文献原文为拉丁语，称为 *inquisitor triremum*，参考：Civale 2009。

15. *Nunziature* X, 18, 23 et 26 ; Serrano IV, 177.

16. Donà 99 ; Serrano IV, 347 n., 385-6 n., 393 n. et doc. 178 ; Vargas Hidalgo 749 ; Charrière III, 158 ; Caetani 99 ; Braudel 1979, II, 390. 关于间谍，参考：CB, II, 221-2。关于唐路易斯·德雷克森斯的更详细介绍，以及他和费利佩二世与唐胡安之间最不愉快的事情的部分介绍，参考：Bicheno 2005, 237-9。关于在巴塞罗那缺少海用饼干，以及遇到其他一些困难的事情，可参考斯皮诺拉 1571 年 5 月 30 日和 6 月 27 日的一些信件：ASG, 1967。

17. Vargas Hidalgo 739-57 ; Setton 1022 et 1024 ; Foglietta 256. 德索托是个重要人物，如后来一位威尼斯大使写道："没有他的建议的话，殿下什么事都不会做的。"（Molmenti［*b*］, XXXV）。

18. Vargas Hidalgo 747-9. 关于桑塔菲奥拉，参考 Codoin III, 186 以及 Brunelli 2003。在威尼斯，唐胡安抵达热那亚的消息让他们立刻中止了再武装 40 艘加莱桨帆船以用来保卫本土抵挡土耳其舰队入侵的计划，但很快还没来得及长舒一口气，又有消息传来说唐胡安掉头往那不勒斯和墨西拿去了（*Nunziature* X, 31）。德蒙卡达 8 月 7 日抵达，并称唐胡安从西班牙国王那收到的命令是前往奥特朗托，但要先前往墨西拿集结：*ibidem*, 34。

19. Donà 62 ; Serrano IV, 396 n., 429-30 ; Vargas Hidalgo 755, 758 et 773 ; Serrano 1918, 107-8 ; Braudel 1979, II, 392 ; Gonz á lez Cremona 1994, 99-101 ; Bazzano 2003, 381; Capponi 2008, 194. 这不是唐路易斯·德雷克森斯唯一一次挑剔地发起优先权之争，如我们后面所知的，在威尼斯，"人们听说唐路易斯·德雷克森斯想举起西班牙国王的旌旗来垄断舰队的指挥权，把我方指挥官排挤出去"：ASV, X, Parti segrete, 9, 172r。

20. Foglietta 257；ASG, 1966；Setton 1024；Nicolini 405-9；Serrano IV, 183（8 月 3 日德苏尼加对国王）；Promis 44-5；*Nunziature Napoli* 29-32。*Cf.* Fedele 1909.

21. *Nunziature Napoli* 31 ; Morales 38. 即使是舰队上的宗教裁判官，唐基耶罗尼·曼里克，也因为他被排除在作战会议之外而感到气愤："他们讨论战事都是偷偷摸摸的……我所知道的不比船上的普通船员更多。"他 8 月 15 日如此写道（Civale 2009, 65）。

22. Contarini 33r ; Foglietta 257-8 ; Serrano IV, 414 n., docc. 186, 194 et 196. 关于唐胡安的 25 艘加莱桨帆船，参考：*infra*, chap. 25, n. 1。6 艘拿浮运输船包括"一艘拉古萨人的船只，船体巨大，直到今天还保留在直布罗陀海峡和此处之间，总共可运输 7500 件武器"：Promis 44。

第 24 章

1. Gatto 36-7 ; Gattoni 1999, 629. 关于法马古斯塔防御体系的介绍以及对其弱点的判断，参考：Promis 1874, 474-5, 484-93；关于要塞防御工事的对话在下列文献中也有引述：Lorini (1597) cité *ibidem*, 506-7；Martinengo 5；Gatto 29, 33, 51；Contarini 24v；Paruta 236-7；Sereno 123-4 和 241；Foglietta 229-31；Conti 95，此外参考：*supra*, chap. 14, n. 6。参考：Hale 1990, 298 和 301, von Wartburg 2002, 38-40，此外还有一些现代的版画，可参考下列文献：Hill 1948, 990，以及 *Venezia e i turchi* 1985, 25 和 245。
2. Martinengo 3 ; Gatto 51-2 ; Contarini 23v ; Paruta 238.
3. 这是 Gatto 52 中记载的数据，不过还可参考：Valderio 1028（“3660 名最没用的人在 4 天内被遣散，由耶尼切里军团负责把他们带回各自的村落”）；Paruta 241 显然还考虑到秋季的那次大规模驱逐行动（法马古斯塔把“一群无用的人”驱逐了，总人数在 8000 人左右，他们各自返回自己的村落，并未受到土耳其人的侵犯：*supra*, chap. 17, n. 1）；Foglietta 131（5000 张无用的嘴巴被从法马古斯塔城赶了出来，土耳其人“友好地欢迎了他们”）。在攻城战开始以前，城里总人口约有 1 万人：Arbel 1984, 199-200。
4. 布拉加丁关于奎里尼出发的报告，记载在 Quarti 503-4，这里的记载也被另一份文献 Calepio 113r 完整地证实。而关于守军兵力，则还可参考：Martinengo 3；Gatto 54；Monello 2006, 附录 23。然而布拉加丁在 4 月还有另一份报告，其中纠正了一个错误，提到守军只有 3200 名意大利士兵，600 名炮手，1300 名希腊佣兵，还有 2800 名从城里就地招募的士兵，以及 4000 名平民（Quarti 508-9）。
5. Gatto 40-1, 54；但要注意的是，Sereno 239 这里默认纠正了 4 万名工兵这个数目，改成了 4000 名。
6. Martinengo 5-6；Gatto 52-4；关于投毒的事，还可参考：Hale 1990, 301。
7. Gatto 32 ; Hill 1948, 956 ; ASV, SS 77, 45r ; AV 1566-1570, 294v.
8. Martinengo 3 ; Gatto 53-5 ; Calepio 113v. 在 5 月中旬和在 5 月 25 日刚开工时，马丁嫩戈就发现敌人军营开始的转移，并预见了敌人很快就会用火炮攻城，然而这种说法应该有个漏洞，因为真实情况按照 Calepio 和 Valderio 1035 以及 Sereno 239 还有 Paruta 238 等文献的记载，该事件应该发生在 4 月。
9. Martinengo 3 ; Gatto 55 ; Partita 238-9 ; Lorini *cit*. dans Promis 1874, 508.
10. Martinengo 4 ; Gatto 54-6 ; Paruta 240.
11. Gatto 57 ; Valderio 1029 ; Matteo da Capua ; Podacataro 206v ; Paruta 244.
12. Je suis Gatto 57-9 et Valderio 1029. Martinengo 4-5 提到有 74 门火炮，但真正出现的只有 64 门，因此有些差异。而马泰奥・达卡普阿则记载有 74 门。关于到底都有多少门火炮和炮台，Calepio 114r 也沿袭了马丁嫩戈的记载，不过他还记载第一天总共开炮了 2500 次。
13. Monello 2006, 170; Gatto 56; Sylvestrani Brenzone 81. 虽然所有在场目击者都证实，在经过几天的炮台反击后，守军发现火药消耗太大并下令大量节约使用火药，但在具体数值上，记载却各不相同。Martinengo 6 和 Gatto 58-9 的记载如下：在第10天后，他们停止了火炮反击，下令只能用30门火炮开炮，并且每门火炮只能打30发炮弹。Podacataro 206v 的记载如下：8天后，守军已经总共消耗了400桶火药。马泰奥·达卡普阿的记载如下：守军每天开炮1500次，在8天内，他们总共消耗了4000桶火药，由于火药库存已经不多了，"守军开始只在迫不得已时才会开炮"。Valderio 1029：城内总共有4300桶火药的库存，在3天的炮台反击战中，守军一下子消耗了其中三分之一，因此守军士兵接到命令要求他们节约使用火药，不得连续开炮超过100次。而敌人很快也意识到守军火力开始减弱了，第二天敌人又开了4000炮。而守军的命令是每次行动中的开炮次数要减少到80次，平均每天只能开炮大约20次。

14. Gatto 60-1 ; Calepio 114r; Setton 1029.
15. Martinengo 11 ; Gatto 58-9.
16. Calepio 114v.
17. Martinengo 6-11 ; Gatto 60-3 ; Paruta 244.
18. Gatto 63 ; Matteo Da Capua.
19. Martinengo 7 ; Gatto 50, 64, 91 ; Sereno 247.
20. Gatto 64-9 ; Martinengo 6-7 ; Matteo Da Capua. 根据 Podacataro 206v 的记载，这是土耳其人在点燃后丢出的希腊火。Paruta 245-6 用简短但可能有点浪漫主义的方式记载了这起事件，提到在军械库地洞中的士兵们对此的慌乱，"他们急忙到处挖地道，在里面填沙袋"，也有人留在哨塔上找机会往下跳。他还提到有个连的士兵刚躲进去就被塌方掩埋了。马丁嫩戈记载说，那个暴露在室外的士兵人数最多的连"也是在这次爆炸中伤亡最惨的"。但加托所描述的却有不同，他提到有3个连遭到了这次灭顶之灾，但并没有提到塌方造成的具体伤亡数目。Paruta 估计在整个行动期间，守军阵营总共有160人死亡。
21. Martinengo 8-9 ; Gatto 72 ; Calepio 116r.
22. CB, II, 191v-192r. 此外可参考：*infra*（n. 38），这里有几封穆斯塔法和他的切卡亚留下的信（"majordome" *cf.* chap. 3, n. 11）。
23. Martinengo 9 ; Gatto 75-6 ; Matteo Da Capua ; Calepio 116rv.
24. Martinengo 9-10（在爆炸中，总共1000名土耳其人和100名基督徒士兵死亡）; Gatto 79-80（1500名土耳其人和150名基督徒士兵）; Podacataro 206v（"他们杀死的自己人比敌人还多"）。这起事件让土耳其人也印象深刻，赛兰尼基和佩塞维对此事分别都有详细记载，并都强调土耳其人损失惨重：Hill 1948, 1019。
25. Matteo Da Capua（这次引爆地道导致的爆炸中，基督徒一方共有130人死亡或受伤）; Valderio 1031。
26. *Cf. supra*, n. 22.
27. Martinengo 10-1 ; Gatto 82-7 ; Matteo Da Capua; Podacataro 206v. 根据 Paruta 251 的记载，巴廖尼缴获的旌旗实际上是之前土耳其人在尼科西亚缴获的威尼斯军旗。穆斯塔法下令对城门放火的决定，在后来一篇为巴廖尼写的传记中作者对此事非常愤慨。作者是加尔默罗修会的神父和神学博士，名叫克里斯托弗罗·西尔韦斯特雷尼·布伦佐恩，他在书中骂土耳其人的做法是“想要小聪明，但却臭名昭著，和猪一样卑贱，这和这些野蛮的土耳其人很般配”：Sylvestrani Brenzone 69。

28. Martinengo 16（75 天里倾泻了 15 万枚炮弹）；Valderio 1035（68 天里倾泻了 15 万枚炮弹）。参考 Gatto 97，可能具体数目是作者趁着后来的投降谈判期间从穆斯塔法的切卡亚那打听来后取过整的（16.3 万发炮弹，其中 12 万发金属炮弹，4.3 万发石炮弹）。而土耳其这边弹药充足，因为从大陆地区只需 6 小时的航程就能源源不断地运来，*cf.* Valderio 1032。

29. Martinengo 10-2 ; Gatto 85-7 ; Matteo Da Capua ; Monello 2006, 75 et 170. 关于是否继续抵抗土耳其人，威尼斯政府内部意见不合，而平民却普遍期待早点投降。这一点可以参考下列文献中的详细报告：Valderio 1033-6。关于可战之兵，马丁嫩戈提到有 500 人未负伤，而 Sereno 248 此处，这位通常都诚实地记载的作者却把这个数目纠正为 800 人，和 Foglietta 249 的记载也吻合。另外 Gatto 92 却提到在破城时守军幸存的有 900 人，不过他把伤兵也算上了。

30. Gatto 86-7 ; Matteo Da Capua. Valderio 1032-3 对最后通牒有全文引述。

31. Martinengo 12-3；Gatto 87-94（还有 7 桶，其中 5 桶火炮用火药，以及 2 桶火枪用火药）；Valderio 1033-6（5 桶半）；Matteo Da Capua（6 桶）；而穆斯塔法帕夏则称有 15 桶（*cf. infra*, n. 38）。

32. Matteo Da Capua ; Gatto 93. 根据 Paruta 255 的记载，土耳其人派出的谈判代表是一名在此前被俘的意大利旗手。

33. Valderio 1033-7. 穆斯塔法帕夏的航海日志中称，是守军宣称投降并派出谈判代表的：Costantini 2009, 74。

34. Martinengo 14-6 ; Gatto 95-7 ; Matteo Da Capua; Valderio 1037-8 ; Paruta 2556 ; Fleischer 1986, 51 n.

35. Gatto 97 ; Valderio 1038-9 ; Paruta 256-7.

36. Valderio 1039.

37. Valderio 1039-40.

38. AV 1571, 203v-204rv ; Quarti 553-4. 在穆斯塔法帕夏的切卡亚的那封和另外一封一起被拦截并翻译的信中，还提到一些细节：被杀的俘虏共有 50 人，有 2 名俘虏逃脱，而布拉加丁对此却回答说“我做得完全没错”（AV 1571, 205v）。至于被拦截的关于弗斯特战船的信件，还有另一个版本的说法是，雷斯并没有当逃兵，而是船上的奴隶们趁着船靠岸时叛变并夺取了船只 *infra*, chap. 28, n. 15。

39. CB, II, 218-9, 222v ; Quarti 552-3 ; Matteo Da Capua ; AV 1571, 213v. 在奥斯曼帝国内部的报告中，投降协议的条款中有一部分提到了归还战俘：Hill 1948, 1027。

40. Pedani 2005, 25-6.

41. Martinengo 14 ; Gatto 98 ; Gattoni 1999, 633 ; Quarti 552-3.

42. Paruta 261 ; Foglietta 252 ; Conti 131r.

43. Quarti 550 ; Capponi 2008, 201-2.

44. *Relazioni*, Garzoni 1573, 408 ; CB, II, 219v, 233v, 426r ; Rosi (*b*), 14 et n.

45. *Relazioni*, Garzoni 1573, 408；Correr 1578, 255；还可参考后来 1583 年费尔哈德帕夏和威尼斯大使莫罗西尼的一段对话中，所表达的对布拉加丁的勇敢所表示的敬意：Lucchetta 2006, 155-6。

46. Valderio 1038-42 ; Gatto 98 ; Matteo Da Capua. 在1572年奥斯曼帝国的人口普查中，法马古斯塔共有 1157 名在册的家主，此外还有 552 名单身人员 / 寡妇和残疾人，和攻城战开始前城里的 1 万人的人口相比，减少非常严重，但这也反映法马古斯塔的遭遇和尼科西亚大为不同（Costantini 2009, 93 和 97；关于尼科西亚，还可参考 *supra*, chap. 14, n. 28）。关于被关押在法马古斯塔，随后被当作奴隶带到君士坦丁堡的意大利士兵，在 Lucchetta 2006 中记载的证词可能并不可信。

47. Gatto 105-21；Martinengo 16；亚历山德罗·波达卡塔罗在 Setton 1042 中有提到；*Relazioni*, Anonimo 1571-73, 164-7（此处记载有总共 1350 名奴隶，可能包括了在尼科西亚俘虏的那部分奴隶）；*Nunziature* X, 98, 114, 116-8；Rosi (*b*), I。马泰奥·达卡普阿和其余意大利指挥官在黑海的那座塔中曾写信给巴尔巴罗，他们应该是 10 月 18 日乘船抵达的。（Relazioni, Anonimo 1571-73, 165）；按照指挥官们的说法，在这艘运输船上总共有 1500 名意大利士兵中的 400 人，而写下这些的作者当时应该非常担心，因为到了罗得岛后，他们便相互间失去了联系，不知道阿拉普艾哈迈德的马霍恩运输船和加莱桨帆船上所运输的人去了哪里（Matteo Da Capua）。即使在这样的情况下，总数肯定也包括在尼科西亚被俘的奴隶。巴尔巴罗还了解到有 700 名意大利人依然留在法马古斯塔（CB, II, 218-9）。马拉泰斯塔是位上层人士，而且信誉良好，因此他即使进了监狱依然可以保护其他囚犯，后来那些曾被他保护的囚犯们也是如此证实的（Gatto 122-5；Matteo Da Capua；此外可参考安杰洛·卡莱皮奥的记载，他在获释后曾由于再次为教宗国从事间谍活动被捕，随后在 1572 年 2 月他在那座著名的塔中又被关押了几天：Calepio 110r 和 112v）；关于他在自己获释后，又四处奔波为其他囚犯获释一事，可参考：*supra*, chap. 19, n. 17。

第 25 章

1. Caetani 122-3 ; Promis 46 ; Aricò 1998, 45-9. 8 月 25 日，唐胡安给唐格拉西亚·德托莱多写了一封信，信中称他率领 24 艘加莱桨帆船（Codoin III, 15）。Caetani（122）却认为他率领了 25 艘，Sereno（134）也是如此认为，并且还提供了一些进一步的细节：14 艘西班牙加莱桨帆船中，4 艘是唐路易斯·德雷克森斯的，4 艘是胡安·瓦斯克斯·德科罗纳多的，4 艘是吉尔·德安德拉德的，2 艘是路易斯·德阿科斯塔的；此外有 3 艘是萨伏依公爵的，另外 8 艘是热那亚共和国元老院的，其中 3 艘由埃托雷·斯皮诺拉指挥，4 艘由洛梅利尼指挥，1 艘由贝蒂内罗·绍利指挥。

2. Promis 46；关于威尼斯人的立场，德苏尼加 1571 年 8 月 11 日有封写给西班牙国王的信，记载在 Serrano IV, 186 以及 Venier 299-300。根据教廷大使的记载，唐胡安从那不勒斯出发时，清楚知道“如果他这次不打一场战斗，又找不到敌舰队的话，那他会在上帝面前看为有罪，也会被世人所指责”：*Nunziature Napoli* 36。

3. ASG, 1967.
4. Contarini 33rv；Sereno 137-40；关于阿斯卡尼奥·德拉科尔尼亚上一次在 1570 年 12 月 17 日写的备忘录，参考：Serrano IV, 160 n。
5. Guglielmotti 180-1.
6. Contarini 27r-28r, 30r. 参考 *Nunziature* X，在“贝内蒂塔”号加莱桨帆船航行期间，总共有 40 艘，而 1571 年 11 月 17 日则有 88 艘：“他们在干地亚任命了一名地方监督官，尊敬的马里诺·卡瓦利大人，但由于他和另一位尊敬的马尔科·奎里尼大人之间整天争吵，给我们造成了很大的困扰，他们双方都想要当地没有前往法马古斯塔的驻军的指挥权，结果我们本来可以去救援法马古斯塔的，因为他们的缘故而去不成了。后来仲裁官介入了此事来审判二人，查明有罪的人将受到重罚。”关于二人之间的诉讼纠纷，参考 ASV, SS 77, 120r, 关于这场调查审讯，Quarti 738。
7. Caetani 116 (et *cf.* également Promis 46) ; *Nunziature* X, 40-2.
8. Serrano IV, 201.
9. Contarini 32v ; Venier 301 ; ASV, SS 77, 110v ; *cf.* également *Nunziature* X, 47 et 50, Codoin III, 19-20 et Foglietta 264. 对加莱桨帆船数目有不同的说法，维尼埃（也包括 *Nunziature* X, 50 的记载），Caetani 125 和唐胡安都称有 60 艘（Codoin III, 16 和 19），叙拉古的信中则称有 62 艘（*Nunziature* X, 47），Contarini 32v 和 33v；Paruta 262。
10. Nicolini 405-11；Vargas Hidalgo 759, 761, 763-4, 767n.；Caetani 125；Promis 48-9；Sereno 135；*Nunziature Napoli* 39；多里亚的信可参考 ASG, 1967；另一封信可参考 R. Savelli, s.v. *Doria, Giovanni Andrea*, in DBI。关于那艘马耳他加莱桨帆船，参考 *S. Giacomo*，该船是从马赛武装后起航的，但可能后来并未参加勒班陀海战 *cf.* Bosio 867。
11. Caetani 123-7；Sereno 135（根据吉奥·安布罗焦·内格罗尼的记载，热那亚加莱桨帆船共有 4 艘，而斯特凡诺·德马里的记载则是有 2 艘，乔治·格里马尔迪同样认为有 2 艘，西西里岛 4 艘由佩斯卡德拉指挥的加莱桨帆船其实也是属于热那亚的，另外尼科洛·多里亚认为有 2 艘，大卫·因佩里亚莱也认为有 2 艘）；Codoin III, 19-20；Promis 46（船上载有洛德龙内的步兵团，“他们在海上遇到了顺风，比我们提前到达”）和 48。
12. *Cf. infra*, chap. 27, n. 6, et Appendice II.
13. Caetani 125-7 ; Motta 1998, 88. 还有一些其他人的证词证实土耳其舰队当时实力大打折扣：*cf. infra*, chap. 29, n. 11。在 *Nunziature Napoli* 32 的记载中同样有一些乐观主义的情绪：“毫无疑问，殿下的加莱桨帆船无论数量还是质量都优于敌人……必定取得胜利。”
14. Codoin III, 18 和 Serrano IV, 420 n.；此外可参考 1571 年 8 月 27 日乌尔比诺领主

给他的父亲的一封信，“一群人数稀少，士气低落的桨手”（Capponi 2008, 196）。

15. *Nunziature* X 43, 46, 49-50 ; Serrano IV, 201.
16. Caetani 117 ; *cf. supra*, chap. 23, n. 5. 卡埃塔尼说：“所有这一切都是因为众船长群龙无首”，因为他们的指挥官，蓬佩奥·达卡斯泰洛此时还没出现（他要到 8 月 17 日才抵达那不勒斯：Nicolini 409, 另可参考 *Nunziature* X, 34）。
17. Venier 299-300. 唐胡安承诺会说服德格朗韦勒不再反对威尼斯人在他统治的王国招募士兵：Promis 46。
18. Serrano IV, 10, 97, 139.
19. ASV, SS 77, 129v ; Caetani 123-6. 参考 Sereno 147：“在最近抵达干地亚的那批加莱桨帆船上，士兵的配备人数极少，甚至不能补充其他人员不足的威尼斯加莱桨帆船的缺口，因此它们的武装状况非常不够。”还有普罗瓦纳在 Promis 48 中也如此写道：“其中 60 艘加莱桨帆船桨手充足，但士兵不够。”根据卡埃塔尼的记载，西班牙人总共有 2.3 万名步兵，其中 1 万名西班牙本土士兵，6000 名意大利地区的士兵，还有 7000 名日耳曼士兵。按照唐胡安的计算（后来维尼埃和乌尔比诺领主也都证实了该计算正确），“总共有 2 万名西班牙步兵，其中 7000 名西班牙本土士兵，7000 名日耳曼步兵，6000 名意大利士兵”，不过他补充说，要加上“2000 名志愿冒险者和其余志愿参军的士兵”，也就是自负开销，自愿来随同舰队出征的贵族（Codoin III, 16；*cf.* Caetani 126, Venier 299, Capponi 2008, 196）；而关于 9 月份真正登上了舰队的士兵情况，*cf.* Appendice V。
20. Codoin III, 20；Venier 301；Sereno 147, 部分数目有所出入，但维尼埃本人在 9 月 7 日的一封信中曾证实总兵力为 4000 人（Setton 1048）；而伊瓦拉的提供的数目则更精确：1614 名西班牙人和 2489 名意大利人（Appendice V）。西班牙国王负责开销的本土和意大利士兵都上了萨伏依公爵和热那亚私人船主的加莱桨帆船：Codoin III, 206-9；Sereno 156。唐胡安还转让给维尼埃大量的海用饼干：Setton 1048；Tercios 108（共 6060 担，总价为 18180 埃居）。
21. Codoin III, 19-21. 关于在王国境内为威尼斯人招募的步兵，可参考：Caetani 121；Caracciolo 17；Sereno 58 和 147 以及 Appendice V。
22. Serrano IV, 420 n. ; Sereno 153.

第 26 章

1. Codoin III, 191-2（相同的报告还有另一个版本，可见 Setton 1049）；ASV, SS 78, 1r；CB, II, 222rv；Charrière III, 160 和 185-6；*Nunziature* X, 39 和 46；Setton 1045-6；Paruta 225。吉尔·德安德拉德和威尼斯官方也传出了这条消息，9 月 9 日传到了唐胡安那里：*supra*, chap. 25, n. 21。8 月 17 日欧吉德·阿里货物卡拉·霍格加分别袭击了莱西纳，当地的监督官得知卡普丹帕夏的逃亡的俘虏和奴隶“并未收到进一步命令，但必须返回黎凡特，而这些私掠者们在返回和帕夏的主力舰队会合前获准还有 12 天自由行动的时间”：Ljubic 274。9 月 7 日威尼斯人取消了准备防御利多的大规模备战行动：ASV, SS 78, 1v。

2. CB, II, 221v-222v; Charrière III, 160 et 185-6; Contarmi 33r ; Sereno 140; Paruta 225.
3. Lesure 82-3. 关于布德瓦，参考 *supra*, chap. 22, n. 8. Barbaro；ASV, SS 77, 77rv。
4. Sereno 140 ; Paruta 226 ; Contarini 34r. 关于审讯过程，可参考 Sereno 164；关于下令处死他的命令，参考 Lamansky 58。
5. Contarini 34r ; Sereno 140 ; Paruta 226 ; Arroyo 333, Setton 1047 ; Fresne-Canaye 305-6. 根据塞雷诺的记载，舰队在科孚岛的港口"停了几天"，随后"并未试图攻打要塞"便起航了。根据帕鲁塔的记载，第二天，土耳其人便"试图发起攻击"，随后"第三天该军营据点就从被从岛上拔除了"。舰队 9 月 8 日驶入伊古迈尼察：AV 1571, 192r, 以及 Donà 123。对龙科尼的审判可参考 Venier 322。有一幅描绘科孚岛要塞的当代油画作品 *in* Manno 1986, fig. 1。
6. AV 1571, 192r, 196rv, 此处提供了当时逃脱的奴隶和战俘的一些口供，他们都是 9 月 11 日舰队抵达普雷韦扎以前被俘的。关于信使的事件记录，参考：CB, II, 45r；9 月 2 日，在君士坦丁堡的巴尔巴罗已经得知，舰队在 8 月中旬已经放弃卡塔罗（CB, II, 222rv；与此同时卡拉・霍格加派出的一个人也抵达君士坦丁堡，汇报墨西拿周边地区的军情），然而苏丹 8 月 19 日的命令是在快到 9 月 18 日以前送达的：*infra*, n. 10。
7. Lesure 83 ; Paruta 211 ; Sereno 141 ; Manoussacas 1974, 225-6.
8. Sereno 164. 摘自皮尔图帕夏的报告，in Lesure 83，然而 Sereno 158 以及 Foglietta 262 对此也有提及。
9. Contarini 34r; Charrière III, 185；此外还有 Setton 1050; Quarti 552。然而孔塔里尼却认为，该命令是送去舰队驻扎的帕尔加的，而不是送往普雷韦扎的。Paruta 235 大致认同孔塔里尼的意见，但却明确提到那道命令确实送达了普雷韦扎。关于舰队 18 日驶入勒班陀：AV 1571, 212v。
10. Lesure 79-81 ; Morales 44. 乍一看，我们可能会怀疑这道命令和孔塔里尼所引述的可能不是同一道命令（参考前一部分），但阿里帕夏和苏丹之间的通信中却明确提到在卡普丹帕夏确实是在到了勒班陀后才收到了命令，在此之前并未收到（也就是 10 月 13 日苏丹的那道命令，参考：Lesure 84）。实际上，正如孔塔里尼所说的，由于该命令中并未提到攻陷法马古斯塔一事，因此给人感觉这道命令是在另一道"让人以为是新命令"的命令以前发出的。
11. 简而言之，苏丹所掌握的军情，和几天前在墨西拿的卡埃塔尼所知的一样多（Caetani 121, 8 月 10 日："我们已得知在索波蒂地区的巨大损失，他们正准备进攻发罗拉，而我们此前却以为他们会前往卡塔罗。"）。
12. 根据 Foglietta 263 中两位帕夏接受的命令，在送到勒班陀的这些命令中有一些苏丹对皮尔图帕夏和阿里帕夏的赞誉之词；根据命令，由于冬季已经临近，阿里帕夏要率领 130 艘加莱桨帆船驻扎勒班陀，因为根据他的意见，勒班陀是最合适的躲避敌人袭击的地方，而皮尔图帕夏则率领剩下的船返回君士坦丁堡。
13. Caetani 7 ; Promis 45, 48-50.

14. Serrano IV, 429 n. ; Codoin III, 8-9.

15. Venier 301; Codoin III, 21 和 191（在 Setton 1049 中有另一个版本的记载）; Charrière III, 160; Contarini 36r。唐胡安的辩解可能只是一个借口：阿尔巴公爵曾建议他经常召开更大规模的战争会议，好让更多基层指挥官和船长们满意。参考：Codoin III, 275（以及 *infra*, chap. 27, n. 1）。

16: Caetani 127 ; Contarini 35r ; Sereno 147-9 ; Setton 1047.

第 27 章

1. Codoin III, 273-83. 9 月 5 日有一次大型作战会议的案例，可参考：AV 1571, 190rv。至少 60 人参加了这次会议，虽然在会上发言的只有 8 人。
2. Promis 50.
3. Codoin III, 8-9 et 22.
4. AV 1571, 197r ; Promis 50 ; Setton 1049 ; Sereno 142 ; Foglietta 189.
5. Venier 301 ; Arroyo 331 ; Scetti 110 ; Promis 50 et 52. 在 9 月 8 日圣母诞辰，奥代斯卡尔基准备了一场足以打动在场每个人，如同庆典的大型典礼：Castellani 1937, 441-2; Civale 2009, 78-9（“即使连桨手都已经做好为了捍卫神圣的教会而赴死的准备”），此外还可参考 Sereno 155。关于日耳曼步兵的死亡率，参考 *supra*, chap. 20, n. 13。
6. Vargas Hidalgo 767 ; Codoin III, 26-7. 加莱桨帆船的数量和在墨西拿集结的所有分舰队的船数总和完全一致（参考 *supra*, chap 25），下列文献中对该数据也有证实：Ibarra, Codoin III, 215, Romegas 187，此外奥代斯卡尔基也确认过该数据。当时海上出现了几艘土耳其弗斯特海盗船，他当时因为怕遭遇海盗船，便推迟到 16 日才从墨西拿出发，并于 24 日抵达那不勒斯。而在此出发前，他亲眼见过舰队起航（Nicolini 412）。在出发前，根据维尼埃的统计，加莱桨帆船总数为 209 艘，其中 109 艘是威尼斯的，81 艘是西班牙的，12 艘是教宗国的，3 艘是萨伏依公爵的，还有 4 艘是马耳他骑士团的（AV 1571, 190r）。毋庸置疑，备忘录中记录的数目和编年史学家们提供的数目是不同的。
7. Promis 46, 51-3.
8. Venier 301; Molmenti VII; Codoin III, 27-8; Promis 52; Setton 1050; Serviá 364; Sereno 158（此处提供了一些信息，说有 500 名到 600 名步兵是卡拉布里亚的民兵。然而根据 Caracciolo, 20 的记载，这些士兵则是“西班牙那不勒斯大方阵团在帕迪利亚的部队，准备前往科特罗内和塔兰托”。不过这种说法似乎应该是由于误解而出现的）; Contarini 35r; Foglietta 309-10; Arroyo 331-2。关于托拉尔多的步兵，参考：AV 1571, 197r, 210v。8 月初，德格朗韦勒下令在那不勒斯王国境内招募民兵，“比例是每 100 户出 4 人”（Promis 44）。后来基督教同盟舰队的指挥官们也证实了那些对欧吉德·阿里的实力的称赞是名副其实的：*infra*, chap. 28, n. 6 和 17。
9. Codoin III, 27-8; Promis 52; Nicolini 412-3; Serviá 364; Sereno 161-2; Foglietta 310-

1 ; Paruta 264 ; Arroyo 333. 阿尔武凯克公爵 8 月 21 日去世，唐路易斯·德雷克森斯继任。

10. *Nunziature* X, 55, 57, 59; Faroqhi 2004, 46; Setton 1046; *Relazioni*, Santa Croce 1573, 191-2.

11. 第二年土耳其人开始以前所未有的疯狂镇压起义，当地的东正教神职人员为此付出了沉重的代价：帕特雷的大主教耶尔马诺斯和他的同伴们都被乱剑砍死，罗得岛大主教被矛刺死，而马尔瓦西亚的马卡里奥斯则逃往威尼斯。*Cf.* Lamansky 087-9 ; Lesure 94 ; Manoussacas 1974, 233-41.

12. Athanasiadis-Novas 1974, 15-6.

13. 根据 Scetti 114 的记载，24 日，卡拉吉亚·阿里在这一带侦察的消息传到了当时在圣玛利亚·迪莱乌一带的唐胡安那里。根据 Quarti 587 中的一份匿名报告的记载，19 日他在克罗托内一带。“年迈而勇敢的卡拉吉亚·阿里，阿尔及尔的船长，也是乌奇阿里的副手（Sereno 201）。”前者是 1570 年 7 月 15 日俘虏马耳他加莱桨帆船那一战的英雄：Bosio 857-8 以及 Costantini 2009, 17。

14. 这封信一部分是在 Lesure 82-6 和 Inalcik 1974, 188-9 中有记载，在记载卡拉吉亚·阿里的信件的文献中，后者是最可靠的。而作者勒叙尔提到的“墨西拿附近”的港口则无法验证到底在何处。在 Inalcik 中该港口被称为 Taranda，并认为该港口属于奥特朗托，因此比较有可能是塔兰托。在基督教国家的史料中，记载信息最详细的是 Foglietta, 262 和 312-3。关于基督教同盟舰队上发生的事，Scetti 110 所提供的资料是最详尽的，然而作者却把著名的卡拉吉亚·阿里和另一名同样声名显赫而可怕的海盗卡拉·霍格加搞混了。（“那位被称为卡拉·霍格加的私掠者，是个非常可怕的人物”）；类似的混淆也出现在 Caetani 132。这样的混淆似乎并不算严重，但如我们所见，几天后，在基督教同盟舰队在凯法洛尼亚时，卡拉·霍格加也进行了一次类似的行动，因此两名海盗常常被搞混，在那个年代的史料记载（依然可以参考：Scetti 114）以及现代史料记载中都是如此（参考 *infra*, chap. 28, n. 19-20）。

15. 在勒班陀海战后，有许多目击者的证词都清楚证实，欧吉德·阿里当时确实率领部分船只离开了，但他只是前往莫顿而已，而且在战前他又掉头返回了勒班陀。Caetani 132 记载说，欧吉德·阿里是“率领 60 艘船”刚好在战斗爆发时及时返回的，而赞巴蒂斯塔·孔塔里尼则从俘虏那得知他“是在战斗前夜”才返回的（AV 1571, 226v）。然而，在 10 月底，还在君士坦丁堡的巴尔巴罗却得知，12 艘“前往莫顿接运当地士兵”的加莱桨帆船和另外 15 艘前往勒班陀运输海用饼干的加莱桨帆船都没有参加战斗：CB, II, 231r。

16. 关于所有命令，参考 Lesure 82-91，以及 Inalcik 1974, 189-90；关于冬季出现的大量逃兵的问题，参考 Veinstein 1983。事实上，艾哈迈德帕夏的军队中大量的士兵都回家了，这也直接造成了第二天在勒班陀的惨败。苏丹得知后非常愤怒，并在 11 月 10 日写了一封信如下：“谁给你下令让你遣散那些跟随你的民兵的？你为什么没有给那些将领们下达清晰的命令？如果他们就这样抛下士兵离开了，那他们的处境会险恶到什么地步？你立刻把他们的名字登记造册，并呈上给朕的皇室。希望你手下那些耶尼切里军团中擅自离队的人还能归队。”（Lesure 187）。穆罕默德·奥兹库洛格鲁来自阿尔巴尼亚的斯古拉家族（Inalcik 1974, 189-90）：这位皇家财产总管，也就是管税务的官员，后来成为米斯特拉地区的贝伊：Lesure 220-1。

17. *Cf.* supra, chap. 22, n. 6 ; 26, n. 9.
18. 9 月 26 日维尼埃从科孚岛如此报告：“本月 15 日，敌军丢下一大堆病号，据说是因为斑疹伤寒，随后剩下的士兵从普雷韦扎出发。” AV 1571, 214r. 关于那场舰队中肆虐的瘟疫，有一份报告简要地总结了各目击者的证词：*infra*, chap. 31, n. 8。
19. 参考赛兰尼基，佩塞维和卡蒂普·切莱比等编年史学家们的摘录，Lesure 93 和 122, Mantran 1984, Yildirim 2007, 547-8；关于阿里，Inalcik 1974, 190。编年史学家洛克曼和赛兰尼基认为，早在攻打乌尔齐尼的战役中，已经开始出现大量下船的士兵没有回到船上的情况：Inalcik 1974, 188；Yildirim 2007, 551。根据 Foglietta 262-3, 311-2 的记载，在随同舰队航行的 60 艘私掠船中，有 30 艘获准休假，其中主要原因是因为由于这些私掠船体型太小，在恶劣气候下航行的风险太大。而根据拉拉·穆罕默德的记载（可参考下一条注释），离队休假的私掠者“都是得到了帕夏的批准的”，总共有 60 艘船左右（*Relación* 249）。关于冬天发生的事，参考 Tucci 1958, 83。
20. 对那位帕夏的老师的审讯记录记载在 *Relación*, 249-53；西班牙人称他为“Alhamet”，是拉拉·穆罕默德的简写；“拉拉”是老师的意思，而穆罕默德则是他自己的名字，如 Rosell XXXVII 中所提到的那样。Arroyo 340 对此也有提及。而其余的引述，可参考 Yildirim 2007, 537, 551-2；Lesure 91；Morales 49；以及参考 *infra*, chap. 31, n. 10。

第 28 章

1. AV 1571, 216v-217r ; Venier 307 ; Molmenti VII ; Diedo 179-82 ; Sereno 162-3 ; Caracciolo 21-4 ; Arroyo 333.
2. Caracciolo 21-4 ; Sereno 163 ; Venier 322.
3. Sereno 164 ; AV 1571, 214rv, 217v.
4. Sereno 162（然而军队“总兵力并不多”）；Caracciolo 20；Codoin III, 28（“约有 1500 名西班牙士兵和部分意大利士兵”）和 205（1120 名那不勒斯的西班牙大方阵团士兵）；Nicolini 412-3。
5. Caetani 128 ; Scetti 111 ; Caracciolo 24 ; Venier 307 ; Codoin III, 27-8 ; Contarini 36v. 关于伊古迈尼察，参考 Fresne-Canaye 304：“古梅尼兹，美丽的海湾，可以轻松容纳全世界所有的加莱桨帆船。”
6. *Relación* 239 et 259 ; Sereno 164 ; Foglietta 311-2 ; Arroyo 334. 关于从安德拉德岛赞特和凯法洛尼亚一带收集的传闻，可参考：AV 1571, 217v（“总共七八十艘船

的舰队起航了，正赶往莫顿”）和 226v（“六七十艘加莱桨帆船和轻型桨帆船”）。10 月 12 日有条消息从科孚岛传到了那不勒斯。根据该版本的说法，欧吉德·阿里率领 40 艘加莱桨帆船和另外 40 艘状态较差的船只被派往莫顿（Nicolini 414）。战后，西班牙人在审问拉拉·穆罕默德时，曾问他那些船是否是去莫顿和科罗内了，后者给出了肯定回答，并说那支舰队总共 60 艘轻型桨帆船和 2 艘拿浮船。不过他接下来交代说，那支舰队是一群被遣散休假的海盗船，给人感觉有点混淆，但至少这也证实他所指的是同一次舰队行动（参考：*supra*, chap. 27, n. 19）。

7. Scetti 111；Sereno 168；Caetani 128-9；Caracciolo 24；Diedo 185；Serviá 3656；参考：Aglietti 1998, 134。

8. AV 1571, 218v；Venier 307；Sereno 165（“原因可能是威尼斯人和热那亚人由来已久的敌对关系造成的，使得他们在各自的记忆中依然彼此敌视”）；*Relación* 240；Caetani 128；Serviá 365；Quarti 577。

9. 此时的“引航官（amiral）”是个并不属于贵族阶层的职位，一般是从水手长中选拔的，一般现代学者都认为，在威尼斯舰队的旗舰上，这个职位差不多相当于参谋长，同时负责统筹整个舰队的航行（Nani Mocenigo 1935, 30-1；Hocquet 1991, 486；Tucci 1991, 528 和 531）。

10. Venier 308；AV 1571, 208v, 218v-221r；Quarti 573 和 576；Molmenti (*b*), XXXV；关于科隆纳可见：Molmenti VII；Caetani 130（总共 4 人被绞刑处决）；Diedo 183-4（3 人被绞刑处决）；Sereno 106（4 人被绞刑处决）；Caracciolo 25（5 人被绞刑处决）；Servià 365（4 人被绞刑处决）；Longo 31；Arroyo 333；Setton 1051。如维尼埃给十人团的报告中所指出的，真正绞刑处决的有 4 人，此外还有一人被罚做了桨手：AV 1571, 219r；Molmenti (*b*), 8 n. 以及 doc. VI。关于士兵们持续不断的傲慢行为，普罗斯佩罗·科隆纳在 9 月 29 日就已经写信给威尼斯总督，表达他的困惑，他不明白为什么“我们的船要接纳那些西班牙国王与其意大利属国的士兵，因为我们和他们之间常常发生这类影响极其恶劣的事情”（Quarti 568）。唐胡安和维尼埃之间的强烈的敌对关系一直持续到勒班陀海战以后还在继续：*infra*, chap. 32, n. 24。

11. Promis 46；Caetani 99. 科隆纳非常喜欢和巴尔巴里戈共事：“在和他共事时，我非常高兴，因为之前那些折磨都远离了我。”（Quarti 687）。

12. 计划中舰队摆出的阵形的详细资料记载在下列文献的目录中，可能是普罗瓦纳记载的：Prasca 135-47；此外还可参考维尼埃提供的版本，记载在：Quarti 564；Contarini 36v-39v；Diedo 197-8；Serviá 362；Setton 1047；Scetti 112；Promis 50；Romegas 187；以及 Morin 1985, 231。加莱塞桨帆战舰每个桨座总共 3 名桨手，这样的速度不足以赶上普通加莱桨帆船：Morin 1985, 213；Capponi 2008, 170-2。

13. Caracciolo 25；Paruta 269；Serviá 366；Arroyo 335.

14. Caracciolo 28；Molmenti VII；Caetani 129；Venier 310；AV 1571, 221v；Contarini 39v-40r；Arroyo 336. 此外，有人怀疑部分指挥官非常乐意给土耳其人足够的时间，好让他们不战自退：*supra*, chap. 26, n. 14。关于那些被称为“声名狼藉的流

氓”的水手长们，可参考：Rudt de Collenberg 1987, 40。

15. Venier 310；Relación 240-1 (*en lugar de cumplir lo concertado con los de dentro, los habian á todos degollado*) 和 261；Caetani 130；Contarini 40r；Arroyo 336；Quarti 578。关于俘虏那艘弗斯特战船的事，可参考：*supra*, chap. 24, n. 38。关于小型护卫舰传来的消息，也可参考：*infra*, n. 17。
16. Venier 310 ; Diedo 184 ; Caetani 132.
17. AV 1571, 217v-218, 220r（50 艘船）, 221v（60 艘加莱桨帆船）; Caetani 129；Sereno 16970；Codoin III, 347（50 艘加莱桨帆船）; Serrano IV, 239；Quarti 578-9：此处的记载和之前已经提到过的吻合（参考：*supra*, chap. 27, n. 8, 以及 supra, n. 6）。Caracciolo 24 提到那艘小型护卫舰在从科孚岛到伊古迈尼察的航行期间曾回归舰队。按照 Contarini, 40r 的记载那艘小型护卫舰抵达过凯法洛尼亚港口，并汇报过欧吉德·阿里率领 40 艘船出发的军情。而按照 Diedo, 191-3 的记载，战后有位俘虏交代说"乌奇阿里那几天里率领 80 艘船前往黎凡特了，还拖着 2 艘在 7 月从我方俘虏的拿浮运输船"。德格朗韦勒在科孚岛的一名手下官员给那不勒斯写信称，敌舰队在勒班陀集结备战，并且根据其他情报来源，应该是准备进攻赞特：Nicolini 414。可能是遇见了"一艘希腊私掠者的轻型桨帆船"（Caracciolo 28），也有可能是"una galeota de griegos de 18 bancos, que dijeron que iban á robar ciertos casares del Turco", *Relación* 241 和 261，此处是单独的情节。
18. AV 221v（5 日，心情糟透了的维尼埃写信给威尼斯总督，不无争议地要求辞去舰队司令官一职，"并希望让他早日离开舰队返回本土"), 224r, 226v；Quarti 579-4；Venier 311；Caetani 132；*Relación* 241；Provana；Spinola；Canal 125；Codoin III, 347-8；Nicolini 414；Diedo 193；Caracciolo 28；Sereno 182。由于海岸线陆地一侧的拓展，库佐拉里群岛今天大部分已经消失了：*cf. infra*, chap. 29, n. 23。
19. Sereno 168 ; Scetti 114 ; Diedo 185 ; Contarini 40v ; Foglietta 341. 由于偏差，卡拉·霍格加的第一次侦察行动往往被后人和卡拉吉亚·阿里在墨西拿的侦察行动混为一谈：*cf. supra*, chap. 27, n. 14。
20. 卡拉·霍格加的第二次侦察行动是在凯法洛尼亚，记载在：Diedo, 185 和 188, Caracciolo 29, Sereno 170-1，以及 Serviá 366。根据上述文献，唐胡安是 10 月 6 日或 7 日从库佐拉里群岛上的一个土耳其战俘那得知此事的。然而后两位作者却把此事和卡拉·霍格加此前在伊古迈尼察的那次侦察行动混为一谈了。
21. Diedo 184-92；Contarini 1r, 40v-43v；Sereno 171-81；Foglietta 314-42（根据这里的记载，虽然土耳其舰队的目的应该是去战斗，但阿里帕夏却说服皮尔图帕夏让舰队先返回圣莫尔，接一些当地的士兵上船，作为权宜之计）; 其余资料可以参考：Capponi 2008, 212-4 和 n。而关于土耳其编年史学家的文献，可特别参考佩塞维的记载：Lesure 93 和 122（此处有引用）以及 Yildirim 2007, 547- 9。卡蒂普·切莱比的信可参考：Mantran 1984, 186-7。
22. Caracciolo 29-32 ; Sereno 187 ; Provana ; Rosell XIV.
23. Venier 311 ; Caracciolo 29 ; Relación 241-3 和 261-3 ; Sereno 187-8 ; Diedo 1946;

Arroyo 340. 根据赞巴蒂斯塔·孔塔里尼的记载（AV 1571, 226v；甚至 Foglietta 347 中也有记载），敌舰队是在“距离我方 12 里的距离”才被发现的（根据 Crescenzio 139 的记载，当时瞭望手爬到主桅杆顶部，在早晨最佳能见度的条件下，在 20 里远的地方看到了一面船帆）。

第 29 章

1. Contarini 47v ; Diedo 195; Paruta 277; Quarti 596. 关于用划桨航行时的船速估算，可参考：Pryor 1988, 71-5；Conway 1995, 200 n. 和 201。
2. Provana ; *Relación* 216, 239-40, 262-4 ; Caetani 133 ; Diedo 195-201 ; Caracciolo 35 ; Longo 27.
3. Provana；Canal 126；Quirini *in* Quarti 618；赞巴蒂斯塔·孔塔里尼的记载可见：AV 1571, 227r；Sereno 190；Diedo 201-2；Contarini 51r；Charrière III, 188；Setton 1052；*Relación* 216；Foglietta 374-5；Arroyo 341（“海面如此平静，好像喝奶的婴儿”）。
4. *Relación* 251 ; Sereno 187 ; Setton 1052 ; Diedo 199.
5. Doria 154.
6. Contarini 37r：在伊古迈尼察有“4 艘未武装的加莱桨帆船”。Diedo 184：舰队从伊古迈尼察起航，“留下四五艘加莱桨帆船准备运回科孚岛”。Foglietta 372：“4 艘被运到各地准备加入舰队的加莱桨帆船”未能赶上勒班陀海战。根据 Quarti, 617 提到的帕多瓦的文档，其中 2 艘加莱桨帆船是前往奥特朗托了，另外 2 艘依然保持未武装的状态被留在了科孚岛。该信息和另一条信息正好有交集，后者是 10 月 10 日传到那不勒斯的，身为旁听者跟随唐胡安的舰队一同出发的莫尔卡特博士后来带着 2 艘加莱桨帆船被派回到普利亚，运一些海用饼干返回舰队过冬用（Nicolini 413 ; Arroyo 333-4）。总之 204 这个数目还是象征性成分居多。在唐胡安和西班牙国王之间的通信的不同版本中，关于神圣同盟舰队的信息，有时候提到 200 艘船，有时候 203 艘船，外加 6 艘加莱塞桨帆战舰（*Relación* 246 和 267）；大约 1 个多月以后，11 月 15 日，在向一位西班牙军官颁发证书时，唐胡安提到神圣同盟舰队“总共有 199 艘加莱桨帆船和 6 艘加莱塞桨帆战舰”（Cajal, 140）。
7. Nicolini 412. 参考：*Nunziature* VIII, 84, 1567 年 2 月 1 日：准备了“8 艘大型加莱桨帆船，用来搭配 40 艘或更多普通加莱桨帆船”。
8. *Relazioni*, Ragazzoni 1571, 100. 对从君士坦丁堡出发的那些加莱桨帆船，参考 *supra*, chap. 19, n. 6（卡亚·切莱比率领 15 艘加莱桨帆船）, 8（卡普丹帕夏率领 26 艘加莱桨帆船）, 11（皮尔图帕夏率领 80 艘加莱桨帆船）, 25（哈桑·巴巴罗萨率领 25 艘加莱桨帆船）。驻守的加莱桨帆船通常是 30 艘（CB, 95v, 334v, 346r；*Nunziature* IX, 214；Charrière III, 59；*Relazioni*, Zane 1594, 404；此外参考：Imber 2002, 300 以及 Fodor 2002, 89），但在 1570 年至 1571 年期间，有二三十艘加莱桨帆船留在海上（参考 *supra*, chap. 16, n. 22）。在卡亚·切莱比的海上驻守的加

莱桨帆船前来会合后，卡普丹帕夏似乎加莱桨帆船总数达到了 80 艘，皮尔图帕夏则有 100 多艘（参考：*supra*, chap. 19, nn. 9 和 23），这样加莱桨帆船总数就是 205 艘。

9. 关于黎凡特地区的海盗舰队的组成，相关的数据相互之间有些出入：Romegas 186 记载说海盗舰队有 30 艘轻型桨帆船，而作为黎凡特海盗头目的卡拉·霍格加却有 42 艘弗斯特战船和前列横帆双桅船（参考 *supra*, chap. 22, n. 12）。有两个不同版本的估算，一个是西方国家的，另一个是土耳其的，都估计私掠者舰队，包括巴巴里海盗和黎凡特海盗在内的总船数为 60 艘左右，不过在具体数目上却有出入。参考：*supra*, chap. 27, n. 19。
10. 关于损失，参考：*supra*, chap. 19, n. 8；21, n. 6；22, n. 12 和 26, nn. 1 和 5；还可参考：CB, II, 222v：9 月，在君士坦丁堡，有人曾估计，在整个年度的一系列军事行动中，"该舰队总共损失了三四十艘船"。巴尔巴罗收到的消息（CB, II, 231）似乎和 11 月在那不勒斯流传的消息（Nicolini 418）基本吻合，按照后者的说法，在战败后，土耳其人依然有 40 艘状态极差的加莱桨帆船继续留在莫顿和勒班陀，而且基本可以肯定，还要加上欧吉德·阿里在战斗中逃脱的那支分舰队（参考 *infra*, chap. 30, nn. 18-19；32, nn. 1-2；Épilogue n. 4）。
11. 参考：*supra*, chap. 21, n. 10 ; 22, n. 6 ; 25, nn. 5 和 13 ; 26, n. 15 ; 27, n. 4 ; 28, n. 3, 此外还有 ASV, SS 77, 118v, 以及 AV 1571, 226v。关于莱西纳方面的报告，可参考：Ljubic 274。据我所知，当时有位历史学家也给出了类似的评价，记载在 Saraceni, 721 ："土耳其人 300 艘船的舰队中，只有不超过 180 艘是加莱桨帆船，而且桨手和士兵配备不齐。剩下的船都是轻型桨帆船，弗斯特和 schirazzi。"
12. Canal 126 ; *Nunziature* X, 70 ; *Relación* 267 ; Cajal 140.
13. Provana；Foglietta 372；Sereno 188；Contarini 43v-47v, 50v；Selaniki：Jennings 1993, 11，取自卡蒂普·切莱比的记载（Quarti 614）。然而根据拉拉·穆罕默德的交代，土耳其舰队总共 230 艘加莱桨帆船和 70 艘轻型桨帆船（*Relación* 249）。
14. Contarini 48v, 50v. 关于土耳其舰队的军旗，参考：Codoin III, 256, 270-2 以及 Morales 28-30；还可参考：Roseli 208；Donà 134；Sakisian 1941，以及 *Venezia e l'Islam* 2007 中的 nn. 39 和 45。关于神圣同盟舰队的军旗，可参考 Fedele 1909；而教宗国的军旗可参考 Sereno 47。
15. Contarini 48v, 51r ; Quarti 433-5 ; Relación 216, 244, 264. 关于船上的音乐声：Caracciolo 36；Caetani 133；我很幸运可以借用 Capponi 2008 , 224 中的 *sprezzatura*（"藐视"之意）这个词。而关于为什么说他们"都像疯子一样"，则可参考：Sereno 190-1。关于嘉布遣会和耶稣会会士，可参考：Manolesso 69 以及 Morales 44。
16. Contarini 48r；Sereno 192；关于支索帆：Diedo 201（参考：Tenenti 1962, 55）。
17. Molmenti (*b*), XLVT ; Scetti 118 ; Contarini 48r ; Sereno 192 et 203 ; *Relación* 222 ; Codoin III, 226 ; Diedo 207 et 211 ; Foglietta 371 ; Arroyo 346 et 354. 根据一份匿名小册子（Quarti 602），"有人告诉罪犯桨手说，土耳其人会取代他们的位置，而他们则可重获自由"。关于故意用船桨航行来拖延一事，参考 Conti 148r；

Canal 126 提到唐胡安“让他的旗舰停了下来”，好让别的船重新列队，和他的旗舰对齐。

18. Cajal 141 ; Scetti 118. Cizakça 1981, 787 似乎暗示那些囚犯桨手（forçat）中也包括自由人，不全都是奴隶（和 Fontenay 1981, 900 的记载刚好相反）。我个人的意见是，这个词是从“力量（force）”演化来的，而不是囚犯（forçat）。对比 *Relazioni*, Bernardo 1592, 343 等地方的记载，这些地方的注释都指出土耳其舰队中普通的加莱桨帆船都没有“足够的武器来武装那些桨手”。

19. Caracciolo 39 ; Arroyo 345 et 357 ; Capponi 2008, 220.

20. 1571 年 10 月 7 日对应的是格里高历法的 10 月 20 日。当天希腊地区日出时间为早上 6 点 38 分，而日落时间则为下午 5 点 41 分（www.timeanddate.com）。发现敌舰队的基准时间确定为“日出时间”（Guglielmotti 243-5）; Caetani 133 的记载则是：“在太阳出现的时间过了 1 小时左右”；另外 Canal 126 和 Contarini 48r 的记载，一份匿名报告（Setton 1052）以及拉拉·穆罕默德的交代（*Relación* 251）则都说是“日出后 2 小时”。根据唐胡安的报告，到了中午，两支舰队互相都进入了对方的火炮射程范围内，*Relación* 216, 243, 264；根据弗朗西斯科·都欧多的记载，是在“日出后 4 小时”（AV 1571, 226r）；而 Diedo 206 的记载则认为是“日出后 4 个半小时”；赞巴蒂斯塔·孔塔里尼则认为是在“日出后 5 小时”（AV 1571, 227r）。许多其他资料都显示，按照当时的意大利计时系统，一天 24 小时都是从日落开始算的。在科隆纳给教宗的报告中称，战斗是“从 18 点钟开始的（也就是中午），随后交战了 5 小时”，直到夜幕降临无法继续战斗为止（Guglielmotti 243-5）。在维尼埃给威尼斯本土的报告中，他是这样说的：“战斗从 17 点钟（早上 11 点）一直持续到夜晚”（*Nunziature* X, 70），而在斯皮诺拉给热那亚的报告中，他说敌舰队是在 14 点（早上 8 点）被发现的，而战斗是 19 点到 20 点（下午 1 点到 2 点）左右打响的。此外参考：*infra*, chap. 30, n. 21。

21. Diedo 195 ; Venier 310-1. 关于加莱塞桨帆战舰，*Relación* 216, 243 和 264；Sereno 192；Foglietta 361-2；Saraceni 722。

22. Canal 126：左翼分舰队 53 艘，中央战线 63 艘，右翼分舰队 53 艘，预备队舰队 30 艘，“10 艘其他加莱桨帆船”作为预备役“分散在各处”。（总共 209 艘）Contarini 37r40r：左翼分舰队 53 艘，中央战线 61 艘，右翼分舰队 50 艘，预备队舰队 30 艘，前锋 8 艘（总共 202 艘）。Diedo 197-8：左翼分舰队 54 艘，中央战线 66 艘，右翼分舰队 53 艘，预备队舰队 30 艘（总共 203 艘）。Serviá 362：左翼分舰队 57 艘，中央战线 60 艘，右翼分舰队 53 艘，预备队舰队 30 艘，前锋 6 艘（总共 206 艘）。在现代重制的雕刻画 Venezia e i Turchi 1985, 27 中，左翼是 53 艘至 55 艘，“中央皇家战线”共 61 艘，右翼共 53 艘，“后卫”或者说是“预备队”舰队，也包括前锋舰队，总共 37 艘至 38 艘。Requesens, 52-3 此处提到圣克鲁斯侯爵和德卡尔多纳的舰队“在战斗开始以前很早”就就位了。

23. Sereno 185 和 Manolesso 68v 的记载中都写道：“这好像是上帝所安排的一场戏剧。”另外关于海岸线的变化，参考：Edgerton 以及 al. 1973 ; Morin 1985, 210。

24. 关于巴尔巴里戈和舒鲁克双方的机动力，参考：Diedo 199-200, 204；而土耳其编年史学家佩塞维重现了当时阿里帕夏和欧吉德·阿里之间的对话内容，后来被卡蒂普·切莱比的一封信中引用：Mantran 1984, 186-7；Yildirim 2007, 549；Capponi 2008, 221。

25. Diedo 198 et 200 ; Sereno 194.

26. Diedo 202-3；Caetani 133；而 Sereno 189 中的记载却略有不同。

27. Paruta 294. 他不是唯一一个有这样的想法的人：20 年后，当时的威尼斯大使洛伦佐·贝尔纳多证实，勒班陀海战中同盟舰队的加莱桨帆船之所以能获胜，是因为"火炮的火力强大"（*Relazioni*, Bernardo 1592, 344）。

28. 关于那个年代的火炮的一些术语和技术参数，可以参考 Crescenzio 509-13；Guilmartin 1974；Morln 1975；Haie 1983；Morin 1985；Morin 2002；Panciera 2005, 167-73；Ridella 2005 和 2008；Capponi 2008, 165-9。

29. 参考附录六。此外，在 1568 年，在唐胡安的要求下，即使是西班牙国王也下令给舰队的加莱桨帆船"每艘配备至少 12 门回旋炮"：Tertios 54。

30. *Relazioni*, Michiel 1558, 121；Cavalli 1560, 292-3；Ragazzoni 1571, 100-1；AV 1566-1570, 155v-156r；CB, 348r, 352r 和 II, 140r（关于皮尔图帕夏的舰队的加莱桨帆船："我们认为这些船上的火炮数量都严重不足。"）; Lesure (*b*), 159；Fresne-Canaye 308。在抵达科孚岛后，土耳其分舰队向海湾里的马尔科·奎里尼开了一炮作为下战书，而威尼斯人也用同样的方式开了一炮作为答复。根据弗雷纳·卡纳耶（Fresne-Canaye）的记载，"作为答复，我们清楚知道威尼斯的加莱桨帆船的火炮配备比土耳其人更强，而且炮手的水平也更高"（Fresne-Canaye 307）。在过去 10 年中，土耳其人虽然武器装备已经有所改良，但历任驻土耳其的威尼斯大使都重复提到，即便如此土耳其加莱桨帆船的火力依然"极差无比"，他们的船只有一门主舷炮和四门轻型隼炮，只有在贝伊本人的座舰上才会多加几门火炮。此外大使们还汇报说"他们的海军的帕夏一直希望能改良火炮"：*Relazioni*, Moro 1590, 354。然而，必须指出的是，直到 16 世纪中叶，依然有一些当时的史料认为奥斯曼帝国的加莱桨帆船上的火炮性能更出色（Cristoforo da Canal, 84-8；*Relazioni*, Trevisan 1554, 140）。

31. Codoin III, 228-9. 关于"格拉纳达"号，参考：Cajal 141。在 1569 年一艘土耳其加莱桨帆船上的基督徒桨手们夺取了船只，并把船开到了墨西拿。人们发现船上只有一门主舷炮，两门鹰炮和两门隼炮（Vargas Hidalgo 557-8）。在 1573 年，一艘被俘虏的土耳其加莱桨帆船上只有一门加农炮，两门鹰炮和两门轻型隼炮（Capponi 2008, 167-8）。然而，上述两个例子中的加莱桨帆船都是带烽火台的混合式战船，比普通加莱桨帆船的装备要精良，但即便如此，其火炮的火力也非常有限。

32. Morin 1985, 210-9；Panciera 2005, 219-23（都欧多的汇报可以拿来与第二份文献中记载的 10 月 8 日的那封信对比 AV 1571, 225v-226r，此外肖像画可参考 Gibellini 2008, pl. 16-17）;Capponi 2008, 170-1。关于小口径（小于 12 磅）和中大口径（14

磅至 120 磅）的火炮的定义，本书采用的是我们自己的计算方式，和现代火炮的标准有所不同。参考：Panciera 2005, 169。

33. 关于相关计算，可参考附录六。可能土耳其人的火炮在质量上也很差：威尼斯人写过一份关于勒班陀战役中缴获的火炮的报告，其中在结论里提到，这些火炮如果要使用，倒还不如“用更现代的技术”回炉重铸，而且他们的货物清单中也显示这些土耳其人的火炮在重量上远轻于威尼斯人自己的火炮（Hale 1983, 315；Panciera 2005, 25m.；Capponi 2008, 168）。Agoston 2005 中提醒读者不要对这些评估抱有错误的偏见，但文献中几乎没有提到关于海军火炮的内容，更不用说关于 16 世纪的海军火炮了。但同样值得一提的是，在土耳其加莱桨帆船上发现了许多西方国家制造或在和西方国家的战争中缴获的火炮，这也证明土耳其人更喜欢用西方国家的火炮，而不是自己铸造的，但另一方面这也证明双方的技术差距比估计的要小：在“格拉纳达”号俘虏的 3 艘土耳其加莱桨帆船上，有两门从西西里王国缴获的火炮和一门安德烈亚・多里亚那缴获的火炮，“根据我们所知，这几艘船都是之前在普雷韦扎和赫韦时被俘虏的”。船上还有 9 门鹰炮，用的都是马耳他骑士团的配件，其中一些较小的配件上还有哈布斯堡王朝的皇帝马克西米利安的头像（Cajal 141）。
34. Codoin III, 19-22；Pantera 85-92, 389-91；*Relazioni*, Cavalli 1560, 293；此外还可参考克里斯托弗罗・达卡纳尔对此的仔细分析：Cristoforo Da Canal 244-50。其中作者也对为什么要在两艘船撞在一起时才开炮这一点有过论证。我认为这一点需要详细地用来解释 Sereno 154 的记载，就是两艘船的火炮都必须保持装载状态，并且仅在最后关头开炮。
35. 根据 Sereno, 192-4 的记载，阿里帕夏明确下令不要攻击那几艘加莱塞桨帆战舰，避免奥斯曼帝国舰队的战线为此被迫分成三部分或是进一步分成五小块。10 月 8 日，都欧多从被解救的基督徒奴隶那得知，敌人当时计划先攻击普通加莱桨帆船，想要等俘虏了普通加莱桨帆船后再掉头攻击那几艘加莱塞桨帆战舰。他还补充说，在整场战斗过程中，他本人的加莱塞桨帆战舰“船尾中了两炮”，但并无很大的损伤，而其他几艘加莱塞桨帆战舰则基本都毫发无损（AV 1571, 225v-226r）。“大海上的城堡”的说法来自于：Concina 1991b, 238。这样的比喻一直反复出现：有位 1570 年随同舰队出发的耶稣会会士也提到那几艘加莱塞桨帆战舰“和城堡差不多大”（Castellani 1936, 475）；而 Sereno 192 中则是如此说的，“这些船基本就是一种高大的城堡”；而 Foglietta 306 和 354 则称，“这些船几乎都和城堡一样高”；另外 Conti 140v 记载，“这些船好像大海上的城堡一般”；还有 Saraceni 711 说，“这些船是一种海上的城堡”。即使是土耳其人在勒班陀战役后仿造的加莱塞桨帆战舰，在那个年代的学者们看来也“如同城堡一般”（Fresne-Canaye 276）。
36. Cristoforo Da Canal 83 ; Morin 2002 ; Ercole 2006, 79-81.
37. Caetani 134；*Relación* 217；Codoin III, 348；Duodo *in* Morin 1983, 215，还有一个见证人的证词可见：*ibidem*, 225-6；Diedo 203-4, 206-7；Colonna *in* Molmenti (*b*),

doc. I; Contarmi 51v（“惊天动地的喊叫声”，此外可参考 Sereno 194“令人恐惧的喊叫声”）; Manolesso 69v; Sereno 193-5; Paruta 282 和 294; Quarti 621 和 n。威尼斯官方的多处文献都证实，加莱塞桨帆战舰上的炮手在“炮弹装填”和发射上有非常大的优势。参考：Morin 1985, 229; Morin 2002; Panciera 2005, 183-4; Capponi 2008, 224。唯一与之矛盾的是普罗瓦纳的见证：“加莱塞桨帆战舰是第一批开炮的战船，然而在我看来，它们并未对敌船造成什么伤害，起码敌人损失并不严重，但敌船却一路保持阵形冲过那几艘加莱塞桨帆战舰，到中间和我们开始对攻了。”在历史学家们看来，Foglietta, 353-4 这位热那亚作者对加莱塞桨帆战舰在战斗中扮演的地位重新给予了比较客观的评价。

38. 炮战持续了多久？这取决于加莱塞桨帆战舰离舰队主力的距离，关于这一点，不同目击者的证词有所出入。普罗瓦纳说“只听到一轮炮击”; Sereno 192 中记载说“大约上千发炮弹”; Caetani 133 和 Paruta 281 都称有“500 发炮弹”; 两份威尼斯人的报告（AV 1571, 226v; Corazzini 4）中则称“一轮炮击”; 而在唐胡安布置阵形的命令中则计划发射“250 发炮弹”（Panciera 2005, 23），至少一个目击者的证词认为炮击是在有效距离内的（*ibidem,* 222）。然而根据 Foglietta, 306-7 和 353-5 的记载，炮击距离却至少有 1 里（Conti 135v 中也有相同的记载），而由于舰队向敌舰队航行的速度较慢，这样的距离似乎太远了，因为土耳其舰队是一边向同盟舰队靠近，一边规避那几艘加莱塞桨帆战舰的炮击的。无论如何，在 3 千米的距离内（甚至可能更短）的土耳其加莱桨帆船都暴露在炮火之下。土耳其舰队可能是在最大航速下驶过这段距离的，按现代的单位大约在六七节，也就是时速 12 千米左右。这也是为什么炮击持续了大约一刻钟的原因。

39. Codoin III, 22; Caetani 134; Diedo 207; *Relación* 217; Contarini 52r; Foglietta 366. Arroyo 342 的作者对锯掉撞角的事情也有所误解，因为他认为是唐胡安下的这道命令。

第 30 章

1. Diedo 202 ; Caracciolo 36 和 39, 而关于“曼加（manga）”，参考：Panzac 2009, 38。这个词很明显是来自于西班牙语“manga”和意大利语“manica”（袖子的意思），是西方国家的军人用来指代在陆战时在长矛兵旁边的重火绳枪兵小队的词汇。
2. Caetani 134-5; *Relación* 219（在 Manolesso 71 中也有提及，“我方许多重火绳枪兵开火超过 40 次”）; Caracciolo 39。
3. 一艘热那亚加莱桨帆船上的仓库清单中曾提到有“4 个火焰喷射器”（trombes à feu）以及“80 个至 100 个小型火焰泵”; 另一个仓库中则提到有“12 个火焰喷射器”和“40 个小型火焰泵”（Borghesi 159）。在 1572 年一艘西班牙加莱桨帆船上有“50 个火焰泵”和“24 个火焰喷射器”（García Hernán 1999, 117）。关于“火焰喷射器”和“喷火泵”的详细介绍，可以参考：Crescenzio 514-7。
4. 有目击者见到了有人在战场上投射火焰：Diedo 212; Sereno 195; Contarini 52r;

Codoin III, 225；Morales 42-4；Arroyo 346-52；Quarti 685。关于那些耶稣会士：Castellani 1937, 261。关于那些被希腊火伤到的士兵：Requesens 33；March 3；Conti 151r；Quarti 631；Arroyo 352-3。Contarini 52v：马克・西戈纳是一艘加莱桨帆船的船长，也是后来的威尼斯总督帕斯夸莱・西戈纳的兄弟，"也被希腊火重伤"（此外可参考 Conti l46v 和 Saraceni 721v）。

5. Diedo 204-6；Canal 127-8；Contarini 52r；Caetani 135-6；Codoin III, 350；Sereno 204-6；Quarti 625-37, 可特别参考在 633 和 n，这里提到蒂耶波洛的一份未发表的报告，以及巴尔巴里戈的死亡。AV 1571, 225r, 参考马尔科・奎里尼的报告（其中提到左翼分舰队的加莱桨帆船总数为 53 艘，而他们对面的敌方分舰队为 55 艘。另外奎里尼的兄弟温琴佐在战斗中阵亡）；*Relación* 222-3；Paruta 287。而在战斗中幸存的土耳其人也遭到希腊民众的袭击，记载在 Lesure 144 和 196-7：1571 年 11 月 2 日，奥斯曼帝国的底万给莫顿、雅典和内格罗蓬特等地的各卡迪下达了一道命令，要求他们惩罚参与此事的罪犯。
6. Diedo 207-8；Caetani 134；Sereno 196-9（根据此处记载，科隆纳的加莱桨帆船撞上了卡普丹帕夏的旗舰，但却是在战斗快要结束时才撞上的）；Foglietta 358；*Relación* 217-20, 244-5, 264-5；Quarti 688；Pantera 168。一首根据勒班陀海战改编的希腊民歌中还保留了对阵亡的阿里帕夏的敬意："阿里帕夏阵亡，但他配得上勇士的称号（Athanasiadis-Novas 1974, 15）。"
7. Contarini 52v-53r ; Caetani 134-5 et 141 ; Sereno 196-200 ; Spinola ; Provana ; *Relación* 217-8. 关于保罗・焦尔达诺・奥尔西尼，可参考：Hale 1990, 134-5，以及 Brunelli 2003。
8. Sereno 208-9, 213-4.
9. Contarini 52v-53r ; Diedo 208 ; Caetani 134-5 ; *Relación* 223 ; Provana ; Sereno 196-200. 然而根据威尼斯人传统的说法，卡拉・霍格加是被另一名著名的船长赞巴蒂斯塔・贝内代蒂所杀，后者在杀死前者后，很快也被一支箭射中而死：Conti l49v；Saraceni 722v。至少有一位威尼斯作者批评圣克鲁斯侯爵的舰队前往中央战线的做法，认为他应该先赶往左翼分舰队救援："预备舰队的指挥官圣克鲁斯侯爵，他收到的命令是随时赶往最需要的战场救援，但在我们拼死战斗的时候，他却赶往大局已定的唐胡安的中央战线，却不来救援收到敌方最猛烈的攻势的左翼。"（Longo 27）。在战后第二天，这类批评就已经开始出现了，唐路易斯・德雷克森斯的一封信中对此就有提及："如果要说圣克鲁斯侯爵做错了什么的话，他的错就在于出击的早了，因为他所指挥的预备舰队应该在某个地方的分舰队损失过半的时候才赶去救援，应该是救援形势最紧急的战场，而他却在我方和敌舰队撞在一起后不久就立刻出击了。"参考：Requesens 53。在 don Juan, 223 记载的一份报告中，小心翼翼地为圣克鲁斯侯爵辩护说，他在救援"皇家"号后，便立刻赶去支援左翼了。
10. Canal 127-8 ; Quirini in AV 1571, 225v.
11. Vargas Hidalgo 785 ; Molmenti (*b*), XII.

12. Requesens 51-2；关于唐胡安的那道命令，唐路易斯·德雷克森斯有一份报告，记载在 *Relación* 243 和 263；而根据 Arroyo 342，唐路易斯·德雷克森斯“手里拿着一份关于舰队纪律的规章条例，面对全舰队所有人宣读，并要求每个人坚守自己的岗位”。
13. Sereno 200-2 ; Diedo 208-11 ; Contarini 53rv ; Requesens 51 ; Foglietta 362-3.
14. Provana.
15. Aglietti 1998, 134-5; Caetani 136; Sereno 201-4，按照这里的记载，“佛罗伦萨”号是被卡埃塔尼的“狮鹫”号拖着航行的; Diedo 217。按照其他一些史料，引爆火药的是船上的书记官（scrivano）而不是索兰佐（Soranzo）。不过 Longo 26 和 Conti 151r 却谨慎地加了一句话：“不过有其他人认为不是船上的书记官所为，而是欧吉德·阿里做的……是随意开的一炮刚好打中了弹药库，才把索兰佐的加莱桨帆船炸毁了。”
16. Lesure 138-9 ; *Relación* 220-1.
17. Caracciolo 41 ; Requesens 53 ; Serviá 369. Sereno 201-3 记载说，有 12 艘加莱桨帆船被摧毁。Paruta 289 则认为“有 15 艘左右”。参考一幅雕刻画：*Venezia e i Turchi* 1985, 26。
18. Longo 26; Diedo 217; Giambattista Contarini in AV 1571, 227v（“在日落时，我看到欧吉德·阿里只率领他的 4 艘加莱桨帆船就起航了，前往凯法洛尼亚和赞特”); Arroyo 351; Capponi 2008, 236。吉安·安德烈亚·多里亚的兄弟，帕加诺·多里亚，此人一直以管不住自己嘴巴而出名。返回墨西拿后，他就反复对愿意听他的话的人宣扬说，吉安·安德烈亚·多里亚本有机会救出马耳他舰队的指挥官，但他却没有做，因为他把马耳他舰队的军旗误认为科孚岛上的威尼斯舰队的军旗：Molmenti (*b*), XVII；Corazzini 6；Longo 28。这样的传闻一直到 1574 年依然在流传，有位在君士坦丁堡旅行的法国人在论到欧吉德·阿里时是这么说的：“拯救勒班陀惨败的那一位，是在马耳他骑士团被多里亚假装前往救援，但实际上已经抛弃的情况下，才能用 22 艘加莱桨帆船去战胜之。” Lescalopier 36。
19. Requesens 50; Contarini 53v ; Caetani 136; *Relación* 221-3, 245-6, 265-6; Codoin III, 225 ; Quarti 673-6 ; Foglietta 370-1.
20. Caetani 136（Sereno 203-4 中所记载的是同一件事，但作者却认为责任是在那不勒斯的加莱桨帆船上）; Molmenti (*b*), V 和 VIII; Civaie 2009, 107-9; Saraceni 724v; Conti 154r。另外也可参考 Diedo 211：“我们中的其他基督徒（如果我们也认为之前我们所得到的报告是真的话）在胜利以前就已经开始掠夺战利品了。”
21. Sereno 210-1, 217（Foglietta 369 也如此认为）; Caetani 131。关于战斗持续的时间长度，可参考科隆纳“我们持续战斗了 5 个小时”; Guglielmotti 243-5;“我们一直战斗了 5 个多小时”，Caetani 141; così Foglietta 372。维尼埃的说法是“战斗了大约 4 个小时”（AV 1571, 224v），而 Contarini 54r 也是如此说。然而弗朗西斯科·德穆里洛却称他们“战斗了两三个小时”（Codoin III, 224）。此外还可参考：*supra*, chap. 29, n. 20。

第31章

1. Codoin III, 279 et 8-9; Promis 45 et 48; Castellani 1937, 260; Caetani 99-100 ; Nicolini 402. 卡埃塔尼提到唐胡安的舰队上的步兵都是“从格拉纳达战役中生存下来的老兵”，并且从巴勒莫上船的都是“西西里大方阵团的老兵”，这也反映了当时的人对那支传奇性的西班牙步兵团的尊敬（Caetani 99 和 125）。另可参考 March 6/1 的记载：1571 年 11 月 13 日唐路易斯·德雷克森斯给西班牙国王写道：洛德龙内的阿尔韦里科伯爵要求将自己送到德意志地区招募士兵，“因为今年从那里招募来的士兵都是匆忙间招募的，兵员质量达不到要求，因为我们如今已经不能像过去那样在德意志地区轻而易举地招募士兵了，需要更多时间”。
2. 关于船上的士兵总人数，可参考附录五。达瓦洛斯的船从塔兰托起航后，由于恶劣天气，不得不于 10 月 5 日躲到了奥特朗托和曼弗雷多尼亚港内，随后再尝试穿越海湾前往科孚岛。最后他是在战斗结束后才抵达的（Nicolini 415）。算上日耳曼士兵后，唐胡安所说的舰队的总兵力便达到了 2.6 万人（参考 *supra*, chap. 27, n. 6）。关于威尼斯人的斯卡波利，则可参考：*supra*, chap. 23, n. 5 以及 chap. 25, n. 19，同时可以参考 Panciera 2005, 222 的记载，因为此处提到了总数 4000 人这个数目。
3. 伊瓦拉计算出西班牙舰队总共有 1876 名武装起来的冒险者和仆人，“los de la casa de su Alteza y todos los ventureros y personas particulares”（Codoin III, 210-5）。所以他还把教宗国加莱桨帆船上的士兵也算了上去（参考 Caetani 89 的记载，里面提到大公爵派出了“水手、骑兵和贵族都是满配”的加莱桨帆船，并且估计其人数约为 400 人）。在舰队中的意大利贵族的数目甚至估计更多：Sereno 158（作者估计有 2500 人），Caracciolo 24（“约有 3000 名冒险者，并且其中大部分都是意大利贵族”）。此外还可参考 Caetani 127 的记载：“圣克鲁斯侯爵率领 30 艘完美状态的加莱桨帆船，船上有数不清的那不勒斯骑兵，都是志愿冒险者。”
4. 关于所有相关数据，可参考附录四。马耳他舰队并未算在内。马耳他的舰队是基督教世界装备最好的舰队，除了士兵以外，每艘船还配备 30 名骑兵，并配有许多武装仆人，此外还有 60 名斯卡波利，都是希腊人和马耳他本地人，并且都配有火绳枪。多里亚认为这支舰队“是直到今天为止最适合海上作战的舰队”（Doria 178-9）。
5. 关于桨手和奴隶的比例，参考附录三。Quarti 642 中所引用的蒂耶波洛的记载对此有些夸张，因为他提到威尼斯加莱桨帆船上大部分桨手都没有武器，原因是“他们几乎都是奴隶”甚至“都是穆斯林囚犯”。威尼斯和西班牙舰队每艘船平均士兵数是根据附录中的数据计算得来的，此外还结合了 Panciera 2005, 222 的记载，其中有提到那几艘加莱塞桨帆战舰上的兵力情况：威尼斯加莱桨帆船上有 3100 名本国士兵（其中包括蓬佩奥·达卡斯泰洛率领的 1200 人），3500 名西班牙士兵（另有 500 人上了那几艘加莱塞桨帆战舰），4000 名斯卡波利和 3000 名武装水手，但他们中部分人员上了加莱塞桨帆战舰。在勒班陀，3 艘萨伏依舰队的加莱桨帆船上的士兵配备甚至可能低于标准配备，因为船上爆发了瘟疫，普罗瓦纳不得不在墨西拿丢下 150 名桨手和 100 名水手及士兵上岸，然而唐胡安和维尼埃分别调给他 20 名和 50 名桨手，加上他又招募了一些志愿桨手和 180 名萨尔诺伯爵麾下的士兵。而萨伏依公爵的旗舰上也有乌尔比诺公爵自掏腰包招募的 127 人（Promis 48；Codoin III, 207 和 211；Segre 1899, 146）。

6. *Cf. supra*, chap. 4, nn. 14-15 et chap. 19, n. 25 ; *Relazioni*, Trevisan 1554, 140 ; Cavalli 1560, 293; Garzoni 1573, 425; Antelmi 1576, 197; Bernardo 1590, 329; Moro 1590, 352-4 ; CB, II, l40r. 关于土耳其人的史料及其解释，可参考：Erdogru 1997, 100；Imber 2002, 303（在勒班陀战役结束后不久抵达的一道命令中，要求每艘加莱桨帆船上配备 12 名阿扎普）以及 Panzac 2009, 33。根据潘泰拉 1572 年的记载，舰队的各旗舰确实"每艘船有 120 名士兵"，但作者同时强调，这个数目比普通加莱桨帆船上的士兵配备要高出很多：Pantera 248。

7. Manca 1982, 52 ; Stella 381 et n.

8. CB, II, 135v et 189v ;*cf. supra*, chap. 19, n. 25 ; 21, n. 11 ; 26, n. 9 ; 27, n. 18 ; 28, n. 17 ; Arroyo 335.

9. Serrano IV, 186；ASV, SS 78, 1v；Quarti 498；Foglietta 263（这里再次采用了 p. 364 的主题，根据作者的观点，只有大约 40 艘带烽火台的加莱桨帆船才有 100 名士兵的配备，其余船"都只有 30 人，最多 40 人"），此外可参考：*supra*, chap. 21, n. 11 和 chap. 27, n. 4。

10. Romegas 186 ; Lesure 92 ; Codoin III, 250 ; Caracciolo 32. Caetani 132 认为，阿里帕夏"在勒班陀招募了 4000 名西帕希新兵，并且把欧吉德·阿里从莫顿返回的那 60 艘船上的新兵也召了回来"。Foglietta 341 提到，在勒班陀共有 3000 人上船，"其中相当一部分是骑兵，都是不擅长甚至根本不懂海战的"，另有 1500 名士兵是从摩里亚的桑贾克那里调集来的。Contarini 40r 中记载的数据却显然不太可能：1 万名耶尼切里士兵，2000 名西帕希骑兵以及 2000 名"志愿冒险者"。Caracciolo 32："他从摩里亚的桑贾克（相当于我国的总督）那调集了 3500 名西帕希骑兵增援舰队，都是土耳其人所能调动的最优秀的士兵……此外希腊的贝格勒贝伊，苏丹的堂兄也上了船，他率领 500 名从他的省份中挑选的士兵，都是能征善战之士。"还有 Paruta 276："从附近的行省召集了大约 6000 名西帕希骑兵。"而 Caracciolo 32 中的数据也都是从巴福的交代中采纳的。

11. Doria 10.

12. Foglietta 300；Capponi 2008, 186；Guglielmotti 21-2；ASV, SS 76, 66r；Savorgnan 89（穿半身甲的士兵必须是"最光荣的战士……大部分都是自掏腰包参军的"，当然他们能自掏腰包也要归功于军饷的增加，"不像后来的士兵那样，穿上半身甲时身上都是破烂的衣服"）。理论上说，那不勒斯大方阵团的每个连有 80 名半身甲长矛兵，90 名重火绳枪兵和 30 名火绳枪兵，但实际上长矛兵数量要少一些，而重火绳枪兵数量则多一些（Fenicia 2003, 34）。在 1572 年，西西里岛的西班牙大方阵团有 504 名半身甲长矛兵，200 名火绳枪兵和 1827 名重火绳枪兵（Favarò 2005, 246-51）。一般被认为是优秀兵种的日耳曼步兵，他们的海战能力的评价却并不高，这不是偶然的，不仅是因为日耳曼人没有航海的传统，一到海上就大量病倒，而且还因为日耳曼步兵中长矛兵的比例过高。阿斯卡尼奥·德拉科尔尼亚在战前最后几次作战会议的某次上说："日耳曼人不擅长海战，重火绳枪兵也不多。"（Contarmi 35r；多里亚也有过类似评价，可参考：supra, chap. 11, n. 18）。也是因为这样，维尼埃才只答应让意大利和西班牙步兵上威尼斯舰队的船，但却没让日耳曼步兵上船，"这些日耳曼士兵在海上根本毫无用处"（Promis 50）。此外可参考 Sereno 144-5："日耳曼人在海上又冷漠又懒惰，毫无用处。"阿尔巴公爵写道："通常日耳曼人总是被认为是身经百战的老兵"，在战斗中，他却建议唐胡安"让他们装备重火绳枪"（Codoin III, 279）。参加勒班陀战役的 1000 名日耳曼士兵一半是重火绳枪兵，一半是半身甲步兵：Codoin III, 210。

13. Guglielmotti 21-2；ASV, SS 76, 66r；Lezze（可参考 Savorgnan 88 中"扣除火绳枪和弹药"的记载）。Savoia: *Relazioni,* Morosini 1570, 134-5. Crescenzio 513 的记载证实船上的重火绳枪兵都配备头盔，而火绳枪兵则配备头盔和胸甲（petti a botta）。

14. Lo Basso 2004, 61 ; *Tercios* 273-4 ; Capponi 2008, 186 ; Arenaprimo 77. 其他库存物资可参考：Borghesi, 159 和 191；Favarò 2007, 298，以及 Garcia Hernân 1999,117。

15. Cristoforo Da Canal 121-2, 127-8, 133-4 ; Contarmi 48r ; Corazzini 6-7 ; Caracciolo 24 ; Tiepolo in Quarti 655-6 ; Nani Mocenigo 1935, 36 ; Haie 1983. 胸甲比半身甲轻不少，潘泰拉曾建议用其装备船上的步兵，并称赞威尼斯人"不仅用它武装斯卡波利，而且还武装桨手"的做法：Pantera 166-7。

16. Caracciolo 32；*Relazioni*, Correr 1578, 241；Moro 1590, 343； 还可参考：Michiel 1558, 125。按照 1606 年一位耶尼切里军团的老兵的说法，可能土耳其人官方制造的重火绳枪有些缺陷，同时他也证实土耳其人从西方购买火器，并且用丰厚的回报条件来拉拢基督徒武器工匠前往君士坦丁堡从事武器制造工作：Agoston 2005, 89-92 以及 *Relazioni*, Santa Croce 1573, 187。然而根据唐胡安给西班牙国王的报告，在 1568 年他就任舰队司令官后，西班牙重火绳枪的质量一样不太好，*Tercios* 54。

17. 关于船上的西帕希骑兵，参考：Veinstein 1994 以及 Imber 2002, 308-9。在勒班陀战役的时代，花钱让耶尼切里士兵去顶替西帕希骑兵的做法尚未成为惯例，这一点在 16 世纪末的一份报告中有提到（*Relazióni*, Zane 1594, 404）。关于军备，可参考：Caracciolo 32 以及 Lezze。

18. *Venezia e i Turchi* 1985, 79. Inalcik 1975, 198-9 的记载中提到，那些常规驻扎在各要塞的阿扎普都配备重火绳枪，在塞浦路斯战争期间，部分文献中提到一些拥有蒂马尔的士兵在船上也在使用重火绳枪战斗，但并不明确这是在勒班陀海战前还是战后：*cf. infra*, n. 24；然而从作者的分析中可以清楚看出，重火绳枪兵中最主要的组成部分依然是耶尼切里军团。关于曼加，*cf. supra*, chap. 30, n. 1。

19. Provana ; *Relación* 223 ; Arroyo 349 ; Caetani 137. 关于指挥官负责准备的盔甲的重要性，可以说"生命是最宝贵的"，因此其余每个士兵都配备了一顶头盔、一件胸甲和圆形护腋甲片 Pantera 165-7。

20. Spinola; Quarti 635 ; AV 1571, 224v ; Caetani 137-8. 保罗·焦尔达诺·奥尔西尼也因被一支箭射中了腿而受伤（Longo 26 ; Sereno 208），但他也同样继续战斗。
21. *Relazioni*, Cavalli 1560, 292; Crescenzio 53; Foglietta 365; 可对比参考: Caracciolo, *supra*, chap. 30, n. 1，以及 Pantera 83-4。关于威尼斯和西班牙战船的舷墙之间的差别，我们可以参考 Cristoforo Da Canal, 76 的记载。西班牙战船的舷墙更高大厚实，"有 4 指厚"，并且达到胸口那么高，而威尼斯战船的舷墙"是用很薄的松木板做的，并且只到腰带的高度"。
22. Caracciolo 31 ; Capponi 2008, 161 ; Nicolay 63 ; Foglietta 366 ; Pantera 46-8 ; Cristoforo Da Canal 77.
23. Paruta 294, 另外 Foglietta 364-5 中有几乎完全相同的记载; Tiepolo cit. *in* Quarti 642。
24. *Relazioni*, Garzoni 1573, 422 ; Charrière III, 272 ; Agoston 2005, 54 ; Panzac 2009, 38-9.

第 32 章

1. Caetani 135 et 141 ; AV 1571, 227v ; *Relación* 248 et 268. 关于维尼埃的报告，可参考: *Nunziature* X, 70 以及 Quarti 675。
2. 此外还要加上下列文献中的记载 n. 1, 参考 Setton 1060; *Relación* 249 和 253-4; Caracciolo 42-3; Sereno 217; Molmenti (*b*), VIII。
3. Lamansky 612; AV 1571, 225v; Cajal 141 ; Caetani 139. 根据某位在场目击者的说法 (Codoin III, 226)，解救出来的俘虏中也有 2000 名西班牙人。根据 Sereno, 221-2，解救的基督徒"有 1 万多人"。另一份报告中有个不同版本的说法: Aparici 40。其中还加了一段注释:"海量来自许多基督教国家的奴隶都重获自由，我们不知道他们总人数是多少，但他们说总共 1.5 万人已经死亡。"
4. *Nunziature* X, 7; Longo 26，上述文献的记载都采用了 Molmenti (*b*) , V 中维尼埃的那份报告: 西班牙指挥官们无一伤亡，除了保罗·焦尔达诺·奥尔西尼被一支箭所伤; Vargas Hidalgo 771。在其他一些文献中，圣彼得拉全名叫弗朗西斯科·圣彼得拉。关于威尼斯舰队战死的船长和指挥官的人数，不同文献的记载有所不同: Longo 26 记载有 15 人; Diedo 217 则记载有 17 人，包括巴尔巴里戈; 而 Contarini 55r 则记载有 17 人，不包括巴尔巴里戈; Caetani 136 则记载有 18 人; 另有一些文献则认为有 14 人（Corazzini 6）或 16 人（Molmenti VII）。
5. Caetani 136. 威尼斯舰队的损失计算，不同文献的差异很小: AV 1571, 224v, Molmenti VIII，以及 Corazzini 6; 可以确定这些数据都是建立在 Contarini 55r 的记载上的; 此外可参考: Diedo 217 以及 Longo 26。我们注意到，如果不算士兵总数（4300 人），而是只算最终实际上了加莱桨帆船的人数（3100 人至 3400 人，不包括上了加莱塞桨帆战舰的），最终的伤亡率高达 71% 至 78%。
6. Capponi 2008, 237 et 243 ; Spinola ; Codoin III, 226 ; Caetani 135-6 ; Contarini 55r ;

Arroyo 358 ; Garcia Hernán 1999, 36 ; Civale 2009, 103. 关于西西里大方阵团的损失，可参考：*Relación* 221。

7. AV 1571, 225r ; Caetani 137-9 ; Sereno 217 ; Aparici 26. 巴尔巴里戈的战死引起了一些恐慌，因为人们担心威尼斯人和其余各方的合作会变得更加困难。参考科隆纳在 Quarti 687 中的一些记载。
8. Caetani 142 ; Sereno 220-1 ; Molmenti (*b*), VIII ; Arroyo 362-4. 此外可对比参考穆里略 Codoin III, 226 于 10 月 9 日的记载："如果不是因为冬季太过临近的话，我们肯定继续追击，攻打君士坦丁堡，或至少夺回希腊和摩里亚地区。但当时已经是冬季，我们已经没有足够的补给了。"此外要发动攻击的话，攻城火炮也需要由人力运输，而由于舰队中没有携带马匹，许多学者都认为这是个失策：García Hernán 1999, 134。
9. Codoin III, 22 和 36; Caetani 144; Sereno 203, 218-22 : March 6/1; AV 1571, 229r; Provana（然而"玛格丽塔"号在战前的状态已经非常差。普罗瓦纳 8 月 14 日写道："我方加莱桨帆船'玛格丽塔'号，也就是之前叫'莫雷塔'号的那艘船，由于之前在海上服役太久，如今已经无法承受炮火的攻击了。而且该船如今状态非常不可靠，可能存在危险因素，并且由于木料老化，无法承受钉子，因此也无法修补了。"参考：Promis 45）; Nicolini 416 和 420; Molmenti (*b*), XXXI, XXXIII（维尼埃 12 月 24 日写道：可用的加莱桨帆船总数为 83 艘，每艘船 160 名桨手），XLVI; *Nunziature* X, 111。关于俘虏逃跑的事情，也可参考：Caracciolo 45："我舰队加莱桨帆船上有大量俘虏逃跑，他们根本没等唐胡安给他们特赦。"此外还有 Scetti 118："许多脱逃的人都是只考虑他们自己，他们逃到别的船上想以此来逃避重新被戴上镣铐的命运，也有不少人还记得他们的指挥官给他们的承诺，后来又回到了自己的船上。" Mais Spinola："在我们解救出那些基督徒时，少了一些人，但后来他们又回来了。"
10. Caracciolo 48 ; Molmenti (*b*), XVIII ; *Nunziature* X, 90 ; March 6/1 ; Sereno 215. 关于奥拉齐奥・奥尔西尼，参考：Manfroni 1897, 472 n。
11. Venier 318.
12. Arenaprimo 1886, 45-6 et Arenaprimo 87-92 ; Civale 2009, 90-4.
13. Vargas Hidalgo 782. 关于其他伤员治疗的记载，可参考：Garcla Hernán 1999, 25-30。
14. Guglielmotti 227 et 237n.
15. R. Savelli, s.v. *Doria, Giovanni Andrea, in* DBI; Requesens 52-4.
16. Voir les documents Molmenti (*b*), Caracciolo 52, Oreste 217-9.
17. Sereno 223-4; Venier 318. 关于朱斯蒂尼，参考：Brunelli 2003, 8。其余诉讼案却是由这场战斗本身解决了：普罗瓦纳宣布利波马诺，驻都灵威尼斯大使的兄弟为船长，"在战斗中他在他的加莱桨帆船上英勇战斗，最后安然无恙，战后曾经他的那位和他有诉讼纠纷的指挥官也和他和解了，撤回了对他的指控，还在给威尼斯本土的信中为他说好话"，而"马里皮耶里船长，他的死对头，却在战斗中阵亡了"。

18. Contarini 53r ; Sereno 209 et 216.
19. Caetani 143（"有大量金钱，但没有人知道它们藏在哪"）；Baez 2007, 160；Capponi 2008, 229；Cajal 141；Salomone-Marino 1912, 27；Quarti 227-8；Sereno 226-7。
20. Sereno 226-8.
21. Rosell 208 ; Donà 134 ; Arroyo 361 ; Omaši ć 1974, 150.
22. Molmenti VII ; Molmenti (*b*), V et VIII ; Requesens 54-5.
23. 公开共享的口头汇报可参考：Codoin III, 227-30。值得注意的是 Caracciolo 48 和 Sereno 221-2 两份文献提供的数目差异很大，而 Codoin III, 256 的记载也是如此。Caetani 142 的记载如下："公开共享的加莱桨帆船数目是 134 艘"，因此在这样的情况下，包括轻型桨帆船在内的总数的计算基本是准确的。关于拖着船航行的困难，可参考：Sereno 224-5 和 229；ASG, 1966 ：埃托雷・斯皮诺拉的报告称，他用 3 艘加莱桨帆船拖着一艘土耳其加莱桨帆船从科孚岛一路穿越海湾直到奥特朗托，但海上的大风却把缴获的那艘船的主桅杆刮断了，导致船开始沉没，迫使他不得将其不丢弃。
24. Molmenti 174, Molmenti (*b*), V, X, XIV, XIX, XXII-XXV, XXVII et XXXV.
25. Molmenti (*b*), V 和 VIII（唐路易斯・德雷克森斯指责威尼斯人"偷窃并藏匿了大量奴隶"）；Requesens 55；Caetani 142；Lo Basso 2003, 335。俘虏的奴隶数目比这要高得多：Caracciolo 48 和 Sereno 221-2。
26. Caetani 145.
27. Requesens 55 et 57；Codoin III, 230-4；Molmenti (*b*), V. 12 月，维尼埃在舰队中只安排了 540 名奴隶，而威尼斯人本该有超过 1000 名奴隶。他承认说，虽然他怀疑有人私自藏匿了一些奴隶，但许多奴隶确实都死了（Molmenti [*b*], XXXIII）。
28. Caracciolo 48 ; Codoin III, 226 ; Venier 314.
29. Venier 317.
30. Molmenti (*b*), VIII et XVIII ; Lamansky 87. 关于舒鲁克・穆罕默德的死，还有一些别的版本的说法，可参考 Caetani 143, Diedo 219, Sereno 205, Paruta 288, 此外可参考 Setton 1057。然而根据一些教宗国使者不满的言论，唐胡安也给自己扣留了一些比较有价值的奴隶（"40 名土耳其奴隶被送到那不勒斯，其中可能有 7 名奴隶是趁着在那滞留期间被偷偷带走的"），Rosi III。
31. Rudt de Collenberg 1987, 38-40，可与下列文献中的列表并列比较：Rosi 142- 4 以及 1575 年的一份文献：Biegman 1967, 72-3。关于延迟移交战俘的事情，参考：Serrano IV, 270。还可参考：Caetani 143。
32. Rosi 142 et III ; Manolesso 75r ; Sereno 235 et 330 ; Arroyo 353 et 357 ; Nicolini 417 et 422. 唐胡安和法蒂玛之间的谈判，可参考 Rosell 36-8；关于拉拉・穆罕默德获释，参考 Caracciolo 52 以及 *Nunziature* X, 118。
33. ASG, 1966 et 1967 ; García Hernán 1999, 149-50 ; Rosi 142 ; Civaie 2009, 169. 关于圣十字架，参考：*Relazioni*, Santa Croce 1573。
34. 这段冒险经历在下列文献中有完整的重现：Rosi et Rosi (*b*)，还有一些相关文献：

Dervish, Biegman 1967, 72-4；关于马哈茂德：Meredith-Owens 1960。关于穆罕默德贝伊，还可参考：*Relazioni*, Correr 1578, 239："内格罗蓬特的贝伊穆罕默德，原本是罗马城的奴隶，他熟练地掌握了我们的语言，无论听说还是读写都非常流畅。他后来返回君士坦丁堡时，由于在监狱期间长期读历史，又有多种获取情报的私人渠道，因此对基督教世界了解已经非常充分，因此他对我方战斗力的评价，无论是质还是量上都非常公正。"

35. Lamansky 58 et 87 ; Molmenti (*b*), IV.
36. *Nunziature* X 74, 76 et 80.
37. Lamansky 83-8 ; Codoin III, 235 ; Serrano IV, 272.
38. Pedani Fabris 879, 889, 922 ; Pedani 1994, 167-9 ; De Pellegrini 1921 ; Bono 1999, 146 et 355 ; Caetani 139.
39. Pedani 1994, 38 ; Preto 1975, 193 et 196; Lo Basso 2003, 170 ; Hale 1983, 329.
40. Bennassar 1991, 155 et 299；Messana 2007, 754 et 762-5；Civale 2009, 119-27 et 151-67（但对被指控的人数、国籍和仲裁日期的数据记载有自相矛盾）。

后　记

1. Inalcik 1974；Mantran 1974；Lesure 179-82, 216-22（182 这里给出了另一个版本的说法："战争结果无法确定。真主的旨意或许能以这种方式显明，可以从命运之镜中看到。"）；Panzac 2009, 19。
2. *Nunziature* X,116 ; Biegman 1967, 44. 关于消息的传播，也可参考：*Relazioni*, Garzoni 1573, 397-8；Santa Croce 1573, 180-1。
3. CB, II, 226v-227r, 230-233v；*Relazioni*, Anonimo 1571-73, 165 7；*Nunziature* X, 102 和 123；Molmenti (*b*), XXXIII；此外可参考：*supra*, chap. 24, n. 47。关于加齐，可参考：*supra*, chap. 12, n. 45。
4. *Relazioni*, Anonimo 1571-73, 167 ; Masala 29. 42 艘加莱桨帆船和轻型桨帆船这个数目是身为在场目击者的赛兰尼基给出的（Capponi 2008, 250）；而根据索拉卡扎德则是 80 艘战船，其中 40 艘在战斗中撤离（Mantran 1974, 247）；而身在君士坦丁堡的目击者们的说法是有 35 艘加莱桨帆船（Molmenti［*b*］, XI）；巴尔巴罗的说法是 27 艘加莱桨帆船和 8 艘弗斯特战船，外加 6 艘驻留海上的加莱桨帆船（CB, II, 241r）；而根据 Anonimo 1571-73, 167 的记载，则是 26 艘加莱桨帆船和 9 艘帕兰迪尔运输船。
5. *Relación* 253 ; *Nunziature* X, 123 ; *Relazioni*, Anonimo 1571-73, 168-70 ; CB, II, 234r. 调查中单独提供了一些在船沉没后从内陆逃跑的雷斯的名单：Panzac 2009, 32。
6. *Relación* 253；Calepio 123r；CB, II, 234r, 241v, 244r（这里有一份 1 月初的在役加莱桨帆船的注释：其中 45 艘在海上服役，11 艘留在内陆，14 艘新船，8 艘在造船厂，11 艘在造船厂外，还有 8 艘弗斯特战船。在黑海和马尔马拉海之间还有 102 艘加莱桨帆船在建）；*Nunziature* X, 114, 116, 119 和 123；Molmenti (*b*), XXXIII;

Nicolini 218; *Relazioni*, Santa Croce 1573, 181-7, Garzoni 1573, 384, Soranzo 1576, 206; Lesure 229-32; Hess 1971, 62; Mantran 1974; Manoussacas 1974, 239; Pippidi 1974, 312-3; Imber 1996; Agoston 2005, 35 n.; Capponi 2008, 249-52; Panzac 2009, 17-46。

7. Charrière III, 269 et 362 n. ; Longo 37 ; Pantera 66 ; *Relazioni*, Barbaro 1573, 306, Correr 1578, 240 ; Panzac 2009, 27, 34-7.
8. Hess 1971 ; Panzac 2009, 46-54.
9. *Relazioni* Anonimo 1571-73, 174-5 ; Garzoni 1573 ; Barbaro 1573, 301 ; Pedani Fabris 818-9 ; Costantini 2009, ix. 该敕令记载在：*Venezia e Istanbul* 2006, cat. 11，以及 *Venezia e l'Islam* 2007, cat. 29。关于阿什克纳齐扮演的角色，参考：*supra*, chap. 9, n. 11；chap. 18, n. 22，和 Pedani 1994, 26 和 165。
10. Braudel 1979, II, 396.
11. Olivieri 1974, 273.
12. 以勒班陀海战为题材的艺术和文学作品数目众多。作为第一印象，可参考：Mammana 2007；Gibellini 2008。关于法奇内蒂，可参考：*Nunziature* X, 76。关于消息传回到威尼斯的确切时间，对此有些争议，但可以肯定是在 19 日，法奇内蒂本人也证实过这一点：*Nunziature* X, 70 和 72（10 月 20 日，"昨天我是第一个收到捷报的，威尼斯总督亲自召见我，我坐船回家，我看到加莱桨帆船在水中拖着许多军旗"）；此外可参考：Oreste。
13. Inalcik 1974, 191. "sefer-i singin donanma" 这句话取自：Ali（Inalcik 1974, 192）, Solak-zade（Yildirim 2007, 551）, Kâtib Çelebi（Mantran 1984, 185；Yildirim 2007, 547）。
14. 赛兰尼基对此有过肯定，此外卡蒂普・切莱比也引述了前者的说法：Yildirim 2007, 550；Jennings 1993, 11。
15. 佩塞维记载了一些轶事，此外卡蒂普・切莱比也引述了前者的说法：Yildirim 2007, 543；Hess 1971, 54；Lesure 225。
16. 佩塞维的记载，见：Yildirim 2007, 550。
17. Imber 2002, 204.

附　录

一、塞浦路斯守军

（一）意大利步兵

在尼科西亚：

1000 人，其中有 200 名病号，据 Podacataro 202v。

17 个步兵连共 1300 人，据 Sozomeno 9 et Calepio 96v, donnée reprise par Contarini 10v。

1500 人，这是在君士坦丁堡的尼科西亚俘虏的说法：Vargas Hidalgo 703, donnée reprise par Foglietta 31 et 84, et Sereno 32。

1570 人，这是某位匿名知情人的说法（Quarti 269）。

在法马古斯塔：

2730 人，据布拉加丁在 1570 年 5 月 25 日的报告，AV 1566-1570, 152v, et Quarti 218。

拉加佐尼主教则认为只有 2200 人，AV 1566-1570, 321v, et Nunziature IX, 313, et à « deux mille environ » à la fin de l'année d'après Gatto 45。

马尔科·奎里尼在 1571 年增援法马古斯塔的意大利步兵：1319 人，据 les registres officiels（Capponi 2008, 145），1270 人，据 Valderio 1006。

奎里尼增援后，法马古斯塔意大利步兵的总兵力：4000 人，据 Bragadin（Quarti 503-4）et Calepio 113r；4 月还有 3200 人，据 Bragadin（Quarti 508-9）。

（二）塞浦路斯民兵

在尼科西亚：

3500 名当地步兵，2500 名"武装平民"：lettre de Nicosie du 26 juin 1570, *Nunziature* IX, 366。

3000 名当地步兵，2600 名"武装平民"，1600 名"刚刚强征的农民，为了防守这座城市，把发现的能守城的人都找来了"（其中 750 人由私人出资供养，850 人由当地贵族议会出资供养）：Sozomeno 9。

3300 名当地步兵，2600 名市民组成的步兵，另有 750 名农民：Calepio 95v-96v et 107r。

11 个连共 3300 名当地步兵，13 个连共 3250 名武装平民，还有 3 个连共 600 名私人供养的民兵：Podacataro 202v。

3000 名当地步兵，7600 名（能确定的有 2600 名）武装市民，2100 名在岛上招募的士兵：某位匿名知情人（Quarti 269）。

3000 名当地步兵，2500 名“武装市民”，2000 名“在农村招募的刚入伍的民兵，部分由当地贵族议会出资供养，部分由私人出资供养”：Paruta 104。

在法马古斯塔：

1500 名当地步兵，3000 名“岛上招募的”步兵和 1500 名“城市中招募的”步兵：lettre de Nicosie du 26 juin 1570, *Nunziature* IX, 366。

1500 名当地步兵和另外 6500 名武装起来的人，“部分来自城市，部分由伯爵提供”，据拉加佐尼主教：AV 1566-1570, 322r。

后兵力降低至 800 名有经验的当地步兵，和 3000 名从城市和岛上招募的民兵：布拉加丁 1571 年 2 月的报告（Quarti 503-4）et Calepio 113r；其他消息来源则认为还有总共 4000 人至 4100 人（Martinengo 3；Gatto 54；Monello 2006, Appendice, 23；Quarti 508-9）。

（三）巴尔干轻骑兵

总数：

800 人，*Nunziature* IX,152。

600 人，Podacataro 202v。

500 人，Paruta 93 et Sereno 54。

500 人骑马，200 人徒步，据一封当时的信件（Quarti 269）。

在尼科西亚：

“600 名阿尔巴尼亚轻骑兵和其他骑兵”：lettre de Nicosie du 26 juin 1570, *Nunziature* IX, 366。

“约 500 名巴尔干轻骑兵”：Sozomeno 7 et 9v, Falchetti 80 et Contarini l0v。

在法马古斯塔：

200 人，Calepio 97v；rapport de Bragadin *in* Quarti 503-4；rapport de l'évêque Ragazzoni, AV 1566-1570, 32 lv；Martinengo 3；Gatto 54；Monello 2006, *Appendice*, 23。

300 人，Falchetti 80。

（四）贵族和年金持有者（在尼科西亚）

“1000 名封建领主、年金持有者、贵族和他们的仆从”：lettre de Nicosie du 26 juin 1570, *Nunziature* IX, 366。

1500 名“贵族和他们的仆从”：Calepio 96r et 107r。

1000 名“尼科西亚贵族”：Paruta 104。

1000 名贵族，据某位匿名知情人，Quarti 269。

250 名贵族，Podacataro 202v。

在这些人中，骑兵的数量也有不同的说法。1000 人以上，Sozomeno 7 et 9（et cf Vargas Hidalgo 703）；500 人，*Nunziature* IX, 152, Calepio 107r, Contarini l0v et Sereno 54；或是仅有“略多于 100 人”，Paruta 93。

二、基督教舰队

“我方共有 208 艘加莱桨帆船，2.6 万名步兵，6 艘加莱塞桨帆战舰和 24 艘拿浮船”（don Juan à don Garcia de Toledo, 16 septembre 1571, in Codoin III, 26. Le chiffre est confirmé par l’intendant Francisco de Ibarra, Codoin III, 203, et par monseigneur Odescalchi, parti de Messine le 16 après avoir vu la flotte appareiller, Nicolini 412, et repris par don Juan le 28 septembre, Codoin III, 27；*cf* .aussi Scetti 111）。Venier, à la veille du départ, en comptait 209 : 109 de Venise, 81 du roi, 12 du pape, 3 de Savoie, 4 de Malte (AV 1571, 190r).

集结在墨西拿的 208 艘加莱桨帆船的详细情况如下：

12 艘教宗的加莱桨帆船于 7 月 20 日抵达（*cf.* chap. 23, n. 2）。

3 艘马耳他的加莱桨帆船于 7 月 20 日抵达（*cf.* chap. 23, n. 2）。

48 艘威尼斯的加莱桨帆船于 7 月 22 日抵达。Sur ce chiffre s’accordent Venier 299, don Juan à don Garcia de Toledo, de Messine, le 25 août (Codoin III, 16) et le prince d’Urbino à son père, 27 août 1571 (Capponi 2008, 196).

14 艘西班牙的加莱桨帆船于 8 月 23 日抵达，4 艘属于德雷克森斯，4 艘属于唐胡安·瓦斯克斯·德科罗纳多，4 艘属于吉尔·德安德拉德，2 艘属于路易斯·德阿科斯塔（*cf.* chap. 25, n. 1）。

3 艘萨伏依的加莱桨帆船于 8 月 23 日抵达（*cf.* chap. 25, n. 1）。

8 艘热那亚的加莱桨帆船于 8 月 23 日抵达，其中 3 艘属于热那亚元老和指挥官埃托雷·斯皮诺拉，4 艘属于洛梅利尼，1 艘属于本迪内罗·绍利（*cf.* chap. 25, n. 1）。

11 艘吉安·安德烈亚·多里亚的加莱桨帆船和 1 艘马耳他的加莱桨帆船于 9 月 1 日抵达（*cf.* chap. 25, n. 10）。

60 艘干地亚的加莱桨帆船于 9 月 2 日抵达（*cf.* chap. 25, n. 9）。

30 艘那不勒斯的加莱桨帆船于 9 月 5 日抵达（*cf.* chap. 25, n. 11）。

10 艘西西里的加莱桨帆船和 8 艘热那亚的加莱桨帆船于 9 月 6 日抵达，热那亚船中的 4 艘属于吉奥·安布罗焦·内格罗尼，dites aussi « des Centurions »（Codoin III, 36），2 艘属于斯特凡诺·德马里，2 艘属于乔治·格里马尔迪（*cf.* chap. 25, n. 11）。

维尼埃则认为威尼斯的加莱桨帆船有 109 艘，舰队总数为 209 艘，这是因为来去的舰船总是会有一两艘的出入。

这 208 艘加莱桨帆船并不是都参加了勒班陀海战：有四五艘留守后方（*cf.* chap. 29, n. 6）; c’est certainement le cas de la S. Giacomo de Malte, qui n’est mentionnée dans aucun compte rendu de la bataille, et d’après Arroyo 333-4 la Soberana d’Espagne et la Furia des Lomellini；la première, en effet, n’est pas non plus mentionnée dans les ordres de bataille。其中参战的有 203 艘或 204 艘（*Relación*, 246, et cf. aussi Diedo 197-8）。

11月11日，抵达墨西拿的唐胡安进行了如下安排："西班牙的14艘、吉安·安德烈亚·多里亚的12艘（包括新武装的1艘）、洛梅利尼的4艘、德马里的4艘、乔治·格里马尔迪的2艘、本迪内罗·绍利的1艘留在港口；王国的10艘船在帕耶梅过冬……那不勒斯的30艘前往这座城市的港口，琴图廖内的4艘前往热那亚。"（Codoin III, 36）。

下表列出了参战的加莱桨帆船的名称，12艘来自教宗国，10艘来自西西里，30艘来自那不勒斯，14艘来自西班牙，3艘来自萨伏依，4艘来自马耳他，27艘来自热那亚，109艘来自威尼斯，d'après une comparaison des ordres de bataille contenus dans AV 1571, 211-2；Rosell doc. VIII；Contarini 37r-40r；L' enier；*Vordine delle galere*；Catena。

这些信息都只是大概的信息，仅供参考，尤其是其在舰队中所处的位置。

所有者	船名	船长	位置
托斯卡纳公国/教宗国	旗舰	奥拉齐奥·奥尔西尼/加斯帕雷·布鲁尼	中央
托斯卡纳公国/教宗国	混合式指挥舰	阿方索·德尔皮亚诺	预备队
托斯卡纳公国/教宗国	菲奥伦扎号	托马索·德梅迪奇	中央
托斯卡纳公国/教宗国	圣玛利亚号	潘多尔福·斯特罗齐	右翼
托斯卡纳公国/教宗国	托斯卡纳号	梅特·卡拉乔洛	中央
托斯卡纳公国/教宗国	维托里亚号	巴乔·达皮萨	中央
托斯卡纳公国/教宗国	皮萨纳号	埃尔科莱·巴洛塔	中央
托斯卡纳公国/教宗国	帕塞号	贾科莫·安东尼奥·佩尔皮尼亚诺	中央
托斯卡纳公国/教宗国	圣乔瓦尼号	安杰洛·比福利	右翼
托斯卡纳公国/教宗国	艾尔比奇纳号	法比奥·加莱拉蒂	左翼
托斯卡纳公国/教宗国	狮鹫号	亚历山德罗·内格罗尼/内格里尼	中央
托斯卡纳公国/教宗国	谢纳号/谢伦纳号/索夫拉纳号	安东尼奥·阿斯科利	预备队
西西里王国	旗舰		前哨

（续表）

所有者	船名	船长	位置
西西里王国	混合式指挥舰		前哨
西西里王国	维吉兰扎号	乔治·达艾斯特	中央
西西里王国	卡尔多纳号	唐卡洛·德阿尔加利亚	前哨
西西里王国	圣乔瓦尼号	希皮奥内·瓦萨洛	前哨
西西里王国	西西里亚号 / 西西里亚纳号	弗朗西斯科·阿马代	右翼
西西里王国 / 热那亚共和国	尼科洛·多里亚的旗舰	潘多尔福·波利多罗	右翼
西西里王国 / 热那亚共和国	尼科洛·多里亚的混合式指挥舰	朱利奥·琴图廖内	右翼
西西里王国 / 热那亚共和国	大卫·因佩里亚莱的旗舰	大卫·因佩里亚莱	前哨
西西里王国 / 热那亚共和国	大卫·因佩里亚莱的混合式指挥舰	尼科洛·达洛阿诺	中央
那不勒斯王国	旗舰卢帕号		预备队
那不勒斯王国	混合式指挥舰	唐弗朗西斯科·德贝纳维德斯	中央
那不勒斯王国	圣若泽号	欧金尼奥·德瓦尔加斯	中央
那不勒斯王国	维多里亚号	奥乔亚·德雷卡尔德	左翼
那不勒斯王国	提兰纳号	胡安·德里瓦德内拉	预备队
那不勒斯王国	圣安杰洛号	唐阿隆索·德巴赞	预备队
那不勒斯王国	圣巴托洛梅号	唐彼得罗·德韦拉斯科	预备队
那不勒斯王国	圣卡特里娜号	胡安·鲁伊兹·德韦拉斯科	预备队
那不勒斯王国	圣安德烈亚号	唐贝尔纳迪诺·德韦拉斯科	预备队
那不勒斯王国	圣巴巴拉号	乔瓦尼·德帕斯卡 / 多明戈·德帕迪利亚	预备队
那不勒斯王国	马克萨号	胡安·德马卡多 / 马卡达	预备队
那不勒斯王国	康斯坦西亚号	胡安·佩雷斯·德洛艾萨	预备队
那不勒斯王国	莱昂娜号	罗得里戈·德苏加斯蒂	预备队
那不勒斯王国	巴扎娜号	胡安·佩雷斯·穆里洛	预备队
那不勒斯王国	圣乔治号	胡安·德韦尔加拉	中央 / 右翼
那不勒斯王国	文图拉号	温琴佐·帕斯卡	中央
那不勒斯王国	萨吉托里亚号	马蒂诺·皮罗拉	左翼

（续表）

所有者	船名	船长	位置
那不勒斯王国	德特明纳塔号	胡安・德卡拉萨	右翼
那不勒斯王国	古斯玛纳号	弗朗西斯科・德奥赫达 / 德奥塞多	右翼
那不勒斯王国	斯佩兰扎号	彼得罗・迪布斯托 / 佩德罗・德布斯托	右翼
那不勒斯王国	福图纳号	迭戈・德梅德拉诺	右翼
那不勒斯王国	露娜号	朱利奥 / 胡安・德鲁比奥	右翼
那不勒斯王国	辛加拉号 / 吉塔纳号	加布里埃尔・德梅迪纳	右翼
那不勒斯王国	圣尼古拉号	克里斯托瓦尔・德蒙特胡	左翼
那不勒斯王国	圣贾科莫号 / 圣地亚哥号	蒙特塞拉特・瓜迪奥拉	左翼
那不勒斯王国	布拉瓦号	米格尔・奎萨达 / 克韦多	左翼
那不勒斯王国	因维迪亚号	托里维奥・德阿塞韦多	左翼
那不勒斯王国	圣胡安号	格拉西亚・德贝尔加拉	左翼
那不勒斯王国	费亚马号 / 法玛号	胡安・德拉奎瓦	左翼
那不勒斯王国	圣菲利普号	托马索・德阿尔达纳	预备队
西班牙王国	皇家号（旗舰）		中央
西班牙王国	皇家混合式指挥舰	路易斯・德阿科斯塔	中央
西班牙王国	唐路易斯・德雷克森斯的旗舰	胡安・巴蒂斯塔・科尔特斯	中央
西班牙王国	格拉纳达号（唐路易斯・德雷克森斯的混合式指挥舰）	保罗・巴廷 / 保罗・博蒂诺	中央
西班牙王国	吉尔・德安德拉德的旗舰	贝尔纳多・德希诺奎拉	中央
西班牙王国	奥卡西翁号	彼得罗・德洛斯里奥斯	预备队
西班牙王国	胡安・瓦斯克斯的旗舰	胡安・瓦斯克斯・德科罗纳多	预备队
西班牙王国	格鲁号 / 格列加号	唐路易斯・德埃雷迪亚	预备队
西班牙王国	露娜号	曼努埃尔・德阿圭勒	中央
西班牙王国	费古埃拉号	迭戈・洛佩斯・德利亚诺斯	中央

（续表）

所有者	船名	船长	位置
西班牙王国	圣方济各科号	克里斯托瓦尔・瓦斯克斯	中央
西班牙王国	罗卡富利号	罗卡富利 / 奥图诺	中央
西班牙王国	门多萨号	马丁・德埃查伊德	中央
西班牙王国	索贝拉纳号		未参加战斗
萨伏依公国	旗舰	迪・莱尼爵士	中央
萨伏依公国	皮尔蒙塔斯号	奥塔维亚诺・莫雷托	右翼
萨伏依公国	玛格丽塔号	巴塔利诺	右翼
马耳他骑士团	旗舰	墨西拿修道院长	中央
马耳他骑士团	圣乔瓦尼号	阿隆索・德特哈达	中央
马耳他骑士团	圣皮耶罗号	罗克洛尔・圣奥宾	中央
马耳他骑士团	圣贾科莫号		未参加战斗
热那亚共和国	旗舰	埃托雷・斯皮诺拉	中央
热那亚共和国	混合式指挥舰 / 德芬诺号	佩莱拉	中央
热那亚共和国	蒂亚娜号	吉安・乔治・拉萨尼亚	右翼
吉安・安德烈亚・多里亚	旗舰	吉安・安德烈亚・多里亚	右翼
吉安・安德烈亚・多里亚	混合式指挥舰		中央
吉安・安德烈亚・多里亚	莫纳卡号	尼古拉・加里巴尔迪	右翼
吉安・安德烈亚・多里亚	唐泽拉号	尼科洛・因佩里亚莱	右翼
吉安・安德烈亚・多里亚	福图纳号	乔・詹路易吉・贝维 / 阿维斯・贝林	左翼
吉安・安德烈亚・多里亚	多里亚号	贾科莫・达卡萨莱	中央
吉安・安德烈亚・多里亚	维托里亚号	菲利普・多里亚	中央
吉安・安德烈亚・多里亚	滕佩兰扎号	奇普里亚诺・达马里	中央
吉安・安德烈亚・多里亚	皮尔拉号	赞巴蒂斯塔・斯皮诺拉	中央

（续表）

所有者	船名	船长	位置
吉安·安德烈亚·多里亚	马尔凯萨号	圣彼得拉（弗朗西斯科·圣费德拉）	左翼
吉安·安德烈亚·多里亚	阿奎拉号		
格里马尔迪	旗舰	乔治·格里马尔迪	中央
格里马尔迪	混合式指挥舰	洛伦佐·得雷卡	右翼
琴图廖尼	旗舰	吉奥·安布罗焦·内格罗尼	右翼
琴图廖尼	混合式指挥舰	路易吉·甘巴	右翼
琴图廖尼	巴斯塔蒂娜号	洛伦佐·德拉托雷	右翼
琴图廖尼	奈格罗纳号 / 努尔瓦号	尼科洛·达科斯塔	右翼
洛梅利尼	旗舰	彼得罗·巴尔托洛梅奥·洛梅利尼	中央
洛梅利尼	混合式指挥舰	乔治·格雷科	右翼
洛梅利尼	洛梅利纳号	阿戈斯蒂诺·卡内瓦里	左翼
洛梅利尼	弗利亚号	贾科莫·基亚佩	右翼
马里	旗舰	乔治·达斯蒂 / 格雷戈里奥·达埃斯特	中央
马里	混合式指挥舰	安东尼奥·柯尼格利亚	右翼
绍利	旗舰	本迪内罗·绍利	中央
威尼斯共和国	旗舰	塞巴斯蒂亚诺·维尼埃	中央
威尼斯共和国	圣彼得罗号	皮耶罗·巴多尔·德赛尔·弗朗西斯科	预备队
威尼斯共和国	圣乔瓦尼号	皮耶罗·巴多尔·德赛尔·拉坦佐洛	中央
威尼斯共和国	马达莱娜号	阿维斯·巴尔比	预备队
威尼斯共和国	圣托达罗号	泰奥多罗·巴尔比	中央
威尼斯共和国	福图纳号	安德烈亚·巴尔巴里戈	左翼
威尼斯共和国	旗舰	阿戈斯蒂诺·巴尔巴里戈	左翼
威尼斯共和国	韦里塔号	乔瓦尼·本博	预备队
威尼斯共和国	皮拉米德号	弗朗西斯科·博恩	中央
威尼斯共和国	旗舰	安东尼奥·达卡纳尔	左翼

（续表）

所有者	船名	船长	位置
威尼斯共和国	罗塔·科尔·塞尔彭特号	加布里埃尔·达卡纳尔	中央
威尼斯共和国	特龙科号	吉罗拉莫·达卡纳尔	中央
威尼斯共和国	卡瓦罗·马里诺号	吉安·安东尼奥·迪卡瓦利	左翼
威尼斯共和国	卡瓦罗·马里诺号	安东尼奥·迪卡瓦利	左翼
威尼斯共和国	圣卡特里娜号	马克·奇科尼亚	前哨
威尼斯共和国	圣米歇尔·科尔·莱昂内号	乔治·科尚	预备队
威尼斯共和国	基督降世号	吉罗拉莫·孔塔里尼	中央
威尼斯共和国	圣克里斯托弗罗号	亚历山德罗·孔塔里尼	中央
威尼斯共和国	蒙吉贝罗号	贝尔图齐·孔塔里尼	中央
威尼斯共和国	三一号	乔瓦尼·孔塔里尼	左翼
威尼斯共和国	信心号	赞巴蒂斯塔·孔塔里尼	预备队
威尼斯共和国	马达莱娜号	马里诺·孔塔里尼	右翼
威尼斯共和国	基督号	弗朗西斯科·科尔内	右翼
威尼斯共和国	圣朱塞佩号	尼科洛·多纳	右翼
威尼斯共和国	基督号	巴尔托洛梅奥·多纳	左翼
威尼斯共和国	安杰洛号	恩弗雷·朱斯蒂尼亚诺	左翼
威尼斯共和国	基督复活号	西莫内·果罗	左翼
威尼斯共和国	基督号	马肯托尼欧·兰多	右翼
威尼斯共和国	蒙多号	菲利普·利翁	预备队
威尼斯共和国	曼尼公爵号	乔瓦尼·洛雷丹	预备队
威尼斯共和国	圣吉罗拉莫号	加斯帕罗·马里皮耶罗	中央
威尼斯共和国	圣母号	皮尔·弗朗西斯科·马里皮耶罗	前哨
威尼斯共和国	科隆纳号	卡塔里诺·马里皮耶罗	预备队
威尼斯共和国	圣乔瓦尼·巴蒂斯塔号	乔瓦尼·莫切里戈	中央
威尼斯共和国	基督号	马克·达莫林	预备队
威尼斯共和国	罗塔号	弗朗西斯科·达莫林·韦基奥	右翼
威尼斯共和国	圣乔瓦尼号	丹尼尔·莫罗	中央
威尼斯共和国	圣多罗泰娅号	波洛·纳尼	左翼

（续表）

所有者	船名	船长	位置
威尼斯共和国	拿浮号	安东尼奥·帕斯夸里戈	右翼
威尼斯共和国	帕塞罗号	阿维斯·帕斯夸里戈	中央
威尼斯共和国	基督号	乔治·皮萨尼	中央
威尼斯共和国	圣母号	马肯托尼欧·皮萨尼	左翼
威尼斯共和国	莱昂内号	彼得罗·皮萨尼	中央
威尼斯共和国	基督复活号	焦万·巴蒂斯塔·奎里尼	左翼
威尼斯共和国	旗舰	马尔科·奎里尼	左翼
威尼斯共和国	索莱号	温琴佐·奎里尼	前哨
威尼斯共和国	基督复活号	费代里戈·雷尼耶	左翼
威尼斯共和国	皮拉米德·科尔·卡内号	马肯托尼欧	中央
威尼斯共和国	复活基督号	贝内代托·索兰佐	右翼
威尼斯共和国	圣乌利亚纳号	乔瓦尼·斯特拉索多	中央
威尼斯共和国	西比拉号	丹尼尔·特龙	预备队
威尼斯共和国	圣克里斯托弗罗号	安德烈亚·特龙	右翼
威尼斯共和国	梅扎卢纳号	瓦莱里奥·瓦拉雷索	中央
威尼斯共和国	帕尔马号	吉罗拉莫·维尼埃	中央
威尼斯共和国	圣母号	乔瓦尼·泽恩	中央
威尼斯共和国	大力神之力号	拉涅里·泽恩	右翼
威尼斯共和国 / 干地亚	安杰洛号	乔瓦尼·安杰洛	左翼
威尼斯共和国 / 干地亚		尼科洛·阿伏纳尔	左翼
威尼斯共和国 / 干地亚	雷吉娜号	乔瓦尼·巴尔巴里戈	右翼
威尼斯共和国 / 干地亚	特雷曼尼号	乔治·巴尔巴里戈	左翼
威尼斯共和国 / 干地亚	火焰号	安东尼奥·博恩	右翼
威尼斯共和国 / 干地亚	皮拉米德号	弗朗西斯科·博恩	左翼
威尼斯共和国 / 干地亚	莱昂内号	弗朗西斯科·博恩·韦基奥	左翼

（续表）

所有者	船名	船长	位置
威尼斯共和国 / 干地亚	基督号	丹尼尔·卡莱法蒂	左翼
威尼斯共和国 / 干地亚	武装者号	安德烈亚·卡莱伊（一世）	右翼
威尼斯共和国 / 干地亚	阿奎拉号	安德烈亚·卡莱伊（二世）	右翼
威尼斯共和国 / 干地亚	基督复活号	乔治·卡莱伊	左翼
威尼斯共和国 / 干地亚	希望号	吉罗拉莫·科尔内	右翼
威尼斯共和国 / 干地亚	基督号	安德烈亚·科尔内	左翼
威尼斯共和国 / 干地亚	基督号	弗朗西斯科·科尔内	右翼
威尼斯共和国 / 干地亚	基督号	乔瓦尼·科尔内	左翼
威尼斯共和国 / 干地亚	唐泽拉号	弗朗西斯科·丹多洛	中央
威尼斯共和国 / 干地亚	圣母号	马肯托尼欧·福斯卡里尼	右翼
威尼斯共和国 / 干地亚	双狮号	尼科洛·弗拉代洛	左翼
威尼斯共和国 / 干地亚	埃尔米力诺号	彼得罗·格拉代尼戈	中央
威尼斯共和国 / 干地亚	布拉乔号	尼科洛·利波玛诺	左翼
威尼斯共和国 / 干地亚	莱昂内和菲尼斯号	弗朗西斯科·门加诺	左翼
威尼斯共和国 / 干地亚	帕尔马号	贾科莫·德梅佐	右翼
威尼斯共和国 / 干地亚	罗塔号	弗朗西斯科·达莫林	左翼
威尼斯共和国 / 干地亚	战马上的圣母号	安东尼奥·乌代蒙诺吉安尼斯	左翼
威尼斯共和国 / 干地亚	圣母号	菲利普·波拉尼	左翼

（续表）

所有者	船名	船长	位置
威尼斯共和国 / 干地亚	戴着镣铐的孩童号	保罗・波拉尼	右翼
威尼斯共和国 / 干地亚	蒙塔亚号	亚历山德罗・维扎马诺	中央
威尼斯共和国 / 干地亚	布拉乔号	吉安・米歇尔・维扎马诺	左翼
威尼斯共和国 / 干地亚	基督复活号	弗朗西斯科・赞卡鲁奥	左翼
威尼斯共和国 / 干地亚	双海豚号	弗朗西斯科・泽恩	左翼
威尼斯共和国 / 干地亚	阿奎拉号	吉罗拉莫・佐尔齐	右翼
威尼斯共和国 / 塞浦路斯	希望号	赞巴蒂斯塔・贝内代蒂	预备队
威尼斯共和国 / 莱西纳	圣吉罗拉莫号	乔瓦尼・巴尔齐	中央
威尼斯共和国 / 阿尔伯	圣乔瓦尼号	乔瓦尼・德多米尼斯	右翼
威尼斯共和国 / 科佩尔	莱昂内号	多梅尼科・德尔塔科	左翼
威尼斯共和国 / 卡塔罗	圣特里福内号	贾科莫・比桑蒂	右翼
威尼斯共和国 / 塞贝尼科	斯本扎纳的圣乔治号	克里斯托弗罗・鲁斯科	预备队
威尼斯共和国 / 特罗吉尔	圣母号	阿维斯・奇皮科	右翼
威尼斯共和国 / 克尔克岛	基督复活号	路易吉・西库塔	左翼
威尼斯共和国 / 茨雷斯岛	圣尼古拉号 / 切尔萨纳号	科兰内・德拉西奥	左翼
威尼斯共和国 / 科孚岛	阿奎尔号	彼得罗・布瓦	右翼
威尼斯共和国 / 科孚岛	安杰洛号	斯泰利奥・卡奇欧布罗	右翼
威尼斯共和国 / 科孚岛	基督号	克里斯托弗罗・贡多卡利	左翼

（续表）

所有者	船名	船长	位置
威尼斯共和国 / 凯法洛尼亚	克罗塞号	马克・奇梅拉	左翼
威尼斯共和国 / 凯法洛尼亚	圣维吉尼亚号	克里斯托弗罗・克利萨	左翼
威尼斯共和国 / 赞特	圣母号	尼科洛・蒙丁	左翼
威尼斯共和国 / 赞特	朱迪塔号	马兰・塞古罗	中央
威尼斯共和国 / 维桑斯	托雷号	卢多维科・达波尔图	右翼
威尼斯共和国 / 维桑斯	乌莫・马里诺号	贾科莫・特里西诺	中央
帕多瓦	伊尔・雷・阿提拉号	帕塔罗・布扎卡利诺	右翼
贝加莫	圣亚历山德罗号	吉安・安东尼奥・科莱奥尼	中央
布雷西亚	圣欧费米娅号	奥拉齐奥・费索尼亚	左翼
克雷马	圣维托里亚诺号	埃万杰利斯塔・祖拉	右翼

三、桨手

（一）实有人数

基督教同盟舰队：

1568 年：吉安・安德烈亚・多里亚在 Yasiento 中的记载显示，他每艘加莱桨帆船上有 164 名桨手，但旗舰和混合式指挥舰上有 192 名桨手（Sirago 2001, 686-7）。

1570 年：托斯卡纳公国的加莱桨帆船舰队状况：旗舰有 269 名桨手，混合式指挥舰上有 216 名，“艾尔比奇纳”号上有 218 名，“谢伦纳”号上有 212 名，“皮萨纳”号和“狮鹫”号上有 210 名，“维托里亚”号上有 205 名，“菲奥伦扎”号上有 203 名，“帕塞”号上有 147 名，“圣乔瓦尼”号有 134 名，“圣玛利亚”号有 114 名，平均每艘加莱桨帆船 194 名（Lo Basso 2003, 346 ; Capponi 2008, 174）。

1571 年 4 月 12 日：西班牙国王通知他的谈判代表说，他已下令给每艘加莱桨帆船配备 164 名桨手（Serrano IV, 106）。

1571 年 8 月 25 日：30 艘那不勒斯加莱桨帆船准备完毕，每艘船上有 165 名桨手（Nicolini 408-9）。

1571 年：西西里分舰队的旗舰有 260 名桨手（包括奴隶和罪犯），“卡尔多纳”

号上则有 180 名（Favarò 2007, 301-2；Favarò 2009, 134-5）。

1571 年："皇家"号上共有 290 名桨手（Bicheno 2005, 37）。

1572 年 7 月 16 日：那不勒斯分舰队的 16 艘加莱桨帆船中，旗舰有 314 名桨手，其他船则有 195-225 名（Tercios, doc. 30：这份文献在 Aymard 1974, 75 中也有引用，但后者的时间却写错了，写成了 1571 年 7 月 16 日，并且上述数目也被错误地用在了西西里分舰队上）。

1573 年：多里亚的旗舰总共有 280 名桨手（Borghese 1970, 143 和 192）。

1576 年：绍利的旗舰有 211 名桨手（Lo Basso 2007, 412）。

1584 年：在西西里王国分舰队的加莱桨帆船中，旗舰有 290 名桨手，外加 10 名预备役桨手；混合式指挥舰则有 240 名加 10 名，烽火船则有 208 加 8 名，普通加莱桨帆船有 156 名加 8 名（Aymard 1974, 76）。

土耳其舰队：

Relazioni Navagero 1553, 68：每艘加莱桨帆船 150 名桨手；Cavalli 1560, 293："（每艘船）148 名桨手"；Moro 1590, 352 和 355："虽然土耳其舰队由于都是 3 人 1 桨座的分配比例，每艘船所需桨手不会超过 150 人"，但土耳其舰队依然很缺桨手；Bernardo 1592, 343：141 名桨手。

（二）每个桨座的人数

基督教同盟舰队：

1568 年：委托唐胡安·德卡尔多纳指挥的西西里分舰队的加莱桨帆船：旗舰和混合式指挥舰都是 4 人 1 桨座的配备（Favarò 2007, 306；Favarò 2009, 258）。

1570 年：多里亚对多纳说了如下的话："他的加莱桨帆船上如果每个桨座去掉 1 人的话，就是 4 人 1 桨座的配置，如果让这么多加莱桨帆船都保持这种低武装程度的状态，那国王可以轻易再多给舰队配备 20 艘加莱桨帆船。"然而事实上"据我所知，并非所有加莱桨帆船，也非所有桨座都能保证他所说的 4 人 1 桨座的配置，而西班牙本土的加莱桨帆船的质量只能保证 3 人 1 桨座，因为那批加莱桨帆船将来的状态无法保证和现在完全一样（Donà 62）"。

1570 年莫罗西尼的记载：萨伏依舰队的 3 艘加莱桨帆船上都是每根划桨 2 至 4 人。而至于旗舰，"比别的船大得多，总共 25 根船桨，每根船桨 5 人，而习惯上每个桨座只有 1 根划桨"（Relazioni Morosini 1570, 133；以及参考 Segre 1899, 27 l'asiento，此处普罗瓦纳预计每 3 名桨手负责一根划桨）。但需要指出的是，普罗瓦纳不得不丢下 150 名病倒的桨手留在墨西拿，而他从唐胡安和维尼埃那只获得 70 名桨手作为补偿（Segre 1899, 134-5）。

1570 年 2 月 11 日：吉安·安德烈亚·多里亚对西班牙国王说："我认为我自己很走运，能有一艘有 26 个桨座，并且每个桨座有 5 名桨手的旗舰。"（Vargas Flidalgo 623）。

1570 年 9 月 4 日：赞恩给威尼斯元老院写信道：西班牙舰队抵达克里特时，"每个桨座有 3 名桨手，只有烽火船有 4 到 6 名，以及吉安·安德烈亚大人、那不勒斯、西西里的司令官和混合式指挥舰有相同的配置"（AV 1566-1570, 24 iv）。

1571 年：在托斯卡纳大公和教宗之间的对话："如果旗舰的船尾能有每 5 人一根划桨的配备，船头则能有 4 人 1 根划桨的配备，并且旗舰上还有预备役桨手和指挥官的话……那么其余 11 条加莱桨帆船都至少应该有 24 个桨座，并且每个桨座有 3 名桨手（Guglielmotti 155；Quarti 433-5）。"

1584 年：西西里王国的舰队中，旗舰有 29 个桨座，每个桨座 5 名桨手；混合式指挥舰有 26 个桨座，船尾每个桨座 5 名桨手，其余地方则是 4 名；烽火船有 26 个桨座，每个桨座 4 名桨手；其余普通加莱桨帆船有 26 个桨座，每个桨座 3 名桨手（Aymard 1974, 76）。

土耳其舰队：

RelaciónSy Renier 1550, 79："苏丹的舰队都是 5 人 1 根划桨"；Michiel 1538, 119："他们现在卡普丹帕夏的旗舰是 4 人 1 根划桨，这是最完美的情况。而其他船则是 3 人 1 根划桨，总共 25 个桨座，如果他们要在船上腾出两个位置来给仓库和厨房的话，那就只有 23 个桨座。" Moro 1590, 352 和 355：一般是 3 人 1 根划桨，但雷斯和私掠者船长们的座舰则是 4 人甚至 5 人 1 根划桨，卡普丹帕夏本人的旗舰则是 7 人 1 根划桨；CB, 258v-259r，这里提到 1570 年为苏丹建造的那艘加莱桨帆船的情况："该船有 29 到 30 个桨座，每个桨座有 1 根划桨，每根划桨由 4 名桨手操作。"

（三）桨手的人员组成状况

1560 年初：多里亚的 11 艘加莱桨帆船上共有 832 名罪犯（48.2%），787 名奴隶（占 45.6%）和 104 名志愿桨手（占 6%）（Capponi 2008, 173）。

1568 年：那不勒斯的 13 艘加莱桨帆船共有 1920 名罪犯和 210 名奴隶，其中 9 人是叛徒，8 名西班牙摩尔人，57 名北非摩尔人，4 名黑人，17 名希腊人，9 名巴尔干人，106 名土耳其人；在 1575 年的 174 名奴隶桨手中，有 2 人是叛徒，23 名西班牙摩尔人，46 名北非摩尔人，2 名黑人以及 101 名土耳其人（Aymard 1974, 83 和 85-6）。

1570 年：在托斯卡纳的 11 艘加莱桨帆船上，总共有 2000 名桨手，不包括病号在内：1134 名罪犯（56.7%），500 名奴隶（25%）和 366 名志愿桨手（18.2%）（Lo Basso 2003, 346 ; Capponi 2008, 174）。

1571 年：在 30 艘那不勒斯加莱桨帆船上，共有 2469 名罪犯（47.1%），552 名奴隶（10.5%）和 2220 名志愿桨手（42.3%）（Mafrici 1995, 197）。

1571 年：西西里的 6 艘加莱桨帆船上共有 695 名罪犯和 440 名奴隶（Favarò 2009, 141）。

1571 年底：吉安·安德烈亚·多里亚的 12 艘加莱桨帆船上共有 1228 名罪犯和 557 名奴隶（Aymard 1974, 81 和 83-4）。

1572 年 7 月底：16 艘那不勒斯的加莱桨帆船上共有 1838 名罪犯（54.7%），395 名奴隶（11.7%）和 1140 名志愿桨手（33.9%）（Tercios, doc. 30 : Aymard 1974, 75, 在该文献中标注的日期 1571 年 7 月 16 日是错误的，而且把上述数据错误地说成是 16 艘西西里加莱桨帆船的数据）。

1573 年：皮埃蒙特号有 140 名罪犯和 59 名奴隶（70% 和 30%），玛格丽塔号上有 144 名罪犯和 58 名奴隶（71% 和 29%）（Lo Basso 2003, 379；参考 Segre 1899, 36 n.：旗舰上几乎所有的桨手都是奴隶）。

1575 年：洛梅利尼的四艘加莱桨帆船共有 371 名奴隶和 252 名罪犯（Lo Basso 2007, 409）。

1576 年：马耳他舰队的 3 艘加莱桨帆船上共有 200 名罪犯（29%），293 名志愿桨手（42%）和 200 名奴隶（29%）（Lo Basso 2003, 371，但根据 Brogini 2002 的记载，1569 年的 4 艘马耳他加莱桨帆船上共有 44% 的桨手是奴隶）。

1576 年：22 艘西西里加莱桨帆船上共有 1102 名罪犯（28.8%），1517 名奴隶（39.6%）和 1205 名志愿桨手（31.5%）。

1587 年至 1588 年：在 7 艘那不勒斯加莱桨帆船上，共有 1218 名桨手，其中 771 人是罪犯（63.3%），153 人是奴隶（12.5%），还有 294 人是志愿桨手（24.2%）（Lo Basso 2003, 328-9）。

（四）参战桨手数量的猜想

在西班牙舰队实际参战的加莱桨帆船中（包括 13 艘西班牙本土的加莱桨帆船，27 艘热那亚加莱桨帆船，10 艘西西里加莱桨帆船和 30 艘那不勒斯加莱桨帆船），我们可以计算出，根据西班牙国王的命令，原计划每艘船平均有 165 名桨手，但部分文献中记载的数据则比这更多。根据多里亚的文献 l' asiento 的记载，在总共 26 艘旗舰和混合式指挥舰上，每艘船至少有 192 名桨手，皇家号上则有至少 290 名，西西里旗舰和多里亚的座舰有 260 名：因此估计平均有 200 名桨手以上应该不会差得太远。因此西班牙舰队总共有至少 1.4 万名桨手，其中大约 10% 是奴隶。在 3 艘萨伏依加莱桨帆船上，总共有 600 名桨手，其中可能 30% 左右是奴隶。在 3 艘马耳他加莱桨帆船上，总共有 650 名桨手，其中可能 40% 左右是奴隶。在 12 艘教宗国加莱桨帆船上，总共有 2400 名桨手，其中可能 20% 左右是奴隶。在 105 艘威尼斯加莱桨帆船上，平均每艘船有 150 名桨手，总共 1.6 万人左右。因此全舰队总共约有 3.4 万名桨手，其中 3 万人在战斗中被解除镣铐得以自由行动。

四、船员状况

（一）西班牙舰队

1568 年 1 月：费利佩二世下令舰队中每艘船都要有 42 名索具手（hombres de cabo）（García Hernán 1999, 117）。

1568 年：吉安·安德烈亚·多里亚的 l' asiento 中计划每艘加莱桨帆船上有“30 名军官、水手和斯卡波利”，但旗舰和混合式指挥舰上则有 75 人。（Sirago 2001, 686-687；Lo Basso 2003, 279 和 321；Lo Basso 2007, 402 和 417）。

1571 年 4 月 12 日：费利佩二世下令每艘船上至少要有 50 名上述船员（Serrano

IV, 106）。

1571 年 7 月：西西里旗舰上有 6 名贵族，17 名军官，6 名舵手，16 名水手，16 名随从，总共 61 人；而卡尔多纳号上则有 1 名指挥官和 14 名军官，15 名水手，13 名随从，6 名舵手，总共 49 人（Favarò 2009, 149-50）。

1571 年 8 月 29 日：在那不勒斯的 30 艘加莱桨帆船上，总共有 1613 名索具手，平均每艘加莱桨帆船 54 人（Mafrici 1995, 197; Garcia Hernan 1999, 118）。

1572 年 7 月 16 日：那不勒斯旗舰上有 20 名军官，16 名贵族，32 名水手，8 名舵手，总共 76 人；其余 15 艘加莱桨帆船每艘共有 10 至 18 名军官，12 至 28 名水手，1 至 6 名贵族（除了混合式指挥舰有 15 名贵族），3 至 9 名舵手。除了旗舰以外，其他船平均有 16 名军官，18 名水手，6 名舵手，4 名贵族，总共 44 人（Tercios, doc. 30-1）。

1573 年：多里亚的旗舰有 20 名军官，22 名贵族仆从，44 名水手，8 名舵手，16 名士兵，总共 110 人（Borghese 1970, 143 和 192）。

1584 年：西西里旗舰总共有 100 名索具手，而其余船则有 38 至 45 人（Favarò 2009, 149-50）。

（二）其余西方加莱桨帆船

1563 年：托斯卡纳的加莱桨帆船“鲁帕”号：指挥官，导航员，水手长，舵手长，管罪犯桨手的狱卒，2 位刀斧工匠，1 名船只维护工，1 名打磨工，1 名理发师，1 名书记官，2 名顾问，1 名笛师，3 名炮手，1 名神父，1 名吹号手，7 名贵族，36 名水手，8 名随从，9 名舵手，总共 79 人（Scetti 25）。

1570 年：科隆纳的加莱桨帆船上计划配备的船员：指挥官，水手长，舵手长，书记官，导航员，船只维护工，刀斧工匠和打磨工，每人都带着 1 名侍从，此外还有 6 名炮手，1 名神父，1 名理发师，8 名桅杆操作员，30 名水手，2 名驻守船尾的贵族，总共 64 人（Guglielmotti 15-6）。

1570 年：萨伏依公国的官方文献中写道：阁下的加莱桨帆船上每艘有 60 名水手。”（*Relacións*, Morosini 1570, 134；此外可参考普罗瓦纳的 l' asiento，其中提到有 40 名水手，外加后来战前又加了 20 名。Segre 1899, 27）。

1571 年：托斯卡纳大公和教宗国的租船协议中写道：“希望殿下给 12 艘加莱桨帆船都配备满 60 名水手和军官（Quarti 433-5）。”

1614 年：根据 Pantera 113 中提到的最佳船员配置的情况：“船长应是贵族出身，我们称他为船尾贵族，此外还要有 1 名神父，1 名监督，1 名水手长，1 名舵手长，1 名导航员，1 名顾问，8 名舵手，其中 4 人在船头，1 名检察官，16 名巡逻水手，1 名理发师，2 名炮手，2 名副炮手，1 名刀斧工匠，1 名船只维护工，1 名木桶工匠，1 名打磨工”，总共 41 人。

（三）威尼斯加莱桨帆船

Lo Basso 2004, 92 ：和西班牙舰队每艘船至少 20-30 名水手相比，威尼斯人的加莱桨帆船每艘只有 12 名水手（随从），因为船帆是由空闲的桨手来操纵的。Cristoforo Da Canal, 117-8：这里有批评威尼斯人的加莱桨帆船上只有 8 名“随从”；参考 Lane 1934, 10。加上船长，水手长，监督，导航员，2 名船尾贵族，至少 4 名炮手，6 名工匠，1 名理发师等，总共 25 名水手。Lane 1982：在为 100 艘加莱桨帆船准备物资清单的时候，计划是每艘船 20 名水手。Panciera 2005, 222 中公布的文献中，提到那几艘威尼斯加莱桨帆船和加莱塞桨帆战舰上共有 3000 名水手，平均每艘 26 人。

（四）土耳其舰队

Relazioni Navàgero 1553, 68：每艘加莱桨帆船 30-40 名水手；Trevisan 1554, 136-7：每个雷斯有 8 名水手长，1 名领航员，再加上一些斯卡波利；Michiel 1558, 120-1：“每艘加莱桨帆船上有 30 名我们称为斯卡波利的船员，都没有武器，因此土耳其人的船长们随心所欲地招募各式各样的人”；Cavalli 1560, 293：“他们的加莱桨帆船船长，也就是被称为雷斯的人物，有 1 名水手长，1 名监督，此外其他人每人每天 40 阿克切的工资，但不负责他们的海用饼干配给。此外他们有 25 人负责操纵船帆，每人每天 4 阿克切，外加面包配给，以及一次性的 700 阿克切的工资”；Garzoni 1573, 425：在土耳其军械库，有 300 名注册的雷斯，每人的军饷都是 8 至 40 阿克切不等，“所有人都有义务选择跟随他们的水手长，监督和 2 名其他船员，都是由苏丹负责他们的军饷……每艘加莱桨帆船还有 20 名阿扎普，能根据各加莱桨帆船的需求随时充当替补水手。这些阿扎普总人数为 3000 人，每人每天 4 阿克切的工资，都是在军械库服役，并且都是为舰队服役”；Anteimi 1576, 197：“每艘加莱桨帆船上有 20 名阿扎普，每人每天 5 阿克切的工资，在船上充当水手”；Moro 1590, 354：在每艘加莱桨帆船上，雷斯麾下都有 9 名其他军官和 20 名水手；Bernardo 1590, 329：“在（土耳其）舰队中，阿扎普充当军官和水手，每艘船共有 9 名阿扎普”；Bernardo 1592, 343：然而，雷斯和其下属的 9 名军官中，部分人是领固定军饷的，普通加莱桨帆船上每艘有 20 名水手，每艘混合式加莱桨帆船上则有 25 名水手。1571 年，有道命令中提到“预计 200 艘船上所有人每人 12 阿克切的军饷”。操纵船帆的水手是由每年征募的船员中挑选的，或是出钱另外招募的：根据卡蒂普·切莱比的记载，这样的水手每艘加莱桨帆船上需要 20 人左右（Imber 2002, 303）。

五、船上的步兵情况

（一）从西班牙国王处领饷的步兵，由阿斯卡尼奥·德拉科米亚将军指挥

关于西班牙国王出资招募的步兵，最主要的文献来源是 1571 年 9 月 16 日司库弗朗西斯科·德伊瓦拉的记载（Codoin III, 203-15），除了特别注明，下列数据都是取自该文献。

1. 西班牙国王的步兵，共有 8160 人

共包括 4 个大方阵团：彼得罗·德帕迪利亚指挥的那不勒斯大方阵团，唐迪耶戈·恩里克斯指挥的西西里大方阵团，外加两个西班牙本土招募的大方阵团，通常

后者在西班牙的行政文献记录中都提到他们的指挥官分别是唐洛佩·德菲格罗亚和唐米格尔·德蒙卡达。威尼斯舰队的情况：参考 Servià 363："这支舰队中有三分之二的步兵是西班牙人，部分是老兵，部分是新兵（Iban en esta armada cuatro tercios de españoles, los dos de soldados viejos, y los dos de bisoños）"，并且分别由"那不勒斯大方阵团司令官唐彼得罗·德帕迪利亚，西西里大方阵团司令官唐迪耶戈·恩里克斯以及预备大方阵团司令官唐米格尔·德蒙卡达，以及另一个预备大方阵团司令官唐洛佩·德菲格罗亚所指挥。"可参考唐彼得罗·曼里克的一首诗：*La Victoria* (1573)，在 cit. in A. Cioranesco 中写道，"这是一首唐彼得罗·曼里克的一首未知的诗"，而在 Mélanges Mario Roques, Paris 1982, 37-49, 46 则写道："大方阵团是由著名的那不勒斯人唐彼得罗·德帕迪利亚指挥……还有西西里的……指挥官是唐迪耶戈·恩里克斯……还有唐米格尔，原名德蒙卡达，率领一群加泰罗尼亚和瓦伦西亚士兵组成的大方阵团，以及唐洛佩率领的格拉纳达的大方阵团。"此外可参考 Sereno 158："西班牙人有 4 个主力大方阵团，相当于我们的步兵团。那不勒斯的大方阵团指挥官是唐彼得罗·迪帕迪利亚，西西里大方阵团的指挥官是唐彼得罗·恩里克斯，撒丁大方阵团的指挥官是唐米格尔·德蒙卡达，此外还有 2000 步兵归唐洛佩·迪菲格罗亚指挥。"弗朗西斯科·德伊瓦拉的文献中列举了唐洛佩·德菲格罗亚的 14 个大方阵团的连，此外有 7 个连归唐米格尔·德蒙卡达指挥，12 个连在那不勒斯，10 个连在西西里岛，此外加上 2 个连在伦巴第的西班牙舰队的船上，还有 10 个并未有明确归属的连上了威尼斯舰队的船。要知道这些大方阵团总共有多少个连，可以参考费利佩二世亲自为 1571 年冬季的过冬而安排的西西里岛士兵宿舍的分配情况（Favarò 2009, 118-9 和 García Hernán 1999, 95-7）：唐洛佩·德菲格罗亚的大方阵团可以算出有 16 个连，唐米格尔·德蒙卡达的大方阵团则有 11 个连，西西里的大方阵团则有 17 个连。从登上威尼斯舰队的那 10 个连可以算出，其中有 2 个肯定是属于唐洛佩·德菲格罗亚的，还有 4 个属于唐米格尔·德蒙卡达。剩下 4 个大方阵团的连要么是那不勒斯的，要么是西西里的。考虑到 1572 年舰队重新武装时，西西里的大方阵团总共在岛上留下了 3 个连，而有 14 个连上了船（Favarò 1009, 151），因此可以推测在 1571 年 9 月可能也做了同样的事，4 个留在西西里的连应该是西西里大方阵团的全部了。需要注意的是，所有行政文献记录中都没有任何迹象表明撒丁岛的大方阵团中有那"400 名重火绳枪兵"，而一些当时在皇家号上的编年史学家们却都记载此事的存在（Contarini 52v; Costiol cit. in Quarti 688；此外可参考 Sereno 158，此处作者随意地把撒丁大方阵团和唐米格尔·德蒙卡达联系到了一起），因此史学界，特别是意大利史学家们还在继续引用这种说法。但无可置疑的是，唐胡安的旗舰上的步兵确实是唐洛佩·德菲格罗亚所率领的大方阵团，是在西班牙本土招募的。另外也不能排除一种可能，就是其中一个西班牙大方阵团的核心战斗力来自 1568 年解散的撒丁大方阵团（G.P. Tore, Il Tercio de Cerdena. 1565-1568, Pisa 2006）。

那不勒斯大方阵团（唐彼得罗·德帕迪利亚）

在 1571 年 5 月（Tercios 413 和 Fenicia 2003, 34），西班牙大方阵团总共有 3 个旧连，共计 451 名士兵，另有 17 个连刚从西班牙本土抵达，总共 2826 人，加起来总兵力为3277人。

共有12个连上了舰队：其中4个连有636名士兵，另外那不勒斯的加莱桨帆船上有8个连，总共1120名士兵，是在塔兰托登上那不勒斯的舰队的。总兵力为1756人。

西西里大方阵团（唐迪耶戈·恩里克斯）

该大方阵团总共有接近2000人的兵力，参考Donà 93；根据1571年春季的一份文献记载（Tercios 413），其中1000人左右在西西里，另有1152人“从西西里乘船前往卡塔赫纳了”。登上舰队的那14个连的情况：

乘坐西西里出发的加莱桨帆船的共有10个连，1298名士兵。

4个连上了威尼斯舰队的加莱桨帆船，估计总共有646名士兵（这个是根据10个借给威尼斯人的西班牙连的总兵力1614人来计算的）。

估计总兵力：1944人。

唐洛佩·德菲格罗亚的大方阵团

该军团是和唐胡安一起从西班牙本土上船出发的，总共有3000名士兵：参考chap. 20, n. 12 ; Caetani 99（“都是参加过格拉纳达战争的老兵”）; Sereno 131（“从这场战争中幸存下来的3000名士兵”）。在1571年春季的一份官方文献中（Tercios 413），在唐洛佩率领下坐船前往马拉加和卡塔赫纳的大方阵团有2375名士兵，外加一个160人的火枪连。

“格拉纳达的大方阵团”这个称呼并非官方称呼，但在那个年代已经广为流传（可参考：Relación fatta in Roma à Sua santità dal signor maestro di campo del terzo di Granata Don Lopes de Figheroa, Firenze 1571）。

8个连，总共1132名士兵；在西班牙加莱桨帆船上有6个连753名士兵；在那不勒斯的加莱桨帆船上有2个连；在威尼斯加莱桨帆船上估计有2个连，323名士兵。总兵力为2208人。

唐米格尔·德蒙卡达的大方阵团

德蒙卡达是和唐胡安一同上船的，“指挥舰队上的2000名西班牙人”（*Nunziature* X, 34）；1571年春季的一份官方文献（Tercios 413）中记载有2000人随同唐胡安一同出发，“是从阿拉贡、瓦伦西亚和加泰罗尼亚等地招募的士兵”，外加“从阿尔梅里亚招募的拉斐尔·阿斯普查率领的连”，总共110人：

1个连，100名士兵，在西班牙加莱桨帆船上有4个连，662名士兵，在那不勒斯加莱桨帆船上有2个连，398名士兵，在多里亚的舰队上有4个连，在威尼斯舰队上估计有646名士兵。总兵力为1806人。

伦巴第大方阵团

“Las mismas que suelen andar de ordinario en ellas por cuenta de Lombardia”, Codoin III, 206. 需要指出的是，1571年春季的官方文献（Tercios 412）中提到有3个连，740名士兵；另外在勒班陀战役过后的军饷预算文档中（Tercios 184），也提到“两个老兵连（dos companias viejas）”，而多里亚的加莱桨帆船上有2个连，445名士兵，总兵力为445人。

2. 西班牙国王的意大利士兵，由斯福尔扎 · 迪圣菲奥拉伯爵指挥

根据伊瓦拉的记载，总兵力为 5208 人。再加上那不勒斯王国的民兵，根据 Relacion 的记载，估计步兵总兵力约为 6000 人（“6000 名意大利人”）。

保罗 · 斯福尔扎

理论上有 2000 名步兵，都是乌尔比诺公国招募的（参考 chap. 20, n. 10）。

热那亚，萨伏依，多里亚和洛梅利尼的舰队上共有 5 个连，810 名士兵。

威尼斯加莱桨帆船上有 5 个连，估计总兵力为 730 人左右（在西班牙国王的命令下登上威尼斯舰队的意大利步兵有 2489 人，总共 17 个连）。

在计算军饷开销时，总共只有 8 个连：Tercios 267，总兵力为 1540 人，指挥官为萨尔诺伯爵温琴佐 · 图塔维拉。

理论上他应该有 2000 名步兵，是那不勒斯王国境内招募的（参考：chap. 20, n. 10）。

在绍利和那不勒斯的加莱桨帆船上有 4 个连，547 名士兵，在威尼斯加莱桨帆船上则有 6 个连，估计有 876 名士兵。总兵力为 1423 人。

西吉斯蒙多 · 冈萨加

理论上有 2000 名士兵，是米兰境内招募的，（参考：chap. 20, n. 10, 和 Codoin III, 189；实际有 1300, Vargas Hidalgo 764）。

洛梅利尼和格里马尔迪的加莱桨帆船上有 4 个连，545 名士兵，在威尼斯舰队上则有 6 个连，估计有 876 名士兵。总兵力为 1421 人。

“在西西里的加莱桨帆船上”的意大利士兵，他们又被称为“特别连（companias particularês）”，García Hernán 1999, 96。

总共有 5 个连，500 名士兵，其中 3 个连在那不勒斯加莱桨帆船上，1 个连在西西里加莱桨帆船上，1 个连和日耳曼步兵一同乘坐达瓦洛斯的船。总兵力为 500 人。

蒂贝里奥 · 布兰卡乔

他带领 800 名步兵进入那不勒斯王国，但大部分人都逃走了（参考：chap. 20, n. 10）。

根据 Caracciolo 17 的记载，布兰卡乔最终只率领 2 个连上了船，同时他还负责指挥普利亚的民兵。我们可以通过逐个计算这 5 个连的士兵的军饷支付状况来获悉其情况（Tercios 184）。伊瓦拉提供了那不勒斯的 2 艘加莱桨帆船上的 4 个连的士兵，总共 300 人。

那不勒斯王国民兵

在伊瓦拉的计算中，是从墨西拿开始算起的，但他却没计算那不勒斯王国的民兵，而根据不少史料记载，这批民兵是在舰队航行中途靠岸时上了船的。

根据 Sereno 158 的记载，卡拉布里亚的五六百名民兵前往克罗托内，普利亚的 2 个连的民兵前往奥特朗托，根据 Caracciolo 20 的记载，指挥官为布兰卡乔（此外可参考 Nicolini 412）。

总兵力为 800 人。

3. 西班牙国王的日耳曼步兵有 4987 人，其中 1000 人参加了战斗

除了司库弗朗西斯科 · 德伊瓦拉给国王的报告以外，还可参考引用的文献 *supra*（chap. 20, n. 13）。

由阿尔科的温奇圭拉博客和阿尔韦里科·德洛德龙内两位伯爵指挥的两个步兵团总兵力预计在 8000 人，但实际上抵达热那亚和拉斯佩齐亚的只有 7131 人，其中阿尔科伯爵麾下 3431 人，洛德龙内伯爵麾下 3700 人。

洛德龙内伯爵在墨西拿率领 2371 名“健康的士兵（soldados sanos）”上船，而在医院留下了 736 名病号（因此可得出有 593 人死亡）。

阿尔科伯爵在墨西拿率领 2616 名士兵上船，而在医院留下了 232 名病号（因此可得出有 583 人死亡）。

其中 1000 名洛德龙内伯爵的士兵登上了热那亚私人船主的加莱桨帆船，他们是唯一一批参加了勒班陀战役的士兵。其他士兵都上了唐塞萨雷·达瓦洛斯的船，最终没能及时赶上参加战斗。

（二）威尼斯步兵

指挥官保罗·奥尔西尼总共有 4300 人（Panciera 2005, 222）。此外 1571 年 5 月 22 日保罗·奥尔西尼被任命为“我军中的民兵指挥官”（Haie 1990, 133）。

蓬佩奥·朱斯蒂尼·达卡斯泰洛：在维尼埃的舰队中，他率领 6 个连，1200 名在册士兵。（参考：chap. 23, p. 377）；他们乘坐的是加莱塞桨帆战舰，ASV, Senato Secreta, reg. 77, f. 129v, Caracciolo 36, Panciera 2005, 222。

普罗斯佩罗·科隆纳：德格朗韦勒许可他在卡拉布里亚招募 1000 人（参考：chap. 23, n. 9）；不过马肯托尼欧·科隆纳认为是 2000 人（Molmenti [*b*], doc. I），然而还可参考维尼埃 9 月 13 日的信件，记载在 AV 1571, 196v：“我在卡拉布里亚等的步兵还没抵达。”

唐加斯帕雷·托拉尔多：特罗佩的贵族承诺给他 1200 人：Venier 298-300, Caracciolo 17, Sereno 58。他最终率领 800 人上船，“没时间再招募剩下 400 人了”，AV 1571, 197r, 210v。参考：T. Costo, *Giunta, overo Terza parte del Compendio dell'istoria del regno di Napoli*, Venezia 1613, 24。

阿特里公爵：德格朗韦勒许可他在奥特朗托内陆招募 500 名步兵（参考：chap. 23, n. 9）；这 500 名步兵 8 月底准备完毕（Nicolini 409），随后乘船前往布林迪西（Nicolini 413）。

唐安东尼奥·图塔维拉：萨尔诺伯爵的亲戚，在奥特朗托内陆地区招募了 600 名士兵（参考：chap. 23, n. 9）。

卡米洛·达柯勒乔和菲利普·龙科尼：率领 500 名步兵，从科孚岛上船（参考：chap. 28, n. 2）。

（三）教宗国步兵

指挥官奥诺拉托·卡埃塔尼：总共率领 1500 名士兵。有 8 个连，1171 名士兵最终上了舰队（参考：chap. 20, n. 16）；外加在那不勒斯招募的那批士兵（参考：chap. 23, n. 2），因此总兵力为 1600 人（Nicolini 403），或 1500 人（Caetani 108）。

登上了萨伏依公爵的加莱桨帆船上的士兵未计算在内。伊瓦拉的文献记录

（Codoin III, 207）只提到保罗·斯福尔扎的 180 名士兵，这和萨伏依公国的文献记载中提到的数据也吻合，按照萨伏依公国的记载，萨伏依公爵的舰队总共有 181 名士兵在超载的情况下上了船，为此还付了 2605 埃居的代价（Segre 1899, 146）。在萨伏依舰队的旗舰上，也有乌尔比诺领主及其 12 名仆人和 115 名“武装精良的骑士以及参军的平民（caballeros y particolares muy bien armados）”。尚不清楚在让这些人上船前，3 艘加莱桨帆船上是否已有它们自己配备的步兵，按照常见的配置，船上应该有“80 甚至 100 名士兵”（*Relazioni*, Morosini 1570, 134），然而还要考虑普罗瓦纳的船上爆发了瘟疫，不得不在墨西拿留下了 150 名桨手和 100 名水手及士兵一事（Promis 48）。

六、舰队火炮

我们在此提供一些军备的范例，并且对基督教同盟舰队的加莱桨帆船上的火炮数目的大致总数来提供一种计算方式。

（一）威尼斯加莱桨帆船

1563 年：1 门 50 磅炮，3 门 6 磅隼炮，8 门 6 磅石炮，3 门 3 磅的轻型隼炮，8 门“点火式”和“引信式”的回旋炮，24 杆“固定基座的现代重火绳枪”（Morin 1985, 210 ; Morin 2006, 24）。

1563 年：1 门 40 磅的蛇炮，2 门 12 磅的轻型蛇炮，1 门 6 磅的隼炮和 2 门 6 磅石炮，4 门 3 磅轻型隼炮以及 12 门固定基座的回旋炮（*ibid.*）。

1565 年：1 门 60 磅蛇炮，2 门 16 磅加农炮，1 门 6 磅隼炮和 6 磅石炮，3 门 3 磅轻型隼炮和 24 门 3 磅石炮（Panciera 2005, 172 n.）。

1566 年：1 门 50 磅炮，3 门 6 磅炮，14 门轻型火炮和 24 杆固定基座的火绳枪（Capponi 2008, 165）。

1568 年：1 门 60 磅的蛇炮，2 门 16 磅加农炮。3 门 6 磅隼炮和 2 门 6 磅石炮，2 门 3 磅的轻型隼炮和 14 门 3 磅石炮，8 门回旋炮和 60 杆火绳枪（Panciera 2005, 172 n.）。

1571 年：1 门 50 磅加农炮，2 门 12 磅轻型蛇炮，3 门 6 磅隼炮，3 门 6 磅石炮，3 门 3 磅轻型隼炮和 12 门 3 磅石炮，以及 64 杆火绳枪（Panciera 2005, 24）。

1573 年：1 门 50 磅蛇炮，其余的火炮有 3 门 6 磅炮，有 1 门 3 磅炮，20 门各种小型火炮，还有 68 杆固定基座的火绳枪（Capponi 2008, 165）。

1575 年：1 门 30 磅的蛇炮，3 门 6 磅的隼炮和 4 门 6 磅的石炮，3 门 3 磅的轻型隼炮和 12 门 3 磅的石炮以及 18 门回旋炮（Panciera 2005, 172 n.）。

1578 年：1 门 30 磅的蛇炮，1 门 6 磅的隼炮和 4 门 6 磅的石炮，3 门 3 磅的轻型隼炮和 10 门 3 磅的石炮以及 20 杆火绳枪（Panciera 2005, 172 n.）。

对于全部 108 艘加莱桨帆船，考虑到只有 50% 的 12 磅到 16 磅范围内的舰载火炮有档案记录，因此我们可以假设那 108 艘加莱桨帆船有 108 门加农炮和重型蛇炮，将近 50 门 16 磅左右的加农炮，将近 50 门 12 磅左右的火炮，以及 2150 门 6 磅和 3

磅的小型火炮，不包括回旋炮和火绳枪。

（二）热那亚舰队

1552 年：1 门加农炮外加 40 发铸铁炮弹，2 门石炮外加 20 发石制炮弹，2 门鹰炮外加 20 发金属炮弹，4 门轻型隼炮外加 30 发“用金属模具”做的炮弹（Borghese 1970, 159）。

1552 年：1 门 50 磅的加农炮外加 50 发炮弹，2 门 10 磅的半蛇炮外加总共 100 枚炮弹，2 门发射 12 磅石制炮弹轻加农炮外加 40 枚炮弹，6 门轻型隼炮外加 400 枚炮弹（Borghese 1970, 191）。

1575 年：洛梅利尼的加莱桨帆船：1 门 21 磅至 46 磅加农炮，2 门鹰炮，2 或 4 门臼炮（mortaretti）（Capponi 2008, 165-71）。

1582 年：多里亚的加莱桨帆船的平均火炮配备数据：1 门重 1 吨半的火炮，2 门 4 担重的中型火炮，4 门重 120 千克的臼炮（Capponi 2008, 165-71）。对全部 27 艘加莱桨帆船，可以认为共有 27 门加农炮，135 门鹰炮、中型火炮、石炮和臼炮。

（三）托斯卡纳舰队

“菲奥伦扎”号 1555 年配备 1 门加农炮作为舷炮，重 2 吨，外加 38 枚铁炮弹；此外还有 2 门 6 担重和 2 门 2 担重的石炮；2 门 6 担重的鹰炮，外加 86 枚炮弹；2 门 1 担半重的大轻型隼炮，3 门小轻型隼炮外加 36 枚用铅包裹的石制炮弹，还有 8 个子铳（mascoli）（Lo Basso 2004, 61）。对全部 12 艘加莱桨帆船，可以认为共有 12 门加农炮和 72 门鹰炮和石炮。

（四）西西里舰队

在 1572 年墨西拿军械库中，曾预计为每艘加莱桨帆船配备 1 门 2.5 吨重的加农炮舷炮，4 门 1 吨重的鹰炮和 2 门 1 担半重的中型火炮（Favarò 2007, 293-5）。对全部 10 艘加莱桨帆船，可以认为共有 10 门加农炮和 60 门鹰炮和中型火炮。

（五）那不勒斯舰队

1570 年：计划中有一艘混合式战船配备 2 门 12 担重的轻加农炮，2 门 8 担重的鹰炮和 4 门轻型隼炮（Fenicia 2003, 130）。

1570 年至 1571 年：在为那不勒斯的加莱桨帆船配备装备时，曾从热那亚为每艘加莱桨帆船购买了 1 门 18 担的曲射炮，2 门 6 担的石炮，2 门 4 担的鹰炮，4 门超过 1 担的轻型隼炮以及 4 门更小型的布扎寇斯炮（buzacos）（Fenicia 2003, 136）。

1584 年：28 艘那不勒斯加莱桨帆船共有 25 门加农炮，62 门鹰炮，30 门石炮，105 门轻型隼炮，14 门布扎寇斯炮，以及 187 个子铳（masculos）（Fenicia 2003, 135）。全部 30 艘加莱桨帆船，共有 130 门加农炮，120 门鹰炮和石炮。

（六）西班牙舰队

1588 年：1 门自重 5400 磅的加农炮。

1588 年：1 门自重 5200 磅的加农炮，2 门自重 750 磅的中型火炮，4 门自重 300 磅的臼炮（Capponi 2008, 165-71）。

全部 13 艘加莱桨帆船，共有 13 门加农炮，78 门中型火炮和臼炮。

而在计算总数时，还要加上 3 艘萨伏依加莱桨帆船和 3 艘马耳他加莱桨帆船，我们可以认为这 6 艘船上应该有 6 门加农炮和 24 门鹰炮，中型火炮和石炮（参考：Pantera 85-92，此处记载的战船火力数据是标准配备，1 门 50 磅的舷炮，加上两侧各有 1 门鹰炮或中型火炮，1 门石炮和 1 门轻型隼炮；Crescenzio 509-10 的记载中提到，最理想的火力配置是每侧 1 门舷炮，1 门鹰炮，1 门中型火炮，1 门石炮和 1 门隼炮）。可以假设的总炮数：250 门 50 磅到 14 磅口径的加农炮和蛇炮，而轻型蛇炮、鹰炮、中型火炮、石炮、隼炮、轻型隼炮和臼炮加起来接近 2700 门，都是 12 到 3 磅级的。我们还要加上那几艘加莱塞桨帆战舰上的 12 门 50 磅到 60 磅口径的蛇炮和加农炮，以及 89 门 14 到 30 磅的其他轻型火炮和 58 门小口径火炮（参考：chap. 29, n. 32）。根据那个年代对小口径火炮（“12 磅以下”）和中型及重型火炮（“14 到 120 磅”）的定义（Panciera 2005, 169），舰队总共应该有 350 门中型和重型火炮，以及 2750 门小口径火炮。

参考文献

未发表的文献

Archivio di Stato di Venezia (ASV) :

Annali di Venezia, 1566-1570 (AV 1566-1570).
Annali di Venezia, 1571 (AV 1571).
Consiglio dei Dieci (X), Parti segrete, reg. 9.
Materie miste notabili, reg. 11.
Senato Secreta (SS), regg. 76, 77, 78.
Terminazioni degli inquisitori in armata, 1570-1571.

Archivio di Stato di Genova (ASG) :

Lettere ministri, Costantinopoli, 2170.
Litterarum, Fogliazzi, 1966 e 1967.

Venezia, Biblioteca Marciana :

Ms. It. VII 390 e 391, Copialettere di Marcantonio Barbaro (= CB).

已发表的文献

本部分同样包括附加文献和正文中整段引用的文献和注释，比直接引用文字本身更有效。

Aparici = J. Aparici, Colección de documentas inéditos relativos a la cèlebre batalla de Lépanto sacados del Archivo general de Simancas, Madrid, 1847.

Arenaprimo = G. Arenaprimo, « Il Ritorno e la dimora a Messina di Don Giovanni d'Austria e della flotta cristiana dopo la battaglia di Lepanto. Nuovi documenti », in Archivio Storico Siciliano, 28 (1903), p. 73-117.

Arroyo = M. Antonio Arroyo, Relación del progreso de la Armada de la Santa Liga, Milano 1576 ;

je cite la partie quii concerne Lépante, à partir de l'édition donnée en appendice à I. Bauer Landauer, Don Francisco de Benavides : cuatralvo de las galeras de Espana, Madrid, 1921, p. 329-376.

Avena = A. Avena, Memorie veronesi della guerra di Cipro e della battaglia di Lepanto, in « Nuovo Archivio Veneto », 24 (1912), p. 96-128.

Borghesi = V. Borghesi, « Informazioni sulle galee di Andrea Doria nelle carte strozziane (1552) », in « Guerra e commercio nell'evoluzione della marina genovese », Miscellanea Storica Ligure, II (1970), p. 117-205.

Bosio = G. Bosio, Historia della sacra religione et illustrissima militia di S. Giovanni Gierosolimitano, vol. Ili, Naples, 1684.

Buonrizzo, cf. Relazioni, Buonrizzo 1570.

Caetani = « Lettere di Onorato Caetani capitan generale delle fanterie pontificie nella battaglia di Lepanto », in O. Caetani, G. Diedo, La battaglia di Lepanto (1571), édité par S. Mazzarella, Paierme, 1995.

Cajal = A. Cajal Valero, « Una presencia vasca en Lepanto : Domingo de Zavala », in Itsas Memoria. Revista de Estudios Maritimos del Pats Vasco, 5 (2006), 135-44.

Calepio = « Vera et fedelissima narratione del successo dell'espugnatione et defensione del Regno de Cipro, fatta per il R.P.F. Angelo Calepio di Cipro », in S. Lusignano, Chorograffia et breve historia universale dell'Isola de Cipro, Bologne, 1573.

Canal = Relazione del provveditore Antonio da Canal, edita in Prasca, originale in Archivio di Stato di Torino, Museo Storico, III/3.

Capitolo = Capitolo in lode di tutti li sopracomiti et d'alcuni prencipi che si sono ritrovati et portati valorosamente nel giorno della battaglia, et vittoria navale contra turchi, Venise, 1572.

Caracciolo = Ferrante Caracciolo, Commentarii delle guerre fatte co' Turchi da Don Giovanni d'Austria, Florence, 1581.

Catena = G. Catena, Vita del gloriosissimo papa Pio Quinto, Mantoue, 1587.

Charrière = Ernest Charrière, Négociations de la France dans le Levant, Paris, 1848-1860.

Codoin = Colección de documentos inéditos para la historia de Espana : vol. Ili, édité par M. Fernandez Navarrete, M. Salva et P. Sainz de Baranda, Madrid, 1843 ; vol. XI, édité par M. Salva, P. Sainz de Baranda, Madrid, 1847.

Contarini = G.P. Contarini, Historia delle cose successe dal principio della guerra mossa da Selim..., Venise, 1572.

Conti = N. Conti, Delle historié de' suoi tempi, Venise, 1589.

Corazzini = Relación vénitienne anonyme, publiée in Battaglia di Lepanto. Per nozze Corazzini-Brenzini, édité par F. Corazzini, Florence, 1899.

Crescenzio = B. Crescenzio, Nautica Mediterranea, Rome, 1602.

Cristoforo Da Canal = C. Canale, Della milizia marittima, édité par M. Nani Moce- nigo, Rome, 1930.

Deny = J. Deny, « Chansons des janissaires turcs d'Alger », in Mélanges René Basset, Paris, 1925, vol. II, p. 33-175.

Diedo = « La battaglia di Lepanto descritta da Gerolamo Diedo », in O. Caetani, G. Diedo, La battaglia di Lepanto (1571), édité par S. Mazzarella, Palerme, 1995.

Donà = La corrispondenza da Madrid dell'ambasciatore Leonardo Donà (1570-1573), édité par M. Brunetti, E. Vitale, Venise-Rome, 1963.

Doria = G.A. Doria, Vita del Principe Giovanni Andrea Doria scritta da lui medesimo incompleta, édité par V. Borghesi, Gênes, 1997.

Dragonetti = A. Dragonetti de Torres, La Lega di Lepanto nel carteggio diplomatico inedito di Don Luis de Torres, Turin, 1931.

Falchetti = compte rendu de Nicosia di Fabriano Falchetti, Pesaro, Biblioteca Oliveriana, ms. 117, trad. anglais in C. Cobham, Excerpta Cypria, Cambridge, 1908, 80-1.

Foglietta = Istoria di Mons. Uberto Foglietta nobile genovese della sacra lega contra Selim, Gênes, 1598.

Fresne-Canaye = Le Voyage du Levant de Philippe du Fresne-Canaye (1573), édité par H. Hauser, Paris, 1897.

Gatto = Narrazione del terribile assedio e della resa di Famagosta nell'anno 1571 da un manoscritto del capitano Angelo Gatto da Orvieto, édité par P. Catizzani, Orvieto, 1895.

Gennarelli = A. Gennarelli, « Della guerra di Cipro e della battaglia di Lepanto, documenti originali ed inediti tratti dagli archivi Colonna e Caetani », in II Saggiatore, 1/2 (1844), p. 289-365.

Giustificatione del Signor Gio. Andrea Doria, in Gennarelli p. 358-365 et Roseli doc. V.

Guglielmotti = A. Guglielmotti, Marco Antonio Colonna alla battaglia di Lepanto, Florence, 1862.

Lamansky = V. Lamansky, Secrets d'État de Venise, Saint-Pétersbourg, 1884.

Lescalopier = E. Cléray, « Le Voyage de Pierre Lescalopier Parisien de Venise à Constantinople Tan 1574 », in Revue d'histoire diplomatique, 35 (1921), p. 21-55.

Lesure = M. Lesure, Lépante : la crise de l'Empire ottoman, Paris, 1972.

Lesure (b) e Lesure (c) = M. Lesure, « Notes et documents sur les Relacións veneto-ottomanes 1570-1573 », in Turcica, 4 (1972), p. 134-164 ; 8 (1976), p. 117-156.

Lezze = « Relazione di Giovanni da Lezze provveditore in Dalmazia », in Ljubic p. 249-267.

Ljubic = S. Ljubic, Commisiones et Relaciónes venetae, vol. Ili, Annorum 1553-1571, Zagreb, 1880.

Longo = F. Longo, « Successo della guerra fatta con Selim sultano », in Archivio Storico Italiano, Appendice, 17 (1847).

Manolesso = E.M. Manolesso, Historia nova nella quale si contengono tutti i successi della guerra turchesca, Padoue, 1572.

March = J.M. March, La Batalla de Lépanto y don Luis de Re que sens, Madrid, 1944.

Martinengo = N. Martinengo, Relacióne di tutto il successo di F amago sta, Venise, 1572 ; republiée en appendice à Monello 2006.

Masala = A. Masala, Il Canto e la spada. Canti di guerra del popolo turco, Rome, 1978.

Matteo Da Capua = Lettera che alcuni ufficiali veneziani caduti prigionieri dei turchi a Famagosta e condotti a Costantinopoli scrissero al bailp il 28 ottobre 1571, publiée in

Rosi (b) doc. IL

Molmenti = P. Molmenti, Sebastiano Veniero e la battaglia di Lepanto, Florence, 1899.

Molmenti (b) - P. Molmenti, « Sebastiano Veniero dopo la battaglia di Lepanto », in Nuovo Archivio Veneto, 30 (1915), p. 5-146.

Morales = Ambrosio de Morales, La Batalla de Lepanto (Descriptio belli nautici et expugnatio Lepanti per D. Ioannem de Austria), édité par J. Costas Rodríguez, Madrid, 1987.

Nicolay = Nicolas de Nicolay, Dans l'Empire de Soliman le Magnifique, Paris, 1989.

Nicolini = G. Nicolini, « La Città di Napoli nell'anno della battaglia di Lepanto dai dispacci del residente veneto », in Archivio Storico per le Province Napoletane, 53 (1928), p. 388-422.

Nunziature = Nunziature di Venezia, édité par A. Stella, VIII (1566-1569), Rome, 1563 ; IX (1569-1571), Rome, 1972 ; X (1571-1573), Rome, 1977 (Fonti per la storia d'Italia).

Nunziature Napoli - Nunziature di Napoli, I (1570-1577), édité par P. Villani, Rome, 1962 (Fonti per la storia d'Italia).

L'ordine delle galere = L'ordine delle galere et le insegne loro, con li fanòy nomiy e cognomi delli magnifici et generosi patroni di esse che si ritrovorno nella armata della santissima lega, Venise, 1571.

Oreste = G. Oreste, « Una narrazione inedita della battaglia di Lepanto », in Atti della Società Ligure di Storia Patria, 76/2 (1962), p. 207-233.

Pantera = P. Pantera, Armata navale, Rome, 1614.

Parere del Signor Gio. Andrea Doria intorno al soccorso di Cipro, in Gennarelli p. 289-295 et Vargas Hidalgo p. 693-698.

Paruta = P. Paruta, Storia della guerra di Cipro, Sienne, 1827.

Pedani Fabris = M.P. Pedani Fabris, I « documenti turchi » dell'Archivio di Stato di Venezia. Inventario della miscellanea, Rome, 1994.

Podacataro = relazione anonima di un Podacataro catturato a Nicosia, in ASV, Materie miste notabili, reg. 11, ff. 201v207r.

Praga = G. Praga, « La Difesa di Zara in un diario militare del 1571 », in Archivio Storico per la Dalmazia, 23 (1937), p. 163-173.

Prasca = E. Prasca, Nuovi documenti sulla battaglia di Lepanto, Padoue, 1909.

Promis = « Cento lettere concernenti la storia del Piemonte dal MDXLIV al MDXCII », édité par V. Promis, in Miscellanea di Storia Italiana, 9 (1870), p. 513-764.

Provana = Relazione di Andrea Provana al duca Emanuele Filiberto circa la battaglia di Lepanto, in E. Ricotti, Storia della monarchia piemontese, vol. II, Florence, 1861, Appendice IV, p. 499-503.

Quarti = G.A. Quarti, La Guerra contro il Turco a Cipro e a Lepanto 1570-1571. Storia documentata, Venise, 1935.

Relación = Juan de Soto, Relación de la bataille de Lépante, rédigée sur ordre de don Juan, envoyée au roi par l'intermédiaire de don Lope de Figueroa et en copie à ses ministres en Italie; différentes versions in Codoin, III, p. 216-223, 239-256, 259- 269 ; autre version in Aparici p. 28-41.

Relazione di Marc'Antonio Colonna, in Sereno p. 431-438.

Relazioni = E. Alberi, Le relazioni degli ambasciatori veneti al senato durante il secolo decimosesto, serie III, vol. I, Florence, 1840 (Navagero 1553, Trevisan 1554, Cavalli 1560, Badoer 1573, Barbaro 1573, Garzoni 1573) ; serie III, vol. II, Florence, 1844 (Buonrizzo 1565, Ragazzoni 1571) ; vol. XV (Appendice), Florence, 1863 (Barbaro 1573b) ; Relazioni di ambasciatori veneti al Senato, édité par L. Firpo, vol. XI, Savoia, Turin, 1983 (Morosini 1570) ; vol. XIII, Costantinopoli, Turin, 1984 (Moro 1590, Bernardo 1592, Seguito Bernardo 1592, Zane 1594, Donà 1596) ; vol. XIV, Costantinopoli: relazioni inedite : 1512-1789, édité par M.P. Pedani Fabris, Padoue, 1996 (Renier 1550, Michiel 1538, Buonrizzo 1570, Anonimo 1571-73, SantaCroce 1573, Soranzo 1576, Anteimi 1576, Correr 1578, Soranzo 1584, Bernardo 1590).

Requesens = Lettera di don Luis de Requesens al re, da Messina, 8 novembre 1571, in March, doc. II.

Romegas - Extrait dune lettere escripte par le commandeur Romegas, in Charrière III, p. 185-190.

Rosell = C. Rosell, Historia del combate naval de Lepanto, Madrid, 1853.

Rosi = M. Rosi, « Alcuni documenti relativi alla liberazione dei principali prigionieri turchi presi a Lepanto », in Archivio della Società Romana di Storia Patria, 21 (1898), p. 141-220.

Rosi (b) = M. Rosi, « Nuovi documenti relativi alla liberazione dei principali prigionieri turchi presi a Lepanto », in Archivio della Società Romana di Storia Patria., 24 (1901), p. 5-47.

Salaris = E. Salaris, Una famiglia di militari italiani dei secoli XVI e XVII. I Savorgnano, Rome, 1913.

Saraceni = I fatti d'arme famosi successi tra tutte le nationi del mondo, raccolti da M. Già. Carlo Saraceni, Venise, 1600.

Savorgnan = « Relazione di Giulio Savorgnan sulla difesa di Zara », in Salaris p. 86-90.

Scetti = L. Monga, Galee toscane e corsari barbareschi. Il diario di Aurelio Scetti, galeotto fiorentino (1565-1577), Fornacette (PI), 1999.

Sereno = Bartolomeo Sereno, Commentari della Guerra di Cipro e della lega dei principi cristiani contro il turco, Monte Cassino, 1845.

Serrano = L. Serrano, Correspondencia diplomatica entre Espanay la Santa Sede durante el pontificato de San Pio V, Rome, 1914.

Serviá = Miguel Servia, Relación del suceso de la armada de la Liga en el ano 1571, in Codoin XI, p. 359-371.

Setton = K.M. Setton, The Papacy and thè Levant (1204-1571), vol. IV, Philadelphie, 1984.

Sozomeno = Narratione della guerra di Nicosia fatta nel regno di Cipro day turchi Vanno 1570, Bologne, 1571.

Spinola = E. Spinola, Lettera sulla battaglia di Lepanto, édité par A. Neri, Gênes, 1901, originai in ASG, Litterarum, Fogliazzi, 1966.

Stella = A. Stella, « Giovanni Andrea Doria e la "sacra lega" prima della battaglia di Lepanto », in Rivista di storia della chiesa in Ltalia, 19 (1965), p. 378-402.

Suriano = Negotiato, et conclusione di lega contro il turco... scritta dal clarissimo Michel Suriano, in Sereno p. 393-426.

Sylvestrani Brenzone = C. Sylvestrani Brenzone, Vita et fatti del valorosissimo capitan Astone Buglione, Vérone, 1591.

Tercios = Los tercios de Espana en la ocasión de Lepanto, édité par H.M. Garate Cordoba, Madrid, 1971.

Tursun Bey = Tursun Bey, La conquista di Costantinopoli, Milan, 2007.

Valderio = La guerra di Cipro scritta da Pietro Valderio, visconte della città di Famagosta, ms. ; je n'ai pas pu consulter l'édition de G. Grivaud et N. Patapiou, Nicosia 1996 ; la pagination indiquée renvoie aux extraits publiés dans Setton.

Vargas Hidalgo = R. Vargas Hidalgo, Guerra y diplomacia en el Mediterraneo Correspondencia inèdita de Felipe LI con Andrea Doria y Juan Andrea Doria, Madrid, 2002.

Venier = relazione di Sebastiano Venier in Molmenti.

Viaje de Turquia = Viaje de Turquïa, édité par F.G. Salinero, Madrid, 1980 ; la traduction italienne, A. Laguna, Avventure di uno schiavo dei Turchi, Milan, 1983, est en fait une version réduite.

研究文献

M. Aglietti, « La partecipazione delle galere toscane alla battaglia di Lepanto », in Toscana e Spagna nelVetà moderna e contemporanea,, édité par D. Marrara, Pise, 1998, p. 55-145.

T.G. Agoston, Guns for thè Sultan. Military Power and thè Weapons Industry in thè Ottoman Empire, Cambridge, 2005.

G. Alessi Palazzolo, « Pene e "remieri" a Napoli tra Cinque e Seicento. Un aspetto singolare deH'illegalismo d'Ancien régime », in ASPN, XV (1977), p. 235-251.

F. Angiolini, Làrsenale di Pisa fra politica ed economia: continuità e mutamenti (secoli XV-XVI), in Arsenali e città..., p. 69-82 = Angiolini 1987.

F. Angiolini, I cavalieri e il principe. L \'ordine di Santo Stefano e la società toscana in età moderna, Florence, 1996.

F. Angiolini, « La pena della galera nella Toscana moderna (1542-1750) », in Carceri, carcerieri, carcerati. DalVantico regime alVOttocento, édité par L. Antonielli, Soveria Mannelli, 2006, p. 79-115.

S. Anselmi, « Motivazioni economiche della neutralità di Ragusa nel Cinquecento », in Il Mediterraneo nella seconda metà del 500..., p. 33-70.

B. Arbel, « The Jews in Cyprus : New Evidence from thè Venetian Period », in Jewish Social Studies, 41 (1979), p. 23-40, désormais in Id., Cyprus, The Franks and Venice, 13th-l6th Centuries, Aldershot, 2000.

B. Arbel, Cypriot Population under Venetian Rule (1473-1571). A Démographie Study, éd. or. 1984, p. 183-215, désormais in Id., Cyprus, The Franks and Venice, op. cit.

B. Arbel, « Venezia, gli ebrei e l'attività di Salomone Ashkenasi nella guerra di Cipro », in Gli

Ebrei a Venezia (secc. XJV-XVIII), édité par G. Cozzi, Milan, 1987, p. 163-197.

B. Arbel, The Cypriot Nobility from thè Fourteenth to thè Sixteenth Century : A New Interprétation, éd. or. 1989, p. 175-197, désormais in Id., Cyprus, The Franks and Venice, op. cit.

B. Arbel, Résistance ou collaboration ? Les Chypriotes sous la domination vénitienne, éd. or. 1989, p. 131-143, désormais in Id., Cyprus, The Franksand Veniee, op. cit. = Arbel 1989b.

B. Arbel, « Salomone Ashkenazi : mercante e armatore », in II mondo ebraico, édité par G. Todeschini, Pordenone 1991, p. 111-128.

B. Arbel, « Nur Banu : A Venetian Sultana ? », in Tunica, 24 (1992), p. 241-259.

B. Arbel, Trading Nations. Jews and Venetians in the Early Modem Eastem Mediterra- nean, Leyde-New York-Cologne, 1995.

B. Arbel, « Greek Magnates in Venetian Cyprus: The Case of the Synglitico Family », in Dumbarton Oaks Papers, 49 (1995), p. 325-337, désormais in Id., Cyprus, The Franks and Venice, op. cit. - Arbel 1995b.

G. Arenaprimo, La Sicilia nella battaglia di Lepanto, Messine, 1886.

N. Aricò, « Messina nell'epopea di Lepanto », in I Turchi, il Mediterraneo e ! Europa, édité par G. Motta, Milan, 1998, p. 24-77.

Arsenali e città nelVOccidente europeo, édité par E. Concina, Rome, 1987.

G. Athanasiadis-Novas, « Discorso introduttivo », in II Mediterraneo nella seconda metà del' 500..., p. 1-18.

M. Aymard, « Chiourmes et galères dans la seconde moitié du XVIe siècle », in II Mediterraneo nella seconda metà del '500..., p. 71-91 = Aymard 1974.

M. Aymard, « Strategie di cantiere », in Storia di Venezia, vol. XII : Il mare..., p. 259- 283 = Aymard 1991.

M. Aymard, « La leva marittima », ibid., p. 435-479 = Aymard 1991b.

F. Baez, Storia universale della distruzione dei libri, Rome, 2007.

A. Bausani, «L'Italia nel Kitab-i bahriyye di Piri reis », in II Veltro, 23/2-4 (1979), p. 173-195.

N. Bazzano, Marco Antonio Colonna, Rome, 2003.

G. Bellavitis, L Arsenale di Venezia, Venise, 2009^2.

G. Bellingeri, « Venezia e i Veneziani nella letteratura ottomana », in Venezia e i turchi..., p. 144-153 = Bellingeri 1985.

G. Bellingeri, « Il Golfo come appendice : una visione ottomana », in Mito e antimito di Venezia nel bacino adriatico (secoli XV-XIX), édité par S. Graciotti, Rome, 2001, p. 1- 21.

G. Bellingeri, G. Vercellin, « Del mappamondo turco a forma di cuore », in Venezia e i turchi..., p. 154-159 = Bellingeri-Vercellin 1985.

B. Bennassar, Don Juan de Austria, Madrid, 2000.

L. et B. Bennassar, I Cristiani di Allah, Milan, 1991.

G. Benzoni, « Il "farsi turco" , ossia l'ombra del rinnegato », in Venezia e i turchi..., p.

91-133.

H. Bicheno, La batalla de Lepanto, Barcelone, 2005.

N.H. Biegman, The Turco-Ragusan Relaciónship According to the Firmans ofMuradIII (1575-1595) Extant in the State Archives of Dubrovnik, Paris-La Haye, 1967.

S. Bono, I Corsari barbareschi, Turin, 1964.

S. Bono, « Schiavi musulmani sulle galere e nei bagni d'Italia dal XVI al XIX secolo », in Le genti del mare Mediterraneo..., II, p. 937-975 = Bono 1981.

S. Bono, « Pascià e rais algerini di origine italiana », in Italia e Algeria. Aspetti storici di un amicizia mediterranea, édité par R.H. Rainero, Milan, 1982, p. 199-222.

S. Bono, Schiavi musulmani nell'Italia moderna, Naples, 1999.

P. Boyer, « Les Renégats et la marine de la Régence d'Alger », in Revue de TOccident musulman et de la Méditerranée, 39 (1985), p. 93-106.

F. Braudel, La Méditerranée et le monde méditerranéen à Tépoque de Philippe II, Paris, 1979 [l[re] éd. 1949].

A. Brogini, « L'esclavage au quotidien à Malte au XVIe siècle », in Cahiers de la Méditerranée, 65 (2002), p. 137-158.

G. Brunelli, Soldati del Papa. Politica militare e nobiltà nello Stato della Chiesa (1560- 1644), Rome, 2003.

M. A. de Bunes Ibarra, « La Defensa de la cristianidad : las armadas en el mediterràneo en la edad moderna », in Cuadernos de Historia Moderna. Anejos, 5 (2006), p. 77-99.

R. Cancila, « Il Mediterraneo assediato », in Mediterraneo in armi..., p. 7-65.

N. Capponi, Lepanto 1571, Milan, 2008.

G. Castellani, « L'asistenza religiosa nell'armata di Lepanto (1570-1572) », in Civiltà cattolica, 1936/4, p. 470-481 ; 1937/1, p. 39-49, 433-443 ; 1937/2, p. 259-269, 538-547.

G. Civaie, Guerrieri di Cristo. Inquisitori, gesuiti e soldati alla battaglia di Lepanto, Milan, 2009.

M. Cizakça, « Ottomans and thè Mediterranean. An analysis of thè Ottoman shipbuil- ding industry as reflected by thè Arsenal registers of Istanbul, 1529-1650 », in Le genti del mare Mediterraneo..., II, p. 773-787.

I. Cloulas, « Le "Subsidio de las galera" , contribution du clergé espagnol à la guerre contre les Infidèles, de 1563 à 1574 », in Mélanges de la Casa de Velâzquez, 3 (1967),p. 289-326.

C. Coco, F. Manzonetto, Baili veneziani alla Sublime Porta. Storia e caratteristiche dell"ambasciata veneta a Costantinopoli, Venise, 1985.

E. Concina, L'arsenale della Repubblica di Venezia. Tecniche e istituzioni dal medioevo all'età moderna, Milan, 1984.

E. Concina, Navis. L'Umanesimo sul mare (1470-1740), Turin, 1990.

E. Concina, «La Casa dell'Arsenale », in Storia di Venezia, vol. XII..., p. 147-210 = Concina 1991.

E. Concina, « La costruzione navale », ibid., p. 211-258 = Concina 1991b.

Conway's History of thè ship. The Age ofGalley, Londres, 1995.

L. Coralic, « Ivan iz Vrane - mletacki admirai u Lepantskpm boju (1571) », in Povijesni prilozi, 29 (2005), p. 127-149.

V. Costantini, « Destini di guerra. L'inventario ottomano dei prigionieri di Nicosia (settembre 1570) », in Studi Veneziani, 45 (2003), p. 229-241.

V. Costantini, « Continuità e cesure di un equilibrio secolare », in Alberto Tenenti. Scritti in memoria, édité par P. Scaramella, Naples, 2005, p. 53-64.

V. Costantini, Il Sultano e l'isola contesa. Cipro tra eredità veneziana e potere ottomano, Turin, 2009.

M. Dal Borgo, G. Zanelli, Zara. Una fortezza, un porto, un arsenale (secoli XV-XVIII), Rome, 2008.

R. C. Davis, Shipbuilders ofthe Venetian Arsenal, Baltimore, 1991.

A. De Pellegrini, Di due turchi schiavi del conte Silvio di Porcia e Brugnera dopo la battaglia di Lepanto, Venise, 1921.

E. Dursteler, « Commerce and Coexistence : Veneto-Ottoman Trade in thè Early Modern Era», in Tunica, 34 (2002), p. 105-134.

E. Dursteler, Venetians in Constantinople. Nation, Identity, and Coexistence in thè Early Modern Mediterranean, Baltimore, 2006.

H. E. Edgerton, P. Throckmorton, E. Yalouris, « The battle of Lepanto. Search and sur- vey mission 1971-2 », in International Journal of Nautical Archaeology and Underwa- ter Exploration, 2 (1973), p. 121-130.

G. Ercole, Duri i banchi ! Le navi della Serenissima, 421-1797, Trente, 2006.

M. A. Erdogru, « The Servants and Venetian Interest in Ottoman Cyprus in thè Late Sixteenth and thè Early Seventeenth Centuries », in Veneziani in Levante..., p. 97- 120.

A. Fabris, « Hasan "il Veneziano" tra Algeri e Costantinopoli », in Veneziani in Levante..., p. 51-66.

S. Faroqhi, « Before 1600 : Ottoman attitudes towards merchants from Latin Christen- dom », in Turcica 34 (2002), p. 69-104. 663

S. Faroqhi, The Ottoman Empire and the World Around It, Londres-New York, 2004.

V. Favarò, « Dalla "nuova milizia" al Tercio spagnolo : la presenza militare nella Sicilia di Filippo II », in Mediterranea, 4 (2005), p. 235-262.

V. Favarò, « La esquadra de galeras del Regno di Sicilia : costruzione, armamento, amministrazione (XVI secolo) », in Mediterraneo in armi..., p. 289-313 = Favarò 2007.

V. Favarò, La modernizzazione militare nella Sicilia di Filippo II, Paierme, 2009.

P. Fedele, « Il Vessillo di Lepanto », in Archivio storico per le province napoletane, 34 (1909), p. 540-550.

G. Fenicia, Il Regno di Napoli e la difesa del Mediterraneo nelTetà di Filippo II (1556- 1598). Organizzazione e finanziamento, Bari, 2003.

C. Fleischer, Bureaucrat and Intellectual in the Ottoman Empire : The Historian Mustafa Ali (1541-1600), Princeton, 1986.

P. Fodor, « The organization of defence in the Eastern Mediterranean (end of the 16th century) », in The kapudan Pasha..., p. 87-94.

M. Fontenay, « Chiourmes turques au XVIIe siècle », in Le Genti del mare Mediterraneo..., \\,

p. 877-903.

V. Foretić, « Korcula, Dubrovnik, Boka Kotorska i Lepantska bitka », in Lepantska bitka..., p. 165-180.

D. e E. Garcla Hernán, Lepanto : el dia después, Madrid, 1999.

L. Gatti, L Arsenale e le galee. Pratiche di costruzione e linguaggio tecnico a Genova tra medioevo ed età moderna, Gênes, 1990.

L. Gatti, Navi e cantieri della Repubblica di Genova (secoli XVI-XVIII), Gênes, 1999.

M. Gattoni, « La Spada della croce : la difficile alleanza ispano-veneto-pontificia nella guerra di Cipro. Politica estera e teoresi filosofica nei documenti pontifici », in Ricerche storiche, 29 (1999), p. 611-650.

Le Genti del mare Mediterraneo y édité par R. Ragosta, Naples, 1981.

C. Gibellini, LTmmagine di Lepanto. La celebrazione della vittoria nella letteratura e nellàrte veneziana, Venise, 2008.

C. Gibellini, « Turchi e cristiani nella poesia su Lepanto », in Italiani e stranieri nella tradizione letteraria, Rome, 2009, p. 399-420.

D. Goffman, The Ottoman Empire and Early Modem Europe, Cambridge, 2002.

M.T. GÖkbilgin, « Le relazioni veneto-turche nell'età di Solimano il Magnifico », in II Veltro, 23 (1979), p. 277-292.

J.M. González Cremona,de Austria, héroe de leyenda, Barcelone, 1994.

J.F. Guilmartin, Gunpowder and Galleys, Cambridge, 1974.

J.R. Hale, « From Peacetime Establishment to Fighting Machine : The Venetian Army and the War of Cyprus and Lepanto », in II Mediterraneo nella seconda metà del '500..., p. 163-184 = Hale 1974.

J.R. Hale, « Men and Weapons : the Fighting Potential of Sixteenth-Century Venetian Galleys », in Id., Renaissance War Studies, Londres, 1983, p. 309-334.

J.R. Hale, L'Organizzazione militare di Venezia nel 500, Rome, 1990.

J. Heers, I Barbareschi. Corsari del Mediterraneo, Rome, 2003.

A.C. Hess, « The Battle of Lepanto and its Place in Mediterranean History », in Post & Présent, 57 (1972), p. 53-73.

G. Hill, A History of Cyprus, vol. III : The Frankish Period, 1432-1571, Cambridge, 1948 ; vol. IV : Thè Ottoman Province. The British Colony 1571-1948, Cambridge, 1932.

J.-C. Hocquet, « La Gente di mare », in Storia di Venezia, vol. XII..., p. 481-526.

C. Imber, «The Reconstruction of the Ottoman Fleet, 1571-72», in Id., Studies in Ottoman History and Law, Istanbul, 1996, p. 85-101.

C. Imber, The Ottoman Empire 1300-1650 : the Structure of Power, New York, 2002.

H. Inalcik, «Ottoman Methods of Conquest », in Studia Islamica, 3 (1954), p. 103- 129, désormais in Id., The Ottoman Empire : Conquest, Organization and Economy, Londres, 1978.

H. Inalcik, Ottoman Policy and Administration in Cyprus after thè Conquesti éd. or. 1969, p. 5-23, désormais in Id., The Ottoman Empire, op. cit.

H. Inalcik, « Capital Formation in the Ottoman Empire », in The Journal of Economie

Historyy 19 (1969), p. 97-140 ; désormais in Id., The Ottoman Empire, op. cit. = Inalcik 1969b.

H. Inalcik, « Lepanto in the Ottoman documents », in Il Mediterraneo nella seconda metà del '500..., p. 185-192 = Inalcik 1974.

H. Inalcik, The Socio-Political Effects ofthe Diffusion of Fire-Arms in thè Middle East, in War, Technology and Society in thè Middle East, édité par V.J. Parry, M.E. Yapp, Oxford 1975, p. 195-297 ; désormais in Id., The Ottoman Empire, op. cit.

R. C. Jennings, *Christians and Muslims in Ottoman Cyprus and the Mediterranean World,1571-l640,* New York, 1993.

The Kapudan Pasha, His Office and His Domain, édité par E. Zachariadou, Rhetymnon, 2002.

N. E. Karapidakis, « I rapporti fra "governanti e governati" nella Creta veneziana : una questione che può essere riaperta », in Venezia e Creta, édité par G. Ortalli, Venise, 1998, p. 233-244.

F. Khiari, Vivre et mourir en Alger. L Algerie ottomane aux XVf-XVIf siècles : un destin confisqué, Paris, 2002.

O. Kologlu, « Renegades and the case of Uluç/Kiliç Ali », in Mediterraneo in armi..., p. 513-531.

F.G. Lane, Venetian Ships and Shipbuilders ofthe Renaissance, Baltimore, 1934.

F.G. Lane, «Wages and recruitment of venetian galeotti 1470-1580», in Studi veneziani, VI (1982), p. 15-43, puis in Id., Le Navi di Venezia fra i secoli XIII e XVIII, Turin, 1983.

J.L. de Las Heras, « Los galeotes de la monarquia hispaqica durante el antiguo régi- men », in Studia historica. Historia moderna, TI (2000), p. 283-300.

Lepantska bitka, édité par G. Novak e V. Mastrovic, Zadar, 1974.

B. Lewis, Notes and documents from the Turkish archives, Jérusalem, 1952.

B. Lewis, The Muslim Discovery of Europe, New York-Londres, 1982. Traduction française : Comment l'Islam a découvert l'Europe, Paris, 1984 (postface de Maxime Rodin- son) ; rééd. 1990, 1992 et 2005 (édition citée).

L. Libby, « Venetian Views of the Ottoman Empire from the Peace of 1503 to the War of Cyprus », in Sixteenth-Century Journal, IX/4 (1978), p. 103-126.

L. Lo Basso, Uomini da remo. Galee e galeotti del Mediterraneo in età moderna, Milan, 2003.

L. Lo Basso, A vela e a remi. Navigazione, guerra e schiavitù nel Mediterraneo (secc. XVI-XVIII), Vintimille, 2004.

L. Lo Basso, « Gli asentisti del re. L'eser-cizio privato della guerra nelle strategie economiche dei Genovesi (1528-1716) », in Mediterraneo in armi..., p. 397-427 = Lo Basso 2007.

M. J.C. Lowry, «The Reform of the Council of Ten, 1582-3: An Unsettled Problem ? », in Studi Veneziani, 13 (1971), p. 275-310.

F. Lucchetta, « Il medico del bailaggio di Costantinopoli », in Veneziani in Levante..., p. 5-50 = Lucchetta 1997.

F. Lucchetta, « Fama di Marc'Antonio Bragadin presso i turchi e sue reliquie », in Ateneo Veneto, 193 (2006), p. 127-156.

A.H. Lybyer, The Government of the Ottoman Empire in the Time of Suleiman the

Magnificent, Cambridge (Mass.), 1913.
M. Mafrici, Mezzogiorno e pirateria nelTetà moderna (secoli XVI-XVIII), Naples, 1995.
S. Mammana, Lepanto : rime per Id vittoria sul Turco. Regesto (157T1573) e'studio critico, Rome, 2007.
C. Manca, « Uomini per la corsa. Rapporti di classe e condizioni sociali nelle città marittime barbaresche dopo Lepanto », in Le genti del mare Mediterraneo..., II, p. 725-771 = Manca, 1981.
C. Manca, Il Modello di sviluppo economico delle città marittime barbaresche dopo Lepanto, Naples, 1982.
C. Manfroni, Storia della marina italiana dalla caduta di Costantinopoli alla battaglia di Lepanto (1453-1571), Rome, 1897.
A. Manno, « Politica e architettura militare : le difese di Venezia (1557-1573) », in Studi Veneziani, 11 (1986), p. 91-137.
M. Manoussacas, « Lepanto e i greci », in Il Mediterraneo nella seconda metà del '500..., p. 215-241.
R. Mantran, « L'écho de la bataille de Lépante à Constantinople », in Il Mediterraneo nella seconda metà del 500..., p. 243-256 = Mantran 1974.
R. Mantran, « La bataille de Lépante vue par un chroniqueur ottoman », in Id., L'Empire ottoman du xvf au XVIII siècle. Administration, économie, société, Londres, 1984, p. 183-189.
R. Mantran, «Arsenali a Istanbul dal XV al XVII secolo : Qasim Pascià e Top-Hané », in Arsenali e città..., p. 97-113 = Mantran 1987.
Mediterraneo in armi (secc. XV-XVIH), édité par R. Cancila, Paierme, 2007.
Il Mediterraneo nella seconda metà del 500 alla luce di Lepanto, édité par G. Benzoni, Florence, 1974.
G.M. Meredith-Owens, « Traces of a lost autobiographical work by a courtier of Selim II », in Bulletin ofthe School of Orientai and African Studies, 23 (1960), p. 456-463.
M.S. Messana, « La "resistenza" musulmana e i "martiri" delPislam : moriscos, schiavi e cristiani rinnegati di fronte all'Inqui-sizione spagnola di Sicilia », in Quaderni Storici, 126 (2007), p. 743-772.
I. Metin Kunt, « Transformation of Zimmi into Askerì », in Christians and Jews in thè Ottoman Empire, édité par B. Braude et B. Lewis, New York-Londres, 1982, p. 55- 67.
G. Monello, Accadde a Famagosta : Vasse-dio turco ad una fortezza veneziana ed il suo sconvolgente finale, Cagliari, 2006.
D. Montuoro, « I Cigala, una famiglia feudale tra Genova, Sicilia, Turchia e Calabria », in Mediterranea, 16 (2009), p. 277-302.
P. Morachiello, « Fortezze e lidi », in Storia di Venezia, vol. XII..., p. 111-134.
M. Morin, « La battaglia di Lepanto : il determinante apporto delPartiglieria veneziana », in Diana : Armi, 9 (1975), 1, p. 54-61.
M. Morin, « La Battaglia di Lepanto », in Venezia e i turchi..., p. 210-231 = Morin 1985.
M. Morin, La battaglia di Lepanto : alcuni aspetti della tecnologia navale veneziana, http ://

venus.unive.it/riccdst/sdv/saggi/saggi.html = Morin 2002.

Motta, « Da Messina a Lepanto. Guerra ed economia nel Mediterraneo cinquecentesco », in I Turchi, il Mediterraneo e lEuropa, édité par G. Motta, Milan, 1998, p. 78-102.

R. Murphey, Ottoman Warfare 1500-1700, Londres, 1999.

M. Nani Mocenigo, Storia della marina veneziana da Lepanto alla caduta della Repubblica, Rome, 1935.

D. Nicolle, The Janissaries, Oxford, 1995 (Osprey Elite, 58).

A. Olivieri, « Il significato escatologico di Lepanto nella storia religiosa del Mediterraneo del Cinquecento », in II Mediterraneo nella seconda metà del 500..., p. 257-277.

V. Omasic, « Sudjelovanje Trogirana i Splicana u bitki kod Lepanta 1571. Godine », in Lepantska bitka..., p. 131-150.

« The Ottomans and thè Sea », édité par K. Fleet, in Oriente Moderno, n.s., 20 (2001), n. 1.

« Les Ottomans en Méditerranée », édité par D. Panzac, in Revue de l'Occident musulman et de la Méditerranée, 39 (1985).

S. Pamuk, A Monetary History ofthe Ottoman Empire, Cambridge, 2000.

W. Panciera, Il Governo delle artiglierie. Tecnologia bellica e istituzioni veneziane nel secondo Cinquecento, Milan, 2005.

D. Panzac, La Marine ottomane. De Tapogée ci la chute de l'Empire (1572-1923), Paris, 2009.

M.P. Pedani, In Nome del Gran Signore. Inviati ottomani a Venezia dalla caduta di Costantinopoli alla guerra di Candia, Venise, 1994.

M.P. Pedani, « Veneziani a Costantinopoli alla fine del XVI secolo », in Veneziani in Levante..., p. 67-84 = Pedani 1997.

M.P. Pedani, « Tra economia e geo-politica : la visione ottomana della guerra di Cipro », in Annuario dell'Istituto Romeno di cultura e ricerca umanistica, 5 (2003), p. 287-298.

M.P. Pedani, Venezia tra Mori, Turchi e Persiani, 2005, http ://venus.unive.it/mpe- dani/ ausilio/venezia_islam.pdf.

M.P. Pedani, « Some Remarks upon thè Ottoman Geo-Political Vision of thè Mediter- ranean in thè Period of thè Cyprus War (1570-1573) », in Frontiers of Ottoman Stu- dies, II : State, Province, and thè West, édité par C. Imber, K. Kiyotald, R. Murphey, Londres, 2005, p. 23-35 = Pedani 2005b.

M.P. Pedani, Venezia porta d'Oriente, Bologne, 2010.

L. Pezzolo, L'Oro dello Stato. Società, finanza e fisco nella Repubblica veneta del secondo '500, Venise, 1990.

L. Pezzolo, « Stato, guerra e finanza nella Repubblica di Venezia fra medioevo e prima età moderna », in Mediterraneo in armi..., p. 67-111 = Pezzolo 2007.

L. Pierozzi, « La Vittoria di Lepanto nell'escatologia e nella profezia », in Rinascimento, 34 (1994), p. 317-363.

R. Pike, Penal Servitude in Early Modem Spain, Madison (Wi), 1983.

A. Pippidi, « Les Pays danubiens et Lépante », in II Mediterraneo nella seconda metà del '500..., p. 289-323.

E. Poleggi, « L'Arsenale della Repubblica di Genova (1594-1797) », in Arsenali e città..., p. 83-96.

G. Poumarède, Pour en finir avec la Croisade. Mythes et réalités de la lutte contre les Turcs aux XV.f et XVIf siècles, Paris, 2004.

P. Preto, Venezia e i turchi, Florence, 1975.

P. Preto, « Le relazioni dei baili veneziani a Costantinopoli », in II Veltro, 23/2-4 (1979),p. 125-130.

P. Preto, I Servizi segreti di Venezia. Spionaggio e controspionaggio ai tempi della Serenissima, Milan, 1994.

C. Promis, Biografie degli ingegneri militari italiani dal secolo XIV alla metà del XVIII, Turin, 1874 (Miscellanea di Storia Italiana, XIV).

H. Pryor, Geography, Technology, and War : Studies in thè Maritime History of thè Mediterranean, 649-1571 Cambridge, 1988.

R. Puddu, I Nemici del re. Il racconto della guerra nella Spagna di Filippo II, Rome, 2000.

M. Quaini, « I boschi della Liguria e la loro utilizzazione per i cantieri navali : note di geografia storica», in Rivista geografica italiana, LXXV (1968), p. 508-537.

G.A. Quarti, La battaglia di Lepanto nei canti popolari dell'epoca, Milan, 1930.

J. Raby, « La Serenissima e la Sublime Porta : le arti nell'arte della diplomazia (1543- 1600) », in Venezia e l'Islam..., p. 107-137.

B. Ravid, « Money, Love and Power Politics in Sixteenth Century Venice : thè Perpetuai Banishment and Subséquent Pardon of Joseph Nasi », in Italia Judaica. Atti del I convegno intemazionale, Rome, 1983, p. 159-181.

G. Ricci, Ossessione turca, Bologne, 2002.

G. Ricci, I Turchi alle porte, Bologne, 2008.

R.G. Ridella, Produzione di artiglierie nel XVI secolo. I fonditori genovesi Battista Merello e Dorino II Gioardi, in Pratiche e Linguaggi. Contributi a una storia della cultura tecnica e scientifica, Pise, 2005, p. 77-134.

R.G. Ridella, « "General descritione del'artiglieria che si ritrova nel Regno di Corsica e Isola di Capraia" . Bocche da fuoco nelle fortificazioni costiere genovesi di Corsica tra Cinque e Seicento », in « Contra Moros y Turcos ». Politiche e sistemi di difesa degli Stati mediterranei della Corona di Spagna in Età Moderna,, Cagliari, 2008.

M. Rivero Rodriguez, « El servicio a dos cortes : Marco Antonio Colonna, almirante pontificio y vasallo de la monarquia », in La corte de Felipe II, édité par José Martinez Millán, Madrid, 1994, p. 305-378.

R. Romano, « Aspetti economici degli arma-menti navali veneziani », in Rivista storica italiana, LXVI (1954), p. 39-67.

F. Rossi, « Rifornimenti marittimi agli arsenali veneziani del Levante », in Venezia e Creta, édité par G. Ortalli, Venise, 1998, p. 415-442.

W.H. Rudt de Collenberg, « Les "Litterae Hortatoriae" accordées par les papes en faveur de la rédemption des Chypriotes captifs des Turcs (1570-1597) d'après les fonds de F Archivio Segreto Vaticano », in Epeteris, 11 (1981-82), p. 13-167.

W.H. Rudt de Collenberg, Esclavage et rançons des chrétiens en Méditerranée (1570- 1600). Dyaprès les « Litterae Hortatoriae » de l'Archivio Segreto Vaticano, Paris, 1987.

A. Sakisian, « Le Croissant comme emblème national et religieux en Turquie », in Syria, 22 (1941), p. 66-80.

S. Salomone-Marino, « I Siciliani nelle guerre contro gl'infedeli nel secolo XVI », in Archivio storico Siciliano, XXXVII (1912), p. 1-37.

T. Samardjitch, Mehmed Sokolovitch. Le destin d'un grand vizir, Lausanne-Paris, 1994.

F. Sassi, « La Politica navale veneziana dopo Lepanto », in Archivio Veneto, 38-41 (1946-1947), p. 99-200.

A. Segre, « La Marina militare sabauda ai tempi di Emanuele Filiberto », in Memorie della R. Accademia delle Scienze di Torino, s. 2, 48 (1899), Classe di scienze morali, storiche e filologiche, p. 1-164.

L. Serrano, La liga de Lepanto entre Espana, Venecia y la Santa Sede (1570-1573), I, Madrid, 1918.

K.M. Setton, Western Hostility to Islam and Prophecies of Turkish Doom, Philadelphie, 1992.

B. Simon, « Contribution à l'étude du commerce vénitien dans l'Empire ottoman au milieu du XVIe siècle (1558-1560)», in Mélanges de l'École française de Rome, 96 (1984), p. 973-1020.

B. Simon, « I Rappresentanti diplomatici veneziani a Costantinopoli », in Venezia e i turchi..., p. 56-69 = Simon 1985.

M. Sirago, «Attrezzature portuali e costruzioni navali in Napoli durante il Viceregno spagnolo », in La Penisola italiana e il mare. Costruzioni navali, trasporti e commerci tra XV e XX secolo, édité par T. Fanfani, Naples, 1993, p. 175-218.

M. Sirago, « I Doria signori del mare ed il sistema dell' "asiento" nella costituzione della flotta napoletana all'epoca di Carlo V », in Archivio storico per le province napoletane, 119 (2001), p. 665-704.

B.J. Slot, Archipelagus turbatus. Les Cyclades entre colonisation latine et occupation ottomane 1500-1718, Istanbul, 1982.

Storia di Venezia, vol. XII : Il mare, édité par A. Tenenti e U. Tucci, Rome, 1991.

A. Stouraiti, « Costruendo un luogo della memoria: Lepanto », in Meditando sull'evento di Lepanto. Odierne interpretazioni e memorie, édité par M. Sbalchiero, Venise, 2004.

P.F. Sugar, Southeastern Europe under Ottoman Pule 1354-1804, Seattle, 1977.

A. Tamborra, «Dopo Lepanto: lo spostamento della lotta antiturca sul fronte terrestre », in II Mediterraneo nella seconda metà del 500..., p. 371-392.

A. Tenenti, Venezia e i corsari. 1580-1615, Bari, 1961.

A. Tenenti, Cristoforo Da Canal: la Marine vénitienne avant Lépante, Paris, 1962.

A. Tenenti, « Profilo di un conflitto secolare », in Venezia e i turchi..., p. 9-37 = Tenenti 1985.

A. Tenenti, « Il senso del mare», in Storia di Venezia, vol. XII..., p. 7-76 = Tenenti 1991.

I.A.A. Thompson, War and Government in Habsburg Spain 1560-1620, Londres, 1976.

Les Traditions apocalyptiques au tournant de la chute de Constantinople, édité par B. Lello uch e S. Yerasimos, Paris, 2000.

U. Tucci, « Sur la pratique vénitienne de la navigation au XVIe siècle », in Annales ESC, 13 (1938), p. 72-86.

U. Tucci, « Il processo a Girolamo Zane mancato difensore di Cipro », in Il Mediterraneo nella seconda metà del 500..., p. 409-433 = Tucci 1974.

U. Tucci, « Marinai e galeotti nel Cinquecento veneziano », in Le Genti del mare Mediterraneo..., II, p. 677-691 = Tucci 1981.

U. Tucci, «Venezia e mondo turco : i mercanti », in Venezia e i turchi..., p. 38-33 = Tucci 1985.

U. Tucci, « La pratica della navigazione », in Storia di Venezia, vol. XII..., p. 527-559 = Tucci 1991.

U. Tucci, « L'alimentazione a bordo », ibid., p. 599-618 (= Tucci 1991b).

R. Vargas Hidalgo, La Batalla de Lepanto. Segun cartas inéditas de Felipe II, Don Juan de Austria y Juan Andrea Doria e informes de embajadores y espias, Santiago du Chili, 1998.

N. Vatin, « Îles grecques ? Îles ottomanes ? L'insertion des îles de l'Égée dans l'Empire ottoman à la fin du XVIe siècle », in Insularités ottomanes, édité par N. Vatin, G. Veinstein, Paris, 2004, p. 71-89.

G. Veinstein, « L'hivernage en campagne talon d'Achille du système militaire ottoman classique », in Studia Islamica, 58 (1983), p. 109-143, puis in *Id., Etat et société dans lEmpire ottoman, XVI*[e]*-XVII*[e] *siècle. La terre, la guerre, les communautés*, Aldershot, 1994.

G. Veinstein, « Les préparatifs de la campagne navale franco-turque de 1552 à traversées ordres du Divan ottoman », in Revue de l'Occident muiulman et de la Méditerranée, 39 (1985), p. 35-67, puis in Id., État et société, op. cit.

G. Veinstein, « L'image de l'Europe chez les Ottomans », in Archivio storico per le province napoletane, 119 (2001), p. 49-69.

Venezia centro di mediazione tra Oriente e Occidente (secoli XV-XVI). Aspetti e problemi, édité par H.G. Beck, M. Manoussacas, A. Pertusi, Florence, 1977.

Venezia e Istanbul. Incontri, confronti e scambi, édité par E. Concina, Udine, 2006.

Venezia e i turchi. Scontri e confronti di due civiltà, Milan, 1985.

Venezia e la difesa del Levante. Da Lepanto a Candia 1570-1670, Venise, 1986.

Venezia e l'Islam 828-1797, Venise, 2007.

Veneziani in Levante, musulmani a Venezia, édité par F. Lucchetta, Rome, 1997.

R. Vergani, « Le Materie prime », in Storia di Venezia, vol. XII..., p. 285-312.

A. Viaro, « La Pena della galera. La condizione dei condannati a bordo delle galere veneziane », in Stato società e giustizia nella repubblica di Venezia (secc. XV-XVIII), édité par G. Cozzi, Rome, 1981, p. 377-430.

M. -L. von Wartburg, « Venetian Buildings in Cyprus. Impact and Feed Back », in Ci- pro-Venezia. Comuni sorti storiche, édité par C.A. Maltezou, Venise, 2002, p. 27-43.

O. Yildirim, « The Battle of Lepanto and its impact on Ottoman History and Historio- graphy », in Mediterraneo in armi..., p. 533-555.

N. Yildiz, « Wakfs in Ottoman Cyprus », in Frontiers of Ottoman Studies, II : State, Province, and thè West, édité par C. Imber, K. Kiyotaki e R. Murphey, Londres, 2005, p. 179-195.

C. Yriarte, La Vie d'un patricien de Venise au seizième siècle, Paris, 1874.

出版后记

勒班陀海战是地中海历史上的一次规模空前的重要战斗，基督教神圣同盟与奥斯曼帝国的数百艘战船在海湾中进行了殊死决战，最终以兵力和装备都占据优势的神圣同盟的胜利告终，奥斯曼帝国的主力舰队遭受了毁灭性打击。这场海战的胜利，遏制了奥斯曼土耳其海军在地中海的攻势。传统上认为这场胜利“拯救了基督教世界”，阻止了奥斯曼帝国在地中海的扩张，这使得勒班陀海战成了西方人心目中的一次传奇大捷。

然而在几个世纪之后，当本书作者借助当事人留下的档案和书信带着读者来回顾这场战争的前因后果时，我们会发现这场所谓的“基督教文明与伊斯兰文明的决战”，其来龙去脉远比单纯的“文明的冲突”要复杂得多：这场爆发于 1570 年的战争的起因，是奥斯曼帝国与威尼斯关于塞浦路斯岛的主权归属问题的冲突，但这两国此前并未将对方视为主要敌人，反而长期和平相处，有着频繁的贸易往来。相较于极端敌视伊斯兰文明与土耳其人的教宗国和西班牙，以贸易立国的威尼斯有着更灵活的价值观念和外交手段。奥斯曼帝国的达官贵人通过威尼斯大量购买西方的奢侈品，同时也因向威尼斯出口小麦获利颇丰，而威尼斯的各大商业家族也都在东方建立了自己的贸易站，在土耳其有着重要的商业利益。这也是为什么直到战争爆发前的最后一刻，包括奥斯曼帝国的大维齐尔在内的部分双方高层人士仍在极力斡旋，试图避免战争。

这次胜利的意义也在后世的审视中受到了越来越多的质疑：首先，它并没能阻止奥斯曼帝国夺取塞浦路斯；其次，基督教同盟舰队的成功集结使得其兵力相较奥斯曼舰队有了明显优势，即便不爆发战斗，奥斯曼舰队也只能停止进攻，收兵回港；最后，这场战斗发生在秋季，而当时地中海各国的海军在冬季都无法进行大规模军事行动，需要回港过冬，这使得神圣同盟来不及进一步扩大战果，而奥斯曼帝国则利用冬季修整的时间紧急重建了一支舰队，此后战争陷入僵局，以和谈告终。这场大捷尽管歼灭了奥斯曼海军的主力，但并未从根本上改变战争的走向。

但是，若我们抛开带有中世纪宗教战争色彩的西方视角，将这场战斗置于更大的视野之内，就会发现其胜利带有某种必然性，而且预示着一个新时代的到来：火药武器和军事科学的发展，使得西方人在战争中越来越占据优势，而他们将借助这一优势在比地中海更广大的世界展开扩张和征服。从某种意义上来说，勒班陀海战是地中海世界海上战争的绝唱，自此之后，这一海域再未爆发过如此传奇的舰队决战。

本书作者广泛使用了众多当事人留下的书信、日记、文书等材料，并查阅了参战国遗留的诸多档案文件，力图将这段血与火的历史最为生动还原地展现在读者眼前。编辑水平有限，书中难免存在错误疏漏之处，望广大读者不吝指正。

图书在版编目（CIP）数据

决战地中海 / (意) 亚历桑德罗 · 巴尔贝罗著 ; 史习韬译. -- 北京 : 九州出版社, 2024.7

ISBN 978-7-5225-2881-6

Ⅰ. ①决… Ⅱ. ①亚… ②史… Ⅲ. ①海战—战争史—欧洲—中世纪 Ⅳ. ①E509

中国国家版本馆CIP数据核字(2024)第093906号

著作权合同登记号：图字01-2024-3400
审图号：GS（2024）0942号

决战地中海

作　　者	［意］亚历桑德罗 · 巴尔贝罗 著　史习韬 译
责任编辑	杨宝柱　周　春
出版发行	九州出版社
地　　址	北京市西城区阜外大街甲35号（100037）
发行电话	（010）68992190/3/5/6
网　　址	www.jiuzhoupress.com
印　　刷	河北中科印刷科技发展有限公司
开　　本	665毫米 × 1000毫米　16开
印　　张	42.5
字　　数	632千字
版　　次	2024 年 8 月第 1 版
印　　次	2024 年 8 月第 1 次印刷
书　　号	ISBN 978-7-5225-2881-6
定　　价	150.00元